Informatik-Fachberichte 251

Herausgeber: W. Brauer
im Auftrag der Gesellschaft für Informatik (GI)

Subreihe Künstliche Intelligenz

Mitherausgeber: C. Freksa
in Zusammenarbeit mit dem Fachbereich 1
„Künstliche Intelligenz" der GI

H. Marburger (Hrsg.)

GWAI-90
14th German Workshop on Artificial Intelligence

Eringerfeld, 10.-14. September 1990

Proceedings

Springer-Verlag Berlin Heidelberg GmbH

Herausgeber

Heinz Marburger
c/o Danet GmbH
Pallaswiesenstr. 203, D-6100 Darmstadt

GWAI-90
14. Jahrestagung „Künstliche Intelligenz"

Veranstaltet vom Fachbereich 1 „Künstliche Intelligenz" der GI

Programmkomitee

W. Bibel (Darmstadt)
Th. Christaller (St. Augustin)
J. Diederich (St. Augustin)
Chr. Freksa (München)
U. Furbach (München)
W. Hoeppner (Koblenz)
H. Marburger (Darmstadt)
B. Neumann (Hamburg)
C. Rollinger (Stuttgart)
H. Stoyan (Erlangen)
W. Wahlster (Saarbrücken)
S. Wrobel (St. Augustin)

Tagungsleitung

Heinz Marburger

Sponsoren

Addison-Wesley
Daimler-Benz AG
Danet GmbH
IBM Deutschland GmbH
NTE NeuTech Entwicklungsges. mbH
Siemens AG
Sun Microsystems GmbH
Telenorma Bosch Telecom
Texas Instruments Deutschland GmbH
Volkswagen AG
VW Gedas mbH

CR Subject Classification (1987): I.2.1, I.2.3-7, I.2.10

ISBN 978-3-540-53132-6 ISBN 978-3-642-76071-6 (eBook)
DOI 10.1007/ 978-3-642-76071-6

Ursprünglich erschienen bei Springer-Verlag Berlin Heidelberg in 1990

Vorwort

Auf der GWAI-90 - 14th German Workshop on Artificial Intelligence - wurden auch in diesem Jahr im Vortragsprogramm und in fünf speziellen Workshops aktuelle KI-Forschungsergebnisse präsentiert sowie in zwei Tutorien Grundlagen von KI-Teilgebieten dargestellt.

Der vorliegende Band enthält die Texte der 34 Vorträge und der zwei eingeladenen Hauptvorträge des Vortragsprogramms. Die angesprochenen Themenbereiche der KI sind: Wissensrepräsentation (6), Mensch-Computer-Interaktion (2), Expertensysteme (4), Kognition (4), Deduktion (4), Natürlichsprachliche Systeme (8), Maschinelles Lernen (3), Bildverstehen (2) und KI-Programmiersprachen (1). Sowohl die Verteilung der Beiträge in diesem Band als auch die der eingereichten Beiträge auf die KI-Gebiete deutet auf eine Konzentration der Forschungsaktivitäten auf Natürlichsprachliche Systeme und Wissensrepräsentation hin. Allerdings ist es nach wie vor nicht gelungen, daß Forscher aus hier nicht repräsentierten KI-Gebieten, in denen in der Bundesrepublik aber intensiv gearbeitet wird, wie beispielsweise Programmverifikation, Verarbeitung gesprochener Sprache oder Robotik, in der GWAI ihr deutsches Präsentationsforum sehen.

Eine wichtige Aufgabe für den Fachbereich 1 "Künstliche Intelligenz" wird es in den nächsten Jahren sicherlich sein, diese Teilgebiete (wieder) zu aktivieren. Anregungen dazu sollten mit dem Tutorium *wissensbasierte Verarbeitung gesprochener Sprache* und dem Workshop *Robotik und KI: Paradigmen und Projekte* während der GWAI-90 gegeben werden.

Eine Tagung wie die GWAI kann nur mit einem wissenschaftlich hohen Niveau erfolgreich sein. Mein Dank gilt deshalb zunächst all denjenigen, die zum wissenschaftlichen Programm beigetragen haben: den Wissenschaftlern, die insgesamt 69 Arbeiten einreichten, sowie den Mitgliedern des Programmkomitees und den Nebengutachtern, die ein Programm mit hohem Niveau zusammengestellt haben. Besonders zu danken ist den beiden Referenten der eingeladenen Hauptvorträge und den Organisatoren und Referenten der Tutorien und Workshops.

Schließlich möchte ich mich für die Unterstützung bei der Vorbereitung und der Durchführung der GWAI-90 bedanken: bei der Danet GmbH, die mir die Übernahme der Tagungsleitung ermöglicht und großzügig Ressourcen bereitgestellt hat; bei den Firmen, durch deren Spenden Studenten unterstützt werden konnten; bei der Siemens AG, die durch eine Spende die Vergabe eines Preises für den besten Beitrag ermöglichte. Besonders herzlicher Dank gilt meinen Kolleginnen und Kollegen Susanne Schaub, Sonja Steinwedel, Petra Wochnik und Andreas Fröhlich für ihre tatkräftige Hilfe sowie Christine Harms und Wolfgang Pohl, die die organisatorischen Aspekte der Tagung zu meiner großen Freude professionell bewältigt haben.

Darmstadt, im Juli 1990 Heinz Marburger

Nebengutachter

Jürgen Allgayer
Elisabeth André

Brigitte Bartsch-Spörl
Clemens Beckstein
Petra Bräunling
Gerd Brewka
Stephan Busemann

Martin Carstensen
Richard Coss
Roman Cunis

Franco di Primio
Leoni Dreschler-Fischer
Oskar Dressler

Werner Emde

Wolfgang Finkler
Betram Fronhöfer

Manfred Gehrke
Michael Gerlach
Günter Görz
Winfried Graf
Andreas Günter
Hans-Werner Güsgen

Christopher Habel
Armin Haken
Norbert Hanf
Karin Harbusch
Bernd Hellingrath
Daniel Hernández
Joachim Hertzberg
Steffen Hölldobler
Alexander Horz
Walter Hower
Dieter Hutter

Roman Jansen-Winkeln

Werner Karbach
Jörg-Uwe Kietz
James Kilbury
Tibor Kiss
Erwin Klöck
Matthias Kloth
Sabine Kockskämper
Norbert Kratz
Christoph Kreitz

Franz Kurfeß

Reinhold Letz
Barry Lia
Thomas Lickteig
Kai von Luck
Hans-Dieter Lutz

Stephan Mehl
Dieter Metzing

Bernhard Nebel
John Nerbonne
Gerd Neugebauer
Günter Neumann
Heiko Neumann
Hans-Joachim Novak

Bernd Owsnicki-Klewe

Manfred Pinkal

Norbert Reithinger
Ulrike Rhein
Thomas Rist
Dietmar Rösner
Annely Rothkegel

Bernhard Schätz
Dagmar Schmauks
Gert Schmolka
Karl Schlechta
Josef Schneeberger
Carsten Schröder
Andreas Stolcke
Peter Struß

Wolfgang Tank
Michael Tielemann
Harald Trost

Martin Volk
Angi Voß
Hans Voß

Ipke Wachsmuth
Jürgen Walther
Susan Weber

Frank Zetsche
Kai Zimmermann
Neli Zlatareva

Inhaltsverzeichnis

1 Wissensrepräsentation

2 Mensch-Computer Interaktion

3 Expertensysteme

4 Kognition

5 Deduktion

6 Natürlichsprachliche Systeme

Erschließen impliziter Information aus zeitlich parametrisierten Wirtschaftsdaten in einem Framemodell

Fabian Glasen
Universität Konstanz
SFB 221/B3

Abstract: In dieser Arbeit wird Wissen rekonstruiert, mit dessen Hilfe es möglich ist, aus einer Menge explizit bekannter zeitabhängiger Daten, die sich alle auf ein spezifisches Konzept jedoch auf unterschiedliche Zeitintervalle beziehen, implizit enthaltene Information für das gleiche Konzept jedoch für ein anderes Zeitintervall zu erschließen. Hierzu wird versucht das Zeitintervall, für das der Wert gesucht wird, durch eine Menge disjunkter Zeitintervalle, für die die Werte bekannt sind, zu überdecken. Das Zeitmodell wird in Prolog beschrieben und ist in ein in Prolog implementiertes Framemodell integriert.

1. Einleitung

Wirtschaftsdaten sind "Abbilder" wirtschaftlicher Verhältnisse. Viele dieser Daten, wie z.B. Daten über das Bruttosozialprodukt eines Staates, über den Umsatz einer Branche oder über die Anzahl der Mitarbeiter einer Firma, erhalten erst durch eine zusätzliche regionale und/oder zeitliche Spezifikation eine klare Bedeutung. Der Grund ist, daß diese Größen für unterschiedliche Zeiträume und unterschiedliche Regionen i.a. unterschiedliche Werte haben. Mathematisch formuliert heißt dies, daß viele Wirtschaftsdaten Funktionswerte sind, die nicht nur abhängig sind von Konzepten wie z.B. "Umsatz einer Branche" oder "Anzahl Mitarbeiter einer Firma" sondern zusätzlich von Raum und/oder Zeitparametern. In dieser Arbeit wird gezeigt, wie zeitabhängiges Wissen in einem in Prolog realisierten Framemodell repräsentiert werden kann, und wie es auf der Basis dieser Repräsentation möglich ist, aus einer Menge explizit bekannter wirtschaftlicher Daten, die sich jeweils auf ein spezifisches Konzept jedoch auf unterschiedliche Zeitintervalle beziehen, implizit enthaltene Information über das gleiche Konzept jedoch für ein anderes Zeitintervall systematisch zu erschließen.
Das verwendete Zeitmodell ist ein Baustein eines WIssensbasierten InformationsREssourcenMANagers (WIREMAN) GLASEN (1988), der im Rahmen des Entscheidungsunterstützungssystems WISKREDAS[1] DAMBON et al. (1989) für die Kreditwürdigkeitsprüfung von Unternehmensgründern konzipiert und als Prototyp an der Universität Konstanz entwickelt wird.

2. Das verwendete Zeitmodell

Ein Zeitmodell, das für die intendierte Anwendung verwendbar sein soll, muß eine formale Rekonstruktion von Zeit, die zur Beschreibung unserer Wirtschaftswelt geeignet ist, gestatten. Wirtschaftsdaten beziehen sich auf Zeitintervalle oder Zeitpunkte und drücken diese mittels Kalenderdaten bzw. Kalendereinheiten (z.B. Jahr, Monat, Tag etc.) aus. Oft sind Wirtschaftsdaten als Zeitreihen organisiert und häufig interessiert man sich für zukünftige Daten, die mittels Prognoserechnungen aus den Daten der Vergangenheit und der Gegenwart berechnet werden. Im Mittelpunkt des Interesses der hier vorgenommenen Zeitmodellierung steht die zielgerichtet wissensbasierte Aggregation von Wirtschaftsdaten. Gemäß den Anforderungen an das System und den Eigenheiten der betrachteten Wirtschaftsdaten muß ein adäquates Modell über zeitliche Entitäten für entsprechende Zeitpunkte und Zeitintervalle sowie über diverse Relationen und Operationen zwischen bzw. auf diesen Entitäten verfügen. Ferner ist es nötig, die Repräsentation der zeitlichen Entitäten homogen und effizient in die restliche Wissensrepräsentation zu integrieren.
Die hier vorgelegte Zeitrepräsentation kann im Zusammenhang mit den Vorschlägen von LADKIN (1986) und VILAIN (1982) gesehen werden. Es wird unterschieden zwischen Zeitpunkten, Zeitintervallen (konvexe Zeitintervalle) und Zeiträumen (nicht konvexe Zeitintervalle). Im Vordergrund der Modellierung stehen absolute Zeitentitäten. Absolute Zeitentitäten unterscheiden sich von relativen Zeitentitäten dadurch, daß sie durch Zeitpunkte auf der Zeitachse beschrieben werden. Relative Zeitpunkte oder -entitäten sind dagegen nicht direkt auf der Zeitachse fixiert, sondern existieren nur relativ hinsichtlich ihrer Beziehungen zu anderen Zeitentitäten.

---

[1] WISKREDAS steht abkürzend für WISsensbasiertes KREDitAbsicherungsSystem

2.1 Zeitpunkte

Zeitpunkte sind Zeitangaben, die bis auf die Sekunde genau spezifiziert sind. Sie werden in Prolog als Listen repräsentiert die genau 6 Elemente vom Typ integer enthalten. Das erste Element bezeichnet dabei das Jahr, das zweite Element den Monat, das dritte Element den Tag, das vierte Element die Stunde, das fünfte Element die Minute und das sechste Element die Sekunde[2].

```
zeitpunkt([Jahr,Monat,Tag,Stunde,Minute,Sekunde]) :-
        jahr(Jahr), monat(Monat), tag(Jahr,Monat,Tag), stunde(Stunde), minute(Minute), sekunde(Sekunde).
```

Die Prädikate "jahr(Jahr)" etc. legen gemäß den durch die verwendeten Namen suggerierten Bedeutungen die erlaubten Werte für die Variablen fest. Die Zulässigkeit der Werte für "Tag" wird durch das Prädikat "tag(Jahr,Monat,Tag)" auf der Basis des Gregorianischen Kalenders[3] geprüft.
Beispiel: "[1988,4,5,8,22,2]" bedeutet demnach den Zeitpunkt 5. April 1988 acht Uhr 22 Minuten und 2 Sekunden, wobei der Anfangspunkt der Sekunde gemeint ist.
Die inhaltlich wichtigste Relation auf Zeitpunkten, ist die Relation, die angibt, ob ein Zeitpunkt X vor dem Zeitpunkt Y liegt. Dies wird durch die zweistellige Relation "before_zp(X,Y)" beschrieben.

"before_zp(X,Y) : <==> Zeitpunkt X liegt vor Zeitpunkt Y."

2.2 Zeitintervalle

Zeitintervalle werden als Listen von zwei Zeitpunkten dem Anfangszeitpunkt und dem Endzeitpunkt "[Anfangszeitpunkt,Endzeitpunkt]" beschrieben. Das Zeitintervall ist die Menge der Zeitpunkte, die zwischen Anfangszeitpunkt und Endzeitpunkt liegen. Dabei gehört der Anfangszeitpunkt zum Intervall und der Endzeitpunkt gehört nicht zum Intervall. Dadurch können Zeitintervalle nahtlos, d.h. ohne sich zu überlappen, zusammengefügt werden zu einem neuen Zeitintervall, bzw. es kann getestet werden, ob sie zusammen ein Intervall überdecken, ohne sich zu überlappen. Demgemäß bezeichnet z.B. [[1988,1,1,0,0,0],[1989,1,1,0,0,0]] das Jahr 1988 und [[1988,4,1,0,0,0],[1990,8,1,0,0,0]], den Zeitraum von einschließlich April 1988 bis ausschließlich August 1990. LADKIN (1986) nennt diese Zeitintervalle konvexe Zeitintervalle. Ein Ausdruck "X" wird durch das Prädikat "zeitintervall(X)" folgendermaßen als Zeitintervall definiert:

```
zeitintervall(X) :-
        is_list(X), length(X,2), X = [A,E],
        zeitpunkt(A), zeitpunkt(E),
        before_zp(A,E),!.
```

Um implizite Information aus mittels Zeitintervallen parametrisierten Daten erschließen zu können, ist es notwendig, Beziehungen zwischen Zeitintervallen vorzusehen. Sind die betrachteten Zeitintervalle, wie es hier vorgesehen ist, durch Anfangszeitpunkt und Endzeitpunkt gegeben, so können alle Beziehungen zwischen Zeitintervallen aus den Beziehungen der sie definierenden Zeitpunkte oder aus bereits definierten Beziehungen zwischen Zeitintervallen definiert werden. Da manche der nachfolgend definierten Prädikate nicht nur überprüfen, ob zwei Zeitintervalle in einer bestimmten Beziehung stehen, sondern auch Variable für Zeitintervalle instantiieren, kann man sie auch als Operationen betrachten. Ein typisches Beispiel hierfür ist das Prädikat "durchschnitt(Zi_1,Zi_2,D)". Das Prädikat "durchschnitt(Zi_1,Zi_2,D)" ist wahr, wenn "D" der Durchschnitt von Zeitintervall Zi_1 und Zi_2 ist. Wenn "D" eine Variable ist, berechnet es den Durchschnitt "D" der beiden Zeitintervalle Zi_1 und Zi_2.

```
durchschnitt(Zi_1,Zi_2,D) :-
        nonvar(Zi_1),nonvar(Zi_2),
        Zi1 = [A1,E1], Zi2 = [A2,E2],!,
        ((before_zp(E1,A2); before_zp(E2,A1); identisch_zp(E1,A2); identisch_zp(E2,A1)),
         Durchschnitt = []
        ;((before_zp(A1,A2); identisch_zp(A1,A2)), (before_zp(E2,E1); identisch_zp(E2,E1)),
         Durchschnitt = Zi2
        ;((before_zp(A2,A1); identisch_zp(A1,A2)), (before_zp(E1,E2); identisch_zp(E2,E1)),
         Durchschnitt = Zi1
        ;((before_zp(A1,A2); identisch_zp(A1,A2)), (before_zp(E1,E2); identisch_zp(E2,E1)),
         Durchschnitt = [A2,E1]
        ;((before_zp(A2,A1); identisch_zp(A1,A2)), (before_zp(E2,E1); identisch_zp(E2,E1)),
         Durchschnitt = [A1,E2]),!.
```

Die von ALLEN (1983) vorgeschlagenen Relationen zwischen Zeitintervallen (before, equal, meets, overlaps, during, starts, finishes) lassen sich alle durch Bezugnahme auf die die Zeitintervalle definierenden Zeitpunkte definieren. Zur Demonstration, und weil die Prädikate später noch verwendet

---

[2] Die formalen Spezifikationen erfolgen in IF-Prolog Notation und sind als formale Beschreibungen nicht als Programmcode gedacht.

[3] KLOPPROGGE/LOCKEMANN (1983) geben hierfür einen Algorithmus an.

werden, sollen die Prädikate "inside(Zi_1,Zi_2)" "starts(Zi_1,Zi_2)" und "before(Zi_1,Zi_2)" exemplarisch hierfür definiert werden.
"inside(Zi_1,Zi_2)" gelingt, wenn Zi_1 in Zi_2 liegt, Anfangs- und Endpunkt von Zi_1 dürfen identisch sein mit den Anfangs- oder Endpunkten von Zi_2.

```
inside(Zi_1,Zi_2) :-
  zeitintervall(Zi_1), zeitintervall(Zi_2),
  Zi_1 = [A1,E1], Zi_2 = [A2,E2],
  (before_zp(A2,A1) ;identisch_zp(A2,A1)),
  (before_zp(E1,E2) ;identisch_zp(E1,E2)),!.
```

"before(Zi_1,Zi_2)" gelingt, wenn Zi_1 vor Zi_2 liegt. Der Endpunkt von Zi_1 darf identisch sein mit dem Anfangspunkt von Zi_2.

```
before(Zi_1,Zi_2) :-
  zeitintervall(Zi_1), zeitintervall(Zi_2),
  Zi_1 = [A1,E1], Zi_2 = [A2,E2],
  (before_zp(E1,A2) ; identisch_zp(E1,A2),!.
```

"starts(Zi_1,Zi_2)" gelingt, wenn Zi_1 in Zi_2 liegt und der Anfangspunkt von Zi_1 identisch ist mit dem Anfangspunkt von Zi_2.

```
starts(Zi_1,Zi_2) :-
  zeitintervall(Zi_1), zeitintervall(Zi_2),
  Zi_1 = [A1,E1], Zi_2 = [A2,E2],
  identisch_zp(A1,A2), (before_zp(E1,E2) ; identisch_zp(E1,E2),!.
```

Zwei Prädikate, die von Allen nicht direkt vorgesehen wurden, sind die Prädikate "before_overlaps(Zi_1,Zi_2)" und "zeit_differenz(Zi_1,Zi_2,Differenz)". Das Prädikat "before_overlaps(Zi_1,Zi_2)" gelingt, wenn der Anfangspunkt von Zi_1 vor dem Anfangspunkt von Zi_2 liegt, oder wenn der Anfangspunkt von Zi_1 gleich dem Anfangspunkt von Zi_2 ist, und der Endpunkt von Zi_1 gleich dem Endpunkt von Zi_2 ist, oder hinter diesem liegt.

```
before_overlaps(Zi_1,Zi_2) :-
    Zi_1 = [A1,E1], Zi_2 = [A2,E2],
    before_zp(A1,A2)
   ;identisch_zp(A1,A2),(before_zp(E2,E1) ;identisch_zp(E1,E2)).
```

Das Prädikat "zeit_differenz(Zi_1,Zi_2,Differenz)" gelingt, wenn "Differenz" die Differenz der Zeitintervalle Zi_1 und Zi_2 ist, bzw. wenn "Differenz" eine Variable ist, berechnet es die Differenz der beiden Zeitintervalle Zi_1 und Zi_2. Das Ergebnis ist kein Zeitintervall, sondern eine Menge, die ein oder zwei Zeitintervalle oder die leere Liste enthält. Die Operation führt also aus der Menge der Zeitintervalle hinaus in die Menge der Zeiträume.

```
zeit_differenz(Zi1,Zi2,Zi_differenz) :-
    Zi1 = [A1,E1], Zi2 = [A2,E2],
   ( inside(Zi1,Zi2),
     Zi_differenz = [[]]
   ; in(Zi2,Zi1), % Zi2 liegt echt in Zi1 (before_zp(A1,A2),before_zp(E2,E1))
     Zi_differenz = [[A1,A2],[E2,E1]]
   ; durchschnitt(Zi1,Zi2,D),
     ( D = [],
       Zi_differenz = [Zi1]
     ; D = [D1,D2],
      ( identisch_zp(A1,D1), before_zp(D2,E1),
        Zi_differenz = [[D2,E1]]
      ; identisch_zp(D2,E1), before_zp(A1,D1),
        Zi_differenz = [[A1,D1]])))),!.
```

2.3 Zeiträume

Zeiträume (nicht konvexe Zeitintervalle) sind Mengen von Zeitintervallen. Sie zu berücksichtigen ergibt sich u.a. aus der Tatsache, daß die benötigte Operation "zeit_differenz(Z1,Z2,D)" aus der Menge der Zeitintervalle hinausführt in die Menge der Zeiträume. Die Menge der Zeiträume ist hingegen bezüglich einer analogen Operation "zeitraum_differenz(...)" auf Zeiträumen abgeschlossen.

Ein Zeitraum ist z.B.: [[[1984,8,1,0,0,0],[1990,7,6,4,5,6]], [[1978,4,6,0,0,0],[1990,8,1,0,0,0]], [[1988,4,1,0,0,0],[1990,8,1,0,0,0]]].

Eine Vielzahl von Relationen und Operationen auf Zeiträumen sind in LADKIN (1986) beschrieben. Für die hier verfolgten Zwecke werden die Prädikate partition(X,Y), zeit_partition_konst(Bekannte_Zeitint,Gesuchtes_Zeitint,Partition) und zeitraum_partition_von_unten(Objekt,Slotname,Partition,Bekannte_Zeitintervalle,Gesuchter_Zeitraum) gebraucht und deshalb im folgenden formal definiert.

Die zweistellige Relation "partition(X,Y)" zwischen einem nicht konvexen Zeitintervall "X" und einem konvexen Zeitintervall "Y" ist für zeitabhängige Wirtschaftsdaten eine der zentralen Relationen. In der Literatur finden sich erste Hinweise bei FINDLER/CHEN (1973). Sie erwähnen "chain of events", die sie aber nicht in der hier intendierten Weise verwenden, und für die sie auch keine detaillierten Realisierungskonzepte angeben, von der sie nur behaupten, daß ihr System sie berücksichtigt. "zeit_partition(X,Y)" gelingt, wenn alle in der Liste X enthaltenen Zeitintervalle disjunkt sind ("zeit_disjunkt(X)") und zusammengenommen das Intervall Y ergeben ("zeit_aggregat(X,Y)"). Durch die spezielle Implementation des Prädikats "zeit_aggregat(X,Y)" wird das Prädikat "zeit_disjunkt(X)" eigentlich überflüssig, denn das Prädikat "zeit_aggregat(X,Y)" testet, ob die Zeitintervalle in der Liste X sich so anordnen lassen, daß sie nahtlos ineinander übergehen und zusammen identisch sind mit dem Zeitintervall Y.

```
zeit_partition(X,Y) :-
        zeit_disjunkt(X),
        zeit_aggregat(X,Y).
```

"zeit_disjunkt(X)" ist wahr, wenn es nicht gelingt 2 Zeitintervalle in X zu finden, die nicht leeren Durchschnitt haben.

```
zeit_disjunkt(X) :-
        not nicht_zeit_disjunkt(X).

nicht_zeit_disjunkt(X) :-
        is_list(X), member(A,X), member(B,X),
        A \= B, nicht_leerer_durchschnitt(A,B).

nicht_leerer_durchschnitt(A,B) :-
        durchschnitt(A,B,C), C \= [].
```

"zeit_aggregat(X,Y)" gelingt, wenn die durch die "before(X,Y)"-Relation sortierte Menge von Zeitintervallen in X, deren Ergebnis in "Sort_X" steht, eine sich nahtlos aneinander reihende Folge von Zeitintervallen ist, und der Anfangspunkt des ersten Zeitintervalls in der Kette gleich dem Anfangspunkt von Y, und der Endpunkt des letzten Zeitintervalls in der Kette gleich dem Endpunkt von Y ist.

```
zeit_aggregat(X,Y) :-
        sortieren_mit_praedikat(X,Sort_X,before),
        zeitsumme(Sort_X,Y).

zeitsumme(X,Y) :-
      Y = [Y_A,Y_E],
      X = [[A,B]|Tail],
      Y_A = A,
      last([Last_X_A,Last_X_E],X),  % instantiiert letztes Element von X
      Y_E = Last_X_E,!,
      zeitintervall_reihe(X).

zeitintervall_reihe([[_,_]|[]]).

zeitintervall_reihe([[A,B]|Tail]) :-
          Tail = [[C,D]|_],!,
          identisch_zp(B,C),!,
          zeitintervall_reihe(Tail).
```

Während zeit_partition(Zeitraum,Zeitintervall) testet, ob Zeitraum eine Partition von Zeitintervall ist, konstruiert das Prädikat zeit_partition_konst(Bekannte_Zeitint,Gesuchtes_Zeitint,Partition) falls möglich eine Partition des Zeitintervalls Gesuchtes_Zeitint aus dem Zeitraum Bekannte_Zeitint. Mittels Backtracking und Tiefensuche wird sukkzessive versucht Gesuchtes_Zeitint mit Zeitintervallen S aus Bekannte_Zeitint, für die gilt starts(S,Gesuchtes_Zeitint), disjunkt zu überdecken. D.h., falls ein solches S gefunden wird, wird die Differenz aus Gesuchtes_Zeitint und S gebildet und auf dieser Differenz wird der Vorgang solange wiederholt, bis die Differenz leer ist. Wenn an einer Stelle der Iteration für eine Differenz kein Zeitintervall S aus Bekannte_Zeitint gefunden wird durch starts(S,Differenz), setzt das Backtracking ein. Durch das Prädikat "zeit_partition_konst(...)" wird vermieden, daß alle Teilmengen aus Bekannte_Zeitint getestet werden müssen, was zu einem erheblich effizienteren Suchverfahren für eine Überdeckung führt, als es das Generieren und anschließende Testen aller Teilmengen von Bekannte_Zeitint auf die Überdeckungseigenschaft darstellen würde. Um das Verfahren zu beschleunigen wird davon ausgegangen, daß die Zeitintervalle in Bekannte_Zeitint gemäß der Relation before_overlaps(Z1,Z2) geordnet sind. Dadurch findet auf jeder Iterationsstufe das Backtracking gegebenenfalls nur solange statt, wie sich Elemente S in Relevante_Zeitintervalle finden lassen für die gilt: starts(S,Gesuchtes_Zeitint). Zusätzlich werden zu Beginn alle solchen Intervalle herausgefiltert, die in dem zu aggregierenden Zeitintervall liegen. Erst dadurch ist gesichert, daß der Vorgang richtig startet. Im Prädikat zeit_differenz(Gesuchtes_Zeitint,S,[Gesuchtes_Zeitint_neu]) kann die Differenz als einelementige Liste beschrieben werden, da gilt: starts(S,Gesuchtes_Zeitint).

```
zeit_partition_konst(B,[],[]).

zeit_partition_konst([],X,Partition) :- X \= [],!,fail.

zeit_partition_konst(Bekannte_Zeitint,Gesuchtes_Zeitint,Partition_end) :-
    constraints_fuer_unten(Bekannte_Zeitint,Gesuchtes_Zeitint,Relevante_Zeitintervalle),
    (member(S,Relevante_Zeitintervalle),!,
    starts(S,Gesuchtes_Zeitint)),
    delete(S,Relevante_Zeitintervalle,Relevante_Zeitintervalle_neu),
    zeit_differenz(Gesuchtes_Zeitint,S,[Gesuchtes_Zeitint_neu]),
    zeit_partition_konst(Relevante_Zeitintervalle_neu,Gesuchtes_Zeitint_neu,Partition),
    append([S],Partition,Partition_end).


constraints_fuer_unten(Bekannte_Zeitint,Gesuchtes_Zeitint,Relevante_Zeitintervalle) :-
   findall(X,(member(X,Bekannte_Zeitint),inside(X,Gesuchtes_Zeitint)),Relevante_Zeitintervalle).
```

zeitraum_partition_von_unten(Objekt,Slotname,Partition,Bekannte_Zeitintervalle,Gesuchter_Zeitraum) versucht eine Partition aus Bekannte_Zeitintervalle über alle Zeitintervalle aus Gesuchter_Zeitraum zu konstruieren. Für die einzelnen Zeitintervalle Head aus Gesuchter_Zeitraum wird mittels des Prädikats zeit_partition_konst(Bekannte_Zeitintervalle,Head,Partition_Head) versucht, Überdeckungen Partition_Head zu konstruieren.

```
zeitraum_partition_von_unten(Objekt,Slotname,[],Bekannte_Zeitint,[]).

zeitraum_partition_von_unten(Objekt,Slotname,Partition,[],Gesuchter_Zeitraum) :-
     Gesuchter_Zeitraum \= [],!,fail.

zeitraum_partition_von_unten(Objekt,Slotname,Partition,Bekannte_Zeitintervalle,Gesuchter_Zeitraum) :-
     Gesuchter_Zeitraum = [Head|Tail],
     zeit_partition_konst(Bekannte_Zeitintervalle,Head,Partition_Head),
     zeitraum_partition_von_unten(Objekt,Slotname,Partition_Tail,Bekannte_Zeitintervalle,Tail),
     append(Partition_Head,Partition_Tail,Partition).
```

3. Die Integration des Zeitmodells in das Framemodell

Zur Implementation von WISKREDAS wurde in Prolog - basierend auf dem Vorschlag von SCHNUPP/HUU (1987) - ein Framemodell realisiert, das bei der Implementation der Anwendung eine wesentliche Rolle spielt. Das grundlegende Prädikat zur Repräsentation von Eigenschaften (Slots) von Objekten in diesem Modell ist:

```
frame(Objekt,Slot,Facet,Value).
```

Das Argument "Facet" gibt an, wie die Eigenschaftsausprägung zu interpretieren ist, ob es sich z.B. um eine Spezifikation der erlaubten Einträge (require), oder um einen eigentlichen Eintrag (value) handelt. Daten als Funktionen von Raum und/oder Zeit in dem verwendeten Framemodell zu formulieren, ist möglich, wenn man die Slotnamen als Strukturen konzipiert, in denen Raum- und/oder Zeitparameter als Argumente auftauchen. Diese Repräsentationsform hat den Vorteil, daß die Grundstruktur des Framemodells, das Prädikat "frame(Objekt,Slot,Facet,Value)" als vierstelliges Prädikat beibehalten werden kann, und damit auch die gesamte Implementation des Framemodells nicht verändert werden muß. Es lassen sich also sowohl die zeitlich abhängigen wie die zeitlich unabhängigen Konzepte im gleichen Modell repräsentieren.

Beispiel für die Repräsentation einer zeitabhängigen Tatsache:

```
frame(ibm_brd, umsatz([[1988,1,1,0,0,0],[1989,1,1,0,0,0]]),value, [10.394.000.000]).
```

besagt, daß der Umsatz der Firma IBM Deutschland im Jahr 1988 10.394.000.000.- DM betrug[4].

---

[4] Dies besagt, daß die Aussage sich genau auf das Zeitintervall bezieht, und i.a. nicht für Teilintervalle gilt. Wenn man hier von der in ALLEN (1984) vorgenommenen Unterscheidung zwischen "property" und "event" einmal absieht, entspricht die Bedeutung hier dem OCCUR(p,t) und nicht etwa dem HOLDS(p,t), oder dem OCCURING(p,t).

Das verwendete Framemodell läßt grundsätzlich mehrere Werte für ein Konzept zu. Für die hier betrachteten zeitabhängigen Daten wird aber angenommen, daß sie eindeutig sind.

Wenn Slotwerte eines Objektes angefordert werden, ausgelöst durch das Prädikat

```
frage(Objekt,Slot,Wert).
```

z.B.: frage(ibm_brd,umsatz([[1988,1,1,0,0,0],[1989,1,1,0,0,0]],Wert).

wird, wenn der betreffende Slot eine Struktur ist, und die gesuchten Daten nicht explizit in der Datenbasis stehen, zusätzlich zu den sonstigen Vererbungsmechanismen (Vererbung entlang der "is_a" Hierarchie und Aktivierung von if-needed Prozeduren) des Framemodells ein spezieller Vererbungsmechanismus, die "slot_parameter_aggregation", aktiviert.

Slotparameter-Aggregation

Die Slotparameter-Aggregation versucht, eine Aggregation der gesuchten Daten aus den vorhandenen Daten der gleichen Art. Daten heißen von der gleichen Art, wenn sie sich auf das gleiche Objekt und den gleichen Slotnamen beziehen. Sie dürfen sich nur in der Ausprägung der Slotparamter unterscheiden. Im Rahmen der "slot_parameter_aggregation" wird zunächst die Struktur der Parameter analysiert. Für den Fall, daß genau ein Parameter vorliegt und daß es sich dabei um einen Zeitparameter handelt, wird das Prädikat "zeitliche_aggregation(Objekt,Slot,Wert)" aktiviert.

```
slot_parameter_aggregation(Objekt,Slot,Wert) :-
        struct(Slot), Slot =.. [Slotname|Slotparameter],!,
        parameter_aggregation(Objekt,Slot,Wert,Slotname,Slotparameter).

parameter_aggregation(Objekt,Slot,Wert,Slotname,Slotparameter) :-
      ( length(Slotparameter,1),!,
        parameter_aggregation_1(Objekt,Slot,Wert,Slotname,Slotparameter)
      ; length(Slotparameter,2),!,
        parameter_aggregation_2(Objekt,Slot,Wert,Slotname,Slotparameter)).

parameter_aggregation_1(Objekt,Slot,Wert,Slotname,Slotparameter) :-
        Slothilf =.. [Slotname,Slotparamter_hilf],!,
        ako(Objekt,Vater), % "ako" ist Synonym zu "is_a"
        frame(Vater,Slothilf,require,_),
        ( Slotparameter_hilf = zeitintervall,!,
          zeitliche_aggregation(Objekt,Slot,Wert)
        ; Slotparameter_hilf = region,!,
          regionale_aggregation(Objekt,Slot,Wert)).
```

Da die zeitliche Dimension des Wissens und die damit zusammenhängenden Regularitäten ontologisch tiefer liegen als viele andere Regularitäten der Welt, und weil die Darstellung des zeitlich parametrisierten Wissens im Framemodell dadurch erheblich einfacher wird, wurden die zeitlichen Inferenzprozesse in den Kern des Framemodells eingebaut und damit die umständliche, aber mögliche Variante, jede Inferenz für zeitlich parametrisiertes Wissen im Rahmen der "if_needed"-Facette abhandeln zu müssen, vermieden. Dies wurde erreicht, indem für den Fall, daß der Slot des Konzeptes (Objekt,Slot) für das der Wert gesucht wird, eine Struktur ist, zusätzlich bzw. alternativ zu den anderen Inferenzmechanismen das Prädikat "slot_parameter_aggregation(...)" aktiviert wird, das in Abhängigkeit vom Typ der Slotparamter spezielle Prädikate aktiviert. Es ist zu beachten, daß die "if_needed"-Facette für jedes (Objekt,Slot)-Paar angegeben werden müßte. In der gewählten Realisierung wird die Slotparameteraggregation und damit die Zeitaggregation nur in Abhängigkeit von der Form der Slots (Struktur oder nicht) aktiviert. Die speziellen Varianten der Slotparameteraggregation werden abhängig vom Typ der Slotparameter (zeitintervall/raum etc.) und der Aggregationsart (additiv/multiplikativ etc.) der als Parameter eingehenden Objekte/Slot Paare selektiert. Diese Informationen müssen explizit in der Wissensbasis eingetragen sein.
Für das oben besprochene Beispiel müßte also "frame(firma,umsatz(zeitintervall),aggregationsart,[additiv])" und "frame(firma,umsatz(zeitintervall),require,[X,numeric(X)])" in der Datenbasis stehen. Zusammen mit dem Eintrag "frame(ibm_brd,ako,value,[firma])" würde der Eintrag "additiv" für die Aggregationsart und der Slotparametertyp "zeitintervall" für den Umsatz der Firma IBM Deutschland (ibm_brd) maßgebend.

4. Zeitaggregation

Der Grundgedanke dabei ist, die Werte für zeitabhängige Konzepte (z.B.: (Umsatz einer Firma), (Umsatz einer Branche)) in ihrer Abhängigkeit von Werten der gleichen Konzepte, die bezüglich des gesuchten Wertes bestimmte Beziehungen in den Zeitparametern insbesondere zu dem Zeitintervall des Konzeptes für das der Wert gesucht wird, aufweisen, systematisch zu formulieren und zu erschließen. Eine solche Regel, die hinsichtlich der intendierten Anwendung für die meisten Konzepte angewendet werden kann, erlaubt die Werte von zeitlich parametrisierten Konzepten zu addieren, wenn die Zeitparameter der Konzepte, für die die Werte bekannt sind, eine Partition des Zeitparameters sind, der in dem Konzept auftaucht, für das der Wert gesucht wird. Das Konzept, für das der Wert gesucht wird, und die Konzepte, für die die Werte bekannt sind, müssen dabei gleich sein, d.h. sie müssen von der gleichen Art sein. Sie dürfen sich also nur in den Slotparametern unterscheiden. Der Umsatz einer

Branche oder einer Firma sind Konzepte, die bezüglich Zeitparametern additiv sind. Nicht additiv ist z.B. das Konzept "Umsatz pro Mitarbeiter", denn weder zeitlich noch regional ist der Umsatz pro Mitarbeiter für zwei disjunkte Intervalle gleich der Summe der Umsätze pro Mitarbeiter für die Einzelintervalle.

Bevor die eigentliche Zeitaggregation einsetzt, sammelt zunächst das Prädikat "zeitliche_aggregation(Objekt,Slot,Wert)" alle Zeitintervalle, für die hinsichtlich des (Objekt,Slot)-Paares, die Werte bekannt sind, in einer Liste "Bekannte_Zeitintervalle". Daran anschließend beginnt die eigentliche Zeitaggregation durch das Prädikat "zeit_aggregation(Objekt,Slotname,Wert,Bekannte_Zeitintervalle,Gesuchtes_Zeitintervall)".

```
zeitliche_aggregation(Objekt,Slot,Wert) :-
    Slot =.. [Slotname,Gesuchtes_Zeitintervall],
    Slothilf =.. [Slotname,Zeitint],
    findall(Zeitint,frame(Objekt,Slothilf,value,_),Bekannte_Zeitintervalle),!,
    zeit_aggregation(Objekt,Slotname,Wert,Bekannte_Zeitintervalle,Gesuchtes_Zeitintervall).
```

Aufgrund der Konsistenzregeln zum Aufbau und Updating der Wissensbasis kann davon ausgegangen werden, daß in der Liste Bekannte_Zeitintervalle keine Elemente doppelt vorkommen, weil die zeitabhängigen Daten als Funktionen betrachtet werden und damit eindeutige Werte besitzen. Zusätzlich kann davon ausgegangen werden, daß die Zeitintervalle in Bekannte_Zeitintervalle gemäß der before_overlaps(Zi_1,Zi_2) Relation geordnet sind, weil die zugehörigen zeitabhängigen frame(...) Prädikate gemäß der Relation before_overlaps(Zi_1,Zi_2) geordnet in die Datenbasis eingetragen werden. "zeit_aggregation(...)" vollzieht sich alternativ in zwei Varianten, die in der angegebenen Reihenfolge versuchen, zum Ziel zu gelangen.
"zeit_aggregation(Objekt,Slotname,Wert,Bekannte_Zeitintervalle,Gesuchtes_Zeitintervall)" gelingt, wenn "zeit_aggegation_von_unten(...)" oder "zeit_aggregation_von_oben(...)" gelingt. Falls sie gelingt, liefert die Variable "Wert" den gesuchten Wert zurück.

```
zeit_aggregation(Objekt,Slotname,Wert,Bekannte_Zeitintervalle,Gesuchtes_Zeitintervall) :-
    zeit_aggregation_von_unten(Objekt,Slotname,Wert,Bekannte_Zeitintervalle,Gesuchtes_Zeitintervall)
    ;zeit_aggregation_von_oben(Objekt,Slotname,Wert,Bekannte_Zeitintervalle,Gesuchtes_Zeitintervall).
```

4.1 Zeitaggregation von unten

Wie in Abb. 1 exemplarisch dargestellt, gelingt "zeit_aggregation_von_unten(...)", wenn das Zeitintervall X, für das die entsprechenden Daten gesucht werden (Gesuchtes_Zeitintervall), sich nahtlos aus den bekannten Zeitintervallen X1, X2, X3, X4 (Bekannte_Zeitintervalle) zusammensetzen läßt.

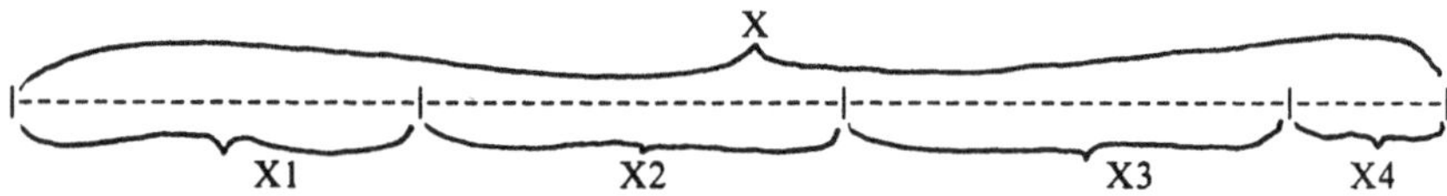

Abb. 1

"zeit_aggregation_von_unten(Objekt,Slotname,Wert,Bekannte_Zeitintervalle,Gesuchtes_Zeitintervall)" versucht, aus der Liste Bekannte_Zeitintervalle eine Überdeckung "Partition" zu finden, also eine Menge von Zeitintervallen, für die die entsprechenden Werte bekannt sind, und die eine Partition des Zeitintervalls, zu dem der Wert gesucht ist (Gesuchtes_Zeitintervall), darstellt. Diese Partition wird, falls möglich, durch das Prädikat zeit_partition_konst(Bekannte_Zeitintervalle,Gesuchtes_Zeitintervall,Partition) konstruiert. Gelingt dies, werden die zugehörigen Werte aller "Instanzen" des interessierenden Konzeptes, die durch Parametrisierung mit den Zeitintervallen in "Partition" in der Datenbasis enthalten sind, gemäß der zugehörigen Aggregationsart durch das Prädikat aggregieren_von_unten_gemaess_aggregationsart(Objekt,Slotname,Partition,Gesuchtes_Z,Wert) berechnet und als Wert zurückgeliefert.

```
zeit_aggregation_von_unten(Objekt,Slotname,Wert,Bekannte_Zeitintervalle,Gesuchtes_Z) :-
    zeit_partition_konst(Bekannte_Zeitintervalle,Gesuchtes_Z,Partition),
    aggregieren_von_unten_gemaess_aggregationsart(Objekt,Slotname,Partition,Gesuchtes_Z,Wert).
```

```
aggregieren_von_unten_gemaess_aggregationsart(Objekt,Slotname,Partition,Gesuchtes_Z,Wert) :-
    aggregationsart_berechnen(Objekt,Slotname,Aggregationsart),
    ( Aggregationsart = additiv,
      summe_zeitparameter_werte(Objekt,Slotname,Partition,Wert)
    ; Aggregationsart = multiplikativ,
      produkt_zeitparameter_werte(Objekt,Slotname,Partition,Wert)),!.
```

In dem Prädikat aggregieren_von_unten_gemaess_aggregationsart(...) ist nur beispielhaft noch die Aggregationsart "multiplikativ" hinzugenommen worden. Weitere Aggregationsarten können anwendungsspezifisch in dieses Prädikat leicht eingebaut werden, indem weitere "oder- Verzweigungen" hinzugefügt werden.
Zur Berechnung der Aggregationsart der interessierenden Konzepte dient das Prädikat aggregationsart_berechnen(Objekt,Slotname,Aggregationsart). Es sucht den entsprechenden Eintrag direkt oder bei einem Vaterkonzept.

```
aggregationsart_berechnen(Objekt,Slotname,Aggregationsart) :-
    Slot =.. [Slotname,zeitraum],
    frame(Objekt,Slot,aggregationsart,[Aggregationsart])
  ; fragen(Objekt,Slot,aggregationsart,[Aggregationsart]),!.
```

Mit dem Prädikat fragen(Objekt,Slot,aggregationsart,[Aggregationsart]), wird die Vererbung auch für nicht "value" Facetten ermöglicht. Prozeduren werden dabei allerdings nicht aktiviert.

4.2 Zeitaggregation von oben

In Abb. 2 wird die erste Alternative der "zeit_aggregation_von_oben(...)" dargestellt. Sie gelingt, wenn das Zeitintervall X, für das die entsprechenden Daten gesucht werden (Gesuchtes_Zeitintervall), sich als Differenz aus dem bekannten Zeitintervall X4 (Oberintervall) und der Summe der bekannten Zeitintervalle X1, X2, X3, (Differenz) ergibt.

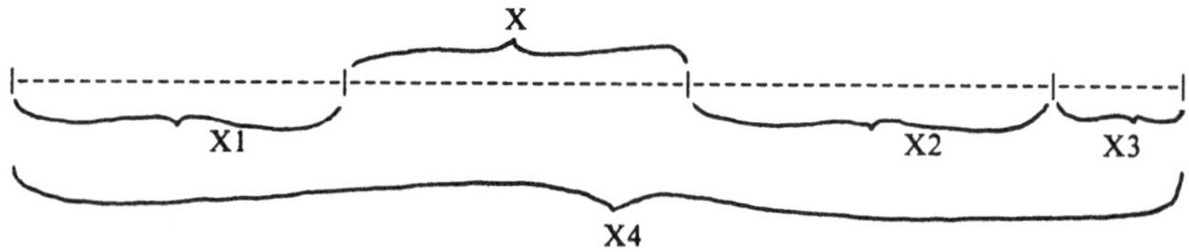

Abb. 2

"zeit_aggregation_von_oben(Objekt,Slotname,Wert,Bekannte_Zeitintervalle,Gesuchtes_Zeitintervall)" gelingt, wenn es ein Intervall Oberintervall in der Liste "Bekannte_Zeitintervalle" gibt, das Gesuchtes_Zeitintervall enthält, und wenn es für die Differenz eine Partition aus der Liste Bekannte_Zeitintervalle gibt, oder wenn sich ein Oberintervall als Partition aus Elementen der Liste der bekannten Zeitintervalle konstruieren läßt, und sich die Differenz zwischen Oberintervall und gesuchtem Intervall wieder wie vorhin als Partition aus Elementen der Liste der bekannten Zeitintervalle zusammensetzen läßt.

```
zeit_aggregation_von_oben(Objekt,Slotname,Wert,Bekannte_Zeitintervalle,Gesuchtes_Z) :-
    zeit_partition_von_o_1(Objekt,Slotname,Partition_Differenz,Bekannte_Zeitintervalle,Gesuchtes_Z,Oberintervall),
    aggregieren_von_oben1_gemaess_aggregationsart(Objekt,Slotname,Oberintervall,Partition_Differenz,Wert)
    ;zeit_partition_von_o_2(Objekt,Slotname,Partition_Differenz,Bekannte_Zeitintervalle,Gesuchtes_Z,Partition_Oberintervall),
    aggregieren_von_oben2_gemaess_aggregationsart(Objekt,Slotname,Partition_Oberintervall,Partition_Differenz,Wert).
```

Das Hilfsprädikat "zeit_partition_von_o_1(Objekt,Slotname,Partition_Differenz,Bekannte_Zeitintervalle,Gesuchtes_Z,Oberintervall)" realisiert dabei wesentlich den ersten Teil, denn es ist wahr, wenn es ein Intervall Oberintervall in der Liste "Bekannte_Zeitintervalle" gibt, das Gesuchtes_Z enthält und wenn es für die Differenz aus Oberintervall und Gesuchtes_Z eine Partition aus Elementen der Liste Bekannte_Zeitintervalle gibt.

```
zeit_partition_von_o_1(Objekt,Slotname,Partition_Differenz,Bekannte_Zeitintervalle,Gesuchtes_Z,Oberintervall) :-
    constraints_fuer_oben(Bekannte_Zeitintervalle,Gesuchtes_Z,Relevante_Zeitintervalle),
    member(Oberintervall,Relevante_Zeitintervalle),
    zeit_partition_test_o(Objekt,Slotname,Partition_Differenz,Bekannte_Zeitintervalle,Gesuchtes_Z,Oberintervall).
```

constraints_fuer_oben(Bekannte_Zeitint,Gesuchtes_Zeitint,Relevante_Zeitintervalle) selektiert aus Bekannte_Zeitintervalle alle diejenigen Intervalle, die ein Oberintervall von Gesuchtes_Z sind und schreibt das Ergebnis in Relevante_Zeitintervalle.

```
constraints_fuer_oben(Bekannte_Zeitint,Gesuchtes_Zeitint,Relevante_Zeitintervalle) :-
    findall(X,(member(X,Bekannte_Zeitint),inside(Gesuchtes_Zeitint,X)),Relevante_Zeitintervalle).
```

Das Hilfsprädikat "zeit_partition_von_o_2(Objekt,Slotname,Partition_Differenz,Bekannte_Zeitintervalle,Gesuchtes_Z,Subset)" realisiert den wesentlichen Aspekt des zweiten Teils der "oder-Bedingung" des Prädikats "zeit_aggregation_von_oben(Objekt,Slotname,Wert,Bekannte_Zeitintervalle,Gesuchtes_Z)", denn es gelingt, wenn sich ein Oberintervall als Partition aus Elementen der Liste der bekannten Zeitintervalle konstruieren läßt, und sich die Differenz zwischen dem so konstruierten Oberintervall und dem gesuchte Zeitintervall wieder wie vorhin als Partition aus Elementen der Liste der bekannten Zeitintervalle zusammensetzen läßt. Die Konstruktion der Überdeckung wird durch "blinde" Suche versucht, indem mittels subset_konst(Subset,Bekannte_Zeitintervalle) systematisch Teilmengen (Subset) aus Bekannte_Zeitintervalle gebildet werden und getestet wird, ob diese eine Überdeckung von Gesuchtes_Z bilden. Hier läßt sich möglicherweise ein effizienterer Algorithmus finden, z.B. indem man sukkzessive versucht alle möglichen Differenzen an Gesuchtes_Z "anzukleben" und für dieses größere Intervall eine Überdeckung von unten versucht.

```
zeit_partition_von_o_2(Objekt,Slotname,Partition_Differenz,Bekannte_Zeitintervalle,Gesuchtes_Z,Subset) :-
    subset_konst(Subset,Bekannte_Zeitintervalle),
    zeit_partition(Subset,Oberintervall),
    inside(Gesuchtes_Z,Oberintervall),
    zeit_partition_test_o(Objekt,Slotname,Partition_Differenz,Bekannte_Zeitintervalle,Gesuchtes_Z,Oberintervall).
```

Das Hilfsprädikat "zeit_partition_test_o(Objekt,Slotname,Partition_Differenz,Bekannte_Zeitintervalle,Gesuchtes_Z,Oberintervall)" wird in beiden vorangegangenen Hilfsprädikaten benutzt. Es gelingt, wenn die durch das Prädikat zu berechnende Menge der Zeitintervalle Partition_Differenz zusammen mit Gesuchtes_Zeitintervall eine Partition des Zeitintervalls "Oberintervall" ist.

```
zeit_partition_test_o(Objekt,Slotname,Partition_Differenz,Bekannte_Zeitintervalle,Gesuchtes_Z,Oberintervall) :-
    zeit_differenz(Oberintervall,Gesuchtes_Z,Differenz),
    zeitraum_partition_von_unten(Objekt,Slotname,Partition_Differenz,Bekannte_Zeitintervalle,Differenz).
```

Die Berechnung der Werte erfolgt im Anschluß an die Konstruktion der Überdeckungen und muß für die Aggregation von oben anders aussehen als für die Aggregation von unten. Selbst die beiden Varianten zur Aggregation von oben erfordern unterschiedliche Prozeduren zur Berechnung der Werte nämlich: aggregieren_von_oben1_gemaess_aggregationsart(...) und aggregieren_von_oben2_gemaess_aggregationsart(...). In Abhängigkeit von den explizit gespeicherten Aggregationsarten der einzelnen Konzepte erfolgt die Aggregation der Werte spezifisch für jede Aggregationsart.

```
aggregieren_von_oben1_gemaess_aggregationsart(Objekt,Slotname,Oberintervall,Partition_Differenz,Wert) :-
    aggregationsart_berechnen(Objekt,Slotname,Aggregationsart),
    Slothilf =.. [Slotname,Oberintervall],
    frame(Objekt,Slothilf,value,[W]),
   ( Aggregationsart = additiv,
    summe_zeitparameter_werte(Objekt,Slotname,Partition_Differenz,Wert_Differenz),
    Wert is W - Wert_Differenz
   ; Aggregationsart = multiplikativ,
    produkt_zeitparameter_werte(Objekt,Slotname,Partition_Differenz,Wert_Differenz),
    Wert is W / Wert_Differenz),!.
```

```
aggregieren_von_oben2_gemaess_aggregationsart(Objekt,Slotname,Partition_Oberintervall,Partition_Differenz,Wert) :-
   aggregationsart_berechnen(Objekt,Slotname,Aggregationsart),
   ( Aggregationsart = additiv,
    summe_zeitparameter_werte(Objekt,Slotname,Partition_Oberintervall,Wert_Oberintervall),
    summe_zeitparameter_werte(Objekt,Slotname,Partition_Differenz,Wert_Differenz),
    Wert is Wert_Oberintervall - Wert_Differenz
   ; Aggregationsart = multiplikativ,
    produkt_zeitparameter_werte(Objekt,Slotname,Partition_Oberintervall,Wert_Oberintervall),
    produkt_zeitparameter_werte(Objekt,Slotname,Partition_Differenz,Wert_Differenz),
    Wert is Wert_Oberintervall / Wert_Differenz),!.
```

5. Korrektheit und Vollständigkeit der Aggregation

Die Korrektheit des Verfahrens ist evident, wenn die bekannten Daten korrekt und eindeutig sind. Diese Annahme ist für Wirtschaftsdaten, die öffentlich angeboten werden, nicht unproblematisch. Einerseits können diese Daten fehlerhaft sein, zum anderen können sich Daten aus unterschiedlichen Quellen widersprechen. Im Rahmen des WIREMAN werden den einzelnen Informationsquellen Bewertungen zugeordnet, um die Zuverlässigkeit der angebotenen Daten einzuschätzen zu können. Aus diesen Bewertungen werden Sicherheiten für atomare und komplexe Daten berechnet. Auf der Basis dieser Sicherheiten wird, falls Inkonsistenzen auftauchen, die zuverlässigste Information weiterverwendet. Aber selbst wenn alle Einzeldaten eindeutig wären, was für das vorgestellte Verfahren angenommen wird, kann es vorkommen, weil für ein Intervall mehrere Überdeckungen möglich sind, daß sich die ermittelten Werte für unterschiedliche Überdeckungen unterscheiden. In diesem Fall könnte versucht werden, minimale Bereiche einzugrenzen, die die Ursache für die unterschiedlichen Werte sind. Außerhalb dieser minimalen Bereiche bestünden dann keine Inkonsistenzen. Auf diesen minimalen Bereichen soll dann jene Überdeckung gewählt werden, die gemäß den den Daten

zugeordneten Sicherheiten die höchste Sicherheit verbürgt. Es ist jedoch auch denkbar, bereits zum Zeitpunkt der Eingliederung neuer Daten in die Wissensbasis entsprechende Konsistenzregeln zu aktivieren, die dann auch auf der Basis der vergebenen Sicherheiten entweder alte Daten aus der Datenbasis löschen oder neue Daten abweisen, falls die Datenbasis sonst inkonsistent würde. Wegen der gewünschten größtmöglichsten Vollständigkeit[5] der Wissensbasis ist jedoch der erste Weg vorzuziehen, d.h., für die Anwendung scheint es sinnvoller, eine inkonsistente Wissensbasis zuzulassen und mit sinnvollen Verfahren darauf zu operieren, als Informationen abzuweisen oder zu löschen.
Das vorgeschlagene Verfahren ist unvollständig, d.h. es inferiert nicht alle Daten, die inferiert werden könnten. Erweiterungen ergeben sich im Fall der Zeitaggregation von oben, indem man statt die dort zu aggregierende Differenz nur von unten zu aggregieren, versucht, sie gänzlich neu zu aggregieren. Zusätzlich kann man versuchen, ein Intervall partiell von unten und partiell von oben zu aggregieren. Ein grundsätzlich neuer vollständigerer Ansatz bestünde darin, zu versuchen, nacheinander partielle Überdeckungen sowohl von unten als auch von oben zu betrachten und anschließend zu versuchen, die Differenzen mit dem gleichen Verfahren zu aggregieren. Durch diese insgesamt kombinatorisch sehr aufwendige Aggregation von unten und oben läßt sich wahrscheinlich erheblich mehr implizite Information erschließen als mit den bislang betrachteten Verfahren. Diese Lösung erfordert jedoch auch eine systematische Änderung der Anwendungsarchitektur. Denn hierzu müssen die Werte der partiellen Überdeckungen weitergegeben werden, d.h es können die Werte nicht mehr erst am Ende gemäß der Aggregationsart zusammen berechnet werden. Dies erschwert die Hinzunahme neuer Aggregationsarten, weil dazu dann der gesamte Algorithmus angepaßt werden müßte. Ferner läßt sich bei der letzten Lösung die Kompexität nicht mehr beherrschen, weil partielle Überdeckungen nicht mehr sinnvoll systematisch konstruiert werden können.

6. Schluß

In der Arbeit wurde gezeigt, wie im Rahmen eines in Prolog implementierten Framemodells die zielgerichtete Aggregation von zeitlich parametrisierten Wirtschaftsdaten organisiert werden kann. Bemerkenswert dabei ist die Repräsentation des zeitlichen Wissens im Framemodell durch Integration der Zeitparameter in die Slotnamen und der vorgeschlagene Vererbungsmechanismus für zeitlich parametrisierte Daten gemäß ihrer Aggregationsart. Ein ähnliches Verfahren wurde auch für die Aggregation von Wirtschaftsdaten bezüglich regionaler Zusammenhänge entwickelt und für "Raum/Zeit"-Sektoren[6]. Um ähnliche Vererbungsmechanismen, die andere Zusammenhänge der zeitlichen Abhängigkeit von Konzepten formalisieren, in die Slotparameteraggregation zu integrieren, muß eine Taxonomie der Aggregationsarten erarbeitet werden. Ferner wird versucht, den Vererbungsmechanismus systematisch so zu verallgemeinern, daß der hier vorgestellte als Teil eines größeren Mechanismus der "part_of"-Relation angesehen werden kann. Eine andere naheliegende Erweiterung, die sich für die vorgesehene Anwendung bislang nicht als notwendig erwiesen hat, bestünde darin, Zeiträume als Slotparameter zuzulassen.
Das vorgeschlagene Verfahren ist in seiner Anwendbarkeit nicht auf Wirtschaftsdaten beschränkt, sondern läßt sich auf alle zeitabhängigen Daten, für die entsprechende Aggregationsformen sinnvoll sind, übertragen. Genaugenommen spielt auch der Zeitaspekt keine entscheidende Rolle, weil eigentlich nur Intervalle auf einer diskreten wohlgeordneten Menge betrachtet werden.

Literatur:

Allen, James, (1983): Maintaining knowledge about temporal intervals, in: Communications of the ACM; 26, pp. 832 - 843.

Allen, James, (1984): Towards a general theory of action and time, in: Artificial Intelligence, Vol. 23, pp. 123-154.

Dambon, P./ Glasen, F./ Kuhlen, R./ Thost, M., (1989): WISKREDAS: Ein Wissensbasiertes Kreditabsicherungssystem, Bericht SFB 221/B3 - 3/89, Universität Konstanz

Findler, N., V./Chen, D., (1973): On the problems of time, retrieval of temporal relations, causality, and coexistence, in: International Journal of Computer and Information Sciences, Vol. 2, No.3 , pp. 161 - 185.

Glasen, Fabian, (1988): Wissensbasiertes Informationsressourcenmanagement für die Kreditwürdigkeitsprüfung bei Unternehmensgründungen, Bericht SFB 221/B3,- 5/88, Universität Konstanz

Klopprogge, Manfred, R./ Lockemann, Peter, C., (1983): Modelling information preserving databases: Consequences of the concept of time, in: Schkolnik, M./ Thanos, C., Proceedings 9th International Conference on Very Large Data Bases, Florence, Italy, 1983, pp. 399 - 416.

Ladkin, Peter, (1986): Primitives and units for time specification, in: AAAI-86, pp. 354 - 359.

Schnupp, P./ Huu, C.T.N., (1987): Expertensystem-Praktikum, Springer, Berlin.

Vilain, Marc, B., (1982): A system for reasoning about time, in: AAAI-82, pp. 197 - 201.

[5] Die Wissensbasis heißt hinsichtlich der Aussagen über Zeitintervalle vollständig, wenn im Rahmen der vorgegebenen Sprache über alle Zeitintervalle, für die dies sinnvoll ist, Aussagen erschlossen werden können.

[6] Ein entsprechender Bericht ist in Vorbereitung.

MODELLIERUNG VON SZENARIEN KOOPERIERENDER AKTEURE

Kurt Sundermeyer
Daimler-Benz AG
Forschungsinstitut Berlin
Alt-Moabit 91b, 1000 Berlin 21

Übersicht

Unter Berücksichtigung einiger bekannter Modellierungsansätze wird ein universelles Akteur-Modell formuliert, welches auf Absichten, Ressourcen und Verhalten von Akteuren basiert. Aus diesem Modell wird eine Systemarchitektur entwickelt und diese, soweit bereits spezifiziert bzw. implementiert, dargestellt. Ferner werden offene Fragen angesprochen, die mit dieser Architektur untersucht werden sollen. Die in diesem Beitrag gewählten Beispiele entstammen einer Anwendung für verkehrssichernde und -optimierende Systeme.

1. Einleitung

Eine allgemeinverbindliche Definition von DAI ("Distributed Artificial Intelligence") gibt es bislang nicht. Anerkannt ist lediglich, daß DAI sich mit Szenarien befaßt, in denen dezentralisierte und intelligente Systeme (Akteure/'agents') miteinander wechselwirken. Diese lose Charakterisierung läßt ein großes Spektrum von DAI Systemen unterschiedlicher Ausprägungen zu.

Dem vorliegenden Beitrag wird folgende Auffassung eines DAI Systems zugrundegelegt: Die Akteure "leben" in einem Umfeld und stehen in Wechselwirkung untereinander und mit dem Umfeld. Die Akteure verfügen über reichhaltige Fähigkeiten und Verhaltensweisen. Sie verhalten sich vorhersehbar und nicht "unvernünftig". Allerdings ist ihr Wissen unvollständig, ihre Sichtweisen sind lokal, ihre Fähigkeiten sind begrenzt. Jeder Akteur hat Absichten, die er zu verwirklichen sucht. Die Akteure sind sich ihrer eigenen und der Gegenwart anderer bewußt, und sie verfügen über ein gewisses Maß an Kooperationsbereitschaft.

Diese Kennzeichnung erfaßt einen weiten Bereich von DAI Szenarien, schließt aber Grenzfälle wie z.B. herkömmliche verteilte Systeme und neurale Netze aus. Das Szenario ist eher mit "Mitgliedern einer Gesellschaft" statt mit "Knoten in einem Netz" zu bezeichnen.

2. Ansätze einer Modellierung

Die in der Literatur beschriebenen Modellierungs-Ansätze für DAI Szenarien haben einen sehr unterschiedlichen Anspruch. Theoretische Konzepte sind bislang nicht für "real-life" Probleme verwendbar, empirische Konzepte nicht unmittelbar von einer Anwendung auf eine andere übertragbar. Einige der unten aufgeführten Ansätze sind eher auf einer implementationsnahen Ebene (dem "symbol level"), andere auf dem "knowledge level" angesiedelt.

Bei einer zustands-orientierten Modellierung durchläuft jeder Akteur und/oder das Umfeld eine Reihe von Zuständen. Zustandsänderungen werden durch Aktionen und Ereignisse bewirkt. Die Wechselwirkung besteht aus der Synchronisation von Aktionen und dem Reagieren auf Ereignisse. Eine solche Modellierung kann durchaus verschiedene Ausprägungen haben, wie zum Beispiel zustands-basierte Planer, ereignis-basierte Planer (/La/), Akteure als Mengen endlicher nicht-deterministischer Automaten (z.B. /St/, /TM/), Aktivitäten und Prozesse bei herkömmlichen verteilten Systemen.
Dieser Ansatz allein ist nicht in der Lage, die vielfältigen Merkmale von Akteuren epistemisch adäquat wiederzugeben. Da jedoch alle Modelle letztlich auf diese primitive Modellierung abbildbar sind, ist sie wegen ihrer Universalität für z.B. Entscheidbarkeitsprobleme und Komplexitätsabschätzungen durchaus angemessen.

Bei einer objekt-orientierten Modellierung ist der Zustand jedes Akteurs nach außen abgeschirmt und Wechselwirkung besteht aus den Operationen ANNEHMEN und ABGEBEN. Dieser Ansatz wird hier mit objekt-orientiert bezeichnet, insofern als ANNEHMEN und ABGEBEN sich auf das 'message passing' beziehen. Eine verwandte Version sind die 'actors' /He/, mit ihren zusätzlichen Konstrukten zur expliziten Parallelität.
Die reichlich vergröbernde objekt-orientierte Modellierung ist für sich genommen nicht ausdrucksstark genug, da sie die reichhaltigen Fähigkeiten und Verhaltensweisen von Akteuren stark reduziert darstellt. Als Basis einer Implementierung ist diese Art der Modellierung jedoch durchaus angemessen.

In einer rollen-orientierten Modellierung prägen Rollen eines Akteurs seine Ziele und seine Verhaltensweisen. Wechselwirkung ist die Änderung der Verhaltensweisen (und evtl. einer Rolle) aufgrund des Verhaltens anderer Akteure und des Umfeldes.
Da "Rolle" primär ein vager soziologischer Begriff ist, ist er nicht ohne weiteres effizient operationalisierbar. Der Begriff ist u.a. in /We/ formalisiert worden.

Von einigen Autoren (u.a. /Fo/, /Ma/) wurden DAI Szenarien unmittelbar durch Organisationsformen modelliert.
Organisationsformen sind sicherlich ein wichtiges Hilfsmittel zur Koordinierung des Verhaltens von Akteuren. Da sie aber eher eine makroskopische Sicht auf ein DAI Szenario darstellen, müssen mikroskopische Aspekte (z.B. Absichten von Akteuren) zusätzlich auf andere Weisen modelliert werden.

Die obigen unterschiedlichen Modellierungsansätze sind nicht grundsätzlich als falsch oder richtig zu bezeichnen. Sie betonen jeweils eine andere Sichtweise und einen anderen Ausgangspunkt. Von einer Modellierung ist allerdings zu fordern, daß sie unterschiedliche Granularität und beliebige Heterogenität eines DAI Szenarios darstellen kann sowie unabhängig von der Anzahl der Akteure ist. Sie sollte von großer Allgemeinheit sein, jedoch für jeden konkreten Fall verfeinerbar. Ferner soll sie in der Lage sein, unterschiedliche Organisationsformen der Akteure untereinander zu beschreiben. Viele Details der Modellierung sind abhängig von der konkreten Anwendung. Dies betrifft insbesondere das Umfeld, weit weniger jedoch die Akteure.
Im folgenden Kapitel wird ein Akteur-Modell vorgestellt, das unter Berücksichtigung der oben vorgestellten Ansätze diese Anforderungen zu erfüllen verspricht.

3. Ein allgemeines Akteur-Modell

3.1 Akteur, Umfeld und Wechselwirkung

Ein DAI Szenario besteht aus dezentralisierten intelligenten Systemen ("Akteuren"), die miteinander wechselwirken. Intuitiv gesehen sind Akteure die im Szenario identifizierbaren Objekte, die zusammen mit einem "Umfeld" das Gesamtsystem ausmachen.
Vor Verwendung dieser naheliegenden Zerlegung eines DAI Szenarios in Akteure und Umfeld soll auf einige der damit verbundenen Probleme hingewiesen werden.

- Zunächst ist das, was als Akteur bezeichnet wird, kontextabhängig. Im Straßenverkehr z.B. kann ein Akteur, je nach Sichtweise, ein Fahrer in einem Fahrzeug, oder die Einheit aus Fahrer und Fahrzeug, oder aber ein wissensbasiertes System in einem Fahrzeug sein.
- Ein tieferes Problem liegt in der Frage begründet, ob die Abtrennung eines Akteurs von anderen Akteuren und dem Umfeld überhaupt möglich ist. Die Antwort wird bereits seit Jahrzehnten in der Philosophie und Sozialpsychologie gesucht. In der Sprache der Systemtechnik ist dies die Frage nach den Schnittstellen zwischen Akteuren und zwischen einem Akteur und dem Umfeld.
- Berechtigt ist der Einwand, daß es angebrachter wäre, jeden Akteur vom "Rest der Welt" zu unterscheiden. Dies kann dann sinnvoll sein, wenn der Akteur überwiegend reaktiv mit seiner Umgebung wechselwirkt, Umfeld und die anderen Akteure sich für ihn also nicht wesentlich unterscheiden.
- Zu rechtfertigen wäre auch, das Umfeld selbst als Akteur zu bezeichnen. Dies führt zwar von der intuitiven Auffassung eines DAI Szenarios weg, kann aber formal durchaus so gesehen werden.

Im folgenden werden die Begriffe Akteur, Umfeld und Wechselwirkung stärker präzisiert. Alle drei greifen ihrerseits auf die Begriffe Absichten, Verhalten und Ressourcen zu. Diese und ihre Beziehungen untereinander werden im nächsten Abschnitt näher charakterisiert.

Ein Akteur

- hat Absichten (intentions): Ziele, Wünsche, Vorlieben, Aufträge etc.
- benötigt Ressourcen zur Verwirklichung von Absichten: physikalische Betriebsmittel, Wissen, Fähigkeiten etc.
- zeigt Verhalten (behavior), welches aus Wahrnehmungen (perception) und Handlungen (actions) besteht. Mit Handlungen unternimmt ein Akteur Schritte zur Verwirklichung von Absichten.

Die Wechselwirkung der Akteure untereinander besteht in gegenseitiger Wahrnehmung und in Koordinierung. Wahrnehmung unterscheidet sich von Koordinierung insofern als ein wahrgenommener Akteur nicht aktiv an dieser Wechselwirkung teilnimmt.
Koordinierung bezieht sich auf den Vergleich von Absichten, die Abstimmung über Ressourcen und die Synchronisierung von Handlungen. Sollten bei der Koordinierung Konflikte erkennbar werden, so ist über Verhandlungen oder Schlichtung eine Einigung anzustreben. Möglich ist aber auch, gemeinsame Interessen festzustellen und auf diese Weise "positiv" zu kooperieren.

Das Umfeld ist gemäß der hier vertretenen Auffassung von einem DAI Szenario alles, was außer den Akteuren für das Gesamtsystem relevant ist. Die Modellierung des Umfelds hängt damit (im Gegensatz zu der eines Akteurs) stark vom konkreten Fall ab.
Obgleich das Umfeld formal wie ein Akteur mit dem Tripel Absichten, Ressourcen und Verhalten beschreibbar ist, fehlen ihm doch wesentliche Akteur-Merkmale, wie sie im folgenden Abschnitt noch besprochen werden.
Auf einer abstrakten Stufe der Beschreibung läßt sich auch die Einteilung der Wechselwirkung zwischen Akteuren auf die Wechselwirkung zwischen einem Akteur und dem Umfeld übertragen.

Die hier vertretene Sichtweise von einem DAI Szenario findet sich zum Teil auch in Modellierungen anderer Autoren: In /MSC/ wird ein Akteur gemäß der Aufgaben die er zu erfüllen hat modelliert: wahrnehmen, kommunizieren, planen. Bei der Entwicklungsumgebung MACE /GBH/ wird davon ausgegangen, daß Akteure über Wissen verfügen, ihre Umgebung wahrnehmen und Aktionen durchführen. In der in /HR/ beschriebenen Architektur werden drei Grundfunktionen bereitgestellt: (1) "perception to acquire information from the environment; (2) action to affect entities in the environment; (3) cognition to interpret perceived information, solve problems, make decisions, and plan actions."
In diesen Systemen wird allerdings entweder nur ein Teil der Merkmale eines Akteurs erfaßt, oder es werden eher unterschiedliche Merkmale auf die gleiche Abstraktionsebene gestellt. Außerdem wird zu wenig berücksichtigt, was einen Akteur überhaupt zu seinem Verhalten motiviert und welche Hilfsmittel er zu dessen Ausführung benötigt.

3.2 Absichten, Verhalten und Ressourcen

Der technische Term intentions steht für Absichten und bezeichnet das umgangssprachliche bevorzugen, wünschen, beabsichtigen, wollen, sollen. Die von Absichten ausgehende Modellierung kommt der rollen- und organisations-orientierten Modellierung nahe, da Absichten aus Rollen ableitbar und in Organisationen teilweise vorgegeben sind.

In einfachen Fällen können Absichten eines Akteurs mit dem Inhalt seiner Pläne (den einzelnen Planschritten) identifiziert werden. Darüberhinaus lassen sich Hierarchien von Absichten bilden, z.B. im Sinne des hierarchischen Planens, hinsichtlich der Zeitaspekte oder der Dringlichkeit der Absichten. Insbesondere bezüglich des letzten Merkmals finden sich wertvolle Anregungen in der Sozialpsychologie. "Absichten" werden dort allerdings meistens in einem engeren Sinn verstanden. Sie werden zum Beispiel häufig von Wünschen unterschieden (/Br/). In /CL/ werden Absichten definiert über Ziele und die Dringlichkeit, mit der ein Akteur Ziele erreichen will.

Hier soll allein von einer Hierarchie von Absichten hinsichtlich ihrer zeitlichen Aspekte Gebrauch gemacht werden. Eine solche Hierarchie kann im Einzelfall beliebig fein sein. Wegen dieser prinzipiellen Willkür wird lediglich zwischen strategic intentions und tactical intentions unterschieden. Strategic intentions stehen für übergeordnete Ziele, Präferenzen, Interessen, Vorlieben, Verantwortlichkeiten (z.B. "Fahren von A nach B mit minimalem Kraftstoffverbrauch unter Einhaltung der Verkehrsregeln"). Tactical intentions stehen für Ziele und Pläne (z.B. "Überholen") sowie für Planschritte (z.B. "Nach links lenken").
Diese Einteilung von intentions entspricht den in der Philosophie unterschiedenen 'future-directed' und 'present-directed' Absichten (/Br/). Auch in /CL/ werden in eine modale Logik zwei Operatoren eingeführt, von denen der eine beschreiben soll, daß "one is committed to do something" und der andere, daß "typically one intends to do actions".

Der technische Term behavior steht für Verhalten und umfaßt perception (Wahrnehmungen, d.h. passives Verhalten) und actions (Handlungen, d.h. aktives Verhalten), s. Abb.1.

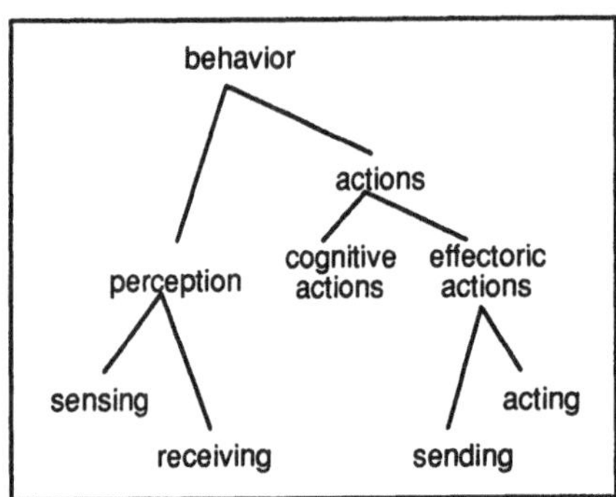

Abb.1: Die Hierarchie von 'behavior'

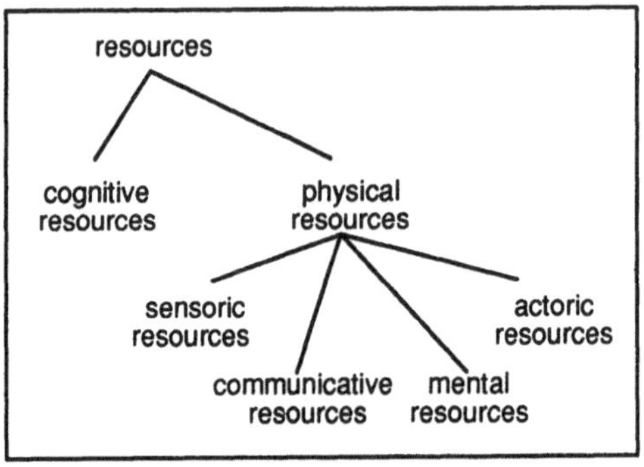

resources
cognitive resources
physical resources
sensoric resources
actoric resources
communicative resources
mental resources

Abb.2: Die Hierarchie von 'resources'

Bei actions wird zwischen cognitive actions und effectoric actions unterschieden. Cognitive actions eines Akteurs können von anderen Akteuren nicht direkt wahrgenommen werden, sondern äußern sich indirekt durch die von ihnen ausgelösten effectoric actions.
Bei cognitive actions wird weiterhin unterschieden zwischen denjenigen, die bei einem Akteur auch in Abwesenheit anderer Akteure ablaufen (problemsolving steps) und denjenigen, die bei der Interaktion mit anderen Akteuren stattfinden (cooperation steps). Effectoric actions werden differenziert in sending, d. h. Senden von Nachrichten an Akteure und acting, das heißt Handeln im Sinne von Aktorik in der Robotik.

Bei perception wird danach unterschieden, ob durch dieses Verhalten weitere Akteure explizit betroffen sind oder nicht, nämlich receiving (Empfangen von Nachrichten eines anderen Akteurs) bzw. sensing (passives Wahrnehmen von anderen Akteuren und dem Umfeld).

Cognitive actions entsprechen internen Zustandsänderungen des Akteurs, effectoric actions dem ABGEBEN, und perception dem ANNEHMEN in der oben so genannten objekt-orientierten Modellierung.

Der technische Term resources steht für alles, was zur Verwirklichung von Absichten benötigt wird, zur Ausführung von Handlungen bereitgestellt und zur Wahrnehmung vorhanden sein muß. Dies läßt sich unmittelbar in die objekt-orientierte Modellierung einbinden, insofern als Ressourcen typischerweise angenommen und abgegeben werden können.

Ressourcen bilden eine Hierarchie (s. Abb.2). Zunächst wird zwischen physical resources und cognitive resources unterschieden.

Physical resources werden wiederum klassifiziert in sensoric resources (i.e. insbesondere physikalische Sensoren), communicative resources (Kommunikations-Hardware, Bandbreiten usw.), actoric resources (Roboterarme und dgl., aber auch z.B. Raum, Zeit, Energie), mental resources (Arbeitsspeicher, CPU-Leistung usw).

Zu cognitive resources zählen belief, problemsolving skills und cooperation ability. Belief steht für das "kennen, wissen, glauben" eines Akteurs, umfaßt also neben Annahmen auch gesichertes Wissen. Problemsolving skills bezieht sich darauf, welche Aufgaben der Akteur allein lösen kann. Cooperation ability bezeichnet all diejenigen Ressourcen, die nötig sind, in sozialem Kontakt mit anderen Akteuren zu stehen.

Absichten, Verhalten und Ressourcen sind dadurch miteinander verknüpft, daß zur Verwirklichung von Absichten Ressourcen benötigt werden und daß Verhaltensweisen realisierte Absichten sind. Dieses Wechselspiel wird z.B. ausgenutzt in /Is/. Dort werden 'desired actions' (also Absichten) und 'executable actions' (diejenigen mit nötigen Ressourcen) mit 'meta-plans' (Prioritäten von Plänen) zu 'next action' gefaltet. Auch in /Bo/ wird jedes der so bezeichneten 'commitments' (beliefs, goals, actions') mit den notwendigen Ressourcen verknüpft. In /BIP/ wird eine 'belief-desire-intention' Architektur für einen 'resource-bounded rational agent' spezifiziert.
Eine Fülle von (insbesondere theoretischen) Arbeiten befaßt sich mit der Thematik "beliefs, goals and actions"; einige sind in /BG/ abgedruckt. In der Tat gelingt eine saubere Beschreibung von Absichten nur in Theorien, in denen die nötigen Ressourcen (hier auf Wissen/Annahmen beschränkt) und mögliches Verhalten mit einbezogen werden.

4. Akteur-Architektur

4.1 Module

Die im vorherigen Abschnitt eingeführten Akteur-Merkmale können nahezu eindeutig in eine modulare Systemarchitektur umgesetzt werden, bei der die Module jeweils spezifische Ausprägungen von intentions, resources und behavior beinhalten. Die Modularität wird durch die in der Hierarchie von behavior indentifizierbaren Strukturen nahegelegt:

- cognitive actions die nach außen nicht sichtbar sind
- sensing als rein annehmender Akt, acting als rein abgebender Akt
- receiving und sending als zusammengehöriges Paar sowohl annehmender als auch abgebender Akte.

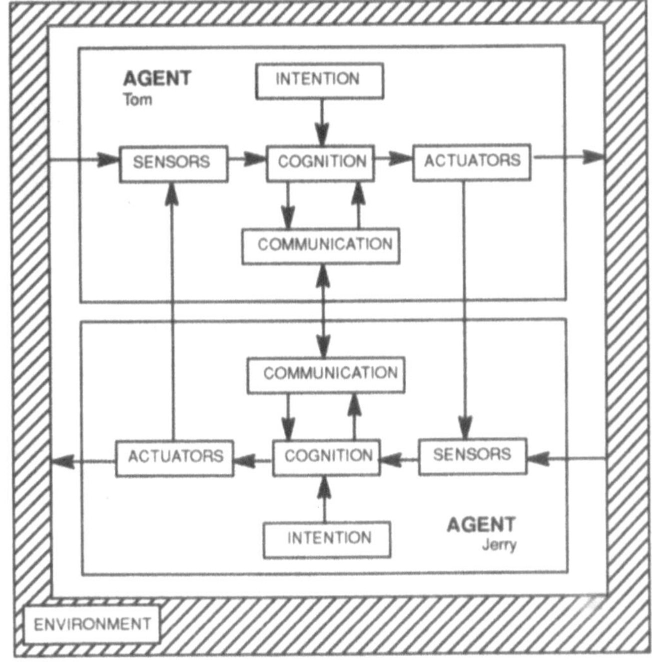

Abb.3: AGENTs und ihre Module

Diese Verhaltensstrukturen werden jeweils den Modulen COGNITION, SENSORS, ACTUATORS bzw. COMMUNICATION zugewiesen. Das heißt, diese Module sind zuständig für das jeweilige Verhalten, benötigen die zugehörigen Ressourcen und stellen diese bereit. Zusätzlich wird ein Modul INTENTION eingeführt. Dieses repräsentiert jedoch lediglich strategic intentions, da das Formen und Revidieren von tactical intentions zu cognitive actions gezählt wird. Zur Vervollständigung eines DAI-Szenarios dient ein Modul ENVIRONMENT. Die Gesamtarchitektur ist in Abb.3 angegeben.

Das Modul COGNITION ist als wissensbasiertes System realisiert, s. Abb.4. Es enthält neben der für wissensbasierte Architekturen üblichen Wissensbasis und Problemlösungs-Komponente zusätzlich eine Kooperations-Komponente.

KNOWLEDGE ist die Wissensbasis. Sie enthält belief als cognitive resource und ist gemäß der Auffassung von einem DAI Szenario in Wissen über das Umfeld (Environment), über Akteure (Agent) und über Wechselwirkungen (Interaction) unterteilt.

- Environment enthält in einem statischen Anteil ein Umfeld-Modell (z.B. generische, abstrakte Straßen-Modelle). In einem dynamischen Teil ist ein Modell des jeweils relevanten Weltausschnitts abgelegt (z.B. aktueller Straßenverlauf und Straßenzustand).
- Agent beinhaltet nicht nur das Wissen des Akteurs über andere Akteure, sondern auch über sich. Im statischen Teil ist Wissen über längerfristige Absichten, Ressourcen und Verhalten (einschließlich z.B. der Plan-Skripte für Fahrmanöver wie Einscheren und Überholen) abgelegt, im dynamischen Teil die aktuellen Merkmale der relevanten Akteure.
- Interaction enthält Wissen über Konflikte, Verhandlungsstrategien, Kommunikation, Organisationen und Verantwortlichkeiten.

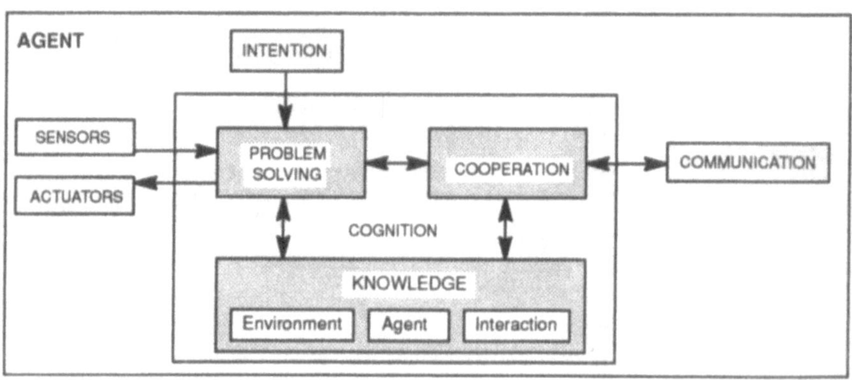

Abb.4: Die kognitive Komponente von AGENT

PROBLEMSOLVING ist die Problemlösungs-Komponente und damit zuständig für problemsolving steps. PROBLEMSOLVING besteht seinerseits aus Anteilen für z.B. das eigentliche Problemlösen (Lösung der spezifischen Aufgabe in der Domäne), Bestimmung der tactical intentions, Auswertung von Informationen aus dem Umfeld und von anderen Akteuren.
COOPERATION ist für cooperation steps zuständig. COOPERATION besteht seinerseits aus Anteilen z.B. zur Verhandlungsführung, zur geeigneten Auswahl von Nachrichtentypen, zur Abwicklung von Ressourcenaustausch, zur Plan-Erkennung. Letztlich sind diese Aktivitäten auf die Wechselwirkung der Akteure (Vergleich von intentions, Abstimmung über resources, Synchronisierung von actions) zurückführbar.

Die Aufteilung von COGNITION in eine Problemlösungs-Komponente und eine Kooperations-Komponente ist nicht leicht festlegbar. (Dies ist die in Abschn. 3.1 erwähnte Schwierigkeit, 'mind', 'self' und 'society' isoliert zu betrachten). Die Zerlegung wird aber sinngemäß auch von anderen Autoren vorgenommen, z.B. /GBH/, /EA/.

Die Schnittstellen innerhalb von COGNITION, zwischen den Akteur-Modulen und nach außen sind aus Abb.3 und Abb.4 ersichtlich. Der Datenfluß über die Schnittstellen vom Akteur nach außen und von COGNITION zu den übrigen Akteur-Modulen hängt stark von der Anwendung ab. Der Datenfluß innerhalb von COGNITION wird dagegen weitgehend durch die verwendeten Problemlösungs- und Kooperationsstrategien bestimmt. Gerade diese Problematik soll in weiteren Arbeiten systematisch untersucht werden.

4.2 Implementierung

Die hier vorgestellte Akteur-Architektur wurde im Rahmen des Projektes COSY (COoperating SYstems) spezifiziert und in Teilen implementiert. Ziel von COSY ist es, eine Methodensystematik für kooperierende Systeme aufzustellen und parallel dazu eine prototypische Entwurfsumgebung für kooperierende wissensbasierte Systeme zu schaffen. Die Untersuchungen in COSY sollen den verschiedenen Ausprägungen kooperierender Systeme hinsichtlich der Fähigkeiten und Verhaltensweisen der Akteure, der Art ihrer Verteilung und dem Grad ihrer Wechselwirkung Rechnung tragen.

Da das primäre Interesse in COSY die vielfältigen Aspekte der Kooperation von wissensbasierten Systemen sind, steht dort das Modul COGNITION im Vordergrund. Alle anderen Module der Akteur-Architektur sowie ENVIRONMENT werden soweit simuliert wie es für eine Anwendung notwendig ist. Aus dieser Sichtweise resultiert der Aufbau einer in COSY als Werkzeug konzipierten Testumgebung, die gleichzeitig als Keim der angestrebten prototypischen Entwurfsumgebung dient. Diese Testumgebung DASEDIS ("Development And Simulation Environment for Distributed Intelligent Systems") enthält eine Komponente zur Simulation von INTENTION, SENSORS, ACTUATORS, COMMUNICATION, ENVIRONMENT für die konkrete Anwendung sowie eine Komponente zur Entwicklung der einzelnen wissensbasierten Systeme und der Erprobung von Techniken zur Kooperation. Diese beiden Komponenten liegen unter einer gemeinsamen graphischen Oberfläche, welche auch die wissensbasierten Systeme einbindet.

Die Methodensystematik in COSY soll an sorgfältig ausgewählten Applikationen gewonnen werden. Als durchgehende Applikation wurde die Kooperation von Fahrzeugen zur Verkehrssicherung und -optimierung im Straßenverkehr gewählt. In diesem Kontext wird ENVIRONMENT zu Straße, INTENTION zu Fahrer und ACTUATORS zu Fahrzeug (soweit es lediglich der Fortbewegung dient, und nicht als Träger von INTENTION, SENSORS, COMMUNICATION und COGNITION). Straße und Fahrzeuge werden in der Simulationsoberfläche visualisiert.

5. Zusammenfassung und Ausblick

Es wurde dargestellt, wie bekannte theoretische und empirische Ansätze zur Modellierung von DAI Szenarien in ein Akteur-Modell einfließen können, das durchgehend auf Absichten, Verhalten und Ressourcen basiert.
Dieses Modell und die daraus abgeleitete Systemarchitektur ist allgemein genug, um sowohl für eine große Bandbreite im Spektrum der DAI Systeme als auch für unterschiedliche Anwendungen verwendbar zu sein. Die modulare Struktur, welche einen Akteur auf natürliche Weise wiedergibt, und die klare Aufgabentrennung zwischen den Modulen erlaubt es, die Implementierungen in den einzelnen Modulen bis zu jeder gewünschten Tiefe zu treiben. Wegen ihres Ansatzes ist die Architektur gut geeignet, die gegenwärtig "heißen" theoretischen Ansätze zu Wissen, Planen und Handeln zu respektieren und zu integrieren.

Obgleich bei der Modellierung an Akteure mit komplexen Absichten, reichhaltigen Fertigkeiten, großer Verständigkeit und ausgeprägter sozialer Bewußtheit gedacht wurde, ist nicht ausgeschlossen, das Modell für Akteure mit begrenzteren Fähigkeiten und einfacheren Verhaltensweisen zu verwenden.

Mit der Implementierung der Architektur in DASEDIS sind die wesentlichen Voraussetzungen geschaffen, um Kontroll- und Kommunikationsstrategien zu testen und zu bewerten. Die zunächst interessierenden Fragen sind:

- Wie reichhaltig muß das Wissen eines Akteurs sein, um erfolgreich und effizient mit anderen kooperieren zu können? Wann reicht es aus, nur allgemeine Annahmen über die anderen Akteure zu machen, z.B. deren Rationalität /Ro85/, und wann ist es nötig, die anderen Akteure explizit zu modellieren (/CP/, /Ro82/, /CL/)?
- Wie müssen die Informationsflüsse in der Architektur beschaffen sein, um das Wechselspiel zwischen Absichten, Verhalten und Ressourcen angemessen wiederzugeben? Detaillierte Datenflüsse sind z.B. auf dieser Ebene in /BIP/, allerdings nur für einen isolierten Akteur, präzisiert worden.
- Welche Kommunikationsprimitiva müssen vorhanden sein? Hierzu gibt es viele Anregungen aus der Sprechakt-Theorie. Diese sind zum Teil in Planungskalküle eingeflossen; z.B. /CP/, /Ro82/.

Zu klären ist letztlich das Verhältnis von Kommunikation zu Inferenz, und damit die Abgrenzung und die Interaktion von PROBLEMSOLVING und COOPERATION.

Danksagung

Ich danke Birgit Burmeister für ihre Geduld beim Anhören meiner sich laufend geänderten Vorstellungen über Akteure, für ihre Anregungen und für Verbesserungsvorschläge nach der Durchsicht des Manuskripts.

Literatur

/Be/ M.Benda (Hrsg.): "Proc. Ninth Workshop on Distributed Artificial Intelligence", ohne Verlag, 1989

/Bo/ A.H.Bond: "Commitment: Some DAI Insights from Symbolic Interactionist Sociology", in /Be/ pp. 239-262

/BG/ A.H.Bond, L.Gasser (Hrsg.): "Readings in Distributed Artificial Intelligence", Morgan Kaufmann, 1988

/Br/ M.E.Bratman: "Intentions, plans, and practical reasoning", Harvard Univ. Press, 1987

/BIP/ M.E.Bratman, D.J.Israel, M.E.Pollack: "Plans and resource-bounded practical reasoning", Comput.Intell. 4 (1988) 349-355

/CL/ P.R.Cohen, H.J.Levesque: "Persistence, Intention, and Commitment", SRI Technical Note 415, 1987

/CP/ P.R.Cohen, C.R.Perrault: "Elements of a Plan-Based Theory of Speech Acts", Cognitive Sci. 3 (1979)

/EA/ M.Evans, J.Anderson: "A Constraint-Based Architecture for Multi-Agent Problem Solving", in /Be/ pp. 1-24

/Fo/ M.S Fox: "An Organizational View on Distributed Systems", IEEE Trans.Systems Man and Cybern. SMC-11 (1981) 70-81

/GBH/ L.Gasser, C.Braganza, N.Herman: "MACE: A Flexible Testbed for Distributed AI Research", in /Hu/ pp. 119-152

/GH/ L.Gasser, M.Huhns (Hrsg.): "Distributed Artificial Intelligence Vol. II", Morgan Kaufmann und Pitman, 1989

/GL/ M.P.Georgeff, A.L.Lansky (Hrsg.): "Reasoning about Actions and Plans", Morgan Kaufmann, 1987

/HR/ B.Hayes-Roth, M.Hewett, R.Washington, R.Hewett, A.Seiver: "Distributing Intelligence within an Individual", in /GH/ pp. 385-412

/He/ C.Hewitt: "Viewing Control Structures as Patterns of Passing Messages", Artif.Intell. 8 (1987) 323-363

/Hu/ M.N.Huhns (Hrsg.): "Distributed Artificial Intelligence", Pitman & Morgan Kaufmann, 1987

/Is/ T.Ishida: "CoCo: A Multi-Agent System for Concurrent and Cooperative Operation Tasks", in /Be/ pp. 197-213

/La/ A.L.Lansky: "Behavioral Specification and Planning for Multiagent Domains", Techn. Note 360, SRI International, Menlo Park, CA, 1985

/Ma/ T.W.Malone: "Organizing Information Processing Systems: Parallels between Organizations and Computer Systems", in: W.Zachary, S.Robertson, J.Black (Hrsg.) "Cognition, Computation, and Cooperation, Ablex Publ. Corp., 1989

/MSC/ D.McArthur, R.Steeb, S.Cammarata: "A Framework for Distributed Problem Solving", Proc. AAAI-82, 181-184

/Ro82/ J.S.Rosenschein: "Synchronization of Multi-Agent Plans", Proc. AAAI-82, 115-119

/Ro85/ J.S.Rosenschein: "Rational Interactions: Cooperation Among Intelligent Agents", PhD thesis, Stanford Univ., 1985

/St/ C.J.Stuart: "An Implementation of a Multi-Agent Plan Synchronizer", Proc. IJCAI-85, 1031-1033

/TM/ M.T.Tennenholtz, Y.M.Moses: "On Cooperation in a Multi-Entity Model", Proc. IJCAI-89, 918-923

/We/ E.Werner: "Cooperating Agents: A Unified Theory of Communication and Social Structure", in /GH/ pp. 3-36

Topologie in Depiktionen*

Longin Latecki

Universität Hamburg
Fachbereich Informatik
Bodenstedtstr. 16, 2000 Hamburg 50

Abstract

R. Lindsay (1988) benutzt bildhafte Wissensrepräsentationen für nichtprozedurale Inferenzen. Die nichtprozeduralen Schlüsse zieht man, indem Konstruktionsprozesse geometrische Figuren generieren und dann Prüfprozesse Eigenschaften dieser Figuren prüfen. Zu den relevanten Eigenschaften gehören auch topologische: "Entscheide, ob die Menge der Liniensegmente eine stetige, geschlossene Kurve bildet." Ch. Habel (1989 und 1989a) begründet die Notwendigkeit der Benutzung topologischer Eigenschaften in bildhafter Wissens-repräsentation, die er Depiktion nennt, für natürlichsprachliche räumliche Ausdrücke, wie z. B. Präpositionen: *um, an, zwischen.* Dabei kommen solche Begriffe wie Umgebung, Weg, geschlossene Kurve, Stetigkeit und Zusammenhang ins Spiel. Diese Begriffe haben gutfundierte Definitionen in der Topologie, die unseren Intuitionen entsprechen.
Eine Datenstruktur, in der man bildhaftes Wissen repräsentieren kann, ist ein Raster, eine endliche (oder aufzählbare) Teilmenge von $\mathbb{Z}^2$ (siehe z. B. M. Khenkhar 1988). Dort verlieren leider die oben genannten topologischen Begriffe wegen der Endlichkeit der Struktur einige intuitive Eigenschaften. Die wichtigsten dieser Eigenschaften sind Homogenität der Umgebungen und Metrisierbarkeit. Das bedeutet, daß die direkte Übertragung der topologischen Eigenschaften von Depiktionen in ein Raster Probleme bereitet. Andererseits gibt es in der Bildverarbeitung schon lange algorithmische Definitionen der relevanten topologischen Begriffe. Die hierbei auftretenden Algorithmen kann man als Prüfprozesse benutzen. A. Rosenfeld (1979) und V. Kovalevsky (1989) schlagen Topologien vor, die diese algorithmischen Definitionen formalisieren. Nun fehlen aber auch diesen Topologien die oben genannten intuitiven Eigenschaften: Homogenität der Umgebungen und Metrisierbarkeit.
Im vorliegenden Aufsatz zeigen wir, daß es im Raster keine nicht triviale Topologie gibt, die über diese Eigenschaften verfügt. Weiterhin beschreiben wir eine Semi-Topologie, die diese Eigenschaften besitzt und in der die mit Hilfe von offenen Mengen und mengentheoretischen Operationen erzeugte Definitionen und die algorithmischen Definitionen äquivalent sind.

---

* Ich danke Ch. Habel für die Betreuung dieser Arbeit und Ch. Schlieder, M. Kehnkhar, Y. Cao und S. Pribbenow für Diskussionen und Anregungen.

0. EINFÜHRUNG

In der Ebene $\mathbb{R}^2$ und im Raum $\mathbb{R}^3$ haben alle Punkte gleichartige Umgebungen. Das bedeutet, daß die Umgebungen in allen Punkten "gleich aussehen" (z. B. durch eine Verschiebung ineinander überführbar sind), und entspricht der menschlichen Intuition, daß alle Punkte lokal gleiche Eigenschaften haben. Das ist eine der grundlegenden Tatsachen der durch die klassische Metrik induzierten Topologie auf der Ebene oder im Raum. Wenn eine Topologie auf einem Raster möglichst nahe der Realität sein soll, ist es notwendig, von ihr zu verlangen, daß sie ebenfalls diese Eigenschaft besitzt. Sonst können wir kontraintuitive Ergebnisse bekommen; z. B., wenn wir ein *An*-Gebiet eines Objektes als eine offene Umgebung im Raster darstellen, dann kann es sein, daß das *An*-Gebiet nach der Verschiebung des Objektes keine offene Umgebung mehr ist. Erst formulieren wir hier die oben genannte Eigenschaft formal.

Definition 0.1
Sei (X,J) ein topologischer Raum. Die Bijektion f: X $\rightarrow$ X ist **gleichartig-stetig** bezüglich der Topologie **J**, wenn für alle z aus X
$f^{-1}(\mathbf{U}_z) = \mathbf{U}_{f^{-1}(z)}$, wo $\mathbf{U}_x$ die Familie von allen Umgebungen im Punkt x ist ($\mathbf{U}_x = \{U(x): U(x)$ ist offen und $x \in U(x)\}$), für beliebiges x aus X.

Wenn eine Bijektion f: X $\rightarrow$ X gleichartig-stetig ist, dann ist sie auch stetig. Es gilt, daß die Stetigkeit mit der Bedingung
$\forall\, z \in X \quad f^{-1}(\mathbf{U}_z) \subseteq \mathbf{U}_{f^{-1}(z)}$ äquivalent ist.

Definition 0.2
Sei (X,J) ein topologischer Raum und (X,+) eine kommutative Gruppe.
Die Topologie **J** ist **homogen** gegenüber dem Operator "+", wenn für alle x, y aus X die Verschiebung x auf y $f_{y-x}: X \rightarrow X$, $f_{y-x}(z) = z+y-x$, gleichartig-stetig ist. Dann haben alle Punkte gleichartige Umgebungen.

Auf der Ebene $\mathbb{R}^2$ oder im Raum $\mathbb{R}^3$ ist die durch die klassische Metrik erzeugte Topologie homogen gegenüber dem klassischen Operator "+". Das ist eine Formalisierung der intuitiven Eigenschaft, daß alle Punkte gleichaussehende Umgebungen haben.

Wenn die Topologie **J** homogen gegenüber dem Operator "+" ist, dann sind alle Verschiebungen stetig. Also, wenn es eine Verschiebung gibt, die keine stetige Funktion ist, dann ist die Topologie **J** nicht homogen gegenüber dem Operator "+".
In weiterem Verlauf zeigen wir, daß es keine nicht diskrete Topologie auf $\mathbb{Z}^2$ gibt, in der alle Verschiebungen stetige Funktionen sind und die zur Beschreibung des Rasters geeignet ist. Hieraus folgt, daß es keine nicht triviale Topologie mit gleichen Umgebungen in allen Punkten im Raster gibt. Das Ergebnis stimmt mit den psychologischen Erkenntnissen überein, daß die klassische mengentheoretische Topologie zu stark für die Beschreibung von Depiktionen ist, wie sie in einer Darstellung der menschlichen visuellen

Perzeption verwendet werden (Chen Lin 1985, 1989). Daher braucht man eine Topologie, die der "menschlichen Topologie" näher ist und die trotzdem die wichtigsten Eigenschaften der mengentheoretischen Topologie behält. Deswegen sollte diese Topologie u. a. die Eigenschaft haben, daß die Umgebungen in allen Punkten gleich aussehen und daß Verschiebungen stetig sind. So eine "Richtungs-Semi-Topologie" wird hier vorgeschlagen. Die Richtungs-Semi-Topologie ist gut geeignet für die Beschreibung von verschiedenen Rastern und liefert die Standardbegriffe von Zusammenhang, Nachbarschaft, Weg und Bogen. Sie ist auch durch eine natürliche Semi-Metrik induziert. Die Induzierung einer Topologie durch eine Metrik, die sogenannte Metrisierbarkeit, scheint auch eine notwendige Eigenschaft jeder Topologie im Raster zu sein. Sonst gibt es keine klare Beziehung zwischen Umgebungen und Abständen. Eine derartige Beziehung brauchen wir z. B. für die Beschreibung des Konzeptes *"näher an"*.
Die Richtungs-Semi-Topologie gehört zu einer Teilklasse der Semi-Topologie. Die Semi-Topologie entsteht durch Abschwächung der Definition der allgemeinen Topologie. In der Semi-Topologie verursacht die Tatsache, daß alle Punkte gleiche Umgebungen haben, nicht die Trivialität der Topologie, deswegen kann man hier lokale Eigenschaften untersuchen. Weiterhin hat der Homöomorphismus hier ähnliche Eigenschaften dem aus der klassischen Topologie, z. B. ist der Zusammenhang invariant gegenüber dem Homöomorphismus.

1. SEMI-TOPOLOGIE

Am Anfang möchten wir an ein paar grundlegende Definitionen der allgemeinen Topologie erinnern.

Definition 1.1

Eine Topologie auf einer Menge X ist ein System **J** von Teilmengen von X, das folgende Bedingungen erfüllt:

(1) Ø und X sind in **J**

(2) Die Vereinigung jedes Subsystems von **J** ist in **J**

(3) Der Schnitt jedes endlichen Subsystems von **J** ist in **J**

Definition 1.2

Ein topologischer Raum ist ein Paar (X,**J**), wobei X eine Menge und **J** eine Topologie auf X ist. Die Mengen die zu **J** gehören, heißen offene Mengen. Eine offene Menge U mit $x \in U$ heißt Umgebung von x. Eine derartige Menge werden wir oft durch U(x) bezeichnen. Die Komplemente von offenen Mengen heißen abgeschlossene Mengen.
Ein System **B** von offenen Mengen heißt Basis der Topologie **J**, wenn jede offene Menge von (X,**J**) Vereinigung von Mengen aus **B** ist.

Definition 1.3

Ein topologischer Raum X heißt T_0 Raum, wenn von je zwei verschiedenen Punkten aus X mindestens einer eine Umgebung besitzt, die den anderen nicht enthält.
Ein topologischer Raum X heißt T_1 Raum, wenn von je zwei verschiedenen Punkten aus X jeder eine Umgebung besitzt, die den anderen nicht enthält.

Ein topologischer Raum X heißt T_2 Raum (Hausdorff Raum), wenn je zwei verschiedene Punkte aus X disjunkte Umgebungen besitzen.
Ein topologischer Raum X heißt T_4 Raum, wenn je zwei verschiedene abgeschlossene Mengen aus X disjunkte Umgebungen besitzen.

Wir untersuchen hier Topologien auf dem ganzen $\mathbb{Z}^2$, um die Probleme mit Randpunkten zu vermeiden. Ein Raster kann man als eine endliche Teilmenge von $\mathbb{Z}^2$ betrachten, wie z. B.
$R=\{ (i,j)\in\mathbb{Z}^2 : a_1 \le i \le a_2, b_1 \le j \le b_2 \}$, wo $a_1, a_2, b_1, b_2\in\mathbb{Z}$ und $a_1 < a_2, b_1 < b_2$. Weil wir möchten, daß unsere Ergebnisse auch in solchen endlichen Rastern gelten, betrachten wir hier nur raster-passende Topologien auf $\mathbb{Z}^2$ im Sinne der Definition 1.4.

Definition 1.4
Eine Topologie auf $\mathbb{Z}^2$ ist raster-passend, wenn
$\forall\ z\in\mathbb{Z}^2\ \ \exists\ a_1, a_2, b_1, b_2\in\mathbb{Z}\ \ a_1 < a_2, b_1 < b_2\ \ \exists\ U(z)$ - Umgebung von z in $\mathbb{Z}^2$, so daß $U(z) \subseteq G=\{ (i,j)\in\mathbb{Z}^2 : a_1 \le i \le a_2, b_1 \le j \le b_2 \}$.

Die Definition ist äquivalent mit der Tatsache:
$\forall\ z\in\mathbb{Z}^2\ \exists\ U(z)$ - Umgebung von z in $\mathbb{Z}^2$, so daß $U(z)$ endlich ist.
Aus dieser Tatsache folgt der Satz 1.1.

Satz 1.1
Jede raster-passende T_1 Topologie auf $\mathbb{Z}^2$ ist diskret (jede Teilmenge ist offen).

Korollar 1.2
Jede raster-passende, nicht diskrete T_1 Topologie auf $\mathbb{Z}^2$ ist nicht metrisierbar.
Beweis. Es gibt nur T_0 Topologien auf $\mathbb{Z}^2$, die raster-passend und nicht diskret sind, aber jede metrische Topologie ist T_4.

Satz 1.3
Es gibt keine nicht diskrete, raster-passende T_0 Topologie auf $\mathbb{Z}^2$, so daß für alle $(a,b)\in\mathbb{Z}^2$ die Verschiebung $v_{(a,b)} : \mathbb{Z}^2 \to \mathbb{Z}^2$
$v_{(a,b)}(i,j)= (i+a, j+b)$ eine stetige Funktion ist.

Beweis. Wegen des Satzes 1.1 reicht es, nur T_0 Topologien, die nicht T_1 sind, zu betrachten. Sei **J** so eine Topologie. Wir finden $(a,b)\in\mathbb{Z}^2$, so daß $v_{(a,b)}$ keine stetige Funktion in **J** ist.
Seien $x, y\in\mathbb{Z}^2$ so daß, für jede offene Menge U, $x\in U$ impliziert $y\in U$ und es eine offene Menge V gibt, für die $y\in V$ und $x \notin V$ gilt.
Wenn wir die kleinste Umgebung von x als W_x und die kleinste Umgebung von y als W_y bezeichnen, erhalten wir
$x\in W_x$ und $y\in W_x$; $x\notin W_y$ und $y\in W_y$.
Sei $(a,b) = y - x$. Die Funktion $v_{(a,b)}(z) = z + (y - x)$ ist nicht stetig:
Weil W_y die kleinste offene Menge ist, die y enthält, haben wir
$W_y \subseteq W_x$.
$x\in W_x$ und $x\notin W_y \Rightarrow W_y \subseteq W_x$ und $W_y \neq W_x \Rightarrow |W_y| < |W_x|$
Jetzt zeigen wir, daß $v^{-1}_{(a,b)}(W_y)$ nicht offen ist.

$x \in v^{-1}{}_{(a,b)}(W_y)$ aber es ist nicht wahr, daß $W_x \subseteq v^{-1}{}_{(a,b)}(W_y)$,weil
$| v^{-1}{}_{(a,b)}(W_y) | = | W_y | < |W_x|$
Aus dem folgt, daß $v_{(a,b)}$ keine stetige Funktion ist.

Korollar 1.4

Es gibt keine nichtdiskrete, raster-passende T_0 Topologie auf $\mathbb{Z}^2$, die homogen gegenüber dem klassischen Additionsoperator "+" ist.

Es ist also nicht möglich, ein Raster so zu topologisieren, daß alle Punkte gleichartige Umgebungen haben. Es gibt auch keine metrische Topologie im Raster.
Wenn wir die Definition 1.1 der Topologie ändern, dadurch daß wir die Bedingung (3) streichen, bekommen wir endliche und abzählbare, nichtdiskrete semi-topologische Räume, die trotzdem viele Eigenschaften der topologischen Räume haben. Auf diese Weise können wir sämtliche Ergebnisse der Topologie auf endliche und abzählbare Räume übertragen und sie für die Beschreibung von Depiktionen benutzen.
In der Semi-Topologie wird es auch möglich, ein Raster so zu topologisieren, daß alle Punkte gleichartige Umgebungen haben.

Definition 1.5

Eine Semi-Topologie auf einer Menge X ist ein System **J** von Teilmengen von X, die folgende Bedingungen erfüllt:

(1) Ø und X sind in **J**

(2) Die Vereinigung jedes Subsystems von **J** ist in **J**

Die wichtigsten Begriffe der Topologie, stetige Funktion und Homöomorphismus, haben unveränderte Definitionen und grundlegende Eigenschaften.
Jede Semi-Topologie ist auch eine Punkt-Semi-Topologie im Sinne der Definition 1.6.

Definition 1.6

Sei X eine Menge und **B**(x) eine Familie von Teilmengen von X, so daß $x \in B(x)$ für jedes $B(x) \in \mathbf{B}(x)$ und $x \in X$. Sei $\mathbf{B} = \{ \mathbf{B}(x) : x \in X \}$.
Die durch die Familie **B** induzierte Semi-Topologie auf X nennen wir Punkt-Semi-Topologie.
Für jedes x aus X heißt **B**(x) Punktbasis (oder Umgebungsbasis) in x und B(x) Basis-Umgebung von x, wo $B(x) \in \mathbf{B}(x)$. Die Familie **B** ist ein System von Punktbasen dieser Topologie.
Durch $U(Y) = \bigcup \{ B(y) : y \in Y \}$, wo B(y) eine Menge aus **B**(y) ist, bezeichnen wir Umgebung der Menge Y. Die Menge U(Y) hängt von der Auswahl der Basis-Umgebungen B(y) aus **B**(y), $y \in Y$, ab.

Auf dieselbe Weise definiert man Punkt-Topologie in der mengentheoretischen Topologie. (Z.B. siehe Beispiel 1.1)
Wir werden uns sehr oft mit dem Fall beschäftigen, in dem
$| \mathbf{B}(x) | = 1$ für jedes $x \in X$. Die Punktbasis in jedem Punkt hat dann nur eine Basisumgebung. (Für alle $x \in X$ $\mathbf{B}(x) = \{B(x)\}$.)

Die Menge $U(Y) = \bigcup \{ B(y): y \in Y \}$ nennen wir dann Basis-Umgebung von Y. In diesem Fall hat jede Teilmenge Y von X nur eine Basis-Umgebung.

Beispiel 1.1

Sei $X = \mathbb{R}^2$ und $K(x,r)$ die Standardkugel in $\mathbb{R}^2$, wo $x \in \mathbb{R}^2$ und $r>0$.
($K(x,r) = \{y \in \mathbb{R}^2: d(x,y)<r\}$, wo d die euklidische Metrik auf $\mathbb{R}^2$ ist.)
Die Familie $\mathbf{B}(x) = \{K(x,1/n): n \in \mathbb{N}\}$ ist eine Punktbasis für jedes $x \in \mathbb{R}^2$. Das System der Punktbasen $\mathbf{B} = \{\mathbf{B}(x) : x \in \mathbb{R}^2\}$ erzeugt dann die klassische euklidische Topologie auf $\mathbb{R}^2$.

Beispiel 1.2

Sei $X = \mathbb{R}^2$ und $K(x,r)$ die Standardkugel in $\mathbb{R}^2$, wo $x \in \mathbb{R}^2$ und $r>0$.
Wenn $r>0$ festgelegt ist, dann erzeugt das System der Punktbasen $\mathbf{B} = \{\mathbf{B}(x) : x \in \mathbb{R}^2\}$, wo $\mathbf{B}(x) = \{K(x,r)\}$ für fedes $x \in \mathbb{R}^2$, eine Punkt-Semi-Topologie auf $\mathbb{R}^2$.

Einer der wichtigsten Begriffe, mit dem wir uns weiter beschäftigen werden ist der Begriff des Zusammenhangs.

Definition 1.7

Ein Raum X ist nicht zusammenhängend, wenn es zwei nicht leere Mengen A und B und zwei Umgebungen U(A), U(B) dieser Mengen gibt, so daß $X = A \cup B$ und $U(A) \cap U(B) = \emptyset$.
Ein Raum X ist **zusammenhängend** im Gegenfall.

In jedem klassischen topologischen Raum X mit einem System von Punktbasen **B** sind die obigen Definitionen von Unterraum und Zusammenhang den gewöhnlichen Definitionen äquivalent. Das folgt aus der Tatsache, daß in jedem solchen Raum X eine Teilmenge A von X ist offen gdw. es eine Umgebung U(A) gibt, so daß A = U(A).

2. RICHTUNGS-SEMI-TOPOLOGIE

Jetzt definieren wir eine weitere, besonders relevante Klasse von semi-topologischen Räumen, richtungs-semi-topologische Räume.
Die Richtungs-Semi-Topologie läßt sich auf alle bekannten Rasterstrukturen einführen, so daß die dort bekannten Begriffe von Nachbarschaft, Zusammenhang, Weg und Bogen erzeugt werden.

Definition 2.1

Sei M eine beliebige Menge und F eine Menge von Bijektionen in M, die folgende Bedingungen erfüllen:

1. Für jedes $x \in M$ enthält die Menge $\{x, f(x): f \in F\}$ paarweise unterschiedliche Elemente.
2. Für jedes $x, y \in M$ gibt es $f_1, \ldots, f_n \in F$, so daß $y = f_1 \circ \ldots \circ f_n(x)$.
3. Für jedes $x \in M$, wenn $f \in F$, dann gibt es $f' \in F$, so daß $f' \circ f(x) = x$.

Die Menge F nennen wir Richtungen in M und bezeichnen sie mit R(M). Sei Y eine Teilmenge von M.

$R_Y(y) = \{ f \in R(M): f(y) \in Y \}$ bezeichnet Richtungen im Punkt $y \in Y$ im Raum Y. Selbstverständlich haben wir $R_M(x) = R(M)$ für alle x aus M.
Durch $r_Y(y) = | R_Y(y) |$ bezeichnen wir die Anzahl der Richtungen im Punkt $y \in Y$ im Raum Y. ($|A|$ bezeichnet die Anzahl der Elemente der Menge A.)

Definition 2.2

Für jedes $x \in M$ definieren wir eine Kugel in x durch
$K(x) = \{x, f(x): f \in R(M)\}$. Die Punkt-Topologie **J** auf M, die durch das System von Punktbasen $\mathbf{B} = \{\mathbf{B}(x): x \in M\}$, wo $\mathbf{B}(x) = \{K(x)\}$ für jedes x aus M, induziert ist, nennen wir **Richtungs-Semi-Topologie**.
B nennen wir Richtungbasis.
Das bedeutet $U \in \mathbf{J}$ (U ist offen) gdw. es eine Teilmenge **A** von **B** gibt, so daß U $= \bigcup \mathbf{A}$. (Wir identifizieren die Menge $\mathbf{B} = \{\{K(x)\}: x \in M\}$ mit $\{K(x): x \in M\}$.)
Jeder Unterraum von M heißt auch richtungs-semi-topologischer Raum.

Wenn es nichts anders gesagt wird, betrachten wir richtung-semi-topologische Räume mit mindestens drei Richtungen in jedem Punkt.
Mit Hilfe der Richtung-Semi-Topologie können wir ein Raster so topologisieren, daß alle Punkte gleichartige Umgebungen haben. Siehe Beispiele 2.1 und 2,2. Im Beispiel 2.1 ist die Richtungs-Semi-Topologie homogen gegenüber dem standard Additionsoperator "+" auf $\mathbb{Z}^2$. Im Beispiel 2.2 ist die Richtungs-Semi-Topologie homogen gegenüber dem "+" auf $E = \{ (x,y) \in \mathbb{Z}^2: x + y \text{ ist gerade} \}$.

Abbildung 2.1

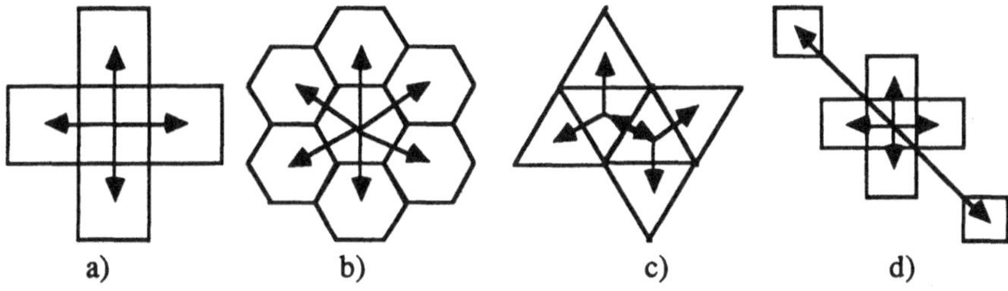

Beispiel 2.1

$M = \mathbb{Z}^2$ und $R(\mathbb{Z}^2)$ enthält folgende vier Funktionen
$l, r, o, u : \mathbb{Z}^2 \to \mathbb{Z}^2$ (links, rechts, oben, unten); $r(x,y) = (x+1,y)$,
$l(x,y) = (x-1,y)$, $o(x,y) = (x,y+1)$, $u(x,y) = (x,y-1)$.
Das entspricht der Abdeckung der Ebene mit Quadraten bei der 4-Nachbarschaft. (Die Abbildung 2.1-a stellt die Basiskugel dar)

Beispiel 2.2

$E = \{ (x,y) \in \mathbb{Z}^2: x + y \text{ ist gerade} \}$ mit folgenden Richtungen
$o, u, ol, or, ul, ur : E \to E$ (oben, unten, oben-links, oben-rechts, unten-links, unten-rechts). $o(x,y) = (x,y+2)$, $u(x,y) = (x,y-2)$,

$or(x,y) = (x+1,y+1)$, $ol(x,y) = (x-1,y+1)$, $ur(x,y) = (x+1,y-1)$, $ul(x,y) = (x-1,y-1)$. Das entspricht der Abdeckung der Ebene mit regulären Sechsecken. (Die Abbildung 2.1-b stellt die Basiskugel dar)

Beispiel 2.3

$M = \mathbb{Z}^2$ und $R(\mathbb{Z}^2)$ enthält folgende drei Funktionen $l, r, ver : \mathbb{Z}^2 \to \mathbb{Z}^2$ (links, rechts, vertikal); $r(x,y) = (x+1,y)$, $l(x,y) = (x-1,y)$,
$ver(x,y) = (x,y+1)$, wenn $x+y$ gerade ist , $ver(x,y) = (x,y-1)$, wenn $x+y$ ungerade ist. Das entspricht der Abdeckung der Ebene mit regulären Dreiecken. (Siehe Abbildung 2.1-c)

Man kann auch richtungs-semi-topologische Räume mit beliebigen Richtungen wie z. B. in der Abbildung 2.1-d untersuchen. Solche Räume können zur Beschreibung von Prozessorennetzen dienen.

Definition 2.3

Eine Semi-Metrik auf X ist eine Abbildung $d: X \times X \to \mathbb{N}$
mit folgenden Eigenschaften:
(a) $d(x,y) = 0$ gdw. $x = y$,
(b) $d(x,y) = d(y,x)$ für alle $x,y \in X$,
(c) $d(x,z) \leq d(x,y) + d(y,z)$ für alle $x,y,z \in X$.
Der einzige Unterschied zwischen dieser Semi-Metrik und der Standardmetrik besteht darin, daß die Semi-Metrik einen diskreten Raum $\mathbb{N}$ als Bild hat, während die Standardmetrik $\mathbb{R}_{\geq 0}$ als Bild hat.

Satz 2.1

Sei X ein richtungs-topologischer Raum. Die Funktion $d: X \times X \to \mathbb{N}$
$d(x,y) = \min\{ n: f_1 \circ \ldots \circ f_n(x) = y, f_1, \ldots, f_n \in R(X) , n \in \mathbb{N}\}$ für $x \neq y$,
$d(x,y) = 0$, für $x = y$
ist eine Semi-Metrik auf X.

Auf Basis dieses Satzes kann man zeigen, daß jede
Richtungs-Semi-Topologie durch eine Semi-Metrik induziert ist.

Jetzt kommen wir zum Begriff des Zusammenhanges.

Definition 2.4

Sei X ein richtungs-topologischer Raum.
Für jedes $x,y \in X$ und $f_1, \ldots, f_n \in R(X)$ $(n \in \mathbb{N})$, so daß $f_1 \circ \ldots \circ f_n(x) = y$, definieren wir einen **Weg** von x zu y als Folge
$weg(x,y) = (x, f_n(x), f_{n-1} \circ f_n(x), \ldots, f_1 \circ \ldots \circ f_n(x))$.
Für $x = y$ legen wir $weg(x,x) = (x)$.
Ein Raum X heißt **wegzusammenhängend**, wenn es zu je zwei Punkten $x,y \in X$ einen Weg in X gibt.

Auf dieselbe Weise definiert man die entsprechenden Begriffe in Graphen. Es ist auch Standarddefinition von Weg (path) und Zusammenhang im Raster (siehe Rosenfeld 1979). Weiterhin zeigen wir, daß in richtungs-semi-topologischen

Räumen diese Definition der topologischen Definition von Zusammenhang äquivalent ist.
Erst definieren wir analog zu $\mathbb{R}$ Intervall, Bogen und geschlossene Kurve, aber im vorliegenden Fall sind dies endliche Strukturen.

Definition 2.5
Jetzt führen wir eine Richtungs-Topologie in $\mathbb{Z}$ ein. Diese Topologie wird durch die Richtungen $l,r: \mathbb{Z} \to \mathbb{Z}$ $l(x) = x - 1$, $r(x) = x + 1$
generiert. Die Menge $[x,y] = \{z \in \mathbb{Z}: x \le z \le y\}$ mit der von $\mathbb{Z}$ induzierten Richtungs-Topologie, wo $x,y \in \mathbb{Z}$ und $x < y$, ist ein abgeschlossenes Intervall in $\mathbb{Z}$. Die Menge $\mathbb{Z}(m) = \{0,1, \ldots, m-1\}$ mit der durch die Richtungen $l,r: \mathbb{Z}(m) \to \mathbb{Z}(m)$
$l(x) = x - 1 (\mathrm{mod}\ m)$, $r(x) = x+1 (\mathrm{mod}\ m)$
generierten Richtungs-Topologie nennen wir Semi-Kreis $(m > 2)$.
Sei X ein richtungs-topologischer Raum und Y ein Unterraum von X.
Y heißt unendliche Semi-Linie, wenn Y mit $\mathbb{Z}$ homöomorph ist.
Y heißt Semi-Bogen, wenn es ein Intervall I in $\mathbb{Z}$ gibt, so daß Y mit I homöomorph ist. Y heißt geschlossene Semi-Kurve, wenn es ein $m \in \mathbb{Z}$ gibt, so daß Y mit dem Semi-Kreis $\mathbb{Z}(m)$ homöomorph ist $(m > 2)$.

Definition 2.6
Ein semi-topologischer Raum X ist **bogenzusammenhängend**, wenn es für je zwei Punkte x,y aus X einen Semi-Bogen zwischen x und y in X gibt. Den Semi-Bogen bezeichnen wir arc(x,y).
Wenn $x = y$, dann $\mathrm{arc}(x,y) = \{x\}$.
Ein einelementiger Raum ist auch bogenzusammenhängend.
Die Relation des Bogenzusammenhangs ist eine Äquivalenzrelation.

Punkte 1) und 2) des Satzes 2.2 stellen genau die Charakterisierung vom Bogen (arc) von A.Rosenfeld (1979) dar. Also haben wir mit unserem Begriff der Topologie und des Homöomorphismus die gewünschte Standardcharakterisierung von Bogen erhalten.

Satz 2.2
Sei X ein richtung-topologischer Raum und A ein Unterraum von X.
A ist ein Bogen (A ist homöomorph mit einem Intervall) gdw.
1) A wegzusammenhängend ist
2) es zwei Punkte $x_1,x_2 \in A$ mit $r_A(x_1) = r_A(x_2) = 1$ gibt und für alle $x \in A - \{x_1,x_2\}$ $r_A(x) = 2$.

Man kann auch weiterhin zeigen, daß die üblichen topologischen Begriffe: Zusammenhang, Bogenzusammenhang und vom Raster stammenden Begriff von Wegzusammenhang erzeugen in richtungs-topologischen Räumen äquivalente Begriffe des Zusammenhangs.
Alle diese Begriffe von Zusammenhang sind invariant bezüglich Homöomorphismen der richtungs-topologischen Räume. Denn der Bogenzusammenhang ist invariant bezüglich Homöomorphismus. Das entspricht unserer Intuition von Homöomorphismus:

Wenn zwei Mengen A und B homöomorph sind und A Zusammenhängend ist, dann ist auch B Zusammenhängend (und umgekehrt).

Zusammenfassung

In diesem Aufsatz haben wir gezeigt, daß es nicht möglich ist, ein Raster auf die Weise zu topologisieren, daß intuitive topologische Eingnschaften der Ebene erfüllt sind. Die Depiktionen sollten die menschliche visuelle Perzeption darstellen. Wenn ein Raster eine Repräsentation der Depiktionen sein soll, dann ist es notwendig, eine topologische Beschreibung des Rasters zu haben, die der "menschlichen Topologie" näher ist und die trotzdem die wichtigsten Eigenschaften der mengentheoretischen Topologie behält. So eine Beschreibung bietet die hier eingeführte Richtungs-Semi-Topologie.

LITERATUR

Chen, L. (1985): Topological structure in the perception of apparent motion. Perception, 14, 197-208

(1989): Topological Perception: A Challange to Computational Approaches to Vision. Manuskript.

Engelking, R. (1977): General Topology. Warsaw: PWN

Habel, Ch. (1989): ZWISCHEN-Bericht. zu erscheinen in: Ch. Habel / M. Herweg / K. Rehkämper (Hrsg.): Raumkonzepte in Verstehensprozessen. Niemeyer: Tübingen. 1989. 37-69

Habel, Ch. (1989a): Prepositional and depictorial representations of spatial knowledge: The case of path-concepts. FBI-HH-M-171/89

Khenkhar, M. (1988): Vorüberlegungen zur depiktionalen Repräsentation räumlichen Wissens. IBM: Stuttgart. LILOG-Raport 19

Kovalevsky, V. A. (1989): Finite Topology as Applied to Image Analysis. Computer Vision, Graphics, and Image Processing 46, 141-161

Lindsay, R. K. (1988): Images und Inference. Cognition, 29, 229-250

Rosenfeld, A. (1979): Digital Topology. Amer. Math. Monthly, 621-630

(1979a): Picture Languages. Academic Press, New York San Francisco London

Hamburger Ansichten
oder
Ein Problem der Repräsentation räumlichen Wissens

Christoph Schlieder
Universität Hamburg
Fachbereich Informatik
AB Wissens- und Sprachverarbeitung
Bodenstedtstr. 16
D-2000 Hamburg 50

Zusammenfassung

Anhand eines speziellen räumlichen Repräsentationsproblems wird der Begriff des Anordnungswissens eingeführt. Es handelt sich um Wissen, das in einem klar umrissenen Sinne zwischen metrischem und topologischem Wissen steht. Wie gezeigt wird, läßt sich Anordnungswissen auf zwei verschiedene Weisen repräsentieren, lokal als Konfiguration und global durch den Panoramagraphen. Abschließend werden Stärken und Schwächen der beider Repräsentationsformate diskutiert.

1 Das Repräsentationsproblem

In der untenstehenden Abbildung ist eine Hamburger Ansichtskarte skizzenhaft wiedergegeben. Über die Binnenalster hinweg erblickt man die Silhouette der Stadt. Von wo aus wurde die Ansicht aufgenommen? Mit Hilfe einer Karte der Hamburger Innenstadt ließe sich diese Frage durch Vermessen des Fotos beantworten. Wenn jedoch die Ansicht nicht durch ein Bild, sondern sprachlich beschrieben ist, kann sie schlecht vermessen werden. Das Verstehen räumlicher Konzepte in Texten stellt eben ganz andere Anforderungen an die Repräsentation als beispielsweise das Bildverstehen (vgl. [HABEL 89]).

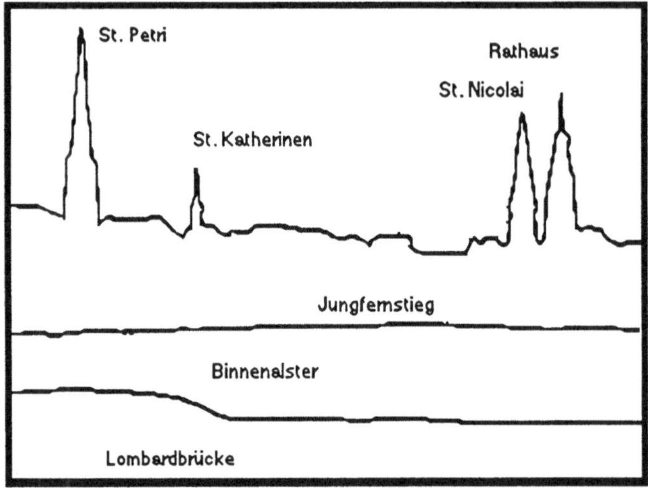

Abb.1 Hamburger Ansicht

Ein Reiseführer, der mit einer Gruppe Touristen über die Lombardbrücke fährt, könnte diesen Blick wie folgt beschreiben:

> "Rechterhand sehen Sie die Binnenalster ... sie wird gegen die Stadt hin durch den Jungfernstieg abgeschlossen ... links sehen Sie den Turm der Hauptkirche St. Petri, daneben St. Katherinen und schließlich St. Nicolai und den Rathausturm."

Hier fehlen alle Angaben über Entfernungen oder Winkel, die zu einer metrischen Rekonstruktion benötigt werden. Genaue metrische Angaben ("in 2 km Entfernung sehen Sie St. Petri") sind untypisch für diese Textsorte. Dagegen werden topologische Verhältnisse ("die Binnenalster wird durch den Jungfernstieg abgeschlossen") erwähnt, offensichtlich sind sie eher geeignet dem Betrachter beim Identifizieren der bezeichneten Objekte zu helfen. Der Text enthält noch eine weitere wichtige Quelle räumlichen Wissens: die Reihenfolge, in der die vier Landmarken zu sehen sind. Der Betrachter erkennt vier Türme, die aus den Häuserdächern herausragen, sie werden ihm von links nach rechts aufeinander folgend benannt. Das ist ein gebräuchliches Vorgehen, denn es erspart die eingehende Beschreibung der Gestalt der Landmarken.

Ohne metrisches Wissen ist man bei der Frage nach dem Standpunkt des Betrachters wesentlich auf dieses "Anordnungswissen" angewiesen. Wie sich in der Draufsicht nachprüfen läßt, sind die vier Türme nur vom schraffierten Gebiet aus in der beschriebenen Reihenfolge zu sehen. Die von links nach rechts wandernde Sichtlinie läßt sich mit einem Lineal gut veranschaulichen, welches im Standpunkt des Betrachters im Uhrzeigersinn gedreht wird; es trifft zuerst St. Petri, dann St. Katharinen, St. Nicolai und zuletzt das Rathaus. Das Gebiet wird durch die Fluchtlinien jeweils zweier Landmarken begrenzt. Diese erste anschauliche Vorstellung vom Anordnungswissen wird später präzisiert. Festzuhalten ist, daß Sichtverhältnisse eine entscheidende Rolle spielen und demzufolge auch die Kollinearität von Punkten.

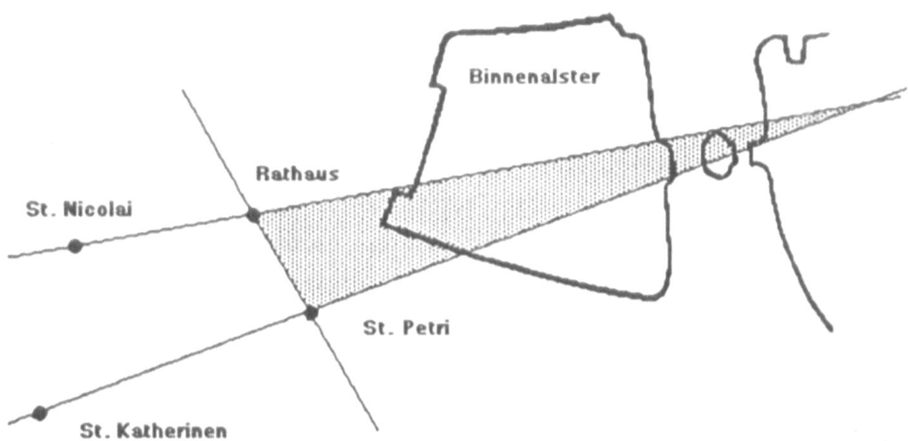

Abb. 2 Hamburger Draufsicht

Zusammenfassend läßt sich folgendes Repräsentationsproblem formulieren: die Anordnung von Landmarken soll so beschrieben werden, daß sich Wissen aus verschiedenen Quellen (Bild und Text), Wissen verschiedener Bestimmtheit (topologisch und metrisch) und Wissen verschiedener Reichweite (lokale Ansichten und globale Draufsichten) integrieren lassen.

2 Anordnungswissen

Eine Arbeit von [KUIPERS+LEVITT 88] im Bereich Navigationssysteme geht von folgender Alltagsbeobachtung aus. Für zwei Landmarken steht fest, auf welcher Seite der verbindenden Gerade sich ein Betrachter befindet, wenn bekannt ist, welche links und welche rechts zu sehen ist. Der Begriff des Anordnungswissens stellt die systematische Verallgemeinerung dieser Beobachtung dar. Statt des konkreten Repräsentationsproblems für Landmarken soll das abstrakte für Punkte betrachtet werden. Auf diese Weise können grundsätzliche Eigenschaften des Problems untersucht werden, bevor spezifische Schwierigkeiten wie verdeckte oder nicht identifizierbare Landmarken behandelt werden.

Mit den Anordnungsbeziehungen auf einer endlichen Menge von Punkten beschäftigt sich seit über hundert Jahren die kombinatorische Geometrie und in neuerer Zeit auch die Computational Geometry. Eine hervorragende Zusammenfassung der Ergebnisse der geometrischen Forschung auf diesem Gebiet findet sich bei [GRÜNBAUM 72]. Zu beachten ist, daß dort Geraden in der projektiven Ebene betrachtet werden - wegen der Dualität zwischen projektiven Punkten und projektiven Geraden lassen sich viele kombinatorische Resultate auf Punkte übertragen, jedoch nicht alle. Die Computational Geometry befaßt sich mit effizienten geometrischen Algorithmen und ist bei Komplexitätsabschätzungen auf geometrisch-kombinatorische Ergebnisse angewiesen. Eine Darstellung der Computational Geometry, die den Aspekt der Anordnung in den Vordergrund stellt, gibt [EDELSBRUNNER 87]. Vorwiegend werden in dem Buch Geraden (allgemein: Hyperebenen) in der euklidischen Ebene (allgemein: d-dimensionaler Raum) behandelt, doch wird in einigen Kapiteln speziell auf Punkte eingegangen. Vor der Anwendung dieser Ergebnisse auf das gestellte Repräsentationsproblem ist eine entscheidende Frage zu beantworten: Wann sollen zwei Mengen von n Punkten als "gleich" angeordnet gelten? Das ist eine Sache der Definition und die unterschiedlichsten Begriffe von Äquivalenz sind in Gebrauch. Nur die konkrete Anwendung kann da entscheiden helfen, so ist es beispielsweise wenig sinnvoll, im Zusammenhang mit Landmarken auf die projektive Ebene Bezug zu nehmen.

Wir betrachten den einfachsten Fall: die Anordnung von drei Punkten P,Q,R in der euklidischen Ebene. Es sollen drei wesentlich verschiedene Anordnungen unterschieden werden: Bewegt man sich beim Durchlaufen von P nach Q nach R gegen den Uhrzeigersinn, dann heiße das Tripel [PQR] positiv orientiert, bewegt man sich mit dem Uhrzeigersinn, dann heiße es negativ orientiert und liegen die Punkte auf einer Geraden, dann heißt die Orientierung 0. In Abb.3 sind beispielsweise [254] = - , [145] = 0 und [513] = +. Man beachte, daß die Orientierung von der Reihenfolge, in der die Punkte aufgezählt sind, abhängt. Durch die Orientierung eines Tripels sind die Orientierungen aller seiner Permutationen bestimmt: [PQR] = - [PRQ] = [QRP] = - [QPR] = [RPQ] = - [RQP]. Zur Veranschaulichung kann man auch auf Geraden zurückgreifen: positive Orientierung von [PQR] bedeutet, daß R links der gerichteten Geraden durch P und Q. liegt. Die Charaktierisierung der ebenen Anordnung einer beliebigen endlichen Menge von Punkten läßt sich auf den Fall dreier Punkte zurückführen. Die Anordnung ist vollständig bestimmt, wenn für jede Menge von drei Punkten (kurz: jedes Dreieck) eine Orientierung gegeben ist. Wir geben folgende

Definition

Eine Menge von n Punkten zusammen mit den Orientierungen der $\binom{n}{3}$ Dreiecke heißt **Konfiguration.**

Der hier verwendetete Begriff der Anordnung findet sich in ähnlicher Form bei [GOODMAN+POLLACK 84]. Unter anderen äquivalenten Formulierungen dieses Begriffs hat die oben gewählte den Vorteil, daß sie es erlaubt nur mit Punkten zu arbeiten, ohne Geraden explizit einzuführen. Die Konfigurationen in Fig.3 werden beide durch die gleichen 10 Dreiecksorientierungen beschrieben:

[123] = +	[124] = +	[125] = -	[134] = -	[135] = +
[145] = 0	[234] = -	[235] = +	[245] = +	[345] = -

Beide Konfigurationen sind also hinsichtlich Anordnung nicht zu unterscheiden. Die Dreiecksorientierungen lassen sich für die abgebildeten Konfigurationen Stück für Stück bestimmen, eine mühsame Arbeit - läßt sich nicht "ganz einfach sehen", daß die Konfigurationen äquivalent sind?

Abb. 3 Zwei äquivalente Konfigurationen

Betrachten wir die Punkte 1,3,4 und 5 als fest und bewegen den Punkt 2. Wie bereits oben erwähnt, beschreibt [PQ2] auf welcher Seite von der gerichteten Geraden PQ der Punkt 2 liegt. Wenn also der Punkt 2 bei seiner Bewegung keine der durch zwei andere Punkte gehenden Geraden trifft, dann verändert kein Dreieck seine Orientierung. Der Bereich der möglichen Bewegung des Punktes 2 ist in der rechten Konfiguration aus Abb. 3 markiert. Selbstverständlich ist der Bereich zum Rand der Abbildung hin unbegrenzt zu denken.

Offensichtlich bieten die durch die Punkte einer Konfiguration definierten Geraden eine Hilfe beim Visualisieren der Dreiecksorientierungen. Diese Geraden - sie werden

Fluchtlinien genannt - eignen sich aber auch dazu, eine kompaktere Repräsentation der Konfiguration anzugeben. Links in Abb. 4 sind die Fluchtlinien für den Punkt 1 eingezeichnet; sie sind nach den definierenden Punkten bezeichnet. Die Geraden schneiden sich in einer charakteristischen zyklischen Reihenfolge, die auf folgende Weise eindeutig beschrieben werden kann. Jede der Fluchtlinien wird durch den Punkt 1 in zwei Strahlen zerlegt, die sich systematisch bezeichnen lassen: 2 ist der Strahl in Richtung von Punkt 2 und 2´ der Strahl in entgegengesetzter Richtung. Wenn mehrere Punkte kollinear liegen, dann tragen die Strahlen mehrfache Bezeichnungen. Die zyklische Reihenfolge im Gegenuhrzeigersinn der sechs Strahlen im Punkt 1 ist ...2,3´,5=4´,2´,3,4=5´,... Rechts in Abb. 4 ist diese zyklische Anordnung graphisch veranschaulicht.

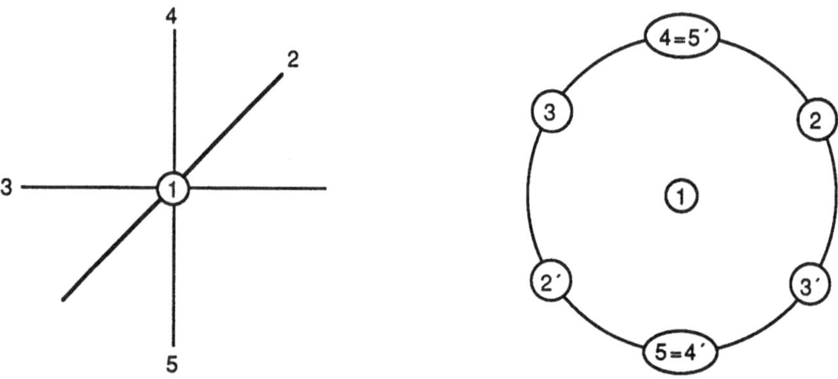

Abb. 4 Das Panorama in einem Punkt

Die zyklische Ordnung der Strahlen der Fluchtlinien in einem Punkt der Konfiguration nennen wir **Panorama**. Der Begriff rührt daher, daß mit dem Panorama die Reihenfolge beschrieben wird, in der die anderen Punkte der Konfiguration gesehen werden. Es ist wichtig zu bemerken, daß aus dem Panorama keine bestimmten Winkel (außer 180°) ablesbar sind; es handelt sich um eine rein kombinatorische Struktur. Die Menge der Panoramen aller Punkte einer Konfiguration wird als **Panoramagraph** bezeichnet. In Abb. 4 ist neben der Konfiguration der zugehörige Panoramagraph abgebildet.

Man kann sich leicht davon überzeugen, daß wenn die Panoramen für jeden Punkt der Konfiguration bekannt sind, auch alle Dreiecksorientierungen bestimmt sind. Die Orientierung von [123] läßt sich beispielsweise aus dem Panorama in Abb. 4 ablesen - vom Strahl 2 ausgehend liegt im Gegenuhrzeigersinn zuerst der Strahl 3, dann 3´, das Dreieck ist also positiv orientiert. Allgemein gilt [PQR] = + genau dann, wenn im Panorama von P auf den Strahl Q im Gegenuhrzeigersinn der Strahl R vor dem Strahl R´ folgt.

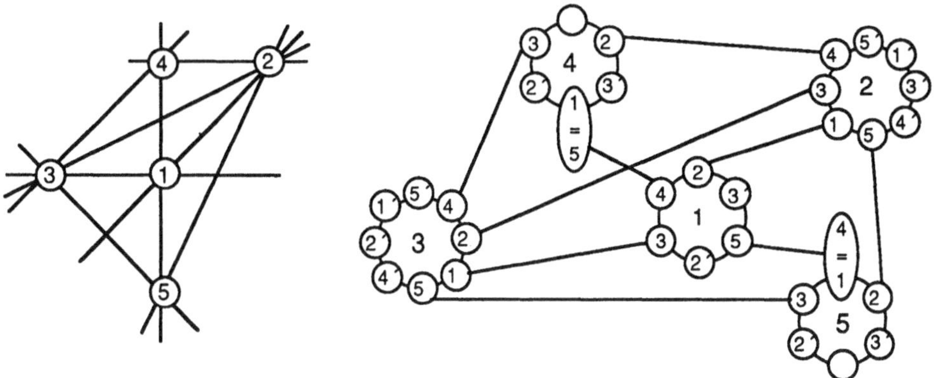

Abb. 5 Der Panoramagraph einer Konfiguration

Es gilt auch die Umkehrung der obigen Behauptung: Sind die Dreiecksorientierungen bekannt, dann lassen sich die Panoramen aller Punkte bestimmen. Dazu werden die Dreiecksorientierungen in geeigneter Weise zusammengefaßt und sortiert. Eine genaue Beschreibung des Algorithmus und ein Nachweis seiner Korrektheit finden sich in [SCHLIEDER 90]. Hier soll nur exemplarisch das Panorama im Punkt 1 bestimmt werden. Es werden alle Dreiecke benötigt , die den Punkt 1 enthalten. In einem ersten Schritt werden alle 0-Orientierungen betrachtet, hier $[145] = 0$. Die Strahlen 4 und 5 liegen also auf derselben Geraden. Ob es sich um den gleichen oder um verschiedene Strahlen handelt, läßt sich mit Hilfe der anderen Orientierungen entscheiden. Wegen $[124] \neq [125]$ bzw. $[134] \neq [135]$ gilt $4 = 5'$ und $5 = 4'$. Im folgenden wird deshalb nur noch einer von beiden, etwa 5 betrachtet. Alle Dreiecke, die 4 enthalten brauchen nun nicht mehr berücksichtigt zu werden. Im nächsten Schritt wird ein Strahl gewählt, mit dem die Konstruktion des Panoramas beginnen soll, das sei hier der Strahl 2. In unserem Fall ergibt sich aus den restlichen Orientierungen

$$[123] = + \quad \Rightarrow \quad 2 > 3$$
$$[125] = - \quad \Rightarrow \quad 2 > 5'$$
$$[135] = + \quad \Rightarrow \quad 5' > 3$$

bereits die Reihenfolge $2 > 5' > 3$ für die halbe Umdrehung und damit das Panorama $\ldots 2, 5' = 4, 3, 2', 4 = 5', 3', \ldots$ Im allgemeinen müssen die Dreiecksorientierungen in einer geeigneten Reihenfolge ausgewertet und die erhaltene Ordnungsrelation sortiert werden. Wir schließen mit der

Feststellung

Jeder Konfiguration läßt sich eindeutig ein Panoramagraph zuordnen und umgekehrt.

Anordnung kann also auf zwei recht verschiedene Weisen repräsentiert werden, zum einen durch die Orientierung der Dreiecke der Konfiguration und zum anderen durch die Menge der Panoramen. Jede der beiden Repräsentationen hat ihre Vor- und Nachteile. Der Panoramagraph ist die globalere Repräsentation. Eigenschaften wie Konvexität oder Sichtbarkeit lassen sich aus den Dreiecksorientierungen direkt nicht ablesen, hierzu eignet sich der Panoramagraph besser (vgl. [SCHLIEDER 88]). Dagegen stellen die Dreiecksorientierungen die lokalere Repräsentation dar. Ist beispielsweise eine Folge von Ansichten gegeben ähnlich der in Abb. 1, von denen jeweils nur die Reihenfolge bekannt ist, in der die Landmarken sichtbar sind, dann kann die Konfiguration rekonstruiert werden - bei dieser Rekonstruktion muß mit unvollständigem Anordnungswissen gearbeitet werden, die geeignete Repräsentation sind hier die Dreiecksorientierungen (vgl [SCHLIEDER 90]).

Im Rahmen des gestellten Repräsentationsproblems läßt sich das **Anordnungswissen** gegen andere Typen räumlichen Wissens abgrenzen. Weniger bestimmt als Wissen über Anordnung ist **Wissen über Inzidenzen**, das heißt Mengen von kollinearen Punkten zu kennen, nicht aber deren Reihenfolge auf der Geraden. Ist mehr als Anordnung bestimmt, sind Winkel und Strecken vergleichbar, dann könnte um in der geometrischen Sprechweise zu bleiben, vom **Kongruenzwissen** gesprochen werden. Üblicher ist es **metrisches** und **topologisches Wissen** zu unterscheiden (McDERMOTT+DAVIS 84). Anordnungswissen kann weder als metrisch bezeichnet werden, da Abstände unbestimmt bleiben, noch als topologisch, da Geradlinigkeit eine entscheidende Rolle spielt, die unter topologischen Abbildungen nicht erhalten bleibt. Zwischen metrischem und topologischem Wissen klafft eine große Lücke: so könnte beispielsweise eine Folge von Ansichten einen Park als geradlinig begrenztes, konvexes Gebiet bestimmen. Das ist zwar weniger als die Kenntnis der Seitenlängen und Winkel, doch mehr als die Darstellung durch ein einfach zusammenhängendes Gebiet. Insbesondere für den Umgang mit unvollständigem Wissen sind solche Zwischenformen räumlichen Wissens von Bedeutung. Was als Problem der Integration von metrischem und topologischem Wissen ([DAVIS 86]) auftritt und bislang nicht befriedigend gelöst wurde, könnte ein Problem der Repräsentation dieser Zwischenformen räumlichen Wissens sein.

Literatur

[DAVIS 86]
E. Davis: Representing and Acquiring Geographic Knowledge,
Pitman, London,1986

[EDELSBRUNNER 87]
H. Edelsbrunner: Algorithms in Combinatorial Geometry
Springer, Berlin,1987

[GOODMAN+POLLACK 84]
J. Goodman, R. Pollack: "Semispaces of Configurations, Cell Complexes of Arrangements"
Journal of Combinatorial Theory, Series A 37, 257-293,1984

[GRÜNBAUM 72]
Arrangements and Spreads
Regional Conference Series in Mathematics No. 10
American Mathematical Society, Providence RI, 1972

[HABEL 89]
C. Habel: Propositional and depictorial representations of spatial knowledge: The case of path-concepts
Mitteilung 171, Universität Hamburg, Fachbereich Informatik, Juli 1989

[KUIPERS+LEVITT 88]
B. Kuipers, T. Levitt: "Navigation and mapping in Large-Scale Space"
AI Magazine, 25-43,Summer 1988

[McDERMOTT+DAVIS 84]
D. McDermott, E. Davis: "Planning Routes through Uncertain Territory"
Artificial Intelligence, 22, 107-156

[SCHLIEDER 88]
C. Schlieder: "Anordnung. Eine Fallstudie zur Semantik bildhafter Repräsentation"
erscheint in: C.Habel, C. Freksa (Hrsg.), Repräsentation und Verarbeitung räumlichen Wissens

[SCHLIEDER 90]
C. Schlieder: "Aquisition räumlichen Wissens am Beispiel ebener Sicht- und Anordnungsverhältnisse"
eingereicht zum 2. RAUM-Workshop, Koblenz, Oktober 1990

Hybrid Inferences in KL-ONE-based Knowledge Representation Systems

Bernhard Hollunder
Deutsches Forschungszentrum für Künstliche Intelligenz
Projektgruppe WINO
Postfach 2080, D-6750 Kaiserslautern, West Germany
E-mail: hollunde@uklirb.informatik.uni-kl.de

Abstract

We investigate algorithms for hybrid inferences in KL-ONE-based knowledge representation systems. We employ two kinds of formalisms: the terminological and the assertional formalism. The terminological formalism consists of a concept description language to define concepts and relations between concepts for describing a terminology. On the other hand, the assertional formalism allows to introduce objects, which are instances of concepts and relations of a terminology. We present algorithms for hybrid inferences such as

- determining subsumption between concepts
- checking the consistency of such a knowledge base
- computing the most specialized concepts an object is instance of
- computing all objects that are instances of a certain concept.

1 Introduction

Knowledge representation systems of the KL-ONE family, for example [BPGL85,KBR86,MB87, NvL88,Pat84] employ two kinds of formalisms for the representation of knowledge. The terminological formalism (TBox) consists of a concept description language for the definition of concepts and relations between concepts. These concept descriptions are built out of two kinds of primitive symbols, concepts and roles. On the other hand, the assertional formalism (ABox) allows to state that individuals are instances of concepts and roles. We give a unified declarative semantics in a Tarski style for the two formalisms that allows to conceive them as sublanguages of predicate logic [BL84]. An interpretation interprets (*i*) concepts as subsets of the domain, (*ii*) roles as binary relations over the domain, and (*iii*) individuals as elements of the domain.

To give an example, assume that Person and Female are concepts, Child is a role, and Mary and Tom are individuals. If connectives like concept conjunction and complement are present in the concept description language, then one can describe "persons that are not female" by $\mathsf{Person} \sqcap \neg\mathsf{Female}$. Since concepts are interpreted as sets, we interpret concept conjunction and complement as set intersection and complement. Almost all concept description languages provide restrictions on roles. *Value restrictions* can be used for instance to describe "all individuals for which all children are female" by the expression $\forall\mathsf{Child}.\mathsf{Female}$. *Number restrictions* allow for instance to describe "individuals having at least (most) two children" by the expressions $(\geq 2\ \mathsf{Child})$ and $(\leq 2\ \mathsf{Child})$, respectively. Furthermore, we can build more complex concept descriptions like $\mathsf{Person} \sqcap (\geq 3\ \mathsf{Child}) \sqcap \forall\mathsf{Child}.\mathsf{Female}$, which can be read as "all persons with at least three children all of which are female".

The assertional formalism allows for instance to state that Mary is a Person and that Tom is a child of Mary by the expressions Mary: Person and (Mary, Tom): Child, respectively.

We assume that a KL-ONE system consisting of a TBox and an ABox presents sound and complete algorithms for determining if a concept description C is more general than a concept description D (in other words, if C subsumes D), and for checking the consistency of the represented knowledge (knowledge base). Besides these decision problems, the system should offer algorithms for *realization* and *retrieval*. A realization algorithm computes for some individual occurring in an ABox the set of most specialized concepts the individual is instance of. A retrieval algorithm computes for a given concept description all individuals, which are instances of it. We will see, that the different services are not independent from each other, in fact, an algorithm for deciding the consistency of a knowledge base can be used to solve the other problems.

One of the first systems employing several formalisms to represent different knowledge is the legendary KL-ONE [BS85]. More recently developed systems pursuing this philosophy—so-called hybrid systems—are for example KRYPTON [BPGL85], KANDOR [Pat84], KL-TWO [Vil85], BACK [NvL88, Neb89], LOOM [MB87]. As a lack—to the best of my knowledge—all these systems use incomplete realization algorithms. Such an incomplete algorithm sometimes fails in recognizing that an individual is instance of some concept. Realization can be seen as *abstraction*—generating a concept description (the most specific generalization) in terms of the TBox—followed by *classification*[1] of the description [NvL88, Vil85]. In this classical approach incompleteness arises for two reasons. First, it is not easy to compute the most specific generalization, which is in some sense complete. Furthermore, complete classification needs complete subsumption algorithms, which were not known until 1988 (except for some rather trivial terminological languages). In this paper we describe a method, different from the abstraction/classification approach, to perform realization.

In [SS88, HN90, DHL*90] it is shown how to obtain sound and complete subsumption algorithms for a broad range of terminological languages. The technique underlying these algorithms is constraint propagation, which was firstly introduced by Schmidt-Schauß and Smolka to determine subsumption between concepts.

In this paper we show that this constraint propagation approach can be generalized such that hybrid inferences like realization can be computed. We exemplify this technique by taking a terminological language, which contains conjunction, disjunction, and negation of concepts, as well as value restrictions and number restrictions [HN90]. Nevertheless, the advantage of this approach is, that changing the terminological language, i.e. allowing other concept- and role-forming constructs, causes only very small modifications in the presented algorithm[2]. Moreover, we obtain a uniform method to design algorithms for hybrid inferences. Since hybrid inferences are more general than subsumption, lower complexity bounds for determining subsumption are also lower complexity bounds for hybrid inferences.

This paper is organized as follows. In the next chapter we formally introduce the syntax and semantics of the terminological and assertional language. In chapter 3 we discuss the inferences we will draw. We show that hybrid inferences can be reduced to checking the consistency of knowledge bases. Finally in chapter 4 we design a consistency checking algorithm using a constraint propagation technique.

This is a shortened version of [Hol90] where complete proofs are given.

[1]Which means the computation of subsumption relations between the most specific generalization and other concepts in the TBox.

[2]Generally, if the algorithm is applied to problems of a restricted language, then it behaves better.

2 The Hybrid Formalism

2.1 The Terminological Formalism

We assume two disjoint alphabets of symbols, called *concepts* and *roles*. The special concept symbols $\top$ and $\bot$ are called *top symbol* and *bottom symbol*. The *concept descriptions* (denoted by C and D) are formed out of concepts (denoted by A and B) according to the abstract syntax rule

$$\begin{array}{rcll} C, D & \rightarrow & A \mid & \text{(atomic concept)} \\ & & \neg C \mid & \text{(complement)} \\ & & C \sqcap D \mid C \sqcup D \mid & \text{(conjunction, disjunction)} \\ & & \forall R.C \mid \exists R.C \mid & \text{(value restrictions)} \\ & & (\geq n\ R) \mid (\leq n\ R) & \text{(number restrictions),} \end{array}$$

where n is a nonnegative integer. The abstract syntax rule can be read as, e.g., if A is a concept, then A is a concept description, or if R is a role and C is a concept description, then $\forall R.C$ is a concept description.

An *interpretation* $\mathcal{I} = (D^{\mathcal{I}}, \mathcal{I}[\cdot])$ of a concept description consists of a set $D^{\mathcal{I}}$ (the *domain* of $\mathcal{I}$) and a function $\mathcal{I}[\cdot]$ (the *interpretation function* of $\mathcal{I}$). This function

- maps every concept description to a subset of $D^{\mathcal{I}}$ and every role to a subset of $D^{\mathcal{I}} \times D^{\mathcal{I}}$
- interprets $\top$ as $D^{\mathcal{I}}$ and $\bot$ as the empty set,
- interprets $\sqcap$ as intersection, $\sqcup$ as union, and $\neg$ as complement of sets, and
- satisfies the following equations:

$$\begin{array}{rcl} \mathcal{I}[\forall R.C] & = & \{a \in D^{\mathcal{I}} \mid \forall (a,b) \in \mathcal{I}[R] : b \in \mathcal{I}[C]\} \\ \mathcal{I}[\exists R.C] & = & \{a \in D^{\mathcal{I}} \mid \exists (a,b) \in \mathcal{I}[R] : b \in \mathcal{I}[C]\} \\ \mathcal{I}[(\leq n\ R)] & = & \{a \in D^{\mathcal{I}} \mid |\{b \in D^{\mathcal{I}} \mid (a,b) \in \mathcal{I}[R]\}| \leq n\} \\ \mathcal{I}[(\geq n\ R)] & = & \{a \in D^{\mathcal{I}} \mid |\{b \in D^{\mathcal{I}} \mid (a,b) \in \mathcal{I}[R]\}| \geq n\}, \end{array}$$

  where $|\cdot|$ denotes the cardinality of sets.

A concept description C is *consistent* if there exists an interpretation $\mathcal{I}$ such that $\mathcal{I}[C]$ is nonempty, and *inconsistent* otherwise. We say C *subsumes* D if $\mathcal{I}[C] \supseteq \mathcal{I}[D]$ for every interpretation $\mathcal{I}$, and C is *equivalent* to D if $\mathcal{I}[C] = \mathcal{I}[D]$ for every interpretation $\mathcal{I}$.

Let A be a concept and C be a concept description. A *terminological axiom* has the form $A \sqsubseteq C$ (*concept specialization*) or $A \doteq C$ (*concept definition*). We say A is the *concept name* for C. A *terminology* (*TBox*) $\mathcal{T}$ is a finite set of terminological axioms with the additional restriction that every concept symbol may appear at most once as the left hand side of a terminological axiom in $\mathcal{T}$. The concept specialization $\sqsubseteq$ defines necessary conditions (partial definition) whereas the concept definition $\doteq$ defines necessary and sufficient conditions (complete definition).

A TBox $\mathcal{T}$ contains a *cycle* iff there exists a concept name A in $\mathcal{T}$ such that the concept symbol A occurs in the concept description, which is obtained from A's right hand side by iterated substitutions of some of the concept names by their right hand sides. In this paper we only consider terminologies without cycles. Almost all TBox formalisms don't allow the use of cycles. See [Baa90, Neb89] for a discussion of terminological cycles.

An interpretation $\mathcal{I}$ *satisfies* a terminological axiom σ iff

$$\begin{array}{ll} \mathcal{I}[A] \subseteq \mathcal{I}[C] & \text{if} \quad \sigma = A \sqsubseteq C \\ \mathcal{I}[A] = \mathcal{I}[C] & \text{if} \quad \sigma = A \doteq C. \end{array}$$

An interpretation $\mathcal{I}$ is a *model* for a TBox $\mathcal{T}$ if $\mathcal{I}$ satisfies all terminological axioms in $\mathcal{T}$. A TBox $\mathcal{T}$ *implies* a terminological axiom σ, written $\mathcal{T} \models \sigma$, if σ is satisfied by all models of $\mathcal{T}$.

2.2 Normalization

It is useful to have a certain normal form for concept descriptions and terminologies. In the following we single out a special class of concept descriptions as normal forms and describe how to compute them. A concept description is called *simple* if it contains only complements of the form $\neg A$, where A is a concept symbol.

Proposition 2.1 *For every concept description one can compute in linear time an equivalent simple concept description.*

Proof. We transform concept descriptions into simple concept descriptions by rewriting in top-down order with following rules preserving equivalence:

$$\begin{array}{rcl}
\neg\forall R.C & \rightarrow & \exists R.\neg C \\
\neg\exists R.C & \rightarrow & \forall R.\neg C \\
\neg(C \sqcap D) & \rightarrow & \neg C \sqcup \neg D \\
\neg(C \sqcup D) & \rightarrow & \neg C \sqcap \neg D \\
\neg\neg C & \rightarrow & C \\
\neg(\geq n\ R) & \rightarrow & \begin{cases} (\leq (n-1)\ R) & \text{if} \quad n > 0 \\ \bot & \text{if} \quad n = 0 \end{cases} \\
\neg(\leq n\ R) & \rightarrow & (\geq (n+1)\ R).
\end{array}$$

□

We now define a normal form for cycle free TBoxes. A TBox $\mathcal{T}$ is *expanded* iff

1. $\mathcal{T}$ contains only terminological axioms of the form $A \doteq C$
2. every concept description in $\mathcal{T}$ contains only concepts that are not concept names in $\mathcal{T}$
3. every concept description in $\mathcal{T}$ is simple.

An algorithm transforming a cycle free TBox into an "equivalent" expanded TBox proceeds as follows[3]. First, for every specialization $A \sqsubseteq C$ a new concept A^* is introduced and $A \sqsubseteq C$ is substituted by the concept definition $A \doteq C \sqcap A^*$. Then every concept description on the right hand side of a concept definition is expanded such that defined concepts are substituted by their definition until the concept description contains only "undefined" concepts. Third, every expanded concept description is transformed into a simple concept description. Hence we obtain an expanded TBox $\mathcal{T}'$ for a given TBox $\mathcal{T}$. Note that in the worst case an expanded TBox is exponential in the size of the input TBox. For an example see [NS89]. A complete proof for the following proposition is given in [Neb89, Hol90].

Proposition 2.2 *Every TBox $\mathcal{T}$ without cycles can be transformed into an expanded TBox $\mathcal{T}'$ such that for every model $\mathcal{M}$ for $\mathcal{T}$ there exists a model $\mathcal{M}'$ with the same domain for $\mathcal{T}'$ with $\mathcal{M}[A] = \mathcal{M}'[A]$ for every concept A in $\mathcal{T}$ and $\mathcal{M}[R] = \mathcal{M}'[R]$ for every role R in $\mathcal{T}$, and vice versa.*

Corollary 2.3 *Let $\mathcal{T}$ be a TBox and $\mathcal{T}'$ the expanded TBox of Proposition 2.2. Then:*

$$\mathcal{T} \models C \sqsubseteq D \quad \textit{iff} \quad \mathcal{T}' \models C \sqsubseteq D.$$

[3] See also [Neb89].

2.3 The Assertional Formalism

The ABox formalism allows for the assertion of objects (individuals). We can describe a concrete world by stating that objects are instances of concepts and roles.

We assume a further alphabet of symbols, called *objects*, disjoint from concepts and roles. Objects are denoted by a and b. An *object description* has the form $a\!:\!A$ where a is an object and A a concept. A *relation description* has the form $(a,b)\!:\!R$ where a and b are objects and R is a role. A *description* is either an object description or a relation description. A *world description* (*ABox*) is a finite set descriptions.

We extend the interpretation function $\mathcal{I}[\cdot]$ of an interpretation $\mathcal{I}$ to objects by mapping them to elements of $D^{\mathcal{I}}$ such that $\mathcal{I}[a] \neq \mathcal{I}[b]$ if $a \neq b$. This restriction on the interpretation function ensures that different objects are assumed to denote different individuals in the world. This property is called *unique name assumption*, which is usually assumed in the database world.

An interpretation $\mathcal{I}$ *satisfies* a description α iff

$$\begin{aligned} \mathcal{I}[a] \in \mathcal{I}[A] \quad &\text{if} \quad \alpha = a\!:\!A \\ (\mathcal{I}[a], \mathcal{I}[b]) \in \mathcal{I}[R] \quad &\text{if} \quad \alpha = (a,b)\!:\!R. \end{aligned}$$

An interpretation $\mathcal{I}$ is a *model* for an ABox $\mathcal{A}$ if $\mathcal{I}$ satisfies all descriptions in $\mathcal{A}$.

3 Reasoning in the Hybrid Formalism

In this chapter we consider what kind of information, which is implicitly represented by a TBox and an ABox, can be made explicitly. One kind of reasoning is the computation of the subsumption relation between concepts. An algorithm doing this work is called *classifier*. We will see, that subsumption between concepts only depends on the TBox. As a link between the different formalisms, object and relation descriptions in an ABox may refer to concepts and roles, which are defined in the TBox. This involves another kind of reasoning. We need an algorithm for deciding whether an ABox $\mathcal{A}$ with respect to a TBox $\mathcal{T}$ is consistent, e.g. does there exist an interpretation $\mathcal{I}$ such that $\mathcal{I}$ is a model for $\mathcal{A}$ and for $\mathcal{T}$. Besides the consistency test we need more constructive inferences. For instance, the computation of the most specialized concepts of a TBox an object is instance of (so-called *realization*), and the computation of the set of all objects of an ABox that are instances of a given concept description (so-called *retrieval*).

An interpretation $\mathcal{I}$ is a *model for an ABox $\mathcal{A}$ w.r.t. a TBox $\mathcal{T}$*, if $\mathcal{I}$ is a model for $\mathcal{A}$ and for $\mathcal{T}$. An ABox w.r.t. a TBox is *consistent* if it has a model. An ABox $\mathcal{A}$ and a TBox $\mathcal{T}$ *imply* a description α if all models for $\mathcal{A}$ w.r.t. $\mathcal{T}$ satisfy α, written $\mathcal{A} \models_{\mathcal{T}} \alpha$.

Example 3.1 Consider the TBox $\mathcal{T}$, which contains the axioms

$$\begin{aligned} \mathsf{Woman} &\sqsubseteq \mathsf{Human} \\ \mathsf{Mother\text{-}of\text{-}daughters} &\doteq \mathsf{Woman} \sqcap (\geq 1\ \mathsf{Child}) \sqcap \forall \mathsf{Child}.\mathsf{Woman}, \end{aligned}$$

and the ABox $\mathcal{A} = \{\mathsf{Mary}\!:\!\mathsf{Mother\text{-}of\text{-}daughters},\ (\mathsf{Mary},\mathsf{Susi})\!:\!\mathsf{Child}\}$.

The fact, that Susi is a Woman is not mentioned explicitly but is implied by $\mathcal{A}$ and $\mathcal{T}$. We assume, that in almost every case one can describe only a small part of the world. Thus, we have chosen an *open world semantics* as opposed to the *closed world assumption*. We cannot conlude, for instance, that Susi is the only child of Mary, since there may exist a world in which Mary has several children (which of course are women).

As mentioned above, subsumption between concepts depends only on the TBox. Since the ABox formalism is very restricted, especially it doesn't allow universally quantified assertions, no new subsumption relations hold between concepts. In other words, the ABox is a *conservative extension* of a TBox.

We now formally describe what kind of inferences we will draw from the hybrid formalism. Therefore let $\mathcal{T}$ be a TBox and $\mathcal{A}$ be an ABox.

Subsumption problem: Does a concept description C subsume a concept description D ?

Consistency problem: Does there exist a model for $\mathcal{A}$ w.r.t. $\mathcal{T}$?

Instance problem: Do $\mathcal{A}$ and $\mathcal{T}$ imply an object description[4] $a\!:\!A$?

Realization problem: Let a be an object occurring in $\mathcal{A}$. The set of most specialized concepts of which a is an instance is defined as

$$MSC_{\mathcal{A},\mathcal{T}}(a) := \left\{A \mid \mathcal{A} \models_{\mathcal{T}} a\!:\!A,\ \nexists B \text{ with } A \neq B,\ \mathcal{A} \models_{\mathcal{T}} a\!:\!B \text{ and } \mathcal{T} \models B \sqsubseteq A\right\},$$

where A and B are concept names in $\mathcal{T}$. The computation of the MSC set for some object is called realization.

Retrieval problem: Let A be a concept name in $\mathcal{T}$. The retrieval problem is to compute the set of all objects a occurring in $\mathcal{A}$ such that $\mathcal{A} \models_{\mathcal{T}} a\!:\!A$.

In the following we will show that an algorithm for deciding the consistency problem can be used to solve the subsumption, instance, realization and retrieval problem. Proposition 3.2 shows a reduction from the subsumption problem to the instance problem, and Proposition 3.3 shows a reduction from the instance problem to the consistency problem. Finally we describe a method to obtain a realization and retrieval algorithm, respectively, using an algorithm that solves the instance problem.

Proposition 3.2 *The concept description C subsumes the concept description D iff*

$$\{a\!:\!B\} \models_{\mathcal{T}} a\!:\!A \quad \textit{where} \quad \mathcal{T} = \{A \doteq C,\ B \doteq D\}.$$

Proposition 3.3 *Let $\mathcal{T}$ be a TBox, $\mathcal{A}$ be an ABox, $a\!:\!A$ an object description, and $\bar{A}$ a new concept. Then:*

$$\mathcal{A} \models_{\mathcal{T}} a\!:\!A \quad \textit{iff} \quad \mathcal{A} \cup \{a\!:\!\bar{A}\} \textit{ has no model w.r.t. } \mathcal{T} \cup \{\bar{A} \doteq \neg A\}.$$

An algorithm that computes for a given object a the most specialized concepts of which a is an instance can be obtained as follows. Let $\mathcal{T}$ be a TBox, $\mathcal{A}$ an ABox, and let a be an object occurring in $\mathcal{A}$. First, for every concept name A in $\mathcal{T}$ we decide whether $\mathcal{A} \models_{\mathcal{T}} a\!:\!A$ holds. Thus we know all concepts object a is instance of. In a second step, we eliminate all those concepts, which subsume other concepts, to obtain the most specialized concepts. Hence we have solved the realization problem.

Suppose we want to compute all instances of a concept description C. A very simple but not very smart algorithm[5], which solves the retrieval problem, proceeds as follows. First we add the new concept description $A \doteq C$ where A is a new concept name to $\mathcal{T}$. Then we test for every object in $\mathcal{A}$ whether $\mathcal{A} \models_{\mathcal{T}} a\!:\!A$ holds. Thus we get all objects occurring in $\mathcal{A}$ that are instances of C.

[4]Note that $\mathcal{A} \models_{\mathcal{T}} (a,b)\!:\!R$ holds if and only if $(a,b)\!:\!R \in \mathcal{A}$, since every role in $\mathcal{T}$ is completely undefined and hence not related to any other role in $\mathcal{T}$. The situation changes in the presence of role-forming constructs such as intersection of roles or inverse roles.

[5]For implementations this algorithm might not be appropriate, but there are (worst case) examples for which the presented algorithm is in some sense optimal.

4 The Consistency Problem

We are going to devise a calculus for solving the consistency problem. The calculus will operate on constraints consisting of variables, concept descriptions and roles.

We assume that there exists an alphabet of variable symbols, which will be denoted by the letters x, y and z and which is a superset of the objects. A constraint is a syntactic object of one of the forms

$$x\colon C, \quad xRy,$$

where C is a simple concept description and R is a role. Let $\mathcal{I}$ be an interpretation. An $\mathcal{I}$-*assignment* is a function α that maps every variable to an element of $D^{\mathcal{I}}$. We say that α *satisfies* $x\colon C$ if $\alpha(x) \in \mathcal{I}[C]$, and α *satisfies* xRy if $(\alpha(x), \alpha(y)) \in \mathcal{I}[R]$. A constraint c is *consistent* if there is an interpretation $\mathcal{I}$ and an $\mathcal{I}$-assignment α such that α satisfies c. A *constraint system* S is a finite, nonempty set of constraints. An $\mathcal{I}$-assignment α *satisfies* a constraint system S if α satisfies every constraint in S. A constraint system S is *consistent* if there is an interpretation $\mathcal{I}$ and an $\mathcal{I}$-assignment α such that α satisfies S, and *inconsistent* otherwise.

Let $\mathcal{T}$ be an expanded TBox and let $\mathcal{A}$ be an ABox such that every concept occurring in $\mathcal{A}$ is a concept name in $\mathcal{T}$. The constraint system S is *induced by* $\mathcal{T}$ *and* $\mathcal{A}$ iff

$$S = \{a\colon C \mid a\colon A \in \mathcal{A} \text{ and } A \doteq C \in \mathcal{T}\} \cup \{aRb \mid (a,b)\colon R \in \mathcal{A}\}.$$

Proposition 4.1 *Let S be a constraint system induced by $\mathcal{T}$ and $\mathcal{A}$. Then $\mathcal{A}$ w.r.t. $\mathcal{T}$ has no model if and only if S is inconsistent.*

Our calculus starts with a constraint system S. In successive propagation steps it adds constraints to S until either a contradiction occurs or an interpretation, which is a model for $\mathcal{A}$ w.r.t. $\mathcal{T}$, can be obtained from the resulting constraint system.

Before we formulate the rules we need some notation. Let S be a constraint system. For a variable x we count the number of variables y with xRy for some role R. We therefore define $n_{R,S}(x) := |\{y \mid xRy \in S\}|$. With $[y/z]S$ we denote the constraint system that is obtained from S by replacing each occurrence of y by z. The *propagation rules* are:

1. $S \rightarrow_{\sqcap} \{x\colon C_1,\ x\colon C_2\} \cup S$

   if $x\colon C_1 \sqcap C_2$ is in S, and $x\colon C_1$ and $x\colon C_2$ are not both in S

2. $S \rightarrow_{\sqcup} \{x\colon D\} \cup S$

   if $x\colon C_1 \sqcup C_2$ is in S, neither $x\colon C_1$ nor $x\colon C_2$ is in S, and $D = C_1$ or $D = C_2$

3. $S \rightarrow_{\forall} \{y\colon C\} \cup S$

   if $x\colon \forall R.C$ and xRy are in S and $y\colon C$ is not in S

4. $S \rightarrow_{\exists} \{y\colon C,\ xRy\} \cup S$

   if $x\colon \exists R.C$ is in S, and there is no variable z
   such that xRz and $z\colon C$ is in S and y is a new variable

5. $S \rightarrow_{\geq} \{xRy\} \cup S$

   if $x\colon (\geq n\ R)$ is in S, $n_{R,S}(x) = 0$, and y is a new variable

6. $S \rightarrow_{\leq} [y/z]S$

   if $x\colon (\leq n\ R)$, xRy, xRz are in S, $n_{R,S}(x) > n$ and y is not an object

7. $S \rightarrow_{\perp} \{x : \perp\}$

    if $x : A$ and $x : \neg A$ are in S, or
    if $x : (\geq n\ R)$, $x : (\leq m\ R)$ are in S and $n > m$, or
    if $x : (\leq 0\ R)$, xRy are in S, or
    if $x : (\leq m\ R)$, $xRa_1, \ldots, xRa_{m+1}$ are in S, and $a_1, \ldots, a_{m+1}$ are different objects.

The $\rightarrow_{\sqcap}$-, $\rightarrow_{\sqcup}$- and $\rightarrow_{\forall}$-rule are obvious. An application of the $\rightarrow_{\exists}$-rule introduces two constraints to "satisfy" the constraint $x : \exists R.C$. If "at least"-restrictions are imposed on some variable x, the $\rightarrow_{\geq}$-rule forces us to introduce the constraint xRy for some role R. Applications of the $\rightarrow_{\leq}$-rule guarantee that "at most"-restrictions are satisfied. We ensure that no object is substituted by a variable or another object to maintain the unique name assumption on the objects. Finally, the $\rightarrow_{\perp}$-rule detects inconsistencies in constraint systems.

Proposition 4.2 *Let S and S' be constraint systems. Then:*

1. *If S' is obtained from S by application of the (deterministic) $\rightarrow_{\sqcap}$-, $\rightarrow_{\forall}$-, $\rightarrow_{\exists}$-, $\rightarrow_{\geq}$- or $\rightarrow_{\perp}$-rule, then S is consistent if and only if S' is consistent.*
2. *If S' is obtained from S by application of the (nondeterministic) $\rightarrow_{\sqcup}$- or $\rightarrow_{\leq}$-rule, then S is consistent if S' is consistent. Furthermore, if the $\rightarrow_{\sqcup}$-rule or the $\rightarrow_{\leq}$-rule applies, then there is a choice for S' such that S' is consistent if and only if S is consistent.*

Let S be a constraint system. The *canonical interpretation* $\mathcal{I}_S$ of S is obtained by taking for $D^{\mathcal{I}_S}$ all variables occurring in S, for $\mathcal{I}_S[A]$ all x such that $x : A$ is in S, where A is a concept symbol different from $\top$ and $\perp$, for $\mathcal{I}_S[R]$ all pairs (x, y) such that xRy is in S, and by taking the set $\mathcal{I}_S[C]$ for complex concept descriptions as required by the definition of an interpretation. The *canonical assignment* α_S of S is obtained by mapping variables to themselves.

A constraint system is *complete* if no propagation rule applies to it. A *clash* is a constraint of the form $x : \perp$.

Proposition 4.3 *If S is a clash free complete constraint system, then S is consistent.*

Proof. We prove this claim by showing that every clash free complete constraint system can be extended to a clash free constraint system S' such that (i) the canonical interpretation $\mathcal{I}_{S'}$ of S' is an interpretation of S', and (ii) the canonical assignment $\alpha_{S'}$ of S' satisfies of S'. See [Hol90] for a complete proof. □

Since obviously a constraint system containing a clash is inconsistent, the preceding proposition implies the following result.

Theorem 4.4 *A complete constraint system is consistent if and only if it contains no clash.*

Example 4.5 Consider the TBox $\mathcal{T}$ = {Parent-of-daughters $\doteq$ ($\geq$ 1 Child) $\sqcap$ $\forall$Child.Woman} and the ABox $\mathcal{A}$ = {Mary : Parent-of-daughters, Mary Child Susi}. We now formally prove that $\mathcal{A} \models_{\mathcal{T}}$ Susi : Woman. With Proposition 3.3, 4.1 and 4.2 we have

$\mathcal{A} \models_{\mathcal{T}}$ Susi : Woman
iff {Mary : ($\geq$ 1 Child) $\sqcap$ $\forall$Child.Woman, Mary Child Susi, Susi : $\neg$Woman} $= S$ is inconsistent
iff $S \cup$ {Mary : ($\geq$ 1 Child), Mary : $\forall$Child.Woman} $= S'$ is inconsistent ($\rightarrow_{\sqcap}$-rule)
iff $S' \cup$ {Susi : Woman} is inconsistent ($\rightarrow_{\forall}$-rule)
iff {Susi : $\perp$} is inconsistent ($\rightarrow_{\perp}$-rule).

Since the final constraint system contains a clash it follows with Theorem 4.4 that it is inconsistent.

Now we will show that every constraint system, which is induced by a TBox and an ABox, can be extended to a complete constraint system.

Theorem 4.6 *If S is an induced constraint system, then in at most exponentially many propagation steps one can nondeterministically compute a complete constraint system S' for S such that S' is consistent if and only if S is consistent.*

Proof. We only give a sketch of the proof. An induced constraint system S can be extended to a complete constraint system preserving consistency and inconsistency using the propagation rules. It is easy to see that every constraint system obtained from S using the propagation rules is exponential in the size of S. Thus the $\rightarrow_{\leq}$-rule can be applied at most exponentially many times to a variable x. Since the other rules introduce new constraints, we conclude that it takes at most exponentially many steps to transform S into a complete constraint system. □

Thus we have shown that an expanded TBox and an ABox can be transformed into a constraint system S, such that $\mathcal{A}$ w.r.t. $\mathcal{T}$ has no model if and only if S is inconsistent (Proposition 4.1). Furthermore, S can be extended to a complete constraint system, which can be checked in polynomial time on consistency. Since it has been shown that the terminological language proposed in this paper has a PSPACE-complete subsumption problem [HN90], we conclude with following claim.

Corollary 4.7 *The consistency, instance, realization and retrieval problems are decidable, PSPACE-hard problems.*

5 Conclusion

In this paper we gave a uniform method for developing sound and complete algorithms for hybrid inferences in KL-ONE-based knowledge representation systems. We showed that the constraint propagation technique, which was first introduced in [SS88] to determine subsumption between concepts, can be generalized such that hybrid inferences can be computed. An advantage of this approach is, that changing the terminological language causes only slight modifications of the propagation rules in a straightforward way as shown in [SS88, HN90, DHL*90]. Lower complexity bounds for subsumption in terminological languages are also lower complexity bounds for hybrid inferences. On the other hand, although the consistency problem is more general than the subsumption problem, we have a strong feeling that for almost all terminological languages with respect to the proposed assertional language upper complexity bounds for subsumption are also upper complexity bounds for hybrid inferences.

Acknowledgement

I would like to thank my colleagues in the WINO project. Especially I am grateful to Franz Baader and Werner Nutt for our joint discussions about realization and for reading earlier drafts.

References

[Baa90] F. Baader. *Terminological Cycles in KL-ONE-based Knowledge Representation Languages.* DFKI Research Report RR-90-01, DFKI, Postfach 2080, D-6750 Kaiserslautern, West Germany. To appear in the Proc. of the 8th National Conference of the AAAI, Boston, Mas., 1990.

[BL84] R. J. Brachmann, H. J. Levesque. "The tractability of subsumption in frame based description languages." In *Proceedings of the 4th National Conference of the AAAI*, pp. 34–37, Austin, Tex., 1984.

[BPGL85] R. J. Brachman, V. Pigman Gilbert, H. J. Levesque. "An essential hybrid reasoning system: knowledge and symbol level accounts in KRYPTON." In *Proceedings of the 9th IJCAI*, pp. 532–539, Los Angeles, Cal., 1985.

[BS85] R. J. Brachman, J. G. Schmolze. "An Overview of the KL-ONE knowledge representation system." *Cognitive Science*, 9(2):171-216, April 1985.

[DHL*90] F. Donini, B. Hollunder, M. Lenzerini, A. Marchetti Spaccamela, Daniele Nardi, W. Nutt. *A Source of Complexity in Terminological Reasoning.* DFKI Research Report, DFKI, Postfach 2080, D-6750 Kaiserslautern, West Germany. Forthcoming.

[Hol90] B. Hollunder. *Hybrid Inferences in KL-ONE-based Knowledge Representation Systems.* DFKI Research Report RR-90-06, DFKI, Postfach 2080, D-6750 Kaiserslautern, West Germany.

[HN90] B. Hollunder, W. Nutt. *Subsumption Algorithms for Concept Description Languages.* DFKI Research Report RR-90-04, DFKI, Postfach 2080, D-6750 Kaiserslautern, West Germany. To appear in the Proc. of the 9th ECAI, Stockholm, Sweden, 1990.

[KBR86] T. S Kaczmarek, R. Bates, G. Robins. "Recent developments in NIKL." In *Proceedings of the 5th National Conference of the AAAI*, pp. 578–587, Philadelphia, Pa., 1986.

[LB87] H. J. Levesque, R. J. Brachman. "Expressiveness and tractability in knowledge representation and reasoning." *Computational Intelligence*, **3**:78–93, 1987.

[MB87] R. MacGregor, R. Bates. *The Loom Knowledge Representation Language.* Technical Report ISI/RS-87-188, University of Southern California, Information Science Institute, Marina del Rey, Cal., 1987.

[Neb89] B. Nebel. *Reasoning and Revision in Hybrid Representation Systems*, PhD thesis, Universität des Saarlandes, Saarbrücken, West Germany, 1989. To appear in Lecture Notes in Artificial Intelligence, Springer Verlag.

[NvL88] B. Nebel, K. von Luck. "Hybrid reasoning in BACK." In Z. W. Ras, L. Saitta (editors), *Methodologies for Intelligent Systems*, pp. 260–269, North Holland, Amsterdam, Netherlands, 1988.

[NS89] B. Nebel, G. Smolka. *Representation and Reasoning with Attributive Descriptions.* IWBS Report81, August 1989, IWBS, IBM Deutschland, Stuttgart, W: Germany.

[Pat84] P. Patel-Schneider. "Small can be beautiful in knowledge representation." In *Proceedings of the IEEE Workshop on Principles of Knowledge-Based Systems*, pp. 11–16, Denver, Colo., 1984.

[SS88] M. Schmidt-Schauß, G. Smolka. *Attributive Concept Descriptions with Unions and Complements.* SEKI Report SR-88-21, FB Informatik, Universität Kaiserslautern, D-6750, Kaiserslautern, West Germany,1988. To appear in Artificial Intelligence.

[Vil85] M. B. Vilain. "The restricted language architecture of a hybrid representation system." In R. J. Bachmann, H. J. Levesque, R. Reiter (editors), *Proceedings of the 9th IJCAI*, pp. 547–551, Los Angeles, Cal., 1985.

Class Instances in a Terminological Framework – An Experience Report –

Carsten Kindermann
Technische Universität Berlin
Projekt KIT-BACK, FR 5–12
Franklinstr. 28/29, D–1000 Berlin 10
e-mail: kinderma@tubvm.cs.tu-berlin.de

Abstract

Term subsumption languages based on the ideas of KL-ONE allow the definition of classes ("concepts") and the relationships ("roles") between them in a semantically well-founded way. In parallel, various approaches to maintain instances of the classes have been pursued, covering hybrid architectures (e.g., with theorem provers), and dedicated "assertional" languages. In this paper we review three implementations following the latter approach. We discuss implementation strategies and their impact on the overall behaviour of a TSL knowledge representation system. The results presented are based on our work on the Berlin Advanced Computational Knowledge representation system BACK, which has been developed and implemented during the past five years.

Keywords: Knowledge Representation, AI Programming Techniques, Term-Subsumption Languages, KL-ONE, Information Persistency.

1 Introduction

Throughout the last decade, term subsumption languages (TSLs) based on the ideas of KL-ONE [PSO+90, BS85] have been regarded as one of the most promising approaches to knowledge representation. A TSL allows the definition of classes (called "concepts") and binary relations (called "roles") between classes. The range of a role can be restricted to more special concepts, and the minimum/maximum cardinality of potential "role-fillers" can be expressed. Concepts and roles each form a generalization hierarchy (a directed acyclic graph). The respective relationship is often referred to as the "is-a" relationship. Properties of more general concepts/roles are propagated down the hierarchy to more specific ones. Concepts can be marked as defined completely, i.e., defined by necessary and sufficient conditions, in which case an algorithm (the "classifier") determines the "is-a" relationships to other concepts. In contrast to other data models that employ the notion of classes, for TSLs a great part of the generalization hierarchy is thus built up automatically. The inferences of the classifier are based on the formal semantics of the TSL, and their algorithmic complexity is well studied.

Having started with the somewhat intuitive idea of linking concept individuations to the particular concepts by means of a "nexus wire" [BS85], it is nowadays agreed upon to separate the generic class descriptions from the class instances. This results in a general "hybrid" architecture of a "terminological component" (TBox) maintaining the class definitions and providing the classification service, coupled with an "assertional component" (ABox) maintaining instantiations of the TBox concepts and roles. Early hybrid TSL systems coupled the TBox with other reasoners: For instance, KRYPTON [BFL83] used a FOL theorem prover to model a domain, augmenting the theorem prover by TSL facilities. KL-TWO [Vil85] came up with the idea of a hybrid architecture of "restricted languages," each with its own reasoning capabilities, which only *together* were able to perform some extended inferences.[1] However, both architectures were in a way unbalanced: while KRYPTON's theorem prover was too powerful and thus contradicted the idea of dedicated reasoners with tractable inference mechanisms [BL87], the assertional language of KL-TWO was too restricted, i.e., some constructs of the TSL had no counterparts in the assertional component, and thus had no impact on the combined reasoning but served merely as comments [NL87].

As a consequence, more recent developments in the TSL paradigm, as exemplified by the systems BACK [PSKQ89], LOOM [Mac88], or CLASSIC [BBMR89], make use of dedicated assertional languages especially designed to interact with a TSL. The formalism underlying the BACK ABox allows non-disjunctive, variable-free, positive statements about the world. It provides a limited form of quantification over role-fillers, and employs the unique names assumption and the open world assumption, but allows the closed world assumption to be applied locally on role-filler sets. An assertional component implementing such a formalism has to provide two major services:

Retrieval: The system has to provide (intelligent) access to stored objects and their properties. Unlike DB systems, it is possible to retrieve objects by means of complex descriptions that allow multiple access to the stored information.[2] It is not necessary to recall the exact names of relations and attributes that were used when storing the information.

Recognition: Objects are asserted to the system by complex descriptions which often contain information only stated implicitly. The purpose of *recognition* (or *realization*) is to explicate the information and to determine all classes an object belongs to.[3] The use of this is twofold: Firstly, knowing all the classes an object instantiates allows one to select the most specific ones among them to *index* the object. Secondly, in non-standard applications like CAD or CIM objects can often be described only vaguely by some of their properties, and getting better characterizations for them is a highly desired feature. In addition, depending on the implementation recognition ensures consistency of the ABox content by applying the TBox definitions as a kind of integrity constraints.

This paper reviews three implementations of assertional components for the BACK system. It comprises a discussion of issues that became relevant when the implementation had to move from a prototypical demonstrator for an isolated AI experiment setting towards a component which had to be integrated into a large information system coping with database coupling and information persisitency. The discussion of implementation alternatives and their impact on the coupling of a terminological and an assertional component can be seen as an example of a process that will be repeated when considering further extensions—leading to diffent choices, though.

2 An Example

As an illustration of the inference services provided by a hybrid TSL system we use part of a configuration problem.[4] Our sample domain knows two disjoint classes of computers, namely disk-less_computers and disk_based_computers. A network generally consists_of computers some of which may be its file_servers (in which case they must be disk_based_computers). We further distinguish two special kinds of networks: A cluster consists_of at most four computers and has exactly one

[1] In KRYPTON the TSL enhanced the efficiency of the theorem prover, yet not its expressiveness.

[2] See [PSBL84] for how a TSL based system supports the retrieval process.

[3] Note that in *object-oriented* programming languages class definitions are not used to recognize objects belonging to them.

[4] For an introduction to configuration problems viewed as consistency maintenance tasks handled by a TSL based reasoner, see [OK88].

file_server. A standalone_system consists_of exactly one disk_based_computer. In the BACK Term Language BTL our example is formulated as follows:

```
computer :< ANYTHING.
disk_based_computer :< computer.
diskless_computer :< computer.
DISJOINT(disk_based_computer,diskless_computer).

network     :< anything.
consists_of :< DOMAIN(network) AND RANGE(computer).
file_server :< consists_of AND RANGE(disk_based_computer).

cluster     := network AND ATMOST(4, consists_of) AND
               ATLEAST(1, file_server) AND ATMOST(1, file_server).
standalone_system :=
               network AND ALL(consists_of, disk_based_computer) AND
               ATLEAST(1, consists_of) AND ATMOST(1, consists_of).
```

With the following expression of BACK's Assertional Language BAL we introduce two objects into the ABox, a special network object n1, and a computer c1:

```
NEW n1 =
   network AND ATMOST(1, consists_of)
   WITH file_server: (NEW c1 = computer).
```

The ABox reasoner, the *recognizer*, infers the following facts (using the concept and role definitions contained in the TBox):

- c1 is filler of the file_server role of n1. Since the role file_server is restricted to disk_based_computer fillers, this value restriction is *propagated forward* to c1 which thus becomes a disk_based_computer.
- Role-fillers of subroles are by definition fillers of their superrole(s). Thus c1 is also a filler of role consists_of.
- Cardinality information is propagated up and down the role-hierachy (if some role has at most *n* fillers then some subrole cannot have more fillers). Hence it follows that n1 has exactly one file_server (at least c1, and at most one due to the ATMOST(1, consists_of) restriction).
- n1 instantiates both cluster and standalone_system (all restrictions of their definitions are satisfied by n1). cluster and standalone_system are recognized as better indexing concepts for n1 than network.

A newer development in the context of TSL based systems is the introduction of additional inferential capabilities which are familiar in most traditional AI rule based systems. Once an object has been recognized as belonging to a certain number of classes, a (limited) rule like mechanism, called "implication link," is firing allowing inference of additional information for the object. In our example one could imagine an implication link attached to the concept disk_based_computer stating that each instance of this concept should also instantiate a concept outside_office_computer ("due to the noise disks produce such computers should be placed in a separate room").[5]

[5] "Implication links" mark the transition from implications between class descriptions (subsumption) to implications between class *extensions*. Their discussion is beyond the scope of this paper. See [OK88] for a detailed example and a suggestion of how to extend a recognition algorithm to handle implication links. An integration into BACK follows the theoretical investigations reported in [Sch89].

3 Implementational Design Considerations

Developing a system like BACK requires a number of design decisions at various levels. The formalisms of the different components have to be specified together with their formal semantics. A selection must be made of those inferences which really should be implemented by the system. Access languages to the system components have to be developed, moving from separated, hybrid languages of more atomic expressions to an integrated uniform knowledge base language that allows one to freely combine descriptive parts of various types of knowledge. User expectations from other approaches have to be met. In BACK, for instance, we have tried to incorporate into the assertional language features from typical database query languages. Even having decided these issues, however, leaves a number of options as to how to *implement* the system.

When integrating two distinct reasoning components to deduce some new information by a combined inference mechanism we have the problem of where to store—if at all—the corresponding data. In our context the TBox holds all concept and role definitions, while the ABox stores the connection between objects and the concepts they instantiate, as well as the relationships between objects (role-filler relationships). A complex BAL expression, however, may contain some "rest-terms" (cardinality and value restrictions) which are not covered by any concept in the TBox. For such terms we have to decide whether to store them in the ABox or TBox. As an example consider the following BAL expression that asserts a cluster that exactly consists_of two computers (leaving open which these computers are):

NEW n2 = cluster WITH consists_of: CARD(2,2).

Just indexing n2 by cluster would not cover the entire information. We have either to introduce into the TBox a subconcept of cluster, or have to keep the cardinality information locally for n2 in the ABox.

With the following three aspects, the *caching*, *evaluation time*, and the *control* aspect, we come closer to the processing of the inferences of the hybrid reasoner itself. The first two aspects concern the behaviour of the system at a macro level, i.e., states before and after actions initiated by users or programs employing the hybrid reasoner. The latter aspect describes the micro level behaviour, i.e., the way inferences are processed internally.

- Under **caching** we address the question of whether to store inferred facts *permanently* in the underlying knowledge base (*generative technique*), or to recompute them each time they are required and leaving the underlying knowledge base implicit (*derivative technique*).

- A related choice has to be made concerning the **evaluation time**. Making implicit information explicit by recognizing an object the moment it is introduced into the ABox, or changed respectively, is referred to as *assert time* deduction. Consequences of a new ABox entry (wrt. other objects) as well as inconsistencies are detected as early as possible. The opposite approach, *query time* evaluation, performs inferences only at query time. Inconsistencies are harder to detect, in particular if they occur non-locally.

- While the former two aspects concerned a sequence of inference steps that together made up an entire system action the notions of *forward* and *backward chaining* emphasize the **control** *during* the deduction process itself: Deduction in a forward chained reasoner is driven by the existing data and inference rules (applying the rules on the data then yields new facts). Deduction in a backward chained reasoner is driven by goals/queries that are broken into subgoals until support by some data is given.

In the development of the different system versions we had to face further criteria of which we still lack experience. For instance, the design of any information system is dependent on the application it is to serve. This covers the broad range from processing large amounts of regularly formatted data stored in conventional databases, to full-fledged automatic theorem proving of arbitrary formulae. Applications of TSL based reasoners surely lie in between these extremes. Nevertheless, it is still open whether we are building our systems for *instance-oriented* tasks similar to conventional database applications (i.e. some hundred concepts each with a huge number of instances), or for *model-oriented* tasks that deal with complex object descriptions rather than a large number of individual instances. However, it is more the model-oriented end of the scale with applications like CAD, configuration of complex technical systems, or financial marketing, where conventional database technology has been found to be insufficient and additional reasoning power is required.

4 ABox Implementations for the BACK System

4.1 ABox V1: Full Class Generation

The first ABox of the BACK system, in the following referred to as ABox V1 [NL87], was implemented using a *generative* technique and *forward chained* inferences. At *assertion time* all possible inferences were drawn. The main step of recognizing an object consisted of *abstracting* from an object's particular description a generic description in terms of the concepts, roles, and restrictions expressible in the TBox. The abstracted description then was *classified* into the TBox where it was either found to be equivalent to an existing concept, or was introduced as a new concept to index the object (in our example above this had introduced a common subconcept of cluster and standalone_system). In any case, the classified description formed the *most specific generalization* (MSG) of the object, i.e. the best generic index to the object. After classification, newly found value restrictions on roles had to be forward propagated to the role-fillers of the recognized object. And in case the object itself was role-filler in a closed role-filler set the information about the new MSG had to be back-propagated to that object. Objects involved in the propagation process simply were *re-recognized* by applying the entire algorithm to them recursively.

Note that once a TBox term had been abstracted, the TBox classifier performed all the consistency checking on the description. The main task of recognition was thus to find the abstraction. This is most complicated for the processing of the role-filler expressions. BACK allows the formulation of role-hierarchies. Therefore, role-filler sets at some role have to be *completed* by fillers of subrole(s), just as the cardinality of the role-filler set has to be completed by the cardinality information collected for super- and subroles. Moreover, since the TBox cannot handle expressions referring to single objects the recognizer had to abstract from particular role-fillers by *generalizing* over the concepts they instantiate: the most special concept subsuming all concepts indexing the role-fillers was added as a "value restriction" to the abstracted description.

Although the implementation was elegant in principle, it had its shortcomings. The approach of getting a full abstraction to store all necessary information in the TBox yielded the generation of too many new concepts. This could become inflationary due to the way cardinality restrictions were handled. In the worst case each new role-filler caused the introduction of a new MSG. Furthermore, the abstraction mechanism was a new source of incompleteness. On the other hand the coupling was quite robust with respect to changes of the terminological formalism and reasoner: An appropriate adaption of ABox reasoning would have required only minor changes to the abstraction mechanism to again take advantage of the consistency checking and classification service of the TBox.

4.2 ABox V2/3: Derivation at Query Time

For ABox V1 no efforts had been made to design the underlying data structures for realistic support of object persistency. This led to the development of ABox V2 which used a relational scheme to store the ABox content (see Section 6). ABox V3 then was modularized in a way that offered the

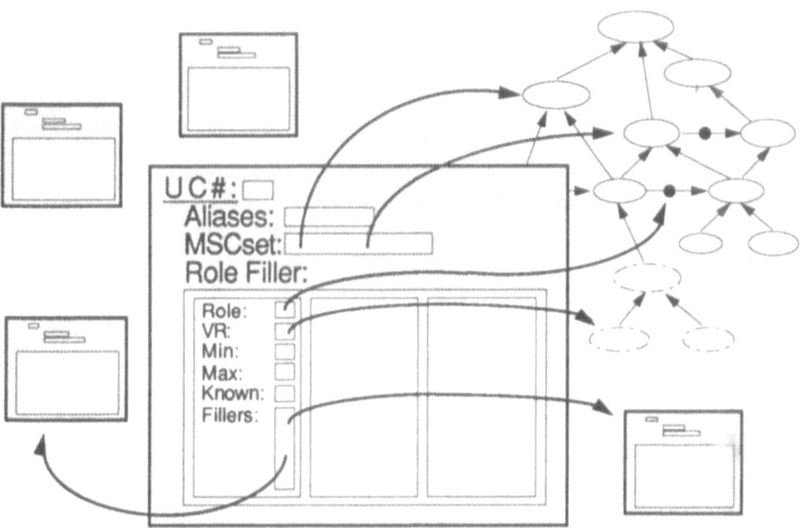

Figure 1: An object-based perspective on class instances (boxes), relationships among them, and relations to TBox concepts and roles (the net in the upper right corner). The virtual structure of an ABox object is shown by the "zoomed" object in the center.

alternative of coupling it with either a (commercially available) relational database management system offering an SQL interface or a simulated DBMS written in Prolog.

With ABox V2 we started an experiment to implement an assertional component with a combination of techniques not commonly used in building a recognizer. The development, influenced by work in the field of *deductive databases* [GMN84], was finalized in ABox V3 [PSKQ89]. The main idea behind a *derivative technique* in the context of TSL based systems was that most deducable facts stem from *defined* concepts. Primitive concepts can be interpreted as semantic database schemes, and instances of primitive concepts are stored in ordinary DB relations. The definitions of defined concepts, however, form a kind of deductive laws: Instances of some defined concept D are derived by either finding them introduced as explicit instances of D (a conventional DB table look-up) or by trying to prove the necessary and sufficient conditions of the definition of D for instances of other concepts.

At assertion time almost no inferences were drawn. The TBox term used in the BAL expression to describe an object was taken as a candidate for indexing the object. It was only checked if redundancy could be avoided by testing if the object was already indexed by a super- or subconcept of the new description (the more special one then was used for indexing). Simple consistency checks were performed locally. However, only at *query time* was it inferred whether an object also instantiated other concepts. The inferences were drawn in a *backward chained* manner by applying the definition of the query concept on a partition of the ABox content (see Section 5).

Though an interesting experiment, the particular combination of techniques cannot be judged appropriate for the applications BACK is designed for. The processing of defined concepts proved to be too complex to be done derivatively. Firstly, non-local inconsistencies were hard to detect. The effect was that some inconsistent ABox entries were never retrieved at query time but rather disappeared in the ABox. Taking into account that the derivative implementation did not handle forward and backward propagation as described above—but worked more rigidly like a traditional type checker—it was quite unsatisfying that even for this weakened recognizer we never reached the completeness e.g. gained in ABox V1. Secondly, never caching any results inferred at query time

⟨*btl-term*⟩	ABox V3	ABox V4
primitive concept	Table Look-Up	Table Look-Up
defined concept	Complex Reasoning	Table Look-Up
complex term equivalent to TBox concept	Complex Reasoning	Table Look-Up
complex term *not* equivalent to TBox concept	Complex Reasoning	Complex Reasoning

Table 1: Characterization of query classes depending on ⟨*btl-term*⟩ and the implementation of the recognizer.

yielded expensive recomputation again and again. It is only for applications with few defined and a majority of primitive concepts that the implementation of ABox V2/3 could perform adequately (although these are not the applications for which a TSL based system can develop its full strength).

On the other hand, the derivative nature of ABox V2/3 avoided the maintenance overhead required for any generative implementation. This simplified the first straightforward coupling with a DBMS. Furthermore it was easier to add new functionality at least on the assertional side without necessarily having to modify the TSL component. BACK, for instance, handles *inverse* roles in query processing, though they are not part of the BTL. Most important, however, is that ABox V4 in some situations requires a derivative reasoning at assertion time, thus allowing us to make use of the experiences gained with ABox V3.

4.3 ABox V4: Enhanced Conceptual Indexing

The ABox V4 [QK90] again is implemented using a *generative technique*, recognizing an object at *assertion time*. ABox objects are indexed by a set of *most specific concepts* (MSCs) collected by an incremental abstraction mechanism that operates in a mixed *backward* and *forward* reasoning mode. It avoids abstracting too fine-grained descriptions but rather describes an object only in terms of concepts contained in the TBox. Restrictions not covered by the MSC-set are stored locally in the ABox. The set of concepts used for indexing instances is not extended by the recognizer (some internal "value restriction" terms will be added and maintained by the TBox, though).

When an object is recognized, its new description is added to the already known MSCs that index it. The result is an approximate new MSC-set that determines all the information to be forward propagated to the role-fillers of the object—these then are handled recursively. After the role-fillers have been adjusted, i.e., their new MSC-set has been determined, the recognizer tries to find more special concepts that may describe the object. After having found the object's ultimate MSC-set it may be necessary to back-propagate this information to objects where it is itself a role-filler (see 4.1). An object-based perspective on the ABox content facilitates the recognition process (see Figure 1 and below).

Looking for the most specific indexing concepts pays off at query time. A query of the form

GETALL ⟨*btl-term*⟩ WITH ⟨*role-expressions*⟩

is in principle processed in two steps. First the basic query is solved by retrieving instances of the generic decription ⟨*btl-term*⟩. Then the sequence of restrictions on role-fillers ⟨*role-expressions*⟩ is applied as a kind of constraint removing those objects from the result set that do not satisfy the restrictions. The complexity of query answering depends on the resolution of the basic query, or, more precisely, on the structure of the ⟨*btl-term*⟩, cf. Table 1:

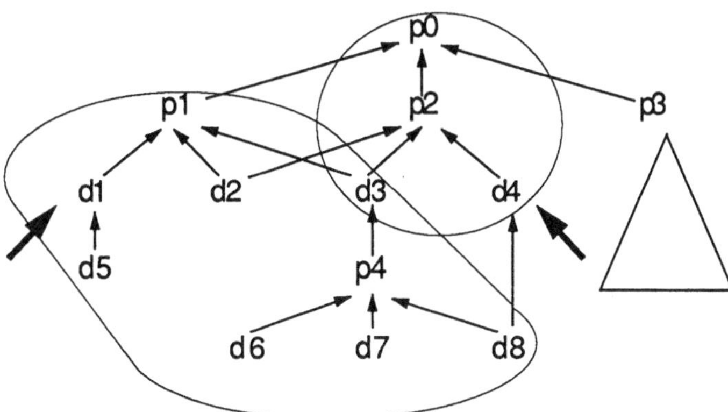

Figure 2: Prim-subsumption: The figure shows concepts prim-subsumed by **d1**, and prim-subsumers of **d4**.

- Basic query resolution by simple look-ups in tables associated with indexing TBox concept.
- Basic query resolution by derivation of instance relationships in an interlocked processing of terminological reasoning and extensional tests on the ABox content.

In ABox V4, all queries for which ⟨*btl-term*⟩ (atomic or complex) matches an existing TBox concept belong to the first class. This major improvement over ABox V3 is due to the recognizer's generative implementation with assert-time inferences: In ABox V3 basic query resolution required the expensive derivative reasoning for all but the primitive concepts. A consequent exploitation of the terminological approach, however, leads to basic queries that often involve defined concepts. On the other hand we expect the majority of queries to be expressed in terms of concepts modelled in the TBox, thus falling into the first of the above classes.

5 The Searchspace

The precise partition of the taxonomy of TBox concepts to be traversed during retrieval and recognition can be described using the notion of *prim-subsumption* developed in [Pel89].

Definition 5.1 (Prim-Subsumption) *Let* c_1 *and* c_2 *be any concepts,* $\mathcal{T}$ *any terminology (collection of concept and role definitions),* $\mathcal{P}$ *the set of all primitive concepts (i.e., concepts* c_i *with some introduction of the form* $c_i :< c_n$*), and* $\preceq^{\mathcal{T}}$ *the subsumption relationship. Then* c_1 **prim-subsumes** c_2 *(written* $c_2 \preceq^{\mathcal{T}}_{prim} c_1$*) iff*

$$\forall p \in \mathcal{P} : c_1 \preceq^{\mathcal{T}} p \Rightarrow c_2 \preceq^{\mathcal{T}} p.$$

An example of prim-subsumptions is given in Figure 2. We assume that the p_i are primitive concepts, and the d_i defined concepts. To solve a basic ABox V4 query "GETALL d1" we have to distinguish two cases: First, if d1 is a concept already existing in the TBox (the first three cases in Table 1) the objects to be retrieved are the instances of d1 and of all its subconcepts (in our example of d5). Second, d1 is a complex concept description temporarily classified into the TBox and is not equivalent to any existing concept (last entry in Table 1). In this case, a derivative processing of the query is required. An initial set of objects is given by instances of subconcepts of d1 (d5 in the example). Further instances of d1 may be indexed by the concepts prim-subsumed by d1: p1, d2, d3, p4, d6, d7, and d8.

Asserting an instance of some concept, in Figure 2 of concept d4, the searchspace for further MSCs is restricted to prim-subsumers of that concept. It can be further reduced by elimating superconcepts of the new MSC candidate. In our example d3 remains the only other concept to be tested by the incremental abstraction algorithm.

Note that for both retrieval and recognition the majority of concepts do not have to be taken into account (in the figure this is suggested by the triangular below p3).

6 Outlook

Work on the BACK system has now been underway for more than five years.[6] In moving from purely illustrative demonstrations to some real world applications it was unrealistic to keep all objects in main memory. Instead, some backend data repository was needed that holds the ABox content on secondary memory. Work in this direction had a great impact on the decisions among the design alternatives chosen for the implementations of the assertional components. Focussing on the *persistency* subject the ABoxes V2 to V4 provide mappings to relational database management system, where the TBox content is used to generate a Boyce-Codd normal form relational scheme which then is filled by the assertional component. Currently the coupling with the RDBMS is quite loose. Too many simply structured 'SELECTs' are required to access the required data. To improve the coupling, efforts are being made to build a compiler that transforms a query expression of BAL into a single, complex SQL program which then can be optimized by the DBMS [BR90]. The most specific indexing of ABox objects as performed in ABox V4 is an essential prerequisite for the query compiler to provide an one-to-one translation for most queries (cf. Table 1).

For recognition an object-oriented view is needed on the ABox content which is not supported by the relational scheme. At recognition time, therefore, a temporary *object-space* is built up. The OS provides the required view on the ABox. After recognition the OS content is transferred to the relational database (for a simplified illustration of an OS entry see Figure 1). The OS, however, allows us to totally abstract from a relational view and to take into consideration other data models like non-first normal-form (NF^2) models or object-oriented databases.

Acknowledgements

This work was partially supported by the Commission of the European Communities and is part of the ESPRIT Project 311 which involves the following participants: Datamont (Milan), Nixdorf (Munich), Olivetti (Pisa), Quinary (Milan), Technische Universität Berlin, Universität Hildesheim. It has been influenced by many discussions with Christof Peltason, Albrecht Schmiedel, Kai von Luck, Bernhard Nebel, and Bernd Owsnicki-Klewe. Ken Jackson provided us with his version of the ABox.

[6] We are just about to release the fourth system version which again is implemented in KIT Core Prolog [BHK87], a programming standard compiled at the TU Berlin to serve as a basis for the portation between various Prolog implementations. Former releases of the system have been ported to a number of different machines and programming environments, e.g., IBM main frame, Symbolics Lisp-Machines, various UNIX environments, and others. The documented Prolog sources have about 15000 lines of code. The system handled TBoxes of realistic size, i.e. more than 500 concepts. Experiments with ABoxes containing a larger number of objects have just begun [DBP90].

References

[BBMR89] Alexander Borgida, Ronald J. Brachman, Deborah L. McGuinness, and Lori Alperin Resnick. CLASSIC: A Structural Data Model for Objects. In *Proceedings of the 1989 ACM SIGMOD International Conference on Management of Data*, pages 59–67, Portland, Oreg., June 1989.

[BFL83] Ronald J. Brachman, Richard E. Fikes, and Hector J. Levesque. KRYPTON: A Functional Approach to Knowledge Representation. *IEEE Computer*, 16(10):67–73, October 1983.

[BHK87] Oliver Bittkau, Christian Haider, and Jörg-Uwe Kietz. Kit-Core Prolog. KIT IAB 17, Technische Universität Berlin, February 1987.

[BL87] Ronald J. Brachman and Hector J. Levesque. Tales from the far side of KRYPTON. In L. Kerschberg, editor, *Expert Database Systems—Proceedings From the 1st International Conference*, pages 3–43. Benjamin/Cummings, Menlo Park, Cal., 1987.

[BR90] E. Bertino and P. Randi. Task 5.4.2: Mapping AQL into SQL Programs. Deliverable 2 Amendment Phase ESPRIT Project 311, Datamont SpA, Milano, May 1990.

[BS85] Ronald J. Brachman and James G. Schmolze. An Overview of the KL-ONE Knowledge Representation System. *Cognitive Science*, 9(2):171–216, April 1985.

[DBP90] M. Damiani, S. Bottarelli, and C. Peltason. Terminological Information Management in ADKMS. Draft Paper, Datamont SpA, Milano, and Technische Univresität Berlin, May 1990.

[GMN84] Hervé Gallaire, Jack Minker, and Jean-Marie Nicolas. Logic and Databases: A Deductive Approach. *ACM Computing Surveys*, 16(2):153–185, 1984.

[Mac88] Robert MacGregor. A Deductive Pattern Matcher. In *Proceedings of the 7th National Conference of the American Association for Artificial Intelligence*, pages 403–408, Saint Paul, Minn., August 1988.

[NL87] Bernhard Nebel and Kai von Luck. Issues of Integration and Balancing in Hybrid Knowledge Representation Systems. In K. Morik, editor, *GWAI-87. 11th German Workshop on Artificial Intelligence*, pages 114–123. Springer-Verlag, Berlin, 1987.

[OK88] Bernd Owsnicki-Klewe. Configuration as a Consistency Maintenance Task. In W. Hoeppner, editor, *GWAI-88. 12th German Workshop on Artificial Intelligence*, pages 77–87, Springer-Verlag, Berlin, 1988.

[Pel89] Christof Peltason. *Wissensrepräsentation und Entwurfswissen.* PhD thesis, Technische Universität Berlin, 1989.

[PSBL84] Peter F. Patel-Schneider, Ronald J. Brachman, and Hector J. Levesque. ARGON: Knowledge Representation Meets Information Retrieval. In *Proceedings of the 1st Conference on Artificial Intelligence Applications*, pages 280–286, Denver, Col., 1984.

[PSKQ89] Christof Peltason, Albrecht Schmiedel, Carsten Kindermann, and Joachim Quantz. The BACK System Revisited. KIT Report 75, Technische Universität Berlin, September 1989.

[PSO+90] P.F. Patel-Schneider, B. Owsnicki-Klewe, A. Kobsa, N. Guarino, R. MacGregor, W.S. Mark, D.L. McGuinness, B. Nebel, A. Schmiedel, J. Yen. Term Subsumption Languages in Knowledge Representation. *AI Magazine*, 11(2):16–23, Summer 1990.

[QK90] Joachim Quantz and Carsten Kindermann. The BACK System Implementation. KIT Report 78, Technische Universität Berlin, to appear September 1990.

[Sch89] Klaus Schild. Towards a Theory of Frames and Rules. KIT Report 76, Technische Universität Berlin, December 1989.

[Vil85] Marc B. Vilain. The Restricted Language Architecture of a Hybrid Representation System. In *Proceedings of the 9th International Joint Conference on Artificial Intelligence*, pages 547–551, Los Angeles, Cal., August 1985.

Fachdialogwissen als Mittler zwischen Fachwissen und Dialogwissen

Jens-Uwe Moeller
Computerlinguistik
Postfach 8640
D-4800 Bielefeld 1
email: ULLWF136@UNIDBI11.BITNET

Ausgehend von der Aufgabenstellung der Konstruktion einer natürlich-sprachlichen Schnittstelle für wissensbasierte Systeme werden im folgenden Probleme aus dem Bereich der Dialogführung in Fachgesprächen aufgezeigt und die Notwendigkeit des Einsatzes von speziellem Fachdialogwissen diskutiert. Dieses Fachdialogwissen bildet die Basis für den Aufbau von Fachdialogmodellen.

Unter einem Fachdialog wird dabei die Interaktion zwischen einem Benutzer und einem wissensbasierten System verstanden, die zur Lösung einer fachspezifischen Aufgabe führt. Insofern ist ein Fachdialog niemals aus sich selbst heraus definiert, sondern durch den Dialogzweck determiniert. Fachdialog umfaßt dabei sowohl Auskunfts- und Beratungsdialoge, als auch Problemlösungsdialoge. Erklärungsdialoge sind Auskunftsdialoge auf der Metaebene.

Neben der Kenntnis des Gesamt-Dialogziels und der Benutzermodellierung kommt einer effektiven Dialogführung besonderes Gewicht im Rahmen der Steuerung eines Fachdialogs zu. Eine effektive Fachdialogsteuerung umfaßt einerseits eine fachlich-inhaltliche Dialogplanung, die sich aus einzelnen Teilzielen zusammensetzt. Andererseits beinhaltet sie auch den Einsatz verschiedener Dialogstrategien zur Erreichung einzelner Dialogziele. Insgesamt muß die Fachdialogsteuerung sowohl Aspekte des Fachwissens als auch des Dialogwissens berücksichtigen. Die Fragen der Dialogführung und die Beschaffenheit dazu notwendigen Wissens stehen in diesem Artikel im Vordergrund.

1. Wie sieht zur Dialogführung notwendiges Wissen aus?

Diese Fragestellung soll anhand von zwei Beispielen erörtert werden.

Beispiel 1

Meßing und Mankel [89] wiesen auf die grundsätzliche Problematik hin, daß neben Fach- und Dialogwissen noch eine weitere Ebene existiert. Im Rahmen des vom BMFT geförderten Projekts WISBER [Horacek 88 et al.] wurde ein natürlich-sprachliches Beratungssystem entwickelt, dessen Anwendungsgebiet Geldanlageberatung ist. Bei der Modellierung eines solchen Beratungsdialogs stießen Meßing und Mankel auf folgendes Problem:

In der Domäne Geldanlage gilt etwa folgende Regel:

(1) Wenn eine hohe Gewinnaussicht gewünscht wird, so ist sie durch hohes Risiko oder langfristige Anlage zu erkaufen.

Sie sei in einem wissensbasierten System repräsentiert. Ein Benutzer, der sich an die Erklärungskomponente mit der Frage

(2) Wieso fragen Sie mich nach meiner Risikobereitschaft?

wendet, könnte Regel (1) als Antwort bekommen. Soweit bewegen wir uns nur auf der Ebene des Fachwissens. Für die Steuerung eines Fachdialoges ist dieser Zusammenhang jedoch in anderer Form von Bedeutung:

(3) Wenn der Kunde hohe Gewinnerwartungen hat, so prüfe seine Risikobereitschaft.

Meßing und Mankel bezeichneten diese letzte Form (3) als *Fach-Dialogwissen* und etablierten das Fachdialogwissen als einen eigenen Wissensbereich neben Domänenwissen und Dialogwissen.

Umfassen sollte das Fachdialogwissen in der Anwendungsdomäne Geldanlage ihrer Meinung nach u. a. die sinnvolle Reihenfolge der Ermittlung zentraler Parameter, wie Anlagebetrag und -dauer, oder das Wissen um unterschiedliche Beratungsstrategien, wie z. B. das Einbringen eines Testvorschlags, um implizit einige Parameter zu ermitteln.

Analysieren wir zunächst das Beispiel, so stellen wir fest, daß das Fachdialogwissen eine Transformation des Fachwissens in eine für den Dialog zu verwendende aktive Form ist. Dabei eignet sich das Beispiel zwar zur Problemmotivation, doch weist es einige methodische Mängel auf:

- Die Domänenregel enthält nicht nur den reinen Sachzusammenhang *je größer das Risiko oder je langfristiger die Anlage, desto größer die Gewinnaussicht*, sondern bereits den Wunsch des Kunden und damit einen kommunikativen Aspekt, der für den Dialog selbst von Bedeutung ist.
- Unbeachtet bleibt, daß der Parameter *Dauer der Anlage* bereits zuvor im Dialog erfragt wurde und fest steht.
- In welcher Form solches Fachdialogwissen abgeleitet oder unabhängig erhoben wird, ist nicht untersucht worden.

Um jedoch der Frage, ob ein eigenständiger Wissenbereich Fachdialogwissen gerechtfertigt ist, näher zu kommen, wollen wir ein weiteres Beispiel untersuchen, das auch eine exaktere Differenzierung zwischen Fachwissen und Fachdialogwissen ermöglicht.

Beispiel 2

Grundlage des Beispiels 2 ist eine erste Version der Wissenbasis des Raumplanungssystems REFLECT [Karbach 89b] und zugrundeliegende Expertendialoge. Ziel eines natürlich-sprachlichen Interfaces für REFLECT sei die Führung eines Dialogs in dessen Verlauf die Planungsaufgabe gelöst wird. Die Planungsaufgabe besteht aus der Unterbringung neuer Mitarbeiter in Räumen. Bei der Modellierung des Fachwissens werden sowohl Mitarbeiter, als auch Räume recordartig beschrieben.

```
employee                          room
    employee-preferences              available-resources
    frequented                        belongs-to
    full-time                         has-window
    group                             no-of-max-desks
    hobbies                           room-number
    projects                          type
    required-resources
    roles
    room-preferences
    smoker
    year-of-enlistment
    legal-rooms
```

Die Vorgehensweise des wissensbasierten Systems ist die durch Constraints begrenzte [Christaller et al. 89] Expansion der Mitarbeiter - Raum -Kombinationen in einen Lösungsraum. Ausgangspunkt ist die Kenntnis aller Parameter der Mitarbeiter und Räume. Ein den Lösungsraum begrenzender Constraint könnte z. B. sein:

(4) Alle studentischen Mitarbeiter kommen ins Studentenzimmer.

Betrachten wir jedoch die kommunikativen Aspekte der beschriebenen Problemlösung, so weist sie die Schwäche auf, daß zunächst alle Parameter erhoben werden, anschließend jedoch im Problemlösungsprozeß nur einige verwendet werden. Der menschliche Experte hingegen wendet das Raumplanungsfachwissen bereits implizit bei der Erfragung der Mitarbeiterparameter an und reduziert so beträchtlich den Kommunikationsaufwand.

Die Aufgabe im Kommunikationsprozeß des Experten ist die Klassifikation der Mitarbeiter unter Berücksichtigung der Regeln des Planungsprozesses. Insgesamt ergibt sich die in Abbildung 1 dargestellte typische Vorgehensweise der Erfragung von Mitarbeiterdaten durch den Experten.

Es erscheint uns für die Modellierung eines natürlich-sprachlichen Fachdialogs äußerst wichtig, derartige Wechselwirkungen zwischen Problemlösungsprozeß und Dialog explizit zu repräsentieren.

```
for all Projekte do
    nenne Projekt
    for all neue Personen aus Projekt do
        nenne neue Person
        erfrage Rolle der Person
        case Rolle of
            Student:        nil
            Mitarbeiter:    erfrage, ob halbtags
                            erfrage Resourcen
        endcase
        erfrage Zeitpunkt des Beginns
    end for
end for
```

Abb. 1: Erfragung von Mitarbeiterdaten durch einen Experten

2. Modularisierungen des Wissens

Wenden wir uns nun der Beschaffenheit des für die Führung eines Dialoges notwendigen Wissens zu. Entscheidend für die folgende Betrachtung ist nicht, was im Einzelnen repräsentiert werden soll, sondern wie unterschiedliches Wissen in verschiedene Wissensbereiche unterteilt werden kann.

Die einfachste Lösung dieser Frage ist eine vollständige Integration des Dialogs in den Problemlösungsprozeß der Domäne. Diese simple, an konventioneller Software orientierte Vorgehensweise ist jedoch für die Modellierung natürlich-sprachlicher Dialoge nicht geeignet.

Betrachten wollen wir die Zweiteilung des Wissens eines NL-dialogfähigen wissensbasierten Systems, wie sie z. B. in WISBER realisiert ist [Horacek 89]. Dort kommunizieren Dialogkontrolle und Problemlösungsprozeß durch das wechselseitige Setzen von *goals*. Im Dialog sind es diese *goals*, die vermittels eines *goal satisfaction mechanism* die Dialogsteuerung bewirken, wie dieses auch in [Horacek 90] beschrieben wird. Das Dialogwissen umfaßt dabei z. B. die Interpretation von Anforderungen seitens des Systems (*system wants*), Benutzerwünschen und Systemzuständen.

Im Falle der Zweiteilung muß das Fachwissen bereits Kommunikationswissen beinhalten. So müsste der Problemlösungsprozeß des Beispiels 2 derart aufgebaut sein, daß er Dialogziele in der Reihenfolge, wie sie einen in Abb. 2 gezeigten Dialog ergeben, formuliert. Diese würden als Dialogziele etabliert und dann realisiert.

Die einfache Zweiteilung in Dialogwissen und Fachwissen in WISBER weist unseres Erachtens einige Mängel auf:

- Es gibt keine explizite Dialogsteuerung, wie sie etwa durch Dialogmodelle gegeben wäre. Stattdessen steuert lediglich der *goal satisfaction mechanism* in Verbindung mit der Kommunikationsstruktur des Problemlösungsprozesses den Dialog.
- Das Fachwissen selbst wird durch die Ausrichtung an einer notwendigen Dialogführung unübersichtlich; statt eines rein deklarativen Charakters weist es somit algorithmische Elemente auf.
- Fachspezifisches Wissen ist auch für die Dialogkontrolle von Bedeutung, da z. B. konkurrierende *goals* auch unter Berücksichtigung der Bedürfnisse des Problemlösungsprozesses bewertet werden müssen.
- Fachspezifisches Wissen kann auch für die Interpretation von Wünschen (*system wants, user wants*) bedeutsam sein.

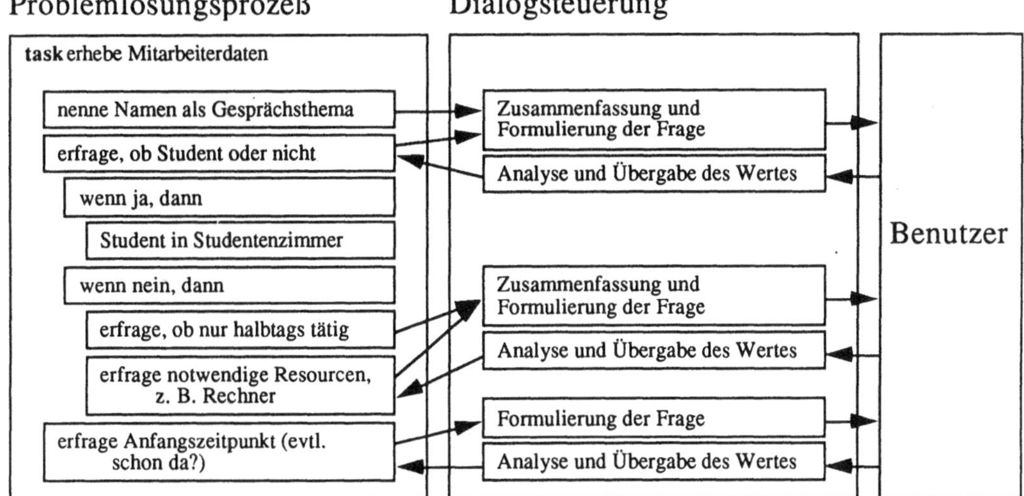

Abb. 2: Zweigliedriges Wissensmodell

Ein anderer, im Prinzip ebenfalls zweigliedriger Ansatz wurde von Litman und Allen [84] vorgestellt und in Litman [85] näher ausgeführt. In ihrem Ansatz werden alle Wissensebenen in demselben Formalismus repräsentiert, wobei das Fachwissen durch Pläne beschrieben wird. Ihre Planerkennung für natürlichsprachliche Dialoge kann, wenn sich keine direkte Übereinstimmung zwischen Dialogäußerung und Fachgebietsplan ergibt, Metapläne (INTRODUCE-PLAN, CONTINUE-PLAN, IDENTIFY-PARAMETER, CORRECT-PLAN und MODIFY-PLAN) aktivieren, die z. T. eine Realisierung in Form eines Sprechaktes (entsprechend Allen & Perrault [80]) bewirken. So ist es in ihrer Arbeit möglich, beliebig rekursiv Metadialoge zu führen.

Die oben genannten Kritikpunkte werden jedoch auch in diesem Ansatz nicht gelöst:
Ein Fachgebietsplan *integriere-Mitarbeiter* könnte zum Beispiel vermittels mehrfacher Aktivierung des Metaplans IDENTIFY-PARAMETER dazu führen, daß die einzelnen Mitarbeiterdaten erfragt werden. Die Reihenfolge der Fragen bleibt dabei beliebig bzw. wird implizit durch die Reihenfolge in der Definition des Konzepts *Mitarbeiter* bestimmt. Dieses Manko ließe sich nur dann umgehen, wenn die Fachgebietspläne entsprechend der Kommunikationsstruktur ausgerichtet würden, oder Kommunikationswissen enthaltende Pläne zwischen Fachgebietspläne und Metapläne geschaltet würden, was jedoch den rekursiven Ablauf der Planerkennung stören würde.

Der bisher diskutierten Zweiteilung stellen wir ein dreigliedriges Modell gegenüber, das unseres Erachtens einige der angesprochenen Probleme löst. Dabei sollen folgende drei Wissensbereiche unterschieden werden:
- Die auf **Dialogwissen** basierende Dialogsteuerung dient bei der Generierung zur sprachlich adäquaten Realisierung von Dialogbeiträgen. In der Analyse von Benutzeräußerungen stellt die Dialogsteuerung Dialogverhalten und inhaltliche Aussagen fest.
- Das **Fachwissen** ist rein problemlösungsorientiert und umfaßt das Wissensmodell der Domäne.
- **Fachdialogwissen** beinhaltet das Wissen um die Kommunikation von Fachwissen in einer bestimmten Dialogsituation.

Verdeutlicht werden kann diese Dreiteilung am Beispiel 2:
Das Fachwissen besteht aus dem Modell der Domäne (hier: employee, room und Constraints). Das Fachdialogwissen beschreibt die für die Problemlösung notwendige Kommunikation entsprechend dem Fachdialogschema in Abb. 1 indem es Fachwissen und Dialogwissen miteinander verbindet. Das Dialogwissen betrifft die sprachliche Gestaltung und Realisierung von System- und Benutzeräußerungen. Es hat u. a. Zugriff auf die Taxonomie und trifft terminologische Entscheidungen, behandelt Ellipsen und bewertet Dialogkontexte.

3. Ist die Einführung eines Wissensbereichs Fachdialog gerechtfertigt?

Eine bei uns im Rahmen des Projektes *Wissensorganisation zur Fachdialogsteuerung* (DIALOS) lange diskutierte Frage ist, ob es überhaupt so etwas wie genuines Fachdialogwissen gibt, oder ob man nicht mit der einfachen Zweiteilung auskommt.

Wir sind zu dem Schluß gekommen, daß die Etablierung eines eigenen Wissenbereichs Fachdialog berechtigt ist, ja daß Fachdialogwissen für die explizite Steuerung eines Fachdialogs sogar von zentraler Bedeutung ist. Indem nämlich das Fachdialogwissen zwischen Fachwissen und Dialogwissen explizit die inhaltliche Struktur der Kommunikation beschreibt, wird das entstehende System kommunikationsorientiert.

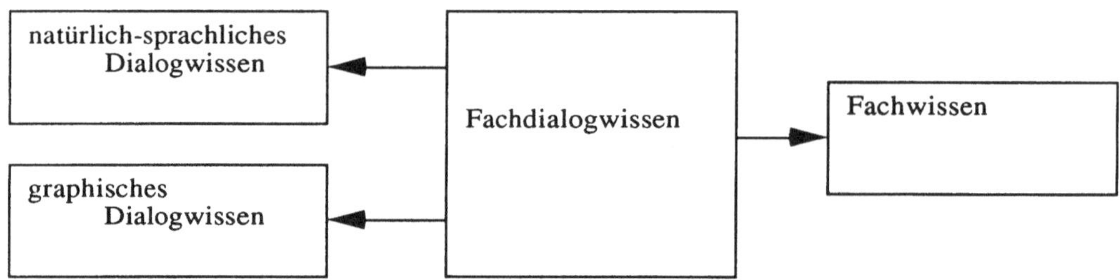

Abb. 3 Architektur mit drei Wissensebenen

Dies spiegelt sich auch in der Architektur eines Systems mit drei Wissensebenen wieder, in deren Zentrum die fachbezogene Interaktion mit dem Benutzer steht; ein Gesichtspunkt, der unseres Erachtens besonders im Hinblick auf benutzeradäquates Verhalten und die damit verbundene Akzeptanz wünschenswert ist. Die fachliche Kommunikation gilt es als Fachdialogmodelle darzustellen. Problemlösungskomponente und Dialogkomponente werden durch die Kommunikationskomponente aktiviert und miteinander verbunden, Problemlösungsprozeß und Dialog durch die Fachdialogsteuerung kontrolliert.

Die Trennung zwischen Fachdialogwissen und Dialogwissen ist eine Trennung zwischen dem *was* und dem *wie* in einem Dialog. Wenn z. B. der Fachdialog einen Themenwechsel erfordert, so wird der Wechsel und das neue Thema durch die Fachdialogsteuerung als Ziel etabliert. Anschließend entscheidet die Dialogkomponente über die Art und Weise der Realisierung des Ziels in Abhängigkeit vom bisherigen Dialogverlauf. Diese Trennung ermöglicht zudem die direkte Integration graphischer Dialogelemente, ohne daß ein Bruch in der Fachdialogführung entsteht. Denkbar ist somit eine multimediale Kommunikation, wobei von der Fachdialogsteuerung sowohl der natürlich-sprachlichen Dialogkomponente, als auch der graphischen Komponente die gleichen Parameter übergeben werden.

4. Fachdialogmodelle

Für die Repräsentation von Fachdialogwissen machen wir uns Erkenntnisse der Expertensystemtechnologie zunutze. Neuere Expertensysteme - es wird von der zweiten Generation gesprochen - sind in der Regel modellbasiert, d. h. ihnen liegt ein explizites Modell der Domäne zugrunde [Karbach 89a].
Eine Knowledge Engineering Methode, die zu modellbasierten Expertensystemen führt, ist KADS [Breuker & Wielinga 86]. Sie zielt einerseits auf eine methodische Vorgehensweise bei der Entwicklung, andererseits stellt KADS mit den Interpretationsmodellen generische Modelle von Problemlösungsprozessen bereit, die die Analyse und Strukturierung des im Expertensystem zu installierenden Wissens erleichtern. Somit fördert KADS die Übersichlichkeit des Knowledge Engineering Prozesses und der Darstellung des Wissens.
Chandrasekaran [87] beschreibt mit seinen *generic tasks* kleinere Einheiten als die Interpretationsmodelle, wobei jedoch mehrere dieser *tasks* zu einer Problemlösungsaufgabe zusammengestellt werden können.

In Analogie zu dieser Modellierung des Fachwissens beschäftigen wir uns mit der Entwicklung von Fachdialogmodellen. Das Fachdialogwissen wird unterteilt in eine Domänenebene, die Wissen über die Kommunikation des speziellen Fachwissens enthält, und eine strategische Ebene, die etwa Themenwechsel steuert, Erklärungen behandelt oder Parameter indirekt über Testvorschläge abfragt.

Als Grundlage der Fachdialogmodelle dienen von ihrer Idee her mit den *generic tasks* vergleichbare *generic dialog tasks*. So könnte z. B. für die Repräsentation der Fachdialogaufgabe in Beispiel 2 die

generic dialog task *optimierte Erhebung von Objektparametern*

als Grundlage dienen. Diese werden im Rahmen der Modellierung des wissensbasierten Systems mit Fachwissen instanziiert und vergleichbar dem Verfahren bei den *generic tasks* zu einem Fachdialogmodell zusammengestellt. Dabei ergeben sich zumindest drei verschiedene Stufen der Komplexität der Fachdialogmodellierung, die wir anhand der Planungsaufgabe in Beispiel 2 näher betrachten wollen.

1. In einer einfachen Form haben wir ein vollständig spezifiziertes, statisches Fachdialogmodell. Dieses setzt eine vollständige Problemspezifikation voraus. Zuerst werden alle Daten erhoben, anschließend die Lösung ausgegeben. Die einzige Rationalisierungsmöglichkeit im Rahmen der Fachdialogführung ist hier eine Optimierung der Datenerhebung.
2. Betrachtet man Interpretationsmodelle zur Planung, so ist auch die Spezifikation des Problems Teil der Problemlösungsaufgabe. Entsprechend muß am Anfang ein Explorations- bzw. Verhandlungsdialog stehen, dessen Ziel die Klärung der Problemspezifikation ist. Dieser Dialog stellt den ersten Teil eines noch nicht vollständig spezifizierten Fachdialogmodells dar. Erst durch die Vervollständigung der Problemspezifikation können aus einer Menge instanziierter *dialog tasks* die jeweils notwendigen in das Fachdialogmodell integriert werden.
3. Ist ein Explorations- bzw. Verhandlungsdialog nicht möglich, da der Benutzer nur eine vage Vorstellung des zu lösenden Problems hat, so ist ein Beratungsdialog notwendig. Hierbei gilt es die Folgen einzelner Entscheidungen im Problemspezifikationsprozeß zu verdeutlichen. Ein Beratungsdialog verlangt eine Dynamisierung des Fachdialogmodells.

5. Akquisition des Fachdialogwissens

Eine Methode ist die Erhebung von Fachdialogwissen im Rahmen des Wissensakquisitionsprozesses, d. h. die Wissensakquistition umfaßt dann nicht nur die Modellierung des Fachwissens, sondern auch die der Kommunikationsstrukturen. Diese Vorgehensweise wird durch die Bereitstellung generischer Strukturen unterstützt, wie sie bei einigen Knowledge Engineering-Methoden üblich sind.

Eine andere Methode ist die automatische Transformation von Fachdialogwissen aus dem Fachwissen anhand noch zu bestimmender Kriterien. So läßt sich in Beispiel 1 Regel (3) aus Regel (1) herleiten. Eine Transformation kann auch zu einer minimierten, an optimiertem Vorgehen (z. B. optimierter Suchraumeinschränkung) orientierten Kommunikation führen. In Beispiel 2 etwa kann eine Dialogoptimierung erzielt werden durch eine Äußerung, wie

(5) Nenne mir die Namen aller Studenten.

Es bedarf nur einer einzigen Frage um eine größere Menge von Personen zu klassifizieren. Bezeichnenderweise ist dieses nicht die Vorgehensweise des Experten. Er zeigt vielmehr ein hierarchisch-objektbezogenes Vorgehen: Projekte, Mitarbeiter, Parameter. Insofern spricht einiges dafür, Typikalitäten von Fachdialogen zu ermitteln, die fachspezifische Denk- und Arbeitsstrukturen wiederspiegeln, statt optimierte Löungen zu verfolgen, die die Kommunikation stören indem sie Umdenkprozesse des Benutzers voraussetzen.

6. Perspektiven

Für die inhaltliche Analyse empirischen Materials über Fachdialoge wird im Rahmen des Projekts eine Methodik entwickelt, anhand derer Fachdialogmodelle erforscht werden können. Dazu ist es notwendig, eine formale Beschreibung von Dialogen zu ermöglichen, die sowohl die dialogisch (linguistisch) relevanten Aspekte, als auch fachlich-strukturelle Aspekte berücksichtigt.

Zur Erforschung der *generic dialog tasks* , ihrer Instantiierung und Zusammenstellung zu Fachdialogmodellen gilt es sowohl auf der Domänen-, als auch auf der strategischen Ebene die Schnittstellen zu Fach- und Dialogwissen formal zu spezifizieren. Des weiteren stellt sich die Frage, ob die *dialog tasks* bereits vor Ablauf des Dialogs mit akquiriertem Wissen spezifiziert werden müssen, oder ob nicht eine *run-time*-Instantiierung möglich ist.

7. Literatur

Allen & Perrault 80: Allen, J. F.; Perrault, C. R.; Analyzing intention in utterances. Artificial Intelligence 15/3, 1980, 143-178

Breuker & Wielinga 86: Breuker, J.; Wielinga, B.; Models of Expertise. In: Proc. ECAI-86, 306-318

Chandrasekaran 87: Chandrasekaran,B.; Towards a Functional Architecture for Intelligence Based on Generic Information Processing Tasks. In: Proc. IJCAI-87, Milano, 1183-1192

Christaller et al 89: Christaller, Th.; di Primo, F.; Voss, A.; Die KI-Werkbank BABYLON - Eine portable Entwicklungsumgebung für Expertensysteme; Bonn: Addison-Wesley 1989

Horacek et al. 88: Horacek, H.; Bergmann, H.; Block, R.; Fliegner, M.; Gerlach, M.; Poesio, M.; Sprenger, M.; From Meaning to Meaning: A Walk through WISBER's Semantic-Pragmatic Processing. In: Hoeppner, W.; Proc. GWAI-88, Springer, Berlin 1988, 118-129

Horacek 89: Horacek, H.; A Framework for Consultation. In: Trappl, R.; Proc. Cybernetics & Systems-90. World Scientific, 831-838

Horacek 90: Horacek, H.; The Role of Goals in Dialog Control. to appear in Proc. ECAI-90.

Karbach 89a: Karbach, W.; KI-Lexikon: Modellbasierte Wissenakquisition. KI 4/1989, 13

Karbach 89b: Karbach, W.; REFLECT Project Document. GMD, Bonn 1989.

Litman & Allen 84: Litman, D. J.; Allen, J. F.; A Plan Recognition Model for Clarification Subdialogues. In Proc. COLING-84, Stanford, 302-311

Litman 85: Litman, D. J.; Plan Recognition and Discourse Analysis: An Integrated Approach for Understanding Dialogues. University of Rochester, TR 170, 1985

Meßing & Mankel 89: Meßing,J.; Mankel; Wissensorganisation zur Dialogsteuerung. WISBER-Bericht 43, SCS GmbH, Hamburg, 1989

Konversationale Modellierung graphisch-interaktiver Systeme: Ein Beispiel

Ulrich Thiel
GMD-IPSI, Dolivostr. 15, D-6100 Darmstadt

Abstract. Die Schnittstellen wissensbasierter Informationssysteme basieren häufig auf dem Ansatz der direkten Manipulation von virtuellen Objekten. Mit komplexer werdender Funktionalität der Systeme zeigen sich jedoch die Nachteile dieser räumlich orientierten graphischen Interaktion, die z.B. in Hypertext-Anwendungen zu Konfusionen der Benutzer führen. Als Ausweg bieten sich hybride Systeme an, die Vorteile des manipulativen und des konversationalen Ansatzes vereinigen sollen. Waren bislang die Anstrengungen auf die Entwicklung multimodaler Interaktionsformen ausgerichtet, so stellen wir einen komplementären Ansatz vor, der am Beispiel der Schnittstelle eines wissensbasierten Volltextinformationssystems erläutert wird. Dabei erweitern wir die Konzeption des graphischen Dialogs, die Präsentation und Manipulation von Objekten als lokutive Akte interpretiert, um illokutive Komponenten, die eine weitergehende Dialogdeterminierung im Sinne des Griceschen Kooperationsprinzips zu spezifizieren erlauben. Die spezifischen Aspekte der Struktur "graphischer Dialogakte" werden anhand von Beispielen diskutiert, wobei die Konditionen der Akte insbesondere kognitiv-ergonomische Aspekte der Interaktion erfassen.
KI-Teilgebiet: Intelligente graphische Benutzerschnittstellen

1 Einleitung

Der Einsatz wissensbasierter Techniken begünstigt die Entwicklung graphisch-interaktiver Informationssysteme, die dem Benutzer nicht mehr nur Referenzen und Dokumente aufgrund oberflächenorientierter Verfahren nachweisen, sondern in zunehmenden Maße auch Retrievalverfahren unterstützen, die nach semantisch begründeten Kriterien einen Zugriff auf Textinhalte, Textzusammenfassungen[1] oder einschlägige Textpassagen ermöglichen. Dabei tritt jedoch das Problem auf, daß die Benutzer solcher Systeme die Funktionalität nur unzureichend ausschöpfen, wenn das System konventionell, d.h. passiv reagiert. Dieses Problem wurde im Bereich natürlichsprachiger Interfaces (z.B. zu Datenbanken) schon früh diskutiert, während für graphische Schnittstellen bislang das Modell der direkten Manipulation bestimmend war.

Mit komplexer werdender Funktionalität der Systeme (z.B. Hypertext-Anwendungen) zeigen sich die Nachteile der räumlich orientierten Interaktion. Als Ausweg bieten sich hybride Systeme an, die Vorteile des manipulativen und des konversationalen Ansatzes vereinigen sollen (vgl. z.B. Sibert et al. 1986, Reichman 1986, 1989). Insbesondere *Konversationen*, in denen die Dialogpartner sich *kooperativ* verhalten, um einen Informationsaustausch zu erzielen, dienen als Vorbilder für das Dialogverhalten intelligenter Schnittstellen.

Die Konzeptionen der bislang vorgestellten Systeme intendieren primär die Koordination der verschiedenen Modi (Graphik und natürliche Sprache) in einer natürlichen Kommunikation (vgl. z.B. Neal/ Shapiro 1988, Cohen et al. 1989) oder untersuchen Möglichkeiten zur Kombination natürlicher Sprache mit "gestischen Operationen", die als Zeigegesten(äquivalente) interpretiert werden (z.B. Allgayer et al. 1989). In diesem Beitrag stellen wir als einen komplementären Ansatz die Konzeption einer *konversationalen graphischen Interaktion* vor. Dabei wird der graphische-interaktive Charakter der Schnittstelle beibehalten, die Aktionen des Benutzers und die Reaktionen des Systems jedoch als Beiträge zu einer Konversation modelliert. Dieser Ansatz erlaubt eine Flexibilisierung der graphischen Interaktion und stellt darüber hinaus eine methodische Basis zur Integration graphisch-interaktiver Komponenten in eine multi-modale Dialogführung dar. Die Möglichkeiten des Ansatzes zeigen wir am Beispiel der graphisch-interaktiven Schnittstelle eines wissensbasierten Volltextinformationssystems.

[1] z.B. Abstracts, graphische Präsentationen relevanter Fragmente der Wissensbasis

2 Das System TWRM-TOPOGRAPHIC

Das Potential wissensbasierter Verfahren zur Steigerung der Leistungsfähigkeit und Akzeptanz von Informationssystemen, die sich in neuerer Zeit vermehrt auf elektronisch lesbare Textkollektionen (Volltextdatenbanken) stützen, beruht im wesentlichen auf der inhaltlichen Erschließung der Dokumente und der Präsentation des auf diese Weise gewonnenen Wissens in situationsgerechter Form, d.h. unter Berücksichtigung dialogpragmatischer und kognitiv-ergonomischer Randbedingungen. Der erste dieser Problemkreise war Gegenstand des TOPIC-Projektes[2] (Hahn/Reimer 1986, Reimer/Hahn 1988), während die zweite Fragestellung im Rahmen des TWRM[3]-TOPOGRAPHIC[4]-Projektes[5] (Kuhlen et al. 1989, Thiel/Hammwöhner 1989) behandelt wurde, in dem auf den Resultaten der TOPIC-Textanalyse aufbauend eine graphische Benutzerschnittstelle entwickelt wurde.

Durch die für das Interface TWRM-TOPOGRAPHIC gewählte graphische Interaktionsform (vgl. Hayes 1980, 1987, Tou et al. 1982) verlassen die Gestaltungsmöglichkeiten der Benutzerschnittstelle den Rahmen der rein schriftlichen (textuellen) Ausgabe und beziehen zusätzliche visuelle Informationen in die Dialoggestaltung ein. Diese graphisch-interaktive Präsentation der Textinhalte bricht die starre lineare Struktur des Textes auf zugunsten einer zweidimensionalen Darstellung, die durch Navigationsoperationen dem Benutzer neue Möglichkeiten des Umgangs mit dem Text eröffnet (vgl. Abb. 1). Die als Graph gezeigte taxonomische Information über den Diskursbereich dient der Konstruktion von graphischen Retrievalabfragen durch die Auswahl relevanter Konzepte und ist damit eine Alternative zur natürlichsprachlichen Formulierung von Queries.

TWRM-TOPOGRAPHIC greift für die indikative[6] Information über die Inhalte eines Gesamttextes auf die Generierung quasi-natürlichsprachlicher Abstracts zurück. Überblicksinformationen zu einzelnen Textfragmenten werden dagegen durch konzeptuelle Graphen vermittelt und faktische Details in Tabellenform präsentiert. Die damit realisierte multimodale Ausgabeform hat den ergonomischen Vorteil, verschiedene Perzeptionsweisen des Benutzers gezielt anzusprechen: So wird ein Graph, der die thematische Struktur eines Textes darstellt, im Gegensatz zu einer Textpassage auch holistisch wahrgenommen.

Im Rahmen der graphischen Navigation in TWRM-TOPOGRAPHIC sind von einem "Objekt" ausgehend nur Objekte des gleichen Abstraktionsgrades (via "Browsing") oder des nächsten konkreteren Informationsniveaus (via "Zooming") erreichbar. Damit wird eine "kohäsive" Struktur des graphischen Dialogs erzielt, die einerseits die Erfüllung der Griceschen Quantitäts- und Relationsmaximen ermöglichen und andererseits Thematisierungsmuster natürlicher Dialoge approximieren kann. Zur Untersuchung dieser Hypothese wurde die Dialogstruktur in den Kategorien der linguistischen Pragmatik, insbesondere der Sprechakttheorie, rekonstruiert und formal beschrieben (Thiel 1990).[7] In den folgenden Kapiteln stellen wir die wichtigsten Komponenten dieses Modells der *konversationalen graphischen Interaktion* vor.

---

2 Text Oriented Procedures for Information Management and Condensation of Expository Texts

3 TWRM: Textwissens-Rezeptions-Mechanismus

4 TOPOGRAPHIC: Topic Operating with Graphical Interaction Components

5 Projektträger: GMD, Förderungskennzeichen: 1020018 1

6 Ansatzweise auch können indikativ-informative Abstracts generiert werden, soweit dies durch die Faktenextraktion während des Analyseprozesses unterstützt wird (vgl. Sonnenberger 1988).

7 Dieses *konversationale Modell* des Systems wird mit den Mitteln einer zweisortigen Typenlogik formalisiert und ermöglicht die Begründung von Designentscheidungen vor dem Hintergrund einer Theorie der *konversationalen Relevanz*, die Relevanzkonzeptionen aus Informationswissenschaft und Sprachphilosophie integriert (vgl. Thiel 1990). Die Implementierung des Systems unter Verwendung eines UIMS (vgl. Thiel / Hammwöhner 1989, Kuhlen et al. 1989) unterlag dagegen dem Kriterium, akzeptable Antwortzeiten zu garantieren, so daß die Äquivalenz von System und Modell nur auf funktionaler, nicht jedoch auf struktureller Ebene gegeben ist.

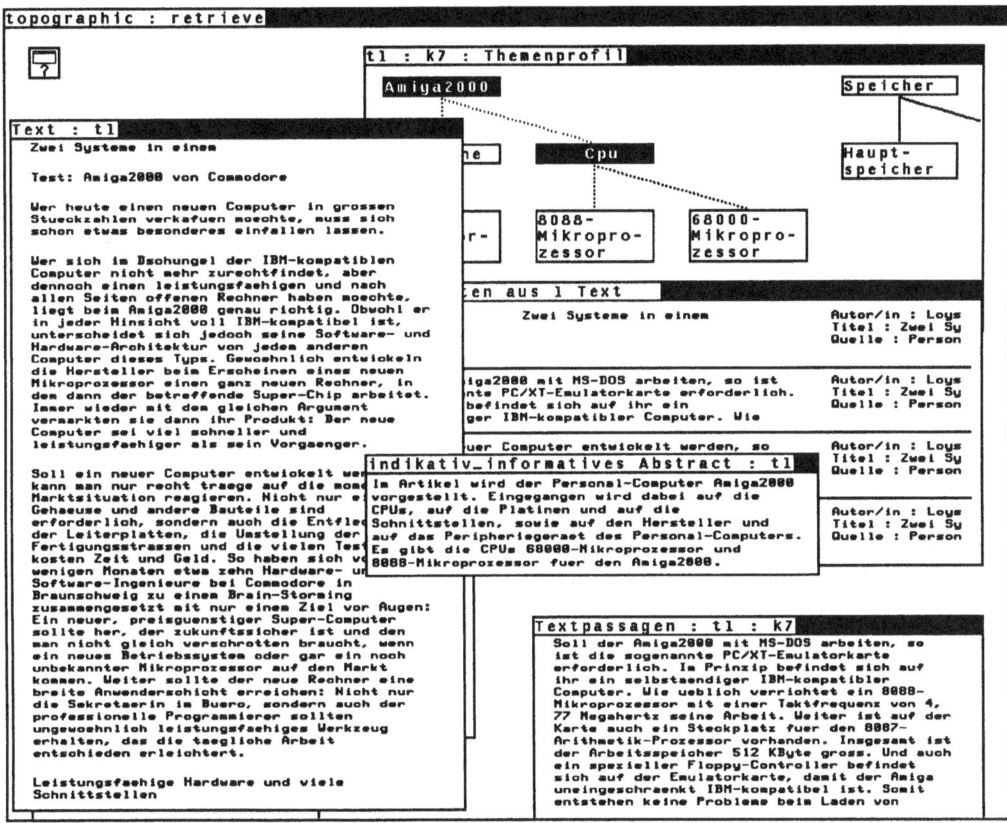

Abb. 1 Darstellung eines gesamten Bildschirms mit den Teilobjekten: Textpassage, Abstract und Volltext (im Hintergrund noch die Liste der relevanten Passagen und ein Themenprofil).
(Quelle: Kuhlen et al. 1989)

3 Konversationale Interaktion mit einer objektorientierten Schnittstelle

Eine konversationale Perspektive erlaubt einerseits eine Adaption formaler Dialogmodelle der Künstliche-Intelligenz-Forschung an die Erfordernisse der Spezifikation graphischer Schnittstellen und ermöglicht andererseits eine Ergänzung der im Bereich interaktiver Graphiksysteme vorgeschlagenen Interaktionsmodelle (vgl. Hanusa 1983) durch dialogpragmatische Komponenten. Damit sind graphisch-interaktive Benutzerschnittstellen unter einem Kommunikationsaspekt zu betrachten: Die sequentiell durchgeführten graphischen Operationen (seitens des Systems) und die Kombinationen aus visuell-deiktischen[8] und (schrift)sprachlichen Eingaben (des Benutzers) bilden die Segmente graphischer Dialoge.

Der Wechsel des Interaktionsmodells von der räumlichen Metapher zu einem dialogischen Ansatz, der die Aktionen und Reaktionen von Benutzer und System als "Sprachhandlungen" in einer visuell-deiktischen Interaktionsform interpretiert, erfordert zunächst eine Analyse des oben postulierten Äußerungscharakters der im Dialog präsentierten graphischen Objekte. Ein graphisches Objekt wird als Reaktion auf einen Dialogbeitrag des Benutzers generiert und stellt die Visualisierung eines Wissensfragments (Frame, konzeptueller Graph etc.) dar, das aufgrund semantischer Kriterien als relevante

[8] Damit soll die im Kontext graphisch-interaktiver Systeme entwickelte Interaktionform charakterisiert werden, in der "Zeigegesten" (Positionierung des Cursors) mit dem Betätigen einer Funktionstaste (evtl. mit nachfolgender Menuselektion) gekoppelt sind.

Systemantwort ermittelt wurde. Oft ist jedoch dieses Wissensfragment — im folgenden als das *Referenzobjekt* des graphischen Objekts bezeichnet — zu umfangreich bzw. zu detailliert, so daß eine Auswahl der in der Situation zu präsentierenden Teile erfolgen muß, wobei ein an die graphische Interaktion angepaßtes *Fokuskonzept* zum Einsatz kommt. Dieses determiniert die dem graphischen Objekt assozierte *Semantikrepräsentation* als Teilmenge des relevanten Wissensfragments.

Die Zuordnung eines Referenzobjekts und einer daraus ermittelten Semantikrepräsentation zu dem zugehörigen dem Benutzer präsentierten graphischen Objekt läßt sich wiederum objektorientiert darstellen. Dazu führen wir "*informationelle Objekte*" genannte *Metaobjekte* (vgl. Maes 1987) ein, in denen die Präsentation, das Referenzobjekt und die Semantikrepräsentation als Komponenten auftreten.[9] Erzeugung und Visualisierung eines informationellen Objekts werden als *propositionale* bzw. *Äußerungsakte* (vgl. Searle 1969) des Systems interpretiert, das als *virtueller Dialogpartner* (vgl. Maass 1984) betrachtet werden kann. Andererseits werden die Objekte vom Benutzer durch kontextabhängig interpretierte "Nachrichten" (Mouse-Clicks, Menu-Selektionen und formal-sprachliche Kommandos) angesprochen, d.h. manipuliert. Dabei richtet der Benutzer die Nachricht zwar an das graphische Objekt, die Reaktion des Systems wird jedoch durch *semantische Kriterien* bestimmt, die sich auf das dargestellte informationelle Objekt beziehen.

Eine Manipulation ist — unter der konversationalen Perspektive — als Äußerung des Benutzers zu betrachten, die vorhergehende Dialogbeiträge des Systems aufgreift und erneut zum Thema der Konversation macht. Die hier als Äußerungen interpretierten Aktionen der Dialogpartner dienen dem Erreichen von *Diskurszielen*, so daß die hier entwickelte Dialogmodellierung illokutive Aspekte erfassen muß. Eine Aktion — seitens des Benutzers i.a. die Manipulation eines Objekts, seitens des Systems die Generierung oder Veränderung von Objekten — wird daher als Teil eines *visuell-deiktischen Kommunkationsaktes* modelliert, wobei zusätzliche Angaben zum intendierten Dialogziel und zum konversationalen Kontext hinzukommen.

4 Ein sprechakttheoretischer Ansatz zur Spezifikation situationsspezifischer Systemreaktionen

Die Relevanz der expliziten Modellierung pragmatischer Aspekte des Benutzerdialogs leitet sich direkt aus der gegenüber konventionellen Informationssystemen veränderten Dialogphilosophie ab: War das Verhalten des Systems bei der eher passiv orientierten Dialogführung weitgehend von Reaktionen auf die Eingaben des Benutzers geprägt und damit der Bedarf pragmatischer Modellierung gering, so zeigt sich bei der Erweiterung des Repertoires an Reaktionsmöglichkeiten (flexible situationsabhängige Gestaltung der Systemantwort, Angebot von Hinweisen und Alternativen, sog. Überbeantwortung von Fragen), daß den Dialogbeiträgen des Systems ein teilweise "intentionaler" Charakter zugebilligt werden kann, der sich aus einer a priori Modellierung der wahrscheinlichen Benutzerabsicht in prototypischen Situationen legitimiert. Eine weitere Folge des "intelligenteren" Dialogverhaltens, das mit einer größeren Autonomie des Systems (im Sinne der Entlastung des Benutzers von routinemäßiger Arbeit) realisiert werden muß, ist die Erweiterung der automatischen Gestaltung des Bildschirmlayouts, das bislang nur statisch orientiert, d.h. auf die jeweilige Situation bezogen war, wobei die Sequentialisierung notwendiger umfangreicher Änderungen des Bildschirminhalts als Reaktion auf eine Benutzereingabe bereits eine Ausnahme darstellt. Die Planung von Sequenzen graphischer Operationen muß auf einem Interaktionsmodell mit pragmatischer Komponente basieren, um das dynamische Layout (zeitlich ausgedehnter) Systemreaktionen intentional (Hilfsangebot, Alternativenpräsentation etc.) ausgestalten zu können.

---

[9] Eine detaillierte Beschreibung der technischen Aspekte findet sich in Thiel/Hammwöhner 1989.

Die zu einem kooperativen Verhalten notwendigen inferentiellen Prozesse müssen auf zurückliegende Phasen des Dialogs ebenso wie auf die unterstellten Charakteristika[10] des Benutzers zurückgreifen, wodurch die starre Kommando-Reaktions-Folge aufgebrochen wird. So kann das System von der "normalen" Verhaltensweise abweichen und initiativ werden, indem es Zusatz- oder Metainformationen anbietet.

Ein Ansatz zur Diskursmodellierung, der eine im obigen Sinne eingeschränkte Variabilität der Dialogbeiträge zu erfassen gestattet, ist das für natürlichsprachige Schnittstellen entwickelte Interaktionsmodell von Reichman 1985, in dem "context spaces" als frame-ähnliche Strukturen dargestellt werden, die in den zugeordneten Slots u.a. Angaben zu dem Agenten, der Illokution (*goal*-slot), der Proposition (*method*-slot) und dem konversationalen Kontext aufweisen. Für die Modellierung eines graphischen Diskurses muß insbesondere der *method*-slot den Ausdrucksformen der visuell-deiktischen Interaktion angepaßt werden, so daß wir im folgenden die Slotstruktur eines "context space" verwenden können, wobei jedoch anstelle des *method*-slot ein *operation*-slot[11] benutzt wird, um die Erzeugung oder Manipulation graphischer Objekte zu erfassen, die von dem Agenten zur Erreichung seines Diskurszieles durchgeführt wird. Der mit dieser Aktion einhergehende Dialogakt wird in einem "Rahmen" (vgl. Fillmore 1976, Winograd 1977, Reichman 1985) vollzogen, der einerseits die Bedingungen der Ausführung bestimmt — in Analogie zu den Konditionen eines Sprechaktes (vgl. Austin 1962, Searle 1969) — und andererseits den Kontext (vgl. Reichman 1985) der folgenden, sich auf diese Äußerung beziehenden Dialogbeiträge[12] definiert. Damit ergibt sich zunächst die allgemeine Repräsentation des Rahmens eines visuell-deiktischen Kommunikationsaktes:

Kommunikationsaktrahmen
Agent: < Benutzermodell > bzw. <Systemmodell>
Goal: <Assertiv> oder <Direktiv>
Operation: <Operation(sfolge)>
Kontext: <Menge von Kommunikationsaktrahmen>

Die Sloteinträge in den Instanzen dieses "Prototyps" sind jedoch nicht beliebig, sondern müssen einer semantischen Kontrolle unterliegen, die in diesem Falle durch die Konditionen der jeweiligen Sprechakttypen gegeben ist. Im hier zugrundegelegten Framemodell (vgl. Reimer 1989, Thiel 1990) ist jedem Slot eine "Integritätsbedingung" zugeordnet, die bei Reimer 1989 als prädikatenlogische Formel spezifiziert wird. In Thiel 1990 benutzen wir eine zweisortige Typenlogik, in der "mögliche Welten" zur Definition epistemischer Prädikate zur Verfügung stehen. Mit Hilfe dieser Prädikate können dann die Konditionen der Dialogakt als Intergritätsbedingungen der Slots formuliert werden.

5 Konditionen visuell-deiktischer Kommunikationsakte in Retrievaldialogen

Die aus der konversationalen Perspektive auf graphische Retrievaldialoge entwickelte Modellierung visuell-deiktischer Kommunikationsakte eröffnet dem Dialogdesigner die Möglichkeit, komplexe situationsspezifische Systemreaktionen in modularer, überschaubarer Weise zu spezifizieren. Wir geben in dieser Arbeit einige Beispiele für kooperative Dialogakte, deren Konditionen wir verbal skizzieren. Wir

---

[10] Diese werden z.T. durch *property inheritance* ermittelt und haben damit hypothetischen, wenn auch plausiblen Stellenwert. Im Rahmen dieses Beitrags können wir auf die Aspekte der Benutzermodellierung nicht weiter eingehen und verweisen auf die ausführliche Darstellung in Thiel 1990.

[11] Damit soll auch eine Verwechslung mit dem auf der programmiertechnischen Ebene angesiedelten Begriff der einem Objekt zugeordneten "Methoden" vermieden werden.

[12] Im Falle der visuell-deiktischen Interaktion ist der Kontext auch konkret gegeben, da die Äußerungen des Systems als informationelle Objekte auf dem Bildschirm sichtbar bleiben.

beginnen mit den Assertiva, die es dem System ermöglichen, auf *Zoom*- bzw. *Browse*-Operationen des Benutzers flexibel zu reagieren. Die derzeitig implementierten Systemreaktionen, über die TWRM-TOPOGRAPHIC verfügt (vgl. Kuhlen et al. 1989), sind als Varianten des *Inform*-Aktes (vgl. Appelt 1985) interpretierbar.

Dieser Dialogakt dient dem Ziel, das als informativ eingeschätzte Textwissen zu vermitteln. Da die Operationen *Zoom* und *Browse* Fragecharakter haben, wird i.a. die im Rahmen des Dialogmodells vorgesehene direkte Antwort generiert.

Als Beispiel betrachten wir hier die Planung eines *inform*-Aktes als Reaktion auf eine Query, der dann zu der Generierung einer Liste mit relevanten Passagen[13] führt: Durch den Abgleich mit der Query[14] werden aus den potentiell relevanten informationellen Objekten diejenigen ausgewählt, die geeignet sind, die Suchanfrage des Benutzers zu beantworten. Wir bestimmen zunächst die zu visualisierenden Fragmente der Textwissensbasis durch ein *partielles Matching*: Seien die für den Benutzer interessanten Konzepte der Wissensbasis als *Interessenprofil* $\{k_1,....k_n\}$ gegeben, das die Suchbegriffe aus der Query umfaßt und zusätzlich um weitere Konzepte angereichert sein kann, die Thema noch nicht endgültig abgeschlossener Dialogabschnitte waren, so daß anzunehmen ist, daß sie auch aktuell von Interesse sind. Dann sind die Prädikate p', die sich aus dem Textwissen ergeben und für die gilt:[15]

$$\lambda p.\, p(k_1, ..., k_n)\,(p')$$

für die inhaltliche Ausgestaltung der Systemantwort relevant. (Dieses Vorgehen trägt dem Charakter von "Retrievaldialogen" Rechnung, in denen im Gegensatz zu Alltagsdialogen nicht die Argumente einer Proposition unbekannt sind, was i.a. durch W-Fragen ausgedrückt wird, sondern die Information zu den Konzepten in der aktuellen Anfrage ("Was ist über $k_1,....k_n$ bekannt?") bereitgestellt werden soll.)[16]

Die Reaktion des Systems modellieren wir nach Allen/Perrault 1980 und Appelt 1985 als einen *inform*-Akt, der aus einer Kohärenzperspektive mit dem Erkennen und Fortführen der Pläne des Benutzers erklärt werden kann.[17] Dabei ist die Bedingung (vgl. Appelt 1985. p. 92), daß das System über die Information verfügt und sie dem Benutzer mitteilen will, zu erfüllen:[18]

$$\begin{aligned} &\mathit{system}\ \mathrm{KNOW}\ \lambda p.\, p(k_1, ..., k_n)\,(p') \wedge \\ &\mathit{system}\ \mathrm{WANT}\ \mathit{user}\ \mathrm{KNOW}\ \lambda p.\, p(k_1, ..., k_n)\,(p') \end{aligned}$$

[13] TWRM-TOPOGRAPHIC präsentiert die ersten Worte der Passage und zusätzlich bibliographische Angaben zum Dokument, aus dem die Passage stammt.

[14] Betrachtet man die Konzepte im Fokus des Dialogs als eine Art "verallgemeinerte Query", so können auch in den anderen Dialogsituationen *inform*-Akte geplant werden.

[15] Wir erweitern hier die Notation von Allen/Perrault 1980 um λ-Abstraktion für Prädikatenvariable. Für eine strikt formale Darstellung in einer typenlogischen Spezifikationssprache verweisen wir auf Thiel 1990. Im folgenden können wir uns auf den Fall einer n-stellige Prädikatenvariable zur Charakterisierung der gesuchten Textinformation beschränken, in denen alle Elemente des Interessenprofils als Argumente auftreten. Aussagen über eine Teilmenge des Profils werden trotzdem erfaßt, da unter Verwendung der λ-Abstraktion aus ihnen äquivalente Aussagen über alle Elemente dieser Menge konstruiert werden können: Sei α ein Ausdruck, in dem die Variable x nicht frei auftritt. Dann gilt für alle β: $(\lambda x.\alpha)(\beta) \equiv \alpha_x^\beta \equiv \alpha$, wobei α_x^β den Ausdruck bezeichnet, der durch die Substitution von x durch β an den Stellen des freien Auftretens von x entsteht (zur präzisen Formulierung des Substitutionsbegriffs vgl. z.B. Andrews 1986). Also können wir für eine Aussage α über eine Teilmenge des Profils ein n-stelliges Prädikat angeben, das angewandt auf die Elemente des Profils (unter Beachtung der Reihenfolge) eine zu α äquivalente Aussage ergibt.

[16] Wir vernachlässigen an dieser Stelle den quantitativen Aspekt. Kognitiv begründete Relevanzkriterien zur Auswahl der zu visualisierenden Propositionen diskutieren wir in Thiel 1990.

[17] vgl. hierzu die Kooperativitätskonzeption von Kobsa 1985 und den "Diskursplan" "CONTINUE_PLAN" bei Litman 1986.

[18] Diese Formel wird als Integritätsbedingung dem *goal*-slot des Rahmens zugeordnet.

TWRM-TOPOGRAPHIC reagiert auf das *Zooming* eines Query-Objekts mit dem Präsentieren einer Liste, in der die einschlägigen Passagen nach ihrer Relevanz geordnet aufgeführt werden. In unserer illokutiven Modellierung, in der Aktionen von System und Benutzer als *Dialogakte* dargestellt werden, kann dies wie folgt spezifiziert werden:[19]

Query_Zoom
Agent: ***Current_User_Model***: *Profil*: $\{k_1, ..., k_n\}$; etc.
goal: request
operation: zoom(query_object)
context: ....

↓ **continue_strategy**

Inform
Agent: System
goal: inform
operation: show(list_object)[20]
context: Query_Zoom

Die konversationale Perspektive auf den "Retrievaldialog" ermöglicht nicht nur eine sprechakttheoretische Rekonstruktion der graphisch-interaktiven Dialogsegmente — diese kann z.B. der Integration der graphischen Komponenten in ein multi-modales Dialogmodell vorausgehen —, sondern erlaubt darüber hinaus den Entwurf situationsspezifischer Antworten des Systems, die den *graphischen* Dialog im Sinne des Griceschen Kooperationsprizips flexibilisieren können. Wir illustrieren dies zum Abschluß an einigen Beispielen für komplexe visuell-deiktische Kommunikationsakte:

1. *overanswer:*
   Zusätzlich zum im *inform*-Akt präsentierten Wissensfragment können weitere angeboten werden, falls die Strategie des Benutzers hinreichend sicher vermutet werden kann. Dies kann durch folgende Kriterien geprüft werden:

   a. Dem Interessenprofil des Benutzers können wenige hochrelevante Objekte zugeordnet werden.
   b. Die Dialoghistorie zeigt eine auf diese Objekte zielende Folge von Navigationsaktionen.[21]

2. *validate:*
   Auch dieser Dialogakt basiert auf einer antizipierten Benutzerstrategie, die in diesem Fall erkennbar auf eine Absicherung bzw. Überprüfung bereits vermittelter Information abzielt. Eine kooperative Systemreaktion in dieser Situation ist die Präsentation weiterer Textwissensfragmente, die zu den relevanten Konzepten gleiche, ergänzende oder aber widersprüchliche Merkmalszuweisungen beinhalten (vgl. Hammwöhner/Thiel 1987). Die Relevanz eines solchen Aktes kann sich z.B. aus einer leicht modifiziert wiederholten Aktionenfolge des Benutzers herleiten:

---

[19] Wir beschränken uns hier auf den pragmatischen Aspekt der Dialogbeiträge, wobei das Zooming des Query-Objektes als rogativer Akt modelliert wird. Die inhaltliche Determinierung des Antwortaktes kann unter Verwendung einer wissensbasierten Relevanzfunktion erfolgen, die semantische Relationen zwischen den Konzepten der Query und den Konzepten eines Textfragments zur Bewertung der Relevanz der Passagen nutzt. Ein Vorschlag zur Konstruktion solcher Relevanzfunktionen findet sich in Hammwöhner/Thiel 1987.

[20] Dieses Listenobjekt visualisiert die Substrate der relevanten Passagen, vgl. Abb. 1.

[21] Im Falle des visuell-deiktischen Dialogs ist die räumliche Metapher der "Richtung" einer Argumentation oder Fragensequenz direkt aus der konversationalen Uminterpretation der Benutzeraktionen herleitbar.

a. Der Dialogverlauf weist wiederholt ähnliche Queryobjekte auf, ist also zyklisch mit leichten Differenzierungen im Fokus.
b. Die Operationen auf den Queryobjekten bezogen sich auf den Austausch von Konzepten gegen verwandte Begriffe (up-, downposting).

Es sind jedoch nicht nur ausführliche, antizipative Antworten denkbar, sondern auch solche, die einen Aufforderungscharakter besitzen:

1. *anticipative offer:*
   Im Falle des Scheiterns von Benutzeraktionen sind Hilfsangebote erforderlich, die es dem Benutzer ermöglichen, sich neu zu orientieren. Im Gegensatz zu Ansätzen im Bereich aktiver Hilfesysteme sollen jedoch nicht Einspielungen von Erläuterungen (vgl. Lutze 1985) oder Verbesserungsvorschläge zur Vorgehensweise (vgl. z.B. Wahlster et al. 1988)[22] betrachtet werden, sondern ein eher an natürlichen Dialogen orientiertes Paraphrasieren fraglicher Komponenten der aktuellen Dialogsituation, z.B. die Verbalisierung graphisch präsentierter Relationskanten, in Kombination mit dem Aufzeigen von Informationsobjekten als Antworten auf eine im Dialogkontext zu erwartende, jedoch nicht erfolgte Aktion des Benutzers. Das Scheitern von Benutzeraktionen läßt sich im hier betrachteten Kontext auf zwei Fälle zurückführen:
   a. Mißlingen der Referenz (Anwendung des intendierten, also richtigen Operators auf das falsche Objekt)
   b. Mißlingen der Prädikation (Anwendung des falschen Operators).
2. *encourage:*
   Um den Benutzer zu einer ausschöpfenden Anwendung der Systemfunktionalität zu befähigen bzw. anzuregen, kann das System im Falle alternativer Fortsetzungen des Dialogs auf Verdacht generierte Antworten zur Auswahl stellen und dies geeignet kommentieren. Werden unterschiedliche Entwicklungen angedeutet, kann der Benutzer flexibler reagieren.

6 Zusammenfassung und Ausblick

Der hier vorgestellte Ansatz erweitert die im Rahmen des Projekts TWRM-TOPOGRAPHIC entwickelte Konzeption des graphischen Dialogs (vgl. Thiel/Hammwöhner 1989), die Präsentation und Manipulation von Objekten als *lokutive Akte* (vgl. Austin 1962) interpretiert, um illokutive Komponenten, die eine weitergehende Dialogdeterminierung im Sinne des Grice'schen Kooperationsprinzips zu spezifizieren erlauben.

Im Rahmen dieses an die Besonderheiten der graphischen Interaktion adaptierten sprechakttheoretischen Ansatzes können *Relevanzkriterien* definiert werden, die auf spezielle *Benutzermodelle* zurückgreifen, um die gegenüber der natürlichen Sprache stark restringierte Ausdrucksmöglichkeit des Benutzers in einem graphischen Dialog zu kompensieren (vgl. Thiel 1990). Die Benutzermodellierung erfaßt aufgrund von a priori postulierten generischen Strategie- und Taktikschemata die aktuelle Dialoghistorie als Instanz einer solchen Vorgehensweise und ermöglicht so eine Hypothesenbildung über Dialogziele des Benutzers, so daß Dialogsituationen charakterisiert werden können, in denen als komplexe Dialogakte modellierte kooperative Antworten eine adäquate Systemreaktion darstellen. Die dazu notwendigen Dialogheuristiken werden in einer formallogischen Spezifikationssprache formuliert, so

[22] Diese Leistungen setzen ein von Applikationssystem und Interface funktional getrenntes Hilfesystem voraus, das aufgrund expliziter Aufgabenmodellierung einen normativen Idealdialog ermittelt, diesen mit den tatsächlich vorgenommenen Handlungen (Eingaben) des Benutzers vergleicht und daraufhin initiativ wird (Lutze 1985). Im Rahmen der hier betrachteten Informationssuche kann dieser Ansatz jedoch nicht verfolgt werden, da eine Normierung der Dialoge eher kontraproduktiv wirken würde.

daß die Entscheidungsprozesse zur *pragmatischen Determinierung* des Dialogs als *Inferenzen über Benutzermodelle* darstellbar sind (vgl. Thiel 1990).

Danksagung:
Für die hilfreichen Kommentare zu früheren Fassungen dieser Arbeit möchte ich R. Hammwöhner, R. Kuhlen, U. Reimer, E. Steiner und den Gutachtern danken.

Literaturverzeichnis

Allgayer, J. / Harbusch, K. / Kobsa, A. / Reddig, C. / Reithinger, N. / Schmauks, D. 1989 XTRA: A Natural Language Access System to Expert Systems. In: Int. J. Man-Machine Studies, Vol. 31, No. 2, 1989, pp. 161–195

Allen, J. / Perrault, C. R. 1980 Analyzing Intention in Utterances. In: Artificial Intelligence, Vol. 15, 1980, pp. 143–178

Andrews, P.B. 1986 An Introduction to Mathematical Logic and Type Theory: To Truth Through Proof. Orlando et al.: Academic Press, 1986

Appelt, D.E. 1985 Planning English Sentences. Cambridge et al.: CUP, 1985

Austin, J. 1962 How to Do Things with Words. New York & London: Oxford Univ. Press, 1962

Cohen, P. R. / Dalrymple, M. / Moran, D. / Pereira, F. / Sullivan, J. / Gargan Jr., R. / Schlossberg, J. / Tyler, S. 1989 Synergistic Use of Direct Manipulation and Natural Language. In: Bice, K. / Lewis, C. (eds): Proceedings of CHI '89, (Austin, Texas, April 30–May 4, 1989), New York: ACM, 1989, pp. 227–233

Fillmore, C.J. 1976 Frame Semantics and the Nature of Language. In: Harnad, S.R. / Steklis, H.D. / Lancaster, J. (eds): Origins and Evolution of Language and Speech, New York, NY: The New York Academy of Sciences, 1976 (Annals of the New York Academy of Sciences Vol. 280), pp. 20–32

Grice, H.P. 1975 Logic and Conversation. In: Cole, R.; Morgan, J.L. (eds.): Syntax and Semantics, Vol. 3, Speech Acts, New York, N.Y. et al.: Academic Press, 1975

Hahn, U. / Reimer, U. 1986 TOPIC Essentials. In: COLING-86: Proceedings of the 11th International Conference on Computational Linguistics, Bonn: Int. Committee on Comp. Ling. (ICCL), 1986, pp. 497–503

Hammwöhner, R. / Thiel, U. 1987 Content Oriented Relations between Text Units — A Structural Model for Hypertexts. In: Hypertext '87 Papers, Chapel Hill, N.C.: Univ. of North Carolina, 1987, pp. 155–174

Hanusa, H. 1983 Tools and Techniques for the Monitoring of Interactive Graphics Dialogues. In: Int. J. Man-Machne-Studies, Vol. 19, 1983, pp. 163–180

Hayes, Philip J. 1980 Expanding the Horizons of Natural Language Interfaces. In: Proceedings 18th Annual Meeting of the ACL, 1980, pp. 71–74

Hayes, Philip J. 1987 Steps towards Integrating Natural Language and Graphical Interaction for Knowledge-Based Systems. In: Boulay, B. du / Hogg, D. / Steels, L. (eds): Advances in Artificial Intelligence — II. (Proc. ECAI-86), Amsterdam et al.: North-Holland, 1987, pp. 543–552

Kobsa, A. 1985 Benutzermodellierung in Dialogsystemen. Berlin et al.: Springer, 1985

Kuhlen, R. / Hammwöhner, R. / Sonnenberger, G. / Thiel, U. 1989 TWRM-TOPOGRAPHIC: Ein wissensbasiertes System zur situationsgerechten Aufbereitung und Präsentation von Textinformation in graphischen Retrievaldialogen. In: Informatik — Forschung und Entwicklung, Vol.4, No.2, 1989, pp. 89–107.

Litman, D.J. 1986 Linguistic Coherence: A Plan-based Alternative. In: 24th Ann. Meeting of the Assoc. for Comp. Linguistics, Proceedings of the Conference, ACL, 1986, pp. 215–223

Lutze, R. 1985 Hilfesysteme — Ihre Beziehungen zu Anwendungssystemen und zukünftige Entwicklungstendenzen. In: Bullinger, H.-J. (ed): Software-Ergonomie '85 — Mensch-Computer-Interaktion. Stuttgart: Teubner, 1985 (Berichte des German Chapter of the ACM Band 24), pp. 142–154.

Maass, S. 1984 Mensch-Maschine-Kommunikation — Herkunft und Chancen eines neuen Paradigmas —, Universität Hamburg, Fachbereich Informatik, 1984, (Bericht Nr. 104)

Maes, P. 1987 Computational Reflection. In: Morik, K. (ed): GWAI-87 — 11th German Workshop on Artificial Intelligence, Geseke, Sept./Oct. 1987, Proceedings. Berlin et al.: Springer, 1987 (Informatik Fachberichte 152), pp. 251–265

Neal, J.G. / Shapiro S.C. 1988 Intelligent Multi-Media Interface Technology. In: Sullivan, J.W. / Tyler, S.W. (eds): Proceedings of the Workshop on Architectures for Intelligent Interfaces: Elements and Prototypes. ACM/Addison-Wesley, 1989, pp. 69–91

Reichman, R. 1985 Getting Computers to Talk Like You and Me. Discourse Context, Focus and Semantics (An ATN Model). Cambridge, MA & London, England: MIT Press, 1985

Reichman, R. 1986 Communication Paradigms for a Window System. In: Norman, D.A. / Draper, S.W. (eds): User Centered System Design: New Perspectives on Human-Computer Interaction. Hillsdale, NJ & London: Lawrence Erlbaum, 1986, pp. 285–313

Reichman, R. 1989 Integrated Interfaces Based on a Theory of Context and Goal Tracking. In: Taylor, M.M. / Néel, F. / Bouwhuis, D.G. (eds): The Structure of Multimodal Dialogue. Amsterdam et al.: North-Holland, 1989, pp. 209–228

Reimer, U. 1989 FRM: Ein Frame-Repräsentationsmodell und seine formale Semantik. Zur Integration von Datenbank- und Wissensrepräsentationsansätzen. Berlin et al.: Springer, 1989, (Informatik-Fachberichte 198)

Reimer, U. / Hahn, U. 1988 Text Condensation as Knowledge Base Abstraction. In: Proceedings — The Fourth IEEE Conference on Artificial Intelligence Application, San Diego, California, Washington, D.C.: Comp.Soc. of the IEEE, 1988

Searle, J.R. 1969 Speech Acts. Cambridge, England et al.: CUP, 1969

Sibert, J.L. / Hurley, W.D. / Bleser, T.W. 1986 An Object Oriented User Interface Management System. In: Computer Graphics, Vol. 20, No. 4, 1986, pp. 259–268

Sonnenberger, G. 1988 Flexible Generierung von natürlichsprachigen Abstracts aus Textrepräsentationsstrukturen. In: Trost, H. (ed): 4. Österreichische Artificial-Intelligence-Tagung, Wiener Workshop - Wissensbasierte Sprachverarbeitung. Berlin et al.: Springer, 1988, pp. 72–82

Wahlster, W. / Hecking, M. / Kemke, C. 1988 SC — Ein intelligentes Hilfesystem für SINIX. In: Gollan, B. / Paul, W.J. / Schmitt, A. (eds): Innovative Informations-Infrastrukturen. Ergebnisse einer Kooperation der Univ. des Saarlandes und der Siemens AG, I.I.I.-Forum, Saarbrücken, 12-13. Okt. 1988; Proceedings. Berlin et al.: Springer, 1988

Thiel, U. 1990 Konversationale graphische Interaktion mit Informationssystemen: Ein sprechakttheoretischer Ansatz. Universität Konstanz, Informationswissenschaft, 1990.

Thiel, U. / Hammwöhner, R. 1989 Interaktion mit Textwissensbasen: Ein objektorientierter Ansatz. In: Paul, M.(ed): GI-19. Jahrestagung, Computergestützer Arbeitsplatz, München, Oktober 1989. Proceedings. Berlin et al.: Springer, 1989 (Informatik-Fachberichte 222), pp. 81–95

Tou, F. / Williams, M. / Fikes, R. / Henderson, D.A. / Malone, T. 1982 RABBIT: An Intelligent Database Assistant. In: AAAI-82: Proc. Nat. Conf. on Artificial Intelligence. August 18–20, 1982. AAAI, 1982, pp. 314–318.

Winograd, T. 1977 A Framework for Understanding Discourse. In: Just, M.A. / Carpenter, P.A. (eds): Cognitive Processes in Comprehension. Hillsdale: Lawrence Erlbaum, 1977, pp. 63–88

Assoziative Konfigurierung

Manfred Hein Wolfgang Tank

TU Berlin
Fachbereich Informatik
FR 6-7
Franklinstr. 28/29
1000 Berlin 10

Kurzfassung

Mit dem Begriff der assoziativen Konfigurierung wird eine Problemlösemethodik verbunden, die einen engen Bezug zur Methode der heuristischen Klassifikation besitzt. Assoziative Konfigurierung wird als eine Erweiterung von heuristischer Klassifikation angesehen, wobei für eine Konfigurierungsaufgabe über einen Dekompositionsschritt eine Menge heuristischer Klassifikationsaufgaben entstehen, deren Ergebnisse wieder zu einer einzigen in sich konsistenten Gesamtlösung zusammengesetzt werden. Designprobleme, die durch assoziatives Konfigurieren gelöst werden können, zeichnen sich durch endliche Problembeschreibungsräume aus. Dies setzt voraus, daß das zu entwerfende Objekt in seiner Variantenvielfalt konstruktiv vorbereitet wurde, was wiederum am ehesten bei Anwendung der Baukastenbauweise zu erreichen ist. Endliche Variantenvielfalt bedeutet aber auch explizit eine Abgrenzung der Problematik von Problemstellungen der Dimensionierung von Bauteilen sowie der Layoutplanung. Zentrales Problem für die Bearbeitung der Konfigurierungsaufgabe ist die hohe Komplexität. Der kombinierte Einsatz von Kompilationstechniken, Programmgenerierungstechniken und Constraintmechanismen reduziert den Suchraum für Konfigurierungssysteme derart, daß trotz Verzicht auf anwendungsspezifische Heuristiken und unter Erhaltung der Vollständigkeit eine effiziente Lösung von Konfigurierungsaufgaben bedingt erreicht werden kann. Eine aus den Komponenten Modell-Compiler, Programmgenerator und Programminterpreter bestehende Systemarchitektur ermöglicht die Realisierung eines Konfigurierungssystems, wobei durch den Einsatz des ATMS die Anforderung an eine sich schnell ändernde Problemstellung gezielt unterstützt werden kann.

1 Einleitung

Ein zunehmender Konkurrenzdruck zwingt die Fertigungsindustrie, verstärkt auf die individuellen Wünsche ihrer Kunden einzugehen. Dies führt zu einer Explosion der Vielfalt der zu fertigenden Produkte. So ist es heute nicht selten, daß ein Produkt in mehreren hunderttausend Varianten, von denen die meisten noch nie produziert wurden, vom Kunden bestellt werden kann. Unmittelbar mit dieser Vielfalt möglicher Aufträge ist das Problem der technischen Auftragsklärung verbunden. Hierbei wird ein Auftrag auf Vollständigkeit und Korrektheit geprüft. Diese Aufgabe ist vom Vertrieb bei der großen Variantenvielfalt und dem sich schnell ändernden Produktangebot nicht mehr ohne Unterstützung wahrzunehmen, zumal die Klärung nicht auf der Ebene der Auftragspositionen durchgeführt werden kann, sondern auf der Ebene von technischen Zusammenhängen, die sich aus der Umsetzung des Auftrags ergeben, vorgenommen werden muß. Die Bearbeitung eines Kundenauftrags, d.h. die Auswahl oder Erstellung einer für den Kunden geeigneten Variante, gestaltet sich aus diesem Grund sehr aufwendig, so daß sich einerseits die Auftragsannahme aufgrund einer Rückkopplung zwischen den Abteilungen Vertrieb und Konstruktion verzögert (vgl. [Langer, Fehsenfeld 88]) und andererseits hochqualifiziertes Personal gebunden wird. Gerade im Bereich des Maschinen- und Apparatebaus wird die technische Klärung von Konstrukteuren vorgenommen. Eine Rationalisierung der technischen Klärung durch DV-Unterstützung, wie beispielsweise durch die Integration der Expertensysteme XSEL/XCON [Barker, O'Connor 89] bei DEC bereits umgesetzt, kann deshalb die Auftragsabwicklung beschleunigen und hochqualifiziertes Personal für zukunftsorientierte Entwicklungsarbeiten freisetzen.

Im Rahmen der technischen Klärung lösen Fertigungsunternehmen Designprobleme für ihre Kunden, wenn man davon ausgeht, daß ein Designproblem ganz allgemein wie folgt gegeben ist:

Es ist ein Objekt zu bestimmen (entwerfen), welches Anforderungen funktionaler, konstruktiver, aber auch wirtschaftlicher oder ökologischer Natur genügt und dabei technische Restriktionen einhält.

Wie wir zeigen werden, läßt sich das Designproblem der technischen Klärung für den Fall, daß das Produkt bestimmten strukturellen Voraussetzungen genügt, als Konfigurierungsaufgabe[1] lösen.

---

[1] In Anlehnung an [Sell 89] wird mit dem Begriff, der eine Aufgabe charakterisiert (hier Konfigurierung) eine Lösungsmethode assoziiert. Für ein Problem ist im Gegensatz zur Aufgabe a priori keine Methode bekannt, sondern sie muß erst noch gefunden werden. Der Begriff zur Charakterisierung eines Problems (hier Design) sollte deshalb eher einen Hinweis auf das Anwendungsgebiet geben als auf eine Methode.

Diese Voraussetzungen betreffen die konstruktive Vorbereitung möglicher Elementarobjekte (endlicher Suchraum) sowie eine Baukastenbauweise des Produkts. In vielen Fällen ist es nicht möglich bzw. sinnvoll kausales Tiefenwissen darüber zu akquirieren, wie ein Produktentwurf bestimmte funktionelle Anforderungen erfüllt. Das Designproblem wird zur assoziativen, auf Empirie beruhenden, Transformationsaufgabe einer Anforderungsdefinition in eine Entwurfsspezifikation.

Wir entwickeln eine Expertensystem-Shell für den Anwendungsbereich der technischen Klärung, die die Entwicklung von Systemen zur Lösung von Designproblemen per assoziativer Konfigurierung effizienter gestalten wird. Wir folgen hiermit einem Trend der KI-Forschung in Richtung auf problemklassenspezifische Werkzeugsysteme. Dieser Trend wird für die Problemklasse der Diagnostik mit mittlerweile kommerziellen Shells wie CSRL [Bylander, Mittal 86], Testbench (ehemals Test) [Kahn et al. 87] oder MED-2 [Puppe 87] besonders augenfällig.

Mit der Diversifizierung von Shells nach unterschiedlichen Problemklassen wächst der Bedarf, ihre Pragmatik besonders deutlich zu machen. Anders als für Diagnoseprobleme fehlt für Designprobleme weitgehend ein Konsens über die Beziehung zwischen Problemcharakteristik und der zur Lösung des Problems geeigneten Methodik. In dem wir die Problemlösemethodik verdeutlichen, die unserer Shell zugrunde liegt, und aufzeigen welchen Einschränkungen Designprobleme genügen müssen, damit sie mit unserer Shell erfolgversprechend angegangen werden können, kommen wir dem Erklärungsbedarf zum Einsatzspektrum unserer Shell nach.

Konfigurierungsaufgaben mit einem in der Regel sehr großen Suchraum[2] sind schwierig effizient zu lösen, weil die vollständige Bearbeitung des Suchraums leicht mehrere Stunden in Anspruch nehmen kann. Der mangelnden Effizienz von Algorithmen für Problemstellungen mit sehr großen Suchräumen kann durch eine effiziente Realisierung der Suche mittels Kompilationstechniken oder durch heuristisches Beschneiden des Suchraums begegnet werden. In der KI wird gerade der letzten Möglichkeit besondere Aufmerksamkeit gewidmet. Dazu wird das effektive Problemlösevorgehen eines Experten bezüglich einer vorgangsorientierten Wissensrepräsentation akquiriert und zur automatischen Problemlösung genutzt. Die gewonnene Effizienz wird u.U. mit dem Verlust der Vollständigkeit erkauft.

Bezogen auf die Einschränkungen, die wir für Designprobleme vorgenommen haben, entwickeln wir dagegen auf Grundlage der objektorientierten Wissensrepräsentationssprache AMOR (siehe [Tank et al. 90]) ein vollständiges und korrektes Lösungsverfahren mit einer akzeptablen Effizienz für Konfigurierungsaufgaben. Die zentrale Idee für das Lösungsverfahren sieht vor, aufgrund der aktuellen Anforderungen an die Lösung spezielle Programme mit einem verkleinerten Suchraum zu generieren und auszuführen. Die Verwendung spezieller Constraint-Techniken soll die Programmausführung zusätzlich effizient gestalten.

Wir beginnen mit einer Darstellung der Problemlösemethode der assoziativen Konfigurierung und charakterisieren im Anschluß (Kapitel 3) die Klasse der Designprobleme, die sich durch Konfigurierung lösen lassen. Eine Formalisierung der Konfigurierungsaufgabe im vierten Kapitel dient vor allem der Einführung von Begriffen, wie sie nachfolgend verwendet werden. Im fünften Kapitel werden zunächst die wesentlichen Probleme für einen Lösungsalgorithmus für Konfigurierungsaufgaben dargestellt. Anschließend wird eine Idee zur Reduzierung des Effizienzproblems unter Berücksichtigung von Randbedingungen vorgestellt und zu einer Architektur für ein Konfigurierungssystem verfeinert.

2 Assoziative Konfigurierung

Bevor wir die Methode der assoziativen Konfigurierung vorstellen, wollen wir skizzieren, was wir unter Konfigurierung verstehen. Als Konkretisierung des allgemeinen Designproblems ist auch bei Konfigurierungsaufgaben ein Objekt zu bestimmen, das gewissen Anforderungen und Restriktionen genügt. Die Konkretisierung liegt in der Beschränkung auf das Zusammenstellen von Objekten. Dabei sind die Objekte, aus denen neue Objekte zusammengestellt werden können, bekannt oder sind selbst aus bekannten Objekten zusammengesetzt. Wir wollen die nicht zusammengesetzten, bekannten Objekte einer Konfigurierungsaufgabe als *Elementarobjekte* bezeichnen. Alle Konfigurationen bestehen aus einer bestimmten Anordnung von Elementarobjekten, wobei das gleiche Elementarobjekt mehrfach auftreten kann. Wir wollen die Anordnungen, in denen Elementarobjekte zu einem Objekt zusammengesetzt werden können, als *Strukturen* bezeichnen. Die Strukturen einer Konfigurierungsaufgabe sind ebenfalls bekannt. Neben den Elementarobjekten und Strukturen gibt es Informationen darüber, welche Beziehungen (Kompatibilitätsbeziehungen) zwischen den Elementar-

2 Suchräume von der Größenordnung 10^6 oder größer sind keine Seltenheit.

objekten innerhalb einer Struktur eingehalten werden müssen. Wir wollen diese Informationen als *Restriktionswissen* bezeichnen. Neben den zur Verfügung stehenden Elementarobjekten, Strukturen und den einzuhaltenden Restriktionen wird eine Konfigurierungsaufgabe durch *Anforderungen*, die eine zu erstellende Konfiguration erfüllen muß, definiert. Welche Konfigurationen für welche Anforderungen geeignet sind, wird durch das *Anforderungswissen* beschrieben. Dieses Wissen basiert häufig auf Erfahrung, ist also assoziativer Natur und nicht kausal begründbar (vgl. [Hassan, Tank 89]). In der Wissensrepräsentationssprache AMOR wird zur Beschreibung von Elementarobjekten das Konstrukt **Atom** verwendet. Für komponierte Objekte stellt AMOR das Konstrukt **Molekül** bereit (siehe [Tank et al. 90]).

Wir wollen nun die Diskussion über ein allgemeines Problemlösemodell der *assoziativen Konfigurierung*[3] in enger Anlehnung an das bekannte Modell der heuristischen Klassifikation [Clancey 85] führen. Die charakteristische Inferenzstruktur (das sogenannte "horse shoe model") der heuristischen Klassifikation ordnet systematisch Daten einer endlichen Menge von Lösungen durch *Datenabstraktion*, *assoziativen Abgleich* und *Verfeinerung* zu. Ein Diagnoseproblem, das durch heuristische Klassifikation gelöst werden kann, wird als Abbildung zwischen einer Menge von Symptomen (die Daten) und einer Menge von Diagnosen (die Lösungen) definiert. Allgemein werden Probleme, die durch heuristische Klassifikation gelöst werden können, als Transformationsaufgabe von einer Urbild- auf eine Bildmenge behandelt. Grundlage für die Transformationsaufgabe ist eine in der Regel nicht eindeutige Abbildung, die aus Assoziationen zwischen Elementen der Bildmenge und Elementen der Urbildmenge gewonnen wird. Diese (heuristische) Abbildung wird im Rahmen der Problemlösung per Umkehrschluß (Abduktion) angewendet.

Für Probleme, die durch assoziative Konfigurierung gelöst werden können, ergibt sich ein ähnliches Bild. Hier vollzieht sich ebenfalls ein Transformationsschritt aufgrund einer nicht eindeutigen Abbildung. Das Anforderungswissen bildet die Grundlage für die Abbildung. Nehmen wir Bezug auf unsere Anwendungssituation der technischen Klärung von Aufträgen. Hier kann eine vom Kunden gewünschte Funktionalität ggf. durch unterschiedliche Produktvarianten realisiert werden. Einschränkend betrachten wir zum gegenwärtigen Stand unserer Arbeit das Anforderungswissen als sicher. Probabilistische Beziehungen, wie sie häufig bei Diagnoseanwendungen formuliert werden, betrachten wir nicht.

Heuristische Klassifikation und assoziative Konfigurierung sind somit zwei eng verwandte Methoden zur Lösung einer Transformationsaufgabe. Schon Clancey [85] schreibt, daß theoretisch jedes Problem, das durch Konfigurierung gelöst werden kann, auch als heuristische Kassifikationsaufgabe angegangen werden kann. Die jeweilige Anwendung von Klassifikation bzw. Konfigurierung kann als Gradmesser für die Komplexität der Transformation betrachtet werden. Bei großen Bildmengen ist es nicht praktikabel, alle Elemente der Menge explizit darzustellen. So ist der Einsatz eines Shells für heuristische Klassifikationsaufgaben (z.B. MED-2 [Puppe 87]) für Problemstellungen, wie sie z.B. durch R1/XCON [McDermott 82] bearbeitet werden, auch bei endlicher Bildmenge nicht sinnvoll. Vielmehr werden die Elemente der Bildmenge in ihre Bestandteile zerlegt, die dann unabhängig voneinander ausgewählt und zu einem Gesamtobjekt zusammengesetzt werden.

Zur Erläuterung des Methode der assoziativen Konfigurierung bedienen wir uns einer Inferenzstruktur, wie sie von KADS her bekannt ist [Wielinga, Breuker 86]. Für die Inferenzstruktur der assoziativen Konfigurierung übernehmen wir die rekursive Inferenzstruktur des hierarchischen Designs (siehe [Breuker et al. 87], S. 97) und differenzieren sie nach *Atom* und *Molekül* (siehe Abb. 1 und 2). An dieser Stelle wollen wir ausdrücklich darauf hinweisen, daß durch die Inferenzstrukturen kein starrer Kontrollfluß beschrieben wird.

Die **formale Spezifikation** enthält funktionale Anforderungen und direkte Vorgaben in der Terminologie der Entwurfsspezifikation (im folgenden als Konstruktionsvorgaben bezeichnet) für ein zu konfigurierendes Objekt. Funktionale Anforderungen können ggf. durch Datenabstraktion gewonnen werden.

Die **Strukturen** (Kompositionsalternativen) eines Moleküls (bzw. zusammengesetzten Objekts) bestimmen alternative Möglichkeiten für ein Molekül, aus Bestandteilen zusammengesetzt zu werden.

---

3 Wir nennen unsere Methode bewußt assoziative Konfigurierung und nicht heuristische Konfigurierung, weil Heuristiken im Sinne von Findungsmethoden Vorgehenswissen zur Steuerung eines Suchverfahrens darstellen während wir Assoziationen als vorgehensneutrale Beziehungen verstehen.

Die Operation der **Strukturauswahl** bestimmt, bezogen auf die zur Auswahl stehenden Kompositionsalternativen, welche **Struktur** die formale Spezifikation am besten erfüllt. In diesem Auswahlvorgang stecken implizit die Inferenzoperationen des *assoziativen Abgleichs* und der *Verfeinerung*, wie wir sie von der Inferenzstruktur der heuristischen Klassifikation her kennen. Verfeinerung bedeutet hier die sukzessive Einschränkung der Menge der Strukturalternativen, solange bis nur noch eine konkrete Struktur für das Molekül übrig bleibt.

In der **Dekomposition** erfolgt eine Zerlegung in **Komponenten**, für die wiederum eine Konfigurierung durchgeführt wird. Die Struktur definiert einen bestimmten (Einbau-) Kontext für die einzelnen Komponenten. Mit diesem Kontext können unabhängig von externen, funktionalen Anforderungen bestimmte Erwartungen an den Aufbau der Komponenten geknüpft sein. Das **Molekül** wird mit strukturspezifischem Wissen angereichert. Dies betrifft speziell Wissen über Kompatibilitätsbedingungen bzw. Bestandteilabhängigkeiten, welches bei der Komposition der Ergebnisse der Teilaufgaben berücksichtigt werden muß.

Die **spezifiziere**-Operation erzeugt für jede Komponente eine neue formale Spezifikation. Dabei werden funktionale Anforderungen an das übergeordnete Objekt ggf. in funktionale Anforderungen für die Komponente konkretisiert. Erwartungen an den Aufbau der Komponente unter dem Kontext der übergeordneten Molekülstruktur werden in Konstruktionsvorgaben für die Komponente umgesetzt. Damit haben wir wieder eine zweigeteilte formale Spezifikation (Funktionsanforderungen und Konstruktionsvorgaben). Die Konfiguration der Komponente kann rekursiv aufgesetzt werden. Die spezifiziere-Operation entspricht der Datenabstraktionsoperation der heuristischen Klassifikation, womit wir die Operationen zur heuristischen Klassifikation in der Methode der assoziativen Konfigurierung wiederfinden.

Formale Spezifikation
auswählen
Strukturen
Struktur
dekomponieren
Komponenten
Molekül
spezifizieren
Formale Spezifikation
Entwurfsspezifikationen Komponenten
komponieren
Entwurfsspezifikation Molekül

Abb. 1: Inferenzstruktur konfiguriere-Molekül

Ergebnis einer Konfigurierung ist die Entwurfsspezifikation eines konfigurierten Objektes (Wie sieht das Objekt aus). Im Rahmen der **Komposition** für ein Molekül werden die einzelnen Entwurfsspezifikationen unter Berücksichtigung der mit dem Molekül und dessen Struktur verbundenen Bestandteilabhängigkeiten zur Entwurfsspezifikation des Moleküls aggregiert.

Die assoziative Konfigurierung ist gegenüber der heuristischen Klassifikation um die Operationen der Objektdekomposition und -komposition erweitert.

Die Inferenzstruktur für die Atomkonfiguration reduziert sich auf die Operation der Variantenauswahl für ein elementares Objekt. Die **Varianten** eines Atoms sind explizit gegeben. Bezogen auf eine formale Spezifikation wird eine Atomvariante aufgrund von Assoziationen ausgewählt. Konstruktionsvorgaben für ein Atom sind Restriktionen für die Eigenschaftswertebelegung. Die Entwurfsspezifikation für ein Atom spezifiziert genau eine ausgewählte Variante mit ihren konkreten Eigenschaften.

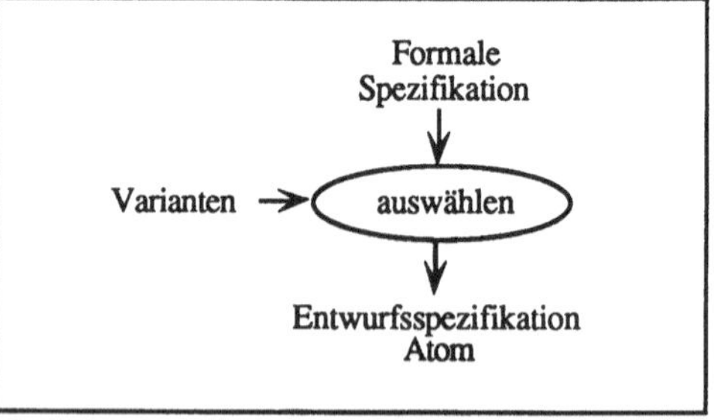

Abb. 2: Inferenzstruktur konfiguriere-Atom

Zusammenfassend verstehen wir unter Konfigurieren die Tätigkeit des Auswählens von zueinander passenden Elementarobjekten, die schon zu Beginn der Problemlösung vorhanden sind. Der Vorgang der Konfigurierung wird durch die Auswertung von Anforderungen und durch die Beachtung technischer Abhängigkeiten zwischen den Ergebnissen von Teilkonfigurationen beeinflußt, so daß im Konfliktfall Ergebnisse von Teilkonfigurationen zurückgenommen werden müssen. Aus dieser Betrachtungsweise heraus wollen wir Konfigurierung als eine mehrfach rückgekoppelte Selektion betrachten [Hein, Tank 88], wobei jede einzelne Selektion durch die Methode der heuristischen Klassifikation gelöst werden kann. Zur Auswahl stehende Mengen für die Selektion sind entweder die Varianten eines Elementarobjektes oder aber die Kompositionsalternativen eines zusammengesetzten Objektes (Strukturen). Ziel einer Konfigurierung ist die Selektion einer technisch möglichen und sinnvollen Produktvariante, die vorgegebenen Anforderungen genügt.

3 Designprobleme als Konfigurierungsaufgabe

Nachdem wir die Methode der assoziativen Konfigurierung skizziert haben, stellen wir uns nun die Frage, wie müssen Designprobleme gestellt sein, um per assoziativer Konfigurierung gelöst werden zu können.

Designprobleme lassen sich allgemein auf zwei grundsätzlich verschiedene Arten lösen: objektorientiert und vorgangsorientiert [Clancey 85].

Bei der vorgangsorientierten Lösung wird anwendungsspezifisches Vorgehenswissen akquiriert und modelliert. Eine Problemlösung wird durch Anpassung, Verfeinerung und Interpretation, der in dem Vorgehenswissen enthaltenen Pläne (bzw. Teilpläne) zur Problemlösung, erzielt. Das Planen der Problemlösung bietet die Möglichkeit, unendliche Suchräume zu bearbeiten und ist für den Fall, das diese tatsächlich unendlich sind, auch notwendig. Nachteilig wirkt sich die aufwendige Wissensakquisition und die schwierige Wartung des Wissens aus.

Das Modell des zu entwerfenden Objekts steht im Mittelpunkt der objektorientierten Lösung. Diese wird durch Interaktion der Objekte des Modells basierend auf einem festen Interaktionsschema (Protokoll) ermittelt. Ein anwendungsunabhängiges Vorgehen wird gerade dann möglich, wenn eine a priori Wohlstrukturierung des technischen Systems vorliegt und wenn für die Problemlösung lediglich eine endlicher Suchraum bearbeitet werden muß. Die Methode der assoziativen Konfigurierung verfolgt ein anwendungsunabhängiges, objektorientiertes Vorgehen, so daß nur wohlstrukturierte Designprobleme mit endlicher Variantenvielfalt bearbeitet werden können. Designprobleme mit unendlichen Suchräumen, wie z.B. Dimensionierungs- und Parametrierungsprobleme über unendliche Wertebereiche, erfordern eine vorgangsorientierte Problemlösung, weil hier bereits Pläne zur Kontrolle der Suche in unendlichen Suchräumen notwendig werden (siehe DSPL [Brown, Chandrasekaran 86]). Endliche Suchräume für Designprobleme bedeuten auch, daß die potentielle Variantenvielfalt eines Produktes konstruktiv vorbereitet wurde. Der kreative Entwurf neuer Bausteine während der Problemlösung ist nicht Gegenstand der Konfigurierung.

Die Wohlstrukturierung eines zu entwerfenden, technischen Objekts betrachten wir als gegeben, wenn es in Baukastenbauweise konstruiert wurde. Baukastenbauweise wird in der Konstruktionslehre wie folgt charakterisiert:

> *"Unter Baukastenbauweise oder Baukastensystem versteht man die Möglichkeit, technische Produkte in einen oder relativ wenige standardisierte Bausteine mit bestimmten Funktionen zu gliedern, so, daß mit diesen der Bau einer begrenzten oder beliebigen Zahl verschiedener technischer Dinge eines Produktbereiches möglich ist. Bausteine können sein: Bauteile, Baugruppen oder umfangreichere Systeme wie Maschinen. Baukastensysteme können reine Bauteile-, Maschinelemente- oder Baugruppensysteme sein, oder es können auch sogenannte "Mischsysteme" vorkommen, in welchen Bausteine jeder der genannten Hierarchieebenen enthalten sind. Wesentliche Merkmale der Bausteine eines Baukastensystemes sind deren standardisierte Schnittstellen (auch Anschluß- oder Paßstellen genannt), um mit gleichen oder anderen Bausteinen in Verbindung treten zu können. Den gleichen Bausteintyp in einem mittels Baukastensystem erstellten Produkt mehrmals anzuwenden und die Stelle eines Bausteines in einem System wahlweise durch andere Bausteine zu ersetzten, sind weitere wesentliche Kennzeichen eines Baukastensystemes."*
>
> [Koller 85], Seite 114

Unterschiedliche Layouts eines zusammengesetzten Objekts können als unterschiedliche Strukturen des Objekts aufgefaßt werden. Die Menge der Strukturalternativen wird dabei schnell sehr groß und kann sogar unendlich werden. Da wir in unserer Methode der assoziativen Konfigurierung von der Selektierbarkeit der Struktur über eine Menge überschaubarer, starr vorgegebener Alternativen ausgehen, für die die Anordnung a priori fixiert ist, kann die Layoutplanung nur sehr begrenzt über den Konfigurierungsansatz verfolgt werden. Möglich wäre dies zum Beispiel bei der Rechnerkonfigurierung wie in R1 [McDermott 82], wo einzelne Bauteile auf feste Steckplätze räumlich verteilt werden.

Zusammenfassend kann gesagt werden, daß assoziative Konfigurierung dann für Designprobleme eingesetzt werden kann, wenn die Variantenvielfalt hierarchisch in Baukastenbauweise konstruktiv vorbereitet wurde und die Menge der Varianten endlich ist.

4 Formalisierung der Konfigurierungsaufgabe

Die Formalisierung soll benutzt werden, um das Problemverständnis zu fördern, Begriffe im Zusammenhang der Konfigurierungsaufgabe zu definieren, den Vergleich von Problemstellungen und Wissensrepräsentationssprachen zu ermöglichen und eine Abgrenzung zu Designproblemen zu gewährleisten.

Eine **Konfigurierungsaufgabe** ist definiert durch:

- die endliche Menge der zur Verfügung stehenden Elementarobjekte ($\mathcal{E}$),
- einer endlichen Menge von Strukturen ($\mathcal{S}$),
- einer Restriktionsfunktion (RF),
- einer Anforderungsfunktion (AF),
- die endliche Menge der zulässigen Anforderungen (A),
- eine Menge von aktuell gestellten Anforderungen ($\mathcal{A}$) mit $A \supseteq \mathcal{A}$

Die Strukturen beschreiben wie ein Objekt aufgebaut sein kann und welche alternativen Elementarobjekte an welchen Einbauorten (Plätzen) innerhalb des Aufbaus verwendet werden können. Eine Struktur ist als Funktion über alle Orte der Struktur, die durch eine natürliche Zahl referenziert werden, nach einer Menge von Elementarobjekten definiert:

$$\bigcup_{n \geq 1} [\{1, ..., n\} \rightarrow \mathcal{P}(\mathcal{E})] \supset \mathcal{S}$$

Eine **n-Struktur** mit der Länge n ist definiert als: $s : \{1, ..., n\} \rightarrow \mathcal{P}(\mathcal{E})$ mit $n \geq 1$.

Die Menge aller Objekte O_s zu einer Struktur s mit der Länge n ist definiert als:

$$s \in \mathcal{S} \cap [\{1, ..., n\} \rightarrow \mathcal{P}(\mathcal{E})] \text{ und}$$

$$O_s = \{k \in [\{1, ..., n\} \rightarrow \mathcal{E}] \mid \forall i \in \{1, ..., n\}, k(i) \in s(i)\}$$

Der **Konfigurationenraum** KR ist die Menge der durch die Strukturen vorgegebenen Objekte:

$$KR = \bigcup_{s \in \mathcal{S}} (\{s\} \times O_s)$$

Eine **Konfiguration** (K) ist ein Element des Konfigurationenraums: $K \in KR$.

Mit Hilfe der **Restriktionsfunktion** RF kann eine Konfiguration auf technische Realisierbarkeit überprüft werden:

$$RF : KR \rightarrow \{true, false\}$$

Der **Variantenraum** VR enthält alle technisch realisierbaren Konfigurationen:

$$VR = \{ (s, k) \in KR \mid RT(s, k) = true \}$$

Eine **Variante** (V) ist ein Element des Variantenraums: $V \in VR$.

Die **Anforderungsfunktion** AF kann entscheiden, ob eine Konfiguration für eine Menge von Anforderungen geeignet ist:

$$AF : KR \times \mathcal{P}(A) \rightarrow \{true, false\}$$

Der **Erfüllungsraum** ER enthält alle Konfigurationen, die die aktuell gestellten Anforderungen erfüllen:

$$ER = \{ (s, k) \in KR \mid AF(s, k, \mathcal{A}) = true \}$$

Der **Lösungsraum** der Konfigurierungsaufgabe ist dann die Schnittmenge zwischen dem Varianten- und dem Erfüllungsraum: $LR = VR \cap ER$.

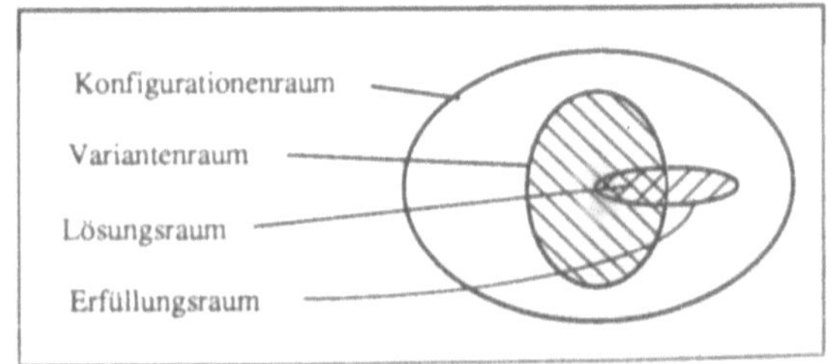

Abb. 3: Räume der Konfigurierungsaufgabe

Eine **Lösungsvariante** (L) ist eine

Variante, die für die aktuell gestellten Anforderungen die Anforderungsfunktion erfüllt: $L \in LR$.

Gesucht ist für die **Lösung** der Konfigurierungsaufgabe der Lösungsraum oder zumindest eine Lösungsvariante. Mit **Konfigurierung** wird der Vorgang zur Bestimmung des Lösungsraums bezeichnet.

Ein Lösungsverfahren für eine Konfigurierungsaufgabe ist **vollständig**, wenn alle Konfigurationen, die Element von LR sind, gefunden werden. Ein Lösungsverfahren für eine Konfigurierungsaufgabe ist **korrekt**, wenn jede gefundene Konfiguration Element von LR ist. Ein Lösungsverfahren heißt **exakt**, wenn es vollständig und korrekt ist.

6 Effizientes Lösen von Konfigurierungsaufgaben

Soll ein Konfigurierungssystem für die technischen Auftragsklärung eingesetzt werden, ergeben sich spezielle Anforderungen an die Realisierung. So wird angestrebt, die technische Klärung, noch während der Kunde sich im Vertriebsbüro aufhält, durchzuführen. Dies erfordert Antwortzeiten für Konfigurierungsaufgaben die im Sekunden- oder höchstens im Minutenbereich liegen. In vielen Fällen variiert ein Kunde seine Anforderungen an ein Design, um z.B. bei Unerfüllbarkeit aller ursprünglichen Anforderungen zu einem akzeptablen Kompromiß zu gelangen. Dieses Verhalten führt dazu, daß mehrere sich ähnelnde Konfigurierungsaufgaben in kurzer Zeit zu lösen sind.

Mit dem Entwurf einer speziellen Systemarchitektur für die zu entwickelnde Expertensystem-Shell wollen wir den zentralen Anforderungen nach akzeptabler Antwortzeit und nach Modifizierbarkeit des Anforderungsprofils gerecht werden. Die einzelnen Komponenten interagieren im Rahmen der Systemarchitektur wie folgt:

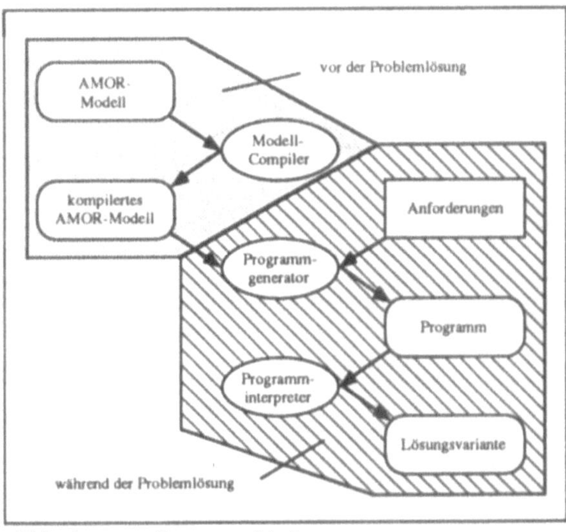

Abb. 4: Systemarchitektur

AMOR-Modelle, die in einer für die Wissensakquisition adäquaten Darstellung repräsentiert sind, werden durch den **Modell-Compiler** in eine für die Problemlösungskomponente effizient verarbeitbare Darstellung überführt. Dabei werden bereits alle Berechnungen, die unabhängig von den konkreten Anforderungen (Problemstellung) sind, durchgeführt. Der **Programmgenerator** erzeugt zur Problemlösezeit auf Grundlage der Anforderungen ein für die Problemstellung spezialisiertes Programm mit einem reduzierten Suchraum, der genau dem Erfüllungsraum entspricht. Im letzten Schritt wird das generierte Programm durch den **Programminterpreter** abgearbeitet und dadurch eine den Anforderungen genügende Variante erzeugt.

Der **Modell-Compiler** übersetzt einzelne AMOR-Konstrukte in PROLOG-Programmfragmente. AMOR [Tank et al. 90] besitzt Konzepte zur Beschreibung von Strukturen, Elementarobjekten, von Restriktionswissen und von Anforderungswissen. Die Strukturen werden durch eine attributierte Grammatik beschrieben. **Atome** bilden die Terminals der Grammatik. **Moleküle**, mit denen zusammengesetzte Objekte beschrieben werden, entsprechen den Nonterminals der Grammatik. An den Elementen der Grammatik werden die Wissensarten zur Beschreibung des Restriktions- und Anforderungswissens verankert.

Zur Verdeutlichung soll an dieser Stelle eine kleine, fiktive Konfigurierungsaufgabe als Beispiel[4] eingeführt werden, ohne daß wir die Syntax von AMOR zur Darstellung benutzen. Eine Rechenanlage kann an folgende Anforderungen des Kunden angepaßt werden:

Datenbankanwendung, Graphikverarbeitung, KI-Anwendungen

Der Rechenanlagenhersteller bietet zwei Strukturen seiner Rechenanlagen an:

---

[4] Das Beispiel dient lediglich zur Veranschaulichung des Prinzips. Es ist nicht beabsichtigt mit ihm eine Evaluierung der Architektur durchzuführen.

Rechner bestehend aus CPU und Massenspeicher;
Rechner bestehend aus CPU, Coprozessor und Massenspeicher

Als Elementarobjekte stehen für die CPU p10, p20, p30, für den Massenspeicher p40MB, p80MB, p120MB und für den Coprozessor x10, x20 zur Verfügung.

Auf das Restriktionswissen und das Anforderungswissen wird bei Bedarf eingegangen.

Die AMOR-Repräsentation für die beiden Strukturen wird, vereinfacht dargestellt, in das in Abb. 5 dargestellte PROLOG-Programm übersetzt. Dieses Programm ist in der Lage, über Backtracking jede Konfiguration zu generieren. Die Größe des Lösungsraum (=Suchraum) beträgt für das Beispiel 3*2*3 + 3*3 = 27. In das Programm werden Prädikate zur Überprüfung des Restriktionswissens mit eingebaut.

```
rechner( [CPU, CO_PROZ, MAS] ) :-
    cpu( CPU ),
    co_prozessor( CO_PROZ ),
    massenspeicher( MAS ).
rechner( [CPU, MAS] ) :-
    cpu( CPU ),
    massenspeicher( MAS ).

cpu( p10 ).
cpu( p20 ).
cpu( p30 ).

co_prozessor( x10 ).
co_prozessor( x20 ).

massenspeicher( p40MB ).
massenspeicher( p80MB ).
massenspeicher( p120MB ).
```

Abb. 5: Konfigurierungsprogramm (Problemstellungsunabhängig)

Der **Programmgenerator** setzt die Programmfragmente in Abhängigkeit von den aktuellen Anforderungen zu einem kompletten Programm (Abb. 6) zusammen. Dabei werden nur Klauseln, die für die aktuellen Anforderungen in Frage kommen, benutzt. So wird der Suchraum des entstehenden Programms bezüglich der Problemstellung reduziert. Um einen schnellen Wechsel der Anforderungen, wie er bei der technischen Auftragsklärung vorkommt, zu unterstützen und nicht jedesmal das gesamte Programm neu zu generieren, wird das Programm durch ein ATMS [DeKleer 86] verwaltet. Dabei werden die Anforderungen als Annahmen in das ATMS eingefügt und Schlußfolgerungen, die auf diesen Anforderungen basieren, als Justifications dem ATMS mitgeteilt. Das ATMS gibt dann Auskunft über die für bestimmte Anforderungen gültigen Programmteile. Bei Wechsel der Anforderungen sind nur fehlende Programmteile nachzugenerieren. Die aktuellen Anforderungen bilden jeweils die Annahmen für das Vorhandensein bestimmter Programmteile.

Die Konfigurierungsaufgabe wird durch den Programmgenerator in ein Constraintproblem übertragen. Die assoziative Anforderungsfunktion wird für das entstehende Programm bereits bei der Programmgenerierung ausgewertet, so daß bei der Programmausführung lediglich auf die Einhaltung der Restriktionen zu achten ist.

Das Vorgehen des Programmgenerators wollen wir am obigen Beispiel verdeutlichen:

Der Kunde stellt die Anforderung, daß er den Rechner für KI-Anwendungen und Datenbankanwendungen benutzen will. Aufgrund des Anforderungswissens kommen für den Prozessor nur noch die Typen p20 und p30 in Frage, und für die Datenbankanwendung zusammen mit der KI-Anwendung wird der Massenspeicher p120MB benötigt.

```
rechner( [CPU, CO_PROZ, MAS] ) :-
    cpu( CPU ),
    co_prozessor( CO_PROZ ),
    massenspeicher( MAS ).
rechner( [CPU, MAS] ) :-
    cpu( CPU ),
    massenspeicher( MAS ).

cpu( p20 ).
cpu( p30 ).

co_prozessor( x10 ),
co_prozessor( x20 ),

massenspeicher( p120MB ).
```

Abb. 6: Konfigurierungsprogramm (Problemstellungsabhängig)

Der verkleinerte Suchraum des generierten Programms beträgt nun 2*2*1 + 2*1 = 6. Wie stark die zu erwartenden Verkleinerung ist, hängt stark vom konkreten Problem ab. Aufgrund einer recht anforderungsorientierten Entwicklung von Elementarobjekten und Strukturen bestehen allerdings für die technische Auftragsklärung berechtigte Hoffnungen auf eine drastische Verkleinerung des Suchraums.

Als **Programminterpreter** soll ein um Constraintmechanismen erweitertes PROLOG-System zum Einsatz kommen. Ein solches System ist z.B. CHIP [VanHentenryck 89]. CHIP erleichtert zum einen die Programmgenerierung, da einfache GENERATE-AND-TEST-Programme automatisch als Programme mit einer flexiblen Kontrolle (z.B. nach der Least-Commitment-Maxime) interpretiert werden können, so daß es ausreicht, einfach zu schreibende GENERATE-AND-TEST-Programme zu generieren. Zum anderen stellt CHIP effiziente Mechanismen zur Lösung von Constraint-Problemen zur Verfügung.

7 Zusammenfassung und verwandte Arbeiten

Wir haben eine Klasse innerhalb der Designprobleme charakterisiert, für die assoziative Konfigurierung als Problemlösemethode verwendet werden kann. Kriterien für die Entscheidung, ob ein Problem unter diese Klasse subsummiert werden kann sind:

- a priori vorliegende, endliche Variantenvielfalt des zu entwerfenden Objekts
- keine Schaffung neuer Bauteile
- keine Parametrierung bzw. Dimensionierung von Bauteilen
- eingeschränkte Layoutbestimmung
- Vorkonstruktion in Baukastenbauweise

Strategische Bedeutung hat diese Problemklasse vor allem für CIM, weil auf der Basis der Produktkonfigurierung Produktentwicklung und auftragsbezogene Produktion voneinander entkoppelt werden kann und damit u.a. der Vertrieb enger in die Fertigung integriert werden kann (vgl. [Hein et al. 90]). Die Lösung von Designproblemen, die die oben genannten Eigenschaften haben, lassen sich automatisieren, so daß die auftragsbezogene Produktkonstruktion als potentielle Sollbruchstelle zwischen Vertrieb und Fertigung wegfällt.

Assoziative Konfigurierung haben wir als das multiple Anwenden der heuristischen Klassifikationsmethode charakterisiert. Diese Anwendung erfolgt rückgekoppelt, weil die einzelnen Klassifikationsergebnisse zu einer, technischen Randbedingungen genügenden, Gesamtlösung zusammengesetzt werden müssen.

Für eine Konfigurierungs-Shell, die die Methode der assoziativen Konfigurierung operationalisiert, haben wir hiermit einen Grundstein zur Einschätzung ihrer Anwendbarkeit gelegt. Und dies ist in dem Maße für Expertensystemwerkzeuge notwendig, wie diese spezifischer für bestimmte Problemklassen werden. Wichtig für die Darstellung der Pragmatik einer Shell ist die Klärung der im Umfeld verwendeten Begriffe. Diesbezüglich haben wir relevante Begriffe im Zusammenhang mit einer Formalisierung der Konfigurierungsaufgabe eingeführt.

Aufgrund der Komplexität stellt sich das Problem der Effizienz für das Lösen von Konfigurierungsaufgaben. Um zu einer hinreichenden Effizienz bei der Lösung zu gelangen, wurde eine Architektur, bestehend aus einem Modell-Compiler, einem Programmgenerator und dem Programminterpreter vorgestellt. Zentrale Idee zur Effizienzsteigerung ist, ein spezielles Programm für die aktuell gestellten Anforderungen an eine Konfigurierungsaufgabe mit einem deutlich verkleinerten Suchraum zu generieren und auszuführen.

Für Designprobleme entwickelten Brown und Chandrasekaran die Sprache DSPL [Brown, Chandrasekaran 89]. Hierbei handelt es sich im Gegensatz zu AMOR um eine vorgangsorientierte Wissenrepräsentationssprache für *Routine* Design Probleme. Diese Sprache wird nicht zur effizienteren Interpretation kompiliert.

An einem Rahmen für Designprobleme arbeiten Mittal, Araya und Frayman. Sie prägen in [Mittal, Araya 86] den Begriff *design-as-search*. Auch hier wird eine vorgangsorientierte Repräsentation gewählt. In [Araya, Mittal, 87] stellen sie einen kompilativen Ansatz zur Lösung von Designproblemen vor. Dabei werden die Pläne des Experten in eine ausführbare Form transformiert. In [Mittal, Frayman 89] geben sie eine Definition der Konfigurierungsaufgabe. Auch in ihrer Definition gibt es Elementarobjekte, doch stellen sie das Zusammenstecken von diesen Objekten an dafür vorgesehene Ports in den Vordergrund (Layoutplanung). Ein abschließender Vergleich der Definitionen bedarf allerdings einer genaueren Untersuchung. Braudaway und Tong arbeiten ebenfalls an einem kompilativen Ansatz [Braudaway, Tong 89], bei dem Generatoren, die mit Restriktionen (Constraints) versehen sind, erzeugt werden.

Mit der Implementierung der vorgestellten Architektur haben wir begonnen. Eine Idee zur Parallelisierung der Problemlösung sieht vor, mehrere Programme mit disjunktem Suchraum zu generieren und diese parallel auszuführen. Desweiteren wird geprüft, ob der RISC-Ansatz [Beckstein 88] in die Architektur integriert werden kann. Ziel dabei ist es, den Wechsel der Kundenanforderungen besser unterstützen zu können. Ein späterer Einsatz von Expertenheuristiken, die wir ausdrücklich vom assoziativen Anforderungswissen unterscheiden, für die Steuerung der Lösungssuche ist geplant. Dazu muß jedoch zunächst die Wissensrepräsentationssprache AMOR um entsprechende Konstrukte erweitert werden. Falls mit der Architektur gut Resultate bezüglich der Effizienz erzielt werden, kann auch durch den Einbau von Optimierungsmethoden in die generierten

Programme erreicht werden, daß eine optimale Variante bezüglich der Kundenanforderungen erzeugt wird. Hierzu werden einige Techniken in [VanHentenryck 89] vorgestellt.

Danksagung. Für die Unterstützung bei der Formalisierung der Konfigurierungsaufgabe möchten wir uns bei unserem Kollegen Christian Dimitrovici bedanken.

Literatur

[Araya, Mittal 87] **A. A. Araya, S. Mittal**: Compiling design plans from descriptions of artifacts and problem solving heuristics. In: Proceedings of IJCAI, 1987

[Barker, O'Connor 89] **V. Barker, D. O'Connor**: Expert Systems for Configuration at Digital: XCON and Beyond. In: Communications of the ACM, Vol. 32(3), (298-318), 1989

[Beckstein 88] **C. Beckstein**: Zur Logik der Logik-Programmierung, Springer Verlag, 1988.

[Braudaway, Tong 89] **W. Braudaway, C. Tong**: Automated Synthesis of Constrained Generators. In: Proceedings of IJCAI, 1989

[Breuker et al. 87] **J. Breuker, B. Wielinga, M. van Someren, R. de Hoog, G. Schreiber, P. de Greef, B. Bredeweg, J. Wielemaker, J.P. Billault**: Model-Driven Knowledge Acquisition: Interpretation Models. Esprit Project 1098, Memo 87, 1987

[Brown, Chandrasekaran 86] **D., C. Brown, B. Chandrasekaran:** Knowledge and Control for a Mechanical Design Expert System. IEEE EXPERT, Intelligent Systems and their Applications, IEEE 1986

[Brown, Chandrasekaran 89] **D. C. Brown, B. Chandrasekaran**: Design Problem Solving. Pitman, 1989

[Bylander,Mittal 86] **T. Bylander, S. Mittal**: CSRL: A Language for Classificatory Problemsolving and Uncertainty Handling. In: AI Magazine, Vol. 7, No. 3, 1986

[Clancey 85] **W. Clancey**: Heuristic Classification. In: Artificial Intelligence 27(3), 1985

[DeKleer 86] **J. DeKleer**: An assumption based TMS. In: Artifical Intelligence 28, 1986

[Friedland 79] **P. Friedland**: Knowledge-Based Experiment Design in Molecular Genetics. PhD thesis, Report CS-79-711, Stanford University, Stanford, California, 1979

[Hassan, Tank 89] **A. Hassan, W. Tank**: Expertensystem für die Auswahl von Pumpen in der chemischen Industrie. In:Chemie-Ingenieur-Technik, 61(10), 1989

[Hein et al. 90] **M. Hein, Wolfgang Tank, Gerhard Kraetzschmar, Burkhard Messer**: Konzeptionen zur Innerbetrieblichen Integration - Einbindung des Vertriebs in CIM. In: Innovative Anwendungen der Informations- und Kommunikationstechnologien (Hrsg. H. Krallmann), Oldenbourg Verlag, 1990.

[Hein,Tank 88] **M. Hein, W. Tank** : Diskussion des Abhängigkeitsbegriff in Konfigurationsproblemen. In: Arbeitspapiere der GMD, Nr. 310, April 1988

[Hein, Tank 90] **M. Hein, W. Tank**: Einordnung der Konfigurationsaufgabe in die Welt der Design-Probleme. In: PuK, FAW, Ulm, 1990

[Kahn et al. 87] **G. Kahn, A. Kepner, J. Pepper:** TEST: A model-driven Application Shell. In: Proc. 6th AAAI 87, Seattle, 1987

[Koller 85] **R. Koller:** Konstruktionslehre für den Maschinenbau, Springer Verlag, Berlin Heidelberg New York Tokyo 1985

[Langer, Fehsenfeld 88] **T. Langer, B. Fehsenfeld**: Expertensystem zur Konfigurierung einer kunststoffverarbeitenden Maschine. In Tagungsband: Expertensysteme in der betrieblichen Praxis, 7.-8.3.1988, AWF/VDI Arbeitskreis, 1988

[McDermott 82] **J. McDermott**: R1: A Rule-Based Configurer of Computersystems. In Artificial Intelligence 19, 1982, page 39-88

[Mittal, Araya 86] **S. Mittal, A. Araya**: A Knowledge-Based Framework for Design. In: Proceedings of AAAI, 1986

[Mittal, Frayman 89] **S. Mittal, F. Frayman**: Towards a generic model of configuration tasks. In: Proceedings of IJCAI, 1989

[Puppe 87] **F. Puppe:** Diagnostisches Problemlösen mit Expertensystemen. Informatik Fachberichte 148, Springer Verlag, 1987

[Sell 89] **Robert Sell:** Angewandtes Problemlösungsverhalten: Denken und Handeln in komplexen Zusammenhängen. Springer Verlag, 2. korrigierte Auflage, 1989

[Tank et al. 90] **W. Tank, S. Papaloannou, B. Kamp**: AMOR: Eine Wissensrepräsentationssprache für die technische Klärung von Aufträgen. In: Innovative Anwendungen der Informations- und Kommunikationstechnologien (Hrsg. H. Krallmann), Oldenbourg Verlag, 1990.

[VanHentenryck 89] **P. van Hentenryck**: Constraint Satisfaction in Logic Programming. The MIT Press, 1989

[Wielinga,Breuker 86] **B. Wielinga, J. Breuker**: Models of expertise.; Proceedings of ECAI 1986

Über ein Meta-Prinzip zur Explikation von Kontrollwissen

Fritz Mädler	Helmar Gust
Projekt SOLEIL	Projekt LILOG
Bereich D/Abteilung D1	Fachbereich 7
Hahn-Meitner-Institut	Universität Osnabrück
Glienicker Str. 100	Neuer Graben
1000 Berlin 39	4500 Osnabrück

Zusammenfassung: Wir verwenden ein Meta-Prinzip zur Strukturierung der Suche in Planungsverfahren. Zerlegungssätze für den Zustandsraum erlauben die Konstruktion optimaler Gesamtlösungen aus Teillösungen, wenn die Zerlegung in "Nadelöhrmengen" geschieht. Sie werden vorab akquiriert und stellen zur Laufzeit komplexitätssenkendes Kontrollwissen dar. Die hier vorgestellten Ergebnisse sind ein Teil des theoretischen Fundaments bei einem modellbasierten Planungsansatz, mit dem im Projekt SOLEIL des Berliner Hahn-Meitner-Instituts Anlagen- und Prozeßsteuerungsaufgaben aus der Solarzellenforschung unterstützt werden.

Einleitung

Bei Expertensystem-Lösungen für Prozeßsteuerungsaufgaben hängt die Akzeptanz wesentlich von der Güte der erzeugten Pläne und den Antwortzeiten der integrierten Planungskomponente ab. Optimalität der Pläne ist ein Gütekriterium, Problemzerlegung kann die Effizienz steigern.

Der Gewinn durch Zerlegung ist in der KI-Literatur schon früh erkannt und genutzt worden [Min63]. Der heutige Stand der Kenntnisse läßt sich sinngemäß und kurz so zusammenfassen: Die Komplexität eines zerlegten Problems ist proportional zur *Summe* der Einzelkomplexitäten, während die Komplexität des unzerlegten Problems eher dem *Produkt* dieser Einzelkomplexitäten entspricht, das im allgemeinen ihre Summe weit übersteigt - und schneller zur kombinatorischen Explosion tendiert als die Teilprobleme. [Kor88] bestätigt im großen und ganzen diese Erkenntnis durch eine Untersuchung des Zerlegungsgewinns beim Übergang vom klassischen Planer STRIPS zum hierarchischen Planungssystem ABSTRIPS [Sac74]. Eine hierarchische Gliederung des Kontrollwissens wird inzwischen als eine der Standardmethoden in Suchverfahren angestrebt, wenn es um die Bändigung der kombinatorischen Vielfalt geht.

Simulationen mit dem SOLEIL-Planer haben zutage gefördert, daß - in einem noch weiter zu präzisierenden Sinn - benachbarte Planungsaufgaben auch benachbarte Zerlegungszustände haben können. So vorhanden, lassen sich solche "Nadelöhrmengen" in der *Akquisitionsphase* durch Simulation explizit machen und stellen zur *Laufzeit* wertvolles heuristisches Wissen zur Steuerung der Suche dar. Sie verkörpern ein Meta-Prinzip, das sich anwendungsunabhängig formulieren und theoretisch untersuchen läßt. Es sind Eigenschaften des Zustandsraums und damit Eigenschaften von Graphen, die für die Wirksamkeit des Prinzips verantwortlich sind. Aber wir formulieren die Ergebnisse hier im Kontext der Planung, weil sie für Planungssysteme den Umgang mit Kontrollwissen theoretisch begründen können. Natürlich kann ein solches Prinzip seine Kraft nur in einer Anwendung entfalten, in der diese Zerlegungsmengen in genügender Zahl existieren. Im Falle des SOLEIL-Systems ist dies gegeben.

Der Abschnitt "Motivation" verdeutlicht die zentrale Idee in ihrer einfachsten Variante. Im Kapitel "Nadelöhrmengen" benützen wir das allgemeine Prinzip zur Darstellung aller optimalen Pläne einer Schar von Planungsaufgaben in Form einer Zerlegung. Wir geben einen Algorithmus zur

Berechnung von Nadelöhrmengen an, dessen Konvergenz und Korrektheit bewiesen sind. Eine ungekürzte Fassung dieses Aufsatzes enthält die Beweise zu den hier formulierten Sätzen und liegt als SOLEIL-Arbeitsbericht vor [Mäd90]. Im Abschnitt "Anwendung" gehen wir auf die Praxis ein. In der Entwicklungsphase SOLEIL-I wurde der Prototyp eines Expertensystems zur Anlagen- und Prozeßsteuerung entwickelt und implementiert. Es besteht aus mehreren Prolog-Prozessen unter UNIX und läuft auf TARGON- oder APOLLO-Rechnern. Die Planungskomponente verwendet auf einer ihrer Teilziel-Ebenen das Nadelöhr-Prinzip.

1. Begriffe und Bezeichnungen

Zur Repräsentation der beschreibenden n Anwendungsgrößen verwenden wir einen *Zustand* z in Form eines geordneten n-Tupels

$$z = (x_1, x_2, ..., x_n), \qquad x_i \in W_i, \quad |W_i| < \infty, \quad i = 1, ..., n$$

Der *Zustandsraum* X wird durch alle *zulässigen Belegungen* der Parameter x_i mit Werten aus den Wertebereichen W_i gebildet. Mit den Wertebereichen ist auch der Zustandsraum endlich: $|X| \leq \prod_{i=1}^{n} |W_i| < \infty$.

Übergänge zwischen Zuständen sind partielle Abbildungen bzw. *Operatoren*

$$a : X_a \ni z_0 \longmapsto z = a(z_0) \in X$$

des Zustandsraumes in sich. Der Definitionsbereich $X_a \subset X$ besteht gerade aus den Zuständen z_0, auf die der Operator a angewendet werden kann. Die *Planungsaufgabe* besteht zunächst darin, für Start- und Zielzustände $z_0, z \in X$ einen *linearen Plan* p aus endlich vielen Operatoren $a_1, ..., a_k \in \Omega$ der Operatorenmenge Ω zu finden, die durch Komposition aus dem Start- den Zielzustand erzeugen: $z = a_k \circ ... \circ a_1(z_0)$. Ein Plan kann auch als Folge seiner Zustände repräsentiert werden (mit der Setzung $z_k = z$)[1]:

$$p = (z_j)_{j=0}^{k} \in X^{k+1}, \quad z_j = a_j(z_{j-1}), \quad j = 1, ..., k$$

Wir schreiben $x \in p$, wenn der Zustand x im Plan p vorkommt. Die Menge aller endlichen Pläne von z_0 nach z ist gegeben durch

$$\Pi_e(z_0, z) := \{ \ (z_j)_{j=0}^{k} \mid k \in N, \ z_k = z, \ \exists \ a_1, ..., a_k \in \Omega : \ z_j = a_j(z_{j-1}) \text{ für } j = 1, ..., k \ \}$$

Jedem Plan $p \in \Pi_e(z_0, z)$ wird als seine *lineare Länge* $\|p\|$ die Anzahl k seiner Operatoren zugeordnet. Insbesondere interessiert die *linear-optimale Länge* $l(z_0, z)$ zu $\Pi_e(z_0, z)$:

$$l(z_0, z) := \min\{ \ \|p\| \mid p \in \Pi_e(z_0, z) \ \}$$

Pläne, die diese Länge annehmen, spielen wegen ihrer Optimalität eine besondere Rolle und werden als *l-optimal* bezeichnet. Sie können keinen ihrer Zustände mehrfach enthalten, sind also zyklenfrei[2]. Folglich lassen sie sich in inneren Zuständen *eindeutig* zerlegen. Wenn Ziel- und Startzustand zweier Pläne identisch sind, können sie *verkettet* werden; das Ergebnis ist im allgemeinen weder l-optimal noch zyklenfrei.

---

[1]Der exakte Zusammenhang zwischen dieser Repräsentation eines Plans durch seine Zustände und der Repräsentation als Operatorfolge ist in [Mäd90] angegeben.

[2]Operatoren können in ein- und demselben l-optimalen Plan mehrfach auftreten.

Die *l-optimale Planungsaufgabe* ist die Frage nach *allen* l-optimalen Plänen zu gegebenem Start und Ziel. Im allgemeinen ist die Lösung nicht eindeutig. Die Menge

$$\Pi_{lop}(z_0, z) := \{\ p \in \Pi_e(z_0, z)\ \mid\ p\ \text{l-optimal}\ \}$$

bezeichnen wir als *vollständige l-optimale Handlungsrepräsentation*[3]. Sie enthält in ihrer Struktur spezielles Kontroll- oder "Zerlegungswissen", das es explizit zu machen und zur Laufzeit komplexitätssenkend einzusetzen gilt.

2. Motivation

Als Beispiel einer vollständigen l-optimalen Handlungsrepräsentation $\Pi_{lop}(z_0, z)$ betrachten wir die Verhältnisse im folgenden Graphen, dessen Knoten *Zustände* und dessen Kanten *Operatoren* darstellen. Parallel gezeichnete Kanten gehören zum gleichen Operator. Da das Ziel unterspezifiziert war, gibt es in diesem Fall zwei Zustände $z = z^1$ und $z = z^2$, die das gesetzte Ziel erfüllen. Jeder der 24 Pfade $p(z_0, z^1)$ bzw. $p(z_0, z^2)$ repräsentiert eine l-optimale Lösung der Planungsaufgabe:

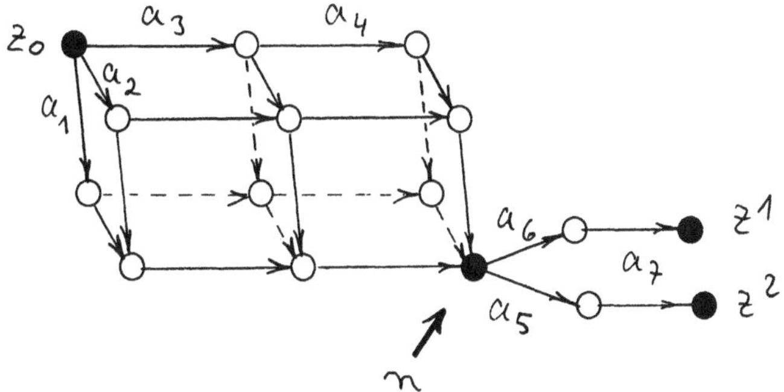

Abbildung 1 : Graph einer vollständigen l-optimalen Handlungsrepräsentation $\Pi_{lop}(z_0, z)$

Wir interessieren uns in dieser Arbeit für Situationen wie die beim Knoten n, weil er in besonderer Weise zur Zerlegung geeignet ist:

1. Der nachstehende Satz 1 zeigt, wie die gesuchte l-optimale Lösung $\Pi_{lop}(z_0, z)$ aus den Teillösungen $\Pi_{lop}(z_0, n)$ und $\Pi_{lop}(n, z)$ gewonnen werden kann: Für die Verkettung von Plänen $(z_0, ..., n) \in \Pi_{lop}(z_0, n)$ und $(n, .., z^i) \in \Pi_{lop}(n, z^i)$ gilt stets $(z_0, ..., n, .., z^i) \in \Pi_{lop}(z_0, z^i)$, mit $i = 1$ oder $i = 2$. Da diese Zerlegung eine Verkleinerung des Exponenten in der exponentiell wachsenden Anzahl der zu expandierenden Knoten bewirkt, sind die Teilprobleme von erheblich geringerer Komplexität[4].

2. Häufig gehört gleich eine ganze Schar von Planungsaufgaben zu ein- und demselben Zerlegungszustand. Von Speicherbedarf und Zugriffsverhalten her gesehen ist es günstiger, Kontrollwissen in Form von Zerlegungszuständen zur Verfügung zu stellen als etwa für eine Unzahl von denkbaren Planungsaufgaben die vorab berechneten Lösungen zu speichern.

---

[3] Unsere Operatoren repräsentieren meist Handlungen.

[4] Legt man für die Suche wie üblich (vgl. [Kor88]) in den Knoten eine mittlere Verzweigungsbreite b zugrunde, so ist $k(t) = \frac{b^{t+1}-1}{b-1}$ die Anzahl der bis zur Suchtiefe t expandierten Knoten, die Komplexität ist also $O(b^t)$. Bei Zerlegung in zwei Probleme mit den Suchtiefen t_1 und t_2 beträgt die Komplexität $O(b^{t_1} + b^{t_2}) = O(b^{\max(t_1,t_2)})$. Bei Zerlegung in den uns interessierenden Zwischenknoten gilt stets $\frac{t}{2} \leq \max(t_1, t_2) < t$, also $O(b^{\max(t_1,t_2)}) < O(b^t)$.

3. Zerlegung in derartigen Zuständen stört die Plausibilität der abgeleiteten Pläne nicht. Wenn es keine Alternative gibt, ist auch nichts zu erklären.

4. Die Komplexitätssenkung folgt auch für andere Operationen auf der l-optimalen Handlungsrepräsentation, z. B. bei der Parallelisierung von Plänen und der Identifikation von Alternativen. Π_{lop} enthält alle Informationen über Abhängigkeiten in der Reihenfolge von Operatoren bzw. deren Parallelisierbarkeit und über (echte!) Alternativen. Nicht-lineare Planerstellungsansätze, die direkt eine nur partielle Ordnung der Operatoren berechnen wollen, gehören wohl beim gegenwärtigen Stand der Technik noch in den Bereich der Forschung [Her89]. Aus [Ped87] stammt die Anregung, parallelisierte Pläne auf dem Umweg über die Lösung der zugehörigen linearen Planungsaufgabe zu gewinnen. In Analogie ist die vollständige l-optimale Handlungsrepräsentation eine Grundlage zur Erzeugung optimal parallelisierter Pläne. Alle diese Aufgaben reduzieren sich erheblich, wenn sie sich zerlegen lassen und wenn die optimale Gesamtlösung aus den optimalen Teillösungen komponiert werden kann.

Wir geben der Situation beim obigen Knoten n zunächst ihre einfachste formale Fassung und betrachten für eine linear-optimale Planungsaufgabe $\Pi_{lop}(z_0, z)$ Zerlegungen in *inneren Zuständen*,

$$n \in Z_{lop}(z_0, z) := \{ x \in X \mid \exists\, p \in \Pi_{lop}(z_0, z) : \; x \in p, \; x \neq z_0, \; x \neq z \}$$

Definition 1: Ein Zustand $n \in Z_{lop}(z_0, z)$ heißt *Nadelöhr zu* $\Pi_{lop}(z_0, z)$, wenn gilt:

$$\forall p : \; p \in \Pi_{lop}(z_0, z) \Longrightarrow n \in p$$

Nach dem Bellman-Prinzip folgt aus der Optimalität eines Planes stets die Optimalität seiner Teilpläne [Neu77]. Die Aussage des folgenden Satzes enthält eine Analogie dieses Kriteriums *für die vollständige l-optimale Handlungsrepräsentation.* Vor allem gilt aber bei Zerlegung in einem Nadelöhr auch die Umkehrung: Die l-optimale Gesamtlösung läßt sich durch Verkettung l-optimaler Teillösungen gewinnen.

Satz 1: Der Zustand $n \in Z_{lop}(z_0, z)$ sei ein Nadelöhr zu $\Pi_{lop}(z_0, z)$. Dann ist die Lösung der linear-optimalen Planungsaufgabe als Cartesisches Produkt darstellbar

$$\Pi_{lop}(z_0, z) \overset{t_n}{\simeq} \Pi_{lop}(z_0, n) \times \Pi_{lop}(n, z)$$

unter der Bijektion $t_n((z_0, ..., n, ..., z)) := ((z_0, ..., n), (n, ..., z))$.

Die Aussage dieses Satzes ist eine Folgerung aus dem allgemeineren Satz 2 im nächsten Abschnitt.

3. Nadelöhrmengen

Bei der Darstellung des Zerlegungsprinzips beschränken wir uns hier auf l-optimale Pläne, weil sie praktisch sinnvoll und leicht zu handhaben sind. Das Prinzip greift aber in ähnlicher Weise bei allgemeineren Plänen, etwa bei zyklenfreien. Jedoch sind Zyklenfreiheit wie l-Optimalität nur zwei spezielle von vielen denkbaren Optimalitätsbegriffen. Ebenso könnten als Bewertungsfunktion für die Güte eines Plans auch abstrakte Kosten herangezogen werden. An den grundsätzlichen Überlegungen zur Nadelöhr-Strategie ändert sich dadurch nichts; in allen Fällen lassen sich relativ zur gewählten Bewertung Nadelöhre definieren und ähnliche Ergebnisse beweisen wie hier bei den l-optimalen Plänen.

Mit *Nadelöhrmengen* wie in der folgenden Definition 2 gelingt eine den Satz 1 verallgemeinernde Aussage gleich für eine ganze Schar von Planungsaufgaben. Das Zerlegungsprinzip erhält hier seine "speicherschonende" Fassung.

Zu gegebenen *Mengen* $Z_0, Z \subset X$ von Start- und Zielzuständen sei

$$SZ(Z_0, Z) := \{ (z_0, z) \in Z_0 \times Z \mid (z_0, z) \text{ zulässiges Start-Ziel-Paar} \}$$

eine ebenfalls vorgegebene Menge von Start-Ziel-Kombinationen. Insbesondere sind nur Start-Ziel-Paare zulässig, für die Pläne und damit l-optimale Pläne existieren[5], $(z_0, z) \in SZ(Z_0, Z) \iff \Pi_{lop}(z_0, z) \neq \emptyset$, und wir verlangen $z \neq z_0$. Gesucht sind alle l-optimalen Pläne über $SZ(Z_0, Z)$, also die (*disjunkte*) Vereinigung

$$\Pi_{lop}(Z_0, Z) := \bigcup_{(z_0, z) \in SZ(Z_0, Z)} \Pi_{lop}(z_0, z)$$

Wir zeichnen wieder innere Zustände auf der Lösungsmenge aus

$$Z_{lop}(Z_0, Z) := \{ x \in X \mid \exists\, p \in \Pi_{lop}(Z_0, Z) : \; x \in p, \; x \notin Z_0, \; x \notin Z \}$$

und sortieren die Start-Ziel-Kombinationen nach Nadelöhren. Zu $n \in Z_{lop}(Z_0, Z)$ sei SZ_n definiert durch $SZ_n := \{ (z_0, z) \in SZ(Z_0, Z) \mid \forall\, p \in \Pi_{lop}(z_0, z) : \; n \in p \}$.

Definition 2: Eine Menge $N \subset Z_{lop}(Z_0, Z)$ heißt *Nadelöhrmenge* zu $\Pi_{lop}(Z_0, Z)$, wenn gilt:

(a) $\forall\, n \in N : \; SZ_n \neq \emptyset$

(b) $SZ(Z_0, Z) = \bigcup_{n \in N} SZ_n$

(c) $\forall\, n_1, \; n_2 \in N, \; n_1 \neq n_2 \; : \; SZ_{n_1} \cap SZ_{n_2} = \emptyset$

Nadelöhrmengen erzeugen also mit Hilfe der l-optimalen Pläne eine disjunkte Zerlegung der Start-Ziel-Kombinationen. Dies ist mehr als die bloße Vereinigung einzelner Nadelöhre; die Bedingung (c) koppelt deren Wirkung. Wir sehen die Aussage (2) des folgenden Satzes als formale Fassung eines wüschenswerten allgemeinen Zerlegungsprinzips an. Wie substantiell die zur Definition verwendeten Bedingungen (a) bis (c) sind, zeigt sich anhand ihrer Äquivalenz zur Aussage (2).

Satz 2: Für $N \subset Z_{lop}(Z_0, Z)$ sind die beiden folgenden Aussagen äquivalent:

(1) N ist eine Nadelöhrmenge zu $\Pi_{lop}(Z_0, Z)$

(2) Die Lösung der allgemeinen l-optimalen Planungsaufgabe besitzt eine Darstellung

$$\Pi_{lop}(Z_0, Z) \overset{t_N}{\cong} \bigcup_{n \in N} \; \bigcup_{(z_0, z) \in SZ_n} \Pi_{lop}(z_0, n) \times \Pi_{lop}(n, z)$$

mit der Bijektion $t_N((z_0, ..., n, ..., z)) := ((z_0, ..., n), (n, ..., z))$ •

[5] Wenn der Zustandsraum nicht endlich und der Bildbereich der Bewertungsfunktion nicht wohlgeordnet ist, genügt die Existenz von Lösungen nicht, ihre l-Optimalität muß dann explizit gefordert werden.

Zwei einfache Beispiele mögen verdeutlichen, wie wesentlich die Disjunktheitsforderung (c) für die Zerlegungseigenschaften von Nadelöhrmengen ist. Die folgende Abbildung 2 stellt Nadelöhrmengen bei der Lösung zweier Planungsaufgaben dar, die beide die Bedingungen (a) und (b), nicht aber die Bedingung (c) erfüllen. Im rechten Beispiel sei $SZ(Z_0, Z) = \{(z_0^1, z), (z_0^2, z)\}$ die Schar von Planungsaufgaben mit der Lösung $\Pi_{lop}(Z_0, Z) = \{(z_0^1, n_1, n_2, z), (z_0^2, z_1, n_2, z)\}$. Der Zustand n_1 ist ein Nadelöhr (im Sinne der Definition 1) zur Aufgabe $(z_0^1, z) \in SZ_{n_1}$, ebenso n_2 zur Aufgabe $(z_0^2, z) \in SZ_{n_2}$. Die Vereinigung $N := \{n_1, n_2\}$ ist jedoch keine Nadelöhrmenge, denn offensichtlich liegt die Aufgabe (z_0^1, z) auch in SZ_{n_2}, es gilt also $(z_0^1, z) \in SZ_{n_1} \cap SZ_{n_2}$. Ein Zerlegungsergebnis wie in Satz 2 ist nicht zu erwarten, weil $\Pi_{lop}(z_0^1, z)$ über N nicht eindeutig zerlegbar ist. - Die im linken Beispiel angegebene Vereinigung N von einzelnen Nadelöhren eignet sich kaum zur Zerlegung. Sie besitzt gewissermaßen kein Auflösungsvermögen.

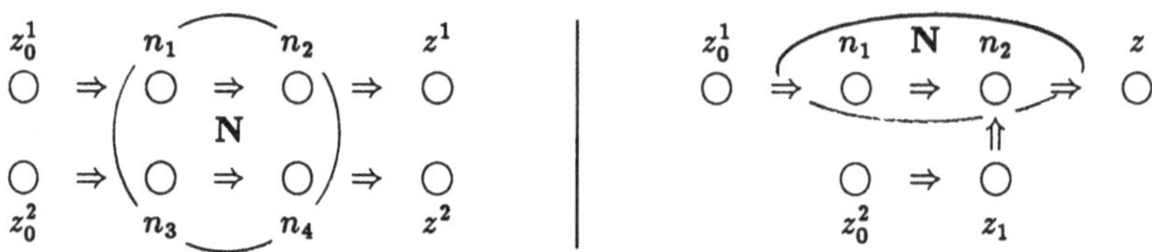

Abbildung 2 : Zerlegungsmengen ohne die Disjunktheitsbedingung (c)

Im Satz 2 wird eine vergleichsweise seltene Situation des Zustandsraums zur Zerlegung benutzt. Einzelne Nadelöhre liegen in der vollständigen Handlungsrepräsentation $\Pi_{lop}(Z_0, Z)$ auf sehr speziellen Schichten: es gibt dort pro Planungsaufgabe (z_0, z) nur jeweils einen Zustand. Deshalb weisen wir auf eine mögliche Abschwächung hin. Man nehme "dünn besetzte" Schichten der vollständigen Handlungsrepräsentation als Zerlegungsziel! Verallgemeinerte Nadelöhrmengen sind dann Mengensysteme aus Elementen der Potenzmenge $\mathcal{P}(X)$ des Zustandsraumes X. Auch dann läßt sich ein Zerlegungsatz beweisen, mit der vorliegenden Fassung des Satzes 2 als Spezialfall.

3.1 Explikationsalgorithmus

Zur Berechnung von Nadelöhrmengen gehen wir von einer vorgegebenen Menge $SZ(Z_0, Z)$ von zulässigen Start-Ziel-Paaren aus (s. Abschnitt 3) und bestimmen durch sukzessive Erweiterung eine Menge N und eine Liste von Partitionsmengen $SZ := \{ SZ_n \mid n \in N \}$, die die Nadelöhrmengen-Eigenschaften (a) bis (c) der Definition 2 erfüllen:

1. Beginne mit $SZ(Z_0, Z)$ und leeren Mengen N und SZ.

2. Falls keine weitere zulässige Planungsaufgabe $(z_0, z) \in SZ(Z_0, Z)$ existiert, beende erfolgreich mit N und SZ.

3. Falls bereits ein eindeutiges Element $n \in N$ Nadelöhr zu (z_0, z) ist

   a. ersetze SZ_n in SZ durch $SZ_n := SZ_n \cup \{(z_0, z)\}$,

   b. weiter bei 2.

4. Falls es kein weiteres Nadelöhr $m \in Z_{lop}(z_0, z)$ zu (z_0, z) gibt, fahre fort bei 2.

5. Falls jedes Nadelöhr m von (z_0, z) auch Nadelöhr zu irgendeiner anderen der in SZ bereits aufgenommenen Aufgaben ist, fahre fort bei 2.

6. Wähle ein Nadelöhr $m \in Z_{lop}(z_0, z)$ zu (z_0, z), das nicht schon ein Nadelöhr für eine der bereits in SZ aufgenommenen Planungsaufgaben ist, und

   a. erzeuge $SZ_m := \{(z_0, z)\}$ und erweitere SZ um SZ_m,
   b. setze $N := N \cup \{m\}$,
   c. fahre fort bei 2.

Satz 3: Über einem endlichen Zustandsraum X terminiert der Explikationsalgorithmus korrekt mit $N = \emptyset$, $SZ = \emptyset$ oder mit einer Nadelöhrmenge N und einer disjunkt zerlegten Menge von Planungsaufgaben $SZ = \{ SZ_n \mid n \in N \}$ im Sinne der Definition 2 ●

Beim Beweis der Korrektheit wird im wesentlichen gezeigt, daß einmal erreichte Nadelöhrmengen-Eigenschaften bei den Erweiterungen der berechneten Mengen N und SZ in den Schritten 3 oder 6 nicht mehr zerstört werden [Mäd90].

Ein gewisser Pferdefuß steckt in den Schritten 3 und 5, in denen einzelne Nadelöhre zu testen oder neu zu berechnen sind. Hier benötigt man Planungsverfahren, die bei noch unzerlegten Aufgaben *zumindest im Speicherbedarf* nicht gleich an der NP-Vollständigkeit dieser Probleme scheitern. In der Praxis lassen sich DFID-Verfahren ("depth-first iterative-deepening") einsetzen, die zwar *in der Zeit exponentiell* verlaufen, deren *Speicherbedarf aber nur linear mit der Suchtiefe* wächst [Kor88]. - Wir sehen den Explikationsalgorithmus in seiner hier vorgestellten Form als eine Grundvariante an, die zwar in unserer Praxis schon eine gewisse Bedeutung bei der interaktiven Explikation von dringend benötigtem Kontrollwissen gewonnen hat, deren volle Automatisierung jedoch noch ein Teil der Forschungsperspektive ist. Wir nennen einige Punkte, die einer weiteren Klärung bedürfen:

1. Wie will man den Bereichsexperten als "Wissensquelle" bei der Identifikation von Nadelöhren ersetzen? Möglicherweise liefert die Beobachtung des Werteverlaufs bei *einzelnen* Parametern erste Anhaltspunkte für die Existenz von Nadelöhrmengen (s. Abschnitt 4).

2. Bei der Wahl neuer Nadelöhre im Schritt 6 liegt im allgemeinen keine Eindeutigkeit vor. Da die Senkung der Komplexität unser vorrangiges Motiv bei der Gewinnung von Kontrollwissen ist, sollten Nadelöhrmengen gewissermaßen "in der Mitte" der Schar ihrer Planungsaufgaben liegen. Dann ist der Zerlegungsgewinn am größten[6].

3. Eine korrekte Identifikation von Nadelöhrmengen setzt die vollständige Lösung der beteiligten Planungsaufgaben voraus, jedenfalls bisher. Selbst in der Akquisitionsphase kann dies Probleme bereiten, wenn die zeitliche Komplexität bei Aufgaben mit stark wachsender Suchtiefe explodiert. Es ist aber lohnenswert, Aufgabenscharen bis zu gewissen mittleren Tiefen vollständig zu explizieren:

   - Bei mehrfacher Verkettung von vollständig berechneten, vergleichsweise flachen Nadelöhrmengen kann die l-Optimalität des Verkettungsergebnisses oft bewiesen werden, und zwar mit Hilfe von Bereichswissen über den Werteverlauf einzelner Parameter.

[6]Man vergleiche die Fußnote 4: Wegen $\frac{t}{2} \leq \max(t_1, t_2) < t$ liegt die maximal erzielbare Komplexitätssenkung bei der halben Suchtiefe.

- Bei der Explikation fallen Informationen über benötigte Suchtiefen und verwendete Operator-Teilmengen ("Handlungsspielräume") an, die dann zur Laufzeit zur Verfügung stehen. DFID-artige Verfahren sind besonders effektiv, wenn gute oder gar exakte Schranken für die Suchtiefe verwendet werden können. Handlungsspielräume senken die mittlere Verzweigungsbreite in den Knoten.

3.2 Ein Beispiel

Im konkreten Falle der SOLEIL-Anwendung wurden beispielsweise aus 60 Startzuständen $Z_0 := \{ z_0^1, \ldots\ldots, z_0^{60} \}$ und 6 Zielzuständen $Z := \{ z^1, .., z^6 \}$ insgesamt 180 Planungsaufgaben ausgewählt:

$$SZ(Z_0, Z) := \{ (z_0^i, z^j) \mid (i = 1, ..., 30,\ j = 1,2,3) \text{ oder } (i = 31, ..., 60,\ j = 4,5,6) \}$$

Vom Bereichswissen her bestand eine berechtigte Vermutung, die gewählte Aufgabenmenge durch eine verhältnismäßig kleine Nadelöhrmenge kontrollieren zu können (s. Abschnitt 4). Mit dem obigen Algorithmus wurden zwei Nadelöhre $N = \{ n_1, n_2 \}$ gefunden, die die 180 Aufgaben je zur Hälfte zerlegen:

$$\{ z_0^1, \ldots, z_0^{30} \} \longrightarrow n_1 \longrightarrow \{ z^1, z^2, z^3 \}$$
$$\{ z_0^{31}, \ldots, z_0^{60} \} \longrightarrow n_2 \longrightarrow \{ z^4, z^5, z^6 \}$$

Jedes Nadelöhr kontrolliert 504 Pläne, und die Gesamtzahl von $|\Pi_{lop}(Z_0, Z)| = 1008$ gruppiert sich in 168 Pläne pro Ziel [Mäd90].

3.3 Exponierte Nadelöhrmengen

Die Symmetrien dieses Beispiels stammen aus einer zusätzlichen Eigenschaft spezieller Nadelöhrmengen. Normalerweise muß eine Zuordnung verwaltet werden zwischen den Zuständen einer Nadelöhrmenge und ihren zugeordneten Planungsaufgaben. Mit der folgenden Definition befreit man sich von einer *Zuordnung in expliziter Form.*

Definition 3: Eine Nadelöhrmenge heißt *exponiert*, wenn gilt:

$$\forall\, n \in N\ \forall\, (z_0, z) \in SZ_n :\ l(z_0, n) = \min_{m \in N} l(z_0, m)$$

Anschaulich besagt diese Definition: Jeder l-optimale Plan von einem zulässigen Startzustand z_0 aus *mit Ziel N* trifft N unter anderem auch im zu z_0 gehörenden Nadelöhr n, realisiert also in diesem Fall eine Art Abstand[7] zwischen den zu n gehörenden Startzuständen und der Nadelöhrmenge N, der (unter anderem) im Nadelöhr n angenommen wird.

Satz 4: Für eine Nadelöhrmenge N zu $\Pi_{lop}(Z_0, Z)$ sind folgende Aussagen äquivalent:

(1) Die Nadelöhrmenge N ist exponiert.

(2) Für jedes Nadelöhr $n \in N$ und jedes Start-Ziel-Paar $(z_0, z) \in SZ_n$ ist n die eindeutige Lösung der Gleichung
$$l(n, z) = \min_{n' \in N'} l(n', z)$$
mit $N' := \{ n' \mid l(z_0, n') = \min_{m \in N} l(z_0, m) \}$.

[7] Wir lassen uns von der Tatsache leiten, daß $l(x, y) = \|p\|$ mit $p \in \Pi_{lop}(x, y)$ einige Eigenschaften einer Metrik besitzt, ohne den Formalismus hier zu entwickeln.

Wir veranschaulichen den Nutzen der Exponiertheit anhand eines Beispiels. Abbildung 3 stellt eine Schar aus zwei Planungsaufgaben $\{(z_0^1, z^1), (z_0^2, z^2)\}$ mit den l-optimalen Lösungen $\{(z_0^1, z_1, n_1, z_2, z^1), (z_0^2, n_2, z_3, z_4, z^2)\}$ dar. An möglichen weiteren Operatoren interessieren hier nur die Übergänge von z_0^1 nach z_0^2 und von z^2 nach z^1. Offensichtlich ist $N := \{n_1, n_2\}$ eine Nadelöhrmenge für die gegebene Aufgabenschar. N ist aber auch exponiert, denn für jeden der beiden Startzustände gehört sein Nadelöhr zu den Elementen aus N, für die das Minimum in der Definition 3 angenommen wird. Für die Aufgabe (z_0^1, z^1) ist dieses Element nicht eindeutig.

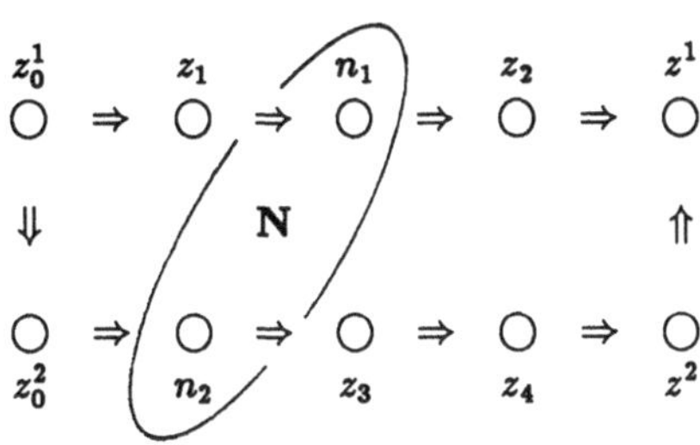

Abbildung 3 : Zerlegung mit einer exponierten Nadelöhrmenge

Mit der Aussage (2) des Satzes 4 läßt sich jede der Aufgaben (z_0^i, z^i) folgendermaßen l-optimal lösen, *ohne daß ihr Nadelöhr explizit bekannt sein muß* $(i = 1, 2)$:

1. Berechne zu z_0^i die Menge $N' = \{\ n' \mid l(z_0, n') = \min_{m \in N} l(z_0, m)\ \} \subset N$.
2. Berechne den Zustand $n_i \in N'$ mit $l(n_i, z) = \min_{n' \in N'} l(n', z)$.
3. Verkette $\Pi_{lop}(z_0^i, n_i)$ und $\Pi_{lop}(n_i, z^i)$ zur l-optimalen Gesamtlösung $\Pi_{lop}(z_0^i, z^i)$.

Wegen der Exponiertheit gehört das gesuchte Nadelöhr zu den in Schritt 1 gefundenen Zuständen. Seine Eindeutigkeit als bester Fortsetzungszustand und die l-Optimalität der Verkettung folgen bereits nach Satz 2 wegen der Nadelöhrmengen-Eigenschaft (a).

Für die Planungsaufgabe (z_0^1, z^1) des obigen Beispiels gilt $N' = N$, und die minimale l-optimale Fortsetzung zu (z_0^1, N') ist gerade (n_1, z_2, z^1). - Vertauscht man in der Abbildung die Zustände n_1 und z_2, so erhält man ein Beispiel für eine nicht exponierte Nadelöhrmenge. Der Abstand von z_0^1 zu N wird dann in n_2 angenommen und nicht im zu (z_0^1, z^1) gehörenden Nadelöhr n_1.

Besonders interessiert der Fall *einelementiger* Zwischenmengen N' im Satz 4. Für solche *eindeutig exponierten* Nadelöhrmengen entfällt der Schritt 2 im obigen Verfahren, weil es nur einen Zustand zur Fortsetzung gibt. Im Beispiel aus 3.2 ist dies der Fall.

4. Anwendung

Bei der Explikation von Kontrollwissen für den SOLEIL-Planer drehen wir die Vorgehensweise des letzten Abschnitts um: Mit physikalisch-technischen Überlegungen aus dem Anwendungswissen identifizieren wir Bereiche im Zustandsraum und für sie *unterspezifizierte* Teilziele in Form von Vorgaben für nur wenige, vorzugsweise einen der Parameter des Zustandstupels, die für die trennenden Eigenschaften von Nadelöhren verantwortlich sind. Mit dem Explikationsalgorithmus aus dem Abschnitt 3.1 werden dann durch sukzessive Hinzunahme von Start-Ziel-Paaren die Nadelöhrmengen erweitert. Bei einer guten Hypothese für derartige Parameter kann Kontrollwissen für etliche Start-Ziel-Paare in ein- und derselben Nadelöhrmenge integriert werden. - Die im Explikationsalgorithmus benutzten Vorgaben sind bereits die Teilzielvorgaben für die Laufzeit. Für komplexere Aufgaben wird mehrfach zerlegt und zur Laufzeit über mehrere Nadelöhrmengen hinweg verkettet.

Für den Prototyp der SOLEIL-Phase I bestand das Zustandstupel aus 13 Anwendungsgrößen, darunter 8 Stellelemente (Ventile, Pumpen, Mechanik) und 5 abgeleitete Parameter (Kammern und Leitungen, in denen bestimmte Gas- und Druckverhältnisse herzustellen sind), die nur indirekt über die Stellelemente unter "Entriegelung" von Anlage und Prozeß in geforderte Zustände gebracht werden können. Ein Planungsziel darf aus der Vorgabe eines beliebigen Wertes für einen beliebigen der 13 Parameter bestehen, unabhängig vom Startzustand der Planungsaufgabe. Die erzielten Planungszeiten lagen auch bei "verzwickten" Aufgaben im Bereich weniger Sekunden. Zur Zeit wird eine Ausbaustufe auf der Basis von 26 Stellelementen und 13 abgeleiteten Parametern modelliert, bei erwarteten mittleren Planungszeiten um 10 Sekunden. Zur Steuerung der vollen Anlage sind rund 100 Parameter nötig. Die Anlage zerfällt aber in drei Kammersysteme mit ähnlichem Aufbau und kann modular behandelt werden, so daß die Komplexität der endgültigen Anlage in etwa der des jetzt entwickelten Systems gleichkommt.

Literatur:

[Her89] Hertzberg, J.: "Planen - Einführung in die Planerstellungsmethoden der Künstlichen Intelligenz", BI-Wiss.-Verl. (Reihe Informatik, Bd. 65), 1989

[Kor88] Korf, R. E.: "Optimal Path Finding Algorithms", in Kanal, L. / Kumar, V. (eds.): "Search in Artificial Intelligence", Springer 1988

[Min63] Minsky, M.: "Steps toward artificial intelligence", in Feigenbaum / Feldman (eds.): "Computers and Thought", McGraw-Hill 1963

[Neu77] Neumann, K.: "Operations Research Verfahren", Hanser 1977

[Ped87] Pednault, E. P. D.: "Formulating Multiagent, Dynamic-World Problems in the Classical Planning Framework", Proceedings "Reasoning about Actions and Plans", Workshop 1986, Morgan Kaufmann 1987

[Sac74] Sacerdoti, E. D.: "Planning in a hierarchy of abstraction spaces", AI, 5(2), 1974

Ein internes Arbeitspapier enthält Ergänzungen und die Beweise:

[Mäd90] Mädler, F.: "Zur theoretischen Begründung der Teilziel-Ebenen im SOLEIL-Planer", Dokument SOLEIL-06-PLN-01-AA, HMI 3/1990

Danksagung: Wir danken *Heinz Hofmann-Illi* und den anderen Kollegen vom SOLEIL-Team für kritische und hilfreiche Diskussionen. Zusätzlicher Dank gilt *Ulrich Nielsen* und *Klaus Emmelmann*, die die Zusammenarbeit der Autoren gefördert haben.

QUASIMODIS*: Modellbasierte Diagnose dynamischer Systeme mit qualitativer Simulation

Martin Alt Robert Rehbold Ralf Scheidhauer
Universität Kaiserslautern, Fachbereich Informatik, Postfach 3049, 6750 Kaiserlautern
e-mail: rehbold@informatik.uni-kl.de

Zusammenfassung

Wir präsentieren ein System (QUASIMODIS), das in der Lage ist, mit Hilfe eines qualitativen Modells eines technischen Gerätes, Beobachtungen über das Verhalten dieses Gerätes und Hypothesen über mögliche Fehlverhalten eine Überprüfung dieser Hypothesen durchzuführen und dabei mit den Beobachtungen nicht verträgliche Hypothesen auszuschließen sowie zusätzliche Messungen vorzuschlagen, die unter den verbliebenen Hypothesen in optimaler Weise differenzieren. Modellierungssprache, Verhaltenssimulation und Hypothesenüberprüfung/ -diskriminierung werden vorgestellt und anhand eines Beispiels erläutert. QUASIMODIS ist in LUCID COMMON LISP auf einer SUN-Workstation implementiert.

1 Einleitung

Ein großer Vorteil bei der Diagnose technischer Geräte besteht darin, daß es sich um von Menschen entworfene und gebaute Artefakte handelt, deren Aufbau und Funktion nahezu vollständig aus der Design-Phase bekannt sind. Aus diesem Grund bieten sich in diesem Gebiet Verfahren besonders an, die das beim Design eingebrachte Wissen über Verhalten und Wirkzusammenhänge sowie die aufgrund dieses Wissens entworfene Struktur und Funktionalität direkt zur Diagnose nutzen. Diagnosesysteme, die diese Art von Wissen (häufig tiefes Wissen = *deep knowledge* genannt) verwenden, nennt man **modellbasiert**. Dabei wird unter Modell eine Repäsentation von Struktur, Verhalten und Funktionalität eines Gerätes verstanden.

Die meisten existierenden modellbasierten Diagnosesysteme [Dav84, dKW87, StD89] erlauben nur eine statische Modellierung, d.h. der Zeitaspekt (wie z.B. Rückkopplung) wird ausgelassen, eingekapselt oder wegabstrahiert. Dynamische Systeme wurden bislang fast ausschließlich qualitativ und zum Zwecke der Verhaltensvorhersage modelliert [dKB84, For84, Kui86].

Wir stellen im folgenden ein Verfahren vor, das es erlaubt, dynamische Systeme qualitativ (ähnlich zu QSIM [Kui86]) zu modellieren, ihr Verhalten zu simulieren und durch Vergleich mit Beobachtungen an einem fehlerhaften Exemplar zu diagnostizieren. Aufgrund des Modells werden in der Simulation aus einem Startzustand mittels **Regeln** gezielt Nachfolgezustände erzeugt. Die Zustände bilden die Knoten eines Verhaltensgraphen, dessen Kanten die Zustandsübergänge beschreiben. Welche Zustände überhaupt zulässig (legal) sind, kann mit **Komponenten-Constraints** (K-Constraints) weiter überprüft werden. Darüber hinaus erlauben wir noch eine zweite Art von Constraints, sogenannte **Designer-Constraints** (D-Constraints). Diese ermöglichen es nicht nur wie K-Constraints, einzelne Knoten (illegale Zustände) im Graphen zu löschen, sondern sie erlauben, gezielt Kanten zu löschen; dadurch stellen sie ein sehr mächtiges Hilfsmittel bei der praktischen Modellierung dar, denn erst sie erlauben es, das tatsächliche *Verhalten* zu beschränken, d.h. aus mehreren möglichen Verhalten das tatsächlich vorkommende herauszuschälen. D-Constraints verhindern auf diese Weise sehr wirksam die kombinatorische Explosion bei der Simulation. Mit der Nutzung von Designer-Information über die beabsichtigte Funktion verzichten wir absichtlich auf das „No-Function-in-Structure-Prinzip", um stattdessen die möglichen Verhalten bereits bei der Simulation auf das tatsächlich erwartete einzuschränken und dann im nächsten Schritt zur Diagnose einzusetzen.

Weicht das beobachtete Verhalten vom berechneten Verhalten ab, so ist im Modell nicht das tatsächlich vorliegende Gerät repräsentiert. Fehlerhypothesen, die in QUASIMODIS in Form von **Fehlermodellen** gegeben sind, können simuliert und daraufhin überprüft werden, ob sie für das beobachtete Fehlverhalten tatsächlich verantwortlich gewesen sein können (**Hypothesenüberprüfung**). Eine Hypothesengenerierung ist in QUASIMODIS nicht vorgesehen, da die üblichen Techniken aus der statischen modellbasierten Diagnose (*Constraint Suspension* [Dav84], *Upstream Tracing* etc.) im dynamischen Fall aus Komplexitätsgründen unmöglich werden. Vielmehr nehmen wir an, daß eine übergeordnete (z.B. assoziative) Expertensystem-Komponente einige Fehlerhypothesen aufstellt, die dann von QUASIMODIS zu überprüfen und zu differenzieren sind. Falls die vorhandenen Beobachtungen nicht ausreichen, um eine eindeutige Wahl unter den vorgegebenen Fehlerhypothesen durchzuführen, wählt QUASIMODIS in der **Hypothesendiskriminierung** geeignete zusätzliche Beobachtungen aus, die dann angefordert werden können.

Der Rest des Papiers ist wie folgt aufgebaut: Zunächst folgt eine Einführung in die Modellierungssprache (Kap. 2). In Kap. 3 erklären wir dann anhand eines Beispiels, das prinzipielle Vorgehen bei der Simulation, bevor wir in Kap. 4 genauer darauf eingehen. Kap. 5 behandelt die Hypothesenüberprüfung, Kap. 6 die Hypothesendiskriminierung. Abschließend findet noch ein Vergleich mit verwandten Systemen statt.

2 Modellierung

Ein qualitatives Modell in QUASIMODIS wird spezifiziert durch die Beschreibung seiner **Struktur** und die Modellierung seines **Verhaltens**. Die Modellierung geschieht komponentenorientiert: man beschreibt unabhängig die

*QUAlitative SImulation zur MOdellbasierten DIagnose dynamischer Systeme

Funktionsweise verschiedener Bauteile eines Gerätes und stellt sich auf diese Weise einen ganzen „Werkzeugkasten" von Bauteilen zusammen. Diese kann man dann später zu den unterschiedlichsten Modellen zusammensetzen.

2.1 Struktur

Jede Komponente besitzt eine oder mehrere kontinuierliche **Variable** (oder **Ports**)[1]. Jeder Variable wird ein Typ (auch **Aspekt** genannt) zugeordnet, der in etwa der physikalischen Größe (z.B. Temperatur, Druck), der die Variable angehört, entspricht. Dabei besteht jeder Aspekt aus einer geordneten Menge von **Landmarks**, die für die Simulation interessante *qualitative* Werte darstellen (z.B. Schmelzpunkt < Siedepunkt). Die Lage dieser Landmarks zueinander ist dabei fest vorgegeben und ändert sich während der gesamten Simulation nicht mehr. Dagegen können sich die Werte von Variablen nach und nach ändern. Dabei meinen wir mit *Wert* die Lage einer Variablen relativ zu anderen Variablen oder Landmarks des selben Aspektes. Diese Relation (**Ordnung**) ist *total* für jeden Aspekt: d.h. sind p und p' zwei beliebige Variablen desselben Aspektes, dann muß zu jedem Zeitpunkt entweder eine von beiden kleiner sein als die andere oder beide müssen den gleichen Wert haben. Eine Menge von Variablen und Landmarks eine Aspektes, die zu einem bestimmten Zeitpunkt den gleichen Wert haben, bezeichnen wir mit **Niveau**.

Die Struktur eines Modells wird also beschrieben durch eine Menge $Komp$ von Komponenten, eine Menge Var von Variablen, eine Menge $Land$ von Landmarks, eine Menge Asp von Aspekten und eine Zuordnung $Z_{Asp} : Var \cup Land \longrightarrow Asp$.

Die Simulation beginnt dann mit einem Startzustand, aus dem schrittweise an Hand der Verhaltensbeschreibung (siehe Abschn. 2.2) die Menge aller Folgezustände in Form eines Verhaltensgraphen erzeugt werden. Die Knoten dieses Graphen sind also **Zustände**, die durch die Angabe einer Ordnung für die Variablen beschrieben werden. Außerdem besitzt jede Variable eine **Ableitung**, die ebenfalls bei der Zustandsbeschreibung mitangegeben wird. Dabei ist für Ableitungen außer $+, 0$ und $-$ auch der Wert $*$ erlaubt; dieser wird in Zuständen verwendet, in denen die Ableitung einer Variablen noch unbestimmt ist. Somit hat jedes Element Z aus der Menge $Zust$ aller Zustände die Form $Z = (\leq, deriv)$, wobei $\leq$ die Ordnung der Variablen und $deriv$ deren Ableitungen beschreibt.

2.2 Verhalten

Das Verhalten eines Modells wird durch eine Menge R von Regeln und eine Menge C von Constraints beschrieben.

Regeln: Regeln dienen dazu, das Verhalten eines Modells aktiv zu beschreiben. Jede Regel besteht aus einem *Bedingungsteil*, der besagt, wann die Regel ausgeführt werden kann, und einem *Aktionsteil*, in dem die Ableitung einer Variable gesetzt werden kann. Im Bedingungsteil können mittels $<, >$ und $=$ die Werte von Variablen abgefragt werden, die dann durch die logischen Junktoren $\wedge, \vee$ und $\neg$ zu komplexeren Bedingungen kombiniert werden können. Der Aktionsteil hat stets die Form $p \oplus\!= a$, wobei a eine Ableitung ist. Die Regel

$$(R_1) \quad (p_1 < p_2) \vee \neg(p_3 = l) \longrightarrow p \oplus\!= +$$

besagt also, daß die Variable p in einem bestimmten Zustand steigt, falls der Wert von p_1 kleiner ist als der von p_2 oder p_3 ungleich Landmark l ist. Die Hauptidee bei Regeln ist nun, daß jede Regel nur einen bestimmten Einfluß auf eine Variable beschreibt; während der Simulation werden dann alle Einflüsse, die in einem Zustand auf eine Variable einwirken, gesammelt und miteinander verechnet. Gäbe es also noch eine weitere Regel der Form

$$(R_2) \quad B \longrightarrow p \oplus\!= -$$

und sind in einem Zustand die Vorbedingungen beider Regeln erfüllt, dann heißt das, daß in diesem Zustand sowohl eine senkender als auch ein steigernder Einfluß auf die Variable p vorliegen; man weiß a priori nicht, welcher stärker ist. In diesem Fall würde dann bei der Simulation eine Aufspaltung erfolgen, die alle Möglichkeiten $(+, 0, -)$ durchspielt. Sind also zu einem bestimmten Zeitpunkt die Regeln $B_1 \longrightarrow p \oplus\!= a_1, \ldots, B_n \longrightarrow p \oplus\!= a_n$ anwendbar, dann ergibt sich die Ableitung von p im Folgezustand durch qualitative Addition $(\oplus)$ aus der alten Ableitung von p und den Ableitungen a_1 bis a_n, also $p := p \oplus a_1 \oplus \cdots \oplus a_n$. Dabei ist die qualitative Addition definiert als:

$\oplus$	$+$	0	$-$	$*$
$+$	$+$	$+$	$+,0,-$	$+$
0	$+$	0	$-$	0
$-$	$+,0,-$	$-$	$-$	$-$
$*$	$+$	0	$-$	$*$

In der Praxis ist es nützlich, wenn man Aussagen der Form „Wenn Variable p' steigt/fällt/gleichbleibt, dann steigt/fällt/bleibt gleich auch Variable p" formulieren kann, die eine Proportionalität zwischen p und p' ausdrücken (allerdings nur in einer Richtung). Daher erlauben wir auch Regeln der Form $B \longrightarrow p \oplus\!= p'$, in denen p' nicht nur eine der Konstanten $+, 0, -$ sein kann, sondern auch eine Variable. Solche Regeln sind dann anwendbar, wenn B erfüllt ist und wenn die Ableitung von p' ungleich $*$ ist. In diesem Fall wird dann die Ableitung von p' zur alten Ableitung von p qualitativ addiert. Weiter kann man statt $\oplus\!=$ auch noch $\ominus\!=$ schreiben, um umgekehrte Proportionalität zum Ausdruck zu bringen. Eine Regel in QUASIMODIS hat also die Form $B \longrightarrow p \odot\!= p'$, wobei $\odot \in \{\oplus, \ominus\}$ und p eine Variable ist. p' ist entweder eine Variable oder eine der Konstanten $+, 0, -$.

Sind zu einem Zeitpunkt mehrere Regeln anwendbar, so könnte es passieren, daß nach Ausführung einer Regel andere Regeln nicht mehr anwendbar sind. Dann müßten in jedem Fall alle Anwendungsreihenfolgen durchgespielt

[1]Es besteht auch die Möglichkeit, bei der Modellierung diskrete Variable zu verwenden, hierauf wird jedoch in diesem Papier nicht weiter eingegangen.

werden, was zu einer kombinatorischen Explosion führen würde. Da Regeln in QUASIMODIS jedoch nur die Ableitungen von Variablen ändern können, in den Vorbedingungen allerdings nicht die Belegungen von Ableitungen abgefragt werden dürfen, kann dieser Fall nicht auftreten. Die Einschränkung, nur die Werte, nicht aber die Ableitungen von Variablen abfragen zu können, erweist sich in der Praxis als unbedeutend, da es durch die Verwendung von Variablen in den Aktionsteilen von Regeln doch indirekt möglich ist, Ableitungen zu verwenden. Außerdem wird durch die eingeschränkte Regelsyntax die Beschreibungkraft von QUASIMODIS nicht vermindert (das werden wir allerdings erst am Ende von Abschnitt 4.2 sehen).

Constraints: Es gibt zwei Arten von Constraints: eine Menge von **Komponenten-Constraints** C_K und eine Menge von **Designer-Constraints** C_D. Obwohl sie sich in der Form (und damit auch in ihrer Anwendung) unterscheiden, liegt der Hauptunterschied im konzeptionellen Aspekt: K-Constraints sind fest einer bestimmten Komponente zugeordnet und schränken die theoretisch denkbaren Möglichkeiten für Variablenbelegungen auf praktisch sinnvolle ein. Sie bestehen jeweils aus einer Bedingung, die in allen Zuständen, die bei der Simulation erzeugt werden, erfüllt sein müssen.

Mit K-Constraints allein sind aber oft schon einfache Zusammenhänge nur schwer oder gar nicht auszudrücken. So kann man mit D-Constraints Variablen *unterschiedlicher* Bauteile zueinander in Relation setzen. Mit ihnen kann man auch besser das dynamische *Verhalten* eines Systems beschreiben: sie bestehen aus einer Vor- und einer Nachbedingung; trifft die Vorbedingung auf einen Zustand zu, so werden diejenigen Kanten gelöscht, die zu Nachfolgezuständen führen, für die die Nachbedingung verletzt ist. In diesem Sinne sind D-Constraints dazu gedacht, die Simulation von einem höher gelegenen Standpunkt aus zu steuern. Sie werden daher in der Praxis eingesetzt, um die kombinatorische Explosion bei der Simulation wirksam in den Griff zu bekommen (vgl. hierzu auch Abschnitt 3 und 4).

Die Bedingungen, die in Constraints verwendet werden, haben dieselbe Form wie die Bedingungen, die in Regeln benutzt werden, allerdings ist es hier zusätzlich möglich, die Ableitungen von Variablen durch Verwendung des Symbols '==' abzufragen, so daß es möglich ist, alle Informationen, die in einem Knoten des Verhaltensgraphen enthalten sind, abzutesten. Beispielsweise ist ein K-Constraint der Form $(p = l) \wedge (p == +)$ in einem Zustand dann erfüllt, wenn p steigt und der Wert von p gleich l ist.

So sind also K-Constraints dazu gedacht, Knoten im späteren Verhaltensgraphen zu löschen, während D-Constraints Kanten löschen. Darüber hinaus werden alle Knoten gelöscht, die nur zu „verbotenen" Knoten führen. So wird nach dem Schneeballprinzip die Erzeugung einer großen Anzahl von *spurious behaviour* bei der Simulation wirksam verhindert, was sich als große Hilfe bei der praktischen Arbeit bemerkbar macht.

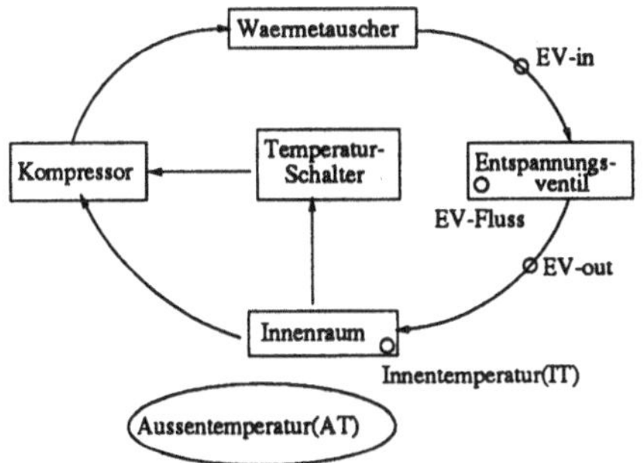

Abb. 1: Modell eines einfachen Kühlschranks

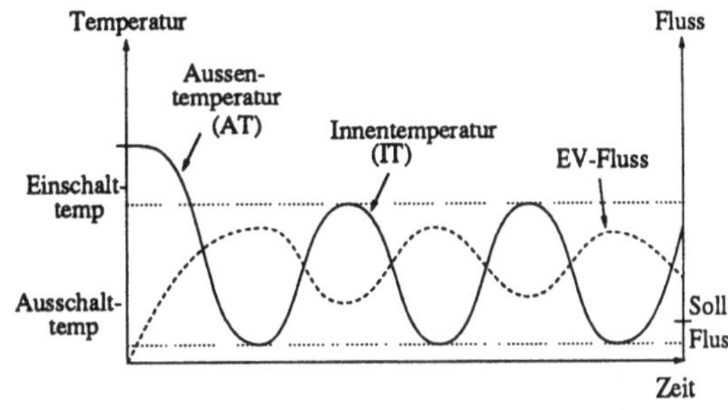

Abb. 2: Verlauf von Temperatur und Fluss im Kühlschrank

3 Beispiel

Am Beispiel eines Kühlschranks soll verdeutlicht werden, wie man mit QUASIMODIS modelliert. Die Funktionsweise eines Kühlschranks kann stark vereinfacht wie in Abbildung 1 dargestellt werden: Steigt die Temperatur im Innenraum des Kühlschranks über einen gewissen Schwellwert an, so schaltet der Temperaturschalter den Kompressor ein. Dieser pumpt dann Kühlmittel mit hohem Druck in den Wärmetauscher, wo die Temperatur des Frigens (die durch die Kompression stark angestiegen ist) auf Außentemperatur heruntergekühlt wird. Danach passiert das Frigen das Entspannungsventil, wo es vom flüssigen in den gasförmigen Zustand übergeht; dazu wird Energie benötigt, die dem Kühlraum in Form von Wärme entzogen wird. Fällt die Innenraumtemperatur unter einen bestimmten Schwellwert, wird der Kompressor durch den Temperaturschalter ausgeschaltet und der Kreislauf beginnt von vorne, so daß sich für den EV-Fluss und die Innentemperatur ein Verlauf etwa wie in Abbildung 2 ergibt.

Im folgenden soll nicht das ganze Modell, wie es in QUASIMODIS realisiert würde, beschrieben werden; vielmehr wird exemplarisch ein Ausschnitt von Regeln und Constraints vorgestellt, der das prinzipielle Vorgehen beim Modellieren mit QUASIMODIS verdeutlicht. Beispielsweise wird man einen Teil der Einflüsse, die auf die Flussgeschwindigkeit *EV-Fluss* des Frigens einwirken wie folgt in Regeln fassen:

(RF1) $\quad true \longrightarrow EV\text{-}Fluss \oplus= EV\text{-}in$ $\qquad$ (RF2) $\quad true \longrightarrow EV\text{-}Fluss \ominus= EV\text{-}out$

Umgekehrt bewirkt ein Fluss größer als 0_F (Landmark) einen Druckausgleich zwischen *EV-in* und *EV-out*:

(RE1) $\quad EV\text{-}Fluss > 0_F \longrightarrow EV\text{-}in \oplus= -$ $\qquad$ (RE2) $\quad EV\text{-}Fluss > 0_F \longrightarrow EV\text{-}out \oplus= +$

Weiter kann man die Kühlwirkung des Flusses und den dem entgegenwirkenden Einfluß der Außentemperatur wie folgt beschreiben:

(RI1) $IT < AT \longrightarrow IT \oplus = +$ (RI2) $\textit{EV-Fluss} > 0_F \longrightarrow IT \oplus = -$ (RI3) $\textit{true} \longrightarrow IT \ominus = \textit{EV-Fluss}$

Als letztes formulieren wir zwei Regeln, die beschreiben, daß der Kompressor Druck erzeugt, wenn die Innentemperatur zu niedrig ist; dabei vereinfachen wir stark und modellieren die Funktionsweise des Schalters nicht mit:

(RE3) $IT > \textit{Ausschalttemp} \longrightarrow \textit{EV-in} \oplus = +$ (RE4) $IT > \textit{Ausschalttemp} \longrightarrow \textit{EV-out} \oplus = -$

Jetzt können wir den Simulator etwa mit der Eingangsbelegung $\textit{EV-Fluss} = 0_F$, $\textit{EV-in} = \textit{EV-out}$, $IT = AT$ starten. Dabei wird zunächst auch das erwartete Verhalten vom Simulator erzeugt: (RE3) und (RE4) feuern, wodurch *EV-in* steigt, bzw. *EV-out* fällt; dadurch wiederum steigt auch der Fluss (Regeln (RF1), (RF2)), was dann schließlich wegen (RI3) zu einem Abfallen der Innenraumtemperatur führt.

Dann jedoch beginnt eine Aufspaltung in verschiedene Verhaltenspfade: Die Regeln (RE1), (RE3) und (RE2), (RE4) führen zu einer qualitativen Addition für die Drücke, was wiederum zu einer Aufspaltung für das Verhalten des Flusses führt ((RF1) und (RF2)) und das wiederum bewirkt eine Aufspaltung für das Verhalten der Innenraumtemperatur. Der Simulator spielt dabei jeweils die Fälle durch, daß der Kompressor schwächer, stärker oder gleich stark drückt, wie das Entspannungsventil entspannt. Beabsichtigt ist jedoch, daß der Kompressor stets ausreichend Druck erzeugt. Die unerwünschten Verhalten kann man nicht mit K-Constraints in den Griff bekommen, da sie komponentenspezifisch sind; beim Modellieren ist jedoch noch nicht bekannt, in welchem Kontext die einzelnen Komponenten eingesetzt werden sollen, d.h. man kann nicht garantieren, daß der Kompressor immer ausreichend dimensioniert ist. Man wird daher einen D-Constraint formulieren, der wie folgt aussehen könnte:

(DC) $(IT == -) \longrightarrow (IT == - \vee IT = \textit{Ausschalttemp})$

Dieser Constraint besagt, daß die Innentemperatur, wenn sie einmal zu sinken begonnen hat, so lange fällt, bis sie ihren Sollwert erreicht. Dadurch werden auch die Fälle bei der Simulation ausgeschlossen, bei denen z.B. *EV-in* fällt und *EV-out* steigt oder gleichbleibt, wodurch dann nämlich auch der Fluss fallen würde (vgl. Abb. 3). Trotzdem unser Beispiel noch sehr einfach ist, entstehen noch viele weitere Zustände, bei denen eine unerwünschte Aufspaltung bei der Simulation stattfindet: Wie geht die Druckaufbau-Phase vor sich: vielleicht bleibt einer der beiden Drücke stehen und nur der andere steigt/fällt weiter? Wie groß ist der Fluss, wenn *IT* die Ausschalttemperatur erreicht? Wie groß sind dabei die Drücke? Wie schnell fällt der Fluss in der Aufwärmphase? Alle diese Probleme lassen sich durch geeignete D-Constraints behandeln, so daß letztlich ein Graph entsteht, der nur das erwartete Verhalten enthält.

4 Simulation

Die Simulation beginnt mit einem vom Benutzer definierten Startzustand. Der Simulator erzeugt daraus einen Graphen, dessen Knoten alle durch das Modell spezifizierten Folgezustände des Startknotens sind.

Im folgenden wird zwischen den Begriffen *voll-* und *teilspezifizierter* Zustand unterschieden: um von einem Knoten im Graphen zum nächsten zu gelangen, erzeugt der Simulator mehrere Zwischenzustände (bei denen noch nicht die Ableitungen aller Variablen spezifiziert sind oder noch nicht alle anwendbaren Regeln ausgeführt sind), die wir dann als teilspezifiziert bezeichen. Diese Zwischenzustände tauchen im späteren Graphen nicht auf, so daß dieser nur vollspezifizierte Zustände enthält.

4.1 Zustandsübergänge

Bevor näher erläutert wird, wie aus einem Knoten dessen Nachfolger im Graphen bestimmt werden, wird zunächst beschrieben, welche Zustandsübergänge prinzipiell möglich sind. Anschließend werden wir dann beschreiben, wann und in welcher Reihenfolge die verschiedenen Übergangsmöglichkeiten angewandt werden. Durch folgende Aktionen kann prinzipiell ein Zustandsübergang erfolgen, durch das Anwenden von Regeln, Setzen von unbestimmten Ableitungen, Verlassen von Landmarks oder Erreichen von Landmarks.

Die *Anwendung einer Regel r* führt wegen der qualitativen Addition im allgemeinen zu einer Menge von Folgezuständen. Sind in einem Zustand mehrere Regeln anwendbar, so werden alle simultan zur Ausführung gebracht; dabei wird jeder neue Wert für eine Ableitung mit jeder möglichen Ableitung für die anderen Variablen kombiniert.

Kann für einen Port keine Ableitung durch Anwendung einer Regel bestimmt werden, so bleibt bei der Simulation keine andere Wahl, als alle Möglichkeiten $(+, 0, -)$ für die Ableitung dieser Variable durchzuspielen.

Sind schließlich alle Regeln angewandt und auch die Ableitungen aller Variablen bekannt, dann können die Möglich-

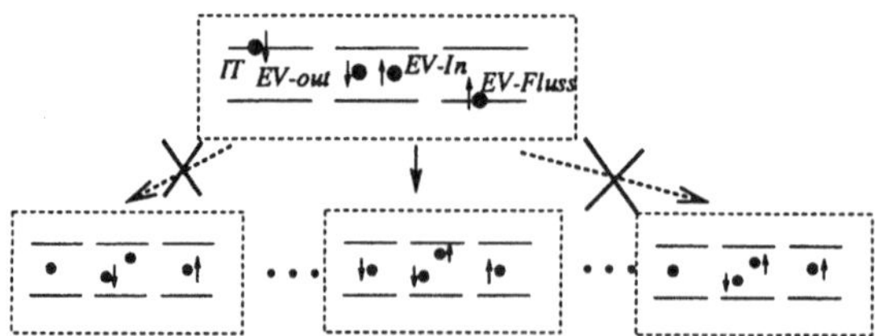

Abb. 3: D-Constraint (DC) löscht Kanten

keiten durchgespielt werden, daß die Ports, die in Bewegung sind (Ableitung = + oder −) ihre Werte ändern. Dazu gibt es prinzipiell die Möglichkeiten, daß ein Port, der sich gerade auf einem Landmark befindet, diesen wieder verläßt oder daß ein Port, der vor einem Landmark steht, diesen erreicht.

Gibt es mehrere Variable, die sich auf einen Landmark zubewegen, dann muß für jede einzelnen Variable die Möglichkeit durchgespielt werden, daß sie diesen erreicht oder eben nicht. Dadurch gibt es zu einem Zustand, der n Variablen enthält, die sich bewegen, genau 2^n mögliche Folgezustände (vgl. Abb. 4)[2] die durch das Erreichen von Landmarks entstehen.

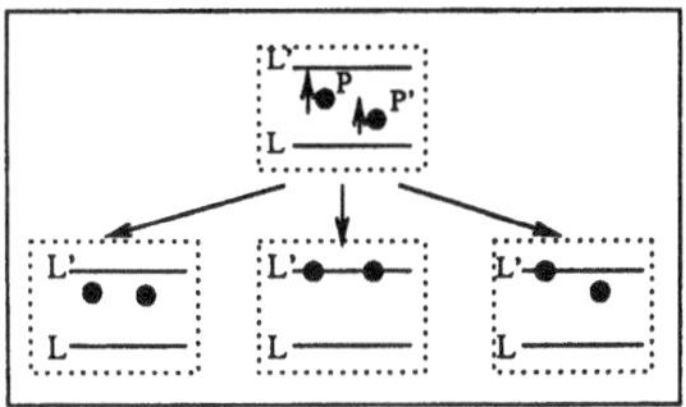

Abb. 4: Ports P und P' bewegen sich auf Landmark L' zu

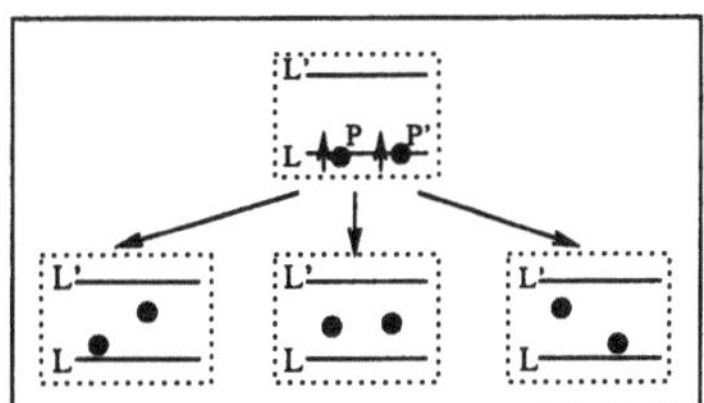

Abb. 5: Ports P und P' verlassen Landmark L

Befinden sich Variable mit Ableitung $\neq 0$ auf Landmarks, so verlassen sie diesen wieder. Im Normalfall befindet sich dabei lediglich eine Variable auf einem Landmark. Der Folgezustand ist also eindeutig dadurch spezifiziert, daß diese Variable sich nun wegbewegt hat und nun zwischen diesem Landmark und dem nächstgelegenen Landmark oder Variable steht. Es können aber auch Fälle wie in Abbildung 5 auftreten. Da man nicht weiß, welche Variable sich schneller bewegt, müssen dann alle denkbaren Kombinationen durchgespielt werden. Gibt es zudem noch mehrere solcher Niveaus, bei denen sich mehr als eine steigende/fallende Variable auf einem Landmark befindet, dann müssen durch Bildung des cartesischen Produktes alle Fälle abgedeckt werden.

4.2 Erzeugung des Verhaltensgraphen

Der vom Simulator erzeugte Graph soll zur Diagnose verwendet werden. Bei der Fehlersuche wird dabei der Simulator mehrfach mit unterschiedlichen Modellen gestartet, was jeweils zu neuen Verhaltensgraphen führt, die sich jedoch im allgemeinen nur wenig unterscheiden; fast alle Knoten kommen in allen Graphen vor. Um eine effiziente und Speicherplatz sparende Simulation zu gewährleisten, erzeugt der Simulator nicht mehrere, sondern lediglich einen Graphen, bei dem die Kanten verschieden „gefärbt" sind, entsprechend den verschiedenen Fehlermodellen.

Wir werden im folgenden einen Algorithmus *erzeuge-nachfolger* beschreiben, der die wesentlichen Funktionen der Grapherzeugung übernimmt. Er erhält als Eingabe einen Zustandsknoten Z und liefert als Ausgabe die Menge aller Nachfolgeknoten, für die auch alle Constraints erfüllt sind. Der Verhaltensgraph zu einem Modell und einem Startzustand Z_S kann dann dadurch bestimmt werden, daß man *erzeuge-nachfolger* auf Z_S anwendet. Auf die resultierenden Folgezustände wird dann rekursiv wieder *erzeuge-nachfolger* angewandt, so lange bis schließlich der ganze Graph erzeugt ist[3].

Da der Graph nur vollspezifizierte Zustände enthält, in denen schon alle Regeln angewandt und auch alle Ableitungen bekannt sind, bleiben von den prinzipiellen Möglichkeiten für Zustandsübergänge nur das Verlassen oder Erreichen von Landmarks. Befinden sich in Z gleichzeitig Variablen mit Ableitung ungleich 0 vor und auf Landmarks, so wird auf diese nur das Verlassen von Landmarks durchgespielt, da dieser Prozeß zeitlich punktuellen Charakter hat, während das Erreichen von Landmarks mehr Zeit benötigt. Wir unterscheiden im Graphen also zwischen sogenannten I-Knoten, die für Zeit*intervalle* stehen und P-Knoten, die Zeit*punkte* beschreiben. Dabei ist dann stets ein I- mit einem P-Knoten verbunden. Im Normalfall sind auch alle Nachfolger eines P-Knotens I-Knoten. Es kann jedoch passieren, daß, nachdem ein Port p seinen Landmark verlassen hat, er nun einen anderen Port p', der sich vorher in Ruhe auf einem Landmark befunden hat, „mitreißt", so daß in diesem speziellen Fall auch der Folgezustand einen P-Knoten darstellt.

Ist nun je nach Knotentyp das Verlassen oder Erreichen von Landmarks erfolgt, dann werden alle Ableitungen auf * gesetzt und wieder neu ausgerechnet. Zunächst werden dazu alle anwendbaren Regeln bestimmt und zur Ausführung gebracht. Danach können aber nun wieder neue Regeln anwendbar geworden sein, die ebenfalls zur Ausführung gebracht werden. Dies geschieht so lange, bis schließlich keine neuen Regeln mehr anwendbar sind. Existieren nun noch Variablen mit unbekannter Ableitung, so wird eine ausgewählt und deren Ableitung „geraten". Sind zu einem Zeitpunkt die Ableitungen mehrerer Variablen unbekannt, so kann es von Bedeutung sein, welche Variable zuerst ausgewählt wird. Wir müssen an dieser Stelle also alle Möglichkeiten für die Wahl durchspielen. Dadurch wird zwar scheinbar die Komplexität der Simulation deutlich erhöht, zeigt sich jedoch in der Praxis als unbedeutend, da es praktisch nie vorkommt, daß zu einem Zeitpunkt völlig unbekannt ist, welche Kräfte auf eine Variable einwirken. Jetzt wird versucht, ob durch das Raten vielleicht neue Regeln anwendbar geworden sind. Dieser Vorgang wird so lange wiederholt, bis ein vollspezifizierter Zustand[4] erreicht wird. Dieser wird dann, sofern für ihn alle Constraints erfüllt sind, als Ausgabe von *erzeuge-nachfolger* zurückgeliefert.

---

[2]ein Folgezustand jedes Zustandes ist auch der Zustand selbst, den wir hier weggelassen haben

[3]Man muß natürlich darauf achten, daß man nicht in Endlosschleifen gerät, da der Graph ja auch Zykel enthalten kann.

[4]kein Port hat Ableitung *, alle anwendbaren Regeln sind ausgeführt.

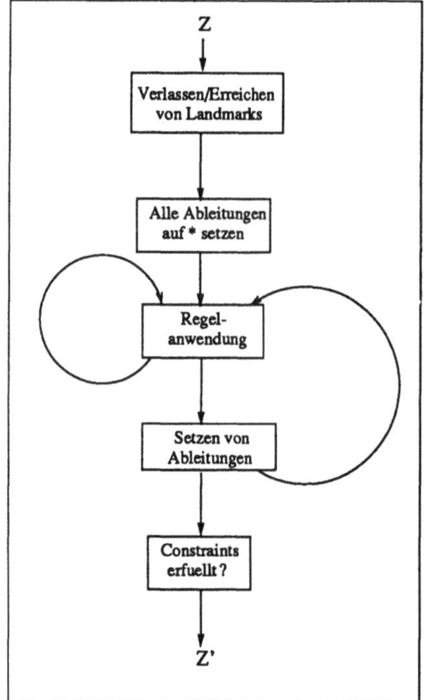

Abb. 6: Prinzipieller Ablauf bei der Berechnung von Folgezuständen durch *erzeuge-nachfolger*

```
Algorithmus erzeuge-nachfolger
Eingabe: Ein Zustandsknoten Z
Ausgabe: Ein Folgeknoten Z' von Z, nichtdeterministisch
Variablen: AR Menge der angewandten Regeln
           R Menge von Regeln
           V Menge von Variablen
begin
  AR := ∅;
  if Z ist P-Knoten
  then Z' := nd(Verlassen von Landmarks in Z)
  else Z' := nd(Erreichen von Landmarks in Z)
  fi;
  Setze alle Ableitungen in Z' auf *;
  label RegelAnw :
    R := Menge aller anwendbaren Regeln r ∉ AR;
    if R = ∅ then goto Setzen fi;
    Z' := nd(Anwendung aller Regeln in R);
    AR := AR ∪ R;
    goto RegelAnw
  label Setzen :
    V := Menge aller Variablen mit Ableitung *
    if V = ∅ then goto Ende
    else Z' := nd(Setzen der Ableitungen von p aus nd(V))
         goto RegelAnw
    fi;
  label Ende :
    if alle K-Constraints erfüllt für Z' and
       alle D-Constraints erfüllt für Z ⟶ Z'
    then return Z'
    fi
end
```

Abb. 7: Algorithmus *erzeuge-nachfolger*

Wir können den Vorgang der Berechnung des Übergangs von einem Knoten im Graphen zu nächsten also etwa so wie in Abbildung 6 darstellen. In Abbildung 7 haben wir *erzeuge-nachfolger* genauer formuliert. Da dabei fast in jedem Schritt aus einem gegebenen Zustand eine ganze Menge von Folgezuständen bestimmt wird, würde die Darstellung schnell unübersichtlich werden. Wir benutzen daher eine Funktion $nd(M)$, die aus einer Menge M jeweils *nichtdeterministisch* ein Element auswählt. Wir verfolgen also nichtdeterministisch nur einen der denkbaren Pfade. Im Algorithmus benutzen wir noch ein Hilfsvariable AR: damit wir nicht die selben Regeln immer wieder und wieder anwenden, speichern wir in ihr die bereits ausgeführten Regeln.

Nachdem nun der Verhaltensgraph erzeugt ist, kann es durch die Anwendung der Constraints zu sogenannten *pseudostabilen* Knoten gekommen sein. Das sind Knoten, die keine Nachfolger haben, obwohl sich in ihnen noch Variablen auf Landmarks zu bewegen. Solche Knoten werden nun in einem weiteren Schritt gelöscht. Dadurch kann es aber wiederum zu neuen pseudostabilen Knoten kommen, die dann ebenfalls gelöscht werden; so wird dann mehrfach iteriert, bis schließlich keine pseudostabilen Knoten mehr existieren.

Regeln stellen zwar ein zentrales Konzept in QUASIMODIS dar (genauso wie etwa Schleifen in PASCAL); allerdings sind sie für die Beschreibungskraft[5] von QUASIMODIS ohne Bedeutung: man könnte auch ohne Regeln modellieren (wie man auch in PASCAL Schleifen durch goto's ersetzen könnte); in diesem Fall würden dann bei jedem Simulationschritt alle Ableitungsvarianten für jede Variable durchgespielt; anschließend könnte man durch entsprechende Wahl von D-Constraints den Graphen „zurechtstutzen". In diesem Sinne gewinnt die Einschränkung, daß man in Regelvorbedingungen keine Ableitungen abfragen darf, weder eine praktische noch eine konzeptuelle Bedeutung.

4.3 Komplexität

Durch geeignete Wahl von D-Constraints läßt sich zwar praktisch jeder (beliebig kleine) Verhaltensgraph[6] erzeugen, allerdings ist für die Laufzeit der Simulation die Größe des Graphen *vor* seiner Beschneidung ausschlaggebend. Diese Größe hängt nun stark vom Modellierer ab: manche werden falsche Verhaltenspfade schon direkt bei ihrer ersten Abzweigung vom richtigen Verhalten durch einen D-Constraint abschneiden. Solche Constraints sind aber oft kryptisch und nur wenig plausibel. Daher wird man vielleicht versuchen, plausiblere Constraints zu formulieren, die jedoch häufig erst später auf dem falschen Pfad wirken; dadurch wird dann zunächst ein Teilgraph erzeugt, der erst später durch iteratives Löschen wieder verschwindet. In dieser Hinsicht ist das Arbeiten mit QUASIMODIS auch

[5] darunter wollen wir die Menge aller erzeugbaren Graphen verstehen

[6] Wir gehen hier davon aus, daß es das Ziel der Simulation ist, einen Verhaltengraphen zu erzeugen, der nur einen einzigen Pfad enthält, wie ja auch das reale Verhalten des modellierten Systems eindeutig sein sollte.

stark von inkrementellem Charakter geprägt: zunächst wir man ein System ohne die Verwendung von D-Constraints lediglich mit Regeln und K-Constraints modellieren. Nach dem ersten Simulationslauf wird man dann versuchen, D-Constraints zu formulieren, die unerwünschte Verhaltenspfade eliminieren sollen. Dabei geht man aber oft zu restriktiv vor, so daß unter Umständen der neue Simulationslauf einen Graphen liefert, der aus nur einem Knoten, dem Startknoten besteht (= kein Verhalten möglich), man wird dann die D-Constraints versuchen umzuformulieren und so lange iterieren, bis schließlich das erwartete Verhalten erzeugt wird.

In der Praxis zeigt es sich außerdem, daß der Haupfaktor, der die Komplexität der Simulation beeinflußt, die große Zahl von Folgezuständen, die beim Erreichen von Landmarks möglich sind, darstellt. Da QUASIMODIS sich noch in einem prototypischen Stadium befindet, werden hier auch, wie oben beschrieben, zunächst alle Nachfolger erzeugt, bevor sie auf Konsistenz mit den Constraints getestet werden. Hier könnten Techniken, die bereits bei der Generierung von Folgezuständen ihre Verträglichkeit mit den Constraints testen, sicherlich sehr hilfreich sein.

5 Hypothesenüberprüfung

Entspricht das beobachtete Verhalten eines technischen Systems nicht dem vom Simulator prognostizierten Verhalten, so ist im Modell nicht das tatsächlich vorliegende Gerät repräsentiert. Man generiert nun Hypothesen in Form von Änderungen gegenüber der Struktur und/oder Funktionalität des Modells. Aus dem ursprünglichen Modell und der Liste von Änderungen erhält man **Fehlermodelle**, für die jeweils ein Verhaltensgraph berechnet werden kann. Ein Fehlermodell, dessen Verhaltensgraph das beobachtete Systemverhalten enthält, stellt ein potentielles Modell des vorliegenden Systems dar.

In Kapitel 4.2 wurde bereits darauf hingewiesen, daß nicht für jedes Fehlermodell ein eigener Verhaltensgraph generiert werden muß, sondern daß das Verhalten sämtlicher Modellvarianten in einem einzigen Graphen mit Hilfe markierter Kanten repräsentiert wird.

Der so entstandene Graph dient nun zusammen mit den Beobachtungen als Eingabe für den Vergleichsalgorithmus. Beim Vergleich werden diejenigen Pfade im Graphen herausgeschnitten, die nicht mit den beobachteten Werten konsistent sind. Die Ausgabe dieses Vergleichsalgorithmus heißt **beobachtungsverträglicher Graph**. In diesem Graphen ist nur noch das Verhalten der Fehlermodelle repräsentiert, die das beobachtete Verhalten erklären können.

Die Diskrepanz zwischen Fehlermodell und ursprünglichem Modell wird auf folgende **Fehlerklassen** beschränkt:

1. Das Modell erhält eine geänderte Regelmenge.
2. Das Modell erhält eine neue Menge von Komponenten-Constraints.
3. Das Modell erhält eine neue Menge von Designer-Constraints.

Ein Fehlermodell darf auch durch Änderungen verschiedener Fehlerklassen aus dem ursprünglichen Modell hervorgehen. Durch die Einschränkung auf die genannten Fehlerklassen wird erreicht, daß die einzelnen Fehlermodelle die Menge der Ports gemeinsam haben. Dadurch wird die Vergleichbarkeit von Zuständen verschiedener Fehlermodelle vereinfacht, ohne daß die Möglichkeit zur Modellierung von „Kurzschlüssen“ verlorengeht.

5.1 Beobachtungen

Eine Beobachtung repräsentiert den Wertverlauf der beobachteten Variablen während des Beobachtungszeitraums. Für die formale Darstellung von Beobachtungen klären wir zunächst einige zentrale Begriffe.

Der **Wert** einer kontinuierlichen Variablen v in einem Zustand Z ist durch ihre Ableitung $deriv(v) \in \{+,-,0\}$ und durch die Stellung innerhalb des Aspekts von v bestimmt. **Zeitintervalle** sind definiert wie in [AlH85]. Werte gelten immer für ein bestimmtes Zeitintervall I. Ein Paar $\langle I, v\rangle$, wobei I ein maximales Intervall ist, während dessen die Variable v einen (qualitativ) konstanten Wert hat, heißt **Episode**. Die Folge von Werten, die eine Variable während eines Zeitintervalls angenommen hat, nennen wir **Historie**. Eine Historie ist eine Menge von Episoden, deren Intervalle eine lineare Kette bilden, in der jede Episode unmittelbar an die vorangehende anschließt.

Beobachtungen stellen nun eine Menge von beobachteten Historien mit zusätzlichen Aussagen über zeitliche Relationen zwischen einzelnen Episoden dar. Wird der Wert einer Variablen während eines bestimmten Zeitraums nicht erfaßt, so wird dies in den Beobachtungen mit Hilfe einer sogenannten **?-Episode** dargestellt[7]. Die Beobachtung einer Variablen liefert oft nur unvollständige Information bzgl. des Variablenwertes. Der beobachtete Wert einer Variablen v besteht daher aus einer Ableitung und einer Menge von Ordnungsrelationen zwischen v und beliebigen Ports oder Landmarks des gleichen Aspekts. Ein "*" dient zur Repräsentation einer nicht beobachteten Ableitung.

Wir wollen Beobachtungen als eine besondere Form einer in [Nök89] definierten **Situation** darstellen. Eine Situation ist dort als Tripel $\langle V, H, C\rangle$ definiert, wobei V eine Menge von Variablen, H eine Menge von Historien und C eine Menge von zeitlichen Constraints[8] zwischen Episoden aus H ist.

Jetzt können wir eine Beobachtung als eine möglicherweise unvollständig spezifizierte Situation darstellen: Eine **Beobachtung** ist eine Situation, in deren Historien die Symbole "?" und "*" vorkommen dürfen.

5.2 Vergleichsalgorithmus

Jeder Zustandsknoten des Verhaltensgraphen repräsentiert eine Belegung der Variablen mit Werten. An einem Zustandsübergang ändert sich jeweils der Wert einer oder mehrerer Variablen, so daß eine neue Episode für die geänderten Variablen beginnt. Die benachbarten Episoden stehen in einer "meets"-Relation zueinander. Zum Vergleich mit den Beobachtungen betrachten wir im folgenden den Verhaltensgraphen als die Menge seiner Pfade von Zustandsknoten und Übergangskanten, die jeweils komplett einem Fehlermodell zugeordnet sind (durch Markierung

[7]Eine überhaupt nicht beobachtete Variable wird durch eine einzige ?-Episode repräsentiert.

[8]Jeder Constraint stellt eine Disjunktion von Allen'schen Intervallrelationen [All83] dar.

der Kanten). Enthält ein Pfad einen oder mehrere zyklische Teilpfade, so ist für den Vergleich nicht nur die Reihenfolge der durchlaufenen Kanten, sondern auch die Anzahl der Durchläufe von Bedeutung.

Sei P ein Pfad von Zustandsknoten, der eine nicht leere Menge TP von Teilpfaden enthält, die jeweils einen Zykel bilden. Aus P erhält man eine **Pfadinstanz** von P, indem man die Folge der Knoten und Kanten darstellt, die entsteht, wenn jeder Teilpfad aus TP in einer bestimmten Häufigkeit und Reihenfolge durchlaufen wird.

Jede Instanz eines Pfades des Verhaltensgraphen repräsentiert nun eine Menge von Episoden und eine Menge von zeitlichen Relationen zwischen diesen Episoden. Durch eine solche Pfadinstanz ist somit eine bestimmte *Situation* dargestellt, die nun mit den Beobachtungen verglichen werden kann. Wir interessieren uns nun für diejenigen Pfadinstanzen, die eine Situation S repräsentieren, die mit den Beobachtungen *verträglich* ist. Hierfür werden die Episoden in S mit den beobachteten Episoden verglichen. Da die Episoden in den Beobachtungen nicht vollständig spezifiziert sein müssen, führen wir zunächst einen Begriff zum Vergleich zweier Episodenwerte ein:

Der Wert einer Episode E heißt **kompatibel** zum Wert einer beobachteten Episode E', wenn mindestens eine der folgenden Bedingungen erfüllt ist:

1. Die Werte von E und E' sind identisch
2. E' ist eine ?-Episode
3. Die in E' spezifizierten Ordnungsrelationen sind konsistent mit dem Wert von E *und*
   Die Ableitung in E' ist gleich * oder die Ableitungen in E und E' sind identisch.

Beim Vergleich der Beobachtungen B mit einer Situation S wird nun versucht, jeder Episode aus B eine Episode in S mit kompatiblem Wert zuzuordnen. Eine solche Zuordnung ist problematisch, da ein Episodenwert aus B möglicherweise einer ganzen Folge von aufeinanderfolgenden Episoden in S zugeordnet werden kann. Wir fassen solche Episodenfolgen in S zu sogenannten **Segmenten** zusammen und versuchen anschließend eine eindeutige Zuordnung von solchen Segmenten zu den Episoden aus B.

Sei $S = \langle V, H, C\rangle$ eine Situation und $h = (E_1, ..., E_n)$, $n \geq 1 \in H$ eine Episodenfolge. Eine Teilfolge $(E_i, ..., E_k)$, $1 \leq i \leq k \leq n$ von aufeinanderfolgenden Episoden heißt ein **Segment** aus h.

Bildet man zu h eine Folge $SEG = (seg_1, \ldots, seg_m)$ von Segmenten aus h, mit der Eigenschaft, daß jede Episode $E_i \in h$ in einem der Segmente $seg_j \in SEG$ vorkommt und außerdem gilt:

$$E_i \in seg_l, E_j \in seg_p, i < j, l \neq p \Rightarrow l < p \qquad E_i \in seg_l, E_i \in seg_p, l \neq p \Rightarrow |l - p| = 1$$

dann heißt SEG eine **Segmentierung** zu h.

Bildet man zu jeder Historie $h \in H$ einer Situation $S = \langle V, H, C\rangle$ eine Segmentierung, so erhält man eine Menge C' [9] von zeitlichen Relationen zwischen Segmenten verschiedener Segmentierungen aus H' und wir nennen das entstehende Tripel $S' = \langle V, H', C'\rangle$ eine Segmentierung der Situation S.

Wir erweitern den Begriff der Kompatibilität auf Segmente und nennen ein Segment kompatibel zu einem Episodenwert v, falls die Werte aller Episoden des Segments kompatibel zu v sind. Nun können wir die Verträglichkeit zwischen einer Situation und den Beobachtungen wie folgt definieren:

Eine Situation $S = \langle V, H, C\rangle$ heißt **verträglich** zu den Beobachtungen B, wenn es eine Segmentierung $S' = \langle V, H', C'\rangle$ zur Situation S und eine Abbildung $\phi : B \rightarrow S'$ gibt, so daß gilt:

1. Jeder Episode aus B wird ein Segment mit kompatiblem Wert aus H' zugeordnet.
2. Jedes Segment in H' ist Bild einer Episode aus B.
3. Jede zeitliche Relation zwischen je 2 Episoden aus C gilt auch zwischen den zugeordnetenen Segmenten in C'. .

Der Vergleichsalgorithmus erzeugt einen Graphen, der genau die Menge der beobachtungsverträglichen Pfadinstanzen repräsentiert, die komplett einem Fehlermodell zugeordnet sind.

Im beobachtungsverträglichen Graphen sind nur noch Kanten mit denjenigen Fehlermodellen als Markierung vorhanden, mit denen mindestens ein solcher Pfad durchgehend markiert ist. Die anderen Fehlermodelle können als mögliche Fehlerursachen komplett ausgeschlossen werden.

5.3 Beispiel

Am Beispiel des Kühlschranks soll noch einmal die Vorgehensweise bei der Hypothesenüberprüfung verdeutlicht werden. Angenommen die Innentemperatur ist nach dem Einschalten des Kühlschranks gesunken, aber vor Erreichen der Soll-Temperatur konstant geblieben[10].

In den Beobachtungen wird dies durch folgende Historie dargestellt:

{(IT(0) = AT) (Solltemp < IT(minus) < AT) (Solltemp < IT(0) < AT) }

In einem einwandfrei funktionierenden Kühlschrank tritt ein solches Verhalten nicht auf, da der senkende Einfluß auf die Innentemperatur IT gegenüber dem steigernden Einfluß der Außentemperatur („im Normalfall") überwiegt. Im Modell des fehlerfreien Kühlschranks wird dies mit Hilfe eines D-Constraints DC spezifiziert; der daraus berechnete Verhaltensgraph ist deshalb mit der gemachten Beobachtung nicht verträglich. Mit Hilfe des Vergleichsalgorithmus sollen nun die beiden folgenden Hypothesen überprüft werden:

[9] Durch die vorgegebene Lage der Episoden aus H zueinander ist die Menge C' von Zeitrelationen zwischen den Segmenten aus H' bestimmt.

[10] In einem solchen Fall wäre der Kompressor des Kühlschranks ununterbrochen in Betrieb.

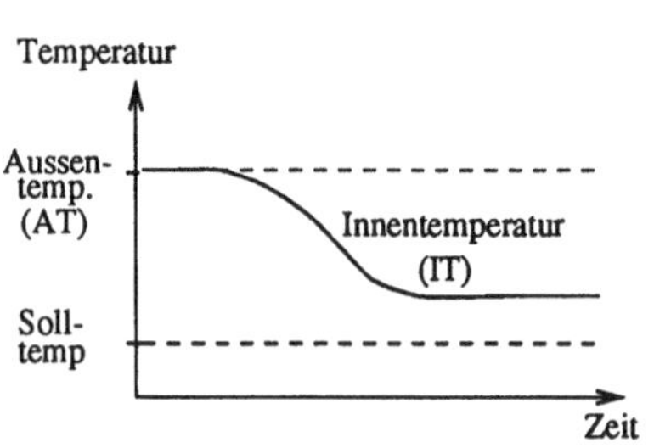

Abb. 8: beobachteter Verlauf der Innentemperatur

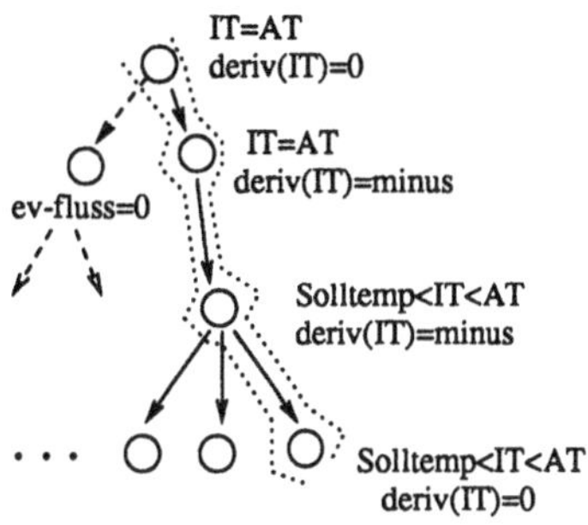

Abb. 9: Ausschnitt aus dem Verhaltensgraphen des Kühlschrankmodells

Hypothese1: „Entspannungsventil EV verklemmt" - Es erfolgt kein Fluß durch EV.
Hypothese2: „Der D-Constraint DC trifft nicht zu", d.h. das Ergebnis bei der qualitativen Addition der Einflüsse auf die Innentemperatur ist nicht eindeutig gleich *minus*!

Jede dieser beiden Hypothesen repräsentiert ein Fehlermodell, dessen Verhalten berechnet und mit Hilfe markierter Kanten im Verhaltensgraphen dargestellt wird (Abb. 9).

In Abbildung 9 sind Zustandsübergänge, die zu Hypothese1 gehören, gestrichelt dargestellt, die durchgezogenen Kanten repräsentieren die Übergänge, die Hypothese2 zugeordnet sind.

Beim Vergleich des entstandenen Graphen mit den Beobachtungen werden alle Pfade, die zur Hypothese1 gehören, als nicht verträglich zu den Beobachtungen erkannt. Lediglich zu Hypothese2 existiert ein Pfad von Zustandsknoten, in denen die Innentemperatur die beobachtete Folge von Werten annimmt (umrandeter Pfad in Abb. 9). Dieser Pfad war im Graphen des ursprünglichen Modells (= Modell mit D-Constraint DC) nicht vorhanden.

6 Hypothesendiskriminierung

Bei der Hypothesendiskriminierung werden zusätzliche Beobachtungen gesucht, um die Zahl der verbliebenen Fehlerhypothesen weiter zu reduzieren. Mit dem Ergebnis der Zusatzmessung wird die Phase der Hypothesenüberprüfung erneut gestartet.

Zusätzliche Beobachtungen können durch Erfassung zusätzlicher Variablenwerte ausgehend vom gleichen Startzustand oder durch Verlängerung des Beobachtungszeitraums (Monitoring) erlangt werden.

Jede mögliche Zusatzmessung verursacht Kosten und bringt einen bestimmten Informationsgewinn. Es werden nun Kriterien zur Bewertung von Kosten und Nutzen einer Messung vorgestellt, mit denen Heuristiken zur Bewertung von Messungen erstellt werden können.

6.1 Bewertung einer Messung

In einem technischen System sind zunächst alle Ports potentielle Meßpunkte. In die Bewertung der Meßkosten eines Ports gehen folgende Aspekte ein: erforderliche Meßgeräte, erforderliches Know-How, erforderlicher Zeitaufwand.

Der Benutzer kann zu Beginn der Diagnosesitzung die maximal zulässige Meßkomplexität (betrifft Meßgeräte und Know-How) und den zulässigen Zeitaufwand einer Messung festsetzen. Messungen, die diese Anforderungen nicht erfüllen, werden nicht in die Auswahl aufgenommen. Für die verbleibenden Messungen erfolgt eine Bewertung des Informationsgewinnes (Nutzen), der mit der Messung erzielt werden kann. Soll das System noch einmal vom gleichen Startzustand ausgehend beobachtet werden, kann der Nutzen einer Variablen v zur Diskriminierung zwischen einer Menge von Fehlermodellen M folgendermaßen bewertet werden:

Zu jeder in Frage kommenden Variablen v wird die Menge M der Fehlermodelle in Cluster unterteilt, wobei diejenigen Fehlermodelle zusammen ein Cluster bilden, für die v im beobachtungsverträglichen Graphen die gleiche Historie von Werten annehmen kann. Eine Menge $T \subseteq M$ von Modellen besizt in BG eine gemeinsame Historie bezüglich v genau dann, wenn zu jedem der Modelle in T jeweils mindestens eine beobachtungsverträgliche Pfadinstanz in BG existiert, so daß v in jeder dieser Pfadinstanzen die gleiche Folge von Werten annimmt. Als beobachtbarer Wert von v in einem Zustand Z wird dabei die Ableitung von v und die relative Position von v zu den Landmarks angesehen, kann also dargestellt werden als ein Element

$$(deriv_v, val_v) \in \{+, 0, -\} \times P^{Land} \qquad \text{wobei} \qquad val_v = \begin{cases} \{lm\} & \text{falls } v = lm \text{ im Zustand } Z \\ \{lm1, lm2\} & \text{falls } lm1 < v < lm2 \text{ und} \\ & \nexists lm \text{ mit } lm1 < lm < lm2 \end{cases}$$

Gibt es zu den Fehlermodellen einer mehrelementigen Teilmenge $T \subseteq M$ einen gemeinsamen Pfad in BG, so bilden diese Fehlermodelle immer ein gemeinsames Cluster, d.h. es existiert keine Variable, mit deren Meßergebnis man mit Sicherheit unter diesen Fehlermodellen diskriminieren könnte.

Beim Monitoring erfolgt die Bewertung des Nutzens von v analog, mit der Einschränkung, daß hier gemeinsame Historien auf Pfaden des Originalgraphen gesucht werden müssen und außerdem berücksichtigt werden muß, daß der Zustand, in dem sich das System zum aktuellen Zeitpunkt befindet, nicht eindeutig ist.

Berücksichtigt man noch zusätzliche Kriterien wie z.B die a-priori-Fehlerwahrscheinlichkeit einer Hypothese und bezeichnet die "Wichtigkeit" eines Fehlermodells m_j mit $imp(m_j)$, dann ergibt sich aus der Menge $Clust$ von Clustern zu einer Variablen v und einer Menge M von Fehlermodellen der Nutzen $N(v, M)$ zur Diskriminierung aus

$$N(v,M) = \sum_{C_i \in Clust} weight(C_i) \qquad weight(C_i) = \begin{cases} \sum_{m_j \in C_i} imp(m_j) & \text{falls } |C_i| \geq 2 \\ 0 & sonst \end{cases}$$

Führt diese Berechnung für keine der Variablen zu einem zufriedenstellenden Ergebnis, so kann auf die gleiche Art und Weise der Nutzen einer Menge von Variablen berechnet werden. Nach Auswahl und Durchführung einer Messung mit möglichst "günstigem" Verhältnis von Nutzen zu Kosten wird mit dem erzielten Meßergebnis der Vergleichsalgorithmus erneut gestartet. Dieser Zyklus von Auswählen einer Messung, Durchführung der Messung und Ausführung des Vergleichsalgorithmus wird solange wiederholt, bis nur noch eine einzige (evtl. auch keine) Fehlerhypothese als mögliche Ursache verbleibt.

7 Verwandte Arbeiten

Die größten Ähnlichkeiten bestehen zu den Arbeiten von Kuipers [Kui86, KuC87, DvK89]. In der Modellierung benutzt QSIM zur Simulation technischer Systeme ebenfalls qualitative Variablen, deren Werte und Ableitungen sich mit der Zeit ändern, und deren Relationen untereinander durch Constraints beschrieben werden.

Obwohl Kuipers zeigt, daß QSIM stets das reale Verhalten des modellierten Systems findet, hat QSIM dennoch entscheidende Schwächen: es werden außer dem realen Verhalten noch eine große Anzahl unmöglicher Verhaltensweisen (*spurious behaviour*) generiert, da die Erzeugung von neuen Zuständen „blind" erfolgt, d.h. unabhängig von ihren Vorgängerzuständen: Constraints beziehen sich stets nur auf Werte und Ableitungen von Variablen zum *selben* Zeitpunkt. In QUASIMODIS hingegen werden Zustandsübergänge durch Verhaltensregeln gesteuert, die mehr die Kausalität des Verhaltens wiederspiegeln, und können durch D-Constraints noch weitergehend als in QSIM beschnitten werden. Von den in [KuC87] vorgestellten Methoden zur Beschränkung kombinatorisch wachsender Simulationsgraphen handelt es sich bei der ersten im Prinzip um eine informierte Abschwächung des Modells zur Vermeidung der Unterscheidung nach uninteressanten Ableitungen. Der Einbau eines *ign*-Wertes für Ableitungen in QUASIMODIS stellt keine prinzipielle Schwierigkeit dar, in den meisten Fällen wird sich der gleiche Effekt aber durch die Benutzung von diskreten Variablen erzielen lassen. Die zweite in [KuC87] vorgestellte Methode, die Benutzung höherer Ableitungen zur Verhaltensbeschränkung, stellt einen Spezialfall der Designer-Constraints in QUASIMODIS dar. Darüber hinaus ist zu bemerken, daß das in [KuC87] angegebene Beispiel bei Modellierung in QUASIMODIS das von Kuipers beanstandete exponentielle Verhalten gar nicht erst zeigt, da die etwas anders geartete Modellierung gepaart mit entsprechenden Constraints diese Probleme überhaupt nicht entstehen läßt.

Auf QSIM aufbauend stellt [DvK89] ein modellbasiertes Überwachungssystem MIMIC vor, das in vielen Teilaufgaben QUASIMODIS ähnelt. MIMIC baut allerdings stark darauf auf, daß beim Überwachen (*Monitoring*) der Verhaltensgraph dauernd mit Hilfe neuer Sensordaten beschnitten werden kann. Das Meßpunktselektionsverfahren, das QUASIMODIS für Testing und Probing zur Verfügung stellt, fehlt naturgemäß in MIMIC, da es auf die Sensordaten angewiesen ist.

Im Gegensatz zu GDE [dKW87] und verwandten Systemen liegt bei QUASIMODIS der Schwerpunkt nicht auf der Hypothesengenerierung durch Methoden wie *Dependency Tracing* oder *Constraint Suspension* [Dav84], da diese Techniken in dynamischen Systemen mit kontinuierlichen Variablen und Rückkopplungen kaum brauchbar sind. Zur Modellierung derartiger Systeme ist GDE wohl auch nicht gedacht und daher wenig geeignet. Die Nützlichkeit von Fehlermodellen - im ursprünglichen GDE nicht vorgesehen, in QUASIMODIS jedoch integraler Bestandteil - wurde inzwischen auch in [StD89, dKW89] hervorgehoben.

Literatur

[All83] J.F. Allen: Maintaining Knowledge about Temporal Intervals, Comm. ACM **26**(11), 1983

[AlH85] J.F. Allen, P.F.Hayes: A Common Sense Theory of Time, Proc. 9th IJCAI, 1985

[Dav84] R. Davis: Diagnostic Reasoning Based on Structure and Behavior, *Artificial Intelligence* **24**, pp 347-410, 1984

[DvK89] D. Dvorak, B. Kuipers: Model-Based Monitoring of Dynamic Systems, Proc. 11th IJCAI, pp 1238-1243, 1989

[dKB84] J. de Kleer, J. Brown: A Qualitative Physics Based on Confluences, *Artificial Intelligence* **24**, pp 7-83, 1984

[dKW87] J. de Kleer, B.C. Williams: Diagnosing Multiple Faults, *Artificial Intelligence* **32**(1), pp 97-130, 1987

[dKW89] J. de Kleer, B.C. Williams: Diagnosis with Behavioral Modes, Proc. 11th IJCAI, pp 1324-1330, 1989

[For84] K.D. Forbus: Qualitative Process Theory, *Artificial Intelligence* **24**, pp 85-168, 1984

[Kui86] B. Kuipers: Qualitative Simulation, *Artificial Intelligence* **29**(3), pp 289-338, 1986

[KuC87] B.Kuipers, C.Chiu: Taming Intractible Branching in Qualitative Simulation, Proc.10th IJCAI, pp 1079-1085, 1987

[Nök89] K. Nökel: Temporal Matching: Recognizing Dynamic Situations from Discrete Measurements, Proc. 11th IJCAI, pp 1255-1260, 1989

[StD89] P. Struss, O.Dressler: "Physical Negation" - Integrating Fault Models into the GDE, Proc. 11th IJCAI, pp 1318-1323, 1989

Rückkopplungen in einer modellbasierten Diagnostikshell

Klaus Goos
Universität Karlsruhe
Institut für Logik, Komplexität und Deduktionssysteme
Postfach 6980, D-7500 Karlsruhe
e-mail: goos@ira.uka.de

Kurzfassung

Die Lösung eines Diagnoseproblems in einem Expertensystem für modellbasierte Diagnostik unterteilt sich in zwei Schritte. Zuerst werden Verdachtsdiagnosen erzeugt, die in einem zweiten Schritt durch eine Simulation überprüft werden. Zur Überprüfung stellen wir einen Mechanismus mit einer effizienten Behandlung von Rückkopplungen vor. Dieser Mechanismus integriert einen Ansatz zur geschlossenen und einen zur iterativen Berechnung von Rückkopplungen, wodurch auch Modelle mit einer großen Anzahl von Rückkopplungen beherrscht werden. Mittels Generierung von Abstraktionsebenen durch Zusammenfassen von Beziehungen im Fehlermodell zeigen wir, wie auch bei komplexeren Modellen eine effiziente Verdachtsgenerierung möglich ist. Realisiert wurde beides in FEMO, einer Expertensystemshell zur Aufnahme kausaler Fehlermodelle.

1. Einleitung

In Expertensystemen ist die modellbasierte Wissensrepräsentation eine der möglichen Darstellungen diagnostischen Wissens. Dabei wird kausales Wissen über die Struktur und das Verhalten eines zu diagnostizierenden Systems repräsentiert. Es werden zwei Typen von Modellen unterschieden [Puppe88]:

- Modelle, die von der normalen Funktionierweise eines zu diagnostizierenden Systems ausgehen („funktionale Modelle"). Bei diesen werden die Diagnosen als Veränderungen des Modells aufgefaßt, die zu den beobachteten Symptomen führen. In der Literatur finden sich als Beispiele für funktionale Modelle die Diagnosesysteme von [Davis84] und [de Kleer87] und das Expertensystemwerkzeug MODISC [Guckenbiehl89].
- Modelle, die mögliche Formen des Fehlverhaltens eines Systems darstellen („Fehlermodelle oder pathophysiologische[1] Modelle"). Die aufgrund des Fehlverhaltens auftretenden Symptome werden entsprechenden Diagnosen explizit zugeordnet. Zur genaueren Modellierung werden Zwischenschritte eingeführt, mit denen das Fehlverhalten durch eine Kette von Fehleraussagen beschrieben wird. Weiterhin können Attribute eingeführt werden, mit denen die Stärke von Beziehungen zwischen diesen Aussagen beschrieben werden kann. Beispiele für

[1]) Pathophysiologie = Lehre vom Fehlverhalten

Expertensystemwerkzeuge auf der Grundlage von Fehlermodellen sind MORE [Kahn88] und MOLE [Eshelsmann88]. CADUCEUS [Pople82], ABEL [Patil82] und Long's System [Long86] sind Beispiele für Expertensysteme mit Fehlermodellen, wobei Long's System keine Aussagen über Fehlverhalten, sondern Abweichungen vom Normalzustand des zu diagnostizierenden Systems repräsentiert, diese jedoch entsprechend den Fehlermodellen verwendet.

Sowohl mit funktionalen Modellen als auch mit Fehlermodellen wird zur Modellierung ein Netz aus Knoten aufgebaut. Jeder Knoten beschreibt durch eine Menge von Attributen, je nach Modellierungsart Materialien des zu diagnostizierenden Systems bei funktionalen Modellen bzw. Aussagen über das Fehlverhalten bei Fehlermodellen. Die Kanten im Netz repräsentieren bei funktionalen Modellen die Abhängigkeiten zwischen den Eingangs- und Ausgangswerten der Komponenten. Bei Fehlermodellen stellen die Kanten kausale Beziehungen zwischen den einzelnen Fehlerzuständen dar. Die Abhängigkeiten in funktionalen Modellen sind meist nicht-linearer Natur, da sie etwa physikalische oder biologische Zusammenhänge eines zu diagnostizierenden Systems beschreiben. Hingegen sind bei Fehlermodellen die Ursache-Wirkung-Beziehungen häufig linear.

Zur Lösung eines Diagnoseproblems mit funktionalen Modellen bzw. Fehlermodellen werden zuerst Verdachtsdiagnosen generiert, die dann mit Hilfe des Modells mit einer Simulation überprüft werden. Zur Überprüfung der Verdachtsdiagnosen wird ein entsprechendes fallspezifisches Modell des zu diagnostizierenden Systems berechnet. Stimmen die aus diesem fallspezifischen Modell erhaltenen Fehlersymptome mit den gegebenen überein, so hat sich die Verdachtsdiagnose bestätigt.

Zur Verdachtsgenerierung muß das Modell in entgegengerichteter Richtung durchlaufen werden. Problematisch ist dabei, daß wegen möglicher Mehrfacheinflüsse auf ein Attribut normalerweise sehr viele Verdachtsdiagnosen vorgeschlagen werden. Auf Grund dieser Vielzahl von Vorschlägen müssen zur Bestätigung einer Diagnose sehr viele fallspezifische Modelle aufgebaut werden, was sehr ineffizient werden kann.

Nach einer Darstellung der Probleme bei Rückkopplungen in Abschnitt 2 gehen wir in den Abschnitten 3 und 4 auf Lösungen zur Behandlung von Rückkopplungen in vorhandenen Systemen und in dem von uns entwickelten Werkzeug FEMO ein. In Abschnitt 5 zeigen wir eine alternative Möglichkeit zur Verdachtsgenerierung, bei der das Modell durch Generierung von Abstraktionsebenen vereinfacht wird und dadurch die Anzahl der vorgeschlagenen Verdachtsdiagnosen reduziert werden kann.

2. Problem der Rückkopplungen

Zur Modellierung des zu diagnostizierenden Systems werden in vielen Anwendungen Rückkopplungen benötigt. Rückkopplungen sind Schleifen, über die sich Attributwerte direkt oder in mehreren Schritten selbst wieder beeinflussen (Bild 1). Im allgemeinen Fall werden Rückkopplungen mit Hilfe von Iterationsverfahren berechnet.

Rückkopplungen können konvergieren, divergieren oder oszillieren, je nachdem, ob der Attributwert auf Grund der Rückkopplung einem Fixpunkt zustrebt, auf $\pm\infty$ abwandert oder kein beständiges Verhalten zeigt. Unter den konvergenten Rückkopplungen unterscheidet man schließlich (streng) monoton fallende oder steigende Rückkopplungen, bei denen der Fixpunkt monoton approximiert wird. Diese werden auch als negative (monoton fallende) bzw. positive (monoton steigende) Rückkopplungen bezeichnet. Wenn man sich nur für das Verhalten eines Systems im eingeschwungenen Zustand interessiert, wie das bei den meisten technischen und biologischen Anwendungen der Fall ist, kommen überwiegend negative Rückkopplungen vor. Mit oszillierenden Rückkopplungen kann ohne explizite Repräsentation der Zeit kein eindeutiges Verhalten modelliert werden.

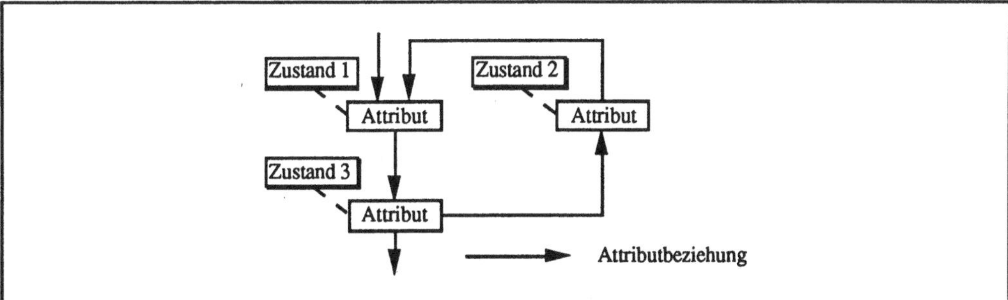

Bild 1: Ausschnitt eines Fehlermodells mit Rückkopplung

3. Rückkopplungen in modellbasierten Systemen

Von den oben aufgezählten Systemen sind Long´s System und ABEL die einzigen, die Rückkopplungen in der Repräsentation zulassen. In MODISC werden zwar auch Schleifen zugelassen, jedoch können nur Rückkopplungen über eine Folge von Zeitpunkten $t_1, t_2, ..., t_n$ repräsentiert werden. Falls es eventuell auf Grund eines Einflusses einer Rückkopplung zu verschiedenen Werten eines Attributs zum gleichen Zeitpunkt käme, wird die Simulation einfach abgebrochen und der Zeitpunkt als inkonsistent gekennzeichnet. In diesem Fall wird also kein konsistenter Wert gesucht bzw. die Schleife berechnet.

Dagegen werden in den beiden anderen Systemen die Attributwerte von Rückkopplungen wirklich berechnet. Zur effizienten Behandlung dieser Schleifen wird in Long´s System angenommen, daß alle Beziehungen $P = f(Q)$ zwischen den Attributen P und Q linear sind ($P = a*Q + b$). Ist dies nicht der Fall, wird der Wertebereich des Attributs Q in Intervalle $I_1, I_2, ..., I_n$ zerlegt, in denen $f(Q)$ durch lineare Funktionen $f_1(Q), f_2(Q), ..., f_n(Q)$ approximiert wird. Durch die Beschränkung auf lineare Beziehungen ist es Long möglich, die Fixpunkte einer Rückkopplung in geschlossener Form zu berechnen und auf eine Iteration zu verzichten, solange Q jeweils in einem vorgegebenen Intervall verbleibt. Dazu adaptierte er ein Verfahren zur Analyse von Signalflüssen mit mehrfachen Ein- und Ausgängen [Mason56], was wegen der Beschränkung auf lineare Beziehungen möglich war. Mit Hilfe dieses Verfahrens ergibt sich bei negativen, konvergenten Rückkopplungen ($Q = f(Q)$) folgendes: In einem Intervall, in dem $f(Q)$ durch $Q = a*Q + b$ approximiert werden kann, ergibt sich der Fixpunkt zu $Q = b / (1 - a)$. Bei linearen Rückkopplungen mit mehreren Knoten in der

Schleife entspricht dabei *a* dem Produkt aller Linearfaktoren in der Schleife. *a* wird auch oft als *Stärke der Rückkopplung* bezeichnet (Bild 2).

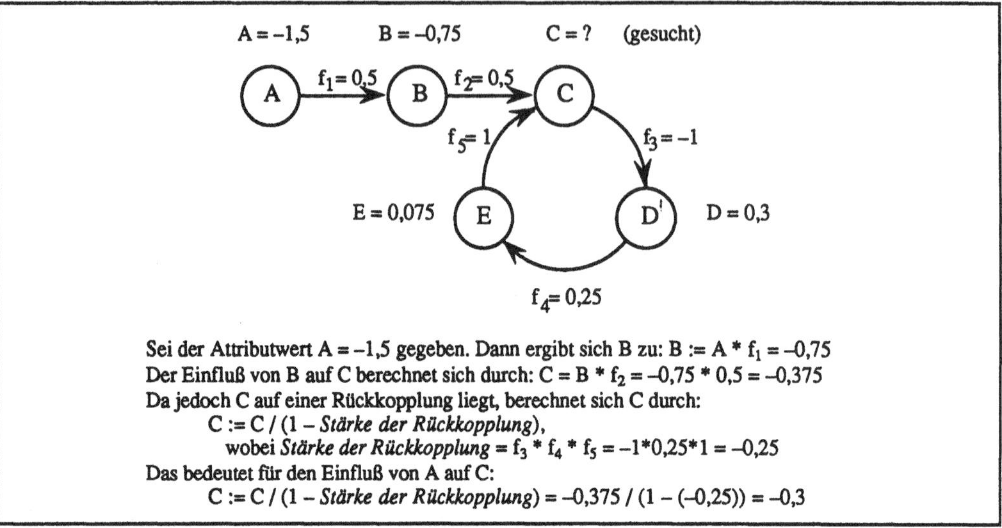

Bild 2: Berechnung einer Schleife in geschlossener Form

Falls *Q* bei der geschlossenen Berechnung der Rückkopplung aus dem vorher vorgegebenen Linearitätsintervall herausfällt, ändern sich natürlich auch die Linearfaktoren der Schleife. In diesem Fall ist eine Iteration nicht mehr durch die soeben angegebene Berechnungsformel ersetzbar und es muß ebenfalls iteriert werden. Natürlich kann es bei komplexeren Beziehungen problematisch sein, eine passende lineare Approximation zu finden.

In ABEL werden Rückkopplungen während des Simulationsprozesses vermutlich iteriert; Einzelheiten gehen aus der Beschreibung von ABEL nicht hervor. Bei komplexeren Modellen, insbesondere mit sich kreuzenden Rückkopplungen, bei denen ein oder mehrere Attributwerte zu mehreren Rückkopplungen gehören, kann dieses Verfahren sehr ineffizient werden.

4. Behandlung von Rückkopplungen in FEMO

In FEMO [Goos89], unserer Expertensystemshell zur Aufnahme kausaler Fehlermodelle für die Diagnostik, haben wir in der Modellierung Rückkopplungen berücksichtigt. Um größere Ausdrucksmöglichkeiten zuzulassen, wurden jedem Knoten des Fehlermodells zwei Attribute (Schweregrad, Dauer) zugeordnet. Da im Gegensatz zu Long´s System und ABEL in FEMO der Anwendungsbereich nicht fest vorgegeben ist, lassen wir sowohl lineare als auch nicht-lineare Beziehungen zwischen den Attributen der Fehlerzustände zu. Um trotzdem ein rechenintensives Iterieren zu vermeiden, haben wir die analytische Methode (Long´s System) und die iterative Methode (ABEL) zu einem Verfahren integriert. Wir zeigen die Integration der Verfahren am Beispiel von Fehlermodellen in FEMO; der Mechanismus ist jedoch auch bei funktionalen Modellen anwendbar.

Bei der Integration beider Methoden stellte sich die Frage, wann welche Methode angewendet wird. Wir entscheiden diese Frage nicht global für das ganze Modell, sondern lokal für jede Rückkopplung getrennt. So wird bei linearen Rückkopplungen die in ABEL in jedem Fall stattfindende Iteration unterbunden und bei nicht-linearen Rückkopplungen wird ein Zerteilen in lineare Intervalle eingespart. Um schon vor der eigentlichen Simulation festzustellen, ob eine Rückkopplung linear oder nicht-linear ist, haben wir nach dem Einlesen der Wissenbasis eine Voranalyse eingebaut.

4.1 Voranalyse

Die Voranalyse besteht im wesentlichen aus drei Schritten. Als erstes (①) wird festgestellt, ob Rückkopplungen vorhanden sind und welche Knoten von diese einschlossen werden. Im zweiten Schritt (②) wird überprüft, welche der Rückkopplungen in geschlossener Form berechnet werden können und gegebenenfalls deren Stärke berechnet. In einem dritten Schritt (③) werden Knoten und Rückkopplungen so angeordnet, daß sich während der Simulation eine effiziente Berechnungsreihenfolge ergibt.

① Zur Bestimmung der Rückkopplungen betrachten wir den dem Netz zugrundeliegenden gerichteten Graphen. Sei A die Adjazenzmatrix eines Graphen mit n Knoten x_i, dann gilt bekanntlich, daß $A^k = (a_{ij}^k)$ die Anzahl der gerichteten Kantenfolgen zwischen dem i-ten und dem j-ten Knoten der Länge k wiedergibt. Insbesondere besagt also $a_{ii}^k > 0$, daß der i-te Knoten auf einem Kreis der Länge k liegt. Insgesamt liegt der i-te Knoten auf einem Weg beliebiger Länge, wenn $w_{ij} > 0$ mit $W = (w_{ij}) = \sum_{i=1}^{n} A^i$. Die Wegematrix W kann nach dem Warshall-Algorithmus [Warshall62] sehr effizient mit der Komplexität $O(n^3)$ berechnet werden.

Seien die Adjazenzmatrix $A = (a_{ij})$ und Wegematrix $W = (w_{ji})$ gegeben. Dann lassen sich alle Kreise des Graphen folgendermaßen bestimmen [Dörfler73]: Falls $a_{ij}w_{ji} = 1$, so existiert ein Kreis durch den Knoten x_i, bestehend aus der Kante $<x_i, x_j>$ und einem gerichteten Weg $<x_j, \ldots, x_i>$. Ist umgekehrt $a_{ij}w_{ji} = 0$ für $j = 1, 2, \ldots, n$, dann liegt der Knoten x_i auf keinem Kreis. Diese Untersuchung wird induktiv für alle Knoten x_i unter Verwendung spannender Bäume durchgeführt.

Auf der Grundlage dieses Verfahrens stellen wir sämtliche Rückkopplungen in unserem Netz fest und bestimmen die zugehörigen Knoten.

② Im zweiten Schritt der Voranalyse werden die Beziehungen der gefundenen Rückkopplungen untersucht und diese in lineare und nicht-lineare klassifiziert. Für lineare Rückkopplungen wird die für eine geschlossene Berechnung notwendige *Stärke der Rückkopplung* berechnet.

③ Da Knoten von mehreren anderen Knoten beeinflußt werden können, kann ein Knoten erst endgültig berechnet werden, wenn alle ihn beeinflussenden Knoten berechnet wurden. Andernfalls muß er mehrfach berechnet werden. Ziel des dritten Schrittes ist es, dafür zu sorgen, daß während der Simulation die Argumente von Berechnungsschritten nach Möglichkeit immer ihren bereits endgültigen Wert besitzen, um die Anzahl der mehrfach durchzuführenden Berechnungsschritte herabzusetzen. Hierzu betrachten wir die Abhängigkeiten $b \rightarrow a$ der Attributwerte einzelner Knoten und machen uns zu Nutze, daß niemals zugleich $a_x = f(b_y)$ und $c_y = g(d_x)$ für zwei verschiedene Knoten x, y mit den Attributen a, d bzw. b, c gilt. Daher läßt sich die Abhängigkeitsrelation zwischen Attributwerten zu einer partiellen Ordnung ($\Rrightarrow$) der Knoten x $\Rrightarrow$ y vergröbern. Durch topologisches Sortieren läßt sich aus dieser partiellen Ordnung die gewünschte lineare Anordnung der Knoten gewinnen, wobei alle Knoten, die zu einer Rückkopplung gehören, zu einer Äquivalenzklasse zusammengefaßt werden.

Im einzelnen ergibt sich folgendes Verfahren zur Berechnung einer Gewichtsfunktion $g(x)$ mit der Eigenschaft, daß aus $x \Rrightarrow y$ folgt $g(x) < g(y)$:

(1) falls kein x' existiert mit $x' \Rrightarrow x$, dann gilt $g(x) := 1$

(2) falls der Knoten x nicht auf einer Rückkopplung liegt, so gilt:

$$g(x) := 1 + \max \{g(y) \mid y \Rrightarrow x\}$$

(3) falls die Knoten $x_1, x_2, \ldots, x_n$ auf einer Rückkopplung liegen, gilt:

$$g(x) := 1 + \max \{g(y) \mid \text{es existiert ein } x_j \text{ mit } y \Rrightarrow x_j \}$$

4.2 Aufbau des fallspezifischen Modells

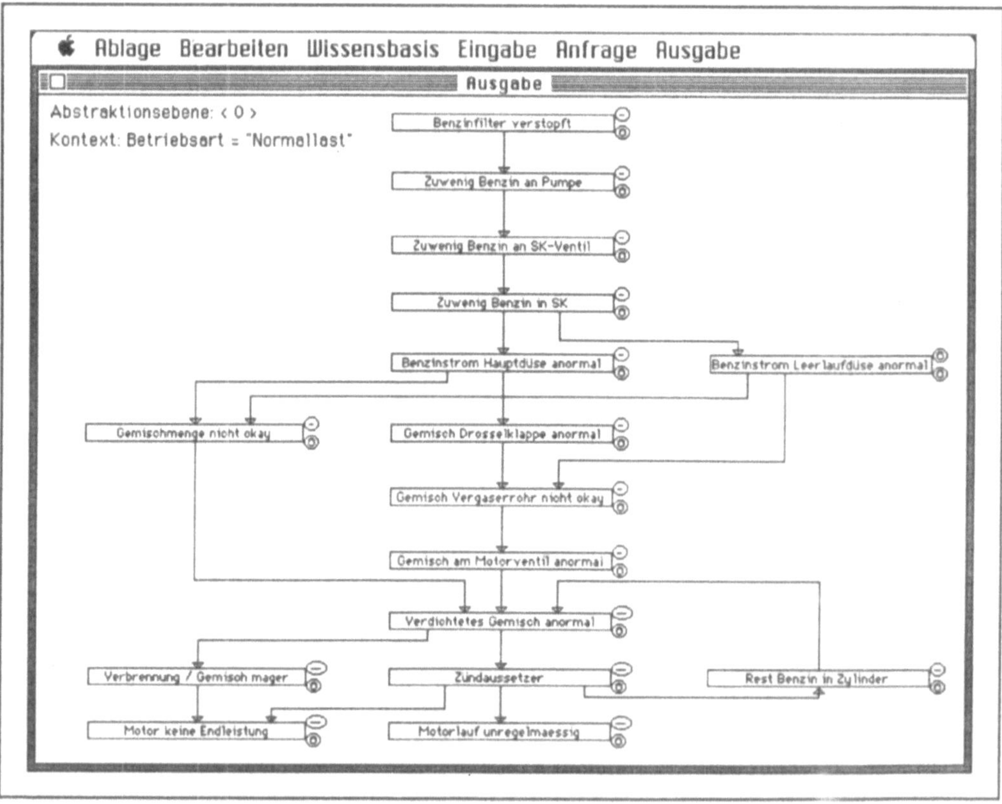

Bild 3: Beispiel eines fallspezifischen Modells, das zur Erklärung der Verdachtsdiagnose „Benzinfilter verstopft" ausgegeben wird

Zur Simulation wird mit Hilfe eines vorwärtsverkettenden Regelinterpretierers jeweils für eine Gruppe von Verdachtsdiagnosen ein entsprechendes fallspezifisches Modell instanziiert (Bild 3). Wir betrachten die Simulation zuerst ohne Berücksichtigung von Rückkopplungen. Dabei werden die Beziehungen zwischen den einzelnen Attributen als Regeln (Bild 4) dargestellt. Ausgehend von einer

```
zustand
   kurzname              p5
   langname              "Benzinfilter verstopft"
   v-zustaende           ()
   n-zustaende           (p9)
   parameter             (m5.1 m5.2)
   abstraktionsebenen    ( (0 . (Benzinfilter verstopft) )
                         (1 . (Benzinfilter verstopft) ) )
   position              (4 . 1)
   linie                 ((4 (+ 1 h) 4 2))

parameter
   kurzname              m5.1
   langname              "Verstopfungsgrad"
   wertebereich          ((-3 . total-verstopft) (-2 . schwer-
                         verstopft) (-1 . leicht-verstopft)
                         (0 . normal))
   b-regeln              (b5.1)
   s-regeln              ()
```

```
parameter
   kurzname              m5.2
   langname              "Dauer"
   wertebereich          ((0 . Tag) (7 . 1-Woche) (14 . 2-Wochen)
                         (28 . 1-Monat) (84 . 3-Monate))
   b-regeln              ()
   s-regeln              ()

regel
   kurzname              b5.1
   langname              benzinfilter
   zugriff               p5
   w-klasse              100%
   kontext               ($or ($eq betriebsart "Leerlauf")
                         ($eq betriebsart "Start")
                         ($eq betriebsart "Normallast"))
   vorbedingung          ($etab p5)
   nachbedingung         (%etab p9)
```

Bild 4: Ausschnitt aus einer Beispielwissensbasis

gegebenen Menge *M* von Anfangsknoten und deren Attributwerten werden die zugehörigen Regeln gefeuert, d.h. die entsprechenden Beziehungen berechnet. Die Menge der Knoten, die auf Grund der veränderten Attribute neu berechnet werden müssen, wird mit der anfangs gegebenen

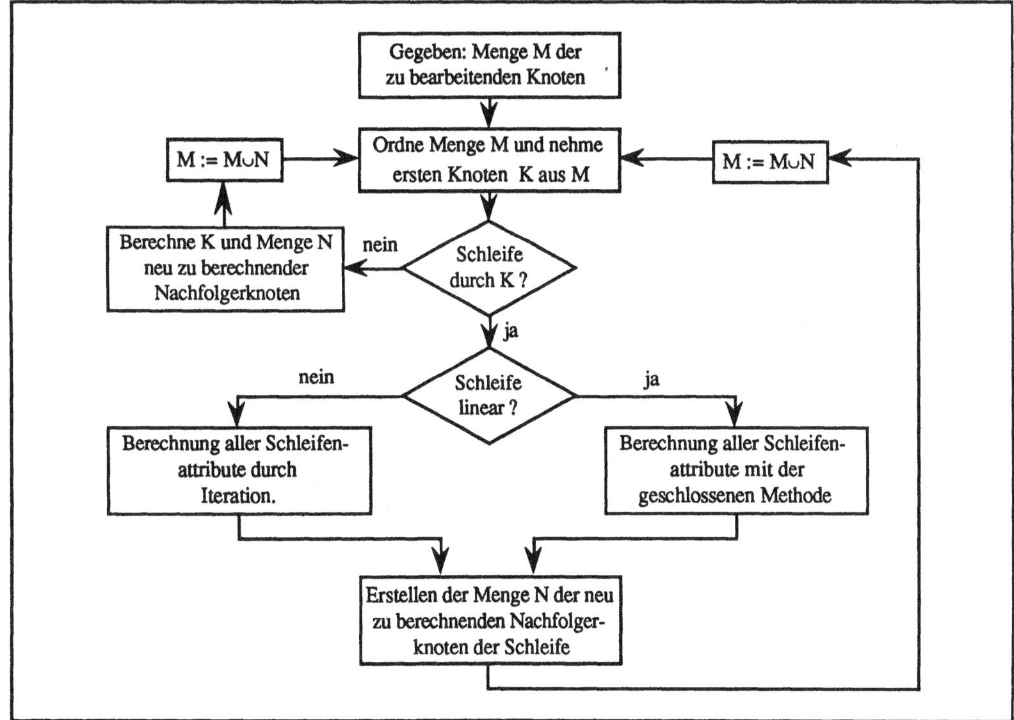

Bild 5: Vorgehensweise bei der Behandlung von Rückkopplungen

Menge M vereinigt, die abgearbeiteten Knoten werden aus M entfernt. Der Aufbau des fallspezifischen Modells endet, wenn M leer ist. Um das Mehrfachberechnen von Attributwerten zu vermeiden, wird die Menge M der noch zu berechnenden Knoten mit Hilfe des Ergebnis der Voranalyse sortiert.

Falls die zu berechnende Beziehung Teil einer Rückkopplung ist - dies kann auf Grund der Voranalyse leicht erkannt werden - wird der eigentliche Vorgang unterbrochen und die Rückkopplung gesondert behandelt.

Dabei wird nun unterschieden, ob die Rückkopplung geschlossen berechnet werden kann, oder Iteration stattfinden muß. Im ersten Fall wird die Wirkung der Rückkopplung vorweggenommen und sämtliche Attribute der Schleife in geschlossener Form berechnet. Abschließend werden alle Knoten, deren Attribute auf Grund der Änderung in der Schleife neu zu berechnen sind, in die Menge der noch zu bearbeitenden Knoten aufgenommen. Im zweiten Fall wird über die Rückkopplung iteriert. Die Iteration wird mit einem Kriterium der Form „Abbruch, falls Wertänderung kleiner δ" abgebrochen. Die Genauigkeit δ ist eine beliebige vom Anwender bestimmbare reelle Zahl. Nach Abbruch des Iterationsverfahrens werden entsprechend der geschlossenen Behandlung alle neu zu berechnenden Knoten in die noch abzuarbeitende Menge aufgenommen (Bild 5).

5. Abstraktionsebenen in FEMO

Bisher sind wir davon ausgegangen, daß uns Verdachtsdiagnosen gegeben sind, und wir diese durch Aufbau der entsprechenden fallspezifischen Modelle simulieren und überprüfen können. Bei gegebenen Fehlersymptomen ist es jedoch nicht trivial, auf die anfänglichen Verdachtsdiagnosen zu schließen. Probleme bereiten dabei zum einen die Rückkopplungen, zum anderen die möglichen Mehrfacheinflüsse auf Attribute. In beiden Fällen ist es problematisch, auf die Ursachen der Einflüsse zu schließen, da mit der Rückverfolgung jedes Pfades eines Mehrfacheinflusses die Anzahl der möglichen Ursachen steigt. Unsere Idee war daher, das Fehlermodell durch Vernachlässigen bestimmter Fehlerzustände zu abstrahieren, wobei die Effekte der vernachlässigten Knoten auf die übriggebliebenen konzentriert werden.

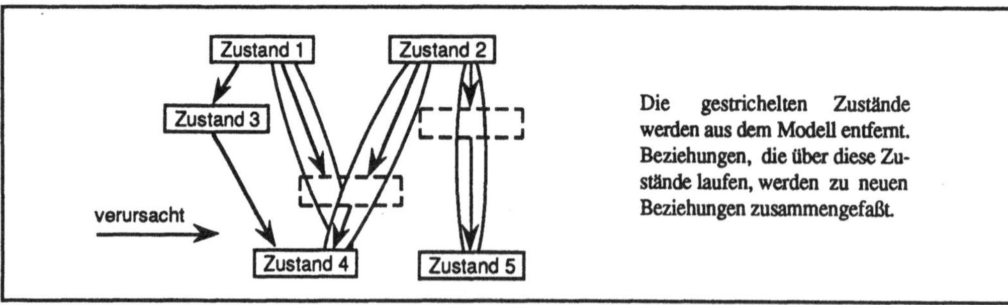

Bild 6: Beispiel für die Generierung einer Abstraktionsebene

Dabei kann der Experte beim Aufbau der Wissensbasis steuern, welche Knoten vernachlässigt werden sollen (vgl. Bild 4). Auf diese Weise wird erreicht, daß eine sinnvolle Abstraktion des

Modells generiert werden kann. Die Beziehungen, die über die vernachlässigten Zustände verlaufen, werden zu neuen Beziehungen zusammengefaßt. So werden z.B. beim Generieren einer neuen Abstraktionsebene die Attribute des Zustand 4 aus den Attributen der Zustände 1, 2 und 3 berechnet (Bild 6). Dabei wurden die Attribute des vernachlässigten Zustands durch ihre Beziehungen auf die Folgezustände substituiert.

Ein interessanter Punkt ist natürlich das Abstrahieren von Rückkopplungen. Durch Zusammenfassen in ihre geschlossene Form oder einer Approximation an diese Form geht zwar eine kleine Menge an Ausdrucksmöglichkeiten verloren und das Modell wird ungenauer. Dafür wird die Anzahl der Mehrdeutigkeiten drastisch reduziert, wodurch eine Verdachtsgenerierung sehr vereinfacht wird.

Probleme treten dann auf, falls zu viele sich kreuzende Rückkopplungen vernachlässigt werden. In diesem Fall kann das Modell durch zu viele Approximationen an die geschlossenen Formen der Rückkopplungen ungenau werden. Falls der Experte jedoch die zu vernachlässigenden Zustände günstig wählt, d.h. entstehende Ungenauigkeiten sich nicht noch aufsummieren, kann mit dem so entstandenen Modell auf eine weit kleinere Menge von Verdachtsdiagnosen geschlossen werden, unter denen trotzdem die gesuchten Diagnosen zu finden sind. Die anschließende Überprüfung der Verdachtdiagnosen kann dann wieder im exakten Modell vorgenommen werden, um eventuelle Ungenauigkeiten auszuschließen.

Eine weitere Verwendung der abstrahierten Modelle in FEMO ist, daß mit ihrer Hilfe vereinfachte Erklärungen, d.h. Erklärungen mit weniger Detailwissen erzeugt werden können. So kann der Benutzer bei der Ausgabe einer Erklärung zwischen verschieden detaillierten Erklärungen, bei denen mehr oder weniger Vorwissen zum Verstehen benötigt wird, wählen.

6. Zusammenfassung

Für die modellbasierte Diagnostik gibt es eine Menge von Systemen mit ganz unterschiedlichen Zielen. Long´s System und ABEL sind jedoch die einzigen Systeme, die Rückkopplungen zulassen. Sie sind auf eine bestimmte Anwendung spezialisiert und nutzen deren Eigenheiten aus. Im Gegensatz dazu ist FEMO eine Expertensystemshell, das alle Arten von Rückkopplungen berücksichtigen kann und insbesondere Problemstellungen, wie sie bei Long´s System oder bei ABEL auftreten, lösen kann. Für die Behandlung von Rückkopplungen haben wir einen geschlossenen und einen iterativen Ansatz integriert. Entsprechend der jeweiligen Rückkopplung wird der effizienteste anwendbare Ansatz zur Berechnung benutzt. Da bei der Verwendung von Fehlermodellen die meisten Beziehungen ohnehin linear sind, erscheint uns das als ein guter Kompromiß zwischen Einschränkungen einer Repräsentation, die nur lineare Rückkopplungen erlaubt, und dem zusätzlichem Aufwand für eventuelles Iterieren.

Um auch bei komplexeren Modellen eine Verdachtsgenerierung in einer brauchbaren Form zu ermöglichen, haben wir eine Möglichkeit geschaffen, Abstraktionsebenen zu generieren. Am so vereinfachten Modell ist es möglich, Verdachtsdiagnosen effektiv zu generieren und diese am vollständigen Modell zu überprüfen. Dies war bei den anwendungsgebundenen Systemen nicht nötig, da Spezialwissen zur Verdachtsgenerierung vorhanden war.

Danksagung

Ich bedanke mich bei Frank Puppe für die Betreuung der Arbeit, für die vielen Diskussionen und wertvollen Anregungen, bei Ute Gappa und Karsten Poeck für zahlreiche Korrekturen und inhaltliche Verbesserungen früherer Versionen dieses Papiers.

Literatur

[Davis84] Davis, R.: *Diagnostic Reasoning Based on Structure and Function*, AI-Journal 24, 347-411, 1984

[de Kleer87] de Kleer, J., Williams, B.: *Diagnosing Multiple Faults*, AI-Journal 32, 97-139,1987

[Dörfler73] Dörfler, W., Mühlbacher, J.: *Graphentheorie für Informatiker*, Sammlung Göschen Band 6016, Walter de Gruyter 1973

[Eshelsman88] Eshelsmann, L.: *MOLE: A Knowledge Acquisition Tool For Cover- and Differentiate Systems*, in: Marcus, S. (ed.): Automating Knowledge Acquisition for Expert Systems, Kluwer Academic Publishers, 1988

[Goos89] Goos, K.: *FEMO - Ein Expertensystemrahmen zur Aufnahme kausaler Fehlermodelle*, Diplomarbeit, Universität Karlsruhe, November 1989

[Guckenbiehl89] Guckenbiehl, T., Schäfer-Richter, G.: MODISC : *Eine Anwendung Simulations-basierter Diagnose*, MODISC-Bericht, September 1989, FHG-IITB, interner Bericht

[Kahn88] Kahn, G.: *MORE: From Observing Knowledge Engineers to Automation Knowledge Acquisition*, in: Marcus, S. (ed.): Automating Knowledge Acquisition for Expert Systems, Kluwer Academic Publishers, 1988

[Long86] Long, W., Niami, S., Criscitiello, M.,Kurzrok, S.: *Reasoning about Therapy from a Physiological Model*, Medinfo-86, 1986

[Mason56] Mason, Samuel J.: *Feedback Theory - Further Properties of Signal Graphs*, Proceedings of the IRE, 44 920-926, 1956

[Patil82] Patil, R., Szolovits, P. Schwartz, W.: *Modelling Knowledge of the Patient in Acid-Base and Electrolyte Disorders*, in Szolovits, P. (ed.): Artificial Intelligence in Medicine, AAAS Selected Symposium 51, 1982

[Puppe88] Puppe, F.: *Einführung in Expertensysteme*, Springer 1988

[Pople82] Pople, H.: *Heuristic Methods for Imposing Structure on Ill-Structured Problems*, in Szolovits, P. (ed.): Artificial Intelligence in Medicine, AAAS Selected Symposium 51, 1982

[Wahrshall62] Warshall, S.: *A Theorem on Boolean Matrices*, J. Assoc. Comput. Mach. 9, 11-12 1962

GeRReT - Ein generisches Werkzeug zur Validierung von Regelbasen aus der medizinischen Diagnostik

J. Krems J. Zerban

Universität Regensburg, Institut für Psychologie
8400 Regensburg

Zusammenfassung

In der vorliegenden Studie werden Module eines halbautomatischen Refinement-Werkzeugs vorgestellt, die aufgaben- und bereichsspezifische Charakteristika diagnostischen Urteilens in der Medizin berücksichtigen. Die Module erzeugen kognitiv unterschiedlich adäquate Formulierungsvarianten identischer Bereichsinformationen. Im zweiten Teil werden Ergebnisse einer empirischen Untersuchung der Leistungsfähigkeit von GeRReT berichtet. Nach einem dreifaktoriellen Design (Formulierungsvariante, Syndrom, Fehlerklasse) hatten 26 sachkundige Probanden Fehlerstellen in einer medizinischen Wissensbasis zu orten.

1 Einführung und Problemstellung

Der Prozeß der Wissensakquisition wird üblicherweise in die zwei Teilaufgaben (a) Erhebung, Strukturierung und Formalisierung von Bereichswissen - *elicitation* - und (b) Validierung und Evaluation einer Wissensbasis - *refinement* - eingeteilt (vgl. z.B. Ginsberg, Weiss & Politakis, 1988, S. 197). Während der erste Abschnitt inzwischen Gegenstand intensiver Forschung geworden ist, sind nur wenige Arbeiten zur Überprüfung und Verbesserung bereits bestehender Wissensbasen vorgestellt worden (z.B. Politakis, 1985; Musen et al., 1987; Nazareth, 1989). Ziel der Validierungsphase ist es, die Korrektheit, Vollständigkeit und Gebrauchsfähigkeit einer Wissenskomponente zu überprüfen und gegebenenfalls mit möglichst wenigen Eingriffen herzustellen. Es handelt sich dabei um eine Aufgabe, die nicht nur in der Entwicklungsphase bedeutsam ist, sondern auch die Einführung und fortlaufende Wartung eines wissensbasierten Systems betrifft. Für die Evaluation ist es erforderlich, das in einer Wissensbasis repräsentierte Bereichswissen so aufzubereiten, daß in der Begutachtung durch Experten vorhandene Fehler möglichst effizient identifiziert, keine weiteren Fehler hinzugefügt und fehlende, domänenspezifisch aber notwendige Einträge festgestellt werden.

2 Evaluation von Wissensbasen - Standardprozeduren und ihre Grenzen

In der Überprüfung und gegebenenfalls Verbesserung einer Wissensbasis sind zwei generelle Strategien zu unterscheiden:

- Verwendung eines Außenkriteriums (z.B. Testfälle mit bekannter Lösung, Korrelation der Systementscheidungen mit den Ergebnissen aus anderen Verfahren)
- Explizite Beurteilung der Wissensbasis durch Experten vor bzw. außerhalb des Einsatzes in der Problemlösung.

2.1 Validierung an einem externen Kriterium

Das in der Forschungsliteratur dominierende Standardverfahren zur Validierung eines Systems ist die Überprüfung der Leistungsfähigkeit durch einen Vergleich der Problemlösungen von Experten und Expertensystem (z.B. in MOLE, Eshelman et al., 1987). Aus den Abweichungen bzw. Übereinstimmungen gleich bearbeiteter 'test cases' - z.B. in SEEK (Politakis, 1985) - bzw. übereinstimmender Problemlöseverläufe wird die Korrektheit der Wissensbasis und auch die Effizienz und Fehlerstabilität abgeschätzt. Treten unakzeptable Abweichungen auf, wird das System so modifiziert, daß sich die beobachteten Differenzen möglichst auflösen. Kritisch ist anzumerken, daß mit diesem Vorgehen stets nur eine partielle Validierung geleistet werden kann, da, jedenfalls in Systemen mit einem nennenswerten Leistungsanspruch, die Gesamtmenge der Anwendungsfälle nicht überprüft werden und so stets nur eine meist zufällig herausgegriffene Teilmenge möglicher Systemlösungen begutachtet werden kann.

2.2 Sequentielle Gütebeurteilung durch Experten

Ein anderes Validierungsverfahren, das diese prinzipielle Schwierigkeit umgeht, ist die sukzessive aber vollständige Überprüfung bzw. Begutachtung der einzelnen Wissenselemente des Systems. Die dafür bislang vorgeschlagenen Werkzeuge sind i.w. zwei Kategorien zuzuordnen: (a) Werkzeuge, die über den strukturellen oder formalen Eigenschaften der Wissensbasis operieren. Dazu gehört die Prüfung auf Konsistenz, Widerspruchsfreiheit oder die Identifikation von 'Löchern' in Inferenzbäumen (z.B. Nguyen, Perkins et al., 1985); (b) Werkzeuge, die für die Unterstützung und Optimierung des Begutachtungsprozesses der Wissensteile eines Systems durch Experten entwickelt werden. Sie sollen in der Interaktion eine geeignete, angemessene konzeptuelle Aufbereitung und Darstellung der in der Wissensbasis verfügbaren Informationen leisten. In der Gestaltung des Darstellungsformats wurden die folgenden Ansatzpunkte aufgegriffen: (1) das Format der Domäne. Hier ist das Darbietungsschema an die typische Aufgabenstruktur des jeweiligen Sachgebietes angenähert (z.B. in OPAL, Musen et al., 1987); (2) das Format bestimmter Akquisitions- oder Problemlösestrategien. Beispielsweise beurteilt der Experte in ETS bzw. AQUINAS (Boose & Bradshaw, 1987) nicht die einzelnen

Produktionsregeln direkt, sondern Rating-Grids und hierarchische Strukturen; (3) das Format der Wissensbasis selbst. Auf einer elementaren Ebene sind dies Terme des jeweils eingesetzten Repräsentationsformalismus, also einzelne Produktionsregeln (z.B. in TEIRESIAS, Davis, 1976), Frames, prädikatenlogische Ausdrücke usw. Sie werden direkt begutachtet, evtl. nach einer natürlichsprachlichen Bearbeitung.

2.3 Formulierungsvarianten

Wir gehen davon aus, daß die einzelnen Darstellungsformate - Formulierungsweisen - bei gleichem Grad an Korrektheit und Vollständigkeit der in ihnen repräsentierten Bereichsinformationen in der Darstellungsgüte als unterschiedlich adäquat eingestuft werden können. Diese Paßgenauigkeit von Formulierungsvarianten, die für die natürliche Sprache u.a. im Rahmen kommunikationspsychologischer Forschungsarbeiten untersucht wird (vgl. Vukovich & Krems, 1990), kann auch für Terme aus Kunstsprachen unterstellt werden. Auch für sie ist anzunehmen, daß sich bedeutungsäquivalente Repräsentationen eines einzelnen Sachverhalts aufgrund der kognitiv als 'angemessen' eingestuften Ausdrucksform unterscheiden lassen ("diese Formulierung ist korrekt, vollständig und gültig. Dennoch halte ich jene, inhaltlich gleiche Aussage für passender"). Dies ist im Hinblick auf Ergebnisse der Evaluation von Wissensbasen bedeutsam, da davon auszugehen ist, daß die Wahrscheinlichkeit von Beurteilungsfehlern mit der Distanz wächst, die eine Formulierungsvariante von jener Form trennt, die subjektiv als der Sache angemessen eingestuft wird.

Für Produktionsregeln, die hier besonders im Mittelpunkt stehen, legen kognitionspsychologische Analysen (z.B. Scandura, 1986) nahe, daß keineswegs ohne weiteres davon auszugehen ist, das Repräsentationsformat einzelner Regeln wie auch ihre Kombination in komplexeren Regelbasen stimme mit dem mentalen Repräsentationsschema von Experten überein. In der Validierung sind Beurteilungsprobleme dann zu erwarten, wenn Produktionsregeln auch kein adäquates Formulierungsformat von Wissen darstellen. Es wurde in einer empirischen Studie (vgl. Krems, 1989) gezeigt, daß in der Validierung einer Regelbasis zur medizinischen Diagnostik Experten bei direkter Beurteilung einzelner Regeln weniger als die Hälfte der als korrekt eingestuften Regeln auch als vollständig ansehen. Die Probanden gaben zwar an, daß die fragliche Regel korrekt im Sinne des gängigen Fachwissens ist, daß aber noch weitere Alternativen vorhanden sind, die jeweilige Konklusion zu erreichen. Die Probanden sahen sich in diesen Fällen zur Beurteilung der Vollständigkeit nur in der Lage, falls ihnen alle weiteren Regeln, die dem fraglichen Sachverhalt zugeordnet sind, vorgelegt werden. Als außerordentlich schwierig erschien den Experten die Berücksichtigung von Seiteneffekten, die aus der Verknüpfung von Regeln folgen. Die Mehrzahl der Probanden gab an, daß ihnen die 'Verteilung' von Wissen zu einem einzelnen Sachverhalt auf mehrere Regeln unpassend erscheint. Die Modularisierung inhaltlich zusammenhängender Wissensteile wie sie z.B. nosologische Systeme der Medizin darstellen, sei ungewohnt und im subjektiven Eindruck dem Gegenstand unangemessen.

Ähnliche Probleme bereitet die Verrechnung der Sicherheitswerte. Auch hier gaben die meisten der Experten an, daß es dem üblichen diagnostischen Vorgehen nicht entspräche, von einem mit geringer Sicherheit vorliegenden Sachverhalt bei zusätzlich erfüllten Bedingungen auf den gleichen Sachverhalt, nur mit erhöhter Sicherheit usw. zu schließen. Als adäquater werden Formate eingestuft, in denen die implizite Bedeutung des Sicherheitsfaktors (unsicher, wahrscheinlich, sicher) strukturell repräsentiert wird (z.B. auf unterster Ebene Prämissen, die einen Verdacht begründen; auf der nächst höheren Ebene weitere Bedingungen, deren Vorliegen den Verdacht erhärtet usf. bis die oberste Stufe erreicht ist).

Aus diesen empirischen Befunden ist für ein Refinement-Tool zu folgern, daß die Beurteilung von Regeln erleichtert wird, wenn das über eine Menge von Regeln verteilt notierte bereichsspezifische Wissen in eine Struktur abgebildet wird, in der die Verknüpfung der Elemente der Domänenstruktur weitgehend entspricht. Außerdem ist eine domänenspezifische Darstellung des Sicherheitsfaktors in der Gestaltung der Interaktionskomponente zu berücksichtigen. Diese Annahmen können sowohl an schematheoretische Ansätze der Kognitionspsychologie (vgl. Mandl, Friedrich & Hron, 1988) als auch an die Kompilierungsannahme in ACT* (Anderson, 1987) anknüpfen. Ein weiterer Anknüpfungspunkt ist der Generic-Task-Ansatz (Bylander & Chandrasekaran, 1987), der eine aufgaben- und problemlösespezifische Akquisition und Repräsentation von Wissen betont. Von Clancey (1985) wurde u.a. für die diagnostische Urteilsbildung in der Medizin eine bereichsspezifische Analyse der Problemlösesituation vorgeschlagen.

Allgemeine Kriterien, die an eine effiziente Schnittstelle zur Aufbereitung und Darbietung von Wissensbeständen zu stellen sind, sind im folgenden aufgelistet. Diese Schnittstelle sollte

- die Identifikation *aller* Fehler unterstützen;
- das Hinzufügen *neuer* Fehler verhindern;
- die Beurteilung der Vollständigkeit einer Wissensbasis unterstützen;
- die Beurteilung der Relevanz einzelner Elemente in der Wissensbasis unterstützen;
- eine Beurteilung der Typikalität einzelner Einträge erlauben (richtig, aber kommt in dieser Form sehr selten vor).

3 Generic Rule-base Refinement Tools (GeRReT)

GeRReT sind eine Sammlung von Modulen, die für die Akquitision und Validierung einer medizinischen Wissensbasis entwickelt werden. Für die Refinementphase stehen inzwischen vier Interaktions-Module zur Verfügung.

3.1 Einzelne Interaktionsmodule

1. EinzelRegel: Die einzelnen Wissenspartikel, hier Produktionsregeln, werden einzeln, allerdings in strukturierter Form (grafische Symbolisierung der syntaktischen Struktur einer Regel) dargeboten. Ein dafür entwickelter Editor (vgl. Krems et al., 1987) sorgt dafür, daß vom Experten vorgeschlagene Modifikationen stets zu syntaktisch korrekten Regeln führen.

2. InferenzBaum: Die Technik der Auflösung der Inferenzstruktur von regelbasierten Systemen in UND-ODER-Bäume gehört seit TEIRESIAS (Davis, 1976) zu den Standardkomponenten von Akquisitionswerkzeugen (z. B. Kitto & Boose, 1987) und wird hier nicht erneut erläutert.

3. KompaktModul: Die Verknüpfung von Regeln, die in Inferenzfolgen auftritt, kann durch Evaluation der Konsequenzteile aufgelöst und die Einzelteile können dann in eine kompakte Regelstruktur abgebildet werden. Dazu ist es erforderlich, Konklusionen, die in Antezedenzteilen anderer Regeln auftreten, durch die jeweiligen Prämissen zu ersetzen. Ein wichtiger Punkt ist die Komposition der Bedingungsteile jener Regeln, die gleiche Konklusionsteile besitzen. Dadurch ist es dem Beurteiler möglich, alle Bedingungen und deren logische Verknüpfung, die zur Identifikation einer diagnostischen Klasse vorhanden sind, in einer integrierten Darstellung zu inspizieren. Im Anschluß an Anderson (1987) kann diese Darstellung als domänengerechte Kompilierung von Regeln verstanden werden, die inhaltlich zusammenhängen.

4. HierarchieModul: Das dominierende Modell der diagnostischen Urteilsbildung in der Medizin wurde von Elstein, Shulman & Sprafka (1978) vorgestellt und ist inzwischen unter dem Stichwort 'hypothetico-deduktives-Vorgehen' bekannt. Auch in neueren Arbeiten (Rothenfluh, 1988) wird davon ausgegangen, daß 'generisches Vorgehen' in dieser Diagnostik-Domäne folgende Schritte umfaßt: (a) die Bildung einer Verdachtshypothese aufgrund von ersten Symptomen, (b) die Bestätigung oder Ablehnung dieser Hypothese aufgrund zusätzlich verfügbarer Daten und (c) die Angabe einer nosologischen Kategorie, falls weitere, die ursprüngliche Vermutung endgültig bestätigende Befunde vorliegen. Dieser für die Medizin typischen Diagnosestrategie ist das HierarchieModul angepaßt. Es werden alle Regeln, die insgesamt zur Ableitung einer einzelnen diagnostischen Kategorie verfügbar sind, in eine hierarchische Struktur mit drei Ebenen übersetzt. Auf oberster Ebene werden Symptome angeboten, die eine Verdachtshypothese begründen. Ihnen sind auf mittlerer Ebene weitere Patientendaten zugeordnet, die in der Überprüfung der Hypothese bedeutsam sind. Eine dritte Stufe enthält weitere Symptome, die eine diagnostische Kategorie endgültig begründen. In Abb. 1 ist die von diesem Modul generierte Struktur dargestellt.

PROTO

GeRRet

GeRRet: Nosologische Klasse?

Benutzer: Amentielles Syndrom

Diagnoseschema für
'Amentielles Syndrom'

Falls zusätzlich das folgende gilt, ist es wahrscheinlicher, daß:
'Amentielles Syndrom'
Eins - von:
1. ________
2. ________
3. ________
4. ________

'Amentielles Syndrom' gilt als möglich (Verdacht), falls folgende Bedingungen zutreffen:
Entweder
Alle 1. ________
2. ________
oder
eines - aus
1. ________
2. ________

Schließlich muß das folgende verifiziert werden, um letztendlich folgern zu können
'Amentielles Syndrom'
Zwei - oder - mehr - von
1. ________
2. ________
3. ________
4. ________
5. ________

Abbildung 1. Beispiel der Darbietung eines Diagnoseschemas durch das HierarchieModul

3.2 Implementation, technische Bemerkungen

GeRReT ist als Komponente des Expertensystems PROTO (Krems et al., 1987) in INTERLISP auf SIEMENS-5815 (XEROX-1132) implementiert. Die einzelnen Module operieren über der Regelmenge und verwenden in der Darbietung die bekannten Verfahren einer grafikunterstützten Oberfläche (Grafikbrowser). Die Verarbeitung der Regelmenge erfolgt i.w. in drei Teilschritten. In einer ersten Phase werden alle Regeln ermittelt, die mit einer davor spezifizierten Enddiagnose (z.B. Amentielles Syndrom) auf einer beliebigen Ebene des Inferenzbaums verknüpft sind. Im zweiten Schritt wird diese Regelmenge entsprechend den Anforderungen der nachfolgenden Output-generierenden Komponenten zu einer Liste verarbeitet. Diese wird abschließend mit den für jedes Modul notwendigen EDIT-Funktionen verknüpft.

4 Empirische Untersuchung

Die Effekte der vier unterschiedlichen Formulierungsvarianten in der Validierung von Wissensbasen wurden in einem Experiment untersucht. In einem dreifaktoriellen Design (Formulierungsvariante, Syndrom, Fehlerklasse) hatten sachkundige Probanden in einer Wissensbasis zur Diagnostik in der Neurologie Fehlerstellen zu orten.

4.1 Das Versuchsmaterial - Unabhängige Variablen

Im Experiment wurde eine Teilmenge der Wissensbasis von PROTO (Krems et al., 1987), einem System zur medizinischen Diagnostik, verwendet. Es wurden vier Regelmengen zur Diagnose unterschiedlicher Syndrome ausgewählt, die jeweils aus 11 einzelnen Regeln bestanden. Die einzelnen Regelgruppen umfaßten jeweils ca. 50 Prämissen und 13 Operatoren.

Die Regeln wurden mit Fehlern aus den folgenden 6 Fehlerklassen versehen:

- Fehlerhafter Operator (z. B. statt ALLE wird MINDESTENS-EINS verwendet) in der Verknüpfung der Prämissen
- Fehlerhafte zusätzliche Bedingung
- Fehlerhafte zusätzliche Regel
- Fehlerhafter Konfidenzwert im Konklusionsteil
- Zusätzliche redundante Regel
- Fehlende, von der Sache her unbedingt notwendige Prämisse

4.2 Abhängige Variablen

Aufgabe der Probanden war es, mit Hilfe der einzelnen Module Teile der Wissensbasis im Hinblick auf Fehlerstellen zu inspizieren. Sie sollten dabei die von ihnen verdächtigte Textstelle mit Mausklick angeben. Damit können in der Bewertung der Werkzeuge die folgenden Daten berücksichtigt werden:

- Suchzeiten für die Fehler je Kategorie.
- Gesamte Bearbeitungszeit pro Formulierungsvariante.
- Quote der korrekt als falsch eingestuften Items pro Durchgang.
- Anzahl richtiger Regelteile, die überflüssigerweise als Fehler eingestuft wurden.
- Gesamtzahl angemerkter Fehler.

Zusätzlich wurde ein Gütekriterium eingeführt, das darüber Auskunft gibt, in welchem Zustand sich die Regelbasis befindet, nachdem ein Benutzer das Versuchs-Refinement abgeschlossen hat. In die Berechnung dieser Größe gehen ein:

- die noch vorhandenen Fehler ($F_{a-priori-rest}$) und
- die darüberhinaus von der Versuchsperson fälschlich angemerkten Fehler; Differenz der Anzahl insgesamt angemerkter Fehler und der davon korrekten Teilmenge ($F_{insg} - F_{korr}$).

$$Güte_{ref} = -(F_{a-priori-rest} + (F_{insg} - F_{korr}))$$

Die Güte ist damit die negative Summe aus übersehenen tatsächlich vorhandenen Fehlern und den als Fehler eingestuften richtigen Stellen. Diese Funktion hat ihr Optimum bei Null (keine Fehler wurden übersehen und keine darüberhinaus angemerkt), je weiter die Werte von Null differieren, desto schwächer ist die Güte.

4.3 Versuchspersonen, Versuchsdurchführung

Am Experiment nahmen 26 Probanden teil. Alle Personen verfügten über ausreichend Bereichswissen, um die experimentelle Aufgabe prinzipiell lösen zu können. Der Versuch wurde an der LISP-Maschine durchgeführt und dauerte pro Person ca. 2.5 Stunden.

4.4 Ergebnisse

4.4.1 Bearbeitungszeit

Für jeden Probanden liegt für jede der vier Darbietungsvarianten eine Gesamtbearbeitungszeit vor. Sie umfaßt den Zeitraum vom Beginn der Beurteilung mit Hilfe eines bestimmten Moduls bis zur Angabe der Versuchsperson, der von ihr bearbeitete Ausschnitt der Wissensbasis befände sich nun in einem fehlerfreien Zustand. Eine varianzanalytische Auswertung dieser Zeiten ergab bei $F_{(3,87)} = 1.02, p < 0.38$ keine signifikanten Unterschiede zwischen den einzelnen Formulierungsvarianten als Haupteffekt. Betrachtet man aber die Interaktion mit den einzelnen Regelmengen, so ist mit $F_{(9,87)} = 2.04, p < 0.044$ ein überzufälliger Wert festzuhalten. Detailanalysen zeigen, daß die Regelmenge mit dem höchsten Komplexitätsgrad mit dem HierarchieModul am zügigsten zu bearbeiten ist.

4.4.2 Fehlersuchzeiten

Die Daten wurden mittels kategorialer Regressionsanalyse ausgewertet (vgl. Tutz, 1989). Dieses Verfahren bietet sich an, da bei einer linksschiefen Verteilung der Reaktions- und Suchdaten die Voraussetzungen der Varianzanalyse nicht erfüllt sind. Außerdem sind jene Fälle, bei denen Probanden Fehler nicht fanden, nach einer Kategorisierung angemessener zu interpretieren. Es zeigte sich, daß sich der Einfluß der Darbietungsvarianten auf die Fehlersuchzeiten nicht in einem Haupteffekt nachweisen läßt. Erst in der Interaktion mit den einzelnen Fehlerklassen zeigen sich Effekte:

1. Im InferenzBaum werden fehlerhafte Konfidenzwerte signifikant schneller ermittelt als in allen anderen Darbietungen.

2. Fehlerhafte Quantoren sind bei EinzelRegel schneller zu identifizieren.

3. Im HierarchieModul sind fehlerhafte Quantoren signifikant schwieriger zu finden.

Tabelle 1. Zusammenfassung der empirischen Befunde: Es ist für jedes der vier Module angegeben, in welchen Merkmalen es in der Darbietung bereichsspezifischer Informationen den anderen drei Formulierungsvarianten überlegen (+) oder unterlegen (-) ist.

HierMod	+	Kurze Bearbeitungszeit bei einzelnen Regelgrupen
	+	Hohe Güte
	–	Fehlerhafte Quantoren schlecht zu identifizieren
KompDar	+	Hohe Güte
	–	Fehlerhafte Konfidenzwerte selten zu finden
InferenzB	+	Hohe Güte
	+	Fehlerhafte Konfidenzwerte schnell zu finden
	–	Fehlende Übersicht bei großen Inferenzbäumen
EinzelR	+	Falsche Quantoren werden schnell gefunden
	–	Niedrige Güte

4.4.3 Gütekriterium

In einer zweifaktoriellen Varianzanalyse (Formulierungsvariante x Regelmenge) konnte mit $F_{(3,87)} = 5.27, p < 0.0022$ nachgewiesen werden, daß sich die vier Formulierungsvarianten signifikant unterscheiden. In einer Detailanalyse mittels Scheffe-Tests ergab sich, daß sich InferenzBaum, KompaktModul und HierarchieModul nicht untereinander, aber sehr signifikant von EinzelRegel unterscheiden.

5 Schlußfolgerungen - Zusammenfassung

Es wurden vier Werkzeuge zur Darbietung regelbasierter Wissensbasen entwickelt, implementiert und experimentell evaluiert. Eine zusammenfassende Darstellung der Vor- und Nachteile enthält Tabelle 1. Die Analysen zeigen, daß keines der hier untersuchten Module optimal ist. Es ist davon auszugehen, daß sowohl für spezifische Wissensarten wie für einzelne Repräsentationsformalismen weitere Module zu entwickeln sind, die eine konzeptuelle Darbietung der Inhalte einer Wissensbasis nach Kriterien der kognitiven Ergonomie erlauben. Für eine Zielversion müssen außerdem Zuordnungsregeln - empirisch ermittelt - identifiziert werden, die angeben, bei welchem Wissensgebiet (z.B. technische Domäne), bei welcher Aufgabe (z.B. Konfiguration, Diagnostik) und bei welchem Expertengrad des Beurteilers (Praktiker) welches Modul eine optimale Darstellung der zu beurteilenden Wissenskomponente in der Interaktion leistet. Dies könnte nach dem Vorbild des von Kitto & Boose (1987) vorgestellten 'Dialogmanagers' geschehen, der um Module und Einsatzregeln zu erweitern wäre, die nicht nur die Konsistenz der Wissensbasis, sondern auch die beurteilungserleichternden Formate ihrer Darbietung betreffen.

6 Literatur

Anderson, J. R., Skill acquisition: Compilation of weak-method problem situations, Psychological Review, 94 (1987), 192-210.

Boose, J.H. and Bradshaw, J.M., Expertise transfer and complex problems: using AQUINAS as a knowledge-acquisition workbench for knowledge-based systems, Int. J. Man-Machine Studies, 26 (1987), 3-28.

Bylander, T. and Chandrasekaran, B., Generic tasks for knowledge-based reasoning: the "right" level of abstraction for knowledge acquisition, Int. J. Man-Machine Studies, 26 (1987), 231-243.

Clancey, W. J., Heuristic classification, Artificial Intelligence, 27 (1985), 289-350.

Davis, R., Applications of meta-level knowledge to the construction, maintenance, and use of large knowledge bases, Stanford University, Rep.No STAN-CS-76-564 (1976).

Elstein, A. S., Shulman, L. E. & Sprafka, S. A., Medical problem solving: An analysis of clinical reasoning (Harvard Univ. Press, Cambridge, 1978).

Eshelman, L., Ehret, D., McDermott, J. and Tan, M., MOLE: a tenacious knowledge-acquisition tool, Int. J. Man-Machine Studies, 26 (1987),41-54.

Ginsberg, A., Weiss, S. M. and Politakis, P., Automatic knowledge base refinement for classification systems, Artificial Intelligence, 35 (1988), 197-226.

Kitto, C.M. and Boose, J.H., Heuristics for expertise transfer: an implementation of a dialog manager for knowledge acquisition, Int. J. Man-Machine Studies, 26 (1987), 183-202.

Krems, J., Krischker, S., Mehmanesh, H., Pfeiffer, T., Prechtl, Ch. and Raith, E., PROTO: wissensbasierte Diagnostik psychoorganischer Störungsformen. Forschungsberichte zur Psychologie der Kommunikation und Informationsverarbeitung, No. 11 (Regensburg, 1987).

Krems, J., Validation of production rules: expert - expert system interaction in prototype revision, in: Klix, F. et al. (eds.), Man-Computer Interaction Research (North-Holland, Amsterdam, 1989) pp. 401-411.

Mandl, H., Friedrich, H. F. and Hron, A., Theoretische Ansätze zum Wissenserwerb, in: Mandl, H. and Spada, H. (Hrsg.), Wissenspsychologie (Psychol. Verlagsunion, München, 1988) pp. 123-160.

Musen, M.A., Fagan,L.M., Combs, D.M. and Shortliffe, E.H., Use of a domain model to drive an interactive knowledge-editing tool, Int. J. Man-Machine Studies, 26 (1987), 105-121.

Nazareth, D. L., Issues in the verification of knowledge in rule-based systems, Int. J. Man-Machine Studies, 29 (1989), 255-271.

Nguyen, T.A., Perkins, W.A., Laffey, T.J. and Pecora, D., Checking an Expert Systems Knowledge Base for Consistency and Completeness, in: Proc. of the 9th IJCAI (Kaufmann, Los Altos, 1985) pp. 375-378.

Politakis, P.G., Empirical Analysis for Expert Systems (Pitman, Boston, 1985).

Rothenfluh, Th., Von der Diagnose zum situativen Modell (Zürich, Dissertation, 1988)

Scandura, J.M., System Issues in Problem Solving Research, in: Klix, F. and Wandke, H., (eds.), Man-Computer Interaction Research MACINTER-I (North-Holland, Amsterdam, 1986) pp. 173-183.

Tutz, G., Sequential Models in Ordinal Regression, Regensburger Beiträge zur Statistik und Ökonometrie (Regensburg, 15, 1989).

Vukovich, A. & Krems, J., Schemata der Wissensvermittlung, in: Böme-Dürr, K., Emig, J. and Seel, N. (Hrsg.), Wissensveränderung durch Medien? (Saur, München, 1990) pp. 55-71.

Sharpening of orientation selective receptive fields in the mammalian visual cortex by long-range interactions

Ernst Niebur* Florentin Wörgötter†

California Institute of Technology, Computation and Neural Systems Program
Pasadena, CA 91125, USA

Abstract
Lateral intracortical interactions are believed to be responsible for the sharpening of the receptive field profiles of visual cortical cells. This study demonstrates a structurally imposed limitation of long range interactions on the frequently invoked cross orientation inhibition scheme: it leads to inhomogeneous input for different cell populations which is experimentally not observed. We propose a novel connection scheme called "circular inhibition" which circumvents this problem. The scheme is analyzed by computer simulation of the early visual system of the cat, and by studying a simple analytically solvable model. Our model yields results consistent with the experimentally determined structure of the orientational hypercolumns in area 18 of the cat.

1 Introduction

Computer Vision still has a long way to go! There is no doubt that considerable progress has been made in this field, and that the performance on specific tasks is sometimes impressing. But overall, machine vision must be considered as a science in its infancy if it is compared to the visual system of many animals. Even small mammals or birds with a brain of a few grams outperform the most sophisticated man-made vision systems by far. It is thus a natural approach to study biological neural networks who solve the hard problems of vision apparently effortless. That this is a promising strategy is shown by the work of Mead and Mahowald who re-built the first -and best understood- element of the visual system, the retina, in analog VLSI-technology (Mead, 1989). While it is certainly a long way from their "Silicon Retina" to the construction of a "Silicon Cortex", it is clear that knowledge of the principles used by biological visual systems can help us

*To whom correspondence should be addressed.

†Present address: Institut für Neurophysiologie, Ruhr-Universität Bochum, D-4630 Bochum, West Germany

to build better artificial systems. In this paper, we want to make a contribution to the understanding of these principles.

The mammalian visual cortex shows a high degree of functional specificity, and for distances above 0.2° a topographical mapping from the visual field onto the cortex exists (Albus 1975 a,b). For shorter distances, the topography is lost in the random scatter of the receptive fields (RFs). Long range connections extend over distances on the cortical surface which are larger than the equivalent of 0.2°. The question arises if a detailed connection scheme between all neurons is necessary for the functioning of the cortex, even over such long distances, or if less specific connection schemes are sufficent.

We will show that low-specific long-range interactions between neurons can perform even better than highly specific connections for the task we are studying, namely the sharpening of the orientation selectivity of simple cell in primary cortex. In Section 2 we study the tuning of the orientation selective neurons by intracortical long-range interactions, using a detailed computer simulation of the early visual system of the cat. We find that a certain type of specific long-range inhibition (cross-orientation inhibition, Sillito 1979) leads to unexpected and experimentally not observed asymmetries in the behavior of different populations of cortical cells. Instead of cross-orientation inhibition we introduce a new mechanism (*circular inhibition*) which is considerably less specific and we will show that it eliminates non-physiological asymmetries. In Section 3, we discuss a simple, analytically solvable model which provides insight into the underlying mechanism. In Section 4, we apply the model to the experimentally determined structure of the visual cortex.

2 Cross-Orientation Inhibition *vs.* Circular Inhibition

Processing of visual information starts in the retina. Although many details remain to be understood, we probably have now a fairly accurate idea of the basic principles of operation of this part of the central nervous system (see Dowling, 1987 for a review). The next stage of the major visual pathway of mammals is the Lateral Geniculate Nucleus (LGN), a layered structure in the Thalamus. All axons from retinal ganglion cells make synapses on LGN cells which project on their turn to Layer 4 of the primary visual cortex (area 17). While the receptive fields of retinal ganglion cells and of LGN cells are all circular, many neurons in V1 are characterized by their preference for elongated bar stimuli of a certain orientation. The first model (Hubel and Wiesel, 1962) postulated that this so-called "orientation selectivity" arises from an appropriate alignment of thalamic synaptic input (from the LGN) to the cortical cells. More recent work showed that this picture is probably too simple and that intracortical interactions contribute to the shaping of the receptive fields of cortical neurons (for a review see Sillito 1984).

Cells in visual cortex are arranged such that cells with similar orientation preference are grouped together. A set of cells with similar orientation preference is called an "orientation column", and a complete set of orientation columns, spanning all orientations, is called a "hypercolumn" (Hubel and Wiesel 1963). The width of a hypercolumn on the cortical surface (at about 5° eccentricity from the fovea) of the cat is about 1 mm (Albus 1975b, see also Section 4).

Orientation hypercolumns form a rather complex pattern on the cortical surface (Brait-

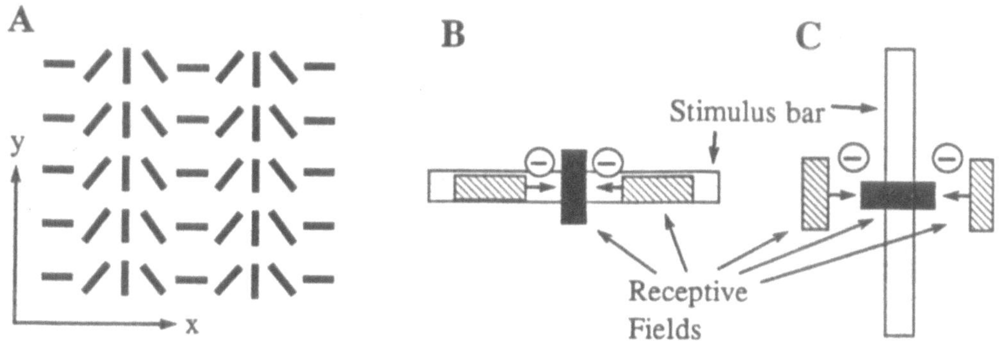

Fig. 1: (A) Parallel orientation column structure. Black bars represent the preferred orientation of cortical cells. (B) Light bar (stippled rectangle) acting on RFs of a cortical neuron (black) and of two other inhibitory cortical neurons (shaded). The latter provide inhibitory input (arrows) to the center cell. (C) As in (B), but with preferred orientation of the center cell and stimulus orientation orthogonal to that in (A).

enberg, 1984). The details of this structure are not well understood, although some insight has been obtained recently (Durbin and Mitchison, 1990) in terms of dimension reducing mappings, from the many-dimensional parameter space of visual input (comprising ocular dominance, location, orientation,...) to the 2-dimensional cortical sheet. We assume in this section and in Section 3 that the hypercolumns are arranged in parallel rows (see Fig. 1a). This is a rather drastical simplification, but comparison of the results obtained in Sections 2 and 3 with this model with the physiological data used in Section 4 shows that the model seems to contain the essential features of the problem we are studying.

A possible mechanism to obtain orientation tuning is cross-orientation inhibition. Figure 1B,C illustrates how cross-orientation inhibition acts on cells in a model cortex. In the classical cross-orientation inhibition scheme it is assumed that a given cell receives inhibitory synaptic input from neurons which have a preferred orientation orthogonal to the preferred orientation of the target cell. Although, at first sight, this mechanism seems to be very efficient for sharpening the orientation tuning, it is seen from Fig. 1 that this is only true for a subset of cells. This is due to the fact that a horizontal stimulus in Fig. 1B optimally covers the horizontally oriented RFs of the inhibitory cells, whereas the vertical bar does *not* cover the vertical RFs in Fig. 1c. Thus, cells with vertical and horizontal preferred orientation receive unequal amounts of inhibition when stimulated with their non-optimal stimuli.

This simplified scheme neglects the receptive field scatter and overlap, but the relevance of the above observation can be tested in a more realistic situation which includes these features (Wörgötter, Niebur and Koch, 1990). The same parallel structure for the orientation columns in the cortex is used. Individual pre-shaped RFs are generated by a superposition of *differences of Gaussians* according to their input from the LGN. The RF of the cortical cell in the center is simulated by a spatial superposition (with appropriate weights) of all preshaped RFs that converge onto this cell. An example of a receptive field which is generated in this way is shown in the top left corner of Fig. 2. This figure shows the ratio l/w between length and width (determined at half of the peak height) of RFs for two cells, one with vertical and one with horizontal preferred orientation. Both cells receive a highly similar connection pattern from the LGN. The ratio l/w is small and essentially identical for both cells when the RFs are generated exclusively by LGN

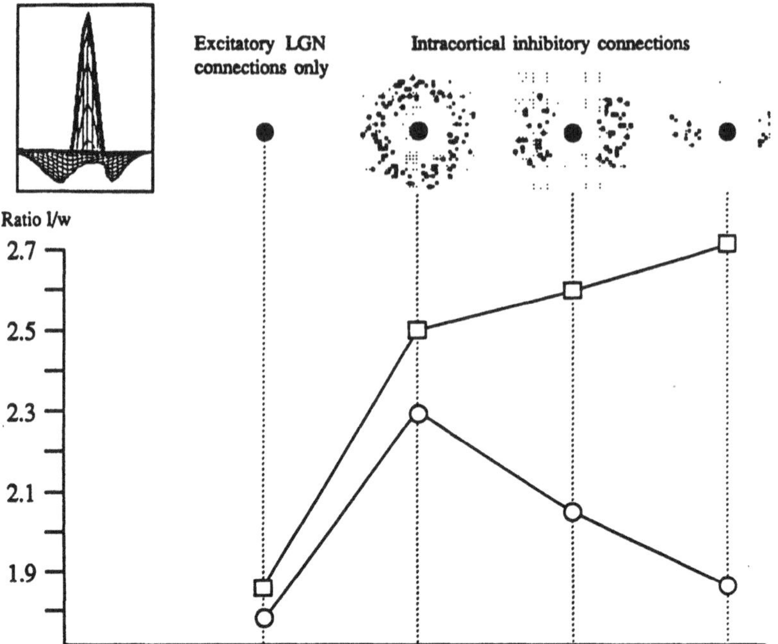

Fig. 2: Ratio length/width of Rfs for different intracortical circuitry schemes. Left is shown a cell which receives only excitatory input from the LGN. The other three other data sets show this ratio for cells which receive also intracortical inhibition from a sector orthogonal to their preferred orientation. These sectors are different for the three cells, as shown on top of the figure. Squares: preferred orientation of the center cell is parallel to the hypercolumns, Circles: preferred orientation is orthogonal to the hypercolumns. The lines are merely a guide for the eye. The inset shows a typical receptive field, as used in the simulation (see Wörgötter*et al.*, 1990 for details).

convergence (leftmost data points). In the classical cross-orientation inhibition scheme, only cells within a small angle (here ±22.5°, rightmost data points) are connected to the center cell, because only those cells do have the correct orientation preference (The center cell is shown by a black filled circle in the upper part of Fig. 2, and its presynaptic partners are represented by smaller black squares.). The ratio l/w is large for the cell with vertical preferred orientation. It stays, at a low value, however, for the other cell. This difference exists not only between single cells but between the complete populations of vertically and horizontally oriented cells. Although differences in tuning strength of individual cortical cells are abundant, differences in the tuning between whole cell populations have never been observed experimentally.

How can the tuning of inhibition be made more homogeneous? The answer is shown in the central sets of data points in Fig. 2. Increasing the angle within which the cells get their inhibition reduces l/w for the vertical cell and increases it for the horizontal cell. When the input comes from all cells on a full circle around the center cell, l/w is very similar for both cells. We call this circuitry scheme ***circular inhibition*** and it is seen that it reduces the asymmetry between the tuning strength of the cell populations with vertical and horizontal preferred orientation substantially.

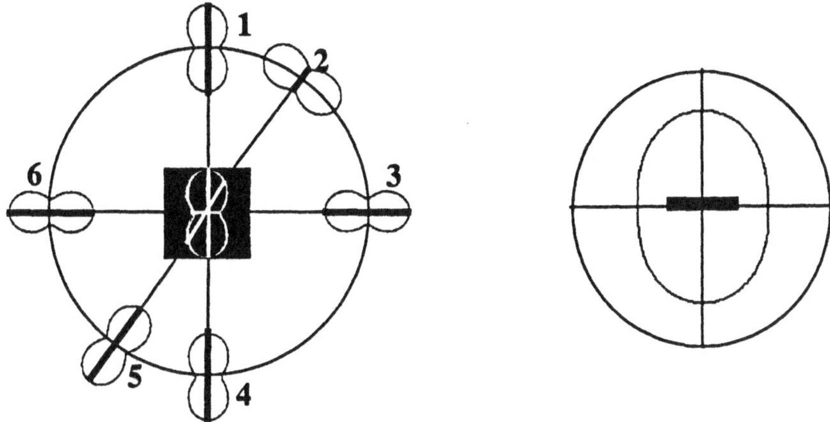

Fig. 3: Left: Neuron with 6 presynaptic partners (1-6) in equal distance. The shape of the RFs is shown by closed curves. The input to the center cell (white on black ground), shown for three stimulus bars (thin straight lines) is proportional to the overlap with the RFs (thick black lines). Right: Polar diagram of $\overline{I(\lambda/2,\gamma)}$, cf. eq. (4).

3 A Simplified Model for Circular Inhibition

As in the previous sections, we assume parallel hypercolumns and a one-to-one projection from the visual field to the cortex. We choose a coordinate system on the cortex in which the y-axis is parallel to the hypercolumns and the x-axis orthogonal to them. As a consequence, the preferred orientation ϕ of a cell which is located at the point (x,y) is only dependent on x, $\phi = \phi(x)$, with

$$\phi(x) = \frac{\pi}{\lambda}x, \tag{1}$$

where λ is the width of one hypercolumn.

We obtain an analytically tractable model by assuming furthermore that the cell activity $\mathcal{A}$ is described as a function of the stimulus angle γ relative to the preferred orientation ϕ of the cell[1]:

$$\mathcal{A}(\gamma-\phi) = A_0 + A_2\cos(2\gamma - 2\phi). \tag{2}$$

A stimulus bar (δ-function bar) which is centered on a cell with a preferred orientation of ϕ will then elicit a response 2 $\mathcal{A}(\gamma-\phi)$ (see Fig. 3).

In an idealized circular inhibition scheme, a cell receives input from all cells that are located on the circle with radius r around the cell in the center. For the columnar structure defined in eq. (1), the input to the cell at the point (x,y) is found as,

$$I(x,y) = 2\mathcal{A}(\gamma - \phi(x - r\cos\gamma)) + 2\mathcal{A}(\gamma - \phi(x + r\cos\gamma)), \tag{3}$$

which yields

$$I(x,y) = 4[A_0 + A_2\cos(2\gamma)\cos(2\pi/\lambda r\sin(\gamma + 2\pi/\lambda x))]. \tag{4}$$

[1] For a theoretically more rigorous treatment of this model see Batschelet 1981; Thisbos and Levick 1985; Swindale et al. 1987; Wörgötter and Eysel 1987.

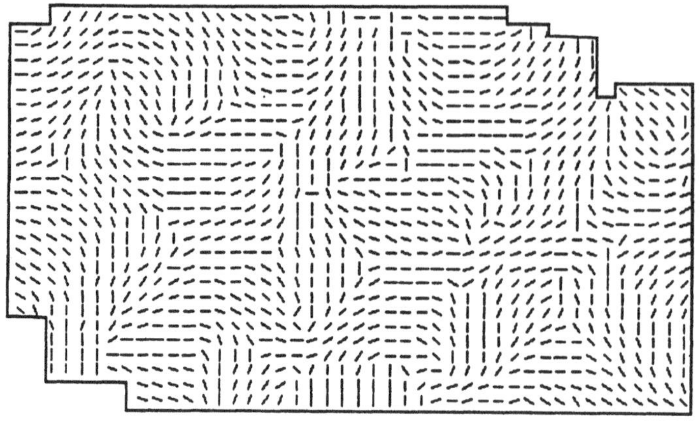

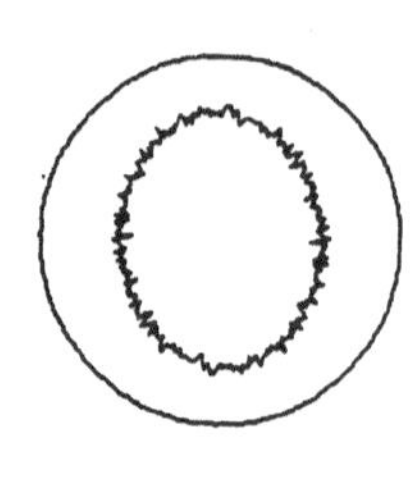

Fig. 4: Left: Orientation column structure in cat area 18 (modified from Swindale *et al.*, 1987). Right: Average tuning of circular inhibition ($r = 0.62$ mm) for the cortex in (A).

The average tuning of inhibition within the whole population of cells along any stimulus angle γ and for a radius r of the circle of inhibition is then calculated as

$$\overline{I(r,\gamma)} = \frac{1}{\lambda}\int_0^{\lambda} I(x)\,dx = 4A_0 - 2A_2 J_0(2\pi r/\lambda)\cos(2\gamma), \tag{5}$$

where J_0 is the Bessel function of order zero.

Figure 3 shows $\overline{I(r,\gamma)}$, for $r = \lambda/2$, in a polar diagram as a function of γ. The reason why we have chosen this radius of the circle of inhibition is that inhibitory connections are predominately found having a length of half a hypercolumn (i.e. $\lambda/2$, Wörgötter *et al.* 1990; Hata *et al.* 1988). The preferred orientation is indicated by the black bar in the center. It is seen that inhibition is considerably more efficient perpendicularly to the preferred orientation than along the preferred orientation, which shows that circular inhibition will result in a net cross-orientation inhibition effect. We would like to emphasize that the non-locality of the intracortical connections is essential for obtaining cross-orientation inhibition. It can be seen from eq. (5) that iso-orientation inhibition is obtained for small r. If both local and non-local interactions are taken into account by adding inhibitory inputs from within a *disc* (and not from a circle), no appreciable cross-orientation inhibition is obtained (data not shown).

4 Circular Inhibition in a Real Cortex

In this section, we will no longer make the assumption of parallel hypercolumns. Instead, we will study circular inhibition in a real cortex. Figure 4 shows a part of the column structure of area 18 in a cat, measured and analyzed by Swindale *et al.* (1987). They find a mean distance between hypercolumns of $\lambda = 1.25$ mm. For this cortex structure, we have determined the inhibitory input produced by circular inhibition as a function of the circle radius r. Averaging over all cells whose distance from all borders of the cortex is at least r, we found that the most efficient circular inhibition is obtained at a radius of about

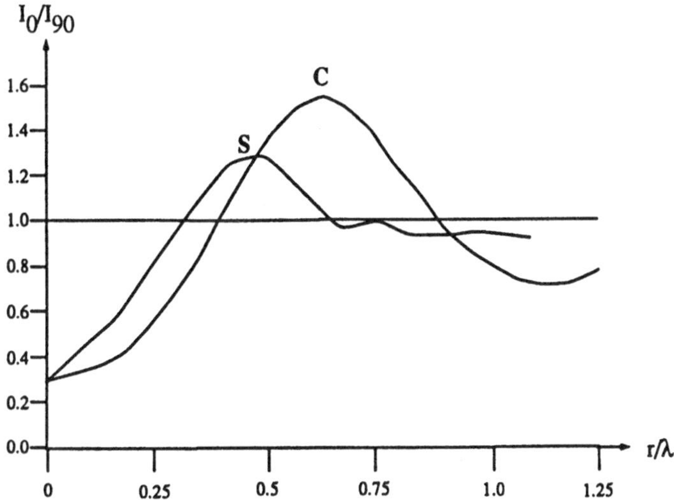

Fig. 5: Ratio of inhibitory input orthogonal and along the preferred orientation $I_{90}(r)/I_0(r)$ of cells in the real cortex, shown in Fig. 4 (curve S), compared to the model in Section 3, eq. (4) (curve C).

half a hypercolumn ($r = \lambda/2$, Fig. 4). The efficiency of circular inhibition, measured as the ratio of inhibitory input orthogonal to the preferred orientation relative to this input parallel to the preferred orientation is shown in Fig. 5 as a function of r. Values above unity indicate a net cross-orientation effect; values below show iso-orientation interactions. The qualitative features of the theoretically expected curve (curve C) agree with those of the curve obtained from the experimental data (curve S). For small radii, iso-orientation interactions are obtained, as expected from eq. (5). For larger r, the calculation in the previous section yielded a minimum of the tuning curve; i.e. another iso-orientation effect, with values below unity. In the real cortex (curve S), no clear tuning is observed for distances $r > 0.75\lambda$. This, however, could be due to the rather small number of cells (n=59 for $r = \lambda$) over which we could average to avoid border effects at this large radius. The results from a real cortex confirm the observations we made for our artificial cortices.

5 Discussion and Conclusion

The detailed nature of the mechanisms leading to the sharpening of the orientation tuning is still a matter of discussion. Several models have been proposed and, indeed, there is some experimental evidence for most of these. The simplest solution for this apparent contradiction is an "ecclectic model" (Ferster and Koch, 1987), i. e. the assumption that "all" mechanisms exist. Each mechanism is assumed to be relatively unspecific and it is their combination which leads to the observed tuning of inhibition.

There is substantial experimental evidence that the shaping of receptive fields by inhibitory long range interactions is one (if not *the*) mechanism for enhancing the orientation selectivity of cortical neurons (Sillito 1984). We show that the classical cross-orientation inhibition connection pattern leads to inhomogeneous inhibitory input for different cell populations, and that this is not the case if the connections are arranged circularly symmetrically around the target cell. We call this connection pattern *circular inhibition*. It has both the advantage of providing consistent input to all cells, and it is conceptually simpler than cross-orientation inhibition. This mechanism is thus ideally suited to work in concert with other, relatively unspecific mechanisms, in the spirit of the ecclectic model. Another advantage of circular inhibition is the simplicity of the synaptic circuitry. Growing of the synaptic connections during development following this scheme is simpler than it is necessary for cross-orientation inhibition, since each cell has only to "know" at which distance it has to make synaptic connections. In the classical cross-orientation scheme, the cell would have to grow synapses specifically towards cells whose preferred orientation is (or will be later) orthogonal to its own.

ACKNOWLEDGEMENTS
EN is supported by the Swiss National Science Foundation through Grant No. 8220-25941 and FW by the Deutsche Forschungsgemeinschaft through Grant No. Wo 388-1. The authors gratefully acknowledge the support from the Air Force Office of Scientific Research and of a NFS Presidential Young Investigator Award and from the James S. McDonnell Foundation to Christof Koch.

References

Albus, K. (1975a,b). A quantitative study of the projection area of the central and paracentral visual field in area 17 of the cat. I. the precision of the topography., II. The spatial organization of the orientation domain. *Exp. Brain Res.*, **24:** 159-202.

Batschelet, E. (1981) *Circular statistics in biology,* Academic Press, New York.

Braitenberg, V. (1984). Charting the visual cortex. in: *Cerebral cortex, Vol. 3.*, A. Peters and E.G. Jones (eds.), Plenum Press N.Y.

Dowling, J. E. (1987). *The Retina: An Approachable Part of the Brain.* Belknapp Press of Harvard University Press, Cambridge, MA.

Durbin, R. and Mitchison, G.(1990). A dimension reducing framework for understanding cortical maps. *Nature* **343**, 644-647.

Ferster, D. and Koch, C. (1987) *Trends in the Neurosciences* **10**: 487-492.

Hata, Y., Tsumoto, T., Sato, H., Hagihara, K. and Tamura, H. (1988). Inhibition contributes to orientation selectivity in visual cortex of cat. *Nature*, **335:** 815-817.

Hubel, D.H., and Wiesel, T.N. (1962). Receptive fields, binocular interaction and functional architecture in the cat's visual cortex. *J. Physiol. (Lond.)* **160**, 106-154.

Hubel, D.H., and Wiesel, T.N. (1963). Shape and arrangement of columns in cat's striate cortex. *J. Physiol. (Lond.)*, **165:** 559-568.

Mead, C. (1988) *Analog VLSI and Neural Systems.* Addison-Wesley, Reading MA.

Sillito, A.M. (1979) Inhibitory mechanisms influencing complex cell orientation selectivity and their modification at high resting discharge levels. *J. Physiol.* **289:** 33-53.

Sillito, A.M. (1984) Functional considerations of the operation of GABAergic inhibitory processes in the visual cortex. in: *Cerebral cortex, Vol. 2.*, A. Peters and E.G. Jones (eds.), Plenum Press N.Y.

Swindale, N.V., Matsubara, J.A. and Cynader, M.S. (1987) Surface organization of orientation and direction selectivity in cat area 18. *J. Neurosci.* **7**, 1414-1427.

Thibos, L.N. and Levick, W.R. (1985) Orientation bias of brisk transient Y-cells of the cat retina for drifting and alternating grating. *Exp. Brain Res.* **58**, 1-10.

Wörgötter, F. and Eysel, U.Th. (1987) Quantitative determination of orientational and directional components in the response of visual cortical cells to moving stimuli. *Biol. Cybern.* **57**: 349-355.

Wörgötter, F. and Eysel, U.Th. (1990). Contributions of intracortical excitation and inhibition to orientation specificity in area 17 of the cat visual cortex. *(submitted).*

Wörgötter, F., Niebur, E. and Koch, C. (1990). Modeling visual cortex: Hidden anisotropies in an isotropic inhibitory connection scheme. In: *Advanced Neural Computers,* R. Eckmiller (ed.), Elsevier, Amsterdam. 87-95.

Die Kategorie des Gebiets und ihre Wirkung auf Himmelsrichtungen†)

Cao Yong

Universität Hamburg
Fachbereich Informatik
AB Wissens- und Sprachverarbeitung
Bodenstedtstr. 16, 2000 Hamburg 50

Zusammenfassung

In diesem Aufsatz wird ein bestimmter Aspekt der Repräsentation und Verarbeitung räumlichen Wissens behandelt. Er betrifft den Einfluß der Distanz auf die Verarbeitung von Himmelsrichtungen. Für eine adäquate Repräsentation und Verarbeitung dieses Aspekts wird eine Kategorienstruktur der Gebiete entwickelt. Diese Kategorienstruktur ergibt sich durch die Integration der zusätzlichen Gebietskategorien in die allgemein bekannte hierarchische Struktur der 'Teil-von'-Beziehung zwischen Region und Objekt (verfeinerte Terminologie für Gebiet). Innerhalb dieser Kategorienstruktur werden Objekte, die in derselben Region enthalten sind, weiter klassifiziert. Die Transitivität der 'Teil-von'-Beziehung in dieser hierarchischen Struktur ist nicht mehr gültig. Die auf dieser Struktur und dem dazu kommenden Fokussierungs- und Ausdehnungsprozeß basierte *qualitative Regularität* wird zur Entscheidung der Anwendbarkeit von Himmelsrichtungsrelationen strukturiert.

Bei der Forschung im Bereich mentaler Repräsentationen räumlicher Relationen werden die Rollen der geometrischen Eigenschaften untersucht, die in zwei Teilbereichen - Distanz und Orientierung - weiter vertieft werden (s. McNamara[1986]). Alle derartigen Forschungsarbeiten sind besonders wichtig für depiktionale Darstellungen räumlicher Relationen (s. Habel[1988a&b], Khenkhar[1988,1989a&b], Cao[1989]), denn bei derartigen Darstellungen werden (quasi-)analoge Kodierungen mentaler Bilder, die räumlichen Relationen entsprechen, in Computern untersucht. Himmelsrichtungen sind hierbei ein besonders interessantes räumliches Phänomen: Ihre reguläre Richtung ist einfach durch den Kompaß objektiv festzustellen, denn sie benutzen ein physikalisches Bezugssystem: den magnetischen Nord- und Südpol der Erde. Sowohl aneinander grenzende, als auch ziemlich weit voneinander getrennt liegende Objekte lassen sich prinzipiell in ihren räumlichen Lagebeziehungen durch Himmelsrichtungsrelationen vergleichen. Deswegen ist die Rolle der Distanz bei der Anwendung der Himmelsrichtungen schwer zu erfassen. Im Gegensatz dazu werden sowohl ihre reguläre Richtung als auch kognitive Abweichung von der regulären Richtung meistens von kognitiven Psychologen und KI-Forschern als passende Testbereiche zur Untersuchung der Orientierungseigenschaft der menschlichen mentalen Bilder bei der Verarbeitung räumlichen Wissens betrachtet.

Eine derartige kognitive Abweichung ist wegen unterschiedlicher lokaler, traditioneller Kultur und geographischer Umgebung sowie historischer Ereignisse und wirtschaftlicher Zustände in menschlichen Vorstellungen entstanden (Lynch[1965], Downs & Stea[1974, 1982], Cao[1989]). Cao[1989] versuchte anhand von Beispielen, die das chinesische System der Himmelsrichtungen betreffen, ihr Auftreten in drei Phänomenbereiche zu unterteilen:

---

†) Mein Dank geht vor allem an Prof. Dr. Christopher Habel, der diese Arbeit betreut hat. Ich bedanke mich auch bei allen meinen Kollegen, insbesondere Mohammed Khenkhar, Rolf Sander und Hannelore Wilke, die mir bei dieser Arbeit sprachlich und fachlich geholfen haben. Diese Arbeit wurde von der chinesischen Regierung mit einem 2jährigen Stipendium unterstützt.

- auf ein linienförmiges Objekt beschränkte Himmelsrichtungen;
- Himmelsrichtungen in einer begrenzten Fläche und
- allgemeine, globale Himmelsrichtungen.

Die ersten zwei Auftreten der Himmelsrichtungen werden von lokalen Kulturen und Konventionen extrem stark geprägt (s. Beispiele von Cao[1989]). Zur Darstellung derartiger Himmelsrichtungen wird vorgeschlagen, daß zuerst lokal konventionalisiertes und kulturelles Wissen gesammelt und analysiert werden muß, bevor die gewünschten Lokalisierungsgebiete generiert werden. Die allgemein verstandenen Himmelsrichtungen werden in einem beschränkten, zum *Breite-Länge-System* der Erde analogen Polar-Diagramm depiktional darzustellen versucht. Durch diese Untersuchung werden die *geographisch* möglichen Lokalisierungsgebiete von Himmelsrichtungen von einem Referenzobjekt (RO) aus depiktional generiert. Himmelsrichtungen unterscheiden sich von allen anderen räumlichen Relationen dadurch, daß der Mensch sie einerseits allgemein versteht, andererseits bei ihrer praktischen Anwendung wiederum eine differenzierte Vorstellung hat, die noch kleiner und konkreter als die vorher genannten geographisch möglichen Lokalisierungsgebiete ist. D.h., bei der Vorstellung der allgemeinen Himmelsrichtungen wirkt auch eine kognitive Distanz, die auf den ersten Blick nicht leicht erkennbar ist, mit einem Abweichungswinkel zusammen, weil die Rolle der Distanz bei der allgemeinen Vorstellung in eine unwesentliche Stelle gebracht wird. Welche Rolle spielt die Distanz bei dieser regulären Anwendung der Himmelsrichtung? Dies wird in diesem Aufsatz weiter untersucht.

1. Kategorie und Zuverlässigkeit

Viele kognitive Psychologen haben festgestellt, daß menschliches Wissen über räumliche Relationen hierarchisch strukturiert ist. Sie argumentierten, daß die Orientierungsbeziehungen zwischen zwei 'Regionen' manchmal auf die enthaltenen 'Objekte' übertragen werden. Als Test-Ergebnis ist die Zeit zum Entscheiden der Himmelsrichtungsrelation zwischen Objekten in einem derartigen Fall wesentlich kürzer als die in anderen Fällen (s. z.B. Wilton[1979], McNamara[1986]). Eine *Region*, die mindestens ein Objekt enthält, ist bei Wilton[1979] eine Verwaltungseinheit wie Schottland, England, usw. *Objekte* sind Städte, die sich in einer Region befinden und aktuell betrachtet werden. Der Mensch benutzt eine derartige Struktur meiner Meinung nach nicht nur, wie die kognitive Psychologie experimentell untersucht hat, um zu entscheiden, ob die Relation zwischen Regionen auf Objekte vererbt werden darf, sondern auch, um zu entscheiden, ob die Relation zwischen zwei Objekten überhaupt zulässig ist. An Beispielen von Himmelsrichtungen wird hier die Eigenschaft dieser hierarchischen Struktur in dieser Perspektive weiter untersucht. Wir fangen mit zwei östlichen Gebieten an:

1) östlich von Hamburg-Altona
2) östlich von Hamburg

haben in der Realität verschiedene *östliche Gebiete*, obwohl Hamburg-Altona (als Bezirk) innerhalb von Hamburg liegt. Mit östlich (bzw. westlich) von Hamburg-Altona kann eigentlich nur ein Teil von Hamburg oder der näheren Umgebung gemeint sein, stattdessen bestimmt östlich von Hamburg eindeutig ein größeres Gebiet. Es scheint, daß hier die Größe der beiden zu vergleichenden Objekte eine wesentliche Rolle spielt, und auf den ersten Blick die folgende für die Außenregionspräpositionen geltende Regularität diese Situation schon vorausgesehen hat:

Je größer ein Referenzobjekt (RO), umso größer ist auch sein Einflußgebiet; je kleiner das zu lokalisierende Objekt (LE), desto kleiner ist auch die Umgebung, in der es noch lokalisiert werden kann (s. z.B. Habel/Pribbenow[1988,1989], Pribbenow[1988]).

Wegen der Sonderstellung der Himmelsrichtungen in räumlichen Relationen ist diese *quantitative Regularität* meiner Meinung nach für die Behandlung von Himmelsrichtungen nicht immer geeignet, denn es gibt Beispiele, in denen das Größenverhältnis beider Objekte bei der Entscheidung der Anwendbarkeit von Himmelsrichtungen nicht die ausschlaggebende Rolle spielt. Analysieren wir folgende Paare:

Hamburg vs. Bielefeld und Kiel vs. Hamburg-Altona

Hamburg ist nordöstlich/nördlich von Bielefeld, aber man sagt nicht: Kiel ist nördlich von Hamburg-Altona, obwohl die beiden Entitäten geographisch so zueinander liegen[1]. Bielefeld ist im Vergleich zu Hamburg sehr klein, im Gegensatz dazu ist Hamburg-Altona ungefähr so groß wie Kiel. An diesem Beispiel kann man feststellen, daß die Größe des Objekts 'beim Zusprechen' einer Himmelsrichtungsrelation nicht allein ausschlaggebend ist. Was versteckt sich noch hinter dem Größenverhältnis?

Wenn diese vier Objekte von einer anderen Perspektive verglichen werden, können sie in zwei Gruppen unterteilt werden, nämlich: Hamburg, Bielefeld und Kiel gehören zusammen zu einer Gruppe, die als [Stadt] bezeichnet werden kann, Hamburg-Altona, andererseits, gehört zu einer neuen Gruppe, die eine Untergruppe von [Stadt] ist[2]. Im vorliegenden Aufsatz wird eine derartige Gruppe 'Kategorie' genannt, und sie wird in der Kontextdomäne in einer hierarchischen Struktur (Teil eines Sortenverbandes)[3] kodiert (s. Abb.1).

Hiermit ergibt sich als erste Forderung, daß das zu lokalisierende Objekt (LE) und das Referenzobjekt (RO) in einer Kategorie sortiert sein müssen. Es ist meistens so, daß es für die Objekte einer Kategorie eine prototypische Größe gibt. Diese Größe reicht aber bei der Verarbeitung von Himmelsrichtungen nicht aus, weil sich beide Objekte in einem Kontext durch Himmelsrichtung erst vergleichen lassen, wenn sie in der gleichen Kategorie oder in zwei Kategorien, die aber verträglich zueinander sein müssen, sortiert sind. Wenn man sagt, daß Hamburg nordöstlich/nördlich von Bielefeld liegt, dann hat man einen Kontext, der deutsche Städte enthält, wobei Bielefeld und Hamburg zur gleichen Kategorie: [Stadt][4] gehören, obwohl Bielefeld viel kleiner als Hamburg und auch

---

[1] 'Geographisch so zueinander liegen' heißt hier also, daß sich die Längengrade von Kiel und Hamburg-Altona ungefähr überlappen. Hier wird die geographische Richtigkeit von der Himmelsrichtungsrelation unterschieden, weil die geographische Lage nicht immer im Alltag berücksichtigt wird. Ein extremes Beispiel: Hamburg und Johannesburg. Die beiden Städte befinden sich fast auf dem gleichen Längengrad, trotzdem vergleicht man sie kaum durch 'nördlich' und 'südlich'.

[2] In der Geschichte war Altona eine Stadt von Schleswig-Holstein. In diesem Sinne könnte man doch noch die Lagebeziehung zwischen Kiel und Altona durch 'nördlich/südlich' vergleichen. Zur Zeit aber ist Hamburg-Altona politisch, wirtschaftlich und kulturell eng mit anderen Hamburger Teilen verbunden und wird jetzt nur als Teil von Hamburg betrachtet. Dies ist auch ein Beispiel, in dem man sich gut überlegen muß, ob das historische Ereignis in dem betrachteten Gebiet noch aktuell ist bzw. berücksichtigt wird.

[3] Im vorliegenden Kategoriensystem werden nur 'großflächige' geographische Entitäten eingetragen. 'Kleinere' physikalische Objekte wie z.B. Gebäude, Denkmal usw. werden in eine andere Kategorie eingetragen, die unter allen anderen Kategorien dieses Systems angeordnet ist; in bezug auf diese 'niederen Kategorien' spielen Größenverhältnisse eine bedeutendere Rolle. In dieser Ebene werden evtl. auch die lokalen Orientierungsbeziehungen wie links, vorn, usw. empfohlen, falls das Bezugssystem von Himmelsrichtungen in einem Fall schwer festzustellen ist.

[4] Hier wird in manchen Kontexten noch eine Zwischen-Kategorie eingefügt, wie z.B. Hamburg kann auch als 'eine Stadt in Norddeutschland' bezeichnet werden(s. Abb.1). Norddeutschland hat eine Kategorie [Staat-Teil], die unterhalb von [Staat] ist. In diesem Fall können Hamburg und Bielefeld direkt unter 'BRD'

relativ weit von Hamburg entfernt ist. Andererseits befindet sich die Kategorie von Hamburg-Altona ([Stadtteil]) in der hierarchischen Struktur unter der Kategorie [Stadt], in der Kiel und Hamburg sortiert sind.

In Abb.1 wird ein Abschnitt der Kategorienstruktur gezeigt. Eine derartige Struktur besteht aus zwei Teilen: Kategorienverzeichnis und vernetzte Struktur der lokalen Zugehörigkeitsbeziehungen der betrachteten Objekte. Das Kategorienverzeichnis denotiert verschiedene Ebenen der Struktur. Eine Kante in der Struktur ist eine Verbindung zwischen oben stehender Region und unten stehendem Objekt[1]. Diese Verbindung unterscheidet sich von der allgemein bekannten 'Teil-von'-Beziehung in semantischen Netzen dadurch, daß diese Relation nicht transitiv ist. D.h. die Verbindung zwischen *Hamburg* und *BRD* ist nicht durch die Verbindungen von *Hamburg-Norddeutschland-BRD* ersetzbar. Obwohl *Bielefeld* und *Norddeutschland* mit *BRD* verbunden sind, spielen beide wegen ihrer unterschiedlichen Kategorienzugehörigkeit in der Struktur verschiedene Rollen.

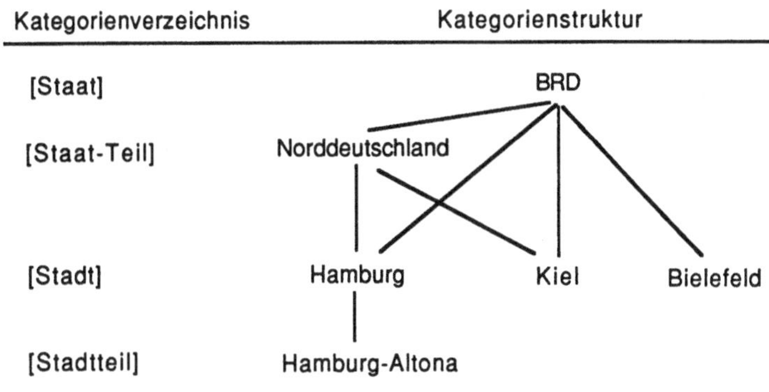

Abb.1: Kategorienstruktur (Ausschnitt)

Sei *Kat*(x) eine Funktion, die die Kategorie von x bestimmt. In einer Kategorienstruktur werden die Kategorien von oben nach unten durch '>' geordnet. In diesem Sinne bedeutet *Kat*(x) > *Kat*(y), daß die Kategorie von y im Kategorienverzeichnis unterhalb der von x ist, wie z.B. in Abb.1: *Kat*('BRD') = [Staat], *Kat*('Hamburg') = [Stadt] und [Staat] > [Stadt]. Falls x und y in dieselbe Kategorie eingetragen werden, dann wird dies durch '=' beschrieben. Seien RO und LE jeweils das betrachtete Referenzobjekt und das zu lokalisierende Objekt. Sei REL eine Himmelsrichtungsrelation. Wir können unsere oben an Beispielen erläuterten Beobachtungen zuerst in folgenden Prinzipien (*qualitativer Regularität*) generell zusammenfassen. Jedes Prinzip wird durch entsprechende Beispiele erläutert. Die Verfeinerung wird im nächsten Abschnitt beschrieben:

(1) *Kat*(RO) = *Kat*(LE), dann wird das mögliche Gebiet zur Lokalisierung von LE unter REL durch den Kontext und *Kat*(RO) entschieden.

Beispiele:

3) Berlin ist östlich von Hamburg.
4) Hamburg ist westlich von Berlin.

---

eingesetzt werden, oder auch durch den im nächsten Abschnitt eingefügten Ausdehnungsprozeß von [Staat-Teil] zu [Staat] ausgedehnt werden, damit die beiden Städte verglichen werden können.

[1] Diese Terminologie ist aus kognitionspsychologischen Aufsätzen übernommen. 'Region' und 'Objekt' sind relative Begriffe in bezug auf jeweils eine Kante.

(2) *Kat*(RO) > *Kat*(LE), dann wird das durch den Kontext und *Kat*(RO) entstandene mögliche Lokalisierungsgebiet weiter durch *Kat*(LE) verkleinert; die Distanz zwischen RO und LE wird entsprechend verkleinert. Es ist vorausgesetzt, daß LE nicht innerhalb RO lokalisiert werden darf.

5) Hamburg ist westlich von der DDR.
6)? Hamburg-Altona ist südlich von Kiel.

(3) *Kat*(LE) > *Kat*(RO), dann wird kein Gebiet generiert.

7)? Die DDR ist östlich von Hamburg.

Analog zu dem von vielen kognitiven Psychologen berichteten Ergebnis (s. McNamara [1986]) ist auch hier zu beobachten:

(4) Falls *Kat*(B) > *Kat*(A), B ⊃ C und *Kat*(C) = *Kat*(A), dann wird die Himmelsrichtungsrelation REL zwischen A und B nicht auf das Paar A und C vererbt[1]:

REL(A, B) & B ⊃ C ?⇒? REL(A, C).

5) Hamburg ist westlich von der DDR.
8)? Hamburg ist westlich von Dresden.

Eine ausführliche Analyse dieser Beispiele wird im nächsten Abschnitt nach der Erläuterung des Ausdehnungsprozesses durchgeführt. Die Prinzipien (2) und (3) zeigen eine Eigenschaft: Himmelsrichtungen führen nicht zu paarweise umkehrbaren Relationen, falls die beiden betroffenen Objekte nicht in der gleichen Kategorie sortiert werden. Diese Eigenschaft wird in [Cao, 1989] in bezug auf das Größenverhältnis der beiden betroffenen Objekte erklärt.

2. Fokussierungs- und Ausdehnungsprozeß

Wie groß das durch Himmelsrichtungen beeinflußte Gebiet eines Objekts ist, wird von der durch den Kontext entstandenen hierarchischen Struktur der Kategorie entschieden. Genauer gesagt, ein derartiges Gebiet kann durch einen Fokussierungs- und Ausdehnungsprozeß gebildet werden.

Starke Version des Fokussierungsprozesses:

Zwei Objekte lassen sich durch Himmelsrichtungen vergleichen, falls beide betrachteten Objekte dieselbe Kategorie haben und sich in derselben Region befinden, deren Kategorie direkt oberhalb von der der beiden betrachteten Objekte ist.

Schwache Version des Fokussierungsprozesses:

Zwei Objekte lassen sich auch durch Himmelsrichtungen vergleichen, falls beide betrachteten Objekte dieselbe Kategorie haben, und sich das zu lokalisierende Objekt (LE) in der Umgebung (enge Außenregion im Sinne von Habel & Pribbenow[1988]) der Region befindet, in der sich das Referenzobjekt (RO) befindet, und deren Kategorie direkt oberhalb der von RO ist.

Der Fokussierungsprozeß schließt zuerst alle Fälle aus, in denen sich die beiden betrachteten Objekten nicht in derselben Region der derzeitigen hierarchischen Kategorienstruktur befinden, es sei denn, es stehen zusätzliche Informationen zur Verfügung, um diese hierarchische Struktur zu modifizieren. Wie wir vorher

[1] Dies ist ein spezieller Fall des Transitivitätsproblems (s. Habel/Pribbenow[1989]). '⊃' steht für 'enthält_räumlich'.

angekündigt haben, nutzt ein sogenannter Ausdehnungsprozeß zusätzliche Informationen aus dem Kontext aus, um die von dem Fokussierungsprozeß ausgeklammerten Fälle ebenfalls zu berücksichtigen. Der Ausgangspunkt hierfür ist, daß sich manche Objekte in bezug auf die zugeordneten Kategorien in verschieden kategorischen Regionen befinden können. Z.B. ist Hamburg (*Kat* = [Stadt]) ein Objekt in der Region: Deutschland (*Kat* = [Staat]), damit können die Himmelsrichtungsrelationen zwischen Hamburg und anderen deutschen Städten entstehen. Durch Kultur und Konvention kann Deutschland mit seinen angrenzenden Nachbarländern eine relativ größere Region (*Kat* = [Staatenkomplex]) bilden, in der Deutschland als Objekt mit der Kategorie [Staat] und Hamburg als Objekt mit der Kategorie [Stadt] betrachtet werden kann. Einige solcher Gebiete sind z.B.: BRD + DDR, EG, usw. Nach der Anwendung dieses Ausdehnungsprozesses kann der Fokussierungsprozeß unter der neuen Struktur die Fälle wieder verarbeiten. Die Städte (*Kat* = [Stadt]) von England (*Kat* = [Staat-Teil]) und Schottland (*Kat* = [Staat-Teil]) - nach den Beispielen von Wilton[1979] - können dann unter einer gemeinsamen Region: 'United Kindom' (*Kat* = [Staat]), von dem Fokussierungsprozeß verarbeitet werden.

Derartige Eigenschaften besitzen leider nicht alle Kategorien. Falls eine Kategorie z.B. unterhalb der Kategorie von [Stadt] liegt, dann verliert sie im allgemeinen (die Fälle von benachbarten Städten, s.u.) schon diese Eigenschaft. Ein Stadtteil von Hamburg kann nicht als Stadtteil von einer gemeinsamen höheren Region von Hamburg und Kiel oder Bremen betrachtet werden. Als Folge wird dann keine Himmelsrichtungsrelation zwischen einem Stadtteil von Hamburg und einem Stadtteil von Kiel entstehen. Ein Objekt und eine in der Kategorienstruktur mit ihm verbundene Region können gleichzeitig unterhalb eines mit einer höheren Kategorie verbundenen Objektes liegen, das aber nicht ursprünglich von beiden ausgedehnt wird. D.h. der Ausdehnungsprozeß darf nicht auf zwei in der Kategorienstruktur durch eine Kante verbundene Objekte ausgeübt werden. In diesem Fall muß die Himmelsrichtungsrelation mit der 'Teil-von'-Relation zusammen funktionieren. In Abb.2 lautet die Relation zwischen *Hamburg* und *BRD* wegen der Kante *BRD - Hamburg* also, daß *Hamburg* im Norden der *BRD* liegt, obwohl die beiden unterhalb derselben Region liegen.

Unter einer der folgenden Bedingungen kann der Ausdehnungsprozeß ausgeübt werden:

- paarweise anstoßende benachbarte Gebiete;
- geographisch zusammenhängende politische oder konventionelle Zusammenschlüsse, o.ä.

Im Beispiel von Abb.2 wird eine zusätzliche Region *Deutsche Staaten* (*Kat* = [Staatenkomplex]) von der *BRD* und *DDR* unter Berücksichtigung von allen in ihnen enthaltenen Städten ausgedehnt. Dadurch liegen auch alle Städte der BRD und DDR selbständig unterhalb derselben Region: *Deutsche Staaten*, und damit sind sie gegenseitig durch Himmelsrichtungsrelationen vergleichbar.

Zusammenfassend werden die im letzten Abschnitt eingeführten Prinzipien ausführlich so beschrieben:

(1)' *Kat*(RO) = *Kat*(LE), dann ist das mögliche Gebiet zur Lokalisierung LE unter REL ein Schnittgebiet von dem Gebiet, das der gemeinsamen Oberkategorie oder in bezug auf den Kontext ausgedehnten gemeinsamen Oberkategorie von LE und RO entsprecht, und seiner Umgebung mit dem geographisch möglichen Lokalisierungsgebiet von RO unter REL (cf. Cao[1989]).

(2)' *Kat*(RO) > *Kat*(LE), dann wird das mögliche Gebiet zur Lokalisierung LE unter REL erst dann entstehen, falls LE und Objekte in RO, die dieselbe Kategorie haben, eine in bezug auf den Kontext ausgedehnte gemeinsame Oberkategorie haben. Dieses Gebiet ist dann ein Schnittgebiet von dem der Oberkategorie entsprechenden Gebiet mit dem geographisch möglichen Lokalisierungsgebiet von RO unter REL.

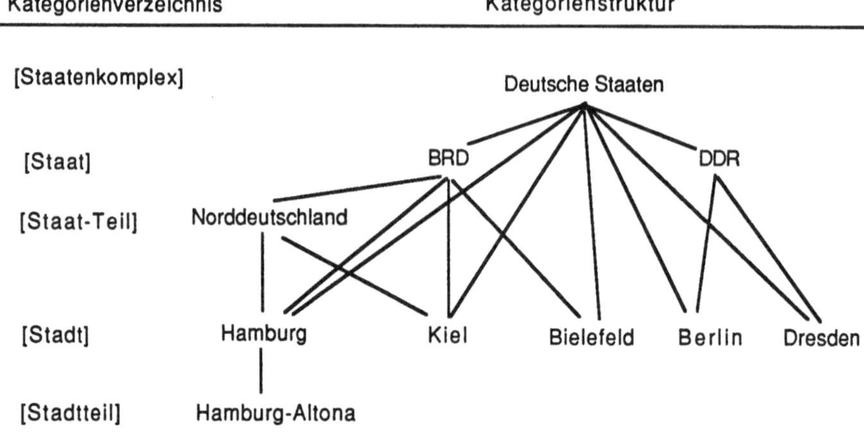

Abb.2: Kategorienstruktur nach der Ausdehnung

Mit dieser Beschreibung können wir jetzt die Beispiele des letzten Abschnitts erläutern:

Berlin und Hamburg haben die gleiche Kategorie. Auch wenn sich die beiden Städte nicht in derselben Region befinden, wird nach dem Ausdehnungsprozeß eine neue Region gebildet, deren Kategorie oberhalb von [Stadt] ist. Hamburg und Berlin befinden sich in dieser neuen Region (s. Abb.2). Außerdem befindet sich Berlin (bzw. Hamburg) auch innerhalb des geographisch möglichen östlichen (bzw. westlichen) Lokalisierungsgebiets von Hamburg (bzw. Berlin). Deswegen können Beispiel 3) und 4) ausgedrückt werden. In Beispiel 5) und 6) handelt es sich um unterschiedliche Kategorien. Die Ausdrückbarkeit wird weiter von der Kategorie [Stadt] bzw. [Stadtteil] beeinflußt. Im Gegensatz zu dem Fall von Hamburg-Altona und Kiel kann der Ausdehnungsprozeß für den Fall von Hamburg mit Städten aus der DDR durchführt werden. Deswegen gilt der Beispielsatz 5), aber 6) nicht. 5) und 8) zusammen sind ein Gegenbeispiel zum Prinzip (4). Die Lagebeziehung zwischen Hamburg und Dresden kann auf jeden Fall durch eine Himmelsrichtungs-relation formuliert werden, aber sie ist nicht mehr 'westlich', sondern 'nordwestlich'.

Innerhalb des Fokussierungsgebiets kann sich das zu lokalisierende Objekt in jeder Entfernung befinden, wenn die Richtung für die Situation primäre Bedeutung besitzt. Im Gegensatz zur Richtung wird die Entfernung in einem derartigen Gebiet fast überhaupt nicht mitberechnet. Abb.3 zeigt ein Beispiel, in dem B weiter als A von X entfernt ist, aber B im Vergleich zu A einen kleineren Abweichungswinkel zur von X ausgehenden östlichen Richtung hat. Falls die vorher beschriebenen Prinzipien hier von A, B und X erfüllt werden, dann ist nur B als östlich von X zu bezeichnen.

Theoretisch wird immer die ausgezeichnete Richtung als erster Kandidat ausgewählt (cf. Herskovits[1986]). Eine Abweichung kann nur akzeptiert werden, wenn man das Gebiet extra durch andere Eigenschaften beschränkt hat, oder falls es auf der ausgezeichneten Richtung kein Objekt gibt; dann wird das Objekt, das die kleinste Abweichung hat, zuerst ausgewählt. Die Rolle des Winkels im Entstehen einer Himmelsrichtung kann (wie Abb.4) numerisch ausgedrückt werden (cf. Schirra[1989], Yamada/Nishida/Doshita [1988]).

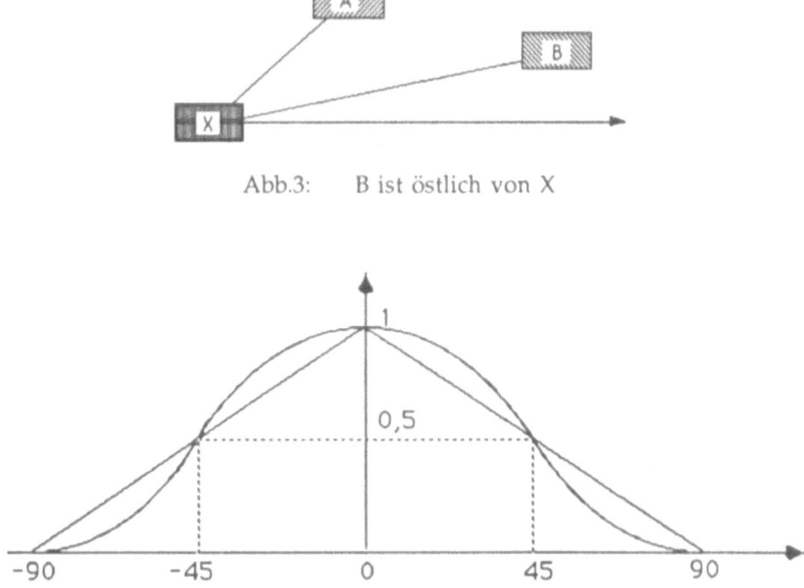

Abb.3: B ist östlich von X

Die folgenden Sätze, die einen kurzen Beispieltext aus der Textbasis des LILOG-Projekts[1] entstammen, deuten darauf hin, daß die von der Himmelsrichtung nicht klar definierte Distanz in der Alltagssituation mit Hilfe anderer Präpositionen in einem Intervall extra beschränkt wird.

Kö-Center

> Von 1965 bis 1967 entstand auf der Ostseite der Kö das 'Kö-Center'. Es vereint etwa 70 Geschäfte mit Büros und anderen Verwaltungsräumen. Auf dem östlich anstoßenden Martin-Luther-Platz steht ein Bismark-Denkmal und südlich davon befindet sich in einem klassizistischen Gebäude das Justizministerium.

Diese Beschreibung stammt aus einem Reiseführer über Düsseldorf. 'Östlich' betrifft hier nur die Richtung, die Entfernung wird durch das Wort 'anstoßend' beschränkt. 'Südlich' wird normal benutzt, aber betrifft nur die in der entsprechenden Richtung (mit einem Blickwinkel) *sichtbaren* Objekte, weil die Eigenschaft des Reiseführers (Stichwort: Zeigen) zusammen mit dem realen Zustand in Düsseldorf den von Himmelsrichtungen gebrauchten Kontext, gleichzeitig auch die Kategorie[2], bestimmt. Das Justizministerium wird weiter durch die Präpositionalphrase 'in einem klassizistischen Gebäude' fokussiert, womit die Entfernung durch die Lokation von dem klassizistischen Gebäude begrenzt

---

[1] Das Projekt **LILOG** (**LI**nguistische und **LOG**ische Grundlagen für das maschinelle Verstehen des Deutschen) ist ein von IBM Deutschland gefördertes Forschungsprojekt, dessen Teilprojekt LILOG-R an der Universität Hamburg sich speziell mit der Verarbeitung räumlichen Wissens beschäftigt.

[2] Die Kategorie hier entspricht einem lokalen kulturellen und wirtschaftlichen Center. Sie steht in der Kategorienstruktur unter der Kategorie [Stadt] oder [Bezirk].

wird. Das ist ein Beispiel, in dem das betroffene Gebiet durch eine andere Eigenschaft fokussiert wird. Falls es noch ein klassizistisches Gebäude gibt, dann wird das Gebäude ausgewählt, das den kleineren Abweichungswinkel zur ausgezeichneten südlichen Richtung hat.

Bei der depiktionalen Darstellung wird diese Analyse konkret numerisch formuliert. Dieser Prozeß kann durch Bewertungsverfahren mit Hilfe der Kategorienstruktur durchgeführt werden: jede Zelle in einer Zellmatrix (oder in einem Polar-Diagramm) wird mit einem Wert aus [0, 1] belegt (Vgl. Abb.5). G_1 zeigt die Grenzen der beiden Objekte. G_2 ist der sogenannten Blindabstand. Objekte, die sich innerhalb dieses Abstands befinden, können am bestens durch lokale Orientierungsrelationen wie links, vorn usw. beschrieben werden. G_3 ist die von der Kategorie des Referenzobjekts und des zu lokalisierenden Objekts entschiedene Entfernung. G_4 ist die zusätzliche Entfernung von G_3 mit der Umgebung, also das insgesamt betrachtete Gebiet. Es ist normalerweise vom Nordpol (für die Bevölkerung auf der nördlichen Halbkugel) und dem Äquator begrenzt. G_5 ist der größte mögliche Abstand, der in [Cao, 1989] diskutiert wird. Relativ zur Distanz sind also die Bewertungen 1 in $[G_2, G_3]$. Die endgültigen Bewertungen werden zusammen von dem Abweichungswinkel und der Entfernung bestimmt.

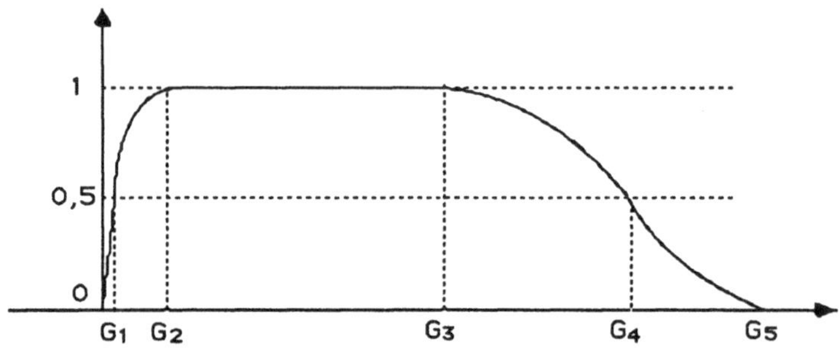

Abb.5: Bewertungen relativ zur Distanz

3. Schlußbemerkung

Die in diesem Aufsatz entwickelte, *qualitative Regularität* zur Konstruktion der konzeptionell möglichen Lokalisierungsgebiete von Himmelsrichtungen wird zur Zeit in drei Teilen implementiert. Im ersten Teil wird die Rolle des Abweichungswinkels realisiert. Wenn die Himmelsrichtungen nur innerhalb des Bereichs zwischen G_2 und G_3 behandelt werden, dann ist nur der Abweichungswinkel für die Bewertung relevant. Dies ist schon in der Zellmatrix durch eine lineare Funktion des Abweichungswinkels implementiert. Von jeder Zelle im Raster aus wird die Bewertung einer Himmelsrichtung z.B. 'östlich' in einer Basisbewertungsmatrix gespeichert, die die Basisbewertungsmatrizen anderer Himmelsrichtungen durch eine Transformation liefern kann. Eine einfache Transformation ist z.B. ein transponierter Operator der Matrix: Die Basisbewertungsmatrizen von 'westlich' und 'östlich' sind transponiert. Zur Bewertung einer Himmelsrichtung eines Objekts werden die Bewertungen, die allen Zellen des Objekts entsprechen, aus der Basisbewertungsmatrix dieser Himmelsrichtung kombiniert. Im nächsten Teil wird das von *qualitativer Regularität* geforderte, mögliche Lokalisierungsgebiet depiktional dargestellt, das der Oberkategorie des betrachteten Objekts in der Kategorienstruktur entspricht. Im Projekt LILOG-R werden prototypische (Basis-)Depiktionen umfangreicher, bildhaft darstellbarer Objekte implementiert (s. Khenkhar[1989a&b]), die die prototypische Größe eines Objekts bereitstellen können. Im letzten Teil werden dann die Rollen der beiden Faktoren zusammen berücksichtigt, um zu entscheiden, ob eine Himmelsrichtungsrelation anwendbar ist oder nicht. Diese Kategorienstruktur gehört zum Hintergrundwissen, das neben der Ontologie für ein natürliche Sprache verstehendes System aufgebaut werden soll.

Literaturverzeichnis

Cao, Y. (1989): *Untersuchung zu depiktionalen Darstellungen der Himmelsrichtungen.* Erscheint in: Freksa, Ch. & Habel, Ch. (Hrsg.): Repräsentation und Verarbeitung räumlichen Wissens. Springer-Verlag:Berlin. 1990.

Downs, R. M. & Stea, D. (1974): *Image & Environment. V: Geographical and Spatial Orientation.* Chicago : Aldine.

Downs, R. M. & Stea, D. (1982): *Kognitive Karten: Die Welt in unseren Köpfen.* UTB-Harper & Row.

Habel, Ch. (1987): *Prozedurale Aspekte der Wegplannung und Wegbeschreibung.* LILOG-Report 17. auch in: Schnelle, H. & Rickheit, G. (Hrsg.): Sprache in Mensch und Computer. Westdeutscher Verlag:Wiesbaden. 1988.

Habel, Ch. (1988a): *Repräsentation räumlichen Wissens.* In: Rahmstorf, G. (Hrsg.): Wissensrepräsentation in Expertensystemen. Springer-Verlag:Berlin.

Habel, Ch. (1988b): *Cognitive Linguistics: the Processing of Spatial Concepts.* In: A special issue of ATALA (Association pour le Traitement Automatique des Languages). Frankreich. auch als: LILOG-Report 45.

Habel, Ch. & Pribbenow, S. (1988): *Gebietskonstituierende Prozesse.* LILOG-Report 18.

Habel, Ch. & Pribbenow, S. (1989): *Zum Verstehen räumlicher Ausdrücke des Deutschen - Transitivität räumlicher Relationen.* In: Brauer, W. & Freksa, Ch. (Hrsg.): Wissensbasierte Systeme. Informatik Fachberichte. Springer-Verlag: Berlin.

Herskovits, A. (1986): *Language and Spatial Cognition. An interdisciplinary study of the prepositions in English.* Cambridge University Press. Cambridge.

Khenkhar, M. (1988): *Vorüberlegungen zur depiktionalen Repräsentation räumlichen Wissens.* LILOG-Report 19.

Khenkhar, M. (1989a): *Eine objektorientierte Darstellung von Depiktionen auf der Grundlage von Zellmatrizen.* Erscheint in: Freksa, Ch. & Habel, Ch. (Hrsg.): Repräsentation und Verarbeitung räumlichen Wissens. Springer-Verlag:Berlin. 1990.

Khenkhar, M. (1989b): *DEPIC-2D: Eine depiktionale Komponente zur Repräsentation und Verarbeitung räumlichen Wissens.* In: D. Metzing (Hrsg.): Proc. GWAI-89. Springer-Verlag:Berlin.

Lynch, K. (1965): *Das Bild der Stadt.* Ullstein. Berlin.

McNamara, T. P. (1986): *Mental Representations of Spatial Relations.* Cognitive Psychology, 18, *pp.* 87-121.

Pribbenow, S. (1988): *Verträglichkeitsprüfungen für die Verarbeitung räumlichen Wissens.* In: Hoeppner, W. (Hrsg.): Proc. GWAI-88. Springer-Verlag:Berlin.

Schirra, J. (1989): *Ein erster Blick auf ANTLIMA: Visualisierung statischer räumlicher Relationen.* In: Metzing, D. (Hrsg.): Proc. GWAI-89. Springer-Verlag:Berlin.

Wilton, R. N. (1979): *Knowledge of spatial relations: The specification of the information used in making inferences.* Quarterly Journal of Experimental Psychology, 31. *pp.* 133-146.

Yamada, A., Nishida, T. & Doshita, S. (1988): *Figuring out Most Plausible Interpretation from Spatial Descriptions.* COLING 88. *pp.* 764-769.

Wissensbasierte Erdbebenerkennung mit Sonogrammen als mentalen Bildern

Manfred Joswig

Institut für Geophysik, Ruhr-Universität Bochum
Postfach 10 21 48, D 4630 Bochum 1

Hochempfindliche seismologische Observatorien identifizieren heute bis zu 20.000 Erdbeben pro Jahr, deren Vielfalt von lokalen über regionale bis zu teleseismischen Ereignissen reicht (z.B. SCHNEIDER [1975]). Diese Unterteilung spiegelt qualitativ verschiedene Laufwegeffekte für seismische Wellen in den Schichten des Erdkörpers (Kruste, Mantel, Kern) wieder. Besonders groß ist die Variationsbreite für Fernbeben, hier treten bei Raumwellen noch Abschattungs- bzw. Bündelungseffekte des Erdkerns und bei Oberflächenwellen Unterschiede zwischen kontinentaler und ozeanischer Kruste hinzu. Eine weitere Differenzierung ergibt sich aus verschiedenen Herdtiefen und Herdmechanismen.

Die Ansätze zur Bearbeitung von Erdbeben reichen von Positionen wie: *Jedes Beben ist ein Individuum* bis zum Versuch, immer wieder kehrende Ereignisse mit der *Master Event Technik* zu vergleichen. Allen gemein ist aber, daß jegliche Aussage auf der Interpretation von Seismogrammen beruht und sich die Routinebearbeitung unterscheiden läßt in die vier Aufgaben (I) Detektion, (II) Phasenassoziation, (III) Lokalisation und (IV) Identifikation der Quelle (z.B. Unterscheidung Erdbeben / Kernexplosion für Abrüstungskontrolle).

Im folgenden soll nur die erste Aufgabe, die Detektion, betrachtet werden, die gleichwohl am dringensten nach Automatisierung verlangt. Denn zu den Erdbeben kommt noch ein Mehrfaches an Störungen mit oft stärkerer Amplitude. Dabei handelt es sich um kulturell erzeugte Bodenunruhe (Sprengungen, Auto- und Zugverkehr, Industrielärm durch Pressen, Zentrifugen und Pumpen oder Flugzeug-Luftknalle) und naturgegebene Bodenunruhe etwa durch Windböen und Meeresmikroseismik (z.T. Brandung), letztere allerdings ein eher stationärer Prozeß.

Erste Ansätze zur Automatisierung der Erdbebenerfassung seit den 60'er Jahren führte zu Detektoren, die auf Filtertheorie und Statistik basieren: Die stationäre Bodenunruhe wird als Rauschprozeß parametrisiert und jede temporäre Abweichung registriert. Im Ergebnis sind es Detektoren, bei denen die eigentlich geforderte Empfindlichkeit mit einer unzumutar hohen Falschlalarmrate erkauft werden müßte (Übersicht in JOSWIG [1990a]).

Die Alternative ist, die gesuchten Signale soweit zu charakterisieren, daß auf positive Übereinstimmung gesucht werden kann statt auf negative Abweichung vom Rauschprozeß. Dies entspricht auch mehr der Analyse des Menschen, der aus einem Blick auf die Seismogramme in aller Regel bereits ableiten kann, ob Störung oder Nutzsignal vorliegt.
Es ist also naheliegend, Ansätze der Mustererkennung zu versuchen. Ein Vergleich unmittelbar auf Basis der Seismogramme allerdings scheitert; zu vielfältig sind die möglichen Erdbeben und das Zusammenwirken mit einer sich fortlaufend änderenden Bodenunruhe. Auch die Beschreibung der Wissenbasis in propositionalen Ansätzen (ANDERSON [1982], LIU *und* FU [1983]) brachte keine Lösung für den Routinebetieb.

Mustererkennung auf mentalen Bildern

Im folgenden soll nun ein Ansatz vorgestellt werden, der auf analoger Wissensrepräsentation beruht. Spätestens seit der *Imagery*-Debatte steht die These, Bilder seien neben propositionalen Darstellungen gleichberechtigte Formen menschlicher Wissensrepräsentation (z.B. STRUBE [1987], REHKÄMPER [1989]).
Während eine Nachbildung des menschlichen Sehens im allgemeinen schwierig ist, da bewußte Denkprozesse dabei kaum eine Rolle spielen, scheint klar, daß in der Seismologie wie in vielen Naturwissenschaften der Fall anders gelagert ist. Jedes messende Experiment kann als eine Erweiterung unserer Sinnesorgane aufgefaßt werden. Menschliches Sehen stellt nur die Kopplung zu diesen neuen Sinnesorganen dar, die wesentlichen Bilder jedoch sind mentale Bilder unserer Erfahrung. Der Übergang vom schemenhaften Sehen und groben Tasten bis zum gezielten, hochpräzisen Hantieren und Interpretieren erfolgt bewußt miterlebt durch den erfahrenen Wissenschaftler binnen einiger Jahre. Diese Art von *Sehen Lernen* ist damit bis zu einem gewissen Grad der Introspektive zugänglich und weit weniger entrückt in die menschliche Evolutionsgeschichte als die Entwicklung unseres Alltagssehens.

Kognitive Plausibilität ist also vergleichsweise einfach herstellbar; dabei können Bilder propositionalen Ansätzen untergeordnet sein (z.B. MENHARDT [1989]) oder wie hier die wesentliche Komponente darstellen.
Der Seismologe beginnt seine Arbeit damit, sich mit der Skalierung der Seismogramme vertraut zu machen - in der Annahme, in Zukunft immer dieselben Bedingungen vorzufinden. Dann überfliegt er die Spuren und konzentriert sich auf alle Unregelmäßigkeiten. Dabei ist nicht allein die Amplitude, sondern auch die zeitliche Verschiebung der spektralen Energie wichtig. Nach einiger Praxis und Erfahrung bei der Erdbebenbestimmung ist der Observator vertraut geworden mit einem Satz immer wiederkehrender Ereignisse. Tritt jetzt ein bisher nicht beachtetes, sehr schwaches Erdbeben

auf, so korreliert er die sichtbaren Phasen mit den bekannten Ereignissen. Mit der vagen Idee, wie das Erdbeben auszusehen hätte, beginnt nun eine gezielte Suche nach den schwächeren Phasen, die notwendig sind für die Bestätigung seiner anfänglichen Vermutung. Dabei weiß er auch, welche Phasen aufgrund der aktuellen Bodenunruhe gar nicht mehr sichtbar sein können; ihre Abwesentheit bestätigt also ebenfalls seine Hypothese.
Dieser ganze Prozeß verschiebt sich mit zunehmender Routine ins Unterbewußte - wird allerdings sofort wieder zu bewußtem Argumentieren, wenn sich eine der Seismogrammskalierungen ändert.

Gerade die letzte Beobachtung legt nahe, die *spontane* Erkennung der täglichen Routine als Bilderkennung aufzufassen. Bilder wie Muster können allerdings nicht die gesehenen Seismogramme sein. Stattdessen werden *mentale Bilder* postuliert, die gut der CRT-Metapher von KOSSLYN, [1980] entsprechen. Dabei erfordert die Detektion schwacher Ereignisse zusätzlich eine Maskenadaption, die eingebettet ist in physikalische Modellvorstellungen (vgl. auch Beispiele in FISCHLER *und* FIRSCHEIN [1987:69]). Die kognitive Plausibilität dieses Ansatzes wird gestützt durch bereits bekannte Modifikationen mentaler Bilder beim Alltagssehen, z.B. der *mentalen Rotation* (SHEPARD *und* METZLER [1971]). Im hier vorliegenden Falle naturwissenschaftlichen Sehens kann man sich die Modifikation allerdings eher vorstellen wie die Transformation realer Bilder, z.B. dem Herausrechnen von Beleuchtungseffekten bei Photos (WINSTON [1984:361-365]).

Erdbebenerkennung mit dem SONOGRAM-Detektor

Im Fall der automatischen Erdbebenerkennung entspricht das mentale Bild am ehesten dem Informationsgehalt eines Sonogramms, d.h. der Darstellung der Signalintensität über der Zeit-Frequenz-Ebene; Abb. 1 zeigt links oben das Seismogramm eines lokalen Erdbebens und das geeignet skalierte Sonogramm (Schwärzung stellt Intensität dar). Dabei sind Sonogramme selbst keineswegs neue, nur für diese Anwendung entwickelte Bilder, sondern ebenso wie Vespagramme oder Gabormatrizen in der Seismologie bekannte, aber in Routineverfahren bisher nicht eingesetzte Analysehilfsmittel. Alle drei Ansätze sind als Bilder darstellbar, erzeugt durch Transformation aus den ursprünglichen Seismogrammen.
Nun ist die Ähnlichkeit zwischen angenommenem mentalem Bild und einem real existierenden Computerbild nicht etwa verblüffend, muß doch für das mentale Bild ein Isomorphismus zweiter Ordnung (SHEPARD *und* SHIPMAN [1970]) gelten. Andererseits ist es falsch, beide Bilder umstandslos gleichzusetzen. Die Bedingungen an das mentale Bild - maximale Diskrimination detektierbarer Energie und gleichzeitig Erhaltung der relativen Amplitudenverhältnisse für das Nutzsignal - sind nur durch spezielle nichtlineare Transformationen erfüllbar und entsprechen wohl eher dem durch das menschliche Sehvermögen bewerteten Computerbild.

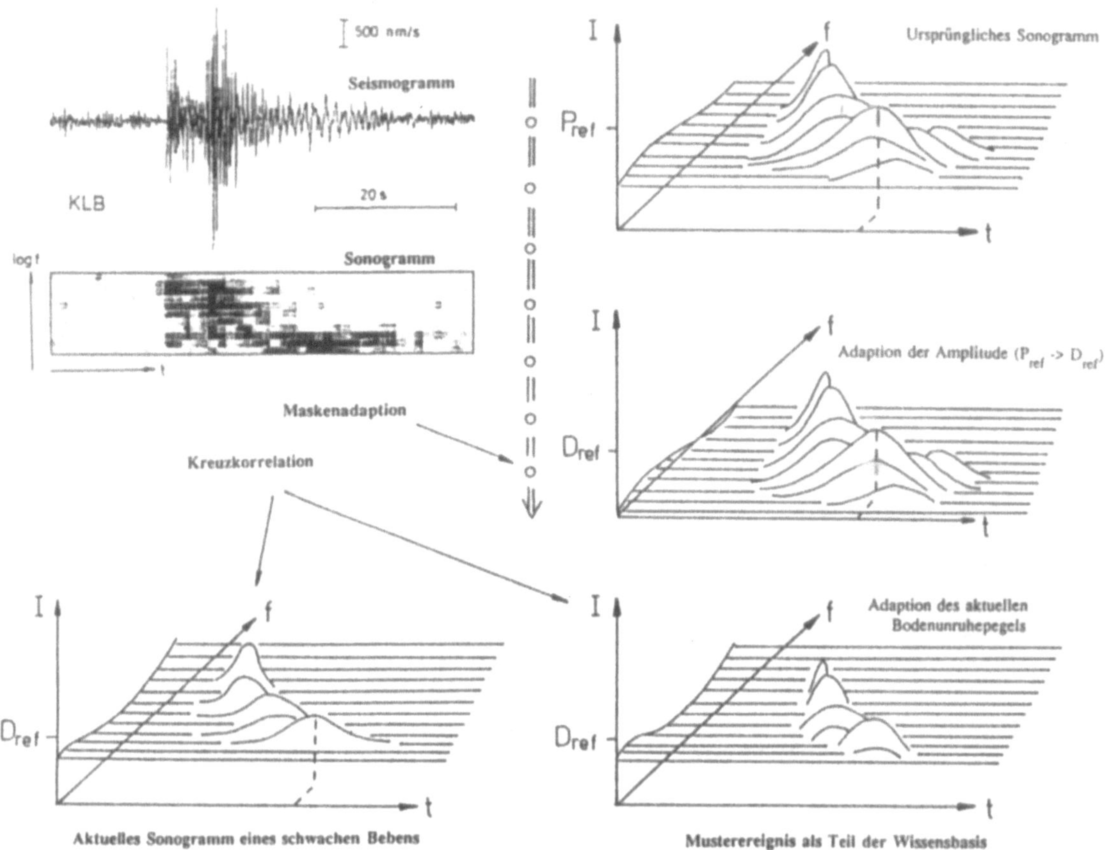

Abb. 1 Analoge Wissensrepräsentation und Adaption auf Basis einer physikalischen Modellvorstellung

Eine genaue Darstellung der für das realisierte Verfahren gewählten Transformation findet sich in JOSWIG [1990b]; hier soll lediglich anhand von Abb. 1 noch der qualitative Ansatz bei der Maskenadaption erläutert werden. Die zugrunde liegende Modellvorstellung beschreibt das Herausheben des Intensitätsgebirges eines bekannten Ereignisses aus der stationären Bodenunruhe. Im ersten Adaptionsschritt wird in Abhängigkeit von der Bebenstärke die Amplitude korrigiert, im zweiten der aktuelle Bodenunruhepegel übernommen und alle Signalenergie darunter als nicht detektierbar gelöscht. Danach folgt jeweils der Mustervergleich und abschließend in einer Entscheidungslogik die Auswahl der infrage kommenden Identifikationen.

Der gewählte Ansatz erlaubt, wenige Sonogramme starker Ereignisse einmal als Muster zu definieren; diese werden danach in einem weiten Rahmen unterschiedlicher Amplituden- und Unruhebedingungen wiedererkannt.
Entscheidend für die Analogie zur menschlichen Auswertung ist aber, daß der Übergang vom ursprünglichen Seismogramm zum Sonogramm automatisch innerhalb des Detektors geschieht und damit transparent ist für den mit dem SONOGRAM-Detektor arbeitenden Seismologen. Sonogramme

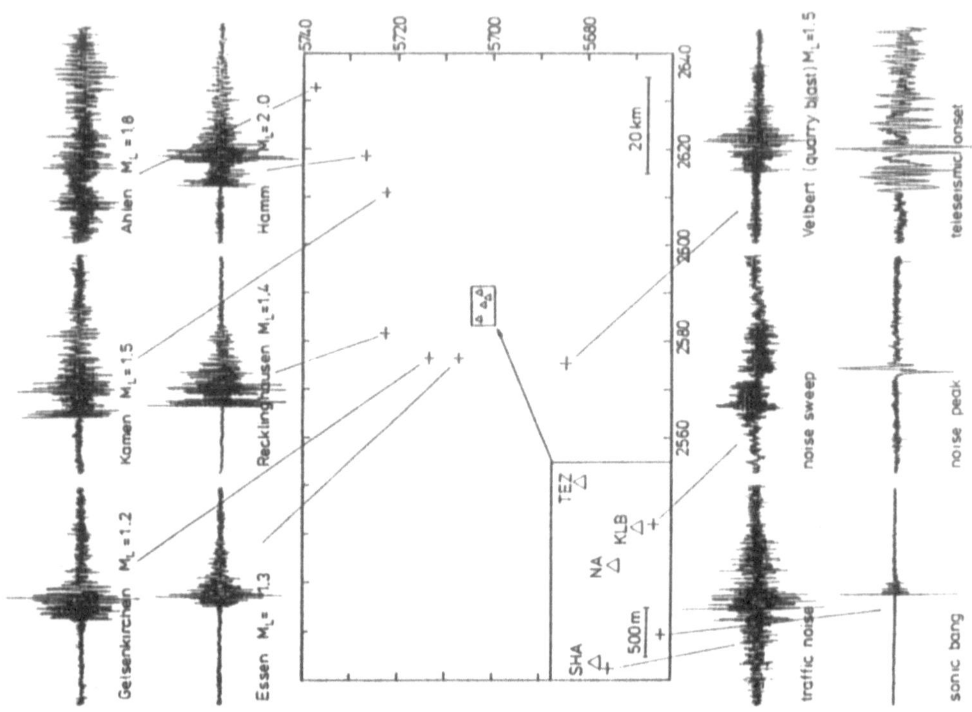

Abb. 2 **Seismogramme von 12 Mustereieignissen (und deren Epizentren) als Wissensbasis für den Testlauf des SONOGRAM-Detektors**

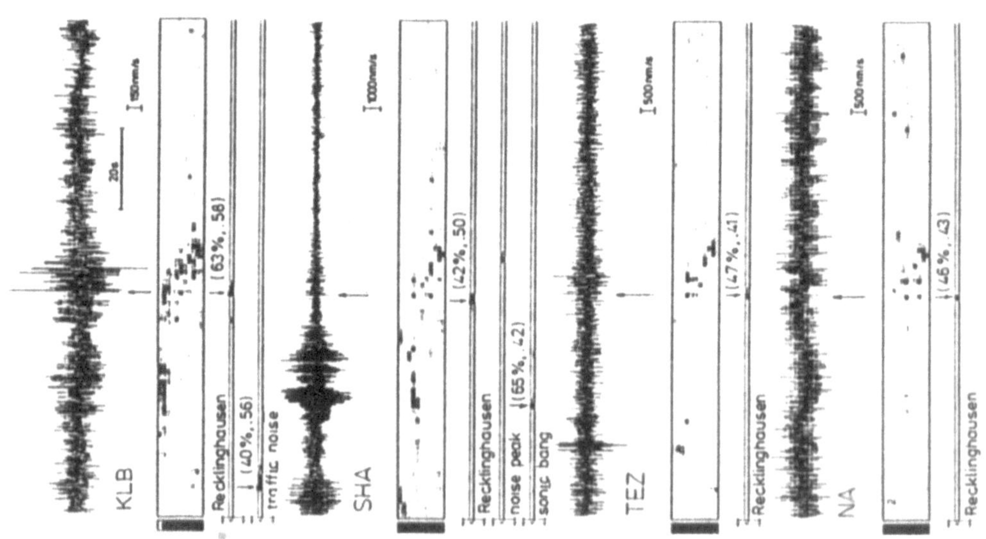

Abb. 3 **Erkennen eines schwachen Erdbebens aus Recklinghausen in stark variierender Bodenunruhe an verschiedenen Array-Stationen**

sind also mentale Bilder nicht nur für eine postulierte Denkweise des Menschen, sondern auch real verwirklichte unsichtbare Bilder als Grundlage eines wissensbasierten Systems.

Abb. 2 zeigt als Beispiel für die Funktionsweise des Detektorsystems die Eingabe von 12 Ereignissen, die die lokale Seismizität und typische Störungen im BUG-Erdbebennetz der Ruhr-Universität Bochum beschreiben und Wissensbasis für einen einmonatigen Testlauf waren. Abb. 3 gibt einen Eindruck von den hervorragenden Ergebnissen bei stark schwankender Bodenunruhe und einem extrem schwachen Ereignis des Recklinghausen-Clusters. Obwohl zusammen dargestellt, erfolgt die Detektorentscheidung getrennt auf jeder der vier Spuren des lokalen Klein-Arrays (KLB, SHA, TEZ, NA); unter dem Seismogramm ist jeweils das (nur intern benutzte) Sonogramm sowie die möglichen Identifikationen dargestellt.
Eine detaillierte Diskussion der Ergebnisse des einmonatigen Testlaufs findet sich in JOSWIG [1990b]; sie werden von keinem anderen bisher bekannten automatischen Verfahren erreicht und übertreffen in Einzelfällen wie im untersten Beispiel von Abb. 3 auch die Ergebnisse einer Routineauswertung durch den Seismologen.

Literatur

Anderson, K. R., "Syntactic analysis of seismic waveforms using augmented transition network grammers", *Geoexploration*, vol. 20, pp. 161-182, 1982.

Fischler, M. A. and O. Firschein, *Intelligence: The Eye, the brain and the computer*, Addison Wesley, Reading, Mass., 1987.

Joswig, M., "Pattern recognition for earthqauke detection", *Bull. Seism. Soc. Am.*, vol. 90, no. 1, pp. 170-186, 1990a.

Joswig, M., "Earthquake recognition by Sonogram-detectors with master event adaption", *Bull. Seism. Soc. Am.*, (submitted), 1990b.

Kosslyn, S. M., *Image and mind*, Harvard Univ. Press, Cambridge, MA., 1980.

Liu, Hsi-Ho and King-Sun Fu, "An application of syntactic pattern recognition to seismic discrimination", *IEEE Transa. Geosc. Rem. Sens.*, vol. GE-21, no. 2, pp. 125-132, 1983.

Menhardt, W., "Bildanalyse und ikonische Fuzzy Sets", *KI*, vol. 3, no. 1, pp. 4-11, 1989.

Rehkämper, K., "Mentale Bilder - Analoge Repräsentationen", FB Informatik, AB Wissens- und Sprachverarbeitung, Projekt Lilog, Univ. Hamburg, 1989.

Schneider, G., *Erdbeben*, Enke, Stuttgart, 1975.

Shepard, R. N. and S. Shipman, "Second-order isomorphism of internal representations: Shapes of state", *Cogn. Psychology*, vol. 1, pp. 1-17, 1970.

Shepard, R. N. and J. Metzler, "Mental rotation of three-dimensional objects", *Science*, vol. 171, pp. 701-703, 1971.

Strube, G., "Repräsentationsformen beim menschlichen Problemlösen", in *GWAI-87*, ed. K. Morik, pp. 287-295, Springer, Berlin, 1987.

Winston, P. H., *Artificial Intelligence*, Addison-Wesley, Reading MA., 1984.

Conditioned Circumscription: Translating Defaults to Circumscription

Gaby Merziger Mathias Bauer
Deutsches Forschungszentrum für Künstliche Intelligenz
Standort Saarbrücken
Stuhlsatzenhausweg 3
6600 Saarbrücken 11

Abstract

In this article a new form of circumscription, called *conditioned circumscription* is developed, that permits translating *arbitrary* defaults to circumscription. As a consequence the deduction methods of first-order predicate logic can be applied to default logic. The circumscription policy will be fixed and by showing the equivalence of conditioned circumscription and the corresponding default theory a model-theoretic semantics for default logic is presented.

1 Introduction

Circumscription as well as default logic are used to obtain reasonable conclusions from incomplete knowledge. Since both approaches show certain shortcomings, the idea of combining their advantages suggests itself. We want to have a logic that is conceptually simple and easy to handle like default logic, but apart from that makes available the well-developed reasoning methods of first-order predicate logic (cf. [Imi87]). A description of both formalisms in the extensive context of nonmonotonic reasoning can be found in [Bre89] and [Eth88].

Till now there are only few attempts to investigate the relations between default logic and circumscription. The approaches to examine are those of Grosof (see [Gro84]), Imielinski (see [Imi87]) and Schlechta (see [Sch87]). Grosof's approach is suitable only for the translation of normal defaults and is not completely correct, because in the theory we get by translating the default $\frac{\alpha:\beta}{\beta}$, we can conclude $\neg\alpha$ from $\neg\beta$. Imielinski and Schlechta each give some theoretical results concerning the translation of a default into *preorder semantics*. They introduce the notion of a *modular translation*[1], which grasps those translations that treat the formulae of the theory independent of the defaults. This implies that the addition of *specific formulae*, actually ground literals, doesn't require a new translation of the defaults. Both arrive at the conclusion that non-normal defaults are not modularly translatable.

In contrast, we will give a non-modular translation that will nevertheless have the same computational complexity as e.g. the modular translation of Grosof. The idea is to consider the possibility of a new circumscription formula whose semantics can be given by a special preorder on models with restricting conditions. This was realized in the *conditioned circumscription formula*, which is made especially for the translation of defaults. This formula

[1] see [Imi87]

enables us to translate arbitrary default theories without introducing *ab*-predicates that are not contained in the language. In the most general case the translation of a default will be given by a set of axioms, one of which will be applied each time. In that way we provide for the case that the circumscription of a given predicate doesn't result in a *unique* minimization.

In the first part of the paper we will consider the simplest kind of default theory with one default $\frac{\alpha:\beta}{\gamma}$, in which the pointwise circumscription of $P := \neg\gamma$ yields a unique minimization. In the following we will generalize our results to arbitrary minimizations, describe the model-theoretic semantics and the proof theory and finally prove the translation to be correct. In appendix A we present the reduction algorithm which is applied to compute minimal decidable extensions of a predicate. The reader is assumed to be familiar with the notions of pointwise circumscription (cf. [Lif87]) and default logic as defined by Lukaszewicz in [Luk84].

[BM89] contains the omitted proofs and furthermore treats the translation of several defaults. In addition, the given translation and Grosof's approach are compared.

2 Introduction of Conditioned Circumscription

Notations: Let W be a theory in first-order logic and P, Q predicate symbols of the same arity. If there are occurrences of P in W, this theory is also denoted by $W(P)$. Replacing all occurrences of P in W by Q yields a new theory denoted by $W(Q)$. $Th(W)$ is the deductive closure of W.

Definition 1 *Let $\Delta = (W, D)$ be a default theory, $d := \frac{\alpha(x):\beta(x)}{\gamma(x)} \in D$, and $P :\equiv \neg\gamma$. d has to be translated to circumscription. The pointwise circumscription $C_P(W)$ of P in W is assumed to result in a unique minimization of P. In this situation the Conditioned Circumscription formula is:*

$$CC_{\alpha;\beta}(W;P) := W(P) \quad \wedge \quad \forall x.[\alpha(x) \wedge \beta'(x) \supset (P(x) \supset \neg W(\lambda y.P(y) \wedge y \neq x))] \qquad (1)$$

(1) is also denoted by CC.

Obviously this formula consists of the *pointwise circumscription* of P according to Lifschitz and an additional condition. The condition guarantees circumscription to be executed only in those cases where x satisfies both the prerequisite α of d and additionally β'. β' is calculated in the first step of the translation and guarantees the consistency of β w.r.t. W. The translation of a default

$$d := \frac{\alpha(x) : \beta(x)}{\gamma(x)}$$

is performed in the following way:

1. Calculation of β'. β' captures the problem of expressing consistency of β with W, with $\beta(x)$ consistent to W meaning $W \not\vdash \neg\beta(x)$. As consistency is assumed for a maximal number of points x, i.e. $\beta(x)$ is consistent with W unless W forces us to believe the opposite by implying $\neg\beta(x)$, it can be simulated by minimizing $\neg\beta$ and thereby maximizing β in W. That means we calculate the pointwise circumscription $C_{\neg\beta}(W)$ of $\neg\beta$ in W. This results in a disjunctive definition of $\neg\beta$. Each of the disjuncts of this definition is made decidable by applying the so-called *reduction* algorithm which will be introduced later. This yields the following disjunction with *decidable disjuncts*:

$$\neg\beta \equiv \neg\phi_1 \vee \neg\beta \equiv \neg\phi_2 \vee \ldots \vee \neg\beta \equiv \neg\phi_n \quad , n \geq 1$$

$$\iff$$

$$\beta \equiv \phi_1 \vee \beta \equiv \phi_2 \vee \ldots \vee \beta \equiv \phi_n$$

Each disjunct defines a maximal possible extension for β. We combine the right-hand sides of these definitions for β in one disjunction and define

$$\beta' :\equiv \phi_1 \vee \phi_2 \vee \ldots \vee \phi_n.$$

As will be shown in Lemma 1, $\beta'(x)$ is satisfied if and only if $\beta(x)$ is consistent w.r.t. W. Intuitively it should be clear that if $\beta'(x)$ is satisfied, one $\phi_i, 1 \leq i \leq n$, of the defining disjunction must be satisfied and consequently there exists one possible extension of β with $\beta(x)$ being *true*. This implies that $\beta(x)$ is consistent with W.

The following example shows that the reduction is necessary. Let W be the theory consisting of the single formula $\forall x.q(x) \supset \neg\beta(x)$. Circumscription of $\neg\beta$ in W yields a unique definition for $\neg\beta$: $\forall x.\neg\beta(x) \equiv q(x)$. But as the theory doesn't contain further information about q this doesn't lead to an increase of knowledge and as a consequence we can make no statement about the consistency of β, apart from those that could already be made in W. Roughly speaking, the reduction is an algorithm that computes recursively the circumscription of every predicate symbol occurring in the definition of the circumscribed predicate. That means in the special case of the example above, that q is minimized and becomes identically *false* and thus $\neg\beta \equiv$ *false*.

2. The consequent $\gamma(x)$ of a default should be satisfied by a maximal number of points x under the conditions $W \vdash \alpha(x)$ and $W \not\vdash \neg\beta(x)$. This maximality is reached by minimizing $\neg\gamma(x)$. To avoid calculating the pointwise circumscription for every point x separately, as it is suggested by (1), we proceed as follows:
Calculate $C_{\neg\gamma}(W) = C_P(W)$. According to the assumption about the ***unique*** minimization of P, the result is

$$\forall x.\ P(x) \equiv \neg\psi(x) \iff \forall x.\ \gamma(x) \equiv \psi(x)$$

3. The combination of the results of 1. and 2. yields

$$\widehat{CC} :\equiv W(P) \wedge \forall x.\ [\alpha(x) \wedge \beta'(x) \supset (\gamma(x) \equiv \psi(x))].$$

As we will show in section 5, this formula corresponds to the maximality of $\gamma(x)$ under the conditions $W \vdash \alpha(x)$ and $W \not\vdash \neg\beta(x)$.

We have to show

$$CC \vdash \varphi \iff \widehat{CC} \vdash \varphi$$

for all formulae φ, i.e. the construction of CC with the aid of $\widehat{CC}$ is correct.
The argumentation is as follows: the condition $\alpha \wedge \beta'$ restricts the result of the pointwise circumscription of $\neg\gamma$ for *all* points to those for which in the original CC-formula (1) the pointwise circumscription of $\neg\gamma$ is computed.

This method has the advantage that the circumscription has to be computed only once for each default. As the equivalence is shown, in the following we won't distinguish between $\widehat{CC}$ and CC.
Note: CC obviously can't grasp defaults of the form $\frac{\alpha(x)\,:\,\beta(x)}{\gamma(x)}$, where $\gamma(x)$ implies $\neg\beta(x)$. But as such defaults will never be applied, we argue that they are in fact meaningless and

can be excluded without loss of expressive power.
The problem is taken up in [BM89] when treating the translation of several defaults. There we give a slight variant of CC that also permits translating defaults of the above mentioned class.

The condition $\alpha \wedge \beta'$ in (1) guarantees that the circumscription at point x is regarded only in those cases where $\alpha(x)$ is valid in W and $\beta(x)$ is consistent w.r.t. W. If $(\alpha \wedge \beta')(x) \equiv false$, the CC-formula (1) gives no further information about $\gamma(x)$, i.e.

$$W \cup \{CC\} \vdash \gamma(x) \iff W \vdash \gamma(x).$$

This translation is not modular in the sense of [Imi87], but we argue that the actual computational effort in translating a default theory with conditioned circumscription has the same complexity as e.g. Grosof's modular translation.
For each default $d_i = \frac{\alpha_i : \beta_i}{\gamma_i}$ Grosof (see [Gro84]) gets a translation formula of the form

$$\forall x. \alpha_i(x) \wedge \neg ab_i(x) \supset \beta_i(x).$$

But the translation doesn't solely consist of these formulae. In addition, the circumscription of every newly introduced predicate ab_i must be computed in the currently considered theory. This implies that every change of the theory, even the addition of one specific formula φ, enforces a recomputation of every circumscription-formula. Although, in general, the formula φ won't concern every ab-predicate, this can't be excluded for an analysis of the complexity of this procedure. Following these observations, a complete recomputation of the translation, as it is necessary with conditioned circumscription, doesn't require a greater computational effort.

2.1 Generalization

Thus far we have assumed the predicate symbol P, which stands for the negated consequent of a default, to be minimized *uniquely* by pointwise circumscription, i.e. the result of $C_P(W)$ was

$$\forall x. P(x) \equiv \neg\psi(x) \iff \forall x. \gamma(x) \equiv \psi(x).$$

Of course this can't be presupposed in general, but we have to assume a disjunctive definition of γ of the form

$$\forall x. \gamma(x) \equiv \psi_1(x) \vee \ldots \vee \forall x. \gamma(x) \equiv \psi_m(x).$$

This leads to the following definition:

Definition 2 *Let Δ, d, and P be defined as above, and assume that the pointwise circumscription of P in W yields the disjunctive definition*

$$\forall x. \gamma(x) \equiv \psi_1(x) \vee \ldots \vee \forall x. \gamma(x) \equiv \psi_m(x)$$

for γ. Then

$$CC^i_{\alpha;\beta}(W; P) :\equiv \forall x. [\alpha(x) \wedge \beta'(x) \supset (P(x) \equiv \neg\psi_i(x))] \tag{2}$$

is called the **ith possible translation** *of d in Δ, $1 \leq i \leq m$.*
The formula

$$CC_{\alpha;\beta}(W; P)$$

is called the **general translation** *or* **translation** *of d in Δ.*

Note:

1. If the arguments are obvious from the context, (2) will also be denoted by CC^i.
2. If P is minimized uniquely, there is only one possible translation of d, i.e. $m = 1$, and (2) is equivalent to (1).
3. In the general case we also simplify the computation by calculating the pointwise circumscription on the right-hand side of the implication for *all* x.

3 Model-Theoretic Semantics

In order to give the model-theoretic semantics of (1), we will use the notion of *preorder semantics* introduced by Lifschitz in [Lif87].
Notations: For a first-order theory W, $Mod(W)$ denotes the set of all models of W. Let m be in $Mod(W)$. By $m[\![P]\!]$ we denote the interpretation of the predicate symbol P in m.

Theorem 1 *m is a model of $CC_{\alpha;\beta}(W, \neg\gamma)$* $\iff$

(a) *m is a model of W.*

(b) *$\forall\xi$ with $m[\![\alpha \wedge \beta']\!](\xi) = true$ we have: m is minimal w.r.t. $\leq^\xi$ in the set of models of W, with*

$$m \leq^\xi m' :\iff$$

(i) $|m| = |m'|$

(ii) $m[\![K]\!] = m'[\![K]\!]$ *for* $K \neq P \equiv (\neg\gamma)$

(iii) $m[\![P]\!](\xi) \leq m'[\![P]\!](\xi)$

Notice that at points x_0, where $m[\![\alpha \wedge \beta']\!] = false$, we don't compare the models w.r.t. $\leq^{x_0}$. This corresponds to the fact that circumscription is computed only when the condition holds for the point in consideration.

Therefore the models of (1) aren't the minimal models of W w.r.t. the preorder $\leq^\xi$, but a superset of that. Minimal w.r.t. $\leq^\xi$ are only those models of W, for which $m[\![\alpha \wedge \beta']\!] = true$. Models where this is not the case are consequently not comparable w.r.t. $\leq^\xi$.

4 Entailment and Derivability

Having introduced all basic notions, we still have to explain what it means to *deduce a formula from the translation of a default theory*. This yields the following definitions:

Definition 3 *Let $\Delta := (W, D)$ be a default theory with $D := \{d\}$, $CC^1, ..., CC^n$ the possible translations of d in Δ and φ a formula.*
Then

$$W \vdash_i \varphi \quad :\iff \quad W \cup \{CC^i\} \vdash \varphi.$$

Now we give the definition of the actual derivability relation.

Definition 4 *Let W, D, and φ be defined as above. Then*

$$W \vdash_{CC} \varphi \;:\Longleftrightarrow\; \begin{array}{ll} (i) & W \vdash \varphi \text{ or} \\ (ii) & \exists i.\; W \cup \{\gamma(x_1), ..., \gamma(x_m)\} \vdash_i \varphi \\ & \text{and } W \vdash_{CC} \gamma(x_i), ..., \gamma(x_m). \end{array}$$

Similarly, we get the definitions for the entailment relations "$\models_i$" resp. "$\models_{CC}$". The equivalence of "$\vdash_{CC}$" and "$\models_{CC}$" follows from the soundness and completeness of first-order predicate logic.

Notations: In the simplest case where $C_P(W)$ results in a unique minimization of P, we also write

$$CC \models \varphi$$

instead of $W \models_{CC} \varphi$.

5 Correctness of the Translation

In this section we will use the fact that β' has a decidable extension, i.e. that for every object x of the universe we can decide whether $\beta'(x)$ holds or not. The algorithm for the computation of β' will be presented in appendix A.

To show the correctness of the translation given in section 2, we need a lemma that shows that β' corresponds to the consistency of β in W in the following sense:

Lemma 1 *For all x, $\beta(x)$ is consistent with W (short: $\forall x.Con(\beta(x), W)$), if and only if $W \models \beta'(x)$.*

Note: By the restriction to a class of decidable formulae β' in the sense mentioned above, we are able to treat consistency of a formula with a set of formulae as a decidable problem.

The main theorem of this paper will show the correctness of the translation. We won't consider cases where the equality predicate occurs in positions that require a circumscription of it in order to compute the translation, e.g. defaults of the form $\frac{:x=y}{x=y}$. This restriction is necessary, because circumscription can't deduce new propositions w.r.t. equality (see [Eth88]).

Theorem 2 (Correctness of the translation)
Let $D := \{d\} := \{\frac{\alpha(x):\beta(x)}{\gamma(x)}\}$; $P := \neg\gamma$; $\Delta := (W, D)$, $Ext(\Delta)$ its extension,

$$CC_{\alpha;\beta}(W; P) := W(P) \;\wedge\; \forall x.[\alpha(x) \wedge \beta'(x) \supset (P(x) \supset \neg W(\lambda y.P(y) \wedge y \neq x))]$$

with $\beta' \equiv \phi_1 \vee \ldots \vee \phi_n$, if the result of the pointwise circumscription of $\neg\beta$ in W is

$$\neg\beta \equiv \neg\phi_1 \vee \neg\beta \equiv \neg\phi_2 \vee \ldots \vee \neg\beta \equiv \neg\phi_n.$$

Then

$$\varphi \in Ext(\Delta) \iff W \models_{CC} \varphi.$$

Note: It can even be shown that

$$\varphi \in Ext(\Delta) \quad \Longleftarrow \quad CC \models \varphi.$$

The converse fails, if the minimization for γ isn't unique. In this case the circumscription formula contains a disjunctive definition of the form

$$\gamma \equiv \psi_1 \vee \gamma \equiv \psi_2 \vee \ldots \vee \gamma \equiv \psi_k,$$

from which no propositions about γ can be derived.

6 Summary

In this paper the following problems were discussed:

- We present a method for translating *one* default to circumscription where the default is *not* required to have certain syntactical properties (e.g. normality or semi-normality). It is shown that the translation yields a theory equivalent to the original default theory. In [BM89] this approach is generalized in order to handle *several* defaults.
- The *circumscription policy* is fixed, i.e. it can be derived from the given default theory in all cases.
- By the equivalence of Conditioned Circumscription and the corresponding default theory we get a *model-theoretic semantics* for default logic.
- We develop a decidable algorithm which under certain conditions computes whether a given formula is *consistent with a given first-order theory.*
- We give a method which allows us to *reduce certain predicates to a decidable disjunction.*

Acknowledgement
We would like to thank Matthias Hecking for supporting our investigations and reading the proofs.

A Minimal Reduction of a Predicate

Idea: The basic idea of circumscription is to add *new* information to the information implicitly contained in a theory. This is accomplished by minimizing the extension of a predicate P. But it could happen that the result of the circumscription is a formula of the form $P \equiv Q$ and the underlying theory doesn't contain a decidable definition for Q, i.e. there are points x for which we have neither $W \models Q(x)$ nor $W \models \neg Q(x)$. So the circumscription of P doesn't lead to a directly usable increase of knowledge.

This can be covered by circumscribing P with all other predicates variable. But in theories that are not separable with respect to those predicates this corresponds to the circumscription of P in a second-order theory (cf. [Lif85]). To avoid this we developed *minimal reduction* as an algorithm recursively applying circumscription without variable predicates.

The idea behind the *minimal reduction* of a predicate is to minimize again those predicates that occur in the definition of the predicate to be minimized (i.e. we minimize Q in our case), until we get a disjunctive definition of P whose disjuncts are all decidable and are satisfied exactly by those objects that *have to do it* due to the theory.

The computation results in a disjunctive definition of P, whose disjuncts consist exclusively of formulae like $\lambda x.x = x_1 \vee x = x_2 \vee \ldots \vee x = x_n$, $\lambda x.true$ and $\lambda x.false$ and are therefore decidable.

Note: The minimal reduction is *not* defined for predicate symbols that are recursively defined in the underlying theory, e.g.

$$nat(0) \wedge \forall x.nat(x) \supset nat(succ(x)).$$

Definition 5 *Let A be a theory of first-order predicate logic, P a predicate symbol. P is* minimally reducible in A, *if the pointwise circumscription of P in A leads to a disjunctive definition*

$$P \equiv \phi_1 \vee \ldots \vee P \equiv \phi_n$$

that satisfies the following conditions:

(i) *$\phi_1, \ldots, \phi_n$ don't contain any predicate symbols apart from equality* or

(ii) *each of the predicate symbols $\neq P$ in $\phi_1, \ldots, \phi_n$ are minimal reductable in A.*

The following algorithm yields the minimal reduction of a predicate symbol P in the theory A:

Notations: In the following we will denote

with $ps(\varphi)$ the set of all predicate symbols in φ apart from equality together with the corresponding sign (e.g. for $\varphi = \forall x.(\alpha(x) \vee \neg\beta(x) \vee x = a)$ we have $ps(\varphi) = \{\alpha, \neg\beta\}$), with M_i^j the set of such symbols during the jth recursion for the ith disjunct ϕ_i.

```
procedure reduction(P: predicate symbol, i : integer);
begin j := i + 1;
        C_P(A^{j-1}); the result is P ≡ φ_1 ∨ ... ∨ P ≡ φ_n
        A^j := A^{j-1}\{ψ ∈ A^{j-1}; P occurs in ψ};
        for k := 1 to n
           do M_k^j := ps(φ_k);
              if M_k^j ≠ ∅
                 then for q ∈ M_k^j
                          do reduction(q, j);
                          od;
              fi;
              replace backwards;
           od;
end;

/* the procedure call */
begin A^0 := A;
        reduction(P, 0);
end.
```

Definition 6 *The result of the above algorithm, i.e. the disjunctive definition of P with decidable disjuncts, is called the* **minimal reduction of P in A**.

Note:

1. It should be explained what we mean by *replace backwards.* For that consider the run of the algorithm with input P and 0. The pointwise circumscription of P in A yields a disjunctive definition of P which contains e.g. the predicate symbol q. The procedure *reduction* is started for q and the pointwise circumscription of q in A^1 is computed. If the resulting disjunctive definition of q again contains some predicate symbols, we go on as before.

   We will reach a point where all right sides have the form we wanted, because the set of axioms in which we compute the pointwise circumscription diminishes from step to step. This last disjunctive definition is put in the corresponding place in the disjunction of the last recursion step and so on until all recursions are resolved.

2. In a recursion chain each predicate symbol occurs at most twice, because after the first occurrence we remove from A all formulae that contain this symbol.

3. The algorithm terminates, because according to the assumption, A consists of finitely many axioms.

Application:
We use this approach for the construction of the predicate β', that was till now defined as the disjunction of the right side of the definition of $\neg\beta$ that we got by the pointwise circumscription of β. In order to make β' decidable we combine the negations of the reduced disjuncts of $\neg\beta$ into β'.

References

[BM89] M. Bauer and G. Merziger. *Conditioned Circumscription: Translating Defaults to Circumscription.* Memo 34, Universität des Saarlandes, 1989.

[Bre89] Gerhard Brewka. *Nonmonotonic Reasoning - From Theoretical Foundations Towards Efficient Computation.* PhD thesis, Universität Hamburg, 1989.

[Eth88] David W. Etherington. *Reasoning with Incomplete Information.* Morgan Kaufmann, Los Altos, California, 1988.

[Gro84] Benjamin Grosof. Default reasoning as circumscription. In *Non-Monotonic Reasoning Workshop, New Paltz*, pages 115–124, 1984.

[Imi87] Tomasz Imielinski. Results on translating defaults to circumscription. *AI*, 31:131–146, 1987.

[Lif85] Vladimir Lifschitz. Computing circumscription. In *Proceedings of the 9th International Joint Conference on Artificial Intelligence*, pages 121–127, 1985.

[Lif87] Vladimir Lifschitz. Pointwise circumscription. In Matthew L. Ginsberg, editor, *Readings in Nonmonotonic Reasoning*, pages 179–193, Morgan Kaufmann, Los Altos, California, 1987.

[Luk84] Witold Łukaszewicz. Considerations on default logic. In *Non-Monotonic Reasoning Workshop, New Paltz*, pages 165–193, 1984.

[Sch87] Karl Schlechta. Defaults, preorder semantics and circumscription. 1987. (unpublished).

A NEW AND SIMPLE METHOD FOR EXPLICIT COMPUTATION OF A CIRCUMSCRIPTION

Sukhamay Kundu and Jianhua Chen
Computer Science Department, Louisiana State University, Baton Rouge, LA 70803, USA

ABSTRACT.

We present a new and simple method for explicit computation of a circumscription CIRC(T, P, Q) by constructing a set of clauses T_0 such that CIRC(T, P, Q) = Th($T \cup T_0$). The advantage of an explicit form of CIRC(T, P, Q) is that one can apply an ordinary inferencing method to $T \cup T_0$ to answer a query. The particular features of our algorithm are: (1) We show that the search for the clauses T_0 can be restricted to the subset of clauses which consist of at least one negative literal in the predicates P and zero or more literals in the predicates Q. This is an improvement over the related results in [3]. (2) We do not use the equality predicate as is done in [7, 18], and (3) We compute the clauses T_0 by using predicate completion [4] based on a small subset of the clauses in Th(T) which consist of at least one positive literal in P and zero or more literals in Q. We assume in this paper that the theory T is given by a set of ground clauses without function symbols.

Keywords: Circumscription, minimal and subminimal models, predicate completion, algorithm.

1. INTRODUCTION

Circumscription [5-8] is a general formalism for non-monotonic reasoning. The relationships between circumscription, various forms of "negation as failure", and other non-monotonic reasoning formalisms have been extensively studied in [10-17]. To circumscribe a theory **T** with respect to a predicate p means to restrict the theory **T** by eliminating those models in which the extension of p, {x: p(x) = T}, is not minimal. The minimization of p serves to model the fact δ = "the property p(x) does not hold in most cases (i.e., generally speaking)", which cannot be expressed as a formula in predicate logic. We say that the predicate p(x) represents an "abnormal" or unusual property. Since the models of a circumscription form, in general, a proper subset of the models of the original theory **T**, one can infer more facts from the circumscription than from **T**. As an example, consider **T** = {Bird(Tweety), Bird(Polly), Fly(Tweety) $\vee$ Fly(Polly), $\forall$x [Bird(x) $\wedge$ $\neg$Abnormal(x) $\rightarrow$ Fly(x)]} and let δ = "most birds are not abnormal". We model this by circumscribing **T** with respect to the predicate Abnormal(x). It is easy to see that **T** has a unique minimal model and Abnormal(Tweety) = F = Abnormal(Polly) in that model. Thus with respect to the minimal model(s), or equivalently, the circumscription of **T**, we can infer $\neg$Abnormal(Tweety), Fly(Tweety), $\neg$Abnormal(Polly), and Fly(Polly). None of these inferences, however, hold for **T** itself.

The circumscription of a theory **T** may have, in general, more than one minimal model and one may minimize a set of predicates P simultaneously, where each predicate in P represents a distinct "abnormal" property. In addition, one may perform the minimization "locally" within certain subsets of the models of **T**. The local minimization helps to preserve more models of **T**, giving more models in the circumscription. For instance, suppose we group the models of **T** for the bird-example above according to the extension of Fly(x), i.e., the models which have the same extension of Fly(x) are grouped together into one subset. Then from each group we select the models which minimize the extension of Abnormal(x) within that group. This gives rise to three locally minimal models. In one minimal model, we have Fly(Tweety) = T = ¬Abnormal(Tweety) and Fly(Polly) = F; in another minimal model, we have Fly(Tweety) = F and ¬Abnormal(Polly) = T = Fly(Polly). In the third minimal model, we have Fly(Tweety) = Fly(Polly) = T = ¬Abnormal(Tweety) = ¬Abnormal(Polly). Thus, the previous conclusions that none of Tweety and Polly is abnormal and both of them fly do not hold any longer. Instead, we can infer $\zeta = \forall x\ [\mathrm{Fly}(x) \rightarrow \neg\mathrm{Abnormal}(x)]$, i.e., whoever among Tweety and Polly flies is normal. It is clear that ζ holds for the globally minimal model of **T** as well. An important property of ζ is that if we are given additional information about the predicate Fly(x), then ζ remains a valid conclusion for the locally minimal models but this may not be the case for the globally minimal models.[†]

In general, the subsets of models of **T** within which the predicates in P are locally minimized are obtained by fixing the extensions of a set of predicates Q, where Q is disjoint from P. We denote the resulting circumscription by CIRC(**T**, P, Q). In the literature, CIRC(**T**, P, Q) is often denoted by CIRC(**T**, P, Z), where Z is the set of remaining predicates in **T** other than those in P ∪ Q. We prefer the notation CIRC(**T**, P, Q) because it emphasizes the direct role of the predicates Q. The case Q = ∅ (the empty-set) corresponds to the global minimization of the predicates in P. In [5], the circumscription CIRC(**T**, P, Q) of a theory **T** is defined by a formula in the second order predicate logic. The second order formula is used for describing the minimality condition for extensions of the predicates in P. Some other more general forms of circumscription than the one considered here include the pointwise circumscription [8] and the prioritized circumscription [3, 6].

We assume in this paper that: (1) The theory **T** has no function symbols, and (2) **T** is specified by a finite set of ground clauses. These are the same assumptions used in [1]. The condition (2) is equivalent to the *domain closure assumption* in presence of (1) because in that case we can replace a quantified formula in **T** by one or more ground clauses. It is clear that the theory **T** has only a finite set of models and hence a finite number of minimal models. In particular, there exists a set of ground clauses $\mathbf{T}_0$ such that CIRC(**T**, P, Q) = $\mathbf{T} \cup \mathbf{T}_0$; simply include in $\mathbf{T}_0$ one clause C_j for each non-minimal model M_j of **T** such that C_j is not satisfied by M_j and C_j is satisfied by each minimal model of **T**. The main computation problem for CIRC(**T**, P, Q) is to find a set of clauses $\mathbf{T}_0$ directly from the theory **T** without computing its models. While the restriction of **T** to the ground form has been helpful in obtaining a better understanding of some of the issues in the computation of CIRC(**T**, P, Q), we hope that our approach can be generalized to the case where **T** contains function symbols and quantified formulas involving variables. It is known [7] that for an arbitrary first order theory **T**, which is specified by a finite set of formulas containing variables and functions, there may not exist a corresponding finite set of first order formulas $\mathbf{T}_0$ such that CIRC(**T**, P, Q) = $\mathbf{T} \cup \mathbf{T}_0$. In what follows, we use CIRC(**T**, P, Q) to denote both a specific set of formulas such as $\mathbf{T} \cup \mathbf{T}_0$ (or, any equivalent set of formulas) and also the deductive closure of such a set of formulas. If every model of **T** is a minimal model, then CIRC(**T**, P, Q) = **T** and we let $\mathbf{T}_0 = \emptyset$. In general, we have CIRC(CIRC(**T**, P, Q), P, Q) = CIRC(**T**, P, Q), i.e., the transformation of **T** to CIRC(**T**, P, Q) is an idempotent operation.

† The need for local minimization can be seen from the following two queries for a database: "Find the persons who have used the minimum number of sick-leave days" and "Find the persons who have used the minimum number of sick-leave days within each job category". If different job categories vary significantly in their working conditions, then the second query is clearly more meaningful. The local minimization of the number of sick-leave days within each job category is likely to generate, in general, a larger set of answers than the one for the first query. The global minimization in the first query may eliminate many of the interesting answers obtained from the second query.

In [7], Lifschitz gives a different method for an explicit computation of a circumscription CIRC(T, P, Q) for a more general type of theory T than the ones considered in this paper. The domain closure assumption is replaced in [7] by a "separability property" of the given representation of T in the form of a disjunction of conjunctions. If the theory T satisfies the conditions (1)-(2) above, then one can obtain a representation of T with the separability property in a straight-forward manner using the equality predicate. The conversion of a clause form of T to a disjunction of conjunctions may, however, require exponential time. The separability condition and the method in [7] has been further generalized in [18]. At present, there does not seem to exist an intrinsic characterization of a theory T which has a separable representation. Also, no algorithm is known for obtaining such a representation, if there exists one. This makes it difficult to use the method in [7, 18] which depend on a specific separable representation of T. The methods in [7, 18] also use the notion of predicate completion like the method given here.

The inference problem CIRC(T, P, Q) $\vdash \phi$ is called query-answering in [1]. For the case where T satisfies the conditions (1)-(2) above, Przymusinsky [1] gives an algorithm for query-answering without computing CIRC(T, P, Q) explicitly. This algorithm is particularly useful if there are only a few queries. However, if there are many queries ϕ_j to the same CIRC(T, P, Q), then the application of the method in [1] to each ϕ_j separately may involve many duplicate computations and hence is likely to be quite inefficient. In this case, it is advantageous to compute CIRC(T, P, Q) explicitly as a set of formulas $T \cup T_0$ and then apply the resolution method or other proof techniques to each goal ϕ_j and $T \cup T_0$.

2. THE SUBMINIMAL MODELS AND THE CIRCUMSCRIPTION

We say that a model M of T is *smaller* than another model M', to be denoted by $M \leq M'$, if both M and M' have the same extensions for the predicates in Q and for every predicate in P its extension in M is a subset of that in M'. We write $M < M'$ if $M \leq M'$ and $M' \nleq M$. A model M is said to be *minimal* if there is no model M' of T such that $M' < M$. A model M is said to be *subminimal* if it is minimal among the non-minimal models. Two minimal models M and M' may have the same extensions of predicates in $P \cup Q$ and differ in the extensions of the remaining predicates in Z. The same is true for two subminimal models of T. We let P^+ denote the set of ground atoms for predicates in P, and let P^- denote their negations. We also denote the literals $P^+ \cup P^-$ by P, in short; this should not cause any confusion with the set of predicates P. Similarly, we write Q for the set of literal $Q^+ \cup Q^-$, P^+Q for the set of literals $P^+ \cup Q$, and P^-Q for $P^- \cup Q$, etc. We say that a ground clause C is in P^+Q, denoted by $C \in P^+Q$, if each literal in C is in P^+Q. If ϕ is a general formula, then we say $\phi \in P^+Q$ provided each clause in a clausal form of ϕ is in P^+Q. Similarly, for $C \in P^-Q$, $\phi \in P^-Q$, and so forth.

Lemma 1. There exists a set of ground clauses $T_0 = \{C_i : C_i \in P^-Q$ and C_i contains at least one literal in $P^-\}$ such that CIRC(T, P, Q) = $T \cup T_0$.

Proof. Let $\{M_1, M_2, ..., M_k\}$ be the set of minimal models of T and let $\{M_{k+1}, M_{k+2}, ..., M_n\}$ be the set of non-minimal models. Let π_i be the conjunction of the ground atoms in M_i which have the truth-value T and of the negation of the ground atoms in M_i which have the truth-value F. For example, if the model M_i has the truth-values p(a) = F, p(b) = T, q(a) = T, q(b) = F, and z(a) = T, then π_i = $\neg p(a) \wedge p(b) \wedge q(a) \wedge \neg q(b) \wedge z(a)$. It is clear that the ground clause $\neg\pi_i$ is satisfied by each model M_j, $j \neq i$. Thus the models of $T \cup \{\neg\pi_{k+1}, \neg\pi_{k+2}, ..., \neg\pi_n\}$ are exactly the same as $\{M_1, M_2, ..., M_k\}$ and hence CIRC(T, P, Q) = Th($T \cup \{\neg\pi_{k+1}, \neg\pi_{k+2}, ..., \neg\pi_n\}$)

Let C_i, $i \geq k+1$, be the non-empty clause obtained from $\neg\pi_i$ by removing the literals belonging to $P^+ \cup Z$. For example, the clause corresponding to $\neg\pi_i$ = p(a) ∨ ¬p(b) ∨ ¬q(a) ∨ q(b) ∨ ¬z(a) is C_i = ¬p(b) ∨ ¬q(a) ∨ q(b). Clearly, $C_i \in P^-Q$, C_i subsumes $\neg\pi_i$, and the model M_i does not satisfy C_i. The clause C_i contains at least one literal from P^- because otherwise it would imply that every ground atom for the predicates in P have the truth value F in M_i and hence M_i is minimal, a contradiction. We now show that each minimal model M_j, $j \leq k$, satisfies the clause C_i. Since M_i is not minimal, one of the following two cases must hold:

(1) The models M_i and M_j have the same truth-values for the ground atoms in Q. In this case, there must be a ground atom in P^+, say, p(a) such that p(a) = F in M_j and p(a) = T in M_i because otherwise $M_i \leq M_j$, a contradiction. We have ¬p(a) is a literal in C_i and hence M_j satisfies C_i.

(2) The models M_i and M_j have different truth-values for the ground atoms in Q. In this case, there is a ground atom q(b) which has different truth-values in M_i and M_j. If q(b) $\in C_i$, then q(b) = F in M_i and q(b) = T in M_j, and hence M_j satisfies C_i. Similarly, if ¬q(b) $\in C_i$, then q(b) = T in M_i and q(b) = F in M_j, and once again M_j satisfies C_i.

Thus CIRC(T, P, Q) = Th(T ∪ $\{\neg\pi_{k+1}, \neg\pi_{k+2}, ..., \neg\pi_n\}$) = Th(T ∪ $\{C_{k+1}, C_{k+2}, ..., C_n\}$). ■

Coro. 1. It suffices to choose T_0 in Lemma 1 such that there is one clause C_j corresponding to each subminimal model of T.

Proof. If $M_i < M_j$ are two non-minimal models of T, then it is immediate that the clause C_i obtained from M_i in the proof of Lemma 1 subsumes the clause C_j obtained from M_j. ■

Example 1 (Illustration of Lemma 1). Consider the theory **T** = {q(a) → ¬ p(a), q(b) → p(b)} = {¬p(a) ∨ ¬q(a), p(b) ∨ ¬q(b)}. Table 1 shows the models of **T**, grouped by the different extensions of the predicates Q = {q}; here, P = {p} and Z = ∅. The models $\{M_1, M_2, M_3, M_4\}$ are the minimal models of **T**. The corresponding clauses constructed in the proof of Lemma 1 for the non-minimal models M_j, $5 \leq j \leq 9$, are given by

C_5 = ¬p(b) ∨ ¬q(a) ∨ q(b),
C_6 = ¬p(a) ∨ ¬p(b) ∨ q(a) ∨ ¬q(b),
C_7 = ¬p(a) ∨ q(a) ∨ q(b),
C_8 = ¬p(b) ∨ q(a) ∨ q(b), and
C_9 = ¬p(a) ∨ ¬p(b) ∨q(a) ∨ q(b).

The clause C_9 is subsumed by both C_7 and C_8, corresponding to the fact that M_9 is not a subminimal model ($M_9 > M_7 > M_4$ and $M_9 > M_8 > M_4$). The only subminimal models of T are $\{M_5, M_6, M_7, M_8\}$. Thus $T_0 = \{C_5, C_6, C_7, C_8\}$ and CIRC(T, P, Q) = **T** ∪ $\{C_5, C_6, C_7, C_8\}$. We note that the clauses obtained in the proof of Lemma 1 or Coro. 1 do not depend on the truth-values of the predicates in Z. This is in agreement with the fact that the notion of the minimal and subminimal models are defined only on the basis of truth-values of the predicates in P ∪ Q. ■

The result of Lemma 1 has a close connection with the notion of "free for negation" [1, 3]. A ground formula ϕ in PQ is said to be *free for negation* if there is no ground clause G in P^+Q such that

TABLE 1. The models of {q(a) → ¬p(a), q(b) → p(b)}

Model	p(a)	p(b)	q(a)	q(b)	Type
M_1	F	T	T	T	Minimal
M_5	F	T	T	F	Subminimal
M_2	F	F	T	F	Minimal
M_6	T	T	F	T	Subminimal
M_3	F	T	F	T	Minimal
M_7	T	F	F	F	Subminimal
M_8	F	T	F	F	Subminimal
M_9	T	T	F	F	Neither
M_4	F	F	F	F	Minimal

T |– φ ∨ G and T |/– G. Put another way, φ is free for negation provided for each ground clause G ∈ P^+Q we have T |– φ ∨ G if and only if T |– G. In terms of models, this is the same as saying that there is no minimal model of T which satisfies φ, or equivalently, ¬φ is satisfied by every minimal model of T; see part (i) in Theorem 1 below, which is proved in [1, 3]. Let NF(T, P, Q) = {φ: φ is a ground formula in PQ such that ¬φ is free for negation}. Note that T ⊆ NF(T, P, Q) if Z = ∅. It follows from part (ii) of Theorem 1 that T_0 ⊆ NF(T, P, Q).

Theorem 1 ([1, 3]). Let T be a set of ground clauses. Then the following are true:

(i) CIRC(T, P, Q) = Th(T ∪ NF(T, P, Q)).
(ii) A ground formula φ ∈ PQ is in CIRC(T, P, Q) if and only if ¬φ is free for negation.
(iii) A ground clause C ∈ P^+Q is in CIRC(T, P, Q) if and only if C ∈ Th(T).
■

According to Theorem 1(i), one can compute CIRC(T, P, Q) explicitly by adding to T the formulas in NF(T, P, Q) or better yet the clauses in NF(T, P, Q). This follows from the fact that if $C_1 \wedge C_2 \wedge \ldots \wedge C_m = \phi \in$ NF(T, P, Q), then each $\neg C_i$ is also free for negation and hence $C_i \in$ NF(T, P, Q). Finally, it follows from part (iii) that we only need to consider the clauses in NF(T, P, Q) which are not in P^+Q. Thus, if we let

$$NF'(T, P, Q) = \{C \text{ is a clause in PQ: } C \notin P^+Q \text{ and } C \in NF(T, P, Q)\},$$

then CIRC(T, P, Q) = Th(T ∪ NF'(T, P, Q)). Since each clause in T_0 in Lemma 1 contains at least one literal from P^-, it follows that T_0 ⊆ NF'(T, P, Q). The set NF'(T, P, Q) may, however, contain clauses of the form ¬p(a) ∨ p(b), with both positive and negative literals in P, and possibly some other literals in Q. To see this, consider T = {q(a) → p(a), q(a) → p(b)}, P = {p}, and Q = {q}. By using the construction in the proof of Lemma 1, one can show that both the clauses ¬p(a) ∨ p(b) and p(a) ∨ ¬p(b) are in T_0 ⊆ CIRC(T, P, Q) – Th(T) and hence in NF'(T, P, Q). We summarize these observations in the form of Coro. 2 below. A clause in T'_0 in Coro. 3 is either in T_0 or subsumes a clause in T_0. The proof of Corollary 3 is immediate and is omitted here.

Coro. 2. Let T_0 be the clauses as in Coro. 1. Then $T_0 \subseteq NF'(T, P, Q) \subseteq NF(T, P, Q)$. Thus T_0 is better suited for explicit computation of CIRC(T, P, Q) than either of NF′(T, P, Q) and NF(T, P, Q). ■

Coro. 3. CIRC(T, P, Q) = $T \cup T'_0$, where T'_0 is the set of clauses C such that (i) $C \in NF'(T, P, Q) - Th(T)$, (ii) C has no positive literal in P, and (iii) C is minimal with respect to (i)-(ii) (and hence minimal in CIRC(T, P, Q)). ■

Example 2 (Illustration of Coro. 3). Consider the theory T in Example 1. To compute the set T'_0, we determine the minimal subclauses of the clauses $T_0 = \{C_5, C_6, C_7, C_8\}$ which are satisfied by the minimal models $\{M_1, M_2, M_3, M_4\}$. Consider the clause ¬p(a), which subsumes C_6 and C_7. Each of the minimal models $\{M_1, M_2, M_3, M_4\}$ of T satisfies ¬p(a) and thus $\neg p(a) \in T'_0$. The subminimal models M_6 and M_7 falsify ¬p(a). It remains to find the minimal subclauses of C_5 and C_8 which are in CIRC(T, P, Q); such a subclause must contain ¬p(b). The clause ¬p(b) itself is, however, not satisfied by the models M_1 and M_3. Also, M_1 falsifies the clause $\neg p(b) \vee \neg q(a)$ and M_3 falsifies $\neg p(b) \vee q(a)$. This leads to the only other clause in T'_0 to be $\neg p(b) \vee q(b)$, and it is not satisfied by the subminimal models M_5 and M_8. Thus we have $T'_0 = \{\neg p(a), \neg p(b) \vee q(b)\}$. It is easy to verify that $T'_0 \subseteq Th(T \cup T_0)$. On the other hand, since each clause in T_0 is subsumed by a clause in T'_0, we have $T_0 \subseteq Th(T \cup T'_0)$. It follows that $Th(T \cup T_0) = Th(T \cup T'_0)$ = CIRC(T, P, Q). ■

3. ALGORITHM FOR COMPUTING CIRC(T, P, Q)

One of the difficulties in using Lemma 1 or Coro. 1 for computing CIRC(T, P, Q) is that we do not have a direct knowledge of the (subminimal) models of T. The algorithm XCIRC given below computes CIRC(T, P, Q) by constructing an alternative set of clauses T′ which is similar to T_0 in that each clause in T′ is in P^-Q and contains at least one negative literal in P and, moreover, $T \cup T_0$ is equivalent to $T \cup T'$ (i.e., $Th(T \cup T_0) = Th(T \cup T')$). It is known that circumscription has a close connection with predicate completion [4, 10], which gives rise to formulas $p(\alpha) \rightarrow \psi = \neg p(\alpha) \vee \psi$ from certain formulas $\psi \rightarrow p(\alpha) \in Th(T)$. This suggests that we might be able to construct the desired T′ via predicate completion by choosing $\psi \rightarrow p(\alpha) \in Th(T)$ such that $\psi \in P^-Q$, or equivalently, $\neg\psi \vee p(\alpha) \in P^+Q \cap Th(T)$. Let $W^* = \{C \in P^+Q \cap Th(T)$: C is a clause and contains at least one literal in $P^+\}$. The algorithm XCIRC actually uses only a small subset $W \subseteq W^*$ to construct the clauses T′, where W is a *generator* of W*, that is, Th(W) = Th(W*).

We first show that the predicate completion of T gives the circumscription CIRC(T, P, Q), if T is given by a set of ground clauses. In general, the predicate completion gives rise to a weaker theory than the circumscription [7, 10]. We define the *predicate completion* of the literal p(α) to be the formula $p(\alpha) \rightarrow \psi$, where ψ is the weakest non-trivial formula such that $\psi \rightarrow p(\alpha) \in Th(T)$. If $p(\alpha) \in Th(T)$, then we take ψ = T and the predicate completion is given by $p(\alpha) \rightarrow T = T$ (tautology). On the other hand, if $\neg p(\alpha) \in Th(T)$, then we take ψ = F and the predicate completion is given by $p(\alpha) \rightarrow F = \neg p(\alpha)$. In general, if $W^*_{p(\alpha)} = \{p(\alpha) \vee D_1, p(\alpha) \vee D_2, ..., p(\alpha) \vee D_n\}$ is the set of all clauses in W* which contain the literal p(α), then we take $\psi = \neg D_1 \vee \neg D_2 \vee ... \vee \neg D_n$ so that $\psi \rightarrow p(\alpha) \in Th(T)$. The predicate completion is then given by $p(\alpha) \rightarrow \psi = \neg p(\alpha) \vee \psi = \neg p(\alpha) \vee \neg D$, where $D = D_1 \wedge D_2 \wedge ... \wedge D_n$. In particular, if $W^*_{p(\alpha)} = \emptyset$, then we let ψ = F and the predicate completion is ¬p(α). Note that $\neg D \in P^-Q$ and hence $\neg p(\alpha) \vee \neg D \in P^-Q$. We write $T_{pc}(W^*)$ for the set of formulas (or their clauses) obtained by the predicate completion using W*.

Theorem 2. If the theory T is given by a finite set of ground clauses, then the predicate completion of T gives the circumscription CIRC(T, P, Q), i.e., CIRC(T, P, Q) = Th(T $\cup$ T_{pc}(W*)).

Proof. We first show that the predicate completion of each p(α) is in CIRC(T, P, Q). If $W^*_{p(\alpha)} = \emptyset$, then p($\alpha$) is free for negation and thus the predicate completion $\neg$p(α) $\in$ CIRC(T, P, Q). Now consider the case $W^*_{p(\alpha)} \neq \emptyset$. If $\neg$p(α) $\vee$ $\neg$D $\notin$ CIRC(T, P, Q), then p(α) $\wedge$ D is not free for negation and thus there is a ground clause C $\in$ P^+Q such that T $\vdash$ (p(α) $\wedge$ D) $\vee$ C = (p(α) $\vee$ C) $\wedge$ (D $\vee$ C) and T $\nvdash$ C. From T $\vdash$ p(α) $\vee$ C, we get C = D_i for some i, by definition of $W^*_{p(\alpha)}$. However, T $\vdash$ D $\vee$ C = D $\vee$ D_i = D_i = C and T $\nvdash$ C gives a contradiction. Thus $\neg$p(α) $\vee$ $\neg$D is in CIRC(T, P, Q). This proves that T $\cup$ T_{pc}(W*) $\subseteq$ CIRC(T, P, Q). It remains to show that if a model M of T satisfies the formulas in T_{pc}(W*), then M is a minimal model. Suppose M satisfies p(α), and hence $\neg$p(α) $\notin$ Th(T). We show that for any model $M' \leq M$ of T, p(α) = T in M'. If p(α) $\in$ Th(T), then clearly p(α) = T in M'. Now suppose that p(α) $\notin$ Th(T) and let $\neg$p(α) $\vee$ $\neg$D $\in$ T_{pc}(W*). Since M does not satisfy $\neg$p(α) and M satisfies $\neg$p(α) $\vee$ $\neg$D, it follows that M satisfies $\neg$D $\in$ P^-Q. From $M' \leq M$, we get M' satisfies $\neg$D and hence M' satisfies p(α) because p(α) $\vee$ D $\in$ Th(T). This completes the proof of the theorem. ■

We are now ready to present the algorithm XCIRC for constructing a set of clauses T′ such that CIRC(T, P, Q) = Th(T $\cup$ T′). The clauses T′ are obtained via predicate completion using a generator W $\subseteq$ W*.

XCIRC (an algorithm for computing CIRC(T, P, Q) explicitly):

Input: The theory T as a set of ground clauses and the disjoint sets of predicates P and Q.
Output: A set of clauses T′ such that CIRC(T, P, Q) = T $\cup$ T′.

1. Resolve the clauses in T in all possible ways using only the literals in P and Z. If a clause is subsumed by another clause obtained in the intermediate steps, then the former may be eliminated from future considerations. Let W be the set of all clauses obtained in this way which are in P^+Q and which contain at least one literal in P^+. (No two clauses in W are resolved.)
2. For each ground literal p(α) $\in$ P^+, let $W_{p(\alpha)}$ = {C $\in$ W: p(α) $\in$ C}. Obtain a set of clauses $C_{p(\alpha)}$ in P^-Q as follows:
   (i) If $W_{p(\alpha)} = \emptyset$, then $C_{p(\alpha)}$ = {$\neg$p(α)}.
   (ii) If $W_{p(\alpha)}$ = {p(α)}, then $C_{p(\alpha)} = \emptyset$.
   (iii) Otherwise, suppose $W_{p(\alpha)}$ = {p(α) $\vee$ D_1, ..., p(α) $\vee$ D_n}. Let $C_{p(\alpha)}$ be the set of clauses obtained by converting $\neg$p(α) $\vee$ $\neg$D into a clause form, where D = $D_1 \wedge D_2 \wedge \ldots \wedge D_n$.
3. Let T′ = T_{pc}(W) = the union of the sets $C_{p(\alpha)}$. Reduce the set T′ by using subsumption among its clauses. ■

The correctness proof of the algorithm XCIRC is given by Lemmas 2 and 3. Lemma 2 shows that the set of clauses W in Step (1) of XCIRC is a generator of W*. Lemma 3 shows that CIRC(T, P, Q) = T $\cup$ T′.

Lemma 2. If C is a minimal clause in W* and W is the set of clauses in Step (1) of XCIRC, then W $\vdash$ C.

Proof. Let C = $L_1 \vee L_2 \vee \ldots \vee L_n$. Consider a semantic tree for the unsatisfiable set of clauses T $\cup \{\neg L_1, \ldots, \neg L_n\}$ which is constructed as follows. The top n levels of the tree are based on the literals L_j, $1 \le j \le n$, in some order. The lowest levels of the semantic tree are based on the literals in Z^+ and the remaining literals in P^+. The middle levels of the tree use the remaining literals in Q^+. We refer to the middle levels as the Q-region and the lowest levels as the PZ-region. Each terminal node of the tree has associated with it a clause in T $\cup \{\neg L_1, \neg L_2, \ldots, \neg L_n\}$ which fails at that node. See Fig. 1.

Let the sequence of clauses $R = \langle R_1, \ldots, R_m \rangle$, where $R_m = \Box$ (the empty clause), be a derivation of $\Box$ which is obtained from the semantic tree as follows. The clauses belonging to T $\cup \{\neg L_1, \neg L_2, \ldots, \neg L_n\}$ are listed first in R, in some arbitrary order. The remaining items of R are defined successively according to the following rule. Select two terminal nodes in the current tree which have a common parent. The clauses R_{j1}, R_{j2} which fail at these terminal nodes are necessarily included in the current R. Add the resolvent $R_j = \mathrm{res}(R_{j1}, R_{j2})$ as the next item in R. Attach the clause R_j to the earliest (nearest to the root) common ancestor node of R_{j1} and R_{j2} at which R_j fails. Prune the semantic tree by deleting all nodes below this ancestor node. Repeat the process until the empty clause, which fails at the root node, is obtained. For an intermediate node of the tree, we distinguish between the literal L such that L = T/F corresponds to the left/right branches at that node and the clause which might be attached at that node because it fails there.

We first argue that the clause C must appear in the derivation R. Let x be the node in the semantic tree at which the clause C fails (see Fig. 1). If C is not in R, then let C′ be the first resolvent in R which is attached to an ancestor node of x. Clearly, C′ subsumes C and moreover since C′ must have been obtained by only resolving the clauses in T, we have C′ $\in$ Th(T). This contradicts the minimality of C. In the remainder of the proof, the node at which the clause R_j is attached is referred to as "node R_j" when no confusion is likely.

There are two cases to consider. First, assume that the Q-region is empty. The node x at which the clause C fails is therefore in the PZ-region. This means the clause C is obtained from T by resolving only with respect to literals in PZ, and thus C $\in$ W and hence W $\vdash$ C. Now suppose that the Q-region is not empty and therefore x is in the Q-region. To prove that W $\vdash$ C, it suffices to show that there is a set of nodes S = $\{x_1, x_2, \ldots, x_k\}$ in the subtree at node x with the following two properties:

(1) Each node x_j has associated with it a clause $R_j \in$ Th(W).
(2) For each terminal node y in the subtree at node x, either y $\in$ S or the path from x to y contains a node in S. In other words, the nodes in S form a cross-section of the subtree at x.

We define S to be the set of all lowest level nodes in the Q-region which has associated with it a clause R_j which fails at that node. In particular, if $R_j = \mathrm{res}(R_{j1}, R_{j2})$, then neither of the nodes R_{j1} and R_{j2} is in the Q-region. It remains to show that each $R_j \in$ Th(W). Clearly, $R_j \in$ Th(T). We also have $R_j \in P^+$Q because each P-literal in R_j is in the clause C and R_j does not contain any Z-literal since it is in the Q-region. To show that $R_j \in$ Th(W), there are three cases to consider (see Fig. 1).

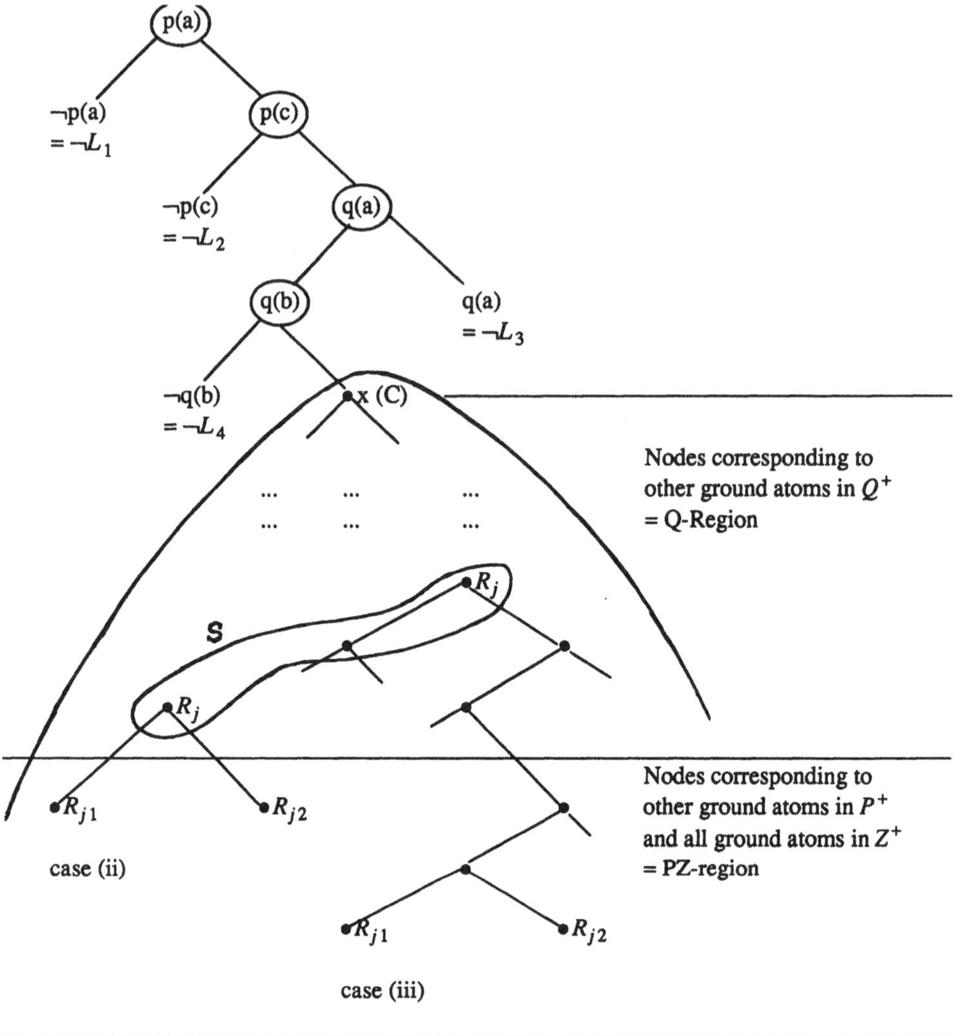

Figure 1. Illustration of the semantic tree for deriving C = p(a) ∨ p(c) ∨ ¬q(a) ∨ q(b). The label inside the circle at a node shows the literal whose T/F values correspond to the left/right branch at that node.

(i) R_j is a terminal node, i.e., $R_j \in$ T. In this case, $R_j \in$ W or is subsumed by some clause in W, and hence $R_j \in$ Th(W).

(ii) R_j is associated with the common parent node of R_{j1} and R_{j2}. In this case, $R_{j1}, R_{j2} \in P^+$Q since $R_j \in P^+$Q and R_j is obtained by resolving R_{j1} and R_{j2} with respect to a Q-literal. We also have that R_{j1} and R_{j2} are in W or are subsumed by clauses in W because they have been obtained from T by resolving with respect to the literals in PZ. Thus $R_j \in$ Th({R_{j1}, R_{j2}}) $\subseteq$ Th(W).

(iii) R_j is associated with an ancestor of the common parent of R_{j1} and R_{j2}. In this case, the resolving literal between R_{j1} and R_{j2} is in PZ. As in the case (ii), the clauses R_{j1} and R_{j2}

are obtained from T by resolving with respect to the literals in PZ. Thus $R_j \in$ W or is subsumed by a clause in W. Once again, we have $R_j \in$ Th(W).

This completes the proof of the lemma. ■

Lemma 3. Let W $\subseteq$ W* be a generator of W*. Let $\mathbf{T}_{pc}$(W) be the set of P^{-}Q clauses obtained by predicate completion using W. Then Th(T $\cup$ $\mathbf{T}_{pc}$(W)) = Th(T $\cup$ $\mathbf{T}_{pc}$(W*)) = CIRC(T, P, Q).

Proof. Let $W^*_{p(\alpha)} = W_{p(\alpha)} \cup \{p(\alpha) \vee E_1, p(\alpha) \vee E_2, ..., p(\alpha) \vee E_k\}$. Let $\phi = \neg p(\alpha) \vee \neg D$ be the predicate completion of p(α) with respect to W and $\phi^* = \neg p(\alpha) \vee \neg D \vee \neg E$ be the predicate completion of p(α) with respect to $W^*_{p(\alpha)}$, where $E = E_1 \wedge E_2 \wedge ... \wedge E_k$. Clearly, the clauses obtained from ϕ^* are subsumed by those obtained from ϕ. Thus $\mathbf{T}_{pc}(W^*) \subseteq \mathbf{T}_{pc}(W)$ and Th(T $\cup$ $\mathbf{T}_{pc}$(W*)) $\subseteq$ Th(T $\cup$ $\mathbf{T}_{pc}$(W)). Now we show that $\mathbf{T}_{pc}$(W) $\subseteq$ Th(T $\cup$ $\mathbf{T}_{pc}$(W*)). Since W generates W*, W $\vdash p(\alpha) \vee E_i$ for each i, $1 \leq i \leq k$, and thus W $\vdash$ p(α) ∨ E. In particular, $\{p(\alpha) \vee D\} \cup \Phi \vdash p(\alpha) \vee E$, where $\Phi = W - W_{p(\alpha)}$. Since none of Φ, D, and E contains p(α), it follows that $\{D\} \cup \Phi \vdash E$ and hence $D \rightarrow E \in$ Th(Φ) $\subseteq$ Th(W) $\subseteq$ Th(T). Thus $\phi \in$ Th({¬D ∨ E, φ*}) $\subseteq$ Th(T $\cup$ $\mathbf{T}_{pc}$(W*)) and hence $\mathbf{T}_{pc}$(W) $\subseteq$ Th(T $\cup$ $\mathbf{T}_{pc}$(W*)). This completes the proof. ■

Example 3 (Illustration of the algorithm XCIRC). Let T be the theory given by the formulas in Table 2 [1]. Shown on the right are the clausal forms of these formulas, where we have used the short notations A, B, F, L, and O for the predicates Abnormal, Bird, Fly, Live, and Ostrich, respectively. Now, consider the circumscription CIRC(T, P, Q), where P = {A}, Q = {B, L, O}, Z = {F}. The set of clauses W obtained in Step (1) of XCIRC is W = {¬B(α) ∨ A(α) ∨ ¬O(α), ¬B(α) ∨ A(α) ∨ L(α)}. The clauses T′ obtained in Step(3) of XCIRC is T′ = {¬A(α) ∨ B(α), ¬A(α) ∨ O(α) ∨ ¬L(α)}. To show that CIRC(T, P, Q) $\vdash \phi$, where $\phi = B(\alpha) \wedge \neg F(\alpha) \rightarrow O(\alpha) \vee \neg L(\alpha) = \neg B(\alpha) \vee F(\alpha) \vee O(\alpha) \vee \neg L(\alpha)$, we only need to observe that T ∪ T′ $\vdash \phi$. This is immediate, however, because φ is obtained by resolving ¬B(α) ∨ A(α) ∨ F(α) in T with ¬A(α) ∨ O(α) ∨ ¬L(α) in T′. ■

TABLE 2. A set of formulas and their clauses

Formulas in T	The clausal forms
Bird(α) ∧ ¬Abnormal(α) → Fly(α)	¬B(α) ∨ A(α) ∨ F(α)
Ostrich(α) → ¬Fly(α)	¬O(α) ∨ ¬F(α)
¬Live(α) → ¬Fly(α)	L(α) ∨ ¬F(α)

4. REFERENCES

[1] Przymusinsky, T., An algorithm to compute circumscription, *Artificial Intelligence* 38(1989), pp. 49-73.

[2] Ginsberg, M. L., A circumscriptive theorem prover, *Artificial Intelligence* 39 (1989), pp. 209-230.

[3] Gelfond, M., Przymusinska, H. and Przymusinsky, T., On the relationship between circumscription and negation as failure, *Artificial Intelligence* 38 (1989), pp. 75-94.

[4] Clark, K.L., Negation as failure, in H. Gallaire and J. Minker (Eds.), *Logic and Databases*, Plenum Press, New York, (1978), pp. 293-322.

[5] McCarthy, J., Circumscription - a form of non-monotonic reasoning, *Artificial Intelligence* 13 (1980), pp. 27-39.

[6] McCarthy, J., Applications of circumscription to formalizing common-sense knowledge, *Artificial Intelligence* 28 (1986), pp. 89-116.

[7] Lifschitz, V., Computing circumscription, *Proceedings IJCAL-85*, Los Angeles, CA (1985), pp. 121-127.

[8] Lifschitz, V., Pointwise circumscription, *Proceedings AAAI-86*, Philadelphia, PA (1986), pp. 406-410.

[9] Apt, K., Blair, H. and Walker, A., Towards a theory of declarative knowledge, in J. Minker (Ed.), *Foundations of Deductive databases and Logic Programming* Morgan Kaufmann, Los Altos, CA (1988), pp. 89-148.

[10] Reiter, R., Circumscription implies predicate completion (sometimes), *Proceedings AAAI-82*, Pittsburgh, PA (1982), pp. 418-420.

[11] Gelfond, M., Przymusinska, H. and Przymusinsky, T., The extended closed world assumption and its relationship to parallel circumscription, *Proceedings of Symposium on Principles of Database Systems*, Cambridge, MA (1986), pp. 133-139.

[12] Shepherdson, J., Negation as failure: a comparison of Clark's completed databases and Reiter's closed world assumption, *Journal of Logic programming*, 1 (1984), pp. 51-79.

[13] Lifschitz, V., Close-world databases and circumscription, *Artificial Intelligence* 27 (1985), pp. 229-235.

[14] Bossu, G and Siegel, P., Saturation, non-monotonic reasoning and the closed world assumption, *Artificial Intelligence* 25 (1985), pp. 13-63.

[15] Etherington, D., Mercer, R. and Reiter, R., On the adequacy of predicate circumscription for closed-world reasoning, *Computational Intelligence*, 1(1985), pp. 11-15.

[16] Gelfond, M. and Przymusinska, H., On the relationship between autoepistemic logic and parallel circumscription, *Proceedings of Symposium on Principles of Database Systems*, Cambridge, MA (1986), pp. 133-139.

[17] Imielinski, T., Results on translating defaults to circumscription, *Artificial Intelligence* 32 (1987), pp. 131-146.

[18] Rabinov, A., A generalization of collapsible cases of circumscription, *artificial Intelligence*, 38(1989), pp. 111-117.

The Representation of Program Synthesis in Higher Order Logic

Christoph Kreitz
FG Intellektik – FB Informatik
Technische Hochschule Darmstadt
Alexanderstr. 10
D-6100 Darmstadt

Systems built for automated program construction aim at the formalization of the programming process in order to produce better software. Their implementations, however, suffer from problems similar to those they are intended to solve. Due to a lack of abstraction in the formalization of deductive mechanisms involved in programming reasoning tools for the development of program synthesizers are not yet available. For that, systems capable of formal reasoning about both programs *and* programming methods are needed.

In this paper we develop principles of a formal theory on reasoning about programs and program construction within a unified higher order framework. By an exemplified formalization of principal approaches to program synthesis we will show that a higher degree of abstraction leads to clearer insights into the meta-mathematics of program construction. Ridding the representation of deductive methods from superfluous context also results in simpler, sometimes almost trivial, proofs. Simplicity is one of the most important features of the formal theory and quite valuable if one considers the wide range of intended applications.

We present the theory in a highly formalized form built on top of Intuitionistic Type Theory. This allows us to straightforwardly implemented the concepts developed here with a proof system for Type Theory and derive verified implementations of deductive mechanisms from mechanically proven theorems.

1 Introduction

Since the upcoming of the so-called software crisis efforts have been put into the production of better software. Methodologists have developed a science of programming [Gri81, Dij76] to solve the problem that products of the software production business seldomly meet the original intentions of the clients and are very difficult to modify. To a large extent programming has been identified as a reasoning process on the basis of knowledge of various kinds, an activity where people typically do a lot of mistakes. It is, therefore, strongly desirable to provide machine support for program construction which in principle means to aim at the automation of the whole programming process. This requires a full formalization of all it parts in order to get an understanding of the mechanisms involved. Many formal approaches for the automated synthesis of programs have been developed and implemented during the last years (see e.g. [BD77, MW79, MW80, Bib80, BH84, Hog81, Der85, SL88, SL89]) the most mature of them currently being the KIDS system [SL88] which also aims at a strong theoretical foundation.

However, program synthesis systems built so far underly the same problems as conventional software. Despite the fact that they aim at a formalization and automatization of the programming process in order to produce better software, they themselves are difficult to maintain and modify. Often it is not even clear if or why they are correct. After a while many program synthesizers tend to get quite bulky and improved versions again have to be build from scratch.

In our opinion these problems are due to a lack of abstraction when formalizing deductive mechanisms for program development. By this one is kept from getting insights into their true nature and proofs about their properties become unneccessarily complicated. The apparent lack of new ideas how to guide and control deductive mechanisms in programming is a consequence of that. A program synthesis system is nothing but a program on some higher level and should, except for a higher level of reasoning, be developed following the same methodologies as used for the construction of "conventional programs". Since a program synthesizer itself has to reason about programs there is a need for systems capable of formal reasoning about both programs *and* deductive methods in programming. A theoretical foundation for these does not exist so far.

Principles of such a *formal theory of program construction* shall be presented here. They shall allow to formulate both object knowledge (e.g. domain knowledge, programs) and meta-knowledge (e.g. synthesis techniques, algorithm knowledge) and formally prove theorems about it within some unified framework. In order to avoid creating a "new logic" the theory has to be formally represented within some already established general formalism with well known deduction rules. Complex special purpose reasoning within the theory then can be reduced to a series of simple reasoning steps in the more general formalism and thus be implemented with a reasoning tool for it. This makes the step from a formulation of the theory to its implementation very small.

On this level the task of automatic program synthesis can be reduced to a much more manageable problem: "Mechanically prove meta-theorems about program construction and other necessary knowledge within the formal theory and then derive a ***verified implementation of a program synthesizer*** from the formal proofs". Doing so the resulting program synthesis system is not only correct, easy to maintain, and easy to modify, but we also have a clear understanding of its behaviour and capabilities. A starting point would be the representation of already known approaches to systematic programming and program synthesis as theorems of the theory thus enabling us to unify and extend them. We believe that deeper insights into the mathematics of program construction will also help us to develop entirely new strategies.

As general formalism in which the formal theory of program construction shall be expressed we selected Intuitionistic Type Theory (see e.g. [Chu40, ML82, And86]). Reasons for that and highlights of Type Theory are discussed in the following section. In particular we will introduce syntax and features of the NuPRL proof development system [CAB+86] for Type Theory on top of which our theory shall be implemented. Such an implementation will also help to uncover issues we may overlook when developing the theory on paper and as a major side-effect we may also get a running program synthesis system.

After fixing types representing the object language of program construction in Section 3 we will formalize the GUESS Strategy of the LOPS System [Bib80, BH84] to gather ideas how to build a general theory. We will show that a straightforward formalization already gives some new insights about the deductive method. Since, however, in such a direct approach general principles are blurred by individual notations we go for a higher degree of abstraction in Section 4. There we will discuss formal definitions of concepts involved in the programing process and formally investigate properties of the principal approaches to program synthesis. As a side-effect we will show that the differences between the two main ideologies (Theorem Proving approaches and transformation based approaches) exist only superficially. They can be translated into one another, a simple result which due to lack of abtraction has not been presented yet. All theorems given here can be mechanically proven with NuPRL.

2 Type Theory and Programming

2.1 Why Type Theory

When formalizing deductive techniques and mathematical knowledge for program synthesizers and automated theorem provers one has to make use of some universal logical language in which any mathematical statement can be expressed. The main languages that have been found adequate for this purpose are formulations of Type Theory and Axiomatic Set Theory.

Since in Axiomatic Set Theory all statements are based on forms like $x \in y$ even simple statements like the definition of functions become quite complex. Although on the surface this difficulty may be avoided by introducing abbreviations, in a computer system this would mean extending the basic language. One might as well select a more flexible language in the first place. Another difficulty arises when dealing with proofs for the existence of objects. Set Theory offers a variety of axioms on the existence of sets and considerable efforts may be required to establish the existence of objects with rather simple intuitive descriptions. Finally the notion of "algorithm" cannot be properly explained within Set Theory which makes it appear inappropriate for reasoning about programs.

None of these difficulties arise with a suitable formulation of Type Theory such as [ML82] or [CAB+86]. Mathematical statements can be translated directly into the formal language. Nearly all objects of mathematics have immediate counterparts in the language. Furthermore, as Martin-Löf ([ML82] p.155) points out, even the whole conceptual apparatus of programming mirrors that of (intuitionistic) mathematics and thus can be straightforwardly embedded as well. Of course, one has to assign a type to each mathematical object but this just formally reflects the fact that mathematicians naturally do make distinctions between different types of objects. Thus type symbols provide important syntactic clues which are not available in untyped theories.

Therefore, Intuitionistic Type Theory not only is expressive enough for a formalization of all the activities involved in programming but it seems to us that the view of the world one gets from using it is the most appropriate one for expressing a formal theory of program development.

2.2 Features of Type Theory

Despite the fact that Type Theory is a well established formal theory it must be considered unknown to most of the AI community. We therefore briefly highlight some of its most important aspects.

Intuitionistic Type Theory, an extension of a typed λ-calculus, is both a formulation of a *constructive* higher-order logic and a model for datatypes and computation. As such, it is fundamental to higher type deduction and programming language design. The basic objects of reasoning are **types and members of types**. Type Theory does not use logical constructs explicitly. They can be expressed via the **propositions-as-types** correspondence saying that each logical construct has a type construct with the same deductive rules as an immediate counterpart. One of the most appealing features is that in Intuitionistic Type Theory every theorem has a **computational content** which can be extracted from its proof. As a consequence formal proofs about program construction give a verified implementation of a program synthesizer *for free*. This already solves the second part of the synthesis problem mentioned in the introduction and allows to concentrate our efforts in developing a theory of program development.

Since Type Theory is a comparably young formalism there are still various dialects of it each using a slightly different syntax. We will use the one of NuPRL [CAB+86, BC85], a descendent of Martin-Löf's Type Theory [ML82], because for this dialect an interactive proof development system, a tool to implement our theory, is already available.

2.3 NuPRL's proof calculus for Type Theory

Types and members of types, as we already mentioned, are the basic objects of reasoning in Type Theory. NuPRL's Type Theory consists of a large set of type constructors and a few atomic types which were explicitly defined for user convenience. Associated with each atomic type and each type constructor are forms for constructing *canonical members* (like λ-abstraction $\lambda x.b$ for functions and pairing $\langle a,b\rangle$ for products) and forms for making use of members of the type (like function application $f(a)$ and projection for pairs). A cumulative hierarchy (to avoid paradoxi) of universes U_i, introduced to deal with wellformedness problems, enables higher order reasoning in a very simple and natural way. A (sorted, constructive) predicate logic, though not part of the type system itself can be expressed using the propositions-as-types correspondence. Syntax and some details of the type system are listed in Figure 1. We refer the reader to [CAB+86] for a full presentation of NuPRL's Type Theory.

Figure 1: **NuPRL types and constructors**

TYPE	CANONICAL MEMBERS		LOGICAL EQUIVALENTS
type constructors			
$A \rightarrow B$	$\lambda x.b$	if $b \in B$	A⇒B
$x : A \rightarrow B$	$\lambda x.b$	if $b \in B[x]$	∀x:A.B+
$A\#B$	$\langle a,b\rangle$	if $a \in A, b \in B$	A&B
$x : A\#B$	$\langle a,b\rangle$	if $a \in A, b \in B[a/x]^*$	∃x:A.B
$A\|B$	$inl(a), inr(b)$	if $a \in A, b \in B$	A|B
$A\ list$	$nil,\ a.l$	if $a \in A, l \in A\ list$	
$\{x : A\|B\}$	a	if $a \in A, B[a/x]$	
$x,y : A//B$	a	if $a \in A$ (Equality: $a = a'$ iff $B[a,a'/x,y]$)	
$rec(z,x.T;A)$	a	if $a \in T[\lambda x.rec(z,x.T;x),A/z,x]$	
$A \rightsquigarrow B$	(partial functions from A to B)		
propositions as types			atomic predicates
$a = a'$ in A	*axiom*	if $a = a'$, (no members otherwise)	
$i < j$	*axiom*	if $i,j \in int, i < j$, (no members otherwise)	
explicit types			
int	i	if i is an integer constant	
atom	"*text*"	if *text* is a character sequence	
void		no members	FALSE
Universes			
U_1	atomic types and all that can be constructed via type constructors.		
U_2	U_1, members of U_1, and all that can be constructed via type constructors.		
U_3	U_2, members of U_2, and all that can be constructed via type constructors.		
⋮	⋮		

* $B[a/x]$: Substitute a for x in B, +∀x:A.B : For all x in A B holds.

Statements are expressed in the form of *sequents*. These are objects of the form $x_1 : T_1, \ldots, x_n : T_n \vdash C$ `[ext` m`]` which should be read as "*Under the assumption that x_i are variables of type T_i a member $m \in C$ of the type C can be constructed*". In the context of proofs sequents are also referred to as *goals*. The terms $x_i : T_i$, declaring a variable x_i of type T_i are called ***hypotheses*** or ***assumptions***, C the ***conclusion***, and m the ***extract term*** of the goal. The notion `[ext` m`]` reflects the fact that m usually is not known beforehand but constructed during a proof. It stays hidden up to completion of the proof. Thus sequents implicitely describe an algorithm constructing a member for the conclusion (a witness for its truth) from the assumptions. Consequently, algorithms can be specified in form of mathematical propositions implicitely asserting their existence. This so-called **proofs-as-programs** paradigm [BC85] is of particular importance for embedding a theory of program development into NuPRL.

NuPRL's proof calculus supports a *top-down* development of this algorithm. Proof rules allow to *refine* a goal, obtaining subgoals such that an algorithm for the main goal can be constructed from partial solutions for the subgoals. Refinement rules are explicitely given by rule schemes which in their formal description have been designed to reflect this behaviour (where H stands for a list of hypotheses):

$H \vdash C$ `[ext` m`]` by *rule-name*
  1. $H_1 \vdash C_1$ `[ext` m_1`]`
  $\vdots$
  n. $H_n \vdash C_n$ `[ext` m_n`]`

which corresponds to the usual bottom-up style of inference rules *rule-name*:

$$\frac{H_1 \vdash m_1 \in C_1, \ldots, H_n \vdash m_n \in C_n}{H \vdash m \in C}$$

Such a rule should be read as *"$H \vdash T$ is provable if the subgoals $H_i \vdash C_i$ can be proven"*. If proofs of the subgoals yield witnesses m_i for C_i being inhabited then a witness $m \in C$ for the main goal is constructed from the m_i by the rule *rule-name*. NuPRL proofs are tree structured objects whose nodes consist of a goal and a refinement rule. The children of a node are the subgoals which result from applying the rule to the goal. Because of wellformedness reasons the initial goal of a proof must have an empty hypotheses list.

It is helpful to know that the proof development system implemented for NuPRL already supports a few features which allow mechanical reasoning on nearly the same level of abstraction as mathematicians usually do. Besides a highly visual *proof-editor* for interactive development of proofs and extraction of their computational contents a *definition mechanism* allows to abstract from low-level type theoretical expressions and enhance readability of mechanical proofs. In addition to that a high-level programming language *ML*, originally developed for Edinburgh's LCF System [GMW79], serves as the *meta-language* of NuPRL allowing a user to write meta-programs guiding the application of refinement rules. This is particularly interesting for creating new deduction rules on top of NuPRL by, for instance, applying higher-order theorems about programming methods to first-order problems. Together with the expressive power of the logic these components strongly support a high level "implementation" of mathematical theories. We will make use of this knowledge when developing our formal theory in the following sections.

2.4 Notation

We will use the `typewriter` font when expressing formal constructs in our theory to indicate that these parts can directly be implemented in NuPRL. We will, though, still use special characters like $\vdash, \rightarrow$ despite the fact that in NuPRL they are simulated (by `>>`, `->`) since they are not available on primitive terminals.

A definition <New Object> ≡ <Formal NuPRL Representation> defines a new type-theoretical object in terms of already existing constructs. Note, that deduction rules for this new concept follow immmediately from those of the right hand side and can either be programmed in ML or even be proven as a meta-theorem.

Meta-theorems about deduction principles are written down a reverse "top down" style to reflect their intended application as top down refinement rule and they should be read accordingly.

∀<vars involved>. Main goal $\Leftarrow$ Subgoal$_1$ & ... & Subgoal$_n$

We avoid using parentheses when a graphical separation of goals seems to be sufficient.

3 Developing principles of the formal theory

For the sake of clarity the formal theory of program construction is divided reasoning about the object level (e.g. formulae and programs) and the meta-level (e.g. proofs, syntheses methods, transformations) of programming[1] as well as into reasoning about individual objects and classes of objects in general. Since in this paper we will focus on developing the meta-level we will consider the object level on the surface only and avoid superfluos details and notations.

3.1 Fixing classes for object language expressions

The only knowledge about the object level we will make use of is the existence of classes of objects which we have to reason about from the meta-level. Two classes need to be specified, one expressing the class of first-order formulae which we intend to use as object language and the second expressing first-order domains (or datatypes). We will represent these by types called `FORMULAE` and `TYPES`. Formulae with variables from a type `T` will be members of the type `FORMULAE(T)`. Due to the propositions-as-types principle it is reasonable to choose the most simple (intensional) definition by identifying them with the universe U_1 of first-order objects.

[1] This should not be confused with the distinction between the object language of Type Theory into which all of our theory will be embedded and NuPRL's meta-language ML.

Definition 3.1 **[Datatypes and logical formulae]**

```
TYPES            ≡ U1
FORMULAE         ≡ U1
FORMULAE(T)      ≡ T → FORMULAE
```

Note, that with the above definitions information about the syntactic structure of a type or formula can be accessed *only from the meta-level of Type Theory* (i.e. using ML) but not from a theory built within Type Theory. In order to do so an exhaustive extensional definition as a certain subclass of U_1 would have to be given via recursive types but this would lead us out of the scope of this article. In nearly all cases we can do without this syntactic information which would rather burden us with superfluous context and does not give any additional insights.

It also should be noted that in Type Theory not all types or formulae are decidable. Thus, statements like p|¬p or p⇒q ⇔¬p|q are not true for all p,q∈FORMULAE. In practice, however, nearly all the predicates involved are decidable and often use of such knowledge is made while constructing a program. In order to be able to catch this knowledge we will introduce decidable subclasses of FORMULAE and TYPES use them whenever it is necessary for the problem.

Definition 3.2 **[Decidable datatypes and logical formulae]**

```
DTYPES           ≡ {T:U1 | ∀x,y:T (x=y in T | ¬x=y in T)}
DFORMULAE        ≡ {f:U1 | (f |¬f)}
DFORMULAE(T)     ≡ T → DFORMULAE
```

3.2 An example: Representing strategies of the LOPS system

By an exemplified formalization of a synthesis strategy we will now investigate how in principle deductive methods for program construction are to be represented. Our attention will be focused on developing a framework for our theory while faithfulness, the question if the chosen form actually reflects the particular strategy, is of lesser interest here. Faithfulness becomes important only when embedding particular approaches to program synthesis *into* the framework is studied. As running example we chose the LOPS-system [Bib80, BH84] which may be briefly summarized as follows:

> Starting with a specification of the form " ∀i ∃y (IC(i) ⇒OC(i,y))" where i and y represent input and output variable, IC some input condition, and OC the relation between input and output (output condition) the goal is to achieve an algorithmically "better" formula which can directly be translated into a program. This goal is approached by a series of correctness-preserving transformations guided by a few strategies supported by deductive tools.

In this paper we will focus on GUESS-DOMAIN, one of the two key strategies of LOPS. It tries to find an appropriate portion of the specification which can be used to split the input into smaller pieces and compute the desired output from these pieces. The strategy consists of a transformation GUESS and a heuristic DOMAIN determining all the necessary parameters for the transformation which takes a formula of the form

$$\forall i\ \exists y\ (\ IC(i) \Rightarrow OC(i,y)\ )$$

and transforms it into

$$\forall i\ \forall g\ \exists y\ dom(i,g) \Rightarrow (IC(i) \Rightarrow OC(i,y)\ \&(g=y\ |g \neq y))$$

This transformation means to **guess** some hopefully correct output g or at least partial information about the output. In order to meaningfully restrict the search for g by some domain condition $dom(i,g)$ [Bib80] proposes to choose $dom(i,g)$ from among the subsets of the conjuncts in $OC(i,g)$ such that it will be possible to compute some g with $dom(i,g)$. If the output domain is not a simple datatype then the relation $g = y$ may have to be replaced by some more general predicate $t(g,y)$.

We will now give a straightforward formalization of the GUESS transformation as a meta-theorem of our theory. Note that for this we have assigned types to each variable and quantified over the formulae and types involved.

Theorem 3.3 (GUESS transformation)

```
⊢ ∀IN,OUT,A:TYPES. ∀IC:FORMULAE(IN). ∀OC:FORMULAE(IN#OUT).
    ∀dom:FORMULAE(IN#A). ∀t:FORMULAE(A#OUT).
        ∀i:IN. ∃y:OUT. IC(i) ⇒ OC(i,y)
        ⇐    ∀i:IN. ∀g:A. ∃y:OUT. dom(i,g) ⇒  IC(i) ⇒ OC(i,y) & (t(g,y) | ¬t(g,y))
            & ∀i:IN. ∃g:A. IC(i) ⇒ dom(i,g)
```

Besides the formalization of a deductive method Theorem 3.3, like all the meta-theorems presented here, has three important aspects.

- **Justification:** A formal (mechanically verified) proof of the correctness of the deductive mechanism is given. Note that the second "subgoal" is necessary for the correctness of the GUESS transformation and thus puts an effectivity condition on the selection of *dom*. This new insight too is a valuable effect of a strict formalization.

- **Implementation:** Applying the theorem means *executing* the GUESS transformation (resulting in the first subgoal) requiring effectivity of *dom* to be proven.
- **Program construction:** The extract term of the theorem is an algorithm building combining partial solutions from pieces created by the GUESS transformation into a program solving the original problem.
  Extracted Algorithm: Let `P1` for appropriate i, g calculate some $y \in OUT$ with $OC(i,y) \& (t(g,y) | \neg t(g,y))$ and `P2` compute $g \in A$ with $dom(i,g)$ from $i \in IN$ with $IC(i)$. Then return a program `P` with `P(i)=P1(i,P2(i))`.

It is important to say that Theorem 3.3 verifies correctness of the GUESS transformation but does not say anything about improvements resulting from it. This is a separate topic which appears to be much more difficult and has not been treated in literature so far.

To illustrate how simple a formal proof of such a typical meta-theorem can be we will sketch a NuPRL proof of Theorem 3.3. Hypotheses will be numbered. In subgoals we show new hypotheses and the current goal only.

Proof: *By "introduction" rules move all assumptions to the hypothesis list*

```
1.-3. IN:TYPES, OUT:TYPES, A:TYPES
4.-7. IC:FORMULAE(IN), OC:FORMULAE(IN#OUT), dom:FORMULAE(IN#A), t:FORMULAE(A#OUT)
8.  ∀i:IN. ∀g:A.  ∃y:OUT. dom(i,g) ⇒IC(i) ⇒OC(i,y) & ( t(g,y) | ¬t(g,y))
9.  ∀i:IN. ∃g:A. IC(i) ⇒dom(i,g)
10. i:IN
    ⊢ ∃y:OUT. IC(i) ⇒OC(i,y)
```

Instantiate 9. on `i`

```
11.  ∃g:A. IC(i) ⇒dom(i,g)
    ⊢ ∃y:OUT. IC(i) ⇒OC(i,y)
```

Eliminate the existential quantifier in 11. (giving a name to the object)

```
12. g:A
13. IC(i) ⇒dom(i,g)
    ⊢ ∃y:OUT. IC(i) ⇒OC(i,y)
```

Instantiate 8. on `i, g`, *eliminate the existential quantifier in the result.*

```
14.  ∃y:OUT. dom(i,g) ⇒IC(i) ⇒OC(i,y) & ( t(g,y) | ¬t(g,y))
15. y:OUT
16. dom(i,g) ⇒IC(i) ⇒OC(i,y) & ( t(g,y) | ¬t(g,y))
    ⊢ ∃y:OUT. IC(i) ⇒OC(i,y)
```

Choose the `y` *of hypothesis 15 as solution and move the implication assumption to the hypotheses list.*

```
17. IC(i)
    ⊢ OC(i,y)
```

Eliminate the implications of 13, 16, and of the result of this (19).

```
18. dom(i,g)
19. IC(i) ⇒OC(i,y) & ( t(g,y) | ¬t(g,y))
20. OC(i,y) & ( t(g,y) | ¬t(g,y))
    ⊢ OC(i,y)
```

The goal follows from 20. □

4 Representing Program Synthesis

Despite the fact that the direct formalization of a particular deductive method keeping its original form already gave some insights this immediate approach does not generalize well. There is still a lot of apparently superfluous context hiding the general principles. For a general formal theory a higher degree of abstraction is desirable.

It is quite helpful to begin this with a formalization of notions which are known to be important in program development. We then will investigate the main properties of the principal approaches to program synthesis within the more abstract framework before we return to study how the above example behaves in it.

4.1 Formalizing Program Construction Concepts

Basically, the process of program development consists of the following steps. From an informal description of the problem find a formal specification, develop an algorithm how to solve it, and finally encode it in some programming language. Due to its very nature the first step is hardly formalizable but for the other ones strong automatic support is possible. Thus the task of program construction should be understood as transforming formal specifications into programs fulfilling the specification using knowledge about the domain, algorithms in general, and previously defined programs.

A programming problem typically is described by ***specifying Input and Output-domain, a possible precondition IC on the input, and the relation IOR between input and output.*** Using a precondition instead of restricting the input domain is not used in all approaches but quite common (see e.g. [Bib80, SL89]). Obviously, the domains (IN, OUT) should be first-order types and IC, IOR must be first-order formulae over the appropriate types. Thus the (higher-order) type of program specifications has to be represented by a type having quadruples $\langle IN, OUT, IC, IOR\rangle$ as its elements where the *type* of IC, IOR depends on the *values* of IN, OUT. This can only be expressed by using the syntax of dependent products:

```
SPECIFICATIONS          ≡ IN:TYPES # OUT:TYPES # FORMULAE (IN) # FORMULAE (IN#OUT)
```

Destructors accessing the individual components of a specification **spec=<IN,OUT,IC,IOR>∈SPECIFICATIONS** will be denoted by the obvious names **IN(spec)**, etc.

Formally, a program is a function from input to output space, a view supported by [ML82, SL89] and constructive mathematicians. Including the domains as necessary information the type of all programs is represented by

```
PROGRAMS                ≡ IN:TYPES # OUT:TYPES # (IN → OUT)
```

Again, we denote the destructors of a program **p=<IN,OUT,body>∈PROGRAMS** by the obvious names.

A program fulfils a specification if for a given input value x satisfying the input condition the program body computes an output value such that the input-output relation holds. Of course, input- and output domain must agree:

```
FULFILS(spec,p)         ≡ IN(spec)=IN(p) in TYPES & OUT(spec)=OUT(p) in TYPES
                          & ∀x:IN(spec). IC(spec)(x)⇒IOR(spec)(x,body(p)(x))
```

A specification is **Solved** by developing a **program** which **fulfils** it. In Type Theory this is best expressed by defining a type of all the **solutions** of a specification. Then developing a program means to construct a member of this type. Since most people, however, are more familiar with its counterpart using notation from constructive logic (i.e. developing a program by showing its existence) we use the following definition:

```
SOLVABLE(spec)          ≡ ∃p:PROGRAMS. FULFILS(spec,p)
```

With these definitions we can even give a formal (higher-order) specification for program synthesis itself. Although this cannot be a member of **SPECIFICATIONS** we will can use the same structure thus providing a way for a certain amount of self-reflection. Knowing that in principle the task of program synthesis is unsolvable we use a yet unknown precondition **problem-class** for later classification of specifications for which an automatic program synthesis will be possible.

```
SYNTHSPEC               ≡ <SPECIFICATIONS, PROGRAMS, problem-class, λp,spec.FULFILS(spec,p)>
```

Building a synthesizer thus would mean constructing a (higher-order) program fulfilling the above specification.

One may object that these definitions do not include partial or multivalued functions which typically express the behaviour of logic programs. Such an objection could be answered by referring to the possibility of choosing the powerset **P(OUT)** (represented by e.g. **OUT→U1**) of the output space as the real output domain. Since this, however, would result in a change of the corresponding specification as well, making it quite unnatural, we prefer giving separate definitions for of multivalued programs. We will use the prefix **M-** to indicate modifications of "singlevalued" definitions.

```
M-PROGRAMS              ≡ IN:TYPES # OUT:TYPES # (IN → P(OUT) )

M-FULFILS(spec,p)       ≡ IN(spec)=IN(p) in TYPES & OUT(spec)=OUT(p) in TYPES &
                          ∀x:IN(spec). IC(spec)(x)⇒body(p)(x)={y:OUT(spec)|IOR(spec)(x,y)}

M-SOLVABLE(spec)        ≡ ∃p:M-PROGRAMS. M-FULFILS(spec,p)
```

4.2 A formal investigation of approaches to program synthesis

It has widely been held that there are essentially two different ideologies in program synthesis.

- The so-called *theorem proving* or AE approaches [MW80, BC85, Fra85] arose from the idea that constructing a program and proving it logically correct should be done at the same time. Thus instead of first developing program code top-down and then verifying it bottom up by investigating properties of individual statements, loops, subprograms etc. a *constructive* proof for the (AE-) theorem

  $$\forall x : IN.\ \exists y : OUT.\ IC(x)\ \Rightarrow\ IOR(x,y)$$

  will be build and a program of a particular (functional) language will be extracted from it.

- In the *transformation based approaches* [BD77, MW79, Bib80, Hog81, SL89] a new predicate $P(x,y)$ representing a new program P with input x and output y is defined by

$$\forall x : IN.\ \forall y : OUT.IC(x)\ \Rightarrow\ P(x,y)\ \Leftrightarrow\ IOR(x,y)$$

and the body for the program P is generated by transforming $IOR(x,y)$ in the above framwork until it is computationally convenient.

In the following we will investigate the main features (representation of the problem and correctness of the deductive method) of these approaches by embedding them into the framework just formalized. Doing so, we will show that from their theoretical capabilities there are essentially no differences between these two ideologies because they may be translated into each other.

As for the AE-approaches this means only formally justifying the chosen representation since the correctness of the deduction method is unquestionable, provided a proof is correct and no nonconstructive proof methods are used.

Theorem 4.1 (Justifying the AE-representation for program synthesis)

```
⊢ ∀spec: SPECIFICATIONS.
       ∀x:IN(spec). ∃y:OUT(spec). IC(spec)(x) ⇒ IOR(spec)(x,y)
    ⇔ SOLVABLE( spec )
⊢ ∀spec: SPECIFICATIONS.
       ∀x:IN(spec). ∃o:P(OUT(spec)). IC(spec)(x) ⇒ o={y:OUT(spec)|IOR(spec)(x,y)}
    ⇔ M-SOLVABLE( spec )
```

These two theorems, which can be derived from a more general theorem of Type Theory, simply make explicit one of the foundational properties of Type Theory, namely that every theorem has a constructive meaning which can be extracted from its proof.

As all theorems of our theory these two have three aspects: They *justify* the AE-representation by formally proving it correct *provided the constructive interpretation of logical formulae is used.* Applying the theorem means *executing* a transformation to switch between representations. Finally the *extracted algorithms* transform programs developed within the AE-framework into a pair $\langle program, proof\rangle$ proving solvability of the specification and vice versa.

Justifying the problem representation of transformation based approaches

The representation of the synthesis problem used by transformation based approaches can be easily justified if instead of a predicative program $P(x,y)$ we use a multivalued function p with $body(p)(x) := \{y : OUT(p) | P(x,y)\}$. A formal theorem that such a program can be constructed reads as follows

```
∃p:M-PROGRAMS. ∀x:IN(p). IC(x) ⇒  body(p)(x)={y:OUT(p)|IOR(x,y)}
```

This form which is nearly the same as the one of [SL89] (probably the most mature of all the approaches so far) is absolutely identical to `M-SOLVABLE(<IN, OUT, IC, IOR>)`, i.e. the synthesis problem for multivalüed functions.

Correctness of the deduction method (applying transformations of logical formulae):

To make things clearer we first define a type of transformations reflecting the behaviour of the deduction method. Transformations leave all components but the input-output relation of a specification unchanged:

```
TRANSFORMATIONS          ≡ {t:SPECIFICATIONS→SPECIFICATIONS |
                            ∀s:SPECIFICATIONS. IN(T(s))=IN(s) in TYPES
                            & OUT(T(s))=OUT(s) in TYPES  & IC(T(s))=IC(s) in TYPES }
```

Theorem 4.2 (Justify the deduction method of applying transformations)

```
⊢ ∀T:TRANSFORMATIONS. ∀spec:SPECIFICATIONS.
    M-SOLVABLE(spec)
    ⇐     M-SOLVABLE(T(spec))
        & ∀x:IN(spec). ∀y:OUT(spec). IC(spec)(x)⇒(IOR(spec)(x,y)⇔ IOR(T(spec))(x,y))

⊢ ∀T:TRANSFORMATIONS. ∀spec:SPECIFICATIONS.
    SOLVABLE(spec)
    ⇐     SOLVABLE(T(spec))
        & ∀x:IN(spec). ∀y:OUT(spec). IC(spec)(x)⇒(IOR(spec)(x,y)⇐ IOR(T(spec))(x,y))
```

That is, if a transformation transforms IOR into some equivalent relation then its application is justified. For the singlevalued problem the requirements are even weaker. Obviously there principles behind these theorems which can be abstracted on some higher level. Transformation based approaches like LOPS often use the notions *correctness* or *equivalence preserving transformation.* From the above it should be clear what the meaning of these notions should be. We will capture this within a type definition and then restate the theorem in a clearer way.

```
C-TRANSFORMATIONS     ≡ {t:TRANSFORMATIONS|∀s:SPECIFICATIONS. ∀x:IN(s). ∀y:OUT(s).
                                IC(s)(x)⇒ (IOR(s)(x,y) ⇐ IOR(T(s))(x,y)) }

EQ-TRANSFORMATIONS    ≡ {t:TRANSFORMATIONS|∀s:SPECIFICATIONS. ∀x:IN(s). ∀y:OUT(s).
                                IC(s)(x)⇒ (IOR(s)(x,y) ⇔ IOR(T(s))(x,y))}
```

The following version reveals the true principles behind Theorem 4.2. Correctness preserving transformations can be applied as one-directional deduction method to find singlevalued programs while equivalence preserving transformations can be applied back and forth for single- and multi-valued programs.

Theorem 4.3 (Correctness of transformations reformulated:)

```
⊢ ∀T:C-TRANSFORMATIONS. ∀specification:SPECIFICATIONS.
        SOLVABLE(specification)     ⇐  SOLVABLE(T(specification))
⊢ ∀T:EQ-TRANSFORMATIONS. ∀specification:SPECIFICATIONS.
        SOLVABLE(specification)     ⇔  SOLVABLE( T(specification) )
      & M-SOLVABLE(specification)   ⇔  M-SOLVABLE(T(specification))
```

These theorems also represent an implementation method for transformation based approaches since applying them means *executing* the transformation in form of some deduction rule. Thus for a given transformation we only have to prove on a logical level that by its definition it is correctness- or equivalence preserving in order to get a valid and executable program deduction step. Combined with the theorems justifying the AE-representation this means that *every (C-/EQ-) transformation can be effectively converted into a valid proof rule for the AE-approach.*

The extract term of the theorems are algorithms creating a program for the original problem from a solution of the transformed one.

As a final example we will return to the GUESS strategy of LOPS which we now reformulate in terms of its true nature, i.e. as a transformation controlled by a set of parameters which are the type of the new variable, its domain condition and the "tautology" predicate. Note that for this the position of predicates and quantifiers had to be changed resulting in a form equivalent to the one given in [Bib80]. (Essentially independent conditions have to be moved across quantifiers.)

```
T_guess(A,dom,t)(<IN,OUT,IC,IOR>)
                    ≡  <IN, OUT, IC,  λi,y. ∀g:A. dom(i,g) ⇒ IOR(i,y) & (t(g,y)|¬t(g,y))>
```

The following theorem which may be considerd a reformulation of Theorem 3.3 gives clearer insights into the deductive behaviour the GUESS transformation.

Theorem 4.4 (Deductive properties of the GUESS-transformation)

```
⊢ ∀spec:SPECIFICATIONS. ∀A:TYPES. ∀dom:FORMULAE(IN(spec)#A).
      ∀t:FORMULAE(A#OUT(spec)).  T_guess(A,dom,t) in C-TRANSFORMATIONS
    & ∀t:DFORMULAE(A#OUT(spec)). T_guess(A,dom,t) in EQ-TRANSFORMATIONS
  ⇐
     SOLVABLE(<IN(spec),A,IC(spec),dom>)
```

Thus it is clearly expressed that GUESS is a correctness preserving transformation (only) if *dom* is a programmable predicate and that it is equivalence preserving only if *t* is decidable which is true in most practical cases. The previous version (Theorem 3.3) may now be considered an instantiation of the above theorem in the AE-framework which can be constructed by applying Theorems 4.3 and 4.1.

5 Conclusion

We have presented the principles of a very expressive formal theory of reasoning about both the objects of programming as well as the deductive methods involved. We have shown that by abstracting from superfluous context used in many approaches to program synthesis we are able to make formal proofs much simpler and get deeper insights into the nature of programming. Our theory has been formalized in Intuitionistic Type Theory such that the concepts developed here can be immediately implemented with the proof system NuPRL. Obviously, we could only outline the beginning of a large theory. Many parts need to be worked out in further detail. In particular a complete meta-theory about all the deductive methods involved in programming should be formalized which allows a mechanized investigation of program construction processes on an abstract level and would lead to a generic program synthesizer as well.

Another appealing path to be followed is embedding already existing approaches to program synthesis into our framework. There is, for instance, already a theory behind the KIDS system [SL89] which proves its program construction methods correct on some mathematical level. However, it lacks uniformity and formality and cannot say anything about the actual implementation. These gaps could be filled by a further formalization within our theory.

Similar work by Paulson [Pau87] representing various logics by modelling their semantics in higher order logics (but not investigating proof calculi) indicates that our formalism is not restricted to the area of programming but can be generalized to reasoning about other deductive mechanisms like logical calculi as well.

References

[And86] Peter Andrews. *An Introduction to mathematical logic and Type Theory: To Truth through Proof.* Academic Press, Orlando, 1986.

[BC85] Joe Bates and Robert L. Constable. Proofs as programs. *ACM Transactions on Programming Languages and Systems*, 7(1):113–136, January 1985.

[BD77] R.M. Burstall and J. Darlington. A transformation system for developing recursive programs. *Journal of the Association for Computing Machinery*, 24(1):44–67, 1977.

[BH84] Wolfgang Bibel and K. M. Hörnig. LOPS - a system based on a strategical approach to program synthesis. In A. Biermann, G. Guiho, and Y. Kodratoff, editors, *Automatic program construction techniques*, chapter 3, pages 69–89. MacMillan, New York, 1984.

[Bib80] Wolfgang Bibel. Syntax–directed, semantics–supported program synthesis. *Artificial Intelligence*, 14(3):243–261, October 1980.

[CAB+86] Robert L. Constable, Stuart F. Allen, H. Mark Bromley, W. Rance Cleaveland, J. F. Cremer, Robert W. Harper, Douglas J. Howe, Todd B. Knoblock, Nax Paul Mendler, Prakash Panangaden, Jim T. Sasaki, and Stuart F. Smith. *Implementing Mathematics with the NuPRL proof development system.* Prentice Hall, 1986.

[Chu40] Alonzo Church. A formulation of the simple theory of types. *Journal of Symbolic Computation*, 5:56–68, 1940.

[Der85] Nachum Dershowitz. Synthesis by completion. In *IJCAI-85*, pages 208–214, Los Angeles, 18–23 August 1985.

[Dij76] Edsger W. Dijkstra. *A discipline of Programming.* Prentice-Hall, Englewood Cliffs, NJ, 1976.

[Fra85] Marta Franova. A methodology for automatic programming based on the constructive matching strategy. In *EUROCAL 85*, pages 568–570. Springer, 1985.

[GMW79] Michael J. Gordon, Robin Milner, and Christopher P. Wadsworth. *Edinburgh LCF: A mechanized Logic of Computation.* Springer Verlag, 1979.

[Gri81] David Gries. *The science of programming.* Springer Verlag, 1981.

[Hog81] C.J. Hogger. Derivation of logic programs. *Journal of the Association for Computing Machinery*, 28(2):372–392, 1981.

[ML82] Per Martin-Löf. Constructive mathematics and computer programming. In *6-th International Congress for Logic, Methodology and Philosophy of Science, 1979*, pages 153–175, Amsterdam, 1982. North-Holland.

[MW79] Zohar Manna and Richard Waldinger. Synthesis: Dreams ⇒ programs. *IEEE Transactions of Software Engineering*, SE-5(4):294–328, 1979.

[MW80] Z. Manna and Richard Waldinger. A deductive approach to program synthesis. *ACM Transactions on Programming Languages and Systems*, 2(1):90–121, 1980.

[Pau87] Lawrence C. Paulson. The representation of logics in higher-order logic. Technical Report 113, University of Cambridge. Computer Laboratory, August 1987.

[SL88] Douglas R. Smith and Michael R. Lowry. KIDS - a knowledge-based software development system. In *Proc. AAAI Workshop on Automated Software Design*, pages 129–136, August 1988.

[SL89] Douglas R. Smith and Michael R. Lowry. Algorithm design and design tactics. In *Proc. of the International Conference on the Mathematics of Program Construction*, pages 379–398. Springer Verlag, June 1989.

COMPARING THE COMPLEXITY OF REGULAR AND UNRESTRICTED RESOLUTION

Andreas Goerdt
Universität-GH-Duisburg
Fachbereich Mathematik
Fachgebiet Praktische Informatik
Lotharstr. 65
4100 Duisburg 1
West-Germany

Net address: hn281go@unidui.uucp

Introduction

The resolution proof rule is a basic principle of many implementations of inference mechanisms (e.g. in logic programming). Mostly not resolution itself is implemented, but a restriction (or refinement) of resolution. There are a variety of resolution restrictions being used in theorem proving algorithms (see [14] or [13], pp.103 ff). The idea of these restrictions is to reduce the search space necessary for a deterministic implementation of the nondeterministic resolution rule. Only a few theoretical results on the complexity of resolution restrictions are known. Experimental results as in [18] are more typical.

A resolution proof of an unsatisfiable propositional formula is regular iff no variable is eliminated (with the resolution rule) twice on any branch of the proof tree representing this proof. We construct an infinite family of unsatisfiable propositional formulas and show: These formulas have polynomial size unrestricted resolution proofs, but only superpolynomial regular resolution proofs. The price to be paid for the reduction of the search space due to using regular resolution is that proofs get substantially longer. The problem whether regular resolution makes proofs longer was called "well known" in [2], p.292.

The question whether resolution restrictions make proofs longer is mentioned as virtually unexplored in [12], p.106. This question for the regular resolution restriction in particular is asked several times in the literature ([15], p.470, [7], p.45). A first rather weak result of the kind we are interested in here is proved in [7], proposition 3.2.1. The present paper builds on [8], [9] where more of such results are shown. Here as in [8], [9] we make use of the technique introduced by Haken [11] to prove an exponential lower bound on the worst case length of unrestricted resolution proofs. Such a lower bound must exist if NP $\neq$ coNP for any reasonable proof system. Haken's technique is also applied in [3], [4], [16], [17]. In [1] Haken's result is extended to more powerful proof systems than resolution. An exponential lower bound has not yet been proved for the proof length in Frege proof systems (i.e. systems with modus ponens). Forerunners of Haken's paper [11] are [7], [15]. There a family of formulas is presented having only exponential regular resolution proofs. Urquhart [16] shows that these formulas have only exponential unrestricted resolution proofs, too. Hence, our result does not follow from [7], [15]. In [17] Urquhart shows that the regularity restriction makes proofs in cut free Gentzen Systems longer. The formulas used there cannot be used to show the same for resolution. In [2], [5], [6] a variety of proof systems different from resolution restrictions are compared wrt. proof lengths.

The details omitted in the following can be found in [10].

The Formulas

We define our family of propositional formulas REG^N, $N \in \mathrm{N}$ and explain why these formulas have polynomial unrestricted resolution proofs but only superpolynomial regular ones. It is difficult to construct non trivial infinite families of contradictory propositional formulas from scratch. We start out with the formulas from [8]. Let in the following $N \in \mathrm{N}$ with $M = \log_2 N \in \mathrm{N}$.

1. Definition and example

(a) The set of $M \cdot N$ variables Var^N is given by : $\mathrm{Var}^N = \{x_{ij} \mid 1 \le i \le M,\ 1 \le j \le N\}$. Var^N is an $M \times N$-matrix (M rows, N columns) of variables. Often we write ij instead of x_{ij}. Row i (Col j) is the set of variables of the i'th row (j'th column). Each row is partitioned into sections. For i,j with $1 \le i \le M$, $1 \le j \le \frac{N}{2^i}$ let Sec $ij = \{i(2^i \cdot (j-1)+1), \ldots, i(2^i \cdot j)\}$. For i,j with i as before and $1 \le j \le 2 \cdot \frac{N}{2^i}$ we let Halfsec $ij = \{i(2^{i-1} \cdot (j-1)+1), \ldots, i(2^{i-1} \cdot j)\}$. Row x is the unique row containing x. Similar for Col, Sec, and Halfsec. In this context we do not write ij for x_{ij}.

(b) Var^4 can be visualized as:

11	12	13	14
21	22	23	24

. The additional undotted line separates the sections, the dotted lines the half sections. □

2. Definition and corollary

(a) The formulas MPHP^N (see [8], MPHP standing for modified pigeonhole principle) consist of positive and negative clauses: The positive clauses are the columns of Var^N. The negative clauses are all clauses $\{\bar{x}, \bar{y}\}$, such that there exist i,j with $x \in$ Halfsec $i\ (2j-1)$, the left half of a section and $y \in$ Halfsec $i\ (2j)$, the corresponding right half.

(b) MPHP^N has $\mathrm{O}(N^4)$ many clauses, and a resolution proof whose length (= number of different clauses) is $\mathrm{O}(N^4)$.

<u>Proof:</u> MPHP^N has a resolution proof which can be visualized by a binary tree of depth M. For $N = 4$ we get:

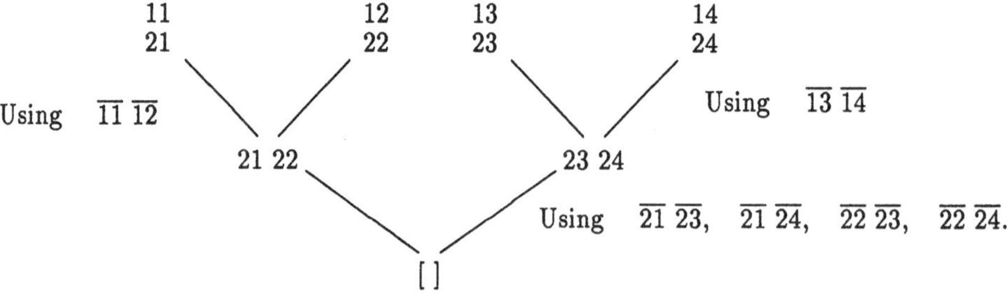

□

Our formulas REG^N are obtained by extending the MPHP^N : First observe, that a short proof of MPHP^N must essentially eliminate the variables from the positive clauses from top to bottom, i.e. Row 1 first, then Row 2 and so on. A proof starting with Row M followed by Row $M-1$

and so on is superpolynomial anyway. We modify MPHP such that the top to bottom proof becomes long if the regularity restriction is obeyed but stays short if irregularities are allowed.

In our proof of MPHP^4 above, to get from 21 22, 23 24 to [ ] we either have to make 21 22 to $\overline{23}$ and to $\overline{24}$ or 23 24 to $\overline{21}$ and to $\overline{22}$. Assume our proof uses the first alternative. We want to modify MPHP such, that a top of bottom proof obeying the regularity restriction has to decide *very early* if the 21 22 to be generated will finally become $\overline{23}$ or $\overline{24}$. We force this decision to be made early by extending the negative clause $\overline{11}\ \overline{12}$ with $\overline{23}$ and $\overline{24}$ to get two negative clauses $\overline{11}\ \overline{12}\ \overline{23}$ and $\overline{11}\ \overline{12}\ \overline{24}$. Similarly we get $\overline{13}\ \overline{14}\ \overline{21}$ and $\overline{13}\ \overline{14}\ \overline{22}$ instead of $\overline{13}\ \overline{14}$. The formula which we get by modifying MPHP by taking these extended negative clauses for Row 1 instead of the original negative clauses for Row 1 is satisfiable. Hence, we add the clause

$$\left\{\begin{array}{cccc} \overline{11} & \overline{12} & & \\ 21 & 22 & 23 & 24 \end{array}\right\}$$

which allows us to get rid of the extending literals of $\overline{11}\ \overline{12}\ \overline{23}$ and $\overline{11}\ \overline{12}\ \overline{24}$. We derive

$$\left\{\begin{array}{cc} \overline{11} & \overline{12} \\ 21 & 22 \end{array}\right\}$$

and then 21 22 as usual. With 21 22 we can eliminate the extending literals of $\overline{13}\ \overline{14}\ \overline{21}$ and $\overline{13}\ \overline{14}\ \overline{22}$. Then we proceed as in MPHP^4. The described proof is not regular, which is nice.

The bad fact about this formula is, that the proof can be transformed into a regular proof which after generalizing the above construction to arbitrary N stays short: We use 21 22 generated as above, to eliminate the extending literals as above *and* to generate 13 and 14 from $\begin{array}{c}13\\23\end{array}$ and $\begin{array}{c}14\\24\end{array}$. With $\overline{13}\ \overline{14}$ we get the empty clause. In this proof the positive clauses have only been eliminated by negative clauses without extension. This and the fact that the proof is essentially top to bottom implies that in general the described proof pattern induces short regular proofs.

In the example we have only extended the negative clauses of Row 1, the upper half in this case, with negative literals from Row 2, the lower half. In our formulas REG^N we also extend the negative clauses at the bottom with negative literals above. This entails that in generating 13 and 14 above, if the regularity restriction is obeyed, negative clauses with extending negative literal must be used. This in general causes superpolynomial growth, because the repeated use of negative clauses with extending literal entails some kind of "multiplicative effect". Let in the following $N \in \mathrm{N}$ such, that $M = \log_2 N$ is divisable by 3 and let $K = \frac{M}{3}$. The definition of REG^N is based on some additional structure imposed on Var^N.

3. Definition and example

All notations defined here refer to an underlying Var^N which when applying these notations is clear from the context. Let Third 1 = Row 1 $\cup \ldots \cup$ Row K. Similary for Third 2 and Third 3.

(a) The correspondence relation Cor 13 $\subseteq$ Third 1 $\times$ Third 3 is defined by (visualization see below):

$y \in \text{Cor13}(x)$ (standing for $(x, y) \in \text{Cor13}$) iff

$x \in \text{Row } i,\ y \in \text{Row}(2K + i)$,

Sec y covers x (i.e. Col $x \cap$ Sec $y \neq \emptyset$), and
Halfsec y does not cover x.

The relation Cor 32 $\subseteq$ Third 3 $\times$ Third 2 is given by:

$y \in \text{Cor32}(x)$ iff $x \in \text{Row}(2K+i)$, $y \in \text{Row}(K+1)$,
Sec y covers x, and Halfsec y does not cover x.

(b) With $N = 8$ we get the following picture for Var^N:

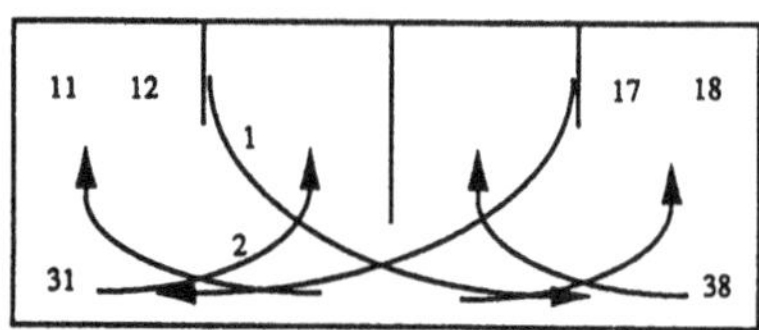

The arrows start and end in the middle of the areas corresponding to each other. The arrows starting in Row 1 show Cor 13. Arrow 1 indicates $y \in \text{Cor13}(x)$ for $x \in \{11, \ldots, 14\}$, $y \in \{35, \ldots, 38\}$. The arrows starting in Row 3 show Cor 32. Arrow 2 indicates $y \in \text{Cor32}(x)$ for $x \in \{31, 32\}$, $y \in \{23, 24\}$. □

4. Definition

The formula REG^N consists of positive and negative clauses. The positive clauses are the columns of Var^N. The negative clauses for Row i with $1 \leq i \leq K$ are all clauses of the form $\{\bar{x}, \bar{y}, \bar{z}\}$ or $\{\bar{x}, \bar{y}\} \cup \text{Sec } z$ with $x, y \in \text{Row } i$, $\{\bar{x}, \bar{y}\}$ a negative clause of MPHP^N and $z \in \text{Cor13}(x)$. The negative clauses for Row i with $K+1 \leq i \leq 2K$ are the clauses $\{\bar{x}, \bar{y}\}$ with $x, y \in \text{Row } i$ which are negative clauses of MPHP^N. The negative clauses for Row i with $2K+1 \leq i \leq 3K$ are the clauses of the form $\{\bar{x}, \bar{y}, \bar{z}, \bar{w}\}$, $\{\bar{x}, \bar{y}, \bar{z}\} \cup \text{Cor32}(y)$, $\{\bar{x}, \bar{y}, \bar{w}\} \cup \text{Cor32}(x)$, or $\{\bar{x}, \bar{y}\} \cup \text{Cor32}(y) \cup \text{Cor32}(x)$, where $x, y \in \text{Row } i, \{\bar{x}, \bar{y}\}$ a negative clause of MPHP^n, $z \in \text{Cor32}(x)$, $w \in \text{Cor32}(y)$. □

5.Theorem

The formula REG^N contains $O(N^8)$ many clauses and REG^N has an unrestricted resolution of length of $O(N^8)$. Each regular resolution proof of REG^N contains at least $N^{\frac{1}{18^2} \cdot \log N}$ many different clauses. □

Acknowledgement

I should like to thank Prof. Kleine Büning and my colleagues for encouragement and advice.

References

[1] M. Ajtai, The complexity of the propositional pigeonhole principle, Proc. of the IEEE FOCS (1988).

[2] W. Bibel, A comparative study of several proof procedures, Artificial Intelligence 18 (1982) 269-293.

[3] S.R. Buss and G. Turán, Resolution proofs of generalized pigeonhole principles, Theoret. Comp. Sci. 62 (1988) 311-317.

[4] V. Chvátal and E. Szemeredi, Many hard examples for resolution, J. Assoc. Comput. Mach. 35(4) (1988) 759-768.

[5] S.A. Cook and R.A. Reckhow, The relative efficiency of propositional proof systems, J. Symbolic Logic 44(1) (1979) 36-50.

[6] E. Eder, Relative complexities of first order calculi, Habilitationsschrift, University of Dortmund (1990).

[7] Z. Galil, On the complexity of regular resolution and the Davis-Putman procedure, Theoret. Comput. Sci. 4(1) (1977) 23-46.

[8] A. Goerdt, Unrestricted resolution versus N-resolution, Proc. MFCS 1990, LNCS, accepted for publication.

[9] A. Goerdt, Davis-Putmann resolution versus unrestricted resolution, Journal of Discrete Applied Mathematics, Special issue on proof lengths, accepted for publication.

[10] A. Goerdt, Regular resolution versus unrestricted resolution, Technical report, University of Duisburg (1990) submitted.

[11] A. Haken, The intractability of resolution, Theoret. Comp. Sci. 39 (1985), 297-308.

[12] D.W. Loveland, Automated Theorem proving: a logical basis, (North Holland 1978).

[13] U. Schöning, Logik für Informatiker, BI-Taschenbuch, Reihe Informatik 56 (Bibliographisches Institut, Mannheim, 1987).

[14] J. Siekmann and G. Wrightson (eds.), Automation of reasoning–classical papers on computational logic, vol. 1 and 2 (Springer 1983).

[15] G.S. Tseitin, On the complexity of derivation in the propositional calculus (1970) in [13] vol. 2, 466-486.

[16] A. Urquhart, Hard examples for resolution, J. Assoc. Comput. March 34 (1987) 209-219.

[17] A. Urquhart, The complexity of Gentzen Systems for propositional logic, Theoret. Comp. Sci. 66 (1989) 87-97.

[18] G.A. Wilson and C. Minker, Resolution, refinements, and search strategies: A comparative study, IEEE Transactions on Computers C-25 (1976) 782-801.

Combining Symbolic and Connectionist Techniques for Coordination in Natural Language

Stefan Wermter[1]
Department of Computer and Information Science
University of Massachusetts at Amherst, Amherst, MA 01003, USA
and
Fachbereich Informatik, Universität Dortmund
4600 Dortmund 50, Federal Republic of Germany

Abstract

This paper describes a hybrid symbolic/connectionist system which combines symbolic and connectionist techniques for the structural interpretation of noun phrases. Using coordination (grammatical structures with conjunctions like "and") as a representative problem for a whole class of attachment problems, we describe a system which integrates syntactic and semantic knowledge for parsing "real world" text from a scientific technical corpus. Our hybrid model consists of a symbolic chart parser for parsing noun phrases, a symbolic preference module for semantic expectations, and a connectionist backpropagation network for semantic coordination relationships. We show that a symbolic syntactic parser and a connectionist semantic memory model can interact for resolving coordination problems.

1 Introduction

Recently, there has been a lot of discussion about advantages and disadvantages of connectionist concepts for natural language processing (e.g., [Dyer 88] [Diederich 88] [Freksa 88] [Lehnert 88] [Höppner 88]). In this paper we investigate the combination of symbolic and connectionist techniques for the representation and coordination of noun phrases. The coordination of constituents with conjunctions like "and" belongs to the most difficult and important problems in natural language processing (e.g. [Dahl and McCord 83] [Fong and Berwick 85]). In the past there have been mainly syntactic approaches for coordination in simple declarative sentences ([Fong and Berwick 85] [Peterson 81] [Van Oirsouw 87]). Although there are some approaches which use syntax and semantics [Huang 83] [Lesmo and Torasso 85], many approaches are syntactic and use verb-related case information to resolve some forms of coordination within sentences. However, in some cases like isolated noun phrases, syntactic verb-related information is not available or sufficient to resolve coordination problems. Noun phrases are extremely frequent, e.g., in titles of papers and books, in queries to databases, and in standard documents like medical records. In noun phrases it is not possible to rely exclusively on syntactic constraints. For instance, the following two noun phrases have the same syntactic word classes, but because of semantic knowledge "children and women" are coordinated in example (1) and "hills and mountains" in example (2).

(1) Children on hills and women

(2) Children on hills and mountains

[1]Part of this research was being carried out while the author was in the Natural Language Processing Laboratory at the University of Massachusetts, USA. I would like to thank Wendy G. Lehnert and the NLP group for their support. Currently the author is with the Universität Dortmund, Fachbereich Informatik, 4600 Dortmund 50, FRG.

We will describe a new hybrid model for coordination in noun phrases. Hybrid models for language understanding [Lehnert 88] [Wermter 89a] [Hendler 89] use different knowledge representations to support different forms of processing. Our hybrid model combines a syntactic chart parser for noun phrases with a semantic preference module and with a semantic connectionist network. The parser uses context-free rules to produce a preliminary structure of the noun phrase. The preference module contains simple frame-like representations for words which can predict following constituents. The connectionist network is a backpropagation network which is trained with coordination relationships and which produces a plausibility measure for the coordination of two constituents. The overall strategy is to combine *predefined* syntactic rules and semantic preferences with *learned* plausibilities of coordination relationships.

2 Syntactic and Semantic Constraints for Coordination

In this section we describe syntactic and semantic constraints which are involved in understanding coordination in noun phrases. We illustrate the constraints with examples from the NPL corpus [Sparck-Jones and VanRijsbergen 76] which contains titles and abstracts from the physical sciences. Within noun phrases some cases of coordination can be detected with **syntactic constraints.** Consider the following noun phrases:

(3) Observation of single and double inflexions

(4) Electron collision frequencies in nitrogen and in the lower ionosphere

(5) Physical state of outer atmosphere and the origin of radiation belts

Example (3) shows that syntactic knowledge about word classes can be used to decide that adjectives are coordinated. Since "single" and "double" are adjectives they are both modifiers of "inflexions". Another example for the use of syntactic knowledge is the explicit repetition of function words like prepositions. In example (4) "in nitrogen" and "in ionosphere" are coordinated. If the second "in" would have been left out, then "electron collision frequencies" and "ionosphere" could be coordinated as well. The repetition of a preposition is a strong syntactic constraint that the constituents following the prepositions are coordinated. Other syntactic constraints involve the use of determiners and symmetry. For instance, in noun phrase (5), the use of the determiner "the" increases the plausibility that "state" and "origin" are coordinated and not "atmosphere" and "origin". Furthermore, the symmetric structure of the two headnouns "state" and "origin" each modified by a single prepositional phrase with the preposition "of" supports this structural interpretation as well.

Besides the syntactic constraints, **semantic constraints** are important for the interpretation of coordination. Sometimes preferences are associated with a certain word and set up an expectation for constituents which might follow. The following two examples illustrate two preferences.

(6) A relation between giant travelling disturbances and sporadic E ionization

(7) Possible explanation of the coexistence of ferromagnetism and superconductivity

Example (6) contains a preference associated with the preposition "between". If the preposition "between" precedes two constituents connected by "and", then there is a preference (but no guarantee) for the coordination of these constituents. Example (7) shows a preference associated with a noun. The noun "coexistence" sets up a preference for two following constituents. Because of this preference it can be decided that "ferromagnetism" and "superconductivity" are coordinated. In general, preferences have been used widely in sentence processing to set up case expectations for verbs (e.g. [Wilks 75] [Hirst 87]). However, even certain nouns and prepositions can possess associated preferences which can be exploited for coordination resolution.

While certain words might have preferences for following constituents, most constituents in noun phrases do not have certain preferences about what constituents might follow. In these cases we can rely on semantic plausibilities for different coordinations. The underlying assumption is that semantic relationships (e.g., similarity) hold between coordinated constituents [Stockwell et al. 73] [Huang 83]. Consider the following example:

(8) Systems using transistors and transductors

Example (8) contains neither enough syntactic constraints nor semantic preferences to resolve coordination. However, the semantic plausibility that "transistors and transductors" are coordinated is higher than the plausibility that "systems and transductors" are coordinated since "transistors and transductors" are more similar and "systems" is a more general term. In the next section we will see how some of these syntactic and semantic constraints can be implemented in a hybrid model.

3 The Hybrid Model

Our hybrid model consists of a chart parser, a preference module, and a backpropagation network (see figure 1). In this section we will show how these three parts can interact for different coordination problems.

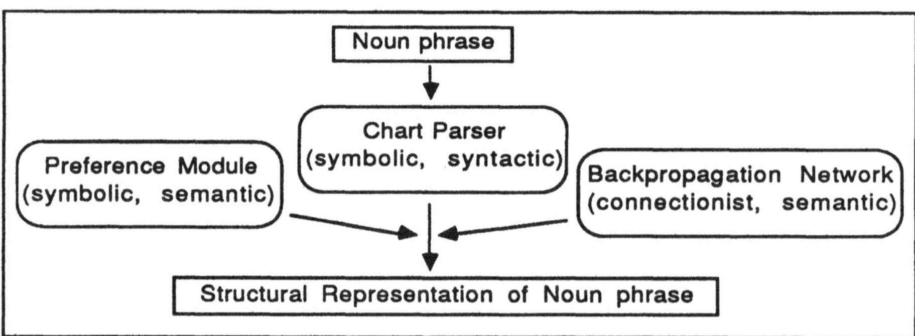

Figure 1: Hybrid Model for Coordination in Noun Phrases

3.1 Syntactic Constraints in a Chart Parser

As we have shown above, in certain cases syntactic constraints are sufficient to determine the coordination of constituents. Therefore, we implemented a context-free grammar for noun phrases for a bottom-up chart parser [Gazdar and Mellish 89]. This chart parser generates a preliminary parsing structure and deals with coordination of adjectives and repeated prepositional phrases. The first case deals with adjective coordination and below we show some grammar rules for adjectives[2]. These three rules state that an adjective noun group ADJG consists of either a sequence of adjectives or two conjoined adjective noun groups.

```
ADJG --> ADJ
ADJG --> ADJ ADJG
ADJG --> ADJG CONJ ADJG
```

If we parse example (3) from above ("observation of single and double inflexions") we get the following parsing structure coordinating "single" and "double".

```
(NP (NG (NN (N OBSERVATION)))
    (PP (P OF)
        (NP (NG (ADJG (ADJG (ADJ SINGLE))
                      (CONJ AND)
                      (ADJG (ADJ DOUBLE)))
                (NN (N INFLEXIONS))))))
```

The second case deals with prepositional phrase coordination. Below we show one grammar rule for prepositional phrases which states that a prepositional phrase can consist of two conjoined prepositional phrases.

```
PP -->  PP CONJ PP
```

Using this rule the parser builds the following parsing structure for our example (4) from above ("electron collision frequencies in nitrogen and in the lower ionosphere"):

```
(NP (NG (NN (N ELECTRON)
            (NN (N COLLISION)
                (NN (N FREQUENCIES)))))
    (PP (PP (P IN)
            (NP (NG (NN (N NITROGEN)))))
        (CONJ AND)
        (PP (P IN)
            (NP (NG (DET THE)
                    (ADJG (ADJ LOWER))
                    (NN (N IONOSPHERE)))))))
```

[2]Other rules for adjectives involve sequences of adjectives and modification with adverbs. However they are left out for clarity since they are not involved in the coordination problem of our example.

In this parsing structure we see that the two prepositional phrases "in nitrogen" and "in the lower ionosphere" are coordinated. These examples illustrate that a syntactic chart parser can resolve some simple structure-dependent forms of coordination of adjectives and repeated prepositions.

3.2 Semantic Constraints in Preference Frames

Although syntactic constraints can rule out some coordination problems, we have shown in section 2 that in many cases syntax alone is not sufficient and that in some cases preferences associated with words can resolve coordination problems. Preferences can be represented as simple frames which are triggered by the occuring specific word. The slots within the frame represent specific expectations which typically hold for the lexical item. Below we show two preference frames for the preposition "between" and for the noun "coexistence".

```
Preference1                     Preference2
   name:  between                  name:  coexistence
   slot1: NP                       slot1: PP
   slot2: and                      slot2: and
   slot3  NP                       slot3: NP/PP
```

The first frame describes a preference that two noun phrases after the preposition "between" should be coordinated. The second frame states the preference that after the noun "coexistence" a prepositional phrase and a noun phrase or a prepositional phrase should be coordinated. These preferences are based on the lexical semantics of the lexical item. Using these preferences we can resolve coordination for the examples (6) and (7) which are repeated here:

(6) A relation between giant travelling disturbances and sporadic E ionization

(7) Possible explanation of the coexistence of ferromagnetism and superconductivity

In example (6) "disturbances and E ionization" are coordinated, in example (7) "ferromagnetism and superconductivity". Although a parser with a Right Association strategy [Frazier and Fodor 78] as a default mechanism could come to the same coordinations, Right Association is a syntactic default strategy which is less powerful if more specific semantic knowledge is available.

3.3 Semantic Constraints in Backpropagation Networks

While certain words have semantic preferences for following constituents, most of the words in noun phrases do not possess associated preferences. In the absence of syntactic constraints and semantic preferences, we have to rely on the plausibility of certain semantic coordination relationships. Backpropagation networks have been shown to be able to learn semantic relationships between two nouns [Cosic and Munro 88] [Wermter 89b]. The underlying fully-connected architecture is shown in figure 2. The input layer consists of 32 input units for two nouns in a coordination relationship and each noun is represented with 16 binary semantic features. We extracted semantic features based on the NASA thesaurus [NASA 85] and developed the following 16 semantic features for the scientific technical NPL corpus: Measuring-event, changing-event, scientific-field, property, mechanism, electric-object, physical-object, relation, organization-form, gas, spatial-location, time, energy, material, abstract-representation, empty. For more details of the process of feature extraction see [Wermter and Lehnert 89]. The hidden layer consists of 12 units and the output layer has one unit. The real-valued output unit indicates if a coordination relationship between two nouns[3] is plausible (values close to 1) or if it is implausible (values close to 0). For instance, the noun phrase "A new class of switching devices and logic elements" has the following plausible and implausible coordination relationships.

```
devices COORDINATED_WITH elements   1  (plausible)
class   COORDINATED_WITH elements   0  (implausible)
```

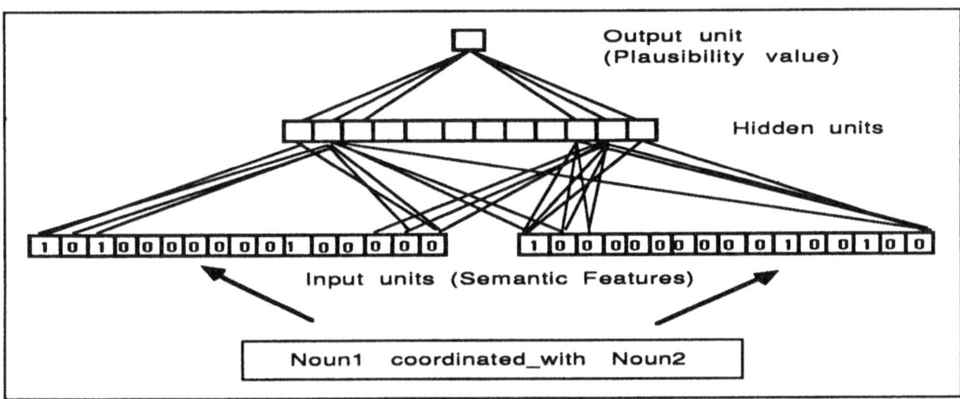

Figure 2: Backpropagation Network for Coordination Relationships

This backpropagation architecture was trained and tested with coordination relationships of 53 noun phrases from the NPL corpus. There were 40 noun phrases (92 training instances) in the training set and 13 noun phrases (29 test instances) in the test set. The representations of the test instances had not been in the training set. Each training instance consisted of the 32 semantic features for the two nouns and the plausibility value for the coordination relationship. The plausibility value was set to 1 if the coordination relationship was plausible, otherwise it was set to 0.

The network was trained for 800 epochs using the backpropagation learning rule [Rumelhart et al. 86] with learning rate 0.01 and weight change momentum 0.9. Three different training runs were performed to be independent from the different start initializations of the network. The learning curves for the three runs were very similar. The average of the total sum squared error over all training instances could be reduced during the learning phase from values of 32.5 to values of 3.2. A training instance was considered correct if the generated plausibility value was higher than 0.5 for a plausible coordination relationship (target value 1) and lower than 0.5 for an implausible coordination relationship (target value 0). After 800 epochs the average percentage of correctly learned training instances was 94.2% and the average percentage of correctly classified unknown test instances was 78.2%. In the next section we will describe how this learned knowledge is used for resolving coordination problems.

3.4 Interaction of the Constraints

In our hybrid model a chart parser, a preference module, and a backpropagation network interact for coordination problems. The chart parser adopts a Right Association strategy [Frazier and Fodor

[3]For compound nouns, only the last noun (the headnoun) is integrated in the coordination relationship.

78] which assumes that a constituent attaches to the directly preceding constituent. In this step, some coordinations are resolved based on syntactic constraints, e.g., coordinations of adjectives and prepositional phrases shown in the examples in section 3.1. Right Association is used if no semantic knowledge is available. If more specific semantic preferences exist, they can overwrite the Right Association strategy. If more specific semantic coordination relationships exist, they can overrule the Right Association strategy but not the preferences. The following two examples show the influence of the semantic constraints from the backpropagation network on the structural interpretation of noun phrases.

```
(9) Perturbation of waveguides and cavities


  (NP (NG (NN (N PERTURBATION)))
      (PP (P OF)
          (NP (NG (NN (N WAVEGUIDES)))
              (CONJ AND)
              (NP (NG (NN (N CAVITIES)))))))


Waveguides COORDINATED_WITH cavities           0.90 (plausible)
Perturbation COORDINATED_WITH cavities         0.10 (implausible)
```

In example (9) we see the noun phrase, the parsing structure generated by the chart parser, and the average plausibility values generated by the backpropagation network for the two coordination relationships. In this case, no semantic preferences are available and the semantic plausibilities of the coordination relationships agree with the Right Association strategy of the chart parser to coordinate "waveguides and cavities". Now we consider a noun phrase with a similar structure:

```
(10) Fading of satellite transmissions and ionospheric irregularities


  (NP (NG (NN (N FADING)))
      (PP (P OF)
          (NP (NG (NN (N SATELLITE)
                      (NN (N TRANSMISSIONS))))
              (CONJ AND)
              (NP (NG (ADJG (ADJ IONOSPHERIC))
                      (NN (N IRREGULARITIES)))))))


Transmissions COORDINATED_WITH irregularities  0.10 (implausible)
Fading COORDINATED_WITH irregularities         0.89 (plausible)
```

In example (10), the chart parser generates a syntactic structure which is the same with respect to the Right Association of the constituent after the conjunction. However, in this case the semantic plausibilities of the coordination relationships do not agree with the syntactic structure. Since semantic constraints overwrite syntactic constraints, the structure can be modified so that "fading and irregularities" are coordinated.

4 Discussion of Results

We tested our hybrid architecture on 158 noun phrases which contained the conjunction "and". These noun phrases were taken from the NPL corpus and did not contain ellipses (e.g., "Radio and television receivers"). The chart parser generated a preliminary parsing structure for these noun phrases based on the context-free rules and the lexicon which contained about 650 words with their syntactic categories.

Within the preliminary syntactic structure several forms of coordination could be detected based on syntactic constraints alone. In 89 of the 158 noun phrases there were no coordination ambiguities since the coordination was at the beginning (e.g., "Space probes and satellites"). In 14 noun phrases the coordination was between adjectives (e.g., "Observation of single and double inflexions") and in 2 noun phrases the coordination was between explicitly repeated prepositions in prepositional phrases (e.g., "Electron collision frequencies in nitrogen and in the lower ionosphere").

The remaining 53 of the 158 noun phrases were more complex and needed semantic knowledge as well. As described in section 3.3, these 53 noun phrases had been divided into 40 noun phrases for a training corpus (92 coordination relationships) and 13 noun phrases (29 coordination relationships) for a test corpus. The plausibility values for the coordination relationships were computed using the backpropagation networks. The attachments of the constituents in the preliminary parsing structure could be modified if exactly one of the coordination relationships in the noun phrase is plausible and different from the coordination relationship representing Right Association. In most of the 53 noun phrases, these semantic constraints agreed with the Right Association strategy but in 6 noun phrases semantic constraints overruled Right Association (e.g., in our example (10) "Fading of satellite transmissions and ionospheric irregularities"). In general, using this strategy all 40 noun phrases with coordination relationships from the training corpus and 11 of 13 noun phrases with coordination relationships from the test corpus were assigned the right structural interpretation with respect to coordination.

Our current focus was on integrating the symbolic syntactic module (lexicon, grammar, chart parser) with the connectionist semantic module (backpropagation network). The next step is the integration of the preference frames with these two modules[4]. Furthermore, a morphological component could be added to consider morphological constraints like agreement in number. For instance, in the noun phrase "charges of the electron and proton" it is not only the syntactic and semantic influence which suggests the coordination of "electron and proton" but the agreement in number as well.

In general, coordination is a very difficult but extremely important issue. In linguistics there has been a lot of work on the syntax of coordination in sentences. Most linguistic work is syntactic [Van Oirsouw 87] although some linguists have expressed that conjoined constituents have a semantic relation [Stockwell et al. 73]. In computational linguistics and natural language processing there have been a number of systems which deal with coordination. For instance, Dahl and McCord describe a modifier structure grammar and a Prolog interpreter which produces syntactic analyses and logical forms [Dahl and McCord 83]. Although their approach deals with syntactic and semantic interpretation, the treatment of conjunctions as demons and the implicit representation of semantic items in the grammar lead to a somewhat complex treatment of conjunctions.

[4]In our 158 noun phrases we could neglect the preferences since the few occuring preferences suggested the same attachments as the Right Association strategy. However, in general, preferences and Right Asssociation can suggest different attachments.

Other systems [Woods 73] [Fong and Berwick 85] use an extragrammatical mechanism for handling conjunctions. Our approach is different from these approaches since we process conjunctions partly intragrammatical and partly extragrammatical. In this respect, our approach is similar to [Lesmo and Torasso 85], who use exception handling rules to restructure trees, which have been generated by a rule-based parser. However, the basis for this restructuring is very different in our system since we use backpropagation networks to learn and generalize semantic constraints. In contrast, Lesmo and Torasso have to encode the exception handling rules and Kosy [Kosy 86] has to ask the user for a rating of the semantic acceptability of a particular coordination.

Our approach is to use grammatical rules to generate a preliminary structure of a noun phrase and to use semantic constraints to modify the representation if necessary. Our approach is different from the other referenced approaches since our system learns part of its semantic constraints and since the system can generalize the learned knowledge to a certain extent. This hybrid approach can be adopted not only for coordination problems but for other problems as well (e.g. prepositional phrase attachment, relative clause attachment, participle constructions, compound nouns). In all of these cases, learned semantic constraints can be used to support the disambiguation of structural representations.

5 Conclusions

We described a hybrid symbolic connectionist network for the representation of noun phrases. This model integrates syntactic and semantic constraints for coordination problems which are representative of many other problems in natural language, e.g. the attachment of prepositional phrases, participles, and relative clauses. A hybrid model has the potential of relying on top-down, symbolic rules and of using bottom-up, learned knowledge from connectionist networks if top-down predefined knowledge is not available or sufficient. Since *predefining* explicit rules and explicit preferences is complementary to *learning and generalizing* implicit relationships, a hybrid model with different representations has the potential to be a powerful combination for resolving structural ambiguity.

References

Cosic C., Munro P. 1988. Learning to represent and understand locative prepositional phrases. *Proceedings of the Annual Conference of the Cognitive Science Society.*

Dahl V., McCord M.C. 1983. Treating Coordination in Logic Grammars. *American Journal of Computational Linguistics 9 (2).*

Diederich J. 1988. *Knowledge-Intensive Recruitment Learning.* Technical Report TR-88-010, International Computer Science Institute, Berkeley, CA.

Dyer M.G. 1988. *Symbolic NeuroEngineering for Natural Language Processing: A Multilevel Research Approach.* Technical Report UCLA-AI-88-14, University of California, Los Angeles.

Fong S., Berwick R.C. 1985. New Approaches to Parsing Conjunctions using Prolog. *Proceedings of the Meeting of the Association for Computational Linguistics.*

Freksa C. 1988. Cognitive Science – Eine Standortbestimmung. Report FKI-84-88, TU München (auch in Heyer G., Krems J., Görz G. (Hg.) *Wissensarten und ihre Darstellung.* Informatik Fachberichte, Springer, Heidelberg).

Frazier L., Fodor J.D. 1978. The sausage machine: A new two-stage parsing model. *Cognition 6.*

Gazdar G., Mellish C. 1989. *Natural Language Processing in LISP.* Addison Wesley, New York.

Hendler J. 1989. Marker-passing over Microfeatures: Towards a Hybrid Symbolic/Connectionist Model. *Cognitive Science 13.*

Höppner W. 1988. Konnektionismus, Künstliche Intelligenz und Informatik - Beziehungen und Bedenken. *KI (4).*

Hirst G. 1987. *Semantic interpretation and the resolution of ambiguity.* Cambridge University Press, Cambridge.

Huang X. 1983. Dealing with Conjunctions in a Machine Translation Environment. *Proceedings of the Meeting of the Association for Computational Linguistics.*

Kosy D.W. 1986. Parsing Conjunctions deterministically. *Proceedings of the Meeting of the Association for Computational Linguistics.*

Lehnert W.G. 1988. Symbolic/Subsymbolic Sentence Analysis: Exploiting the Best of Two Worlds. COINS Technical Report 88-99, University of Massachusetts, Amherst, MA.

Lesmo L., Torasso P. 1985. Analysis of Conjunctions in a Rule-based Parser. *Proceedings of the Meeting of the Association for Computational Linguistics.*

NASA 1985. *NASA Thesaurus.* National Aeronautics and Space Administration.

Peterson P.G. 1981. Problems with Constraints on Coordination. *Linguistic Analysis 8.*

Rumelhart D.E., Hinton G.E., Williams R.J. 1986. Learning Internal Representations by Error Propagation. In: Rumelhart D.E., McClelland J.L. (Ed.) *Parallel distributed Processing Vol 1.* MIT Press, Cambridge, MA.

Sparck-Jones K., VanRijsbergen C.J. 1976. Information Retrieval Test Collections. *Journal of Documentation 32 (1).*

Stockwell R., Schachter P., Partee B. 1973. *The major syntactic structures of English.* Holt, Rinehart, and Winston, New York.

Van Oirsouw R.R. 1987. *The Syntax of Coordination.* Croom Helm, London.

Wermter S. 1989a. Integration of Semantic and Syntactic Constraints for Structural Noun Phrase Disambiguation. *Proceedings of the International Joint Conference on Artificial Intelligence.*

Wermter S. 1989b. Learning Semantic Relationships in Compound Nouns with Connectionist Networks. *Proceedings of the Annual Conference of the Cognitive Science Society.*

Wermter S., Lehnert W.G. 1989. A Hybrid Symbolic/Connectionist Model for Noun Phrase Understanding. *Connection Science 1 (3).*

Wilks Y. 1975. An Intelligent Analyzer and Understander of English. *Communications of the ACM 18 (5).*

Woods, W. 1973. An Experimental Parsing System for Transition Network Grammar. In: Rustin R. (Ed.) *Natural Language Processing.* Algorithmic Press, New York.

Towards a Lexicon for German organized by Communicative Function: an application of 'Lexical Functions'

John A. Bateman
PENMAN Project
USC/Information Sciences Institute
4676 Admiralty Way
Marina del Rey
CA 90292-6695, U.S.A.
e-mail: bateman@isi.edu

Leo Wanner
KOMET Projekt
GMD/Institut für Integrierte Publikations- und Informationssysteme
Dolivostraße 15
D-6100 Darmstadt, W. Germany
e-mail: wanner@ipsi.darmstadt.gmd.dbp.de

Abstract

In this paper we show how the lexical information encoded in terms of *lexical functions* in Mel'čuk's Meaning-Text-Theory can be used to develop an abstract classification of lexical items that captures the contributions that those items make to the 'communicative/textual' meaning of a text. In particular, we give example fragments from a classification for German that illustrate the fact that distinct lexical items express distinct attributions of *salience* among particular aspects of abstract semantic structure. We then describe how this lexical organization can be used in the context of a concrete text generation system architecture for controlling textually appropriate lexical selection.

1 Introduction

In this paper we address the organization of *lexis*. We use the term 'lexis' rather than 'lexicon' to cover both the static organization of lexical information and the dynamic aspect of the *use* of that information and its *interaction* with other components of the linguistic system. Lexis, in this sense, is a term we borrow from systemic linguistics [Matthiessen, 1988]. However, while the organization of lexical resources that we present shows some similarities with the representations employed in systemic linguistics, the resources themselves draw more significantly on the work of Mel'čuk and others in the context of the Meaning-Text-Theory (MTT) [Mel'čuk and Žholkovsky, 1970, Mel'čuk and Polguère, 1987]. Although we attempt to introduce the basic concepts from MTT necessary for this paper, this can only be of limited adequacy; the interested reader is referred to the references above for more information.

We are investigating the use and organization of the lexicon as a resource that contributes to the mapping between abstract specifications of meaning and their linguistic expression: more specifically, we can view lexis as a classification network that discriminates among related but systematically different meanings. Although this is similar in direction to the lexical discrimination nets proposed, for example, by [Goldman, 1975], one point of contrast is that we are concerned here with a rather particular type of meaning discrimination — one which has been addressed rather less often in lexical and generation work. Our general methodology and approach may be illustrated as follows. Consider the following set of examples, where each sentence of an example pair can be interpreted as a verbalization of a single abstract semantic structure with differing aspects of that structure being given prominence in each case.

(1a) Der Lehrer gab den Kindern die Erlaubnis zu gehen.
(1b) Die Kinder bekamen vom Lehrer die Erlaubnis zu gehen.
(2a) Das Gespräch der Gewerkschaftsvertreter mit der Firmenleitung kam zustande.
(2b) Die Gewerkschaftsvertreter knüpften mit der Firmenleitung ein Gespräch an.
(3a) Egons aufmerksamer Blick richtete sich auf Hans.
(3b) Egon betrachtete Hans.
(4a) Die Sekretärin tippte den Brief.
(4b) Der Brief ist von der Sekretärin maschinengeschrieben.

Thus, for example, in (1a) *Lehrer* as a participant of the proposition is made salient whereas (1b) makes *Kinder* more salient. In (2a) the fact of *Gespräch* is made salient, in (2b) the actor of this fact. In (3a) The feature of *Blick* (providing the means of the process addressed) is placed in the foreground, in (3b) this feature is made salient by a distinct verb *betrachten*, the grammatical subject of which is the person *Egon*. And finally, in (4a) the instrumental action is made salient while, in (4b), the result of this instrumental action is.

We will focus on a characterization of the functional differentiations observable between the (a) and (b) sentences on the basis of the expression of the 'salience' of certain aspects of their abstract semantic structure. As introduced in [Wanner and Bateman, 1990], we refer to this range of phenomena under the general term of **perspectives**.[1] Some of these kinds of phenomena have been treated as **lexical cooccurrence** [Apresjan *et al.*, 1969] or **collocation** [Firth, 1957, Halliday, 1966, Hausmann, 1985, Gross, 1975]). They have also been addressed in approaches to generation such as, e.g., [Iordanskaja *et al.*, 1988, Jacobs, 1985], and some attempts at detecting them automatically have been offered by, e.g., [Church and Hanks, 1989, Smadja and McKeown, 1990]. While the issue of *discriminating* between expressions of salience as illustrated in our examples has received rather restricted attention, particularly in generation, we propose that providing support for the generation of different perspectives of a semantic structure offers significant insight into how lexicons and knowledge models should be organized. In addition, we suggest that representations that do not capture the *motivations* for such cooccurrences (e.g., [Smadja and McKeown, 1990]) can only be of limited value for the generation task.

The most extensive linguistic descriptions of these phenomena is that provided by **lexical functions** (LFs) within the Meaning-Text-Theory developed by Igor Mel'čuk. Thus, our approach to adding the ability to generate this range of variation under functional control by means of perspectives takes its starting point from the notion of lexical cooccurrence addressed by Mel'čuk. The different goals of the two approaches, MTT and ours, motivate rather different ways of using the notion of lexical cooccurrence however: originally MTT was developed for Machine Translation purposes and stresses *lexical paraphrasing* by using the LFs to encode data on lexical combinatorics. Our purpose is to provide adequate expressions for the semantic structure selected, i.e., to 'generate the lexemes' from a semantico-conceptual base under functional/communicative constraints. Thus, as we shall see below, in a number of places we will attempt semantic re-interpretations of previously surface form-oriented LF definitions. This allows us to suggest how the large body of descriptive work based on the notion of LFs [Mel'čuk and Žholkovsky, 1984, Mel'čuk *et al.*, 1984, Mel'čuk *et al.*, 1988, Žholkovsky, 1970, Reuther, 1978, Janus, 1971] can now provide significant input both to work on text generation of this kind and as a basis for developing new accounts of lexical organization.

The paper is structured as follows. In the next section we give an introduction to LFs as the means by which lexical cooccurrence dependencies are expressed within the MTT. Then, in Section 3, we discuss how the organization of LFs can be developed further to be used for the modeling of various perspectives, and show how the organizational structures of LFs we propose can be integrated into a component of a linguistically motivated interface between those organizational structures of information that is external to a generator and surface form — thus providing a *lexical multilevel interface*. Finally, in Section 4, we provide further examples of the influence of lexis on the generation process, when lexis is enriched by perspectives and organized as we propose.

2 Lexical functions

Lexical cooccurrence in the scope of MTT is provided in terms of lexical functions which Mel'čuk defines as follows [Mel'čuk and Polguère, 1987]:

> A lexical function **f** is a dependency that associates with a lexeme L, called the argument of **f**, another lexeme (or a set of (quasi-)synonymous lexemes) L' which expresses, with respect to L, a very abstract meaning (which can even be zero) and plays a specific syntactic role. For instance, for a noun **N** denoting an action, the LF **Oper$_1$** specifies a verb (semantically empty — or at least emptied) which takes as its grammatical subject the name of the agent of the said action and as its direct object, the lexeme **N** itself.

The values for any particular application of a LF to a lexeme are provided by an **Explanatory Combinatorial Dictionary** (ECD); dictionaries of this type for Russian [Mel'čuk and Žholkovsky, 1984] and French [Mel'čuk *et al.*, 1984, Mel'čuk *et al.*, 1988] have already been compiled. Thus, for example, the ECD for French provides for LF **Oper$_1$** mentioned in the quotation above:

> Oper$_1$ (*opération*) = *faire* [Oper$_1$ (*Operation*) = *durchführen*]
> Oper$_1$ (*aide*) = *prêter* [Oper$_1$ (*Hilfe*) = *gewähren*]

Cooccurrence relations of this kind are pervasive in natural language and need to be captured in the representation of a language's lexical resources. Such co-occurrence relations can be rather arbitrary and so are unlikely to be supportable by, for example, distinctions maintained in the knowledge base. Their *meaning* is not, however, arbitrary.

MTT distinguishes between LFs providing an abstract meaning and those which are 'semantically empty', i.e., which are purely syntactically motivated. These are besides Oper$_1$ (see examples above), e.g., **Oper$_2$** providing a verb with the second participant as its grammatical subject and the action itself as its direct object (Oper$_2$ (*Operation*) = *sich unterziehen*), as in the sentence: *Hugo unterzog sich einer Magenoperation*, **Func$_0$** providing a verb with the name of the action as its grammatical subject and the participants as optional complements (Func$_0$ (*Operation*) = *stattfinden*), as in the sentence *Die Magenoperation von Hugo fand am Mittwoch statt.*

The functionally motivated approach for text generation we propose claims, however, that the example sentences above provide different aspects of salience and, therefore, realize different aspects of a more generally construed conception of semantic structure. Thus, an important claim of ours is that *each* LF is associated with a particular

[1] Our usage of this term is similar to that proposed in the *Functional Generative Description* approach [Sgall *et al.*, 1986].

combination of abstract meanings which remain invariant across the various applications of LFs and which can be classified across LFs. Work in progress at IPSI supports this view that the LFs used within MTT can be organized coherently in terms of the functions and semantic distinctions with which they are associated. Based on this, we have defined part of a general model of lexis with a taxonomic organization underlying it, within which the most general structures provide the representations of lexical semantics and the most delicate ones lexicalization. In [Wanner and Bateman, 1990], we presented some fragments of such an organization and gave examples of its application to the selection of English lexemes. Here, we develop this further, both in addressing rather different types of LF and the organization that they suggest and in showing the equal applicability of the general approach to German lexical organization and generation.[2]

We restrict attention here to the organization of LFs particularly relevant in our example sentence pairs above. In Figures 1, 2, and 3,[3] we set out in network form the distinctions in meaning provided by the LFs we discuss. The networks explicate LFs by classifying each of them according to a particular set of semantic features. The general function of the networks is thus to relate particular LFs to the functional conditions for their application. This defines the meaning that any LF expresses and so provides a functionally organized key into the LF-oriented ECD dictionaries being developed within MTT.

We will now briefly describe in semantic terms LFs that are particularly concerned with describing 'qualities' of situations and of the participants in those situations, showing how the networks relate perspectival presentation decisions to choices of LFs. Then we outline how the organizational network of perspectives can be integrated into a more global model of lexis and finally, with an organizational network of perspectives in place and motivated, we show how it can be used to guide the generation process to produce the kinds of variation illustrated in (1)-(4).

3 Lexis as a multilevel interface

The basic term used in the scope of lexis in MTT is that of *abstract situations*. Mel'čuk characterizes abstract situations by **key terms** and their participants; the key term is designated by the LF S_0, the participants as S_i (i-th participant of the situation). Thus, looking at the situation of *lehren*, the ECD for German would offer us: S_0 (*lehren*) =*Lehren*, S_1 (*lehren*) = *Lehrer*, S_2 (*lehren*) = *Schüler*. In more detail, situations are described by their qualities, which are provided by several groups of LFs. E.g., the group $\mathbf{Able}_i$ provides the lexicalization of features of the participants enabling them to take part in the situation addressed: that is, the first participant in a teaching situation, must be Able_1 (*lehren*), i.e., *wissend*, while the second participant must be Able_2 (*lehren*), i.e., *gelehrig*; the $\mathbf{Ver}_i$ group provides **expected positive qualities** of the participants: for example, Ver_1 (*lehren*) = *pädagogisch begabt* or, more colloquially, *fähig*, Ver_2 (*lehren*) = *fleißig*. Here, we focus on three different types of qualities in detail: characteristic qualities, typicalized positive qualities, and expected positive qualities.

The set of roles, or, in our terms, LFs, used to characterize situations, is dependent on the level of abstraction a particular situation is referred to: with the increasing delicacy of the situational organization we get increasingly specific sets of roles, which are realized by LFs related to the type of the situation they are defined within; e.g., the roles *instrument* or *location* are specific to INSTRUMENTAL or LOCATIONAL situation types respectively. The notion of situational key terms in our model is closely related to the term of *processes* in the tradition of Systemic Functional Grammar [Halliday, 1985, Steiner *et al.*, 1988], and also to the semantic classifications/ontologies currently being developed in many natural language processing systems [Bateman, 1990].

Particular types of situations require additional, type specific, considerations on perspective salience. In the following we introduce, in addition to the expression of salience on an abstract situational level as has been set out in [Wanner and Bateman, 1990], exemplary perspective handling for the more specific INSTRUMENTAL situation type and several fragments related to providing salience for distinct qualities of situations and their participants.

3.1 General Situation introduction

As we have described elsewhere for English, when a situation is introduced, this may be done respecting a number of very general salience types — e.g., the salience of particular participants of a situation or the situation itself. The selection of particular combinations of process and participants according to differing attributions of salience is then provided in the scope of the ECD by LFs of the groups **Func**, which stands for the salience of the lexeme labeling the situation, **Oper**, which stands for the salience of one of the participants, and **Labor** which stands for the salience of a combination of the participants. The selection among these broad groups is made in the network in Figure 1 by the features 'situation oriented' (Func) and 'participant oriented' (Oper, Labor), while the third option, 'process orientation' is responsible for the neutral realization of the key term by the most direct lexical verb. This

[2] The types of LF discussed in [Wanner and Bateman, 1990] include those concerned with the expression of temporal dependency, results and consequences, and causality.

[3] The notation in these figures follows that used within the NIGEL grammar of the PENMAN system (see Section 3.4 below) for the specification of grammar possibilities. Names in capitals represent the names of choice points, and names in lower case features which may be selected: one from each choice point; also square brackets represent disjunction of features and braces conjunction. Such networks can be readily expressed in a number of distinct formalisms, e.g., FUG [Kasper, 1988], LOOM [Kasper, 1989b], TFS [Emele, 1989]. In the full versions of these networks, the consequences of each possible selection of features for the LF selection that is required is also specified; space precludes a detailed discussion at this point, although examples are given below.

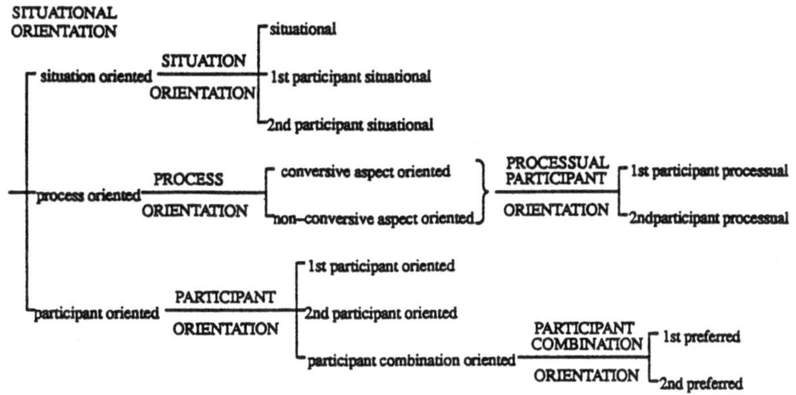

Figure 1: The situation introduction organization

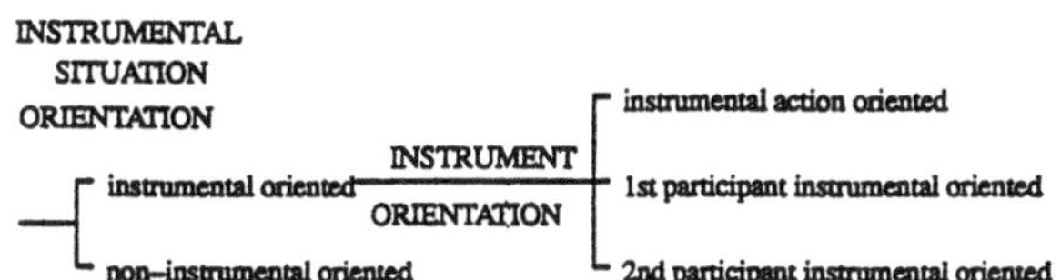

Figure 2: The instrumental situation introduction organization

verb is provided by one of the LFs $\mathbf{V_0}$ and $\mathbf{ConvV_0}$: $ConvV_0$ makes the conversive aspect of the verb provided by V_0 salient, e.g., V_0 (*Kauf*) = *kaufen*, $ConvV_0$ (*Kauf*) = *verkaufen*.

The former two options are further differentiated according to which participants are affected; e.g.: $Oper_1$ makes the 'first' participant of the situation salient (i.e., the participant for which the LF S_1 provides a lexeme) and $Oper_2$ the 'second' (i.e., the participant for which the LF S_2 provides a lexeme): $Oper_2$ (*Einfluß*) = {*stehen*, *sein [unter]*}. Similarly, $Func_0$ makes the key term of the situation itself salient, while $Func_1$ introduces the situation with particular respect to the first participant: $Func_0$ (*Defizit*) = *bestehen*, $Func_1$ (*Defizit*) = *verursacht sein [von]*. $Labor_{12}$ makes the first and the second participant salient, the first more than the second; $Labor_{21}$, on the contrary, makes the second participant more salient, e.g.: $Labor_{12}$ (*Angst*) = *einflößen*, $Labor_{21}$ (*Angst*) = *verspüren [vor]*.

3.2 Instrumental situation introduction

In addition to these rather general possibilities, there are also perspectival possibilities that are sensitive to the specific type of situation that is at issue. In this subsection, we proceed to a more delicate level of description and introduce the salience handling for the INSTRUMENTAL situation type.

In the sentence *Die Sekretärin schrieb den Brief auf der Schreibmaschine*, the instrument role filler is provided by *Schreibmaschine*. The LFs used to provide instrumental motivated salience were not defined originally in the scope of the ECD but are necessary for our purposes. The various type specific perspectives of the INSTRUMENTAL situation may then be handled by the INSTRUMENTAL SITUATION INTRODUCTION system shown in Figure 2. The selection of the instrumental action is provided in the network by the LF $\mathbf{V_{instr}}$. If *Schreibmaschine* is chosen as the instrument of a *Schreiben* situation, we get V_{instr} (*Schreiben*) = *tippen [auf]*. The value expressing the salience of the first participant from the instrumental point of view is, here, type specific: to make the first participant salient the LF $\mathbf{Instr_1}$ is used, e.g., $Instr_1$ (*Schreiben*) = {*benutzen*, *sich bedienen*}. Furthermore, one way of providing salience for the second participant is by verbalizing a quality referred to the instrument e.g., *maschinenengeschrieben* for the situation *Schreiben* and instrument *Schreibmaschine*.

3.3 Qualities of the situation

The various groups of qualities characterizing a situation are provided by several groups of LFs. Here we address three different types of qualities, which can be expressed either from the perspective of the situation (i.e., *situational oriented*) or from the perspective of one of the participants (i.e., *participant oriented*).[4]

3.3.1 Characteristic qualities

Characteristic qualities are defined as providing the lexicalization of the dominant features associated with the situation. So, for example, the dominant feature of *temperature* is *scale*, that of *move* is *speed*, etc. In general, characteristic qualities refer either to the key term of the situation or to the first participant of the situation, though the salience of the remaining participants is also possible.

Characteristic qualities are addressed by the Magn and AntiMagn groups of LFs. The Magn group consists of bf Magn_i (i = 0, 1, 2,...) expressing the highest intensity of the situation from the i-th participant point of view, e.g., Magn_1 (*Fahrt*) = *Rasen*. The AntiMagn group consists of **AntiMagn**$_i$ (i = 0, 1, 2,...) for the lowest intensity of the situation according to the perspective of the i-th participant, e.g., AntiMagn_1 (*Fahrt*) = *Kriechen*.

A finer differentiation of the Magn and AntiMagn groups' values is possible using the LFs **Plus** and **Minus**: Plus stands for the verbalization of increasing intensity, e.g., PlusMagn_1 (*Fahrt*) = *Beschleunigung*, and Minus, expressing decreasing intensity, e.g., MinusMagn_1 (*Fahrt*) = *Bremsen*.

The values of the characteristic qualities can be realized either by means of new situations (as in the examples above) or by providing attributes of the argument, e.g., Magn_1 (*Betrachten*) = *aufmerksam*, AntiMagn_1 (*Betrachten*) = *flüchtig*, PlusMagn_1 (*Betrachten*) *mit zunehmendem Interesse*, and MinusMagn_1 (*Betrachten*) = *mit nachlassendem Interesse*.

3.3.2 Typicalized positive qualities

Typicalized positive qualities realize the verbalization of positive features of the situation that are assumed to be typical to it. They can be expressed from the perspective of the situation (i.e., *situational oriented*) or from the perspective of one of the participants (i.e., *participant oriented*).[5] Typicalized positive qualities are addressed by the **Pos** group of LFs: **Pos**$_0$ provides the situational orientation, e.g., Pos_0 (*Befehl*) = *richtig*, **Pos**$_1$ realizes the expression from the 1st participant point of view, e.g., Pos_1 (*Befehl*) = *weise*, and **Pos**$_2$ realizes the expression from the 2nd participant point of view: Pos_2 (*Befehl*) = *einsichtig*.

3.3.3 Expected positive qualities

The third of the types of situational qualities to be discussed here, are the **expected positive** qualities. This group realizes the lexicalization of such positive features that the argument of them is expected to have. The expected positive qualities can be expressed from various perspectives in the same way as the typicalized positive ones. The appropriate LFs are **Ver**$_0$ for the situational orientation, e.g., Ver_0 (*Befehl*) = *notwendig*, **Ver**$_1$ for the 1st participant perspective, e.g., Ver_1 (*Befehl*) = *durchdacht*, and **Ver**$_2$ for the 2nd participant perspective, e.g., Ver_2 (*Befehl*) = *durchführbar*.[6]

Figure 3 shows the network organization of situational qualities discussed above. Each of the three independent parallel subnetworks describes a different quality type.

3.4 The multilevel interface

In the previous subsection, we have shown that the representation of lexical structures considering aspects of salience may be provided in a hierarchical way. Further we have pointed out that situation types are organized taxonomically, with general sets of LFs applicable at the abstract levels of representation and additional situation type specific LFs applicable at the more delicate levels. We can now show how this organization can serve as an interface between abstract situations and constraints on the lexical items that may be employed to realize those situations.

The PENMAN system [Mann and Matthiessen, 1985] provides one of the most developed text generation architectures currently available that treats grammar and lexis as a resource that maps between abstract semantic representations and surface form as we require. There is also an important similarity in design philosophy between that embodied in PENMAN and our explorations here — both our classification of lexical functions and the representation of linguistic resources in systemic linguistics, the linguistic basis of the PENMAN system, are based on the description of linguistic resources in terms of *functional classifications of available possibilities*. Finally, since a text generation component for German is currently being constructed using the general PENMAN architecture [Steiner *et al.*, 1990a], we are using this system as the concrete environment for the realization of the ideas proposed in this paper.

---

[4]While in the SITUATION INTRODUCTION network, a selection of a 'participant oriented' feature results in the salience of one of the participants, their selection in the QUALITY network provides for the salience of the situational quality, though from the perspective of the i-th participant.

[5]While in the SITUATION INTRODUCTION network a selection of the 'participant oriented' part results in the salience of one of the participants, 'positive quality i-th participant oriented' provide the salience of the situational quality, though from the perspective of the i-th participant.

[6]In the MTT approach the Ver function is defined as situational oriented (like Magn), for our purposes we extend the set of LFs by Ver_i, {i=0,1,2,...}

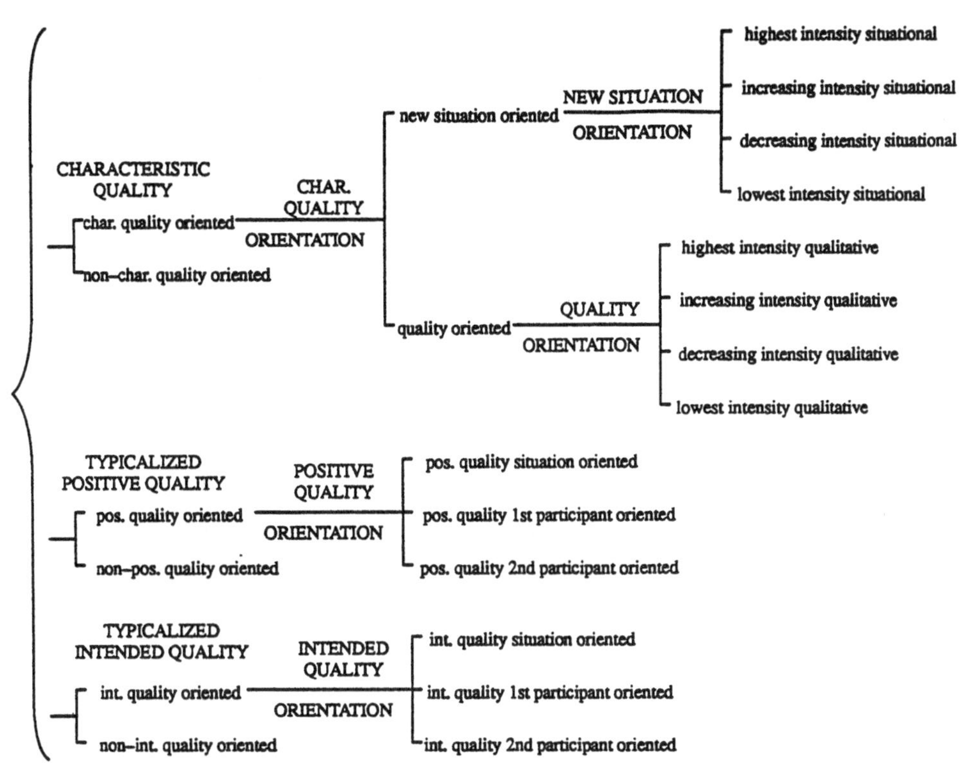

Figure 3: The qualities organization

The general PENMAN architecture relies upon systemic-functional grammars of a particular form — grammars being required for each language for which text is to be generated, e.g., the original NIGEL grammar of English around which PENMAN was defined [Matthiessen, 1983] and the current grammar of German under development at IPSI [Steiner *et al.*, 1990b, Teich, 1990].[7] The semantic interface of such grammars is defined by a set of *inquiries* that mediate the flow of information between the grammar and external sources of information. PENMAN provides structure for some of these external sources of information, including a conceptual hierarchy of relations and entities, called the *Upper Model* (UM) [Bateman *et al.*, 1990], which constrains the grammatical realizations possible for each relation or entity represented. The system is then informed of how individual domain concepts may be realized by subordinating such concepts to concepts in the upper model: domain concepts thereby inherit their realization possibilities from those already defined for upper model concepts, which fully cover the appropriate expressive capabilities of the grammar; this solution to the problem of providing an interface between domain knowledge and generator is described in [Bateman, 1990].

The PENMAN system then accepts demands for text to be generated in the notation of the *Sentence Plan Language* (SPL) [Kasper, 1989a]. SPL expressions are lists of terms describing the types of entities and the particular features of those entities that are to be expressed in a single sentence. The features of SPL terms are either semantic relations to be expressed, which are drawn from the upper model or from domain concepts subordinated to the upper model,

[7] Other grammars of this type include early experiments for Japanese and Chinese [Bateman and Hang, 1988] which are now being taken further in work of the Linguistics Department at Sydney University.

or direct specifications of responses to the grammar's inquiries.[8] Thus, SPL specifications can be seen as semantic representations of the content, interpersonal force, and textual intent that needs to be expressed grammatically and lexically in a generated clause.

To generate any of our example sentences (1)-(4) above using the PENMAN type architecture, therefore, we must define appropriate SPL input. These input specifications do not, at present, capture the generalization that these sentence pairs share significant aspects of their meaning and that the differences between the (a) and (b) sentences are largely restricted to variations in perspective. To capture this generalization, while still maintaining complete functional control of the generator, we introduce a more abstract input specification based on a semantico-conceptual re-interpretation of Mel'čuk's conception of 'abstract situation' introduced in Section 3. A mapping between this input specification and SPL may then be constructed by employing the hierarchical organization of the meanings of LFs shown in the networks above. Each of the decision points in these networks may place constraints on the mapping between the abstract input level and SPL by calling for the application of particular LFs. These LFs, in combination with an appropriately defined ECD for German, then make it possible to construct particular SPL expressions depending on the salience-oriented semantic distinctions the networks represent. This is further supported by integrating the information provided in ECDs for particular languages with the rest of the system by requiring lexical items to be linked to concepts which are subordinated to the UM. It is then possible to determine, by inheritance, the particular set of upper model/semantic role relations that are appropriate for a process of any type.

Note that the decisions of *which* particular perspectives to employ need to be made by a text planning component — the networks represent the *capability* of generating variation under control rather than the control process itself. However, most of these decisions can be made on the basis of an 'inquiry' of the form: *is the salience of semantic entity a greater than the salience of semantic entity b.* Since generation needs to proceed in the context of a complete communicative goal structure, such judgements should often be made based on the position of semantic entities relative to the goals that the text is to achieve; this forms one component of ongoing work within IPSI.

In summary, therefore, lexis serves as an interface between abstract conceptual representations and grammar which appeals to a variety of distinct levels of information in the generation process, including the linguistically motivated conceptual hierarchy represented in the upper model, relationships between concepts motivated by lexical semantics, and communication-functionally motivated perspectives. In this sense, lexis as the stratum containing perspective information provides a controlling mechanism for the generation process entirely analogously to the grammatical networks defined by systemic-functional grammars.

4 Examples of the lexis interface in action

We now illustrate the realization of some chosen perspectives in detail. Consider the clauses of the two first pairs (1) and (4) given in Section 1. The SPL input specifications necessary to generate each of these clauses are set out in the Figures 4 and 5. As we can see, there is no connection between C1 and C2 and between C3 and C4, since the generalization that C1 and C2, C3 and C4 refer to the same situations is captured neither within the grammar nor the upper model. Our new level of abstract input to the generation process provides this connection as follows.

Abstract situations are represented in terms of a general type and a set of participants drawn from the lexemes defined with respect to the Domain Knowledge (DK); for example, the abstract input for the situation underlying the sentences (1a) and (1b) may be set out thus:[9]

$$\begin{bmatrix} S_0 & \textit{Erlaubnis} \\ \uparrow S_1 & \textit{Lehrer} \\ \uparrow S_2 & \textit{Kinder} \\ \uparrow S_3 & \textit{Gehen} \end{bmatrix}$$

In order to generate sentences from this specification, we need to construct appropriate SPL expressions. This we achieve by following the semantic alternatives made in the LF network of Figure 1, applying the constraints that it specifies to compose a mapping between the abstract input and SPL.

Thus, for example, consider the situation of *Erlaubnis* where the text planner has determined, in addition to expressing the situation shown in the abstract input, that that situation is to be presented textually as one in which the process is participant oriented making the first participant (*Lehrer:* $\uparrow S_1$) more salient. This entails the LF network features {participant oriented, 1st participant oriented}. This set of features governs the selection of the LF $Oper_1$ which is applied to the key term of the situation, i.e., to S_0 of the input form: the lexeme associated with the DK concept *Erlaubnis*. The ECD for German then supplies a candidate lexical item — in this case, the process *geben* — that is to function as the main process operating on *Erlaubnis* as 'direct object' (cf. the definition of LFs given in Section 2 above). Here, however, we make use of our semantic re-interpretation of LFs to place constraints on the SPL specification: rather than directly stating that *Erlaubnis* is a direct object, we select a semantic relation

[8] For full details of the PENMAN architecture and its components, see the PENMAN documentation [Penman Project, 1989].

[9] The notation $\uparrow S_i$ is used to indicate that the value given is *not* the value of the LF S_i itself, it is rather the value of the role that the LF delivers; i.e., S_1 (*Erlaubnis*) is *Erlaubnisgebender.*

```
(C1 / geben
    :actor (Lehrer / person)
    :recipient (Kinder / person)
    :actee (S1 /Erlaubnis
              :subject (gehen / process)))
```

```
(C2 / bekommen
    :actor (Kinder / person)
    :source (Lehrer / person)
    :actee S1)
```

Figure 4: SPL specifications for the sentence pair (1)

```
(C3 / tippen
    :actor (Sekretärin / person)
    :actee (Brief / thing))
```

```
(C4 / property-ascription
    :attribuend (Brief / thing)
    :attribute (s0 / maschinengeschrieben
                   :actor (Sekretärin / person)
                   :actee Brief))
```

Figure 5: SPL specifications for the sentence pair (4)

appropriate for the main process type.[10]

These semantic relations are determined by inheritance from the particular set of upper model/semantic role relations that are appropriate for a process of a given type. The concept for *geben*, for example, is classified as a *beneficiary-process* in the upper model, causing the role-set **:actor, :actee, and :recipient** to be inherited. The fillers of these roles are then selected from the ordered set of participants specified in the abstract input under S_1, S_2, and S_3 — and the SPL given in Figure 4 for sentence (1a) is constructed.

If the text planning component had determined that a different set of presentational LF features were necessary, then a different LF would be selected for application to the key-term of the abstract input. Thus, with the selection of the features {participant oriented, 2nd participant oriented}, the LF Oper_2 is required and the appropriate value provided by the ECD is then *bekommen*. This term is, again, selected as the main term in the corresponding SPL specification and, as before, since it is also linked into the UM, we know that the relevant set of roles is **:actor, :source, :actee**. The further mapping of situational roles S_i to available UM-roles then provides the necessary fillers for the slots in the SPL. This gives the SPL for sentence (1b).

The abstract input for the situation underlying sentences (4a) and (4b) is provided by:

$$\begin{bmatrix} S_0 & \textit{Schreiben} \\ \uparrow S_1 & \textit{Sekretärin} \\ \uparrow S_2 & \textit{Brief} \\ \uparrow S_{instr} & \textit{Schreibmaschine} \end{bmatrix}$$

With the selection of the features {instrumental action oriented} in the system INSTRUMENTAL SITUATION ORIENTATION, the LF V_{instr} is selected. When this is applied to *Schreiben*, the ECD offers the process *tippen* and the SPL for sentence (4a) is set up accordingly. Finally, the feature {2nd participant instrumental oriented} requires application of the LF Instr_2. Applied on the abstract input for the sentence pair (4) above, Instr_2 provides the instrumental feature of the manner of production of the second participant, i.e., *maschinengeschrieben*.

5 Conclusion and Future Work

We have shown how lexical cooccurrence relations may be used to express the salience of particular aspects of abstract semantic structures and how they can be organized to influence the generation process. A specification of perspectival presentation features as defined in the networks of Figures 1, 2, and 3 makes it possible to generate rather varied surface realizational forms. We can view these networks as contributions to the *textual organization* of lexis [Matthiessen, 1988] which complements the more traditional 'propositional' organization found in lexical discrimination nets and thesauri. The functional meanings of LFs we propose, although arguably inherent in the MTT, have not formerly been extracted as an explicit principle of organization. We suggest that with further work this kind of organization may substantially enhance the information being collected by MTT researchers.

The requirements for future work that this research establishes are now significantly clearer. First, the ECD-type dictionaries available for German are only in the early stages of development: it is necessary for such dictionaries to be pursued if the generation process as we describe it here is to function. Second, we need to investigate more fully

[10] The mapping between these semantic relations and grammatical relations is already covered by the *grammar* and so does not need also to be specified at the SPL level of abstraction; cf. [Bateman, 1990].

the properties of the abstract situation level of input that we have proposed. Here, many of the notions developed within the MTT will need to be considered: for example, the qualities described in Section 3.3 show similarities to value restrictions on slot fillers in knowledge representation languages. Information of this kind may then be of use in the further organization of knowledge hierarchies for natural language processing. Third, the properties of the mapping between abstract situations and SPL need to be further determined: there appears to be a flexibility in the assignment of semantic roles that is also under perspectival control which we have not so far considered. And finally, the full integration of complex lexical items consisting of both lexical material and fragments of grammatical structure defined over that material (as required, for example, by LF values such as Ver_1 *(lehren) = pädagogisch begabt*, Func_1 *(Defizit) = verursacht sein [von]*, MinusMagn_1 *(Betrachtung) = mit nachlassendem Interesse*, etc.) with the current mode of operation of the PENMAN architecture needs to be undertaken. At present, the system only supports single word lexical items and very limited collocational ties between these. Although sufficient for simple examples such as those shown here, this is in need of rapid improvement.

Acknowledgments

We would like to thank Elisabeth Maier, Igor Mel'čuk, Hans Müller, Alain Polguère, Erich Steiner, and Elke Teich for fruitful discussions and comments on this paper. John Bateman acknowledges the additional financial support of IPSI during the development of the ideas reported here.

References

[Apresjan *et al.*, 1969] Yu.D. Apresjan, A.K. Žholkovsky, and I.A. Mel'čuk. On a possible method of describing restricted lexical cooccurrence. *Russkij Jazyk v Nacionalnoj Shcole*, 6:61–72, 1969.

[Bateman and Hang, 1988] John A. Bateman and Li Hang. The application of systemic-functional grammar to Japanese and Chinese for use in text generation. In *Proceedings of the 1988 International Conference on Computer Processing of Chinese and Oriental Languages*, pages 443–447, Toronto, Canada, August 29 - September 1 1988.

[Bateman *et al.*, 1990] John A. Bateman, Robert T. Kasper, Johanna D. Moore, and Richard A. Whitney. A general organization of knowledge for natural language processing: the penman upper model. Technical report, USC/Information Sciences Institute, Marina del Rey, California, 1990.

[Bateman, 1990] John A. Bateman. Upper modeling: organizing knowledge for natural language processing. In *Proceedings of the 5th. Natural Language Generation Workshop, June 1990.*, Pittsburgh, PA., 1990. Also available as technical report of USC/Information Sciences Institute, Marina del Rey, CA 90292.

[Church and Hanks, 1989] Kenneth W. Church and Patrick Hanks. Word association norms, mutual information, and lexicography. In *Proceedings of the 27th. Annual Meeting of the Association for Computational Linguistics*, pages 76–83, Vancouver, B.C., 1989. Association for Computational Linguistics.

[Emele, 1989] Martin C. Emele. A typed-feature structure unification-based approach to generation. In *Proceedings of the WGNLC of the IECE*, Oita University, Japan, 1989.

[Firth, 1957] J.R. Firth. Modes of meaning (1951). In J.R. Firth, editor, *Papers in linguistics 1934-1951*, pages 190–215. Oxford University Press, 1957.

[Goldman, 1975] Neil Goldman. Conceptual generation. In R. C. Schank, editor, *Conceptual Information Processing.* North-Holland Publishing Co, Amsterdam, 1975.

[Gross, 1975] M. Gross. *Méthodes en Syntaxe.* Hermann, Paris, 1975.

[Halliday, 1966] Michael A.K. Halliday. Lexis as a linguistic level. In C. E. Bazell *et al.*, editor, *In Memory of J.R. Firth.* Longman, London, 1966.

[Halliday, 1985] Michael A.K. Halliday. *Introduction to Functional Grammar.* Edward Arnold, London, 1985.

[Hausmann, 1985] F.J. Hausmann. Kollokationen im deutschen Wörterbuch: Ein Beitrag zur Theorie des lexikographischen Beispiels. In H. Bergenholtz and J. Mugdan, editors, *Lexikographie und Grammatik, Akten des Essener Kolloquiums zur Grammatik im Wörterbuch*, pages 118–129. 1985.

[Iordanskaja *et al.*, 1988] Lidija Iordanskaja, Richard Kittredge, and Alain Polguère. Lexical selection and paraphrase in a meaning-text generation model, July 1988. Presented at the Fourth International Workshop on Natural Language Generation. Also appears in selected papers from the workshop: Paris, Swartout and Mann (eds.)(1990)(*op. cit.*).

[Jacobs, 1985] P.S. Jacobs. A knowledge-based approach to language production. Technical Report UCB/CSD 86/254, Univ. of California at Berkeley, 1985.

[Janus, 1971] E. Janus. Five polish dictionary entries... *Naučno-techničeskaja informacia*, 2(11):21–24, 1971.

[Kasper, 1988] Robert T. Kasper. An Experimental Parser for Systemic Grammars. In *Proceedings of the 12th International Conference on Computational Linguistics, August 1988*, Budapest, Hungary, 1988. Association for Computational Linguistics. Also available as Information Sciences Institute Technical Report No. ISI/RS-88-212, Marina del Rey, CA.

[Kasper, 1989a] Robert T. Kasper. A flexible interface for linking applications to PENMAN's sentence generator. In *Proceedings of the Darpa Workshop on Speech and Natural Language*, 1989. Availabe from USC/Information Sciences Institute, Marina del Rey, CA.

[Kasper, 1989b] Robert T. Kasper. Unification and classification: an experiment in information-based parsing. In *Proceedings of the International Workshop on Parsing Technologies*, pages 1–7, 1989. 28-31 August, 1989, Carnegie-Mellon University, Pittsburgh, Pennsylvania.

[Mann and Matthiessen, 1985] William C. Mann and Christian M.I.M. Matthiessen. Demonstration of the nigel text generation computer program. In J. Benson and W. Greaves, editors, *Systemic Perspectives on Discourse, Volume 1*. Ablex, Norwood, New Jersey, 1985.

[Matthiessen, 1983] Christian M.I.M. Matthiessen. Systemic grammar in computation: the nigel case. In *Proceedings of the First Annual Conference of the European Chapter of the Association for Computational Linguistics*, 1983.

[Matthiessen, 1988] Christian M.I.M. Matthiessen. Lexico(grammatical) choice in text generation, July 1988. Presented at the Fourth International Workshop on Natural Language Generation. Also appears in selected papers from the workshop: Paris, Swartout and Mann (eds.)(1990)(*op. cit.*).

[Mel'čuk and Polguère, 1987] Igor A. Mel'čuk and Alain Polguère. A formal lexicon in the meaning-text theory (or how to do lexica with words). *Computational Linguistics*, 13(3-4):276–289, 1987.

[Mel'čuk and Žholkovsky, 1970] Igor A. Mel'čuk and A.K. Žholkovsky. Towards a functioning meaning-text model of language. *Linguistics*, 57:10–47, 1970.

[Mel'čuk and Žholkovsky, 1984] Igor A. Mel'čuk and A.K. Žholkovsky. *Explanatory Combinatorial Dictionary of Modern Russian*. Wiener Slawistischer Almanach, Vienna, 1984.

[Mel'čuk *et al.*, 1984] Igor A. Mel'čuk, N. Arbatchewsky-Jumarie, L. Elnitsky, and A. Lessard. *Dictionnaire explicatif et combinatoire du francais contemporain*. Presses de l'Université de Montréal, Montréal, Canada, 1984. Volume 1.

[Mel'čuk *et al.*, 1988] Igor A. Mel'čuk, N. Arbatchewsky-Jumarie, L. Elnitsky, and A. Lessard. *Dictionnaire explicatif et combinatoire du francais contemporain*. Presses de l'Université de Montréal, Montréal, Canada, 1988. Volume 2.

[Paris *et al.*, 1990] Cécile L. Paris, William R. Swartout, and William C. Mann, editors. *Natural Language Generation in Artificial Intelligence and Computational Linguistics*. Kluwer Academic Publishers, 1990.

[Penman Project, 1989] Penman Project. The PENMAN documentation: User guide, primer, reference manual, and NIGEL manual. Technical report, USC/Information Sciences Institute, Marina del Rey, CA, 1989.

[Reuther, 1978] T. Reuther. Plädoyer für das Wörterbuch. *Linguistische Berichte*, 57:25–48, 1978.

[Sgall *et al.*, 1986] Petr Sgall, Eva Hajičová, and J. Panevová. *The Meaning of the Sentence in Its Semantic and Pragmatic Aspects*. Reidel Publishing Company, Dordrecht, 1986.

[Smadja and McKeown, 1990] Frank A. Smadja and Kathleen R. McKeown. Automatically extracting and representing collocations for language generation. In *Proceedings of the 28th. Annual Meeting of the Association for Computational Linguistics*, pages 252–259, Pittsburgh, PA., 1990. Association for Computational Linguistics.

[Steiner *et al.*, 1988] Erich H. Steiner, Ursula Eckert, Birgit Weck, and Jutta Winter. The development of the EUROTRA-D system of semantic relations. In Erich H. Steiner, Paul Schmidt, and Cornelia Zelinksy-Wibbelt, editors, *From Syntax to Semantics: insights from Machine Translation*. Frances Pinter, London, 1988. Also available as Eurotra-D Working Paper No. 2, Institut der angewandten Informationsforschung, Universität des Saarlandes, Saarbrücken, West Germany.

[Steiner *et al.*, 1990a] Erich H. Steiner, John A. Bateman, Elisabeth Maier, Elke Teich, and Leo Wanner. KOMET: Department plan. Technical report, GMD/Institut für Integrierte Informations- und Publikationssysteme, Darmstadt, West Germany, 1990.

[Steiner *et al.*, 1990b] Erich H. Steiner, John A. Bateman, Elisabeth Maier, Elke Teich, and Leo Wanner. Of mountains to climb and ships to sink : generating german within a functional approach to text generation. Technical report, GMD/Institut für Integrierte Informations- und Publikationssysteme, Darmstadt, West Germany, 1990.

[Teich, 1990] Elke Teich. Text generation for German — KOMET. Technical report, GMD/Institut für Integrierte Publikations- und Informationssysteme, Darmstadt, West Germany, 1990. Paper presented at the 17th. Annual International Systemic Congress, Stirling University, Scotland, July 3-7.

[Žholkovsky, 1970] A.K. Žholkovsky. Materials for a russian-somali dictionary. *Mashinnij perevod i prikladnaja lingvistika*, 13:35–63, 1970.

[Wanner and Bateman, 1990] Leo Wanner and John A. Bateman. A collocational based approach to salience-sensitive lexical selection. In *Proceedings of the 5th. Natural Language Generation Workshop, June 1990.*, Pittsburgh, PA., 1990. Also available as technical report of GMD/Institut für Integrierte Publikations- und Informationssysteme, Darmstadt, West Germany.

Integrative Diskursverarbeitung*

Dietmar Dengler
Deutsches Forschungszentrum für Künstliche Intelligenz
Standort Saarbrücken
Stuhlsatzenhausweg 3
D–6600 Saarbrücken
dengler@dfki.uni-sb.de

Zusammenfassung

Dieses Papier beschreibt die Komponente Refator zur integrativen Diskursverarbeitung in dem intelligenten Hilfesystem SINIX Consultant. Dem Benutzer ist es erlaubt, mit dem System in einen kohärenten Diskurs zu treten, wobei natürlichsprachliche Anfragen und Betriebssystemkommandos vermischt auftreten können. Die Kommandos und die natürlichsprachlichen Äußerungen werden auf eine einheitliche Ebene der kommunikativen Akte abgebildet, so daß verschiedene anaphorische Verbindungen und andere Formen von Kohäsion zwischen den beiden Kommunikationsmodi gebildet werden können.

1 Einleitung

Die Akzeptanz komplexer Systeme hängt in zunehmendem Maße von der Anpassungsfähigkeit des technischen Systems an den Menschen ab (vgl. [Streitz 88]). Mit intelligenten Hilfesystemen versucht man, die von Systemexperten erbrachten Beratungsleistungen möglichst weitgehend maschinell verfügbar zu machen, um den Benutzer in Problemsituationen individuell unterstützen zu können. Dabei wird dem Benutzer die natürliche Sprache als Kommunikationsmittel angeboten, um ihn vom Erlernen einer neuen Sprache zum Bedienen des Hilfesystems zu befreien. Um die Akzeptanz für das System zu steigern, sollte versucht werden, die Kontinuität der sprachlichen Äußerungen von Benutzer und System durch die natürliche Verwendung referentieller Beziehungen zu gewährleisten.

Es gibt nun zahlreiche Literatur, die sich mit dem Gegenstand *Diskurs* und allen seinen Aspekten auseinandersetzt. [Allen 88] gibt einen umfangreichen Überblick über viele Probleme der Diskursverarbeitung mit zahlreichen Verweisen auf die betreffenden Teilgebiete (siehe auch [Brown, Yule 83]). [Grosz, Sidner 86] beschreiben erste Ansätze einer Theorie der Diskursstruktur, die drei eigenständige, aber miteinander in Beziehung stehende Komponenten vereint, die jeweils verschiedene Aspekte von Äußerungen im Diskurszusammenhang behandeln (linguistische Struktur, intentionale Struktur, Aufmerksamkeitsstand). Einen logikorientierten Ansatz beschreibt [Kamp 88] in seiner Theorie der semantischen Diskursanalyse, die die Transformation von Texten in eine semantische Struktur in Form von Bedingungen über Individuen erlaubt, um relativ komplizierte anaphorische Beziehungen logisch adäquat zu erfassen (Anwendungen finden sich in [Streit 88] und [Frederking, Gehrke 88]). [Hirst 81] umreißt zahlreiche Anaphora-Phänomene und darauf aufbauende Systeme und Theorien. Speziell zur Interpretation von Aktions- und Ereignisanaphern vergleiche man [Schuster 88]. Eine umfangreiche Beschreibung über Referenz und Pronominalisierung im Deutschen aus linguistischer Sicht gibt [Braunmüller 77]. [Meyer-Hermann 85] führt in einem Sammelband linguistisch orientierte Beiträge unterschiedlicher Autoren zur Ellipsenproblematik auf. Beschreibungen praktischer Ellipsenverarbeitungskomponenten finden sich etwa in [Carbonell et al. 85], [Gehrke 84].

Nach einem kurzen Überblick über das intelligente Hilfesystem SINIX Consultant (SC) wird eine Dialogkomponente vorgestellt, die es erlaubt, Interaktionen in natürlicher Sprache und auf Kommandoebene im Sinne eines kohärenten Diskurses zu verarbeiten, wobei Ellipsen und andere anaphorische Phänomene berücksichtigt werden. [Norvig et al. 90] enthält die wichtigsten Beiträge zu UNIX-Hilfesystemen.

*Die hier beschriebenen Ergebnisse sind Teile einer Diplomarbeit am Fachbereich Informatik an der Universität des Saarlandes. Die Arbeit entstand im Rahmen des SINIX Consultant Projektes, das in einer Kooperation zwischen der Siemens AG und der Universität des Saarlandes durchgeführt wurde.

2 SINIX Consultant - Ein kurzer Überblick

SC ist ein intelligentes wissensbasiertes Hilfesystem für das SINIX Betriebssystem, das dem Benutzer aktive und passive Hilfe individuell aufbereitet zur Verfügung stellt (ausführliche Erläuterungen finden sich in [Hecking et al. 88], [Wahlster et al. 90]). Die beratungsrelevante Information ist in SC nicht in starren Textdokumenten gespeichert, sondern mit Hilfe einer Wissensrepräsentationssprache so codiert, daß SC Such- und Inferenzprozesse über den Wissenseinheiten ausführen kann, um nach der Lösung eines Beratungsproblems seine Ratschläge angemessen zu präsentieren. SC gibt dem Benutzer durch ein natürlichsprachliches Dialogsystem mit einfachen Sprachanalyse und -generierungskomponenten die Möglichkeit, passive Hilfeleistung in Anspruch zu nehmen. Die Dialoginitiative kann wechselweise vom Benutzer oder vom System ausgehen. Das Planberatungssystem von SC realisiert die aktive Hilfekomponente, indem es in Abhängigkeit von Kommandoeingaben des Benutzers unaufgefordert Ratschläge erteilt. Es unterteilt sich in die Bereiche Planerkennung (siehe [Dengler et al. 87]) und Plankorrektur. Die Planerkennungskomponente geht von vorgegebenen Planschemata aus und versucht, die eingegebenen Kommandos auf einen Plan abzubilden. Handelt es sich dabei um eine suboptimale Befehlssequenz, erfolgt unter Berücksichtigung des Wissensstandes des Benutzers durch die Plankorrekturkomponente die Präsentation eines optimalen Planes. Sowohl die Plankorrekturkomponente als auch die Antwortgenerierungskomponente im Dialogsystem benutzen Informationen des im Verlauf der Interaktion aufgebauten individuellen Benutzermodells, um den Benutzer mit dem jeweils angemessenen Maß an Information zu versorgen.

3 Integration von Interaktionsmodi

Wie oben bereits erwähnt, wird versucht, Interaktionen zwischen Benutzer und System auf natürlichsprachlicher und auf Kommandoebene in einen kohärenten Diskurs zu integrieren, d.h. SC erlaubt dem Benutzer, die beiden Interaktionsmodi zu mischen. Eine semantische Verarbeitungskomponente bildet beide Eingabeformen auf eine formale Repräsentation des erkannten kommunikativen Aktes ab. Der kommunikative Akt ergibt sich im wesentlichen durch eine einfache Art der Sprechaktklassifizierung gemäß dem illokutionären Akt (siehe auch [Meibauer 85]). Diese Klassifizierung wird beim Parsing der Eingabe durch die Beschränkung auf bestimmte Satztypen als illokutionäre Indikatoren ermöglicht, etwa *Aktionsrealisierungsfrage, Kommandoeingabe*. Es besteht die Einschränkung, daß natürlichsprachliche Eingaben nicht auf den Akt *Kommandoeingabe* abgebildet werden können, d.h. es ist keine implizite Kommandoausführung vorgesehen. Die Verarbeitung verschiedener Arten von Anaphern und Ellipsen basiert auf der einheitlichen Behandlung beider Eingabemodi. Referentielle Ausdrücke (z.B. Bezeichner von SINIX-Objekten), die in Kommandos und natürlichsprachlichen Äußerungen die gleichen Objekte denotieren, etablieren Verbindungen zwischen den Eingabemodi.
Betrachten wir einige Interaktionssequenzen, die die erwähnte integrative Diskursverarbeitung demonstrieren (verarbeitet werden die Beispiele von der Komponente Refator (vgl. [Dengler 90])).

Benutzer: (1) rm dateiA.tex
(2) Und Dateiverzeichnis ordner?
SC: (3) Benutze das Kommando rm -r ordner.
⋮
Benutzer: (4) lpr dateiA
(5) Kann ich sie auf dem Bildschirm ausgeben?
(6) Geht es auch auf den Bildschirm?
SC: (7) Ja, benutze das Kommando more dateiA.
⋮
Benutzer: (8) cp dateiA dateiB
(9) rm dateiA
SC: (10) Es ist effizienter, mv dateiA dateiB zu benutzen.
Mit mv kann man eine Datei umbenennen.
⋮
Benutzer: (11) Wie war das mit dem Umbenennen?
SC: (12) Mit dem Kommando mv kann man eine Datei umbenennen.

Die Benutzereingaben (1) und (2) zeigen ein Beispiel dafür, daß eine elliptische Äußerung nicht rekonstruiert werden kann, ohne die semantische Repräsentation eines Kommandos als antezedenten Kontext für die Rekonstruktion heranzuziehen. Die automatische Ergänzung der Aktionsbeschreibung bei der Interpretation der Kommandoeingabe wählt eine präferierte Beschreibung aus möglicherweise mehreren synonymen Beschreibungen in der Wissensbasis aus. Die Antwort in (3) basiert auf folgender impliziten Expansion von (2): "Wie kann ich Dateiverzeichnis ordner löschen?".

Die Interaktion (4)-(7) zeigt zwei Fälle von pronominaler Referenz im Singular. Das Objekt mit Namen *dateiA* in (4) wird durch eine Schnittstelle zwischen Parser und Betriebssystemebene (bei Refator nur simuliert) als ein Objekt vom Konzepttyp "Datei" klassifiziert. Für diesen Konzepttyp gibt es eine Reihe von synonymen Bezeichnern (die Datei, das File, der Text), von denen ein bevorzugter Bezeichner automatisch eingefügt wird, wenn kein Bezeichner explizit angegeben ist. Hier wäre eine Verbindung zum Benutzermodell vorteilhafter, um über die Berücksichtigung des individuellen Sprachgebrauches des Benutzers den Konzeptbezeichner zu bestimmen. Synonyme mit unterschiedlichem Genus werden bei der Interpretation von Pronomen nur berücksichtigt, wenn sie für das gleiche Objekt explizit verwendet wurden (etwa innerhalb einer Referenzkette). Es erfolgt somit eine Interpretation von *dateiA* als Antezedens zum Pronomen *sie* in (5). Eine Referenzauflösung von Pronomen geschieht aufgrund der geringen Information, die Pronomen zur Bestimmung des Antezedens beitragen, nur im Kontext der letzten Äußerung. Folgende Kriterien gelten für die Antezedensbestimmung von Pronomen bei syntaktischer Mehrdeutigkeit:

- Gleiche Tiefenkasuspositionen werden bevorzugt.
- Berücksichtigung semantischer Zulässigkeit; problematisch, wenn das Wissen des Benutzers über diese Zulässigkeit (hier: das, was das Betriebssystem leisten kann) von dem Systemwissen abweicht; kann zu Fehlinterpretationen führen.
- Mengenpräferenz bei Pronomen *sie*; maximale Teilmenge der semantisch zulässigen Referenten wird zum Antezedens (das Problem der Pluralanaphern ist nicht allgemein gelöst).
- Berücksichtigung des Satztyps.
- Nachfrage bei ungeklärter Mehrdeutigkeit durch primitiven Klärungsdialog.

Das Pronomen *es* in (6) erscheint als Aktionsanapher bzgl. der in (4) ausgeführten Aktion mit der Beschreibung 'Datei dateiA auf dem Drucker ausgeben'. Die Interpretation von *es* als Aktionsanapher ergibt sich hier aus dem Satztyp heraus. Falls es zur Rekonstruktion des die Aktionsanapher enthaltenden Satzes notwendig ist, werden auch die zur antezedenten Aktion synonymen Aktionsbeschreibungen herangezogen. Trotz der beiden unterschiedlichen Typen von Anaphern in (5) und (6) führen beide Anfragen zur gleichen kooperativen Antwort in (7).

Der Benutzer kann nun nicht nur auf seine eigenen Äußerungen Bezug nehmen, sondern auch, wie die Interaktion (11)-(12) zeigt, auf frühere Systemreaktionen. Die definite NP *dem Umbenennen* in (11), als Substantivierung des Prädikates der antezedenten Aktionsbeschreibung, verweist zurück auf einen Ratschlag des Systems, nachdem die Kommandofolge (8)-(9) als suboptimaler Plan erkannt wurde. Der Ratschlag in Form eines optimalen Planes entsteht durch einfache Abbildung des von der Planerkennung erkannten Planes auf ein damit assoziiertes, fixes, als optimal eingestuftes Planschema und die entsprechende Instantiierung der beteiligten Objekte. Der Satztyp in (11) gibt wesentliche Anhaltspunkte über die Lage des Antezedens zur definiten NP; die Ergänzungsfrage spiegelt durch die Verwendung einer *semantischen Rückkehr* die Frage nach dem inhaltlichen Gehalt eines früheren Ereignisses wider.

Refator baut während des Diskurses ein Dialoggedächtnis auf, das im wesentlichen aus einer Liste von Feature-Strukturen besteht, die die Semantik des Ein-/Ausgabeverhaltens von Benutzer und System repräsentieren. Einfache Feature-Strukturen beziehen sich auf den Kontext eines Kommandos und enthalten in ihrer vollständigen Form eine Beschreibung der Kommandostruktur mit der zugehörigen (abstrakten) Aktionsbeschreibung und eine illokutionäre Markierung. Darüberhinaus existieren komplexe Feature-Strukturen, die Pläne als intentionale Struktur zwischen einfachen Feature-Strukturen repräsentieren, d.h. Folgen von Kommandos mit einem übergeordneten Ziel.

Die Feature-Struktur, die sich nach der Ellipsenauflösung in (2) und mit der darauf folgenden Systemantwort (3) ergibt, zeigt (13). Sie entstand aus der Feature-Struktur der Eingabe (1) durch: Substituierung des Objektwertes, Ersetzung des Definiendumwertes durch eine Variable, Unifizierung mit generischen Feature-Strukturen für SINIX-Aktionen/Objekte der Wissensbasis. Die Illokution *Aktionsrealisierung* deutet die Vollständigkeit der Feature-Struktur an. Diese Struktur bildet auch die Basis für die Generierung der Systemantwort über einfache Antwortschemata.

(13)

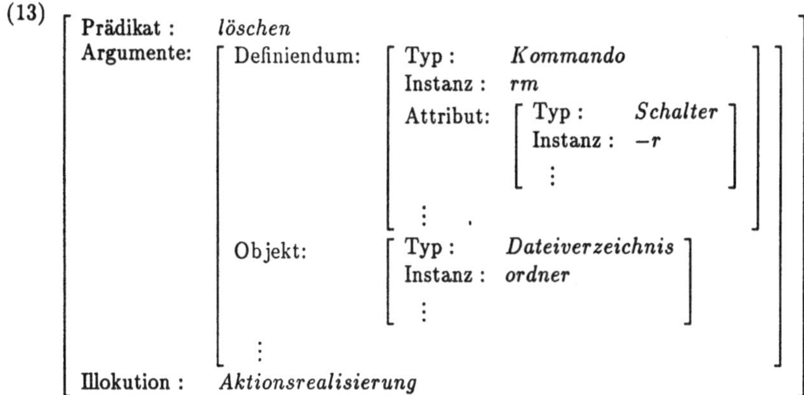

(Auf die Darstellung von syntaktischer Information aus dem Parsing-Prozeß wurde in (13) verzichtet). Mit jeder Feature-Struktur ist ein Fokusraum verbunden, der Repräsentationen für objektbezogene Diskursreferenten, die sich aus der Interpretation der Feature-Struktur ergeben, enthält. Die Gesamtheit der Fokusräume kann als Aufmerksamkeitsstand gesehen werden (s. auch [Grosz, Sidner 86]). Die Etablierung von Diskursreferenten kann begründet sein durch Anaphernauflösung bzgl. eines früheren Fokusraumes, durch nicht-spezifisches Referieren, vorausgesetztes Benutzerwissen oder insbesondere bei Kommandoeingaben durch Existenzpräsupposition. Zu beachten ist, daß bei der Interpretation von Kommandos deren referenzerhaltende/-erzeugende bzw. referenzzerstörende Wirkung bzgl. ihrer Objektparameter berücksichtigt werden muß. Eine Verwaltung von Referenzobjekten ist deshalb unerläßlich.
Einen Diskursreferenteneintrag für das Datei-Objekt in (1) nach der Ausführung des Befehls zeigt (14).

(14)

Referenz_Objekt = [Struktur: [Typ : *Datei*
Instanz : *dateiA.tex*
⋮]
Konstante : *Datei*139
Existenz : *nein*]

Über die Individuumkonstante (im Beispiel *Datei139*) sind weitere Informationen zum entsprechenden SINIX-Konzept aus der Wissensbasis zugreifbar; dazu gehören das Konzept modifizierende semantische Attribute, zulässige Eigenschaften des Konzeptes und Verweise auf entsprechende Synonyme. Diese Informationen werden u.a. bei der Verarbeitung semantischer Pronominalisierungen benutzt.
Das *Existenz*-Merkmal in (14) ermöglicht dem Anaphora-Auflösungsprozess bei einer späteren Referenz auf *dateiA.tex* zu erkennen, daß entsprechend dem pragmatischen Effekt des *rm* Kommandos die Existenzpräsupposition verletzt ist (Benutzer: “Wie kann ich dateiA.tex ausdrucken?” SC: “dateiA.tex existiert nicht mehr.”) vgl. auch [Reilly 87].

Wie oben bereits erwähnt, existieren im Dialoggedächtnis auch komplexe Feature-Strukturen, die Pläne mit ihrem assoziierten Ziel beschreiben. Schematisch sieht eine solche Struktur in Anlehnung an die Repräsentation der Planschemata folgendermaßen aus:

(15)

[Ziel : [einfache Feature-Struktur ohne Definiendum-Attribut]
Konstituenten: [Kommando1: [einfache Feature-Struktur]
Kommando2: [einfache Feature-Struktur]
⋮]
Illokution : *Planrealisierung*]

Die Berücksichtigung von Plänen ermöglicht im Zusammenhang mit der Ellipsenauflösung bei Ersetzungs- und Erweiterungsellipsen eine Ausweitung des für die Rekonstruktion der Ellipse notwendigen antezedenten Kontextes. Nicht nur die eben ausgeführte atomare Aktion wird betrachtet, sondern der gerade beendete

Plan mit seinen assoziierten Aktionen. Mehrdeutigkeiten werden über eine Prioritätsordnung und über das prüfen der semantischen Zulässigkeit behandelt.

4 Perspektiven

Dieser Beitrag skizzierte einen Ansatz, natürlichsprachliche und kommandosprachliche Äußerungen im Dialog mit einem Hilfesystem für eine Betriebssystemoberfläche auf einer gemeinsamen Basis zu modellieren. Außer acht blieben bei der Betrachtung der beiden Interaktionsmodi Problemstellungen, die sich durch die Interpretation von Äußerungen des Benutzers (insbesondere solche mit anaphorischen Bezügen) auf direkte Reaktionen des Betriebssystems ergeben: etwa in Fehlersituationen, weil der Benutzer z.B. bestimmte Vorbedingungen für die Anwendung eines Kommandos mißachtet hat, oder bzgl. charakteristischer Bildschirmausgaben bestimmter Kommandos, die oft nicht völlig selbsterklärend erscheinen.

Literatur

[Allen 88] J. F. Allen. *Natural Language Understanding.* Benjamin/Cummings, Menlo Park, 1988.

[Braunmüller 77] K. Braunmüller. *Referenz und Pronominalisierung.* Niemeyer, Tübingen, 1977.

[Brown, Yule 83] G. Brown und G. Yule. *Discourse Analysis.* Cambridge University Press, 1983.

[Carbonell et al. 85] J. G. Carbonell, W. Boggs, M. Mauldin, und P. Anick. The XCALIBUR Project. In S. Andriole, Hrsg., *Applications in Artificial Intelligence,* Boston, 1985.

[Dengler 90] D. Dengler. *Referenz-Auflösung in Dialogen mit einem intelligenten Hilfesystem.* Memo Nr. 41, Fachbereich Informatik, Lehrstuhl Prof. Wahlster, Universität Saarbrücken, 1990.

[Dengler et al. 87] D. Dengler, M. Gutmann, und G. Hector. *Der Planerkenner REPLIX.* Memo Nr. 16, Fachbereich Informatik, Lehrstuhl Prof. Wahlster, Universität Saarbrücken, 1987.

[Frederking, Gehrke 88] R. E. Frederking und M. Gehrke. Resolving Anaphoric References in a DRT-based Dialogue System. In *4. Österreichische Artificial-Intelligence-Tagung,* Springer, Heidelberg, 1988. In Informatik-Fachberichte, Band 176.

[Gehrke 84] M. Gehrke. Ellipsenrekonstruktion in aufgabenorientierten Dialogen. In *GWAI 84,* Springer, Heidelberg, 1984. In Informatik-Fachberichte, Band 103.

[Grosz, Sidner 86] B. J. Grosz und C. Sidner. Attention, Intention, and the Structure of Discourse. *Computational Linguistics,* 12, 1986.

[Hecking et al. 88] M. Hecking, C. Kemke, D. Dengler, E. Nessen, M. Gutmann, und G. Hector. *The SINIX Consultant - A Progress Report.* Memo Nr. 28, Fachbereich Informatik, Lehrstuhl Prof. Wahlster, Universität Saarbrücken, 1988.

[Hirst 81] G. Hirst. *Anaphora in Natural Language Understanding: A Survey.* Springer, Heidelberg, 1981. In der Reihe: Lecture Notes in Computer Science, Band 119.

[Kamp 88] H. Kamp. *Discourse Representation Theory: What it is and where it ought to go.* Springer, Heidelberg, 1988. In der Reihe: Lecture Notes in Computer Science, Band 320.

[Meibauer 85] J. Meibauer. Sprechakttheorie: Probleme und Entwicklungen in der neueren Forschung. *Deutsche Sprache,* 1985.

[Meyer-Hermann 85] R. Meyer-Hermann. *Ellipsen und fragmentarische Ausdrücke.* Niemeyer, 1985.

[Norvig et al. 90] P. Norvig, W. Wahlster und R. Wilensky. *Intelligent Help Systems for UNIX - Case Studies in Artificial Intelligence.* Springer, Heidelberg, 1990.

[Reilly 87] R.G. Reilly. *Communication Failure in Dialogue and Discourse.* North-Holland, 1987.

[Schuster 88] E. Schuster. Anaphoric Reference to Events and Action. In *COLING,* 1988.

[Streit 88] M. Streit. Repräsentation von Pluralanaphern. In *4. Österreichische Artificial-Intelligence-Tagung,* Springer, Heidelberg, 1988. In Informatik-Fachberichte, Band 176.

[Streitz 88] N. A. Streitz. Fragestellungen und Forschungsstrategien der Software-Ergonomie. In H. Balzert, et al., Hrsg., *Einführung in die Software-Ergonomie,* de Gruyter, Berlin, 1988.

[Wahlster et al. 90] W. Wahlster, D. Dengler, M. Hecking, und C. Kemke. SC: An Intelligent Help System for SINIX. In Norvig, Wahlster, und Wilensky, Hrsg., *Intelligent Help Systems for UNIX - Case Studies in Artificial Intelligence,* Springer, Heidelberg, 1990.

A Two-Level Environment for Morphological Descriptions

Anne Schiller Petra Steffens
IBM Deutschland GmbH
Wissenschaftliches Zentrum–IWBS
Postfach 800880
D–7000 Stuttgart 80

Abstract

This paper provides an outline of the computational environment LILOG/2LM for developing morphological descriptions in the two-level paradigm. The application of LILOG/2LM to inflectional morphology is illustrated with reference to German verbs with separable prefixes — a morphological phenomenon that involves discontinuous morphs.

1 Introduction

In 1981 Kaplan and Kay presented a paper on phonological rules as finite state transducers ([9]). One of the approaches to morphological processing which was inspired by Kaplan and Kay's ideas came to be known as "two-level model". This model, which was developed by Koskenniemi ([6,7]), makes two fundamental assumptions: that the morphology of a language can be modelled by finite state techniques and that two levels of representation suffice to account for the phonological properties of a language (see section 2.2). The success which the two-level model has had over the last years is due to the fact that it not only provides a language-independent formalism for representing morphological knowledge but that it can also be applied to both the task of word form recognition and to the task of word form production (see section 2.4).

Since the model of two-level morphology was proposed, two-level morphological descriptions for a variety of languages were produced[1]. Few of these descriptions, however, deal with German (see, e.g., [4,8,5]) and of those few, none was developed within the wider context of a natural language understanding system whose different components — especially the modules for analysis and generation of linguistic constructs — place special requirements on a morphological description, in particular on its morphosyntax. A tool for developing two-level descriptions — henceforth referred to as *LILOG/2LM* — as well as a two-level account of German morphology and orthography — henceforth referred to as *LILOG/GERMORPH* — have been developed at project LILOG of IBM Germany. They are both intended as components of a development tool for natural language understanding systems. In section 2 of this paper, we will describe the main characteristics of the two-level system LILOG/2LM and we will give some examples which show how this system allows one to model morphological and orthographic phenomena. In section 3 of this paper, we will concentrate on German verbs and we will describe how the rules for verbs with separable prefixes have to be designed in order to meet the demands of those components of a natural language understanding system which are responsible for the generation and analysis of sentences. Our focus will be on the morphosyntactic rules rather than on the two-level rules because it is the morphosyntax which defines the interface to other levels of linguistic processing.

2 The Two-Level System LILOG/2LM

LILOG/2LM is based on the two-level analyzer which John Bear presented at COLING 1986 ([2]) and which he reimplemented at IBM Germany in 1988[2]. It differs from Koskenniemi's original two-level model ([7]) in mainly three aspects:

[1] A collection of two-level descriptions of individual languages is provided in [1].

[2] LILOG/2LM is implemented in Quintus-Prolog and runs on the IBM Personal System/2 under the IBM AIX PS/2 Operating System.

- Instead of using a linked lexicon structure (realised by so-called "continuation classes") to describe the morphosyntax, LILOG/2LM employs annotated phrase structure rules.
- LILOG/2LM offers three types of two-level rules which differ slightly from those which Koskenniemi proposed; for a comparison of both rule types, see ([2]).
- Whereas Koskenniemi-style systems assume that two-level rules are compiled into finite state machines, LILOG/2LM relies on an interpreter to process these rules directly.

LILOG/2LM performs both recognition and production of word forms. The recognition and production processes operate on mainly three sources of linguistic knowledge: the morphosyntactic rules, the two-level rules, and the lexicon. In the following, we will describe each of these knowledge sources and explain their use in the analysis and generation of word forms.

2.1 The Morphosyntax

It is the task of the morphosyntactic component to describe how the morphemes of a language can be combined to build inflected or derived word forms. To account for morphosyntactic regularities, LILOG/2LM offers an interface to the unification grammar formalism STUF[3]. The morphosyntactic facts of a language can thus be represented in a formalism that can also be employed to state syntactic and semantic regularities ([3]). Using the same formalism for the specification of morphological, syntactic, and semantic knowledge has several advantages:

- It allows for a uniform representation of lexical knowledge.
- It facilitates communication among the different levels of linguistic processing.
- It reduces the number of formalisms employed in a natural language understanding system.

Assuming familiarity with the concepts of unification-based grammar formalisms[4], we will not detail the syntax of STUF here; instead, we provide an example to illustrate how morphosyntactic rules can be stated in STUF. As an example of a morphosyntactic rule, consider the rule Verb_Inflection:

```
Verb_Inflection :=
   verb ⟶ verb_stem verb_ending -                                   (a)
   [ ⟨verb syncat⟩ : verb                                           (b)
     ⟨verb_stem morphcat⟩ : verb_stem                               (c)
     ⟨verb_ending morphcat⟩ : verb_ending                           (d)
     ⟨verb morph_external⟩ = ⟨verb_ending morph_external⟩           (e)
     ⟨verb_stem morph_internal⟩ = ⟨verb_ending morph_internal⟩      (f)
     ⟨verb syn⟩ = ⟨verb_stem syn⟩                                   (g)
     ⟨verb sem⟩ = ⟨verb_stem sem⟩ ].                                (h)
```

This rule consists of two parts:

- **A context-free part** (a), which states that verbs may be composed of a verb stem followed by a verb ending.
- **A feature structure**, which accounts for the correct percolation and assignment of features to the resulting category and which guarantees that only those morphemes of a given class are combined which adhere with regard to certain properties:
  - (b) asserts that the result of applying the rule Verb_Inflection is of the syntactic category verb[5];
  - (c) and (d) state that the two component morphemes of verbs are of the morphological category verb_stem and verb_ending[6];

[3] For an introduction to the main concepts of STUF, see [12].
[4] For an introduction to unification-based grammar formalisms, see [11].
[5] We call a category *syntactic*, if it is of relevance to syntactic rules.
[6] We call a category *morphological*, if it is referred to by morphosyntactic rules.

- (e) percolates the morphological information that is associated with the verb ending and that is also of relevance to other levels of linguistic processing (e.g., agreement information) to the inflected verb; we assume that information of this kind is assigned to the attribute morph_external;
- (f) stipulates that the verb stem and the verb ending have to agree with regard to certain properties which are of relevance only to the morphological component itself; we assume that information of this kind is assigned to the attribute morph_internal; an example of a morph_internal attribute would be regular which is used to exclude the combination of an irregular verb stem with a regular verb ending;
- (g) and (h) state that the syntactic and semantic properties of the resulting verb form are determined by the syntactic and semantic properties of the verb stem.

For the time being, LILOG/2LM is only applied to inflectional morphology. Therefore, no recursion in the morphosyntactic rules is required. This allows us to represent the morphosyntactic rules as a tree structure, the "morphosyntax tree". The edges of the morphosyntax tree are labelled with lexical morpheme categories and every leaf L of the morphosyntax tree is associated with the feature description that results from applying the rules which are represented by the path leading to L.

2.2 The Two-Level Rules

When two morphs are combined with each other, the result is not always just a concatenation of the two as in (1); often additional processes such as reduplication, insertion, deletion or umlauting of a character may occur, as shown in (2)[7].

(1) dunkel 'dark' + st ([SUPERLATIVE])
+ e ([FEMININE SINGULAR NOMINATIVE]) ⟶ dunkelste

(2) alt 'old' + st ([SUPERLATIVE])
+ e ([FEMININE SINGULAR NOMINATIVE]) ⟶ älteste

In the model of two-level morphology these processes are described by what are usually referred to as "two-level phonological rules". Since we are currently not concerned with spoken language but only with written language, we will use the term *orthographic* instead of *phonological* or simply speak about *two-level rules*.

Whereas in generative phonology the derivation of a word form is viewed as a multistep process involving several intermediate levels of representation[8], the main idea behind the two-level rules is that in order to describe the phonology or orthography of a language, two levels of representation suffice. These two levels are called the "lexical level" and the "surface level". On the surface level, words are represented just as they appear in written or spoken language; on the lexical level, their representation includes special symbols, so-called "diacritics", which serve to steer the application of two-level rules. It is the task of the two-level rules to perform a mapping between the lexical and the surface level. That is to say: in the case of word form recognition, the two-level rules map a surface form onto its lexical representation; in the case of word form generation, they derive a surface form from its underlying lexical representation.

LILOG/2LM distinguishes three types of two-level rules. To understand these rules, we first have to introduce the notion of a "default character": without any additional specification, every lexical character which is also included in the surface alphabet (i.e., the set of characters which may appear on the surface) is assumed to correspond to itself on the surface and every diacritic symbol is assumed to correspond to the empty character on the surface. It is, however, possible to override this default assumption by explicitly stating default correspondences between a lexical and a surface character. With the notion of default correspondence we can now state the three types of two-level rules available in LILOG/2LM.

[7] We will use strings in capital letters that are enclosed by square brackets to indicate the morpheme which a given morph realises.

[8] For an introduction to the concepts of generative phonology, see, e.g., [10].

- The **"allowed-type rule"**. This rule has the format:

  L:S allowed in LC _ RC.

  and says: in addition to its default correspondence, the lexical character L may correspond to the surface character S, if it occurs in the context LC _ RC[9].

- The **"disallowed-type rule"**. This rule has the format:

  L:S disallowed in LC _ RC.

  and says: the lexical character L must not correspond to the (otherwise allowed) surface character S, if it occurs in the context LC _ RC.

- The **"required-type rule"**. This rule has the format:

  L:S required in LC _ RC.

  and says: the lexical character L must not correspond to its default character Z, but has to be realised as S, if it occurs in the context LC _ RC. A rule of this type is equivalent to an allowed-type rule of the form

  L:S allowed in LC _ RC.

  in combination with a disallowed-type rule of the form

  L:Z disallowed in LC _ RC.

As an example for the use of two-level rules, consider the phenomenon of umlauting in German adjectives. As was already exemplified by (1) and (2), there are certain adjectives in German which require that their stem vowel *a*, *o*, or *u* be umlauted, if they are combined with a morpheme of comparison. We could account for this phenomenon in the following way:

- The stem vowel of adjectives that can be umlauted is represented on the lexical level by a diacritic symbol, e.g., by (capital) *A*, *O*, and *U*.
- Adjective endings which realise morphemes of comparison are prefixed with a diacritic symbol, e.g., *$*, which distinguishes them from adjective endings that do not trigger umlauting.
- The following default correspondences are specified: A:a, O:o, U:u, and $:0[10].
- Phonological rules are provided, which stipulate that the lexical characters *A*, *O*, and *U* are realised as *ä*, *ö*, and *ü* respectively, if they are succeeded by a dollar sign:

```
Adj_A_Umlauting :=
    A:ä required in _ * $.¹¹

Adj_O_Umlauting :=
    O:ö required in _ * $.

Adj_U_Umlauting :=
    U:ü required in _ * $.
```

As already mentioned, the two-level rules are not compiled into finite state machines but are processed by an interpreter. In designing the interpreter, we experimented with the two control strategies which

[9] Contexts are specified as strings of character pairs $L_1 : S_1 ... L_n : S_n$, where every L_i stands for a lexical character and every S_i for a surface character; if S_i is the default correspondence of L_i, it may be omitted.

[10] The character *0* is used to represent the empty character.

[11] The asterisk * is used as a wild card character.

John Bear outlined in [2, p.275]. The first of these strategies considers the left context of a rule R only in case the correspondence pair of R matches a character of the input string. This requires that a stack of already processed character pairs matching the input string is maintained. The other strategy continually matches the input string against the left contexts of all two-level rules. Thus, a data structure is required which keeps track of all two-level rules which, at a given point in processing, are suitable. This strategy proved to be particularly inefficient if the left contexts of rules were formulated in a very general way (e.g., in terms of wild card characters or character sets). We therefore adopted the first strategy.

2.3 The Lexicon

In the ordinary case, the lexicon provides exactly one entry for every morpheme. It provides more than one entry whenever there is considerable allomorphic variation as in the case of irregular verbs. In this case the lexicon lists all the different stem forms. The lexicon provides information pertaining to all levels of linguistic description, i.e., morphological, syntactic, and semantic knowledge. Since, as was pointed out in the last section, the application of the two-level rules is triggered by diacritc characters, the lexicon has to provide a representation of the morph which includes these diacritics. Currently we include the diacritics within the head of a lexical entry, but we might as well "hide" them within the lexical entry and use some citation form of the morph as the head of its entry. A typical lexical entry would thus look like this: it consists of a string of lexical characters representing a morph M (which we will call a *lexical morph*) and of a STUF formula which describes any properties of M that are of relevance to either the morphological component or to any other level of linguistic processing. As examples of lexical entries, consider the entries for the adjective stems *rasch* 'quick' and *kalt* 'cold', for the comparison endings *-er* and *-st*, and for the declension ending *-er*:

```
rasch := [ ADJ_STEM RASCH_SYN RASCH_SEM RASCH_GEN ].
kAlt  := [ ADJ_STEM KALT_SYN KALT_SEM KALT_GEN ].
$er   := [ ADJ_COMP_ENDING COMPARATIVE ].
$st   := [ ADJ_COMP_ENDING SUPERLATIVE ].
er    := [ ADJ_DECL_ENDING STRONG [ [MASCULINE SINGULAR NOMINATIVE ] ;
                                    [ FEMININE SINGULAR [ DATIVE ; GENITIVE ] ] ;
                                    [ GENITIVE PLURAL ] ] ].
```

In the lexical entries given, we use strings in capital letters like, e.g., *NEUTER* as names for feature descriptions. Following common terminology we will refer to these names as "templates" (cf. [11]). In our lexicon, templates serve two main goals: they allow us to modularize the lexicon and they make the lexicon more readable. The possibility to modularize the lexicon is of special importance in the context of a natural language understanding system that requires lexical information about many different aspects of linguistic processing. In our example entries we assume that this information is specified in feature descriptions whose names indicate the components for which this information is of relevance. The templates KALT_SYN and KALT_SEM, for example, would thus refer to feature descriptions that describe the syntactic and semantic characteristics of the adjective *kalt* and the template KALT_GEN would refer to a feature structure which provides information that is of particular relevance to the task of word form generation.

To express ambiguity in lexical entries, feature descriptions can not only be related conjunctively but also disjunctively. In the former case they are separated by a blank; in the latter case by a semicolon, as is illustrated by the lexical entry of the declension ending *-er*.

There are two cases in which the comparison and declension morphemes have no phonological realisation: if the degree of comparison is positive and if the adjective is used non-attributively. If we want to account for both forms without introducing additional morphosyntax rules, we have to provide lexical entries which have an empty surface realisation. We use the diacritic symbol + to represent these "empty morphs":

```
+ := [ ADJ_COMP_ENDING POSITIVE ].
+ := [ ADJ_DECL_ENDING NO_AGREEMENT ].
```

For processing reasons the lexicon is compiled into a letter tree, the "lexicon tree", at startup time of the system.

2.4 Recognition and Production of Word Forms

The task of word form recognition consists in (1) mapping a surface word form S (input) onto a sequence L of lexical morphs and in (2) building a feature description F (output) that characterizes the morphological properties of S. If we did not have to consider the possibility of a lexical character having an empty surface realisation, this task could be achieved with the following straightforward algorithm:

1. Apply the two-level rules to S in order to map S onto one (or more) string(s) Q of lexical characters.
2. Decompose Q into one (or more) sequence(s) L of substrings $M_1...M_n$ such that every M_i represents a lexical morph.
3. Apply the morphosyntax rules to L to verify its morphosyntactic correctness and build the corresponding feature description F.

However, the difficulty with this algorithm is that, at every position in the surface string S, an infinite number of empty characters might in principle occur. There would thus be no limit to the number of times that the first step is applied. To exclude the danger of an infinite loop, the interpretation of the two-level rules is intertwined both with a traversal of the lexicon tree and with a traversal of the morphosyntax tree: a sequence L of lexical morphs $M_1...M_n$ is only considered as a potential lexical representation for S, if

- for every M_i, there is a path in the lexicon tree and if
- for $M_1...M_n$ (to be more precise: for the morphological categories associated with $M_1...M_n$), there exists a path in the morphosyntax tree.

The task of word form production consists in (1) decomposing the feature description F (input) of an inflected word form W into a set of feature graphs describing the component morphs $M_1...M_n$ of W and in (2) mapping the linear arrangement of $M_1...M_n$ onto a valid surface form. In contrast to the recognition process, the problem of empty characters does not arise for the production process. The following simple algorithm will therefore do:

1. Apply the morphosyntax rules to decompose F into one (or more) sequence(s) S of graphs $G_1...G_n$ describing W's component morphs.
2. For every G_i, retrieve a corresponding morph M_i from the lexicon.
3. Apply the two-level rules to map the sequence(s) $M_1...M_n$ onto a surface word form.

3 The Two-Level Morphology LILOG/GERMORPH

We will now look at the German two-level morphology LILOG/GERMORPH and discuss certain aspects of its morphosyntax. Since the morphosyntactic phenomena which can be observed for German adjectives and nouns can be modelled in a relatively straightforward way, it is mainly the morphology of verbs, in particular the morphosyntax of verbs with separable prefixes, that will be of concern to us.

One of the derivational processes which creates new verbs in German attaches a derivational prefix to a verbal base, thus yielding verbs like *stattfinden* 'to take place', *zerfallen* 'to break apart', or *übersetzen* 'to translate/to cross'. The prefixes which participate in this process are of three kinds: they are either separable like *statt-*, or inseparable like *zer-*, or — depending on the intended reading — both separable like *über* in *übersetzen* meaning 'to cross' and inseparable like *über* in *übersetzen* meaning 'to translate'.

Whether a separable prefix is part of the inflected verb form or occurs as a free form depends on morphological as well as on syntactic criteria: in non-finite verb forms, it is always part of the inflected verb form, as is illustrated by (3); in imperative forms, it is never part of the inflected verb, as is shown in (4); in finite forms, the position of the prefix is determined by clause structure, as is shown in (5).

(3) stattfindend	'taking place (present participle)'
but: *findend ... statt	
stattgefunden	'taken place (past participle)'
but: *gefunden ... statt	

stattfinden 'to take place (infinitive)'
but: *finden ... statt (infinitive without *zu*)
stattzufinden 'to take place (infinitive)'
but: *zu finden ... statt (infinitive with *zu*)

(4) komm ... her 'come here (imperative)'
but: *herkomm (imperative)

(5) Das Ereignis fand statt. 'The event took place.'
Da das Ereignis stattfand, ... 'Since the event took place...'

Given these facts, the morphological component has to provide the component which performs the analysis of syntactic structures with information about potential separable prefixes and has to supply the component which performs the generation of syntactic structures with correctly prefixed or unprefixed verb forms. From the point of view of syntactic analysis, it would be desirable that for an unprefixed finite verb form V the morphological analysis indicates

- whether V can in principle be affixed with a separable prefix, and if so
- which separable prefixes can combine with V.

From the point of view of generation, it would be desirable that, given the morphological description of a verb with a separable prefix, the morphological component

- either generates the correctly prefixed or unprefixed form,
- or else, if prefixed and unprefixed forms are both admissible alternatives, provides both forms to the generation component, which then has to select the one that is appropriate for the intended clause structure.

These results can be achieved in the following way. Besides other morphological information, the lexical entry of a verb that may be affixed with separable prefixes includes a disjunctive feature description which accounts for the various prefixed forms. The lexical entry for a verb like *finden* 'to find' would thus include the following information:

```
find := [ ...
        [ [(morph_external prefix lex): statt (morph_external lex): stattfinden] ;
          [(morph_external prefix lex): auf (morph_external lex): auffinden] ;
          [(morph_external prefix lex): empty (morph_external lex): finden] ]
        ... ].
```

The complex attribute morph_external prefix lex in this example entry serves to indicate the prefix that may be attached to the base *finden*. If the value of this attribute is, e.g., statt, the corresponding lex–value is stattfinden; if it is, auf, the corresponding lex–value is auffinden. To indicate that a form of *finden* is used without prefix, the value of morph_external prefix lex is set to empty.

This treatment of separable prefixes requires that, similar to the lexical entries for free morphs, the lexical entries for separable prefixes include information about their lexical shape. For example:

```
statt := [ ... (morph_external lex): statt ... ].
```

The morphosyntactic rules which produce prefixed forms like *stattfindet* 'takes place', consequently, have to include a feature equation which stipulates that the lex–value of the separable prefix is unified with the prefix lex–value of the base:

```
Verb_With_Prefix :=
   verb ⟶ sep_prefix verb_stem verb_ending –
   [ ...
    (sep_prefix morph_external lex) = (verb_stem morph_external prefix lex)
    (verb morph_external lex) = (verb_stem morph_external lex)
    ... ].
```

The morphosyntactic rules which account for unprefixed forms like *findet* 'to find', on the other hand, would have to include a feature equation which percolates the lex–value of potential separable prefixes from the verb stem to the inflected (unprefixed) verb form:

```
Verb_Without_Prefix :=
   verb ⟶ verb_stem verb_ending -
   [ ...
     ⟨verb morph_external prefix lex⟩ = ⟨verb_stem morph_external prefix lex⟩
     ⟨verb morph_external lex⟩ = ⟨verb_stem morph_external lex⟩
     ... ].
```

The parsing result for a form like *findet* would thus be a set of disjuncts which differ with regard to the potential prefixes that *finden* may subcategorize.

The morphosyntactic rules also have to be formulated in a way that guarantees

- that a potential separable prefix is signalled only for those unprefixed verb forms which allow for separation of the prefix, that is, for finite verb forms;
- that non–finite forms with or without infixed *zu* are only generated with a potential separable prefix attached to them;
- that imperative forms are never generated with a potential separable prefix attached to them.

This can be achieved in two ways. One is to assign all verb endings to one single morphological category and to have one set of rules for prefixed verbs and one set of rules for non–prefixed verbs. The feature structures associated with these rules would then have to be set up in a way that potential separable prefixes are only signalled for finite base forms including imperative forms and that no prefixed imperative forms are generated. This approach helps to keep the number of morphosyntactic rules small but leads to disjunctive feature specifications in the rules, because the finite and non–finite cases have to be distinguished. Disjunction in rules, however, proved to be extremely costly from a computational point of view. We therefore adopted the alternative solution of assigning finite endings, imperative endings and non–finite endings to different morphological categories and of defining one set of rules for each ending class. To illustrate this approach let us look at those morphosyntactic rules which account for unprefixed finite forms, for prefixed finite forms, for imperative forms and for non–finite forms.

```
Unprefixed_Finite_Verb :=
   verb ⟶ verb_stem verb_fin_ending -
   [ ...
     ⟨verb morph_external⟩ = ⟨verb_fin_ending morph_external⟩              (a)
     ⟨verb morph_external lex⟩ = ⟨verb_stem morph_external lex⟩            (b)
     ⟨verb morph_external prefix⟩ = ⟨verb_stem morph_external prefix⟩      (c)
     ⟨verb morph_external prefix attached⟩: no                             (d)
     ... ].

Prefixed_Finite_Verb :=
   verb ⟶ sep_prefix verb_stem verb_fin_ending -
   [ ...
     ⟨verb morph_external⟩ = ⟨verb_fin_ending morph_external⟩              (a)
     ⟨verb morph_external lex⟩ = ⟨verb_stem morph_external lex⟩            (b)
     ⟨verb morph_external prefix⟩ = ⟨verb_stem morph_external prefix⟩      (c)
     ⟨verb morph_external prefix⟩ = ⟨sep_prefix morph_external⟩            (c)
     ⟨verb morph_external prefix attached⟩: yes                            (d)
     ... ].
```

Since in finite verb forms the verb ending supplies most of the morphological characteristics of the verb, we have to percolate the morphological features of the finite verb ending to the resulting verb form. This is done in lines (a) of both rules. Lines (b) and (c) determine the lex–value of the inflected verb form according to the selected prefix. It is in line (d) that the two rules differ. In the first rule, line (d) sets the value of attribute morph_external prefix attached to no. Thus it is signalled to the generation component that the generated word form has not yet been affixed with the prefix indicated by the attribute morph_external prefix lex. If the value of morph_external prefix lex happens to be empty, the verb form is complete. Otherwise, the separated prefix has to be retrieved from the lexicon and needs to be inserted in the output structure. Similarly, it is signalled to the analysis component that the analysed word form is not affixed with any of the prefixes possibly indicated by the attribute morph_external prefix lex. Any unbound prefix still to be encountered in the clause would thus have to be considered a potential complement of the verb. In the second rule, line (d) sets the value of attribute morph_external prefix attached to yes, which indicates that the verb form is complete.

Because the class of finite verb endings does not include imperative endings, prefixed imperative forms are not generated. The only rule which generates imperative forms has a structure analogous to the rule for unprefixed finite forms, but instead of the category verb_fin_ending makes reference to the category verb_imp_ending, to which imperative endings are assigned:

```
Imperative_Verb :=
    verb ⟶ verb_stem verb_imp_ending -
    [...
      ⟨verb morph_external⟩ = ⟨verb_imp_ending morph_external⟩
      ⟨verb morph_external lex⟩ = ⟨verb_stem morph_external lex⟩
      ⟨verb morph_external prefix⟩ = ⟨verb_stem morph_external prefix⟩
      ⟨verb morph_external prefix attached⟩: no
      ... ].
```

As a last rule consider the rule Unprefixed_Non_Finite_Verb, which accounts for unprefixed non-finite verb forms (prefixed non-finite verb forms without infixed *zu* are built by a rule which is analogous to the rule Prefixed_Finite_Verb, but instead of the category verb_fin_ending employs the category verb_nonfin_ending; prefixed non-finite verb forms with infixed *zu* are accounted for by an additional separate rule which inserts *zu* between the prefix and the verb stem).

```
Unprefixed_Non_Finite_Verb :=
    verb ⟶ verb_stem verb_nonfin_ending -
    [...
      ⟨verb morph_external⟩ = ⟨verb_nonfin_ending morph_external⟩      (a)
      ⟨verb morph_external lex⟩ = ⟨verb_stem morph_external lex⟩      (b)
      ⟨verb morph_external prefix lex⟩ : empty                         (c)
      ... ].
```

Line (c) in this rule guarantees that, in the case of analysis, no potential separable prefixes are indicated for non-finite verb forms and that, in the case of generation, non-finite forms are only produced for verbs which do not have a potential separable prefix.

In this section we sketched how German verbs with potential separable prefixes can be accounted for in a unification-based morphosyntax that has to meet the demands of both syntactic analysis and generation. In the lexical entries and in the morphosyntactic rules which we gave we concentrated on only those attributes which were needed to illustrate our approach. The flow of other types of information, however, such as syntactic and semantic properties, can be treated in an analogous manner.

4 Conclusion

In this paper we have sketched the computational environment LILOG/2LM for implementing two-level morphological descriptions and we illustrated the German two-level inflectional morphology LILOG/GERMORPH with reference to verbs with separable prefixes. We chose the phenomenon of verbs with separable prefixes because the problems which arise with these verbs are particularly suited to show how a two-level environment that includes an interface to a unification grammar formalism facilitates the specification of linguistic knowledge that is required by both syntactic analysis and generation.

At present, LILOG/GERMORPH covers all of German inflectional morphology and runs with a lexicon of approximately thousand entries. Since the lexicon is continuously being extended, we envisage to provide data base support for the lexicon in the near future. Furthermore, we intend to modify the two-level formalism so that morphological information can be referred to in the two-level rules (see, e.g., [4]). Another area of research which we should like to explore concerns the design and integration of strategies to analyse new word forms, that is, forms for which the lexicon does not provide information about the stem morphs.

References

[1] Texas Linguistic Forum 22. 1983. Linguistics Department, University of Texas.

[2] John Bear. A morphological recognizer with syntactic and phonological rules. In *Proceedings of the 11th International Conference on Computational Linguistics (COLING-86), Bonn*, pages 272–276, Bonn, 1986.

[3] Gosse Bouma, Esther König, and Hans Uszkoreit. A flexible graph-unification formalism and its application to natural language processing. *IBM Journal of Research and Development*, 32(2):170–184, 1988.

[4] Martin Emele. Überlegungen zu einer Two-level Morphologie für das Deutsche. In Harald Trost, editor, *Proceedings of the Workshop Wissensbasierte Sprachverarbeitung 1988 (WWWS-88), Wien*, pages 156–163, Springer, Berlin, Heidelberg, 1988.

[5] Günther Görz and Dietrich Paulus. A finite state approach to German verb morphology. In *Proceedings of the 12th International Conference on Computational Linguistics (COLING-88), Budapest*, pages 212–215, 1988.

[6] Kimmo Koskenniemi. Two-level model for morphological analysis. In *Proceedings of the 8-th International Joint Conference on Artificial Intelligence (IJCAI-83), Karlsruhe*, pages 683–685, 1984.

[7] Kimmo Koskenniemi. *Two-Level Morphology: A General Computational Model for Word-form Recognition and Production.* Publication 11, Department of General Linguistics, University of Helsinki, Helsinki, Finland, 1983.

[8] Dietrich Paulus. Endliche Automaten zur Verbflexion und ein spezielles deutsches Verblexikon. In Katharina Morik, editor, *Proceedings of 11th German Workshop on Artificial Intelligence (GWAI-87), Geseke*, pages 340–344, Springer, Berlin, Heidelberg, 1987.

[9] Kaplan Ronald and Martin Kay. Phonological rules and finite state transducers. Winter 1981. ACL/LSA paper, New York, nicht veröffentlicht.

[10] Sanford Schane. *Generative Phonology.* Prentice-Hall, Englewood Cliffs, 1973.

[11] Stuart Shieber. *An Introduction to Unification-Based Approaches to Grammar. CSLI Lecture Notes, No.4*, Center for the Study of Language and Information, Stanford, CA, 1986.

[12] Hans Uszkoreit. From Feature Bundles to Abstract Data Types: New Directions in the Representation and Processing of Linguistic Knowledge. In Albrecht Blaser, editor, *Natural Language at the Computer*, pages 31–64, Springer, Berlin, Heidelberg, 1988.

Die Behandlung von semantisch unvollständigen Anfragen in einer transportablen natürlichsprachlichen Datenbank-Schnittstelle

Jörg Noack

Lehrstuhl für Angewandte Mathematik insbesondere Informatik, RWTH Aachen, Ahornstr. 55, D-5100 Aachen

Beim Entwurf der Interpretationskomponente einer transportablen natürlichsprachlichen Datenbank-Schnittstelle kann man nicht davon ausgehen, daß die semantischen Einheiten einer frei formulierten Datenbankfrage die zugehörige formale Query vollständig spezifizieren. Wir zeigen einige Schwierigkeiten auf, die bei einem klassischen kompositionellen Ansatz auftreten. Durch eine graphentheoretisch motivierte Diskursmodellierung gelingt es, das durch die natürlichsprachlichen Anfragen induzierte Abbildungsproblem als *NP*-vollständig nachzuweisen. Mit einem heuristischen Algorithmus, der das Gerüst der formalen Anfrage festlegt, und einem regelbasierten Verfahren, das den Skopus der quantifizierenden Informationen bestimmt, können für viele relevante Situationen adäquate Übersetzungen gefunden werden.

1. Einleitung

Der hohe Aufwand für die einzelnen Komponenten der morphologischen, syntaktischen und semantischen Analyse und der formalen Interpretation, der bei der Entwicklung einer natürlichsprachlichen Datenbank-Schnittstelle anfällt, läßt sich erst rechtfertigen, wenn das Programmsystem eine weitgehend freie Formulierung von Datenbankfragen unterstützt und leicht an unterschiedliche Diskursbereiche angepaßt werden kann. Dieser Beitrag beschäftigt sich mit dem Ausschnitt der Interpretationskomponente, die einen wichtigen Baustein darstellt, um die obigen Anforderungen zu erfüllen. Der dargestellte Ansatz wurde im Rahmen des NATürlichsprachlichen Heuristischen ANfragesystems implementiert.

Die Hauptaufgabe von NATHAN besteht darin, deutschsprachige Datenbankfragen in Ausdrücke der Anfragesprache SQL, die inzwischen eine Art Standard für relationale Datenbanksysteme geworden ist, zu überführen. Ein zweiter wichtiger Baustein zur Gewährleistung der erwünschten Transportabilität ist eine allgemeine Grammatik, mit der breite Teile der natürlichen deutschen Sprache analysiert und in baumartige Konstituentenstrukturen überführt werden. Der Parser, der auf dem DCG-Formalismus (Pereira & Shieber 87) basiert, behandelt eine Vielzahl von sprachlichen Phänomenen wie komplexe Nominal- und Präpositionalgruppen, Relativsätze, auch in geschachtelter Form, koordinierte Konstituenten oder Diskontinuitäten in Hauptsatzverbkomplexen. Eine ausführliche Beschreibung wird in Noack 89b gegeben.

Bei den folgenden Betrachtungen setzen wir Kenntnisse über relationale Datenbanken und deren Modellierung durch Entity-Relationship-Modelle voraus (s. z.B. Korth & Silberschatz 86). Wir beziehen uns bis auf weiteres auf den Ausschnitt (1) aus dem Datenmodell "Wohnungsmarkt". Entitäten werden wie üblich durch Rechtecke, Beziehungen durch Rauten und Attribute durch Ovale dargestellt. Schlüsselattribute sind unterstrichen. Der Bezeichner ADRESSE steht jeweils als Abkürzung für die Attributliste: PLZ, ORT, STRASSE. Die Beziehung VERMIETET ist vom Typ (1:n), während die Beziehung BESITZT vom Typ (m:n) ist, d.h. nach der üblichen Übersetzungskonvention wird für BESITZT eine explizite Assoziationsrelation angelegt, während VERMIETET durch eine Referenzverbindung implizit dargestellt wird.

(1)

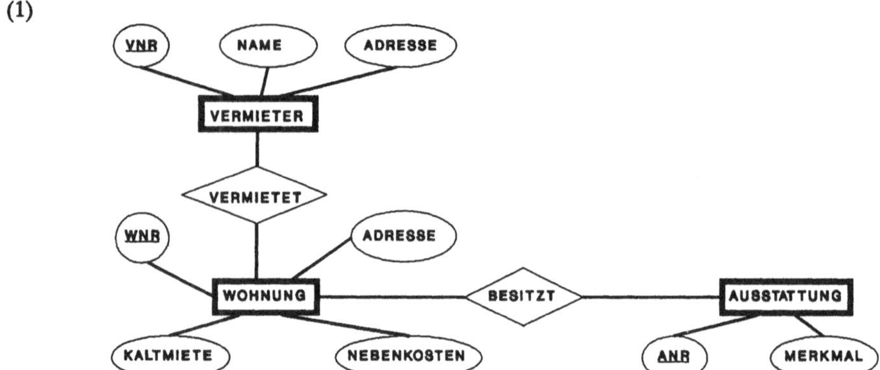

2. Problemstellung

In vielen Arbeiten über natürlichsprachliche Schnittstellen zu Datenbanken (Pereira 82, Grosz et al. 87, Heinz & Matiasek 89) werden Fragen zunächst in eine prädikatenlogische Form überführt, die unabhängig vom zugrundeliegenden Datenbankschema ist. Danach erst erfolgt eine Abbildung in Datenbank-Prädikate. Obwohl richtig erkannt wurde (Heinz & Matiasek 89), daß solche Abbildungen nicht isomorph und damit nicht trivial sind, hat dieses Problem im Bereich der natürlichsprachlichen Anfragesysteme bisher wenig Beachtung gefunden. Wir skizzieren zuerst die übliche Vorgehensweise und zeigen dann anhand einiger Beispiele verschiedene Problempunkte auf, die uns bei unserer transportablen Schnittstelle einen anderen Ansatz wählen lassen. Die Darstellung folgt zunächst Heinz & Matiasek 89, die ebenfalls die relationale Anfragesprache SQL als Zielsprache verwenden.

Einen theoretischen Hintergrund für die Verwendung des kompositionellen Ansatzes bei Datenbankfragen liefern Arbeiten über Generalisierte Quantoren (Mostowski 57, Barwise & Cooper 81, Keenan & Stavi 86), deren grundlegende Idee darin besteht, daß der eigentliche Quantor nicht allein aus dem Determinator, sondern aus der vollständigen Nominalphrase (NP) gebildet wird. Mit Hilfe der Typenlogik (Montague 74) lassen sich Sätze der natürlichen Sprache in die Formelsprache der Generalisierten Quantoren übertragen:

(2) (Det (B)) (Z).

Der Generalisierte Quantor, der aus dem aktuellen Determinator (Det) und dem Basisprädikat (B) besteht, das zu dem restlichen Teil der NP korrespondiert, wird auf das Zentralprädikat, das den restlichen Teil des Satzes beschreibt, angewendet. Falls mehrstellige Prädikate auftreten, wird der λ-Operator zur Kennzeichnung der Argumente nötig. Geht man davon aus, daß extensionale Determinatoren wie *alle*, *kein* oder *weniger als 5* durch konservative Funktionen interpretiert werden, so kann man zeigen, daß zur Gültigkeitsberechnung von Formeln der Art (2) nur die Schnittmenge $B \cap Z$ und die Differenzmenge $B \setminus Z$ in Betracht gezogen werden müssen, sofern man endliche Datenbanken voraussetzt (Keenan & Stavi 86).

(3a) *Welche Wohnungen besitzen 2 Bäder?*

(3b) (?Welche (Wohnungen)) λx
((2 (Bäder)) λy (besitzen(x,y)))

(3c) ((?WNR,ADRESSE) (WOHNUNG(X0)))
(((NUM,=,2) (AUSSTATTUNG(X1) & X1.MERKMAL='Bad'))
(BESITZT(X2) & X2.WNR=X0.WNR & X2.ANR=X1.ANR))

```
(3d) SELECT DISTINCT X0.WNR,X0.ADRESSE
     FROM WOHNUNG X0
     WHERE 2 = (SELECT COUNT(*)
                FROM AUSSTATTUNG X1
                WHERE X1.MERKMAL = 'Bad' AND
                      EXISTS ( SELECT *
                               FROM BESITZT X2
                               WHERE X2.WNR = X0.WNR AND
                                     X2.ANR = X1.ANR ) );
```

In Anlehnung an die Theorie des Tiefenkasus (Fillmore 68) lassen sich Anfragen wie (3a) unter Verwendung von Kasusrahmen in die Sprache der Generalisierten Quantoren überführen (3b). Auch die Übersetzung der logischen Prädikate in Prädikate, die Datenbank-Relationen repräsentieren und der Argument-Bindungen in Join-Bedingungen erscheint zunächst recht einfach, wenn man die interne Repräsentation der Determinatoren in (3c) als gegeben voraussetzt. Die Determinatoren *welche* und *2* induzieren die Berechnung zweier Schnittmengen, die in (3c) durch die beiden Join-Terme angezeigt werden. Schließlich erhält man daraus durch einfache Umformung die SQL-Darstellung (3d).

Natürlichsprachliche Datenbank-Schnittstellen, die den Anspruch haben, eine breite linguistische Überdeckung zu bieten, müssen in der Lage sein, sprachlich ausgelassene Join-Wege zu rekonstruieren. Die Forderung wird dadurch motiviert, daß ein typischer Benutzer, der weder das konzeptuelle Datenmodell noch das zulässige Vokabular des modellierten Diskursbereichs genau kennt, häufig Fragen formuliert, in denen das Zentralprädikat fehlt oder semantisch unterbestimmt durch Präpositionen oder durch die Verben *haben* oder *sein* formuliert wurde (4).

(4) *Welche Wohnungen haben 2 Bäder?*

Substituiert man in (3b) *besitzen* durch *haben*, so tritt das Problem auf, daß die Relation BESITZT nicht mehr direkt angesprochen wird. Die Übersetzung nach (3c) bedarf nun einer Inferenzkomponente, die ermittelt, daß *haben* auf die interne Relation BESITZT abzielt. Eine einfache, jedoch für transportable Datenbank-Schnittstellen nicht besonders geeignete Lösungsmöglichkeit besteht darin, alle relevanten Bedeutungen von *haben* vorab im Lexikon zu kodieren. Auf die vielfältigen sprachlichen Möglichkeiten des Gebrauchs von *haben* als Vollverb und deren Interpretation im Kontext eines fest vorgegebenen Datenbankschemas wird bereits in Zoeppritz 81 hingewiesen. Die Übersetzung der logischen Prädikate in Datenbank-Prädikate wird bei einem kompositionellen Ansatz besonders schwierig, wenn das Zentralprädikat, das auch in (5) durch *besitzen* gegeben ist, nicht explizit erwähnt wird.

(5) *Zeige mir die Ausstattung der Wohnung in der Oppenhoffallee!*

Die quantifizierenden Informationen verursachen bei einem kompositionellen Ansatz in transportablen natürlichsprachlichen Schnittstellen Probleme, da sich die Determinatoren keineswegs immer wie in (3c,d) auf Kardinalitätsprüfungen von Mengen zurückführen lassen. Wir betrachten eine leichte Variante des Wohnungsmarkt-Datenmodells (6), bei der der Designer davon ausgegangen ist, daß Wohnungen ein Ausstattungsmerkmal wie Bad oder Balkon häufig mehrfach besitzen, und rufen die Datenbankfrage (3a) in Erinnerung.

(6)

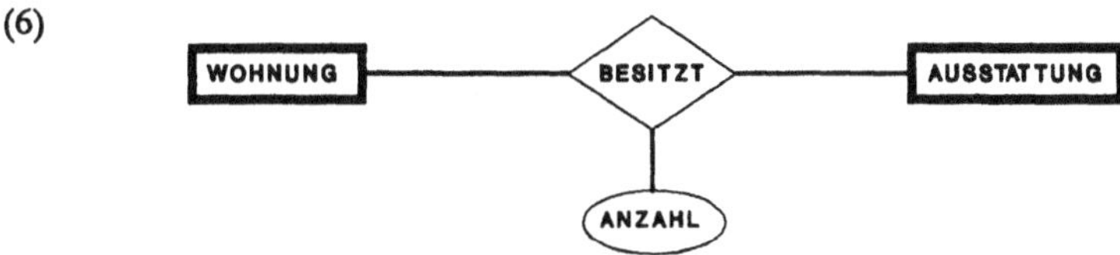

Wie man leicht erkennt, ist nun die adäquate Übersetzung des Determinators *2* durch den Selektionsterm BESITZT.ANZAHL=2 gegeben.

(7a) *Welche Wohnungen vermieten Müller und Schmitz?*
(7b) *Welche Wohnungen vermietet Müller? Welche Wohnung vermietet Schmitz?*

Auch die Skopus-Bestimmung bei Konjunktionen stellt ein Problem dar, das nur in Abhängigkeit vom betrachteten Datenmodell behandelt werden kann (vgl. Kaplan 83). Die Datenbankfrage (7a) läßt zunächst drei syntaktische Lesarten zu, die sich in drei logischen Darstellungen unabhängig vom Datenmodell widerspiegeln. Geht man aber davon aus, daß in der Wohnungsmarkt-Datenbank nur Einzelpersonen als Vermieter vorhanden sind, dann kann die Interpretation durch einen nahen Skopus ausgeschlossen werden. Auch der nächst weitere Skopus kommt nicht in Frage, da das Datenmodell (1) voraussetzt, daß jede Wohnung genau einen Vermieter hat. Somit bleibt hier nur die Lesart mit einem weiten Skopus übrig, die in (7b) durch zwei Teilfragen verdeutlicht wird.

3. Der tokenbasierte Ansatz

Die Schwierigkeiten beim kompositionellen Ansatz zeigen auf, daß sich die Interpretationskomponente bei einer transportablen natürlichsprachlichen Schnittstelle mit zwei Hauptaufgabenstellungen zu beschäftigen hat:
(i) Berechnung des durch die Anfrage intendierten Query-Gerüsts
(ii) Bestimmung des Skopus für die aufgetretenen Quantifikationen und zwar in Abhängikeit von (i).
Der Punkt (i) weist Gemeinsamkeiten mit den aus dem Datenbankbereich bekannten Universalrelationen-Datenbanksystemen auf (s. z.B. Vardi 88 für eine Übersicht). Universalrelationen-Schnittstellen, die auf speziellen Annahmen beruhen, befreien den Benutzer von der logischen Navigation in der Datenbank, da dieser nur die interessierenden Attribut-Wert-Paare nennen muß und die Übersetzung in Anfragen über das real existierende Datenbankschema vom System vorgenommen wird. Bei transportablen natürlichsprachlichen Schnittstellen kommt jedoch erschwerend hinzu, daß der typische Benutzer nicht in der Lage ist, zwischen Daten (Werten) und Metadaten (Relationen, Attributen und Domains) zu unterscheiden. Punkt (ii) wird nicht nur in theoretischen Arbeiten über Logik, sondern auch in der Literatur über natürlichsprachliche Anfragesysteme an vielen Stellen diskutiert (s. z.B. Pereira 82, Grosz et al. 87, Trost et al. 87). Die dort vorgeschlagenen Algorithmen verwenden bei der Bestimmung des Quantoren-Skopus Kriterien wie Links/Rechts-Reihenfolge, empirisch gewonnene Stärkemaße oder spezielle Präferenzregeln. In Abschnitt 4 skizzieren wir ein Verfahren für transportable Schnittstellen, das darüber hinaus die Stufe der quantifizierten Relation in einem Anfragebaum berücksichtigt.

3.1 Natürlichsprachliche Fragen und Datenbanktoken

Wir zerlegen das *externe* Vokabular, das aus den Lexemen der Datenbankfragen gebildet wird, in drei Klassen: Inhaltswörter, Funktionswörter und Füllwörter. Unter *Inhaltswörtern* sollen Wörter verstanden werden, die unmittelbar zu den *internen* Bezeichnern für Relationen, Attribute und Domains der relationalen Datenbankwelt korrespondieren. Die internen Bezeichner heißen im weiteren auch *Datenbanktoken*. Unter *Funktionswörtern* verstehen wir all diejenigen Wörter, die die semantische Interpretation der Token einer natürlichsprachlichen Frage beeinflussen, wie z.B. die Determinatoren und solche sprachlichen Operatoren, die logische Konnektoren oder Komparatoren beschreiben. Unter *Füllwörtern* sollen diejenigen Lexeme zusammengefaßt werden, die auf die Interpretation der Frage als Datenbank-Query keinen Einfluß nehmen, wie z.B die Höflichkeitsformeln "bitte" oder "gerne".

3.2 Datenbankschema und Schemagraph

Jedem relationalen Datenbankschema D, welches aus den Relationenschemata $R_1,...,R_n$ besteht, kann ein ungerichteter, bewerteter *Schemagraph* $G_D=(V,E,d)$ folgendermaßen zugeordnet werden: Die Knotenmenge V besteht aus der zu D gehörigen Menge von Datenbanktoken. Die Kantenmenge E enthält die Kante $e=\{v_1,v_2\}$, falls entweder (i) $v_1=R_i.A$ ein Attribut und $v_2=dom(R_i.A)$ der zugehörige Domain ist, oder falls (ii) $v_1=R_i.A$ ein Attribut und $v_2=R_i$ die zugehörige Relation ist. Im Fall (i) heißt e *Domainkante* und im Fall (ii) *Attributkante*. Die Distanzabbildung d ordnet einer Attributkante den Wert a und einer Domainkante den Wert μ zu, wobei a und μ natürliche Zahlen sind. Der Schemagraph bildet den Ausgangspunkt für die logische Navigation. Wir setzen voraus, daß Schemagraphen stets zusammenhängend sind und daß sämtliche direkte Verbindungen zwischen zwei benachbarten Relationen dadurch gegeben sind, daß den Join-Attributen derselbe Domain zugeordnet worden ist.

3.3 Diskursbereichsmodellierung

Der Anspruch der Transportabilität erfordert, daß der diskurspezifische Teil des externen Vokabulars der natürlichsprachlichen Datenbank-Schnittstelle mit einem geringen Aufwand bekannt gemacht werden kann. Systeme wie ASK (Thompson & Thompson 85), TEAM (Grosz et al. 87) oder NATHAN bedienen sich einer Akquisitionskomponente, die die nötigen Informationen in Zusammenarbeit mit einem Diskursbereichsexperten bei wechselnder Initiative erfaßt. Die Hauptaufgabe des Experten besteht darin, das externe Vokabular, hierbei handelt es sich i.a. um die Wörter der offenen Klassen Nomen (n), Nomen proprium (npr), Adjektiv (adj) und Verb (v), auf das interne Vokabular abzubilden. Wir lassen zu, daß externe Bezeichner auf Relationen (8a), Attribute bzw. Attributlisten (8b,c1,c2) und Datenbankwerte, die entweder als Nomen proprium oder als Zahl erkannt werden, auf ihren zugehörigen Domain abgebildet werden (8d1,d2). Der Einfachheit halber nehmen wir an, daß jeder externe Bezeichner zusammen mit den zugehörigen Datenbanktoken genau einmal im Lexikon eingetragen worden ist. Die Auflösung lexikalischer Ambiguitäten (8c1,c2) durch Konsultation des Satzkontextes und die Erkennung und Zuordnung von Datenbankwerten (8d1,d2), die aus Speicherplatzgründen nicht im Lexikon stehen können, wird in Noack 89a diskutiert.

(8)	ext. Bez.	Klasse	Datenbanktoken	Typ
(a)	besitzen	v	BESITZT	Relation
(b)	Adresse	n	WOHNUNG.PLZ,WOHNUNG.ORT,WOHNUNG.STRASSE	Attributliste
(c1)	teuer	adj	WOHNUNG.NEBENKOSTEN	Attribut
(c2)	teuer	adj	WOHNUNG.KALTMIETE	Attribut
(d1)	Aachen	npr	dom(WOHNUNG.ORT)	Domain
(d2)	Aachen	npr	dom(VERMIETER.ORT)	Domain

Ein konträrer Ansatz der sprachlichen Modellierung von Datenbankkonzepten, der z.B. im USL-System (Zoeppritz 81) verwendet wurde, besteht darin, das externe Vokabular mit Hilfe von abgeleiteten Relationen (Views) zu definieren. Bei der Generierung der formalen Anfragen tritt hier allerdings das Problem auf, daß Join-Operationen zwischen Views durchgeführt werden, die auf denselben Basisrelationen definiert sind. Ott & Horländer (85) beschreiben einen Viewoptimizer, der redundante Verbund-Operationen wiederum beseitigt.

3.4 Tokenanfragen und das Steiner-Baum-Problem

Wir vereinfachen nun die Aufgabenstellung etwas, indem wir nur die Inhaltswörter betrachten. Die meisten Datenbankfragen lassen sich nach den obigen Annahmen über die Diskursbereichsmodellierung durch einfache Lexikonsuche in Mengen von Token (*Tokenanfragen*) überführen. Die entsprechende Tokenanfrage für (3a) lautet z.B. {WOHNUNG.WNR, BESITZT, dom(AUSSTATTUNG.MERKMAL)}. Jedes Token markiert einen Knoten des Schemagraphen. Die Datenbankfragen werden durch formale Anfragen interpretiert, die zu Teilgraphen gehören, welche die markierten Knoten miteinander verbinden. Für die natürliche Anfrage (3a) kann der Teilgraph leicht bestimmt werden, da durch die Tokenanfrage drei benachbarte Relationen angesprochen werden. Für Anfrage (4) ist dies etwas schwieriger, da das Verb *haben* nach den Überlegungen in Abschnitt 2 nicht auf die Relation BESITZT abgebildet werden sollte. Folglich muß die Verbindung zwischen den Token der Relationen WOHNUNG und AUSSTATTUNG automatisch geschlossen werden. Das Ergebnis ist aber nun das, was wir ursprünglich beabsichtigt haben, nämlich daß sprachlich unterschiedlich formulierte Fragen nach derselben Information durch denselben Teilgraphen dargestellt werden und somit auch zu derselben formalen Anfrage führen. Für die Teilgraphen fordern wir die beiden *Constraints*:

1. *Die Verbindungen sollen minimal sein*, d.h. keine überflüssigen Knoten und Kanten enthalten, um die Token der Anfrage zu verbinden. Es ist klar, daß solche Verbindungen stets baumartig sind. In der Graphentheorie werden sie als *Steiner-Bäume* bezeichnet.

2. *Die Gesamtdistanz auf den Teilgraphen soll minimal sein.* Im allgemeinen Fall kann man nicht davon ausgehen, daß für beliebige Datenbankfragen und -schemagraphen ein eindeutiger Steiner-Baum existiert. So gibt es z.B. für die Anfrage (9) und das Datenmodell in (10) bereits zwei Steiner-Bäume, die durch die Umhüllenden T_1 und T_2 im konzeptuellen Datenmodell angedeutet sind.

(9) *Zeige die Mieter und Wohngebiete!*

(10)

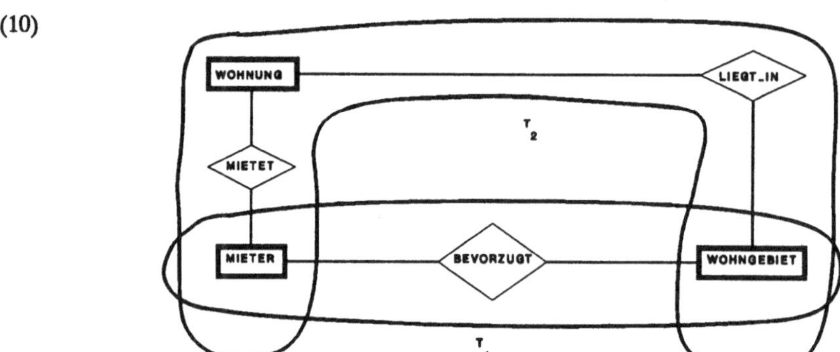

Datenbankschemata, die zu Schemagraphen mit vielen Zyklen führen, lassen das Aufzählen aller Steiner-Bäume zu einem zeitfüllenden Prozeß werden, der dem Benutzer nicht zugemutet werden kann. Eine bessere Möglichkeit besteht darin, die intendierte Lesart bzw. den intendierten Teilgraphen automatisch auszuwählen. Deshalb führen wir eine Metrik ein, mit der die unterschiedlichen Teilgraphen bewertet werden können. Nach Möglichkeit sollen Teilgraphen mit wenigen Join-Operationen bevorzugt werden. Um dies zu erreichen, werden Domainkanten hoch und Attributkanten niedrig bewertet. Wir wählen also: $\mu \gg a$. Die unterschiedlichen Kantengewichte sorgen dafür, daß die Distanz eines kürzesten Pfades zwischen zwei Token derselben Relation niemals größer ist als die Distanz eines kürzesten Pfades zwischen zwei Token aus verschiedenen Relationen. Somit wird Anfrage (9) der Teilgraph gemäß T_1 zugeordnet. Auch die zweite Lesart, angedeutet durch T_2, läßt sich erreichen, indem die Lücke zwischen den beiden Token (Schlüsselattribute von MIETER und WOHNGEBIET) sprachlich aufgefüllt wird, wie z.B. in (11).

(11) *Welche Mieter mieten eine Wohnung in welchem Wohngebiet?*

Damit haben wir die Berechnung einer Verbindung minimaler Distanz für eine Tokenanfrage auf das aus der Graphentheorie bekannte *Steiner-Baum-Problem* zurückgeführt. In Karp 72 wird gezeigt, daß es sich dabei um ein *NP*-vollständiges Problem handelt, d.h. in einer allgemeinen Situation (beliebiger Schemagraph, beliebige Tokenanfrage) kann man nicht erwarten, einen polynomialen Lösungsalgorithmus zu finden (vorausgesetzt: $P \neq NP$). Bedeutet dies nun die Unmöglichkeit einer solchen natürlichsprachlichen Schnittstelle? - Nein, denn zum einen kann man sich auf Schemagraphen beschränken, für die das Problem gutartig ist. So gehört z.B. das Datenmodell in (1) zu einem azyklischen Schemagraphen. Die Bestimmung des hier eindeutig existierenden minimalen Steiner-Baumes ist für beliebige Tokenanfragen möglich. Zum anderen kann man mit Algorithmen arbeiten, die keine Optimallösung garantieren. Ein solches Vorgehen macht durchaus Sinn, da die Lücken zwischen den markierten Knoten für typische Datenbankfragen normalerweise recht klein sind und sich der gesuchte Teilgraph häufig nur auf einen kleinen Ausschnitt eines Zyklus bezieht. Der folgende Algorithmus KMB basiert auf einer Heuristik aus Kou et al. 81.

Algorithmus KMB
Input: Schemagraph $G_D=(V,E,d)$ und Tokenanfrage S mit $S \subseteq V$
Output: Steiner-Baum G_{ST}, wobei G_{ST} Teilgraph von G_D

1. Erzeuge den vollständigen Graphen $G_1 = (V_1,E_1,d_1)$, wobei $V_1 = S$ und $d_1(\{v_i,v_j\})$ für jede Kante $\{v_i,v_j\}$ gleich der Distanz des kürzesten Weges von v_i nach v_j in G_D ist.
2. Berechne einen minimal spannenden Baum G_2 von G_1.
3. Ersetze in G_2 jede Kante $\{v_i,v_j\}$ durch einen kürzesten Weg von v_i nach v_j in G_D und erhalte so G_3.
4. Berechne einen minimal spannenden Baum G_4 für G_3.
5. Streiche in G_4 alle überflüssigen Knoten und Kanten, so daß alle Blattknoten in S vorkommen und erhalte damit G_{ST}.

Der Algorithmus KMB garantiert keinen minimalen Steiner-Baum, obwohl er in den meisten relevanten Situationen einen solchen findet. Er besitzt jedoch zahlreiche Eigenschaften wie Gütegarantie, effiziente Implementierbarkeit in mindestens $O(s \cdot n^2)$, wobei $|S| = s$ und $|V| = n$, und Auffinden des minimalen Steiner-Baumes bei azyklischen Schemagraphen, die in unserer experimentellen Schnittstelle zu akzeptablen Ergebnissen führen.

4. Skopus-Bestimmung

Die zweite Aufgabe, die die Interpretationskomponente einer transportablen natürlichsprachlichen Schnittstelle zu erfüllen hat, ist die Bestimmung des Skopus der Quantifikationen, die von den Funktionswörten bestimmt werden. Wir diskutieren hier nicht alle von NATHAN behandelten Determinatoren, sondern beschränken uns auf die prinzipielle Vorgehensweise und betrachten einige Beispiele. Ein übersichtliches Klassifizierungsschema für die wichtigsten Determinatoren des Deutschen, das nach Spezifität, Kardinalitätsinformation, Informationsträger und modifizierenden Operatoren unterscheidet, findet sich in Marburger 89.

(12)

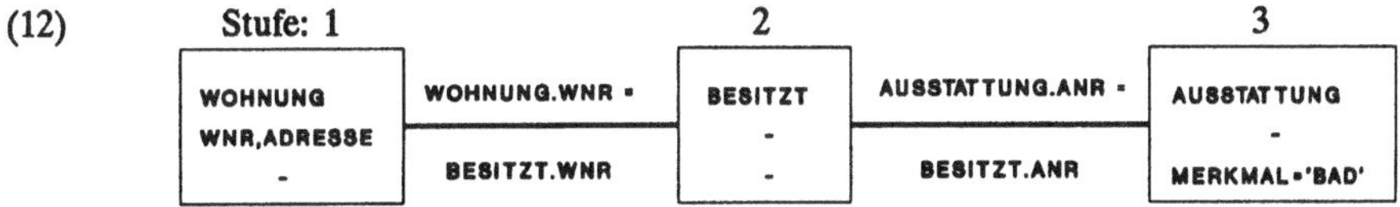

Der relevante Ausschnitt des Schemagraphen, der mit Hilfe des Algorithmus KMB ermittelt wurde, wird zusammen mit den Informationen aus der semantischen Analyse in einen

Anfragebaum überführt. (12) zeigt den Anfragebaum für die Fragen (3a) und (4). Für jede Relation des Teilgraphen existiert ein Knoten. Eine Knotenmarke enthält neben dem Relationennamen, die Menge der Ausgabeattribute und eine möglicherweise leere Menge von Selektionstermen, die sich auf die Attribute der Knotenrelation beziehen. Die Kanten werden durch Join-Terme markiert, die die Verbindungen zwischen benachbarten Relationen herstellen. Eine ausführliche Beschreibung der Algorithmen zur Ermittlung der Anfragebäume befindet sich in Noack 89b. Falls die semantische Analyse keine weiteren quantifizierenden Informationen vorfindet als die, die durch die Anfragebäume schon implizit dargerstellt sind (Frageartikel wie *wer, welch, wo* oder *wieviel* und, da momentan noch keine Informationen über Kasus, Numerus und Genus behandelt werden, auch indefinite und definite Artikel), ergibt sich die formale SQL-Anfrage, indem die Ausgabeattribute in den SELECT-Teil, die Relationen in den FROM-Teil und sämtliche Terme, durch Konjunktionen verknüpft, in den WHERE-Teil der SQL-Anfrage übernommen werden.

(13a) $X_1.A_1,...,X_1.A_l$ of X_1 in R_1; C_{X1} , wobei
R_1: Relation des ersten Knotens,
$A_1,...,A_l$: Ausgabeattribute aus R_1,
C_{X1}: Konjunktion von Selektionstermen mit Attributen aus R_1
(13b) ex X_n in R_n(J_{Xn} & C_{Xn}), wobei
R_n: Relation des n-ten Knotens,
J_{Xn}: Join-Term, der die Verbindung von R_n nach oben beschreibt,
C_{Xn}: Konjunktion von Selektionstermen mit Attributen aus R_n

Für die noch zu behandelnden Determinatoren stehen jeweils mehrere Regeln zur Verfügung, die sukzessive auf Anwendbarkeit geprüft werden. Die Frage, welche der Regeln feuern kann, hängt bei den meisten der behandelten Determinatoren u.a. von der Stufe ab, auf der sich die durch sie quantifizierte Relation im Anfragebaum befindet. Die Regeln werden auf existentiell quantifizierte Ausdrücke einer dem mehrsortigen Relationenkalkül (RK) ähnlichen Sprache (Noack 89b) angewendet, die man i.w. dadurch erhält, daß man für den ersten Knoten eine Ausgabeliste mit einer Teilformel aus Selektionstermen (13a) und für die übrigen Knoten eine existentiell quantifizierte Teilformel (13b) einführt. Die so gefundenen Teilformeln werden gemäß der Baumvorschrift über konjunktive Verknüpfungen ineinander verschachtelt. Der Relationenkalkül-Ausdruck für den Anfragebaum in (12) lautet:

(14) X1.WNR,X1.ADRESSE of X1 in WOHNUNG;
ex X2 in BESITZT(X2.WNR=X1.WNR &
ex X3 in AUSSTATTUNG(X3.ANR=X2.ANR & X3.MERKMAL='Bad'))

Wir betrachten in (15) einige exemplarische Regeln, die auf Determinatoren anwendbar sind, die sich auf eine Relation der Stufe $i \geq 3$ beziehen. Für die Fragen in (3a) bzw. (4) lassen sich die Vorbedingungen leicht testen. Wir müssen für i=3, R_3=AUSSTATTUNG, Θ='=' und n=2 substituieren und können durch Anwenden von Regel (15c) den vorläufigen RK-Ausdruck in (14) in einen solchen überführen, der mit Hilfe einer rekursiven Übersetzungsfunktion, auf die wir hier nicht eingehen, sofort in die SQL-Anfrage (3d) transformiert werden kann.

(15)	**interne Darstellung**	**Determinator-Beispiel**	**Stufe**
(a)	all(R_i)	all	$i \geq 3$
(b)	neg(R_i)	kein	$i \geq 3$
(c)	num(R_i,Θ,n), Θ Vergleichsoperator, n Kardinalität	mehr als drei	$i \geq 3$

vorläufige RK-Formel
(a,b,c) ex X_k in R_k(J_{Xk} & C_{Xk} & ...
ex X_i in R_i(J_{Xi} & C_{Xi} & F_{Xi}) ...) , wobei
J_{Xk}, J_{Xi}, C_{Xk}, C_{Xi}: analog zu (13b),
F_{Xi}: Konjunktion von Formeln, die mit R_i unterhalb verbunden sind

Ergebnis im RK

(a) $\neg$ ex X_i in $R_i(C_{Xi}$ & F_{Xi} &
$\neg$ ex X_k in $R_k(J_{Xk}$ & C_{Xk} & ... &J_{Xi} ...))

(b) $\neg$ ex X_i in $R_i(C_{Xi}$ & F_{Xi} &
ex X_k in $R_k(J_{Xk}$ & C_{Xk} & ... &J_{Xi} ...))

(c) num(X_i,Θ,n) in $R_i(C_{Xi}$ & F_{Xi} &
ex X_k in $R_k(J_{Xk}$ & C_{Xk} & ... &J_{Xi} ...))

Neben den Determinatoren in (15) wird eine Palette von quantifizierenden Informationen behandelt, für die weitere Regeln mit z.T. anderen Vorbedingungen zur Verfügung stehen. Der Regelinterpreter, der in PROLOG implementiert ist, arbeitet in Top-Down-Manier. Daher ist es wichtig, daß die plausibelsten Interpretationen zuerst überprüft werden. Verwirft ein Benutzer eine Interpretation, so wird durch Backtracking nach einer anwendbaren Alternative gesucht. Diese Möglichkeit ist wichtig, weil quantifizierende Informationen häufig Ursache für Ambiguitäten sind, die auch vom Menschen nicht eindeutig aufgelöst werden können. Allerdings bleibt zu beachten, daß viele Datenbankfragen, die sprachlich ambig sind, entweder aufgrund des Dialogkontextes, den wir hier nicht betrachtet haben, oder mit Hilfe des Wissens über das Datenmodell eindeutig übersetzt werden können. Um letzteres zu verdeutlichen, betrachten wir noch einmal die Anfrage (7a).

(16a) X1.WNR of X1 in WOHNUNG;
ex X2 in VERMIETER (X2.VNR=X1.VNR &X2.NAME='Müller') &
ex X2 in VERMIETER (X2.VNR=X1.VNR & X2.NAME='Schmitz')

(16b) X1.WNR of X1 in WOHNUNG;
ex X2 in VERMIETER (X2.VNR=X1.VNR &
(X2.NAME='Müller' or X2.NAME='Schmitz'))

Die zuerst überprüfte Regel, die die sprachliche Konjunktion durch einen nahen Skopus interpretieren würde, scheitert, da 'Müller und Schmitz' nicht als Attributwert zu NAME in Frage kommt. Auch die danach überprüfte Regel, die zur Interpretation in (16a), bei der zwei verschiedene Vermieter ein und dieselbe Wohnung gemeinsam vermieten, führen würde, scheitert, da die Vorbedingung, die fordert, daß das Relationship VERMIETEN vom Typ (m:n) sein muß, nicht erfüllt ist. Als einzige anwendbare Regel bleibt somit nur diejenige, die das sprachliche Und in ein logisches Oder überträgt (16b), was der Lesart in (7b) entspricht.

5. Schlußbemerkung

Die vorgestellten Verfahren bilden eine Basis für die Interpretationskomponente der transportablen experimentellen Datenbank-Schnittstelle. Praktische Tests, bei denen NATHAN über die menuegesteuerte Akquisitionskomponente an drei verschiedene Datenbanken (mit ca. 20 bis 50 Attributen) aus unterschiedlichen Diskursbereichen angepaßt wurde, zeigen, daß eine Akquisition im Zeitbereich Minuten bis Stunden vorgenommen werden kann. Einen Überblick über die von NATHAN angebotene syntaktische und semantische Überdeckung wird in Noack 89b gegeben. Der Einsatz von NATHAN als praktikables Anwendungssystem bedarf einiger Erweiterungen, die bisher nicht berücksichtigt werden konnten. Hierzu gehören Komponenten zur Paraphrasierung der formalsprachlichen Darstellung (Luk & Kloster 86) und zur kooperativen Antwortfindung (Kaplan 83, Marburger 89).

Literatur

J.Barwise, R.Cooper (1981): Generalized Quantifiers and Natural Language, in: Linguistics and Philosophy, Vol.8, No.4, Reidel, Dordrecht, Holland, 159-219

C.J.Fillmore (1968): The Case for Case, in E.Bach, R.T.Harms (eds.): Universals in Linguistic Theory, Holt, Rinehart and Winston, New York, 1-90

B.J.Grosz, D.E.Appelt, P.A.Martin, F.C.N.Pereira (1987): TEAM: An Experiment in the Design of Transportable Natural-Language Interfaces, Artificial Intelligence, 32, 173-243

W.Heinz, J.Matiasek (1989): Die Anwendung Generalisierter Quantoren in einem natürlichsprachigen Datenbank-Interface, in J.Retti, K.Leidlmair (Hrsg.): 5. Österreichische Artificial-Intelligence-Tagung, IFB 208, Springer, 124-133

S.J.Kaplan (1983): Cooperative Responses from a Portable Natural Language Database Query System, in M.Brady, R.Berwick (eds.): Computational Models of Discourse, MIT Press, Cambridge, 167-208

R.M.Karp (1972): Reducibility among Combinatorial Problems, in R.E.Miller, J.W.Thatcher (eds.): Complexity of Computer Computations, Plenum Press, New York, 85-103

E.Keenan, J.Stavi (1986): A Semantic Characterization of Natural Language Determiners, in: Linguistics and Philosophy, Vol.9, No.3, Reidel, Dordrecht, Holland, 253-326

H.F.Korth, A.Silberschatz (1986): Database System Concepts, McGraw-Hill, New York

L.Kou, G.Markowsky, L.Berman (1981): A Fast Algorithm for Steiner Trees, Acta Inform. 15, 141-145

W.S.Luk, S. Kloster (1986): ELFS: English Language from SQL, ACM TODS 11(4), 447-472

H.Marburger (1989): Generierung kooperativer natürlichsprachlicher Antworten in einem Dialogsystem mit Zugang zu relationalen Datenbanken, Dissertation, Universität des Saarlandes

R.Montague (1974): The Proper Treatment of Quantification in Ordinary English, in R. Thomason (ed.): Formal Philosophy, Selected Papers of Richard Montague, Yale University Press, 247-270

A.Mostowski (1957): On a Generalization of Quantifiers, Fund. Math., Vol.44, 12-36

J.Noack (1989a): Kontextdisambiguierung in natürlichsprachlichen Anfragen an relationale Datenbanken, in H.Burkhardt, K.H.Höhne, B.Neumann (Hrsg.): Mustererkennung 89, IFB 219, Springer, 512-517

J.Noack (1989b): NATHAN: Ein transportables Front-End zur Interpretation deutschsprachiger Anfragen an ein relationales Datenbanksystem, Dissertation, RWTH Aachen

N.Ott, K.Horländer (1985): Removing Redundant Join Operations in Queries Involving Views, Inform. Systems, Vol.10, No.3, 279-288

F.C.N.Pereira (1982): Logic for Natural Language Analysis, Ph.D. Thesis, University of Edinburgh

F.C.N.Pereira, S.M.Shieber (1987): PROLOG and Natural-Language Analysis, CSLI Lecture Notes, No. 10, Stanford, California

B.Thompson, F.Thompson (1985): ASK is Transportable in Half a Dozen Ways, ACM Transactions on Office Information Systems 3(2), 185-203

H.Trost, E.Buchberger, W.Heinz, C.Hörtnagel, J.Matiasek (1987): Datenbank-DIALOG - A German Language Interface for Relational Databases, Applied Artificial Intelligence 1(2), 181-203

M.Y.Vardi (1988): The Universal-Relation Data-Model for Logical Independence, IEEE Software, March 1988, 80-85

M.Zoeppritz (1981): The Meaning of OF and HAVE in the USL System, American Journal of Computational Linguistics, Vol.7, No.2, 109-119

SPREADIAC
Intelligente Pfadsuche und -bewertung auf Vererbungsnetzen zur Verarbeitung impliziter Referenzen*

Ralph Schäfer
SFB 314, FB 14 – Informatik IV, Universität des Saarlandes
D–6600 Saarbrücken 11
email: ralph@cs.uni-sb.de

Zusammenfassung

Ein in sprachverarbeitenden Systemen auftretendes Problem ist die definite Referenz auf implizit eingeführte Objekte. Dabei müssen explizite Relationen zwischen nur indirekt verbundenen Strukturen gemäß einer zugrundeliegenden Wissensbasis gefunden bzw. bewertet werden. Zur Lösung des Problems wird eine Spreading Activation Komponente entwickelt. Bei dieser ersetzt eine durch Pfadmuster gesteuerte Suche den 'klassischen' 'generate-and-test'-Ansatz. Das durch diese Pfadsuche abgeleitete Wissen kann in die Wissensbasis aufgenommen werden.

1 Einleitung

In Saarbrücken wird im Projekt XTRA[1] eine natürlichsprachliche Schnittstelle zu Expertensystemen entwickelt. Diese umfaßt sowohl die Analyse als auch die Generierung und interne Verarbeitung natürlicher Sprache. Die Komplexität natürlicher Sprache bedingt, daß das System mit mannigfaltigen Sprachphänomenen konfrontiert wird. Eines dieser Phänomene ist die Referenz auf implizit eingeführte Objekte. Dabei müssen explizite Relationen zwischen nur indirekt verbundenen Strukturen gemäß einer zugrundeliegenden Wissensbasis gefunden bzw. bewertet werden. Dazu wird in diesem Artikel ein auf strukturierte Vererbungsnetze angepaßter Spreading Activation Mechanismus vorgestellt. Dabei ersetzt eine wissensbasierte Pfadsuche den 'klassischen' 'generate-and-test'-Ansatz [Norvig 87].

2 Problem: Referenz auf implizit eingeführte Objekte

In Dialogen nutzen Menschen aus, daß sie als Mitglieder derselben Sprach- und Kulturgemeinschaft auch über gemeinsames Weltwissen verfügen. So können sie während eines Dialoges auf ein Objekt, das *Referenzobjekt*, direkt (d.h. mit einer definiten Deskription, einer Nominalphrase, die einen definiten Artikel enthält) verweisen, ohne daß dieses explizit erwähnt gewesen sein muß [Vater 86]. Das Referenzobjekt könnte z.B. ein (Bestand-)Teil eines in den Dialog eingeführten Objektes, des *Bezugsobjektes* sein. Die Referenz ist möglich, da durch die Verwendung der definiten Deskription signalisiert wird, daß man auf im Dialog vorerwähnte oder vom Kontext her induzierte Objekte Bezug nimmt [Gehrke 88, Clark & Marshall 81].

Beispiel 1: "Im Dorf stand eine alte romantische Kirche."
"Das Dach war vom letzten Sturm schwer beschädigt worden."

Durch den ersten Satz wird das Objekt 'Kirche' eingeführt. Auf das Dach als allgemein bekannter Bestandteil der Kirche bzw. von Gebäuden kann nun im zweiten Satz definit referiert werden.

Während eines Dialoges ergibt sich bei der *Analyse* einer definiten Deskription das Problem, daß das Referenzobjekt, das nicht explizit durch den textuellen oder visuellen Kontext eingeführt wurde, zum aktuellen Dialog in Beziehung gesetzt werden muß. Dazu ist herauszufinden, zu welchen der bisher eingeführten Objekte der vom Sprecher intendierte Bezug hergestellt werden kann. Mögliche Kandidaten sind dabei alle Objekte, die im Fokus des laufenden Dialoges stehen.

Auf der Seite der *Generierung* stellt sich die Frage, wann man auf nicht vorerwähnte Objekte mit dieser Methode verweisen, d.h. definit referieren, kann. Kriterium hierbei ist eine enge Beziehung, z.B. eine 'ist-Teil-von' Relation,

*Diese Arbeit wurde im Rahmen des Projekts N1 des SFB 341 (Künstliche Intelligenz - Wissensbasierte Systeme) der Deutschen Forschungsgemeinschaft (DFG) erstellt. Ich bedanke mich bei Carola Reddig und Jürgen Allgayer für die wertvolle Unterstützung bei der Erstellung dieses Artikels.

[1] XTRA ist das Akronym für 'eXpert TRAnslator'. Das System wurde im Rahmen des Projekts N1 des SFB 314 (Künstliche Intelligenz - Wissensbasierte Systeme) der Deutschen Forschungsgemeinschaft (DFG) erstellt.

zwischen Referenzobjekt und Bezugsobjekt. Weiterhin muß die semantische Nähe zwischen den beiden Objekten berücksichtigt werden:

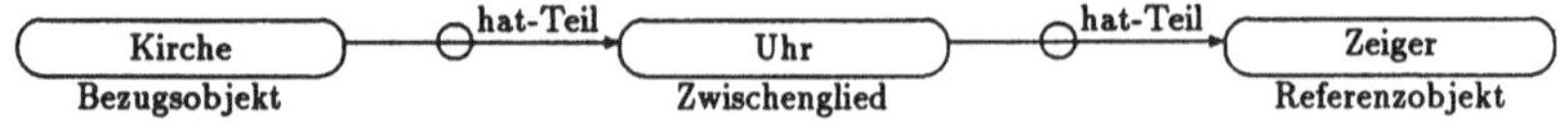

Abbildung 1: Beispiel: Die Zeiger der Uhr der Kirche

In Beispiel 1 kann zwar auf das Dach referiert werden, für die Denotierung der Zeiger der Uhr muß jedoch in der natürlichsprachlichen Deskription ein Zwischenglied angegeben werden. Die semantische Nähe zwischen den Objekten 'Zeiger' und 'Kirche' (Abbildung 1) ist zu gering, als daß Beispiel 2, im Gegensatz zu 3, kommunikativ adäquat wäre:

Beispiel 2: *"Die Zeiger sind handgearbeitet."

3: "Die Zeiger der Uhr sind handgearbeitet."

Das beschriebene Problem wird im Rahmen von XTRA (siehe Kapitel 3) mittels Spreading Activation (siehe Kapitel 4 und 5) gelöst.

3 Umgebung: Das System XTRA

In XTRA [Allgayer et al. 89a, Allgayer et al. 89b] wird die Wissensrepräsentationssprache SB-ONE benutzt [Kobsa 89, Profitlich 89], die dem Paradigma von KL-ONE [Brachmann & Schmolze 85] folgt. Sie hat zwei Repräsentationsebenen: Auf der *generellen* Ebene, der T-Box, werden Begriffe (dargestellt durch Konzepte) und Beziehungen (dargestellt durch Rollen) zwischen diesen Begriffen definiert. Auf der *individualisierten* Ebene, der A-Box, werden mittels dieser Terminologie Aussagen über eine aktuelle Situation formuliert.

Man kann eine SB-ONE Wissensbasis als Graph auffassen, in dem die Knoten Konzepten entsprechen und die Kanten Relationen. In einer solchen Wissensbasis, der Conceptual Knowledge Base (CKB), ist in XTRA das domänenspezifische Wissen abgelegt. Im Dialoggedächtnis, dem Linguistic Dialog Memory (LDM), werden die referentiellen Objekte verwaltet. Die Objekte im Fokus des Dialoges bilden im LDM den 'actual context space' [Reichman 85, Reithinger 90]. Auf sie kann direkt referiert werden, sie stellen die Menge der Bezugsobjekte dar.

Die Länge des Pfades zwischen zwei Konzepten kann zur Modellierung der semantischen Nähe allein nicht benutzt werden, da diese von der Modellierung des Wissens abhängig ist. Um Pfadbewertungen zu erhalten, werden die SB-ONE-Wissensbasen um Kantenbewertungen erweitert.[2] Je größer die semantische Nähe, desto höher ist die Bewertung.

Bei der *Analyse* einer definiten Nominalphrase muß eine Konzeptstruktur, die das Referenzobjekt repräsentiert, in Beziehung zu einem oder mehreren möglichen Bezugsobjekten im LDM gesetzt werden. Bei der *Generierung* muß für eine Konzeptstruktur entschieden werden, ob das Objekt, das sie repräsentiert, mit einer definiten Deskription verbalisiert werden kann.

Im folgenden Abschnitt wird in einem kurzen Abriß das Prinzip der Spreading Activation erläutert, das die Basis zur Behandlung dieser Probleme in XTRA darstellt.

4 Methode: Spreading Activation

Unter 'Spreading Activation Systemen' versteht man Systeme, die mit einem parallel[3] arbeitenden *Pfadsucher* in einem semantischen Netz suchen. Die gefundenen Pfade werden dann von einem *Evaluator* analysiert und weiterverarbeitet [Diederich 89].

4.1 Die Pfadsuche

In einem semantischen Netz werden von i.a. zwei Startknoten in einem parallelen Prozeß im einfachsten Fall unbewertete Markierungen über die von den Startknoten ausgehenden Kanten propagiert (*marker passing*) [Quillian 68]. Jede Markierung besitzt einen Zeiger auf den direkten Vorgängerknoten im Propagierungsprozeß. Zwischen jedem durch marker passing *aktivierten* Knoten und seinem Startknoten existiert somit ein Pfad, der durch die Verzeigerung rekonstruiert werden kann. Die Markierungen werden weiter zu allen Nachbarknoten propagiert, bis sie auf einen anderweitig (d.h. vom zweiten Startknoten aus) aktivierten Knoten treffen, d.h. eine *Kollision* entsteht. Der so gefundene Pfad repräsentiert eine gesuchte Verbindung zwischen den beiden Startknoten und wird an den Evaluator weitergegeben.

---

[2] Es existiert eine Funktion, um unbewertete Wissensbasen in bewertete zu überführen. Diese können noch von einem Wissensingenieur nachbearbeitet werden. Zu den notwendigen Erweiterungen von SB-ONE gehört auch, daß die SB-ONE-Operationen die Konsistenz der Kantenbewertungen gewährleisten.

[3] Diese konzeptuelle Parallelität drückt sich bei konnektionistischen Modellen auch bei der Realisierung aus.

Dieser Ansatz wurde von [Collins & Loftus 75] erweitert: Die propagierten Markierungen und die Kanten des zugrundeliegenden Netzes werden *numerisch bewertet* (*value passing*). Die Aktivierung des Folgeknotens, d.h. jetzt die Bewertung der propagierten Markierung, erfolgt proportional zur Kantenbewertung. Sie wird *gedämpft*, d.h. mit einem Wert < 1 multipliziert. Sobald die Aktivierung unter einen *Schwellwert* fällt, stoppt die Propagierung.

4.2 Die Evaluation

Die Funktionsweise des Evaluators ist abhängig von der aufrufenden Komponente. Er kann z.B. die beiden Teilpfade zwischen dem Kollisionsknoten und den Startknoten verbalisieren [Quillian 68]. Bei [Norvig 87] versucht der Evaluator, Zusammenhänge zwischen Objekten, die in einem Satz erwähnt wurden, herauszufinden. Dazu werden implizite Zusammenhänge explizit ausgedrückt.

Für den Evaluator werden Pfadmuster definiert, die einer Sequenz von Kantentypen entsprechen. Paare von Pfadmustern werden zu einer Inferenzklasse kombiniert. Tritt eine Kollision auf und entspricht die Struktur des Pfades vom ersten Startknoten über den Kollisionspunkt zum zweiten Startknoten einer Inferenzklasse, wird der gesamte Pfad auf eine Agenda geschrieben. Zu jeder Inferenzklasse gibt es passende Inferenzen. Damit werden Folgerungen aus den Pfaden der Agenda gezogen. Gibt es keine expliziten Kontraindikationen und widersprechen sich potentielle Schlußfolgerungen nicht, wird die vorgeschlagene Folgerung akzeptiert (und z.B. verbalisiert), ansonsten wird sie verworfen.

Die Konzeption von SPREADIAC basiert auf diesen Ansätzen.

5 Konzeption von SPREADIAC

In XTRA wird das Problem, bisher nur indirekt verbundene Strukturen in einer Wissensbasis zu verknüpfen bzw. eine gegebene Verbindung zu bewerten, mit Hilfe eines spezifischen Inferenzsystems für KL-ONE-artige Wissensnetze, dem Spreading Activation System SPREADIAC, unterstützt[4].

Es besteht aus einem *Pfadsucher*, einer dazugehörigen *Wissensquelle* und einem *Evaluator* (siehe Abbildung 2).

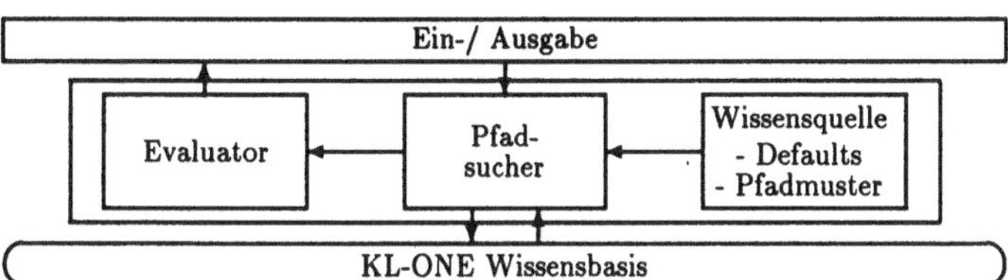

Abbildung 2: Aufbau von SPREADIAC

Das System nimmt auf einem vorgegebenen KL-ONE-Netz, das bewertete Kanten besitzt, mit value passing (siehe Kapitel 4) eine *Pfadsuche* vor. Dabei können Initialbewertung der Markierung(en), Dämpfungsstärke und Schwellwert aus der - nach Anwendungsbereichen unterteilten - Wissenquelle abgerufen oder optional vom Benutzer direkt eingegeben werden.

Bei SPREADIAC werden ähnlich zu [Norvig 87] Pfadmuster definiert. Jedoch wird die Beschneidung des Lösungsraums nicht erst in der Evaluation, sondern bereits in der Pfadsuche vorgenommen; dadurch wird das Ausschließen unsinniger Pfade vorgezogen, indem nur über die Kanten propagiert wird, die in das vorgegebene Pfadmuster passen. Die Muster werden mit einer Pfaddefinitionssprache in einer LISP-ähnlichen Notation erstellt. Mit dieser Sprache können u.a. folgende Konstrukte benutzt werden, deren Komposita oder Sequenzen ein Pfadmuster ergeben:

- **Kantentyp**, (`is-a`, `ind`, `,` `hat-teil`...), denotieren die nächste Kante, über die propagiert werden darf.
- **Wildcard** Ein `?` steht für eine 'beliebige' Kante.
- **Ausschließung**, (`(not is-a)`,...), verbietet die Propagierung über bestimmte Kantentypen.
- **Wiederholung**, (`(3 is-a)`, `(* is-a)`,...), gibt Kantenfolgen an, wobei `*` für 'beliebig oft' steht.
- **Alternative**, (`(or (is-a) (ind))`...), gibt alternative Pfadmuster vor.

Bei gleichzeitigem Start von zwei Startknoten aus wird das vorgegebene Pfadmuster geteilt, so daß das Muster gleichzeitig von vorn und hinten abgearbeitet werden kann. Wenn die beiden Teilpfade bei einer Kollision den Pfadmusterhälften entsprechen, ergeben sie zusammen einen definierten Pfad, der an den Evaluator zur weiteren Verarbeitung gegeben wird. Beim Start von nur einem Knoten aus müssen die entlang eines definierten Pfades propagierten Markierungen mit einem Knoten der Zielstruktur kollidieren. Die Propagierung einer Markierung

[4] Das System wird auf einer VAX 8700 unter Ultrix V2.0-1 entwickelt, auf eine SYMBOLICS 3600 portiert und in XTRA eingebunden.

terminiert, sobald keine Kanten existieren, über die sie gemäß dem vorgegebenen Pfadmuster propagiert werden kann, oder ihre Bewertung kleiner als der Schwellwert ist.[5]

Der *Evaluator* führt die Weiterverarbeitung der Pfade durch. Dabei nutzt er aus, daß die Pfadsuche bereits zielgerichtet und wissensbasiert erfolgt. Bei der Analyse definiter Deskriptionen wird der Pfad zum gefundenen Bezugsobjekt zurückgegeben und überprüft, ob durch die Deskription zusammen mit T-Box-Informationen auf A-Box-Ebene Wissen inferiert werden kann. Im Falle der Generierung definiter Deskriptionen werden die gefundenen Pfade mit ihren Bewertungen der aufrufenden Komponente zurückgegeben.

6 Verarbeitung impliziter Referenzen mit SPREADIAC

Bei der *Analyse* der definiten Deskriptionen auf implizit erwähnte Objekte wird versucht, mit dem Pfadsucher in der CKB einen Pfad von dem Knoten, der das Referenzobjekt repräsentiert, und Strukturen, die im Fokus des Dialoges stehen, zu finden. Bei dem zu suchenden Pfad müssen die Konzepte in einer engen strukturellen Verbindung, etwa in einer 'ist-ein'-, 'ist-Teil-von'- oder 'ist-Instanz-von'-Beziehung, stehen. Dies wird durch folgendes Pfadmuster gewährleistet:

```
(* (or ( (* is-a) (* hat-Teil) (* ind) )))
```

Wurde nur ein Pfad gefunden, so ist das Bezugsobjekt eindeutig bestimmt und der Evaluator gibt diesen Pfad zurück. Wurden mehrere Pfade gefunden und damit eventuell mehrere verschiedene Bezugsobjekte, so wählt der Evaluator den 'stärksten' Pfad aus, d.h. den, bei dem die Bewertung der Markierungen am Ende noch am höchsten ist.

Weiterhin überprüft der Evaluator, ob *implizites Wissen* abgeleitet werden kann. Wird für ein individuelles Konzept eine Eigenschaft (eine Attributdeskription) eines generellen Konzepts in der T-Box gefunden, die noch nicht in der A-Box eingetragen ist, so wird vorgeschlagen, diesen Sachverhalt auf A-Box Ebene zu realisieren, indem eine Instanz der gefundenen T-Box-Struktur eingetragen wird.

Beispiel 4: "Auf dem Hof steht ein XM."
"Das ABS ist defekt."

In Beispiel 4 wird ein individuelles Konzept eines Autos, ein 'XM', eingeführt. Im weiteren Verlauf wird auf das ABS des XM referiert, ohne daß vorher bekannt war, daß dieses ein Teil des XM ist. Der Pfadsucher muß einen Pfad zwischen dem Konzept '`XM`' und '`ABS`' finden, der dem oben angegebenen Pfadmuster entspricht. Die Abbildung 3 zeigt den dazu relevanten Ausschnitt der CKB [6].

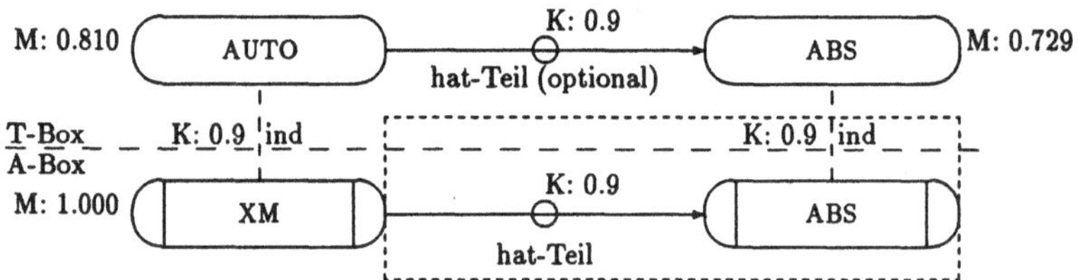

Abbildung 3: Ein Ausschnitt einer SB-ONE-Wissensbasis

Die Propagierung startet im Knoten '`XM`', wobei die erste Markierung den Initialwert 1 besitzt. In diesem Beispiel wird auf 0.9 gedämpft. Es wird der Pfad (`XM ind AUTO hat-Teil ABS`) gefunden.

Das `ABS` bildet im Beispiel ein optionales Teil des generellen Konzeptes '`AUTO`'. Da in SB-ONE optionale Beziehungen, für die keine explizite Information vorliegt, nicht mit individualisiert werden, fehlt diese Information in der A-Box. Da aber auf das ABS im Zusammenhang mit dem XM referiert wurde, wird die Hypothese aufgebaut, daß das ABS ein Teil des XM bildet. Der Evaluator schlägt der aufrufenden Komponenente vor, diesen Sachverhalt direkt in der A-Box einzutragen[7], im Beispiel durch Einfügen der Struktur, die in Abbildung 3 umrahmt ist.

Zur *Generierung* von definiten Deskriptionen werden Bezugsobjekte und Referenzobjekt vorgegeben. Zwischen diesen soll in der CKB ein bewerteter Pfad gefunden werden, der hinreichend stark ist (d.h. die Objekte müssen semantisch gesehen hinreichend nah sein[8]), und bei dem die Konzepte in engen strukturellen Beziehungen, analog zur Analyse, stehen. Der Pfadsucher arbeitet darum mit dem gleichen Pfadmuster.

Der Evaluator gibt die Knoten des gefundenen Pfades mit ihren Bewertungen zurück, damit entschieden werden kann, ob die Deskription direkt generiert werden kann oder, bei zu geringer semantischer Nähe der Konzepte, ein Zwischenglied verbalisiert werden muß. Im Beispiel der Kirche (Abbildung 1, Beispiel 2, 3) würde die Bewertung von 'Zeiger' für eine direkte Deskription zu gering sein.

[5]Zur Modellierung der Dialogeinflüsse existiert eine Funktion, die die Kantenbewertungen zusätzlich interpretiert. Durch diese kann auch die Transitivität der 'is-a'- und 'hat-teil'- Kanten modelliert werden, indem deren Bewertung entsprechend heraufgesetzt wird.

[6]Bei der Abbildung bezeichnen die Zahlen hinter 'M:' die Bewertung der Markierungen, hinter 'K:' die Bewertung der Kanten. Die umrahmte Struktur ist zu Anfang des Propagierungsprozesses nicht in der Wissensbasis enthalten.

[7]Die aufrufende Komponente kann dabei Alternativen abfragen, falls sie den Vorschlag ablehnt.

[8]Dabei muß die semantische Nähe auch bei 'is-a'- und 'has-part'-Beziehungen berücksichtigt werden.

7 Ausblick

SPREADIAC kann neben der Verarbeitung definiter Deskriptionen in weiteren Anwendungsbereichen eingesetzt werden.

So kann die intendierte Bedeutung lexikalisch mehrdeutiger Wörter oft aus dem unmittelbaren Satzkontext herausgefunden werden (z.B. "Das *Schloß* hat einen Turm"). Ein Einsatzgebiet für Spreading Activation ist die Auflösung dieser Mehrdeutigkeiten [Charniak 83, Bandyopadhyay 90]. SPREADIAC untersucht bei der Wortdisambiguierung, zwischen welcher der möglichen Interpretationen und den weiteren im Satz erwähnten Objekten es eine sinnvolle Verbindung gibt.

Zur Entschlüsselung von Nominalkomposita - sofern sie ad hoc gebildet, also noch nicht lexikalisiert sind - benötigt der Hörer u.a. Kontextinformation, Allgemeinwissen. So bezeichnet z.B. das Wort 'Kinderschnitzel' ein Schnitzel, das den Nahrungsbedürfnissen eines Kindes angepaßt ist. Zur Entschlüsselung ist zu klären, wie die strukturelle Verbindung der Repräsentation der Objekte, die solche Nomina benennen, beschaffen ist. Eine Verbalisierung des Verbindungspfades (und seiner eventuellen Alternativen) erklärt das Kompositum.

SPREADIAC arbeitet mit SB-ONE, ist aber so allgemein gehalten, daß eine Anpassung an andere KL-ONE-artige Wissensnetze leicht möglich ist.

Literatur

[Allgayer et al. 89a] J. **Allgayer**, K. **Harbusch**, A. **Kobsa**, C. **Reddig**, N. **Reithinger** und D. **Schmauks**. XTRA: A Natural-Language Access System to Expert Systems. *International Journal on Man-Machine Studies*, 31:161 - 195, 1989.

[Allgayer et al. 89b] J. **Allgayer**, R. **Jansen-Winkeln**, C. **Reddig** und N. **Reithinger**. Bidirectional Use of Knowledge in the Multi-Modal Natural-Language Access System XTRA. In: *Proceedings IJCAI*, S. 1492 - 1497, Detroit, MI, 1989.

[Bandyopadhyay 90] S. **Bandyopadhyay**. An Architecture for Distributed Knowledge Processing in Understanding Natural Language. Erscheint in: *Journal of New Generation Computer Systems*, 1990.

[Brachmann & Schmolze 85] R.J. **Brachmann** und J.G. **Schmolze**. An Overview of the KL-ONE Knowledge Representation System. *Cognitive Science*, 9(2):171 - 216, 1985.

[Charniak 83] E. **Charniak**. Passing markers: A theory of contextual influence in language comprehension. *Cognitive Science*, 7(3):171–190, 1983.

[Clark & Marshall 81] H. H. **Clark** und C. R. **Marshall**. Definite reference and mutual knowledge. In: *Elements of Discourse Understanding*, Cambridge: A. K. Joshi, B. Webber und I. Sag, 1981.

[Collins & Loftus 75] A. M. **Collins** und E. F. **Loftus**. A spreading-activation theory of semantic processing. *Psychological Review*, 82(6):407–428, 1975.

[Diederich 89] J. **Diederich**. *Spreading Activation and Connectionist Models for Natural Language Processing*. Technical Report TR-89-008, International Computer Science Institute, Berkeley, California, Februar 1989.

[Gehrke 88] M. **Gehrke**. *Neues aus der Beziehungskiste: Begriffsdefinitionen und Referenzidentifikationen definiter Beschreibungen*. Bericht 39, Verbundvorhaben WISBER, SIEMENS AG, München, Dezember 1988.

[Kobsa 89] A. **Kobsa**. *The SB-ONE Knowledge Representation Workbench*. Memo 31 des SFB 314, Universität des Saarlandes, Fachbereich Informatik, Saarbrücken, März 1989.

[Norvig 87] P. **Norvig**. Inference in Text Understanding. In: *Proc. of the AAAI*, S. 561–565, 1987.

[Profitlich 89] H.-J. **Profitlich**. *SB-ONE: Ein Wissensrepräsentationssystem basierend auf KL-ONE*. Diplomarbeit, Lehrstuhl Prof. Wahlster, Fachbereich Informatik, Universität des Saarlandes, 1989.

[Quillian 68] M. R. **Quillian**. Semantic Memory. In: M. Minsky (Hrsg.), *Semantic Information Processing*, Kapitel 4, S. 227 - 270, Cambridge, MA: MIT Press, 1968.

[Reichman 85] R. **Reichman**. *Getting Computers to Talk Like You and Me*. Cambridge, MA.: MIT Press, 1985.

[Reithinger 90] N. **Reithinger**. POPEL - A Parallel and Incremental Natural Language Generation System. In: C. L. Paris, W. Swartout und W. Mann (Hrsg.), *Natural Language Generation in Artificial Intelligence and Computational Linguistics*, Dordrecht, Netherlands: Kluwer, 1990.

[Vater 86] H. **Vater**. *Einführung in die Referenzsemantik*. Kölner Linguistische Arbeiten Germanistik, Nr. 11, Köln, 1986.

SOME USEFUL SEARCH TECHNIQUES FOR NATURAL LANGUAGE GENERATION

Helmut Horacek
Universität Bielefeld
Fakultät für Linguistik und Literaturwissenschaft
Postfach 8640, 4800 Bielefeld 1

Abstract

Research in natural language generation has so far been dominated by developing prerequisites for making decisions in a constrained environment. Assuming future generators to be equipped with a significantly increased repertoire of actions this paper motivates decision making to be accompanied by clever search techniques to guide the associated selection processes in an efficient way. Contributions to this goal are presented in a generation subprocess which is responsible for the transition from conceptual specifications to lexical descriptions, including: (1) a mechanism for recording dependencies between several possible alternatives in an exact and efficient way (which is exploited for significantly reducing an originally huge search space to its relevant portions), and (2) techniques for exploring the most promising among some suitable alternatives in a skillful order to yield further reductions in the associated search effort.

1. Introduction

In the field of natural language (NL) generation the production of text has been characterized (among others) as a process which consists of making decisions under constraints [17] and as a continuum of goal-satisfaction and rule-satisfaction processes [1]. Hence, finding appropriate criteria for making adequate decisions in a constrained environment (i.e., selecting among alternatives) can be assumed as a central issue in the task of NL generation. In fact, much effort has been devoted to exploit assumptions or evidence about the hearer's (respectively the reader's) competence and discourse knowledge (represented in a user model) and to take stylistic preferences into account. The criteria derived have been used in various phases and aspects of generation including lexicalization and the choice of syntactic forms [23], the selection of properties or relations to describe objects [14, 20], the selection of information relevant for satisfying communicative goals [18], and the influence of perspective even considering a given degree of time pressure [13]. To the best of our knowledge the criteria developed and applied in the systems referred are more-or-less directly associated with decision points, so that the entire generation process is usually organized by a skillful ordering of pairs of criteria checking and decision making steps. Apparently, the relevant parts of utterance specifications are built or modified by this technique without running into substantial control problems when composing complete dialog utterances or text paragraphs.

In our view, research in NL should aim, among others, at building clearly larger systems than the present ones are. This includes, in particular, generators with much broader coverage, but we doubt whether all choices between alternatives involved in creating an utterance or a text portion can still be made profoundly on the basis of some essentially clear-cut criteria. We suspect that, when an increased repertoire of actions is available, the effect of communicative goals and stylistic preferences on the suitability of available alternatives is more complex and the dependencies between possible choices are much more intertwined. In particular, finding a suitable ordering in which choices can be made skillfully seems to be more difficult because not all alternatives that look *locally* optimal can also be expected to contribute to a result of *globally* good quality. As a consequence, we feel that significant emphasis has to be put on finding adequate search techniques. In our view, they should aim at filtering out quickly promising subsets of alternatives among the whole range of overall existing possibilities, so that more effort can be spent on testing combinations of alternatives with respect to the quality achieved in the task of satisfying given goals.

As opposed to generation, search techniques have been widely used in the analysis of NL leading to mechanisms for saving and reusing successfully analyzed partial results and to look-ahead methods constraining the potential search space by the mere application of computationally cheap tests. Also performing semantic tests already in the course of syntactic processing has definitely proved to be helpful for reducing the overall search effort. Also in generation similar considerations have been applied almost exclusively in the area of syntax, mainly after the use of unification-based grammars became popular in generation, too. This situation has led, among others, to similar techniques as in parsing (i.e., saving successfully generated partial structures [6]), and to the creation of informed compilers, which take into account the direction a grammar is interpreted [9]. An overview of suitable techniques particularly featuring a head-driven approach is given in [19]. Apart from the area of syntax KAMP [1] provides a method for attacking search efficiency problems: instead of performing planning processes on the level of the possible world semantics (which is the well-founded knowledge representation mechanism used by the system, but its application is very time-consuming) simplified state-transition operators are applied to generate plausible plans which are subsequently verified and refined by using the possible world semantics in a significantly reduced search space only. Moreover, we may argue that search control can be considered even more important in generation than in analysis because text production comprises more subtasks - e.g., text organization, selection of content. Additionally, the problem of finding adequate conceptual descrip-tions has already been proved to be NP-complete [21].

As for our own experience collected with several systems mainly the generation component of the NL advisory system WISBER [8, 12] has caused us to learn about the importance of efficient searching because of its rich repertoire of choosing lexical expressions for conveying conceptual specifications. In this paper we will present some of the techniques that we are ready to incorporate in the system to explore the search space that is constituted by building combinations of the available alternatives more efficiently. First we will outline briefly the verbalization subcomponent, which the developed search techniques have been applied to. Then we will present the search control mechanisms in detail. These mechanisms comprise:

- a technique which, by the application of computationally cheap tests, enables the generator to take dependencies between alternatives into account, thus significantly reducing the potentially huge search space to its relevant portions (by means of well justified forward pruning) before actually exploring it,
- measurements to guide the proper search in a goal-oriented way (by means of skillful ordering), which may lead to additional reductions of the search effort in several instances.

2. The verbalization method

The system WISBER, which has served for us as a target to develop search techniques for generation, is characterized by a strict separation between lexical (surface-oriented) and cognitive (inference-oriented) levels of representation (as described and motivated in [10]). On the cognitive (conceptual) level the language IRS [3] (*Interne RepräsentationsSprache*, WISBER´s dedicated language to represent utterances on the semantic-pragmatic level), which is loosely based on predicate logic, contains concept and role predications which must have equivalent definitions in QUIRK [4] (which is WISBER´s component to represent terminological knowledge, a T-Box in the tradition of KL-ONE like knowledge representation systems). The ontology chosen is based on certain principles [11], which cause the information content on the terminological level (that is associated with the predicates attributed to concepts and roles) and on the lexical level (where predicates are attributed to lexemes and grammatical functions) to be distributed significantly different from each other. Thus, considerable restructuring of a conceptual specification might be necessary on the transition from the conceptual to the lexical level. Typically, expressing facts in adequate terms is considered a central problem in generation (McDonald has termed it ´useful packaging´ [17]).

The initial structure for the generator, which is produced by WISBER´s evaluation component, is a (still simple) collection of propositions containing concept and role predications. This specification is more-or-less straightforwardly converted into an appropriate IRS formula which represents, in the context of an appropriate speech act, a basic, only internally identifiable specification of the propositional content to be conveyed. In the course of subsequent processing this expression is modified and expanded on a purely conceptual level to meet the user´s command of terminological knowledge and to achieve communicative adequacy (i.e., entities and eventualities referred in the formula can be uniquely identified in the actual context). This is done by the component FTRANSLATE [2], which performs terminological transformations, and by a component dedicated to the generation of conceptual descriptions, which works similarly to the NP-generation component of HAM-ANS [14]. The subsequent verbalization process produces a representation on the lexical level (in concrete, functional descriptions) which expresses most adequately the conceptual specification. This task comprises the selection of predicates on the lexical level, which we will focus on here, as well as structure building and determiner selection which depends, among others, on quantifiers and scoping in the given IRS formula (some interesting cases are described in [5]).

In other approaches a distinction between cognitive and lexical levels has hardly been made as consequently as we did. In NAOS [20] event models are used to bridge the gap between representations of real world actions (which are available in form of propositions about object properties, including, in particular, time-dependent locations for movable objects) and words to describe one or several of these actions. Compared to our approach the tasks performed by means of the event models are very similar to those tasks performed by FTRANSLATE. In KDS [15] a variety of aggregation and preference rules is used, which are of rather different degrees of complexity; some of them may lead to considerable restructuring of the specifications to be uttered. According to the examples presented, we feel that these rules operate, in fact, on the lexical level. An explicit transition between representation levels, which is termed compositional structure building, is found in a system built by Mellish and Evans [16]. As compared to our verbalization method, the structure building rules used in their system are more complex than our schemata and they comprise larger portions of conceptual specifications. The rules are ordered and their application is deterministic. Hence, with respect to the transition to the lexical level, that approach is less flexible and limited in some sense (e.g., concerning the generation of NPs) so that the control problems characteristic for our approach are not (yet) relevant there. To summarize, it becomes apparent that the representations used and the techniques applied differ significantly among those systems, but we feel that they would share the need of improved search control in extended versions.

Because of the ontological and structural differences between the representation levels not all parts of an IRS-formula to be verbalized must necessarily have counterparts in the surface expressions actually produced. Some portions may be ignored because the concrete context in companion with the repertoire of verbalization facilities permits their omission. This effect is usually too complex to be anticipated by the precedent subprocesses, which operate on the conceptual level. Therefore, the conceptual specification contains *'obligatory'* elements (or parts) - atomic elements that have to be expressed unconditionally - and *'optional'* elements, which may or may not be used in the verbalization process. Usually, obligatory parts represent entities to be newly introduced in the dialog, whereas optional parts refer to shared discourse knowledge. The latter must appear in the conceptual specification either to yield uniquely identifiable descriptions or because of formal completeness requirements (e.g., both concepts referred to by a role predication must be included in the entire formula, even though one of the entities referred might be known).

The transition between the representation levels is specified by a small set of elementary and composable schemata responsible for bridging differences in granularity (via ZOOM schemata) and for expressing those relations in a concise, implicit way on the lexical level that are explicitly represented on the conceptual level (via SUBSTITUTION schemata). Via ZOOM schemata a chain consisting of at least one atomic conceptual element (they comprise the conceptual coverage of a mapping schema) is mapped onto an atomic lexical element (a lexeme, a feature value, or a grammatical function). Also the 'empty lexeme' (a word with an uninstantiated PRED-feature) is a valid mapping result, which is most suitably chosen for major categories like 'person', 'time-interval', and 'physical object' in a given context.

There are four subclasses of ZOOM schemata: MICRO, STANDARD, MIX, and MACRO ZOOM schemata. The MICRO ZOOM schema maps any type of node (concept or role nodes) onto a noun, a verb, an adjective, or onto a feature value (e.g., PRESENT as a tense feature value). Grammatical functions and auxiliary verbs are possible mapping results of the connecting links. Unlike the basic MICRO ZOOM schema, which describes simple one-to-one mappings, the more complex schemata comprise structures consisting of:

- <u>a role node</u> and <u>both</u> its adjacent <u>links</u>, which are mapped onto grammatical functions via STANDARD ZOOM schemata (a method also found in other approaches). In Figure 1, e.g., the roles AGENT and THEME are mapped onto the grammatical functions SUBJECT and OBJECT (GENITIVE ATTRIBUTE - 'of'),

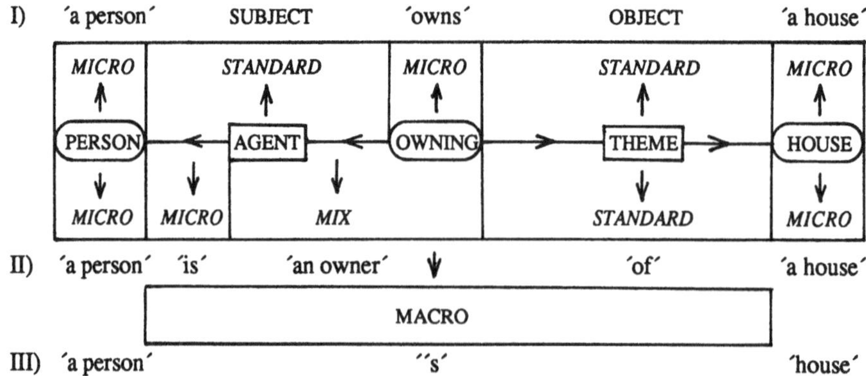

Figure 1: Alternative verbalizations for the concept OWNING and its associated roles and fillers yielding I) 'A person owns a house', II) 'a person is an owner of a house', and III) 'a person's house'

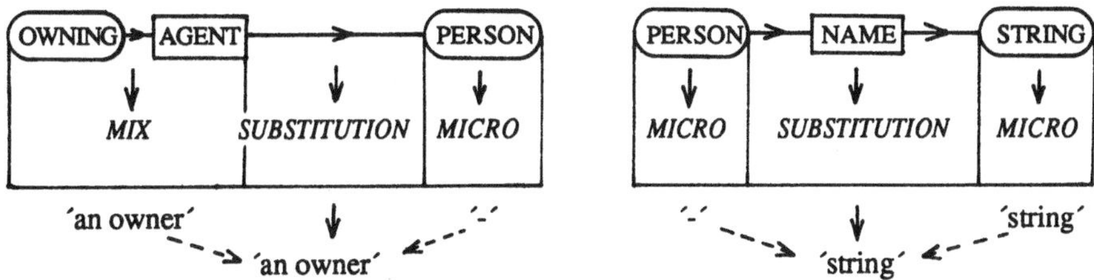

Figure 2: The two types of SUBSTITUTION schemata ('-' denotes the 'empty lexeme')

- a concept node, a role node, and a link connecting them, which is used for creating role nouns (nouns derived from actions) via MIX ZOOM schemata. In Figure 1, e.g., the chain consisting of the concept OWNING, the role AGENT, and their connecting link is mapped onto the noun 'owner',
- two roles nodes, all their adjacent links, and a concept node which establishes a connection between the roles via two of these links; this construct can be expressed by a single lexical element (usually a genitive attribute) via MACRO ZOOM schemata. In Figure 1, e.g, the concept OWNING, both its adjacent roles, and their attached links are mapped onto a GENITIVE ATTRIBUTE (''s').

Examples for ZOOM schemata of each type are illustrated in Figure 1. It contains the resulting alternatives (for mapping the concept OWNING) and their potential composability with the mapping results of the adjacent roles, together with the conceptual coverage of the schemata (by means of the attached blocks). Appropriate determiners are inserted for convenient readability.

Via SUBSTITUTION schemata a conceptual chain is mapped procedurally onto the lexical level: a unification of those functional structures is performed that have been obtained by mapping the conceptual elements adjacent to both ends of the chain. This way structures derived from different conceptual elements may collapse on the lexical level. The two types of SUBSTITUTION schemata are illustrated in Figure 2.

The application of a suitable collection of mapping schemata to the concept and role predications in an IRS formula leads to the creation of a set of functional descriptions. The verbalization procedure attempts to unify these partial results so that only those combinations of schemata are accepted which do not lead to inconsistencies on the lexical level (e.g., if an incompatibility between a feature and its value is present). Altogether, building a complete structure on the lexical level involves two necessary conditions:

- The obligatory parts of the initial IRS formula must be covered completely (but only once) by the mapping schemata used. This condition reflects the problems of 'untractable residues' (parts of the conceptual specification are not covered) and 'conceptual overlaps' (they are covered by more than one schema), which have been termed this way by Mann and Moore [15].
- The resulting structure must be complete (e.g., it must not contain uninstantiated case roles) and coherent (i.e., all its parts must be connected).

Additionally, two partially conflicting types of criteria determine the quality of the overall result:

- All discourse entities must be referred to in a way so that they can plausibly be assumed to be contextually identifiable by the reader or hearer (which might be achieved, preferably, by using some of the optional parts in the initial specification).
- Stylistic preferences must be adequately taken into account (including, e.g., a tendency towards restricted use of the optional parts to produce shorter utterances if possible).

To summarize, the control problem in the verbalization process of our system boils down to select quickly among the potentially large number of locally applicable alternatives of schemata to determine the globally feasible combinations, and to concentrate the effort on finding out a suitable candidate (i.e., a set of globally feasible schemata) which meets the above requirements best.

3. Search techniques in generation

A fairly simple approach, which we have started with, takes into account very little in addition to the obvious fact that each locally applicable schema instance might be included or not in a globally feasible combination of mapping schemata. Apart from that we have only considered mutual exclusions of those schemata whose 'main parts' are identical (a main part of a schema is a conceptual element which serves as the key to access the 'conceptual-lexical' lexicon from the conceptual side). Hence, schemata which meet this computationally simple condition can be used only alternatively (their conceptual coverages overlap). The search space is then constituted by a tree where each level is devoted to a conceptual element that appears as a main part in at least one schema. Each of the mapping schemata associated with the conceptual element bound to level i constitutes an alternative at that level (plus the possibility of excluding all of them). Hence, if there are *n* conceptual elements to be mapped *m* of which serve as a main part in at least one schema, the total size of the search space to be explored by the above method amounts at least to 2^m. As most of the conceptual elements may serve as main parts somewhere (i.e., *m* is usually pretty close to *n*) and there may be frequently several mapping schemata with the same main part (not only one as assumed above for obtaining a lower bound) the combinatorial explosion is severe.

In concrete, it takes about half a minute on a Xerox Lisp Workstation 1108 to explore a single branch of such a search tree to produce the 'best solution' - optimal ordering provided - which is what we have implemented so far. Hence, improvements of this simple method are urgently needed to make the exploration and the assessment of several alternatives realistic at all. This can very likely be achieved because the number of 'solutions' ranges from one to several dozens for realistic values of n (which is about 20 for a one or two sentence utterance). Despite the fact that we can expect several branches of the associated search tree to be cut off due to conceptual or lexical clashes, huge subtrees must occasionally be explored in vain because a clash may not be discovered much earlier than at the end of a branch. Apparently, there exist many structural dependencies which can be used to exclude certain combinations of mapping schemata immediately (i.e., a misfit can be recognized without actually building functional structures and attempting their time-consuming unification). However, many dependencies cannot be found easily in a general way because dependencies may reach across the boundaries of several schemata (e.g., the MACRO ZOOM schema and combinations of other schemata with identical conceptual coverage). In the following section we present an algorithm for finding dependencies cheaply which can be exploited to yield drastic reductions of the search space.

3.1 Constraining the relevant search space

Before any partial lexical structures are created, a logic expression is built incrementally which mirrors a representation of the whole search space. The expression consists of variables representing schemata instances, which are joined by *and*- and *or*-operators. *And* joins schemata which can be combined (on a yet superficial view) and must be used both as long as each of them contains at least one obligatory element. *Or* is used to join schemata which must not be combined because they are (apparently) incompatible. By appropriately joining the representatives of schemata according to their (potential) composabilities and incompatibilities the dependencies between the schemata become apparent and serve as a basis for obtaining reductions in the search effort later. Possible reasons for an incompatibility are:

- a conceptual clash - a conceptual element (be it a main part or not) is covered by two schemata,
- a (simple) lexical clash - the categories derived from mapping schemata referring to adjacent conceptual elements must fit, as the resulting structures on the lexical level are joined directly (e.g., as an attribute and a suitable value - this is a dependency between two elements).

Note that the feasibility of a (complete) combination still cannot be guaranteed this way: for instance, 'overloading' (the attempt to join two attributes coming from different conceptual sources to the same NP) cannot be recognized (this is a higher order dependency - at least three elements are involved).

As opposed to the naive method described above, the key idea in building the logic expression is to a priori assume the unconditional inclusion of a schema in the set of globally feasible ones and maintaining this view until an incompatibility with other schemata is encountered. In concrete, the algorithm works as follows: Let s_i ($1 \le i \le n$) be variables representing the schemata involved and $C_i = \cup c_{ij}$ the conceptual coverage of schema i where c_{ij} ($1 \le j \le n_i$) are the conceptual elements covered by schema i. Then $C_i \cap C_j = \emptyset$ signifies conceptual compatibility of two schemata s_i and s_j, and $C_i \cap C_j \neq \emptyset$ a conceptual clash between them; if $C_i \cap C_j = C_i = C_j$, s_i and s_j are fully (conceptually) interchangable alternatives. Similarly, the conceptual coverage $C(C_i)$ ($1 \le i \le n$) of a conjunction of schemata s_i equals to $\cup C_i$ as does the *maximal* conceptual coverage of a disjunction of schemata $MaxC(C_i)$; $\cap C_i$ is the *minimal* conceptual coverage $MinC(C_i)$ of a disjunction. Then the minimal and maximal conceptual coverage of a complex expression are determined recursively by applying these definitions to expressions consisting of schemata instead of applying them to single schemata. Finally, if CAT_i and CAT_j are the categories of the mapping results derived from the schemata s_i and s_j a lexical clash is present, if a CAT_i structure cannot legally bear a CAT_j feature or cannot be its filler, or vice-versa, according to the way of composition.

Let s_1 be the first instance of the logic expression to be computed and *ex* its current instance obtained at a certain stage (with subexpressions ex_i where $ex = \&ex_i$). The next schema representing variable s_j is inserted to build the new instance of the logic expression, *exn*. Apparently, there are two simple cases:

Conceptual specification and coverage/logic expression built incrementally:

Schema inserted (conceptual coverage)		
		PROJECT c_1 → c_2 DURATION c_3 → c_4 MEASURE c_5
$s_1(c_1)$	'project'	s_1
$s_2(c_1)$	'activity'	$(s_1 \vee s_2)$
$s_3(c_2)$	'by'	$(s_1 \vee s_2)$ & s_3
$s_4(c_2)$	'to have'	$(s_1 \vee s_2)$ & $(s_3 \vee s_4)$
$s_5(c_3)$	'duration'	$(s_1 \vee s_2)$ & $(s_3 \vee s_4)$ & s_5
$s_6(c_2,c_3,c_4)$	'of'	$(s_1 \vee s_2)$ & $(((s_3 \vee s_4)$ & $s_5)$ $\vee s_6)$
$s_7(c_4)$	'of'	$(s_1 \vee s_2)$ & $(((s_3 \vee s_4)$ & s_5 & $s_7)$ $\vee s_6)$
$s_8(c_5)$	'"5 years"'	$(s_1 \vee s_2)$ & $(((s_3 \vee s_4)$ & s_5 & $s_7)$ $\vee s_6)$ & s_8
Number of alternatives:		$(1 + 1) * (((1 + 1) * 1 * 1) + 1) * 1 = \underline{6}$

Example 1: Comprising - 'a project' / 'an activity' - ('has a' / 'by the' - 'duration of') / 'of' - '5 years'.

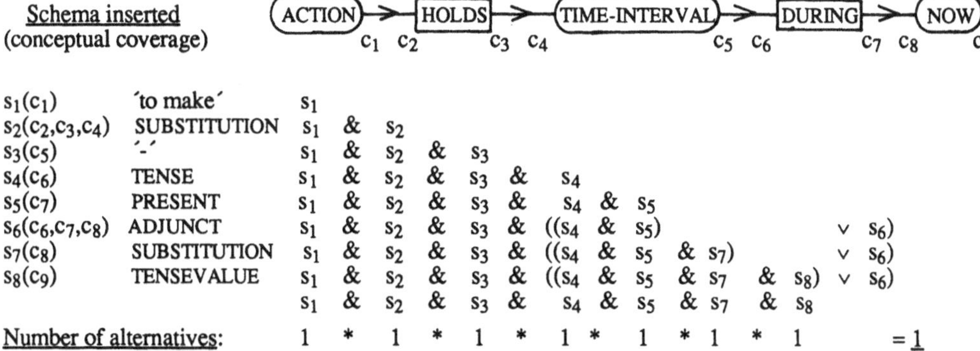

Example 2: Logic expression representing the 'forced chunk' yielding 'to make'(with TENSE PRESENT)

Schema inserted (conceptual coverage)		
		PERSON c_1 → c_2 AGENT c_3 → c_4 OWNING c_5 → c_6 THEME c_7 → c_8 HOUSE c_9
$s_1(c_1)$	'person'	s_1
$s_2(c_1)$	'-'	$(s_1 \vee s_2)$
$s_3(c_2)$	'to be'	$(s_1 \vee s_2)$ & s_3
$s_4(c_2)$	SUBSTITUTION	$(s_1 \vee s_2)$ & $(s_3 \vee s_4)$
$s_5(c_2,c_3,c_4)$	SUBJECT	$(s_1 \vee s_2)$ & $(s_3 \vee s_4 \vee s_5)$
$s_6(c_5)$	'to own'	$(s_1 \vee s_2)$ & $(s_3 \vee s_4 \vee s_5)$ & s_6
$s_7(c_3,c_4,c_5)$	'owner'	$(s_1 \vee s_2)$ & $((s_3 \vee s_4 \vee s_5)$ & $s_6)$ $\vee ((s_3 \vee s_4)$ & $s_7)$
$s_8(c_2 - c_8)$	'of'	$(s_1 \vee s_2)$ & $(((s_3 \vee s_4 \vee s_5)$ & $s_6)$ $\vee ((s_3 \vee s_4)$ & $s_7)$ $\vee s_8)$
$s_9(c_6,c_7,c_8)$	'of'	$(s_1 \vee s_2)$ & $(((s_3 \vee s_4 \vee s_5)$ & $s_6)$ $\vee ((s_3 \vee s_4)$ & s_7 & $s_9)$ $\vee s_8)$
$s_{10}(c_6,c_7,c_8)$	OBJECT	$(s_1 \vee s_2)$ & $(((s_3 \vee s_4 \vee s_5)$ & s_6 & $s_{10})$ $\vee ((s_3 \vee s_4)$ & s_7 & $s_9)$ $\vee s_8)$
$s_{11}(c_9)$	'house'	$(s_1 \vee s_2)$ & $(((s_3 \vee s_4 \vee s_5)$ & s_6 & $s_{10})$ $\vee ((s_3 \vee s_4)$ & s_7 & $s_9)$ $\vee s_8)$ & s_{11}
		$(s_1 \vee s_2)$ & $((s_5$ & s_6 & $s_{10})$ $\vee ((s_3 \vee s_4)$ & s_7 & $s_9)$ $\vee s_8)$ & s_{11}
Number of alternatives:		$(1 + 1) * ((1 * 1 * 1) + ((1 + 1) * 1 * 1) + 1)) * 1 = \underline{8}$

Example 3: Comprising - 'a person'/'-' - 'owns'/('is'/*SUBSTITUTION*) 'the owner of'/''s' - '(a) house'

Figure 3: Examples for building a logic expression that mirrors (the relevant portion of) the search space

- <u>(case 1)</u>: $C_j \cap MaxC(ex_i) = \emptyset$ for all i; then the new schema representant is simply inserted as an additional component by $exn = ex$ & s_j (see, e.g., the insertion of s_3, s_5, and s_8 in Exampe 1 of Figure 3). Thus, (case1) deals with <u>simple additions</u> of schemata representants.
- <u>(case 2)</u>: (1) $C_j \cap MaxC(ex_i) = \emptyset$ for some i (or none); and (2) $C_j \cap MinC(ex_k) \neq \emptyset$ for all $k \neq i$; then $\&ex_k$ (ex_k if condition (2) holds for only one k) is replaced by ($\&ex_k \vee s_j$) in *ex* to yield *exn* (see, e.g., the insertion of s_2, s_4, and s_6 (where condition (2) holds for ($s_3 \vee s_4$) *and* for s_5) in Exampe 1 of Figure 3). Thus, (case2) deals with <u>simple alternatives</u> of schemata representants.

If, however, two schemata, s_i and s_j, are not fully interchangable (i.e., $C_j \cap MaxC(ex_i) \neq \emptyset$ and (3) $C_j \cap MinC(ex_i) = \emptyset$ for some i) there arise complications. Apparently, s_j must be inserted at a deeper level into *ex*. Then we are either confronted with (case 3) - there is just one a disjunction ex_i with condition (3) holding, or we are facing (case 4) which deals with conjunctions.

- <u>(case 3)</u>: All subexpressions of ex_i for which condition (3) holds (there must be at least one) are checked recursively by testing whether condition (3) still holds for their subexpressions, until expressions are encountered which behaves like (case 1) or (case 2) - so that s_j can be inserted as described there. For instance, when inserting s_7 in Example 1, condition (3) holds for (($s_3 \vee s_4$) & s_5), but not for s_6; then the problem is reduced to (case 1) and s_7 is inserted as a new conjunct in (($s_3 \vee s_4$) & s_5) yielding (($s_3 \vee s_4$) & s_5 & s_7). If, however, the conceptual coverage of s_7 would be c_3 instead of c_4, it would be inserted as a disjunct to s_5 (according to (case 2)) yielding (($s_3 \vee s_4$) & ($s_5 \vee s_7$)). Thus, (case 3) deals with <u>supplements</u> of schemata representants <u>to subsets</u> of others.
- <u>(case 4)</u> (a dual counterpart to (case 3)): All subexpressions of $\&ex_i$ (the conjunction of the subexpressions of *ex* for which condition (3) holds) must be checked recursively to find that subexpression ex_k which does not clash with s_j. However, s_j cannot be inserted in interior parts of $\&ex_i$ because this would result in a clash with other subexpressions of $\&ex_i$. Therefore, each finding of ex_k is copied, joined with s_j, and appended to $\&ex_i$: ($\&ex_i \vee$ (s_j & ex_k)). See, for instance, the insertion of s_7 in Example 3 of Figure 3. s_7 clashes with s_6 and with ($s_3 \vee s_4 \vee s_5$), but condition (3) only holds for ($s_3 \vee s_4 \vee s_5$). As s_3 and s_4 (unlike s_5) are identified as compatible with s_7, ((s_3 & s_7) $\vee$ (s_4 & s_7)), which is transformed to (($s_3 \vee s_4$) & s_7), can be appended to the logic expression obtained so far. Thus, (case 4) deals with <u>alternatives</u> of schemata representants <u>for subsets</u> of others which, in addition, are on their own expanded by supplements of previously inserted schema representants.

Additionally, checks for lexical clashes must be performed and taken into account when inserting a new schema representant, which is done in quite the same way as conceptual clashes are treated (i.e., proceeding according to cases (1) to (4)). For instance, s_8 in Example 2 of Figure 3 clashes (lexically) with s_6 (as TENSEVALUE cannot be the value of an ADJUNCT). Hence, s_8 is inserted one level deeper in companion with s_4, s_5, and s_7, as an alternative to s_6. Note, in addition, the suitable insertion of s_9 and s_{10} in the large disjunction in Example 3 of Figure 3, which is based on the fact that NOUNs can bear GENITIVE ATTRIBUTEs, and VERBs can bear OBJECTs, but not vice-versa.

When all schemata representants are inserted, all those subexpressions ex_i of disjunctions $\vee ex_i$ are removed whose conceptual coverage C_i is a proper subset of the maximal conceptual coverage $MaxC(\vee ex_i)$ of the disjunction (these subexpressions leave untractable residues (with coverage $MaxC(\vee ex_i) \setminus C_i \neq \emptyset$) when being composed with other schemata). See, for instance, the last but one line in Example 3 of Figure 3. As s_3 and s_4 have less conceptual coverage than s_5, they are removed from expression ($s_3 \vee s_4 \vee s_5$) and only s_5 remains in the final expression. Note that, after removing the incompletely covering schema representant s_6 from the logic expression in Example 2 of Figure 3, one 'forced chunk' is present despite there are local alternatives available. It seems to be a good idea for further improvements to collect evidence about such cases aiming towards finding suitable macro-operators consisting of a chain of forced elements. By replacing the schemata representing variables by '1', the *and*-operators by '*', and the *or*-operators by '+', the total amount of alternatives can be computed easily (this is done in the last lines of the Examples in Figure 3). As it can be seen from the examples, the logic expression *ex* is maintained in such a way that *and*-operators appear at the outermost possible level. Thus, the logic expression enables the easy recognition of independent subproblems and of alternatives (also at deeper levels). Note, additionally, that the algorithm responsible for reducing the total search space to its relevant portions is a general tool, as it does not rely on the particularities of the mapping schemata currently defined.

3.2 Traversing the search space skillfully

After the initially huge search space, which is constituted by total amount of alternatives, has been drastically reduced to its potentially interesting portions, we are facing the problem of exploring these 'remaining' alternatives in a suitable order. Apparently, it seems to be a good strategy to treat the obligatory elements first and to turn the attention to the optional elements only if results obtained after mapping the obli-

	(stylistic) quality criteria:	derived ordering criteria (and associated penalties for failing):
1.	Use as few parts of the conceptual specification as necessary	Select among the alternatives available for the obligatory parts first (before considering any optional parts) - (penalty is -opt)
2.	Try to avoid indefinite pronouns	Select SUBSTITUTION schemata instead of others, if an 'adjacent' conceptual element can be mapped ont an 'empty lexeme' (-indef)
3.	Try to create a verb, but only as few of them as possible	Select a verb if the functional description obtained so far does not contain one, and select another alternative otherwise (-verb)

Figure 4: Some quality assessment criteria and derived ordering criteria

gatory parts are all incomplete, or there is evidence that combinations including optional parts may be of at least the same quality. We apply the following technique for the proper treatment of the obligatory parts:

- We consider the 'forced moves' with priority, i.e., by applying those schemata first which must be included unconditionally in the final combination of schemata because there are no suitable alternatives for expressing their conceptual coverage (e.g., s_8 and s_{11} in Examples 1 and 3, and all schemata in Example 2 of Figure 3). The corresponding functional structures have to be built anyway and they can be used conveniently to test the suitability of combinations built out of the remaining alternatives.
- We select among the other alternatives according to 'static' preference criteria first (if any of them can be applied), followed by considering 'dynamic' preference criteria. We call those criteria *static* which can be evaluated by examining parameters of the competing schemata together with the addressed conceptual structures only, but do not refer to results obtained so far in the process of building structural descriptions; hence, those criteria whose evaluation refers to properties of the functional structures built (so far) are called *dynamic* criteria. An equivalent view is to term static criteria as 'local' and dynamic criteria as 'global'. The motivation for considering static criteria first is constituted by the increase in available information at the time when dynamic criteria are evaluated (due to the more constrained environment made up by the prior application of static criteria). Also preferences among several static or dynamic criteria may be used; if none is available (as in our system) we assume choice at random.

In any case, we assume the preference criteria used for ordering the application of alternatives to reflect (parts of) evaluation criteria which assess the quality of the functional descriptions obtained at the end of the mapping process (examples, which are similar to some criteria used in [7], are given in Figure 4). When actually exploring the set of available alternatives a search tree is incrementally generated in a depth-

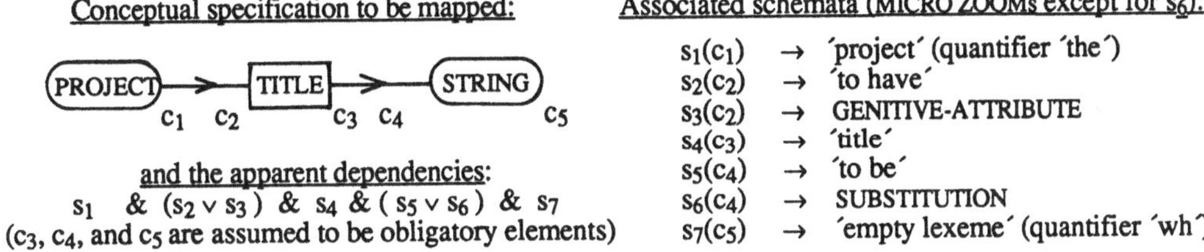

Figure 5: Conceptual specification and applicable mapping schemata

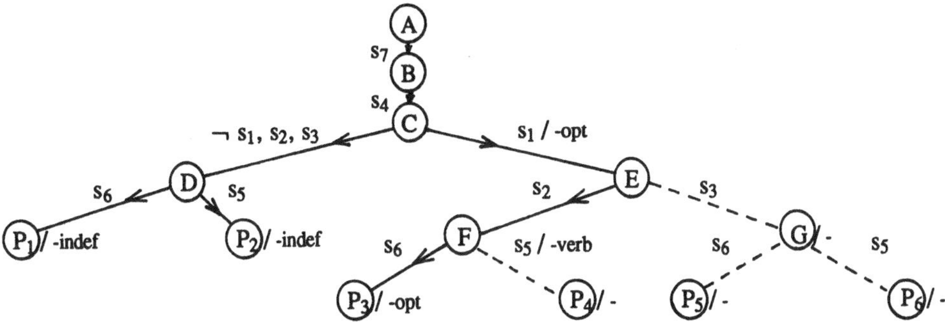

Figure 6: Example of the search tree expanded according to the specifications presented in Figure 5

first fashion according to the ordering technique described. The aim is to produce a first instance of a lexical structure, whose quality assessment is used for deciding upon whether other alternatives are worth being explored. Hence, this assessment constitutes a lower bound for the quality achievable at all. When actually making a choice between the alternatives their associated shortcomings are recorded for all successors of the current node. As long as it is sure that a certain (intermediate) penalty must still be present in the complete functional description, the contributions made by several penalties are compositional (this is apparently the case for -opt and for -verb (if at least two verbs are present), but not for -indef, because the penalty may become obsolete as an effect of a SUBSTITUTION schema). Hence, whenever the partial quality assessment (composed of the assessment obtained so far in a branch augmented by the contribution of the actual choice), which would result after selecting a new alternative in backtracking, falls below the lower bound valid at this stage, this part of the tree can be cut off without changing the total result.

Thus, let us explain this mechanism by a simple example. We assume the quality criteria in Figure 4 and the ordering criteria derived to be part of the assessment facility. Moreover, we assume neither of the penalties to dominate another. As only c_3, c_4, and c_5 are obligatory elements, the search starts with the 'forced parts' s_7 and s_4, thus moving down from node A to node C. Then the first decision is to omit c_1 and c_2 in node C, and the penalty -opt is assigned to the unexplored branch leading to node E (because optional elements would be contained in the resulting structure). Then, in node D, s_6 is preferred to s_5 because c_5 (adjacent to c_4) can be mapped onto the 'empty lexeme'. The sentence resulting after insertion of a function verb (to produce a complete sentence) in node P_1 is 'What title is it?' which is assigned a penalty (-indef) because it contains the pronoun 'it'. After backtracking to node D and selecting s_5 instead, the result at P_2 is 'What is the title?' yielding the same penalty (because, unlike in the sentence attached to P_1, 'what' constitutes an NP on its own here). So far, we have found that there is no perfect utterance meeting the imposed conceptual requirements (as all leaf nodes have been assigned a penalty). Thus, we have to explore further alternatives (which include optional elements) by backtracking to C. At this node, s_1 is chosen first (as it is forced), followed by s_2, which is preferred to s_3 because it creates a verb when none has been produced yet. From there (node F) s_6 is again preferred to s_5 leading to 'Which title does the project have?' in node P_3, which is assigned the penalty -opt percolated from node E in the actual branch.

The remainder of the alternatives need not to be explore explicitly because it is guaranteed that the associated quality does not exceed the lower bound in all other cases. In node F, the penalty already accumulated amounts to -opt, which is augmented by -verb because s_5 produces a further verb in addition to that derived by s_2. After applying s_3 in node E, we have the same choices available as in node D, but the node G is handicapped by the penalty -opt, and unlike for node F, none of the criteria 1 to 3 from Figure 4 has been affected (on the path to node F a verb has been selected, which constitutes the difference). For illustration consider the results associated with the (virtual) nodes P_4:'What is the title that the project has?', P_5: * 'What title of the project is it?' (a case of overloading), and P_6: 'What is the title of the project?' The first and the second alternative are clearly worse than the previously generated ones. As for the sentence 'What is the title of the project?' we feel that 'What is the title?' is preferable in case 'project' is in the focus (which is expressed by c_1 and c_2 being optional elements), although this view may be debatable.

We have restricted the number of criteria in this simple example to illustrate the key ideas of the mechanism. Apparently, we have incorporated more criteria in our system, including:

- 'avoid NPs with many attributes' (this is similar to the criterion restricting the number of verbs),
- 'verbalize explicitly elements to be emphasized' (i.e., choose words to express their content, if words are available) - preferring, for instance, 'a term with a *duration* of 5 years' to 'a term of 5 years',
- 'express known things implicitly, even though this may lead to ambiguous references (if resoluble by the assumed hearer's knowledge)' - preferring 'Miller's house' over other alternatives even though this expression may refer to Miller as a person who owns the house or who simply lives in it.

The criterion of referential identifiability, however, cannot be evaluated earlier than at a stage of completing the mapping process (of the obligatory elements, at least). When all obligatory elements have been mapped, deficiencies in the result (or, at least, inconveniencies like in the example presented above) may further direct the selection among alternatives (this time in a *demand-oriented* way):

- In case an obligatory case slot is not filled, a schema fitting in its 'type' and 'place' is selected next (i.e., it maps the conceptual element attached to the conceptual counterpart of the case bearer onto the appropriate grammatical function). The same procedure is applied to uninstantiated case fillers.
- If an indefinite pronoun is present, the search control selects SUBSTITUTE schemata which include the responsible element (the conceptual counterpart of the indefinite pronoun) in their conceptual coverage.
- If an insufficiently identifiable referring expression is encountered, either of the types of schemata referred by the above cases is appropriate.

4. Conclusion and future work

In this paper we have argued that search techniques will gain on importance in NL generation because it is evidently useful to concentrate the effort on the most promising alternatives in an advanced environment, which is characterized by the potential of generating a selection of text plans for satisfying communicative goals, and by a rich repertoire of realizing these plans associated with a knowledgable assessment facility. We have presented two methods which contribute to approaching this goal: one for reducing an originally huge search space to its relevant portions, and the other for exploring the resulting options efficiently.

Apart from fully implementing the mechanisms described, we envision extensions of these methods in several directions: when the number of alternatives for generating conceptual descriptions is increased, it becomes more and more inappropriate to create all optional elements in advance; hence, we tend to apply a type of control strategy as [22] does, namely to create them on demands made by the verbalization process only. Also the exploration of several different conceptual alternatives and the global assessment of the results obtained after the verbalization process seems to be interesting. Moreover, we intend to develop significantly more sophisticated quality assessment and ordering criteria and to experiment with them.

References

[1] D. Appelt: *Planning English Sentences.* Cambridge University Press, 1985.

[2] H. Bergmann: *Short Description of FTRANSLATE.* WISBER Memo Nr. 30, University of Hamburg, 1987.

[3] H. Bergmann, M. Fliegner, M. Gerlach, H. Marburger, M. Poesio: *IRS - The Internal Representation Language.* WISBER Report Nr. 14, University of Hamburg, 1987.

[4] H. Bergmann, M. Gerlach: *QUIRK - Implementierung einer TBox zur Repräsentation begrifflichen Wissens.* WISBER Memo Nr. 11, second augmented edition, University of Hamburg, 1987.

[5] R. Block, H. Horacek: *Generating Referring Expressions Using Multiple Knowledge Sources.* To appear in Proc. COLING-90, H.Karlgren (ed.), Helsinki, 1990.

[6] S. Busemann: *Generierung mit GPSG.* In GWAI-87, Geseke, K. Morik (ed.), pp. 315-319, Springer (publ.), Berlin, 1987.

[7] H. Horacek: *The Choice of Words in the Generation Process of a Natural Language Interface.* In GWAI-86 and 2. Österreichische Artificial-Intelligence-Tagung, Ottenstein/Niederösterreich, C.-R. Rollinger, W. Horn (eds.), pp. 101-112, Springer (publ.), Berlin, 1986. Also in Applied Artificial Intelligence 1, pp. 117-132, 1987.

[8] H. Horacek et al.: *From Meaning to Meaning A Walk Through WISBER's Semantic-Pragmatic Processing.* In GWAI-88, Geseke, Hoeppner W. (ed.), pp.118-129, Springer (publ.), Berlin, 1988.

[9] H. Horacek, C. Pyka: *Facets of Knowledge About Natural Language Syntax Representation and Use in Parsing and Generation.* In GWAI-88, Geseke, Hoeppner W. (ed.), pp. 118-129, Springer (publ.), Berlin, 1988.

[10] H. Horacek, C. Pyka, *Towards Bridging Two Levels of Representation Linking the Syntactic Functional and Object-Oriented Paradigms.* In International Computer Science Conference '88 - Artificial Intelligence: Theory and Applications, Hong Kong, J.-L. Lassez, F. Chin (eds.), pp. 281-288, December 1988.

[11] H. Horacek, *Towards Principles of Ontology.* In GWAI-89, Geseke, D. Metzing (ed.), pp. 323-330, Springer (publ.), Berlin, September 1989.

[12] H. Horacek: *The Architecture of a Generation Component in a Natural Language Dialog System.* Appears in Current Issues in Natural Language Generation, R. Dale, C. Mellish, M. Zock (eds.), Academic Press, 1990.

[13] E. Hovy: *Some Pragmatic Decision Criteria in Generation.* In Natural Language Generation, G. Kempen (ed.), Dordrecht, Nijhoff, 1987.

[14] A. Jameson, W. Wahlster: *User Modelling in Anaphora Generation: Ellipsis and Definite Descriptions.* In Proc. ECAI-82, pp. 222-227, 1982.

[15] W. Mann, J. Moore: *Computer Generation of Multiparagraph English Text.* In American Journal of Computational Linguistics, Vol. 7, No. 1, pp. 27-29, 1981.

[16] C. Mellish, R. Evans: *Natural Language Generation from Plans.* In Computational Linguistics, Vol. 15, No. 4, pp. 233-249, 1989.

[17] D. McDonald: *Natural Language Generation as a Computational Problem.* In Computational Models of Discourse, Brady, Berwick (eds.), MIT Press, 1983.

[18] K. McKeown: *Text Generation: Using Discourse Strategies and Focus Constraints to Generate Natural Language Text.* Cambridge University Press, Cambridge, 1985.

[19] G. v. Noord: *Bottom-Up Generation in Unification-Based Formalisms.* Appears in Current Issues in Natural Language Generation, R. Dale, C. Mellish, M. Zock (eds.), Academic Press, 1990.

[20] H.-J. Novak: *Generating Referring Phrases in a Dynamic Environment.* In Advances in Natural Language Generation, M. Zock, G. Sabah (eds.), Vol. 2, pp. 76-85, Pinter (publ.), 1988.

[21] E. Reiter: *Generating Descriptions that Exploit a User's Domain Knowledge.* Appears in Current Issues in Natural Language Generation, R. Dale, C. Mellish, M. Zock (eds.), Academic Press, 1990.

[22] N. Reithinger: *Ein erster Blick auf POPEL - Wie wird was gesagt?* In GWAI-87, Geseke, K. Morik (ed.), pp. 315-319, Springer (publ.), Berlin, 1987.

[23] D. Rösner: *Ein System zur Generierung von deutschen Texten aus semantischen Repräsentationen.* Dissertation, University of Stuttgart, 1986.

Expansion von Ereignis-Propositionen zur Visualisierung

- Die Grundlagen der begrifflichen Analyse von ANTLIMA -

J.R.J. Schirra
Universität des Saarlandes
FB 14, Informatik IV, SFB-314, VITRA
e-mail: joerg@fb14vax.cs.uni-sb.de

Abstract: ANTLIMA, das Hörermodell des Systems SOCCER, antizipiert die mentalen Bildvorstellungen, die Hörer sich vom mitgeteilten Geschehen machen werden. Dazu müssen komplexe Ereignisbeschreibungen auf entsprechende Folgen von einfachen raumzeitlichen Relationen abgebildet werden.

Eine einfach aussehende Ereignis-Proposition, wie ***Doppelpaß von spieler-5 mit spieler-7*** bezeichnet eine komplexe Folge von Ereignisphasen, in denen jeweils Unterschiedliches passiert. Das Wissen, welche Phasen in welcher zeitlichen Kombination vorliegen müssen, damit es sich um ein Ereignis vom Typ ***Doppelpaß*** handelt, wird von SOCCER zum Erkennen entsprechender Ereignisse verwendet. Ich werde zeigen, daß dieses Wissen auch zur Generierung von Bildvorstellungen verwendet werden kann. Mehr noch: die umgekehrte Verwendungsweise des Wisses liefert sogar Hinweise zur Verbesserung der Ereignis-Erkennung in SOCCER: ***t-TyPoFs***, temporale Restriktionen in Form von Typikalitätsverteilungen, die die Dauer von Ereignisphasen angeben, sind eine Erweiterung des SOCCER-Formalismus', die zur Ereignis-Expansion notwendig sind, um typische Phasendauern bestimmen zu können. Mit ihrer Hilfe wird auch ermöglicht, beim Erkennen typische und weniger typische Instanzen einer Ereignisklasse voneinander zu unterscheiden.

1. Die Systeme SOCCER und ANTLIMA

Das Projekt VITRA (VIsual TRAnslator) beschäftigt sich mit Grundfragen der Beziehung zwischen natürlicher Sprache und visueller Wahrnehmung, wobei insbesondere die referenzsemantische Verankerung sprachlicher Ausdrücke im visuell Wahrnehmbaren in eine operationalisierte Form gefaßt wird. Zu diesem Zweck wurde u.a. das System SOCCER entwickelt, das in der Art einer Radio-Live-Reportage über kurze Filmausschnitte von Fußballspielen sachlich in deutscher Sprache berichtet. Es arbeitet i.w. auf den mithilfe des Bildfolgen-Analysesystems ACTIONS aus Videoaufzeichnungen extrahierten Daten der bewegten Objekte (MOD - mobile object data), sowie den als apriori bekannt vorausgesetzten geometrischen Daten des Spielfeldes (StaB - static background).

Der Kern des Systems besteht aus drei Komponenten, die als Pipeline hintereinander geschaltet sind (siehe Bild 1). Die erste Komponente zur Ereigniserkennung arbeitet in zwei Phasen: zunächst werden aus den visuellen Primärdaten (MOD & StaB) elementare raumzeitliche Relationen erkannt, wie z.B. "Schmidt rechts von Müller". Sie sind rein prozedural definiert. Im zweiten Schritt werden die so gewonnenen elementaren Propositionen gemäß deklarativen Ereignismodellen zu komplexeren Ereignis-Propositionen zusammengefaßt. "Doppelpaß von Müller mit Meier" entspricht einer typischen Proposition dieser Ebene. Aus der Menge der erkannten Ereignispropositionen werden in der Selektionskomponente des SOCCER-Kernsystems diejenigen ausgewählt und in eine lineare Ordnung gebracht, die von der Generierungskomponente so verbalisiert werden sollen, daß der Bericht des beobachteten Geschehens kohärent fortgesetzt wird.

Um die Kohärenz des erzeugten Textes zu erhöhen, wird die Verständlichkeit jeder geplanten Äußerung im gegebenen Kontext für die Hörer abgeschätzt. Das Hörermodell ANTLIMA (ANTicipation of the Listeners' IMAgery) steht im Mittelpunkt dieser Arbeit. Da ein Schwerpunkt des

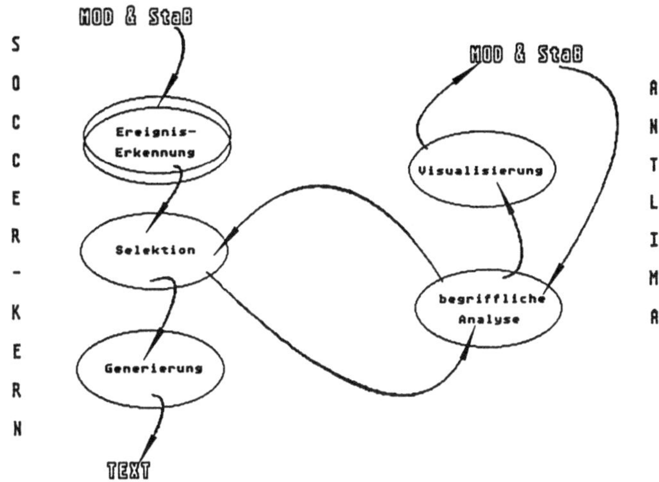

Bild 1: Die Komponenten von SOCCER

VITRA-Projekts in der Ausarbeitung der referenzsemantischen Verankerung sprachlicher Ausdrücke liegt, muß auch in der vorwegnehmenden Analyse des Hörermodells die Bedeutung der geplanten Äußerung bis auf die sensorische Ebene durchgeführt werden. ANTLIMA muß also in der Lage sein, aus seinen Eingabedaten korrespondierende Bildvorstellungen - in der Form von MOD und StaB - aufzubauen.

2. ANTLIMA: Begriffliche Analyse und Visualisierung

Ausgangspunkt der Rekonstruktion eines mentalen Bildes in ANTLIMA ist die zusammengesetzte Ereignisproposition, die von der Selektionskomponente dazu ausgesucht wurde, als nächstes verbalisiert zu werden. In der Regel ist diese zu komplex, als daß sie direkt in eine entsprechende Bildvorstellung umgewandelt werden könnte. Deshalb gliedert sich die Konstruktion des mentalen Bildes in zwei Schritte (Bild 1): zunächst werden die in der komplexen Proposition implizit enthaltenen Teilereignisse in der begrifflichen Analyse expliziert. Das schafft auch die Grundlage dafür, die durch den Kontext gegebenen Randbedingungen zu integrieren. Außerdem werden zusätzliche Modifikationen, die sprachlich mithilfe optionaler Kasus-Slots übermittelt werden, integriert. Die begriffliche Analyse resultiert in einer propositionalen Elementarstruktur, in der nur noch solche Propositionen vorkommen, die SOCCER direkt-prozedural im Perzept erkennen kann.

Im zweiten Schritt, der Visualisierung, wird die propositionale Elementarstruktur umgesetzt in ein entsprechendes mentales Bild, bestehend aus MOD und StaB. Kernpunkt dieses in [Schirra 89] näher beschriebenen Verfahrens ist die schrittweise Approximation der Konfiguration, die eine Menge von Elementarpropositionen maximaltypisch darstellt. Die Zuordnung zwischen Bildvorstellung und Typikalitätswerten ist in *TyPoFs* (Typikalitäts-Potentialfeldern) kodiert - Funktionen, die für jede elementare Proposition definiert sind und die Typikalität einer Konfiguration als Darstellung der Proposition liefert.

3. Ereignisexpansion als Grundlage der begrifflichen Analyse

Der Visualisierungsprozeß von ANTLIMA setzt eine propositionale Elementarstruktur voraus -

eine Folge von Mengen simultan gültiger elementarer raumzeitlicher Propositionen. Ein Element einer solchen Folge kann etwa so aussehen:

(links spieler-5 strafraum-1), (vor spieler-5 spieler-7), (neben spieler-7 ball), (bei spieler-7 spieler-3), (neben spieler-7 seitenaus-1), (zwischen spieler-7 spieler-3 spieler-5), (in spieler-3 halbfeld-2), (neben spieler-3 mittellinie), (in Ball spielfeld), ...

Wie aber wird die propositionale Elementarstruktur erzeugt, erhält ANTLIMA doch als Eingabe eine einzige, wenngleich komplexe, aus u.U. vielen Teilpropositionen bestehende Ereignisproposition:

```
(doppelpass (agent: spieler-5)      (co-agent: spieler-9)
            (object: ball-1)        (place: (rel-vor strafraum-2))
            (direction: (rel-dir-vor (spielrichtung (mannschaft ,agent:)))))
```

Vernachlässigen wir zunächst den Kontext: Die notwendige Transformation von einer komplexen Ereignisproposition zu einer entsprechenden zeitlich geordneten Folge von Mengen elementarer raumzeitlicher Propositionen ist gewissermaßen das Rückgrat der begrifflichen Analyse: die komplexe Proposition muß *expandiert* werden, d.h. die durch sie implizierten Teilereignisse und die dazwischen bestehenden raumzeitlichen Beziehungen müssen solange explizit gemacht werden, bis ausschließlich elementare Propositionen erreicht sind. Diese können dann einerseits mithilfe des oben erwähnten Visualisierungsalgorithmus' umgesetzt werden, anderseits stehen sie Reasoning-Prozessen offen - etwa um Konsistenzchecks im Sinne Pribbenows [88] durchzuführen, um den Einfluß des Kontexts zu berücksichtigen, oder um optionale lokalisierende Phrasen in der Art der Analyse Sondheimers [78] zu integrieren.

Eine einfach aussehende Proposition, wie z.B. *Doppelpaß von spieler-5 mit spieler-7* bezeichnet eine bereits relativ komplexe Folge von Ereignisphasen, d.h. von in bestimmter Folge aneinandergereihten Zeitabschnitten, in denen jeweils Unterschiedliches passiert. Das Wissen, welche Phasen in welcher zeitlichen Kombination vorliegen müssen, damit es sich um ein Ereignis vom Typ *Doppelpaß* handelt, wird bereits von SOCCER zum Erkennen entsprechender Ereignisse verwendet. Ich werde zeigen, daß auch dieses Wissen in ANTLIMA verwendet werden kann, ähnlich wie schon das in SOCCER zur Erkennung der elementaren räumlichen Relationen vorhandene prozedurale Wissen bei der Visualisierung dieser Relationen von Nutzen war; mehr noch: die umgekehrte Verwendungsweise des Wisses zur begrifflichen Analyse in ANTLIMA liefert Hinweise zur Verbesserung der Ereignis-Erkennung in SOCCER.

4. Ereignis-Erkennung in SOCCER

Um Ereignisse zu erkennen, müssen Teile der visuellen Perzepte einem symbolischen Repräsentanten zugeordnet werden. Diese symbolischen Repräsentanten werden in VITRA *Ereignismodelle* (EM) genannt (hierin folgen wir im wesentlichen [Neumann, Novak 86]). In SOCCER unterscheiden wir zwischen der Beschreibung eines Ereignistyps, dem eigentlichen EM, und der Beschreibung eines Einzelereignisses, d.h. eines konkreten Auftretens eines bekannten Ereignistyps. Das Auftreten eines Ereignisses wird durch die Instantiierung des entsprechenden EM erkannt.

EM'e selbst sind in einer Vererbungshierarchie angeordnet, wobei insbesondere Iterationen und Alternativen behandelt werden. Dieser Teil des Wissens über Ereignisse ist derzeit noch nicht vollständig implementiert und spielt im aktuellen Kontext auch noch keine Rolle; Vorarbeiten finden sich in [Kemke 89], [Hays 89] und [Herzog 90].

Das für uns wichtige Wissen über die Zusammensetzung komplexer Ereignisse steckt in dem mit jedem EM assoziierten Ablaufschema (AS). Dieser Teil des EM stellt die Beziehung her zu den einfacheren Ereignisklassen, aus denen die beschriebenen Ereignisse zusammengesetzt sind, sowie zu elementaren raumzeitlichen Relationen. Das AS legt fest, welche Ereignisse oder raumzeitlichen Gegebenheiten in welcher Abfolge vorkommen müssen/dürfen, damit ein Ereignis als unter den beschriebenen Typ fallend erkannt wird.

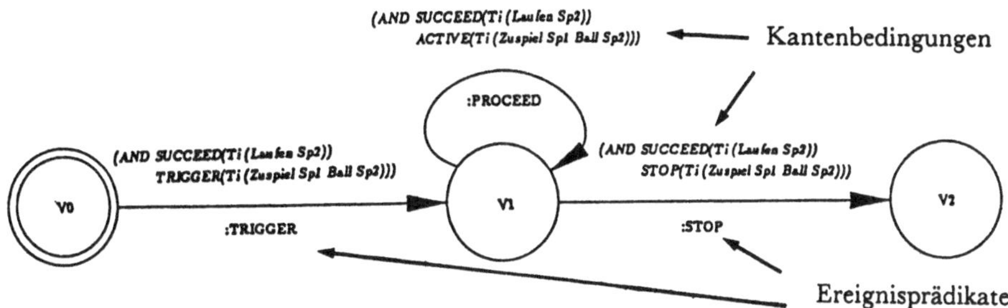

Bild 2: Ablaufschema von Paß in den Lauf

Im wesentlichen sind Ablaufschemata (AS'ta) gerichtete Graphen, deren Pfade die möglichen Abfolgen von Subereignissen kodieren. Die Knoten der AS'ta repräsentieren Zeitpunkte. Ein Knoten ist als Anfangsknoten ausgezeichnet. Die Kanten stellen elementare Zeitintervalle (Zeitquanten) dar und sind mit zwei Arten von Attributen versehen (siehe Bild 2): je einem Ereignisprädikat und einer Kantenbedingung. Beide spezifizieren die Ereignisphase näher, die diesem Zeitintervall entspricht. Die Menge der vollständigen Pfade eines AS's, d.h. solche Pfade, die im ausgezeichneten Anfangsknoten beginnen und in einem Knoten ohne auslaufende Kante enden, beschreibt genau alle verschiedenen möglichen Ausprägungen von Ereignissen dieses Ereignistyps. Diese Ausprägungen unterscheiden sich jeweils durch die Dauer der Phasen und/oder ihre Reihenfolge. Die zeitliche Auflösung ist dabei durch das zugrundeliegende Zeitquant beschränkt.

Die vier Ereignisprädikate TRIGGER, PROCEED, SUCCEED und STOP unterscheiden verschiedene Ereignisphasen *unabhängig vom Ereignistyp*. Während TRIGGER das Zeitquant markiert, in dem zum erstenmal vom möglichen Auftreten einer Instanz des betrachteten Ereignistyps gesprochen werden kann, bezeichnet STOP das Zeitquant, mit dem die Instanz sicher aufgehört hat. Jeder vollständige Pfad in einem AS beginnt mit genau einer TRIGGER-Kante und endet mit genau einer STOP-Kante. PROCCEED bezeichnet die Ereignisphase, in der das Ereignis noch nicht abgeschlossen ist; SUCCEED gilt während der Fortdauer durativer Ereignisse. Beide Kantentypen können in einem vollständigen Pfad beliebig oft vorkommen; logischerweise dürfen dabei PROCEED-Kanten nur vor SUCCEED-Kanten auftreten. Ereignisprädikate dienen dazu, einzelne Phasen eines beliebigen Ereignisses anzusprechen, ohne Näheres über die genaue Definition des zugehörigen Ereignistyps zu wissen. Anfang, Verlauf, Fortdauer und Ende sind Teile eines Ereignisses, die vom Ereignistyp unabhängig sind. Aus diesem Grund bezeichne ich die durch Ereignisprädikate beschriebenen Ereignisphasen als generelle oder G-Phasen.

Im Gegensatz dazu beschreiben die Kantenbedingungen jeweils für den Ereignistyp spezifische Phasen, kurz S-Phasen, mithilfe von Konjunktionen von Verweisen auf die G-Phasen anderer Ereignistypen oder auf elementare raumzeitliche Relationen. Die Unterscheidung zwischen allgemeinen und spezifischen Ereignisphasen erweist hier ihren Sinn: bei der Komposition zusammengesetzter Ereignistypen kann auf einzelne Phasen von Subereignissen verwiesen werden, ohne daß deren genaue Definition bekannt sein muß. Als zusätzliche G-Phase wird das Ereignisprädikat ACTIVE verwendet, das zwar nicht direkt als Kantenattribut auftritt, aber, definiert als Disjunktion von TRIGGER, PROCCEED und SUCCEED, mittelbar auf die Kanten bezogen ist.

Die Ereigniserkennung mithilfe von AS'ta erfolgt inkrementell ähnlich dem bottom-up-Parsing mit endlichen Automaten. Elementare raumzeitliche Relationen werden direkt im Perzept verifiziert. Unter der Annahme, daß Disjunktionen und Iterationen in der Vererbungshierarchie der EM'e behandelt werden, gehen wir im folgenden davon aus, daß in AS'ta keine echten Verzweigungen auftreten; jeder Knoten hat höchstens zwei Auskanten. Wenn er zwei hat, ist eine davon eine Schleife mit dem Ereignisprädikat PROCEED oder SUCCEED. Bis auf diese Schleifen sind AS'ta also linear.

5. Expansion der Ablaufschemata

Wie kann nun dieses Wissen über die Komposition von Ereignissen dazu verwendet werden, komplexe Ereignispropositionen in entsprechende propositionale Elementarstrukturen zu expandieren, die u.a. der Visualisierung in ANTLIMA als Ausgangspunkte dienen? Der Algorithmus beruht darauf, daß die Verweise in den Kantebedingungen ersetzt werden durch die entsprechenden Referenten, genauer durch die AS'ta der Subereignisse. Das führt letztendlich zu Sequenzen von elementaren Relationen, deren jeweilige Dauer aber noch bestimmt werden muß.

Zunächst formen wir die AS'ta leicht um: Knoten mit Schleifen werden ersetzt durch zwei Knoten mit einer neuen, speziellen Kante. Anstatt eine Schleife in n Zeitquanten n-mal zu durchlaufen, soll eine Traversierung einer Kante des neuen Kantentyps n Zeitquanten lang dauern. Diese spezielle Kante stellt also eine S-Phase von variabler Dauer dar, wie sie während den PROCEED- und SUCCEED-Phasen auftreten können. Diese Darstellung entspricht im übrigen auch besser dem Zweck der AS'ta: in der ursprünglichen Fassung konnte eine Schleife auch dann mehrfach hintereinander passiert werden, wenn die Verweise des Kantenprädikats jedesmal auf ein anderes Einzelereignis gesetzt wurden. Die Schleife würde also als Iteration interpretiert. Eigentlich aber soll es sich um eine durative Ereignisphase handeln.

Während bei der Ereigniserkennung gerade abstrahiert wird von der konkreten Dauer der Phasen - denn es ist beim Erkennen meist irrelevant, ob z.B. die Phase des ersten Ballwechsels bei einem Doppelpaß 50 oder 55 Zeitquanten dauert -, stellt sich bei der Expansion das umgekehrte Problem: für jede dieser Phasen muß die Dauer genau festgesetzt werden, da sonst kein mentales Bild erzeugbar ist. Hier tritt die zeitliche Entsprechung des Visualisierungsproblems räumlicher Relationen auf: Anstatt sichtbare Objekte im zweidimensionalen Raum zu lokalisieren, werden Zeitpunkte, d.h. die Knoten der AS'ta bzw. die Endpunkte der Ereignisphasen, im eindimensionalen Zeit-Raum positioniert. Wie im 2D-Fall auch, weisen dabei Typikalitätsverteilungen den Weg: gesucht wird die jeweils typischste Dauer der beteiligten variablen Phasen. Nehmen wir also an, daß in allen AS'ta jede der S-Phasen variabler Länge zusätzlich mit einer passenden eindimensionalen Typikalitätsverteilung assoziiert ist, die die typischste Zeitdauer dieser durativen Phase sowie die erlaubten Abweichungen davon kodiert: ein t-TyPoF.

Als nützliche Hilfsvorstellung hat sich das *Spiralfeder-Modell* erwiesen: im Approximationsverfahren wirkt das t-TyPoF wie eine Spiralfeder, die zwei *Zeitpunkt-Objekte* in bestimmtem Abstand zu halten versucht und Kraft auf sie ausübt, wenn dieser Abstand nicht eingehalten wird. Gemäß dieser Metapher kann ein AS wie in Bild 3 dargestellt werden: Die horizontale Achse symbolisiert die Zeitachse. Die Knoten der AS'ta - also die Grenzzeitpunkte zwischen Ereignisphasen - seien in horizontaler Richtung frei verschiebbar. Zwischen zwei benachbarten Knoten sorgen entweder t-TyPoFs (Spiralfedern) für den bestmöglichen, oder fest eingestellte *zeitliche Abstandhalter* für den notwendigen horizontalen Abstand.

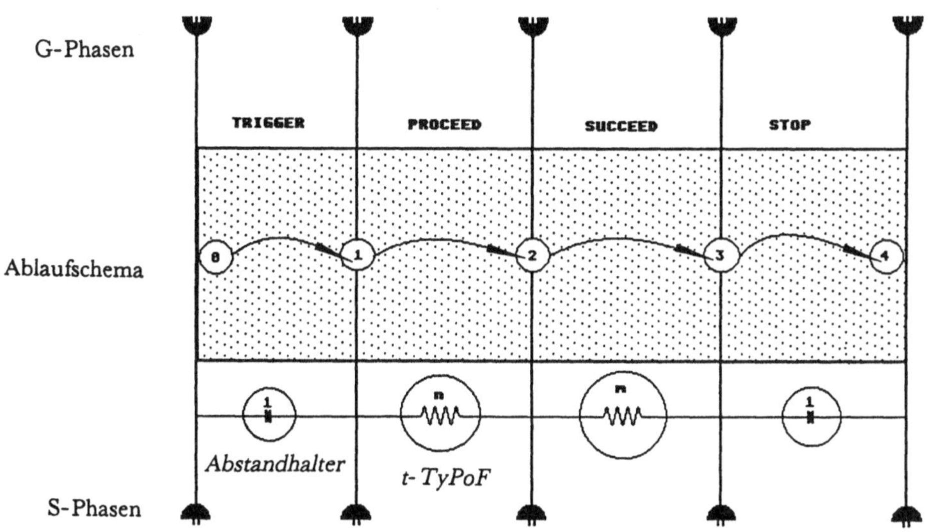

Bild 3: graphische Darstellung eines AS's (etwas vereinfacht)

Da die G- und S-Phasen als Verbindungen zu anderen AS'ta verwendet werden, sind sie graphisch als zueinander komplementäre Anschlüsse dargestellt. Zur Dekomposition werden jeweils der Anfangs- und Endzeitpunkt-Stecker einer S-Phase mit den entsprechenden Buchsen der angegebenen G-Phasen der Subereignisse verbunden. Das Prinzip dieser Kopplungen ist in Bild 4 skizziert: Nur passend markierte Anschlüsse können gekoppelt werden. Außerdem benötigen wir - ausgedrückt in der graphisch-mechanischen Metapher - Verbindungsstücke zwischen Stecker und Buchsen, die dafür sorgen, daß die beiden Anschlüsse eine bestimmte horizontale (zeitliche) Reihenfolge einhalten, soz. Spiralfedern, die in eine Richtung unendlich flexibel, in die andere aber vollkommen hart sind (Bild 5). Denn, wie beim Erkennungsprozeß deutlich wird, bedeutet der Verweis auf die G-Phase eines Subereignisses zeitliches Enthaltensein der S-Phase, nicht aber Identität der beiden Phasen.

Damit nun läßt sich der Expansionsalgorithmus graphisch darstellen (Bild 6): Kante für Kante wird das ursprüngliche, mit der Ausgangsproposition assoziierte AS durchlaufen. Dabei werden die AS'ta der Subereignisse entsprechend der Kantenbedingungen instantiiert, angeschlossen und ihrerseits rekursiv expandiert. Alle Konjunkte in einer Kantenbedingung werden parallelgeschaltet (Gleichzeitigkeit). Elementare raumzeitliche Relationen sind natürlich die Endpunkte der Rekursion und werden als beliebig dehnbare durative Phasen aufgefaßt.

Die Definition der AS'ta in SOCCER führt an dieser Stelle zu einem Problem: Es kann vorkommen, daß die Kantenbedingungen zweier Kanten desselben AS sich auf einen Ereiggnistyp mit gleicher Rollenbelegung beziehen: Wie kann man wissen, ob es sich um dasselbe oder nur ein gleiches Ereignis handeln soll? In die Expansionsproblematik übertragen: wann darf nur eine einzige Instanz des erwähnten Ereignistyps instantiiert werden, auf die beide S-Phasen verweisen, und

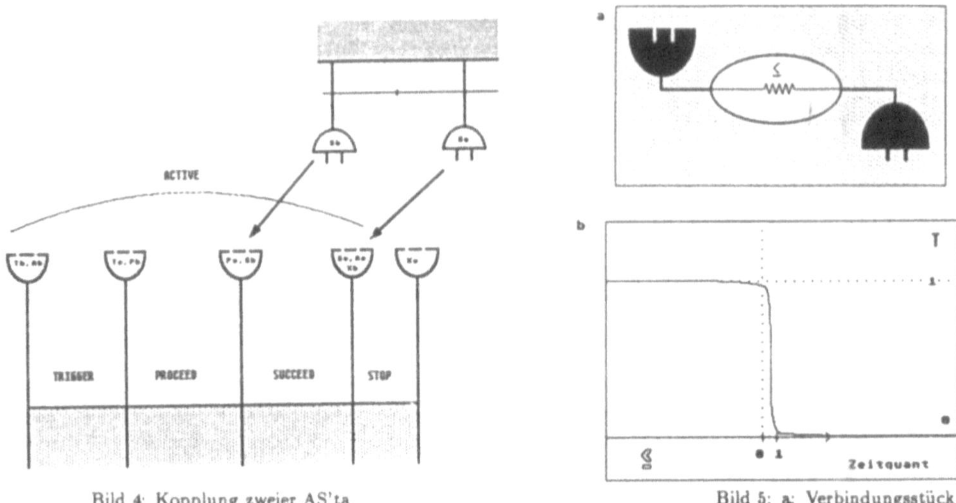

Bild 4: Kopplung zweier AS'ta

Bild 5: a: Verbindungsstück
b: t-TyPoF "kleiner-gleich"

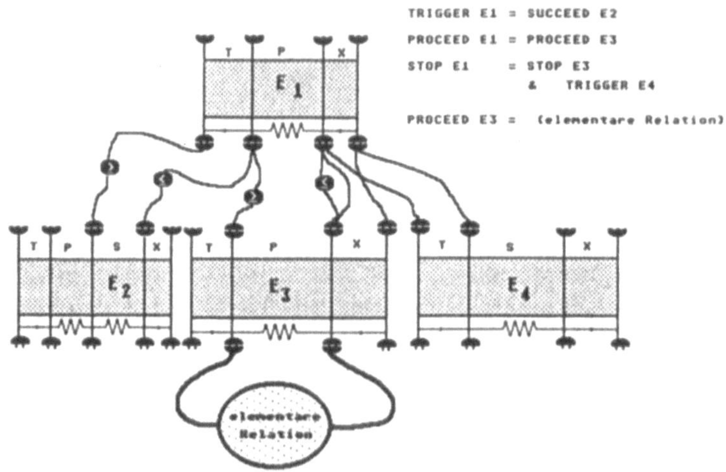

Bild 6: Beispiel der Expansion

wann soll für jeden Verweis eine gesonderte Instanz geschaffen werden? Dieses Wissen ist nicht aus dem bereits in den AS'ta vorhandenen ableitbar: die EM'e von SOCCER müssen um diese Information ergänzt werden, da sie nicht nur beim Expandieren benötigt wird: Auch beim Erkennen können sonst Fehler auftreten. Im folgenden gehen wir davon aus, daß dieses Problem durch entsprechende Zusätze in der Definition der EM'e gelöst ist: die typischsten *Zeitpositionen* aller durch die Expansion explizierten Zeitpunkte können nun mithilfe des gleichen schrittweisen Approximationsverfahrens - hill climbing - herausgefunden werden, wie die optimalen Positionen von Objekten bei der Visualisierung. Um die mechanische Metapher wieder aufzugreifen: Nachdem wir alle Anschlüsse befestigt haben, lassen wir die Spiralfedern los und ziehen die Verbindungskabel vertikal stramm, so daß sich alle Knoten unter dem freien Spiel der (horizontalen) Kräfte auf die optimale (kraftfreie) Position bewegen können. I.a. werden einige Phasen der Subereignisse sich dabei überlappen, so daß die in der Definition nur implizit enthaltene Gleichzeitigkeit explizit wird. Jedes der Intervalle, die sich nun ergeben, ist assoziiert mit elementaren raumzeitlichen

Relationen. Indem wir nach der Approximation die Zeitachse entlanglaufen und die zu jedem Zeitquant gültigen elementaren raumzeitlichen Relationen aufsammeln, erhalten wir genau jene propositionale Elementarstruktur, die der Visualisierungsalgorithmus als Eingabe verlangt. Bild 7 stellt den Gesamtalgorithmus dar.

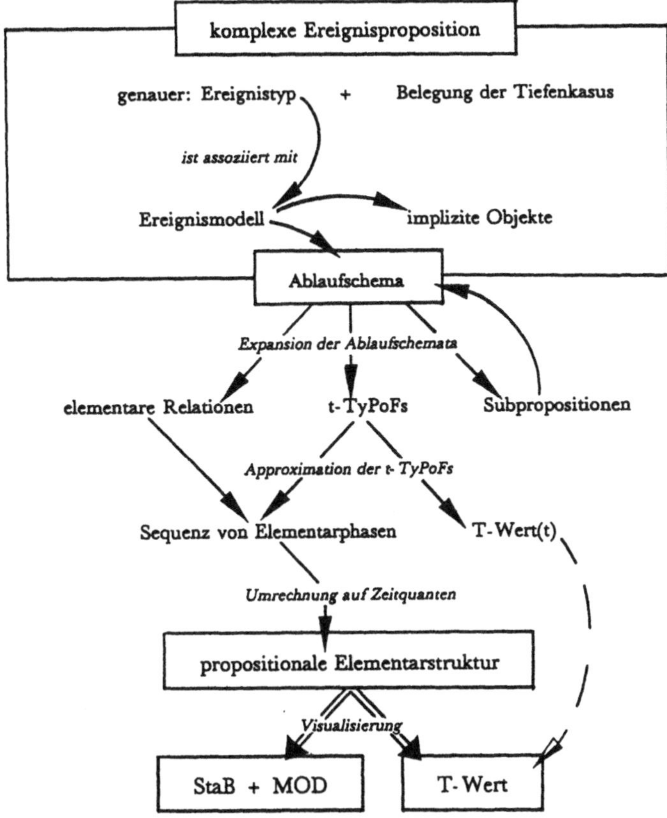

Bild 7: Schema des Expansionsverfahrens

6. Ein kleines Beispiel: Die Expansion von *Doppelpass*

Betrachten wir ein Beispiel: expandiert werden soll *Doppelpaß von Meier mit Müller*. Bild 8 zeigt die AS'ta aller zur Definition von *Doppelpaß* verwendeten Ereignistypen in der oben eingeführten graphisch-mechanischen Metapher.

Im ersten Schritt wird die TRIGGER-Phase von Doppelpaß expandiert: es soll ein Balltransfer von Meier (A) zu Müller (B) stattgefunden haben, der eben beendet ist. Auf ähnliche Art werden die weiteren S-Phasen von Doppelpaß expandiert (Bild 9). Zu beachten ist hierbei, daß *Ballbesitz* und *Fortbewegen* nur durch elementare Relationen definiert sind, so daß die Analyse einiger Phasen bereits nach dem ersten Schritt vollendet ist. Nun werden analog die Subereignisse aufgelöst (Bild 10). Da dabei alle Phasen auf elementare raumzeitliche Relationen abgebildet werden, ist die Primär-Analyse vollständig. Nun kann die Approximation stattfinden.

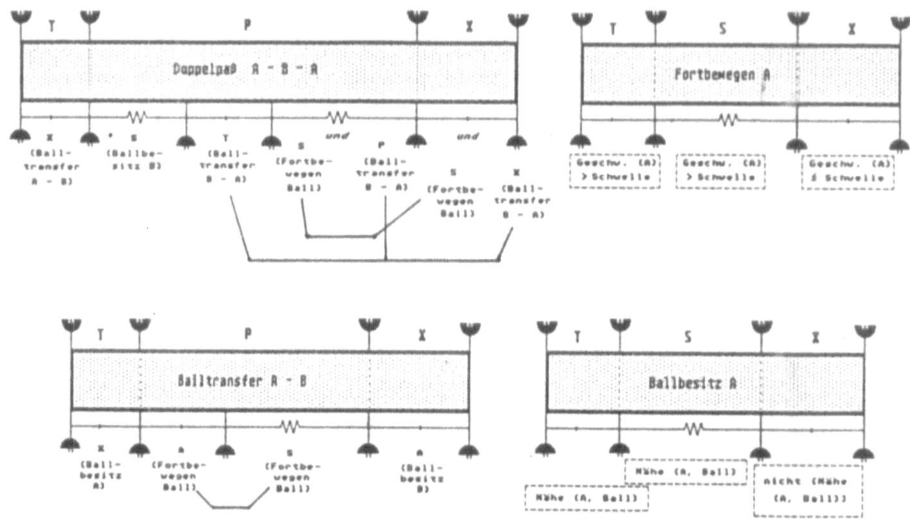

Bild 8: Die AS'ta der vier definierenden Ereignisse von Doppelpaß
Die angezeigten Ereignisinstanzen können durch zusätzliche Markierungen
im EM miteinander identifiziert werden

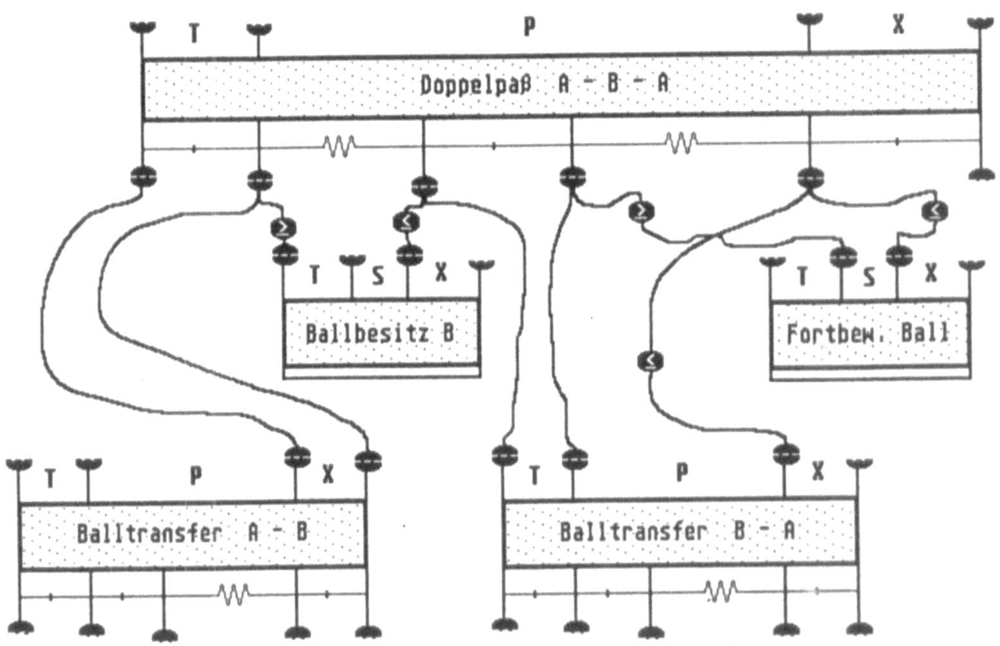

Bild 9: Expansion von Doppelpaß; Teil 1

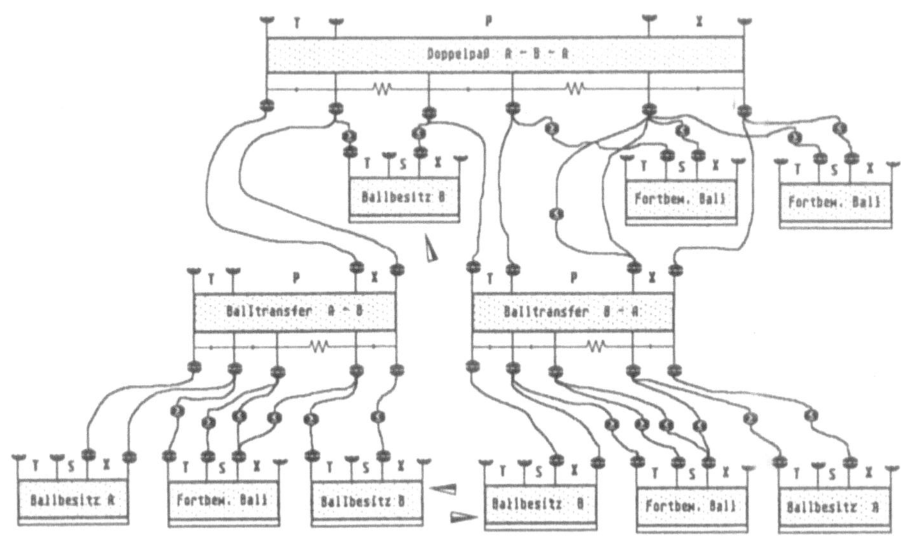

Bild 10: Expansion von Doppelpaß; Teil 2
Pfeile markieren Problemfälle, die nicht durch Identifikationen in den EM gelöst werden können;
der Einfachheit halber wurde nur eine Instanz von "Balltransfer A-B" generiert

7. Resümee

Vorgestellt wurde ein Mechanismus, der die Grundlagen für Visualisierung sowie weiteres begriffliches Reasoning bietet. Dabei wurde, im Sinne einer ökonomischen Verwendung der Wissensquellen, auf das in SOCCER zum Erkennen von Ereignissen benutzte Wissen erneut zurückgegriffen.

Ferner wurden zwei zusätzliche Wissensquellen aufgedeckt, die auch beim Erkennen von Ereignissen Verbesserungen bringen:

- **t-TyPoFs:** temporale Restriktionen in der Form von Typikalitätsverteilungen ermöglichen nicht nur, bei der Expansion typische Phasendauern festzulegen, sondern auch beim Erkennen typische und weniger typische Instanzen einer Ereignisklasse anhand abweichender Phasendauern zu unterscheiden;
- **Identitätsmarken für Subereignisse:** treten in zwei S-Phasen eines AS gleiche Verweise auf, ist zunächst unklar, ob dieselbe Ereignisklasse oder dieselbe Ereignisinstanz als Referent gemeint ist; durch zusätzliche Markierungen bei der Definition der EM'e ist diese Unterscheidung sowohl beim Erkennen wie auch bei der Expansion verfügbar;

Weitere Probleme im SOCCER-Formalismus der AS'ta wurden durch die Umkehrung deutlich, konnten aber aus Platzgründen hier nicht behandelt werden. Erwähnt sei nur am Rande das Identitätsproblem von Subereignissen auf verschiedenen Expansionsstufen, wie es z.B. auch in Bild 10 deutlich wird: alle drei Instanzen von *Ballbesitz B* sind eigentlich identisch. Eine ausführliche Darstellung wird an anderer Stelle erfolgen.

Insgesamt wird demonstriert, daß Konsistenz und Vollständigkeit von Wissensquellen (hier der AS'ta), mithilfe veränderter Fragestellungen untersucht werden können. Eine ganze Reihe von *ad hoc*-Lösungen, die bei der Erkennung noch passabel zu funktionieren scheinen, werden hier aufgedeckt und verlangen eine bessere Lösung.

Literatur

[Hays 89] E. Hays(1989): *On Defining Motion Verbs and Spatial Prepositions.* In: D. Metzing (ed.): *GWAI-89* Proceedings, Berlin: Springer, 312-317.

[Herzog et. al 89] G. Herzog, C.-K. Sung, E. Andre, W. Enkelmann, H.-H. Nagel, T. Rist, W. Wahlster, G. Zimmermann (1989): *Incremental Natural Language Description of Dynamic Imagery.* Univ. Saarbrücken, SFB 314, VITRA, Bericht 58.

[Herzog 90] G. Herzog (1990): *Die Ereignishierarchie von SOCCER.* Univ. Saarbrücken, SFB 314, VITRA, forthcoming.

[Kemke 89] C. Kemke (1989): *Darstellung von Ereigniskonzepten in einem KL-ONE-Derivat.* Univ. Saarbrücken, SFB 314, VITRA, forthcoming.

[Neumann, Novak 86] B. Neumann, H.-J. Novak (1986): *NAOS: Ein System zur natürlichsprachlichen Beschreibung zeitveränderlicher Szenen.* In: *Informatik - Forschung und Entwicklung* (1986) 1, 83-92.

[Pribbenow 88] S. Pribbenow (1988): *Verträglichkeitsprüfungen für die Verarbeitung räumlichen Wissens.* in: W. Hoeppner (ed.): *GWAI-88* Proceedings, Berlin: Springer-Verlag, 226-235.

[Schirra 89] J.R.J. Schirra (1989): *Ein erster Blick auf ANTLIMA - Visualisierung statischer räumlicher Relationen.* In: D. Metzing (ed.): *GWAI-89* Proceedings, Berlin: Springer, 301-311.

[Sondheimer 78] N.K. Sondheimer (1978): *A Semantic Analysis of Reference to Spatial Entities.* In: *Linguistics and Philosophy* (1978) 2, 235-280.

Types of Efficient Query Learning

Achim G. Hoffmann
Technische Universität Berlin
Institut für Angewandte Informatik
Franklinstr.28/29, D-1000 Berlin 10 West Germany

Abstract

In this paper the problem of using queries in order to learn an unknown concept is investigated. Unfortunately, for many concept classes an exhaustive or nearly exhaustive search is necessary when using membership queries only (so named by Angluin). Not only membership queries but also superset queries and equivalence queries as defined by Angluin are considered. Furthermore, learning protocols for which efficient query learning is possible are introduced. At first, the paper introduces a characterization of concept classes where exhaustive membership queries can be avoided by using clever query strategies. The Vapnik-Chervonenkis dimension for stating an upper-bound for required membership queries is used along with a sketch of an appropriate algorithm. In addition, concept classes are characterized where one or some more positive examples provided to the learning system allow to dramatically reduce the number of required queries. Furthermore, for these concept classes the existence of efficient query strategies which use combinations of different query types is proved. A probabilistic query learning algorithm is presented as well. Finally, concept classes are characterized for which a polynomial time learning algorithm exists which uses membership queries efficiently.

1 Introduction

In building expert systems the knowledge acquisition is a bottleneck. Thus, one is motivated to overcome this bottleneck by automating the knowledge acquisition, i.e. through building learning components for expert systems. A successful learning component in an expert system will probably have to use queries directed towards its instructors. For example, Sammut and Banerji's system [9] uses membership queries about specific examples as part of its strategy for efficiently learning a target concept. Angluin [1] proved lower bounds for the number of required queries in the worst case and she has shown in the case of membership queries that often an exhaustive search is necessary. That means, the learning system has to give each possible object to its instructors. Theoretical investigations on learning via queries may be found in [10], [2], [3], [6], [4], [7]. In this paper, concept classes are characterized for which efficient query strategies are possible. The Vapnik-Chervonenkis dimension [11] - a combinatorial measure well known in learning theory - is used in order to give an upper bound of the number of queries required for learning. Upper bounds for learning via superset queries only as well as via a combination of equivalence queries and membership queries are proven as well.

Let X be a set of objects. The task of the learning system is to determine the class of each object in X, i.e. to determine for each object whether or not it belongs to the target concept.

For this purpose, we assume a class of concepts $C \subseteq 2^X$ which underlies the learning system in the following sense. The learning system will classify the objects only according to one particular concept $c \in C$. The learning system L is allowed to address several kinds of queries to an oracle. A **membership query** means that L provides an arbitrary object $O \in X$ to the oracle. The answer of the oracle will be 'yes' or 'no' depending on whether O belongs to the target concept or not. An **equivalence query** means that L gives an arbitrary concept $c \in C$ to the oracle. If c identifies exactly the target concept c_t the oracle returns 'yes'. Otherwise it returns a counterexample, i.e. an arbitrary object $x \in (c \setminus c_t \cup c_t \setminus c)$. A **superset query** means that L gives an arbitrary concept $c \in C$ to the oracle. If $c_t \subseteq c$ the oracle returns 'yes' and otherwise it returns a counterexample $x \in c_t \setminus c$.
Finally, **extended equivalence (superset) queries** allow to give an *arbitrary* subset $S \subseteq X$ of the set of objects to the oracle instead of allowing only concepts in C.
However, one simple but inefficient way of determining the correct class of all objects in X via membership queries is to direct the description of each object in X to the oracle. Therefore, a trivial upper-bound for the required number of membership queries is $|X|$. Depending on the actual structure of the concept class C there may be clever query strategies which allow the learning system to determine the target concept with much less than $|X|$ membership queries. This may be possible because the classification of most objects will be logically implied by the classification of some *crucial* objects in X. In this paper the structure of concept classes is investigated which allow the learning system to use such clever query strategies in order to learn the target concept efficiently. That means, with a small number of queries. The presented results are also applicable in the case of learning multiple classes instead of learning just one class as pointed out in [8].

The paper is organized as follows. Section 2 presents the formal definitions used in the theorems of the following sections. Among them is the property of a concept class being *independently monotonic*. This property allows to learn a concept from C with a small number of queries. This is shown in the next section in theorem 1. For the theorem the preceding lemma is used which states an important consequence of a concept class being independently monotonic. In section 4 the definition of being independently monotonic is extended to the property of being *k-independently monotonic*. Concept classes of this kind allow to avoid an exhaustive search if initially k positive examples of the target concept are given. This is stated in theorem 2. Furthermore, it is shown that the property of being k-independently monotonic also allows to learn via a small number of superset queries as well as to learn efficiently via equivalence queries combined with membership queries. However, in section 5 the existence of a probabilistic learning algorithm is shown, which uses membership queries for learning with high probability k-independently monotonic concept classes efficiently. In section 6, the task of learning to classify a given sample via queries is considered. Cases where efficient query strategies can be applied within polynomial restricted computation time are characterized. The paper concludes with section 7.

2 Preliminaries

Let X be a finite set of objects, $C \subseteq 2^X$ be a set of concepts or a concept class. That means, C is a set of subsets of X with $|C| > 1$. Let $c \in C$ be an arbitrary concept of C. An object $x \in X$ is called a **positive example of** c iff $x \in c$ and **a negative example of** c iff $x \notin c$ respectively. A **concept** c' **is consistent with a positive (negative) example** x of a concept c iff $x \in c'$ ($x \notin c'$).
The **Vapnik-Chervonenkis dimension** [11] was introduced in the context of learning theory in [5]. A set $s \subseteq X$ is said to be **shattered by** C iff $\{s \cap c | c \in C\} = 2^s$. The **Vapnik-Chervonenkis dimension of** C, in short VC-Dim(C), is the cardinality of the greatest set $s \subseteq X$ shattered by

C. That means, the Vapnik-Chervonenkis dimension is given by

$$\mathrm{VC-Dim}(C) = \max_{s \in \{s | s \subseteq X \wedge \{s \cap c | c \in C\} = 2^s\}} |s|$$

In the following, a class of concept classes is specified for which the *Vapnik-Chervonenkis dimension* can be used for giving an upper-bound of the required number of membership queries.

Definition 1 *Let $C \subseteq 2^X$ be a concept class and c an arbitrary concept in C. $s \in C$ is a* **minimal superconcept** *of c iff $c \subseteq s$ and there is no concept $c' \in C$ between c and s. I.e., there is no $c' \in C$ such that $c \subseteq c' \subseteq s$ holds.*

Definition 2 *A set of concepts $I = \{c_1, ..., c_m\}$ is* **independent** *in C iff for all concepts $c_i \in I$ there exists a fixed object $x_i \in c_i$ as follows: For the union U of each subset $I_s \subseteq I$ of concepts in I there is a concept $c \in C$ such that $U \subseteq c$ and for all concepts $c_j \in (I \setminus I_s)$ c does not contain the corresponding object x_j. More formally: A set $I = \{c_1, ..., c_m\}$ of concepts is* **independent** *in C iff*

$$\forall(c_i \in I)\exists(x_i \in c_i)\forall(I_s \subseteq I)\exists(c_s \in C)((\bigcup_{c_r \in I_s} c_r) \subseteq c_s \wedge \forall(c_j \in (I \setminus I_s))\ (x_j \notin c_s)$$

Note: This also means if I is independent in C then there exists a set $s \subseteq X$ of $|I|$ objects *shattered* by C. The set s contains one appropriate object from each concept in I respectively. In particular, $s = \{x_1, ..., x_m\}$.

Example: Let $C = \{\{\}, \{1\}, \{2\}, \{3\}, \{4\}, \{1,2\}, \{1,3\}, \{2,3\}, \{1,3\}, \{2,3,4\}, \{1,2,3,4\}\}$. Let $I_0 = \{\{1\}, \{2\}, \{3\}\}$. Then I_0 is **independent in** C since for any union of sets in I_0 there exists a concept $c \in C$ that is disjoint with the remaining sets in I_0. In contrast to that, the set $I_1 = \{\{2\}, \{3\}, \{4\}\}$ is **not independent in** C. That is due to the fact that any concept $c \in C$ covering both sets $\{4\}$ and $\{2\}$ also contains the element '3'. Thus, there is **no** concept $c \in C$ such that $(\{2\} \cup \{4\}) \subseteq c$ and the remaining set $\{3\} \in (I_1 \setminus (\{2\} \cup \{4\}))$ contains an element not contained in c.

Definition 3 *A concept class C is* **independently monotonic** *iff for all concepts $c \in C$ the set $M(c)$ of minimal superconcepts of c in C is independent in C and the empty set is a concept in C as well.*

Examples for relevant concept classes that are independently monotonic follow:
Let the set of objects X be the set of all attribute-value vectors $\langle v_1, v_2, \ldots, v_{n-1}, v_n \rangle$ where $v_i \in \{1, \ldots j\}\ \forall\, i \in \{1, \ldots, n\}$.

- Onesided conjuntive threshold functions: Let C be the set of all functions f of the following kind:

$$f(\langle v_1, \ldots, v_n \rangle) = \begin{cases} 1 & \text{if } \forall i \in \{1, \ldots, n\}\ t_i \geq v_i \text{ where } t_i \in \{0, \ldots, j\} \\ 0 & \text{otherwise} \end{cases}$$

  For C representing the set of onesided-conjuntive threshold functions holds *VC-Dim(C)=n.*

- Linear decision functions: Let C be the set of all functions f of the following kind:

$$f(\langle v_1, \ldots, v_n \rangle) = \begin{cases} 1 & \text{if } \sum_{i=1}^{n} w_i v_i \leq t \text{ where } t \in \mathbf{N}\ \wedge\ w_i \in \mathbf{N}\ \forall\, i \in \{1, \ldots, n\} \\ 0 & \text{otherwise} \end{cases}$$

  For C representing the set of linear decision functions holds *VC-Dim(C)=n.*

  It can be verified that linear decision functions are independently monotonic as follows. This is explained in Figure 1.

Let C representing the set of linear decision functions. A particular linear decision function can be viewed as a hyperplane in the n-dimensional euclidean space E^n. In E^2 a linear decision function can be viewed as a line partitioning the plane into two parts. In the lower part lie the positive examples while in the upper part the negative examples are located. However, in the diagram the dotted lines indicate the only two minimal superconcepts of the concept represented by the heavy line. This can be verified by figuring out the smallest extensions of the dashed area. However, there is an extension of the dashed area covering both of the smallest superconcepts of c. This holds for any line representing a concept $c \in C$. Furthermore, the consideration can be extended to the n-dimensional euclidean space. There, for each subset of the smallest extensions of an arbitrary hyperplane there exists another hyperplane covering exactly that subset s without covering the extensions in the remaining dimensions. (A hyperplane can be shifted in any dimension independently of being fixed at the axes of the remaining dimensions.)

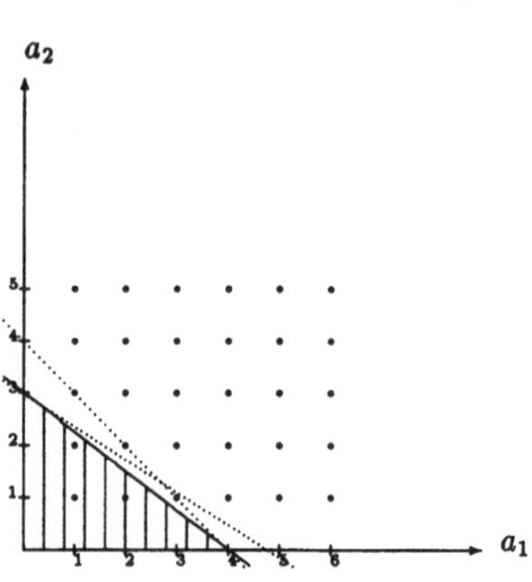

Figure 1: Linear threshold functions are independently monotonic

Examples for concept classes that are **not independently monotonic** follow:

- Twosided conjunctive threshold functions: C represents the set of all functions f of the following kind:

$$f(\langle v_1, \ldots, v_n \rangle) = \begin{cases} 1 & \text{if } \forall i \in \{1, \ldots, n\} \; t_i^l \leq v_i \leq t_i^u \;\; \text{where } t_i^l, t_i^u \in \{0, \ldots, j\} \\ 0 & \text{otherwise} \end{cases}$$

  For $n = 2$ twosided conjunctive threshold functions can be viewed as the set of rectangles in E^2. See Figure 2 for illustration.

- Arbitrary boolean functions containing disjunctive terms: Assume for the set of objects $X = \{\langle v_1, \ldots, v_n \rangle | v_i \in \{t, f\}, \forall i \in \{1, \ldots, n\}\}$. Then, C contains boolean functions as $(v_1 \wedge \overline{v_2} \wedge v_3) \vee (v_2 \wedge \overline{v_5} \wedge \overline{v_7}) \vee \ldots$. Those concept classes require an exhaustive search in the worst case.

As the last example indicates, concept classes that do not require exhaustive searches have to be rather simple structured. That kind of being *rather simple structured* is reflected by the property of being independently monotonic.
For the proof of the following lemma the next definition is still required.

Definition 4 *An object $O \in X$ dominates an object $o \in X$ in C iff o is contained in all concepts of C in which O is contained. That is, iff the membership of O in the unknown target concept $c_t \in C$ implies the membership of o in c_t.*

Example: Let $X = \{d, e, f\}$ and $C = \{c_1 = \{d, e, f\}, c_2 = \{d, e\}, c_3 = \{f\}, c_4 = \{e\}, c_5 = \{\}\}$. In this example the object 'd' dominates the object 'e' in C. The reason for this is that all concepts in C which contain 'd' contain the object 'e' as well. On the other hand, the object 'f' does not dominate the object 'e' because there is a concept $c_3 \in C$ which does not contain 'e' while it is containing 'f'.

Let C be the set of all orthogonal rectangles in a grid based finite plane. Then, it is not known *where* the rectangle to learn is located in that plane. Thus, an exhaustive search in the worst case is required for determining the target concept. That is, since to any query the answer could be 'no' indicating that the given object does not belong to the target concept. Furthermore, C is not independently monotonic. That can be seen as follows: c_2, c_3 and c_4 all are minimal superconcepts of the empty set. However, there exists no rectangle enclosing c_2 and c_3 which does not completely cover c_4 as well. Therefore, c_2, c_3 and c_4 are not independent in C. However, as soon as one positive example is found, a point p contained in the rectangle to learn is known. Thus, one is able to start a binary search procedure in p as sketched in the proof of theorem 1 in order to determine the target concept $c_t \in C$. This observation is reflected in theorem 2.

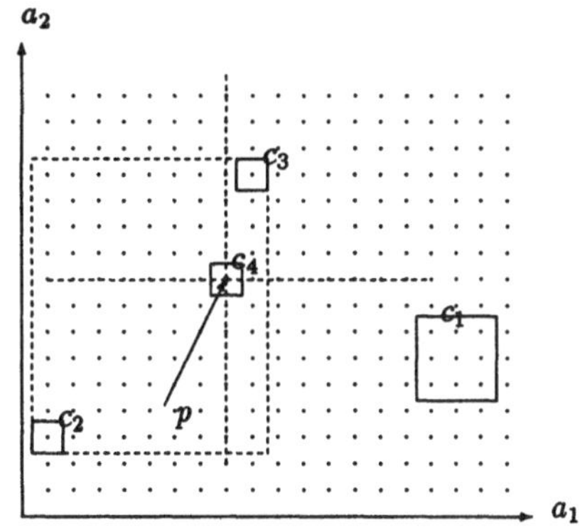

Figure 2: A geometrical example for a concept class not being independently monotonic

3 The upper bound

For proving the following theorems the lemma below is used, which exhibits an important property of *independently monotonic* concept classes.

Lemma *Any independently monotonic concept class $C \subseteq 2^X$ has the following property: There are VC-Dim(C) $= d$ disjoint subsets $s_1, ..., s_d$ such that each of these subsets is linearly ordered by the dominance relation in the concept class C. Furthermore, determining the objects in $s_1, ..., s_d$ being positive or negative examples of an unknown target concept $c_t \in C$ leaves only a single concept $c' \in C$ consistent with the classified objects in $s_1, ..., s_d$. That means, $c' = c_t$.*

Proof: We prove the lemma by contradiction. Assumption: There is a set $s = \{x_1, ..., x_{d+1}\}$ of more than VC-Dim(C) objects in X such that none of these objects is dominating another object of s in C. An object x not dominating another object y means that x and y belong to different concepts c_x and c_y. I.e. x and y belong to different superconcepts of the empty set such that neither c_x is a superconcept of c_y nor vice versa. Let be $c_1, ..., c_{d+1}$ the corresponding concepts to which the objects in s belong respectively, such that none of these concepts is a superconcept of another one. For c_s being a *nonminimal* superconcept of a concept c means, there are concepts between c and c_s in the manner $c \subset c^{s'} \subset c^{s''} \subset ... \subset c^{s*} \subset c_s$, i.e. there is a minimal superconcept $c^{s'}$ of c between c and c_s. Since the set $M(c)$ of minimal superconcepts of a concept $c \in C$ is independent by definition, the minimal superconcept $c^{s'}$ of c has in turn minimal superconcepts covering exactly one of the minimal superconcepts of $M(c) \setminus c^{s'}$. This property holds for all concepts between c and c_s such that it also holds for the concept c^{s*} of which c_s is a minimal superconcept. If the concepts $c_1, ..., c_{d+1}$ do not dominate each other in C and there is a concept $c_m \in C$ such that $c_1, ..., c_{d+1}$ are all minimal superconcepts of c_m. That is due to the fact that $c_1, \ldots, c_{d+1}$ all are superconcepts of the empty set contained in C. However, c_m can be constructed by executing the following procedure using a variable 'current concept' c_c:

$c_c \leftarrow \emptyset$;
for i=1 to $d+1$ do
    while c_i is not a minimal superconcept of c_c do

$c_c \leftarrow c^{i'}$;
endwhile;
endfor;

After executing this procedure all superconcepts $c_1, ..., c_{d+1}$ must be minimal superconcepts of c_c since $c_1, ..., c_{d+1}$ are not dominating each other in C. But this is a contradiction to the definition of C being independently monotonic.

□

That situation can be illustrated in the geometrical example given in Figure 1 above. In Figure 1 for each dimension there exists a set O of objects along the axes a_1 and a_2 which are linearly ordered according to the dominance relation in C. That means, all points on the axes in the dashed area are positive examples of c while all remaining points in O are negative examples of c. The upper-bound theorem follows:

Theorem 1 *Let X be a set of objects, $C \subseteq 2^X$, $|C| > 1$ be an independently monotonic concept class and d =VC-Dim(C). Then there is a learning algorithm which learns from membership queries only that requires at most*

$$d(1 + \log_2 \frac{|X|}{d})$$

membership queries in order to determine the correct target concept $c \in C$.

Proof: In the lemma it has been shown that for any independently monotonic concept class C there are at most d subsets $s_1, ..., s_d$ of X where each of those subsets can be linearly ordered by the dominance relation in C. That means, for an arbitrary concept $c \in C$ the first $k_i(c) \in \mathbf{N}$ elements of a subset s_i are positive while the remaining objects in s_i are negative examples of c. Furthermore, determining the objects of these subsets to be positive or negative examples of the unknown target concept c_t means, determining exactly one concept $c \in C$. In other words, there is only one concept in C consistent with the determined positive and negative examples. These subsets are linearly ordered by the dominance relation in C. Therefore, a binary search procedure is executable on each of these subsets $s_1, ..., s_d$ to find out which objects are positive examples and which ones are negative examples of c_t. Hence, in each of the d linearly ordered subsets $s_1, ..., s_d$ of X a binary search for the most objects in s_i dominating positive example p can be executed. For this binary search procedure there are at most $(\log_2 |s_i|) + 1$ queries necessary. Thus, the greatest number of queries will be required if all d subsets have the same cardinality. Therefore, an upper bound for the number of required queries is $d(1 + \log_2 \frac{|X|}{d})$.

□

For illustration, theorem 1 can be applied to both of the given examples for *independently monotonic* concept classes: As still noted, the *VC-Dim(C)* for C representing either the set of linear decision functions or the set of onesided conjuntive threshold functions, is given by the length n of the attribute-value vector of the set of objects X. Moreover, the size of the set X is given by j^n. Thus theorem 1 states the following upper bounds for the number of required membership queries.

	j=2	j=5	j=10	j=100	j=1000	j=65535
n=1	2	3.32	4.32	7.64	10.97	16.99
n=2	4	9.29	13.29	26.58	39.86	63.99
n=5	18.39	51.44	76.44	159.49	242.53	393.39
n=10	76.78	208.97	308.97	641.17	973.36	1576.78
n=30	782.8	1972.53	2872.53	5862.26	8851.99	14282.77
n=100	9435.6	22654.9	32654.9	65874.18	99093.46	159335.4

4 Providing the learning system initially with some positive examples of the target concept

Suppose $X = \{1, ..., m\}$ and the concept class C contains all singletons of X, i.e. all sets which cover only a single object in X. In this case, there is a worst case lower bound on the required number of membership queries of $m - 1$. I.e., a (nearly) exhaustive search is necessary. (See [1] for proofs of lower bounds on the number of membership queries as the lower bound above. There are also given lower bounds for other types of queries.) Nevertheless, in certain cases *the number of required membership queries can be reduced dramatically* if initially the learning system is provided with one positive example of the target concept c_t. Think of X being the set of coordinates in a grid based plane. That is, $X = \{(0,0),(0,1),...,(m-1,m-1)\}$ and C being the set of all orthogonal rectangles in this grid based plane. In that case, C includes among other sets all singleton sets of X. Thus, a lower bound for required membership queries is $m^2 - 1$. For illustration, see Figure 2.
Assume, one gets an arbitrary positive example x of the target concept c_t and the concept class C is purged from all concepts not consistent with x. Then, the remaining concept class C' is independently monotonic. Thus, only $d(1 + \frac{|X|}{d})$ with $d = VC\text{-Dim}(C)$ membership queries are necessary in order to determine the target concept c_t. This observation can be generalized by characterizing the appropriate concept classes through the following definition:

Definition 5 *A concept class C over a set of objects X is* **k-independently monotonic** *iff for all objects $x \in X$ there is a concept $c \in C$ covering x and $|c| \leq k$ and the set $M(c)$ of minimal superconcepts of c in C is independent in C.*

Now, the next theorem can be formulated:

Theorem 2 *Let X be a set of objects, $C \subseteq 2^X$, $|C| > 1$ be a k-independently monotonic set of concepts and d =VC-Dim(C). Then, after initially providing the learning system with k different positive examples of the target concept c_t there is a learning algorithm which needs at most $d(1 + \log_2 \frac{|X|}{d})$ membership queries in order to determine the correct target concept $c_t \in C$.*

Proof: Let be $s = \{x_1, ..., x_k\}$ the set of objects given as positive examples of the concept c_t. By definition of C being k-independently monotonic there is a concept $c \in C$ such that $c \subseteq s$. Let C' be the remaining concept class after removing all concepts in C not covering c. Thus, there is a reduced concept class C' over a reduced set of objects $X' = (X \setminus c)$. Especially, C' contains an empty set, i.e. the original concept c after removing the objects of c from X. And by definition of C being k-independently monotonic C' over X' is independently monotonic and theorem 1 can be applied to the reduced concept class C'.

□

Example: Following Figure 2, where C is the set of twosided conjunctive threshold functions is 1-independently monotonic. For illustration theorem 2 can be used to upper bound the number of membership queries required for that concept class C: There is VC-Dim(C)=$2n$ and $|X| = j^n$. Then theorem 2 says that at most $2n(1 + n\log_2 j - \log_2 2n)$ membership queries are necessary in order to determine the target concept $c \in C$ after initially getting one positive example of the target concept.
An upper-bound for learning k-independently monotonic concept classes via superset queries as well as via equivalence and membership queries will be proved in the following.

Theorem 3 *Let X be a set of objects, $C \subseteq 2^X$, $|C| > 1$ be a k-independently monotonic set of concepts and d =VC-Dim(C). Then, there is a learning algorithm A which uses at most $k + d(1 + \log_2 \frac{|X|}{d})$ superset queries in order to determine the correct target concept $c_t \in C$.*

Proof: The learning algorithm A using superset queries works as follows: It starts with an arbitrary concept $c \in C$ of minimal size. If the answer is 'yes' then $c = c_t$. Otherwise the oracle provides A with a positive example of $c_t \setminus c$. A proceeds $k-1$ times with the smallest concept $c' \in C$ consistent with all received positive examples of c_t. If there were an oracle answer 'yes' the given concept would be the target concept. After this A proceeds with a binary search procedure as sketched in the proof of theorem 1. But here, the membership queries are replaced by superset queries with the smallest concept $c^* \in C$ covering the given k positive examples as well as the object contained in the respective membership query. Theorem 3 holds, since the second step does not require more queries than stated in theorem 2.

□

Theorem 4 *Let X be a set of objects, $C \subseteq 2^X$, $|C| > 1$ be a k-independently monotonic set of concepts and d = VC-Dim(C). Then, there is a learning algorithm A^* which uses at most $k + d(1 + \log_2 \frac{|X|}{d})$ extended equivalence queries in combination with membership queries in order to determine the correct target concept $c_t \in C$.*

Proof: The learning algorithm A' using equivalence and membership queries has to keep care for not getting a negative example of c_t instead of a positive one. (This is the reason why ordinary equivalence queries do not suffice.) A' works as follows: In the first step it starts with the empty set as equivalence query and proceeds with exactly the set of responded positive examples of c_t. Thus, it is warranted that the oracle never responds with a negative example of c_t. The second step can be done as sketched for theorem 2.

□

Example: Let X be the set of $\{\langle v_1, ..., v_n\rangle | v_i \in \{1, ..., j\}\}$. Let C be the set of twosided conjunctive threshold functions as in the previous example.
Then C is *1-independently monotonic*, VC-Dim$(C) = 2n$ and $|X| = j^n$. According to the theorem 3 (and 4) at most $d(1 + \log_2 \frac{|X|}{d}) = 2n(1 + n \log_2 j \;- \log_2 2n)$ superset (extended equivalence and membership) queries are necessary in order to determine the target concept $c \in C$, after initially getting one positive example of the target concept. That is for $j = 1000$ attribute values and $n = 10$ attributes: $2 \times 10(1 + 10 \log_2 1000 - \log_2 2 \times 10) = 1926.72$.

5 Requiring only a small number of queries with high probability

In many cases, one can say *a priori* that an unknown class to learn will contain at least j percent of the complete set of objects under consideration. E.g., when learning to distinguish a Ford from other cars, we may claim that at least 1 percent of all cars are Fords. In such cases, learning via a small number of queries is possible with high probability for k-independently monotonic concept classes. In fact, the following theorem can be stated.

Theorem 5 *Let X be a set of objects, $C \subseteq 2^X$, $|C| > 1$ be a k-independently monotonic set of concepts and d = VC-Dim(C). Let the size of the unknown target concept c_t be at least $q|X|$, where $0 < q \leq 1$. Then there is a (probabilistic) learning algorithm A which needs at most*

$$\frac{2k}{q} \ln \frac{k}{\delta} + d(1 + \log_2 \frac{|X|}{d})$$

membership queries in order to determine the correct target concept $c_t \in C$ with probability of at least $1 - \delta$.

Proof: The probabilistic learning algorithm A proceeds in two steps. In the first step A randomly chooses objects $x \in X$. A gives the chosen object x to the oracle and stops with choosing further objects, if A has found k different positive objects of c_t. After this A proceeds deterministically as sketched in the proof of theorem 1. At first an upper bound is determined for the number of randomly generated queries for getting at least k positive examples of c_t with probability of at least $1-\delta$.
Imagine k mutually disjoint and equally sized subsets of c_t. Furthermore, expect to randomly choose one object from each subset respectively. Since any of these subsets is at least of size $\frac{q}{2k}$, the probability for not choosing an object from one particular subset s_i within n trials is at most $(1-\frac{q}{2k})^n$. Thus, the probability δ for not choosing at least one object from *any* one of these k subsets is at most $k(1-\frac{q}{2k})^n$. Hence, $\delta \leq k(1-\frac{q}{2k})^n \Leftrightarrow \frac{\delta}{k} \leq (1-\frac{q}{2k})^n \Leftrightarrow \frac{ln\,\frac{\delta}{k}}{ln\,(1-\frac{q}{2k})} \leq n \Leftrightarrow$
$n \geq \frac{ln\,\frac{\delta}{k}}{ln\,(1-\frac{q}{2k})} \approx \frac{1}{\frac{q}{2k}}\,ln\frac{k}{\delta} = \frac{2k}{q}\,ln\,\frac{k}{\delta}$
Therefore, A requires for its first step with probability at least $1-\delta$ not more than $\frac{2k}{q}\ln\frac{k}{\delta}$ queries. For its second step A requires at most $d(1+\log_2\frac{|X|}{d})$ queries according to theorem 2.

□

Example: Let be X and C the same as in the previous example. Then, for $\delta = \frac{1}{100}$ and $q = \frac{1}{50}$ there are $\frac{2k}{\frac{1}{50}}\ln\frac{k}{\frac{1}{100}} + d(1+\log_2\frac{|X|}{d}) = 100k\ \ln 100k + d(1+\log_2\frac{|X|}{d})$ examples necessary. For $j = 1000$ attribute values and $n = 10$ attributes, i.e. d=VC-Dim(C)=$2n$ the number of required membership queries is $100 \times 1\ \ln 100 \times 1 + 20(1+\log_2\frac{1000^{10}}{20}) \approx 2387$.

6 Learning to classify a given sample in polynomial restricted time

Suppose, the correct classification of a sample of unclassified objects should be learned by using only a small number of queries. The sample may be a collection of mushrooms and it should be learned to distinguish poisened mushrooms from unpoisened ones via queries to an expert. In this case one simply can substitute the set X in Theorem 1 by the given sample.

Theorem 6 *Let X be a set of objects, S be a sample of these objects, i.e. $S \subseteq X$ and C be an independently monotonic concept class on X. Let d =VC-Dim(C). Then, there is an algorithm that learns to classify all objects in S correctly using at most $d(1+\log_2\frac{|S|}{d})$ membership queries and runs in polynomial restricted time, if for any two objects $O_1, O_2 \in X$ it can be decided in polynomial restricted time whether or not O_1 dominates O_2 in C.*

Proof: As required by the conditions of the theorem it can be decided whether or not an object O_1 dominates an object O_2 in C in polynomial-restricted time. Therefore, d subsets in the sample s can be found in polynomial-restricted time, where each of these subsets is linearly ordered by the dominance relation in C. A binary search on each subset can be executed for the border between positive and negative examples within that subset. Thus, the determination of the target concept takes only polynomial-restricted time.

□

Example: Assume a sample of 2500 mushrooms. The mushrooms are described by 10 attributes. If C represents the set of linear decision functions VC-Dim(C)=10. Then the theorem says, that there are only $10(1+\log_2\frac{2500}{10}) = 89.66$ membership queries necessary in order to classify the entire sample correctly. Note, that the number of queries is completely independent of the number of admissable attribute values.

7 Conclusion

In this paper the problem of learning concepts by using different kinds of queries has been investigated. It turned out that certain properties of the concept class from which the target concept should be learned can be exploited to find a small number of *crucial* queries enabling the determination of the correct target concept. Moreover, initially providing the learner with positive examples turned out to have the potential of essentially facilitating the learning task. Thus, further investigations may concern different kinds of special queries to the expert. These special queries should enable the learner to learn with a small number of further simple queries as membership, superset queries etc.

References

[1] D. Angluin: Queries and Concept Learning; *Machine Learning (2), 1988, pp. 319-342*

[2] D. Angluin: Learning k-term DNF formulas using queries and counterexamples; *Technical Report YALEU/DCS/RR-559). New Haven, CT: Yale University, Department of Computer Science.*

[3] D. Angluin: Learning regular sets from queries and counterexamples; *Information and Computation, 75,pp. 87-106.*

[4] D. Angluin, L. Hellerstein, M. Karpinski: Learning Read-Once Formulas with Queries; *Report No. UCB/CSD 89/528, August 1989. Berkeley, CA: University of California CSD (EECS).*

[5] A. Blumer, A. Ehrenfeucht, D. Haussler, M. Warmuth: Classifying learnable geometric concepts with the Vapnik-Chervonenkis dimension; *Proceedings,* 18th *Symp. on Theory of Computing 1986; pp. 273-282.*

[6] W. Gasarch, C. Smith: Learning via Queries; *Proceedings of the first Workshop on Computational Learning Theory MIT 1988, Los Altos, CA: Morgan Kaufmann Publishers 1988; pp. 227-241.*

[7] L. Hellerstein: Learning read-once formulas using membership queries. *Proceedings of the Second Annual Workshop on Computational Learning Theory, Los Altos, CA: Morgan Kaufmann Publishers 1989; pp. 146-161.*

[8] A. Hoffmann: Unifying several learning situations; *Proceedings of the first Workshop on Computational Learning Theory MIT 1988, Los Altos, CA: Morgan Kaufmann Publishers 1988; pp. 415-416.*

[9] C. Sammut, R. Banerji: Learning concepts by asking questions. *In R.S. Michalski, J.G. Carbonell, T.M. Mitchell (Eds.): Machine Learning: An Artificial Intelligence Approach (Vol.2). Los Altos, CA: Morgan Kaufmann Publishers 1986; pp. 167-191*

[10] L. Valiant: A theory of the learnable. *Communications of the ACM, 27, pp. 1134-1142, 1984.*

[11] V. N. Vapnik und A. Ya. Chervonenkis: On the uniform convergence of relative frequencies of events to their probabilities; *Theory of Probability and its Applications 16(2), 1971; pp. 264-280.*

Constructing decision trees from examples and their explanation-based generalizations

Kai Zercher

Siemens AG, ZFE IS INF 32
Otto-Hahn-Ring 6, D-8000 München 83

TU München, Institut für Informatik
Orleanstr. 34, D-8000 München 80

zercher@ztivax.uucp

Abstract:
Two algorithms which learn decision trees from examples and their EBL (explanation-based learning) generated rules are presented. The first, IDG-1, learns correct but incomplete trees. It transforms - guided by examples - a rule set into a decision tree which is tailored to efficient execution. Tests done in an example domain show that these trees can be executed much faster than the corresponding EBL generated rule sets even if various methods to optimize rule execution have been applied. Consequently, IDG-1 is one method to ease the utility problem of EBL. The second algorithm, IDG-2, induces complete but no longer entirely correct trees. When compared with trees learned by ID3, the trees induced by IDG-2 showed significantly lower error rates. Since both algorithms construct a tree in a very similar way this demonstrates that the conditions derived from examples and a domain theory via EBL are better suited for tree induction than the simple conditions ID3 constructs from the example descriptions. Both approaches can - under certain conditions - also be used if the rules are generated by other means than EBL.

1. Introduction

Explanation-based learning (EBL) is a powerful, knowledge intensive learning technique [DeJong 86, Mitchell 86]. It is able to learn correct, but usually incomplete, rules from single training examples. EBL guarantees that the learned description fulfills an operationality criterion [Keller 87] that tries to ensure that the description can be efficiently evaluated. The main objective of EBL is to improve the performance of a problem solver by caching generalized solutions to previously encountered problems. The idea is that rules learned by EBL are checked before the original problem solver is activated, and if one of the rules is applicable it immediately returns the desired result. But the more rules are learned the longer it takes to check them. In some cases EBL might even slow down the system because the average match costs of the learned rules outweigh the average savings. This problem is known as the utility problem of EBL [Minton 88].

We present two algorithms which generate decision trees from examples and EBL generated rules. The design of both algorithms was motivated by the way ID3 [Quinlan 86] works. IDG-1 transforms a set of mutually exclusive rules into a decision tree tailored for efficient execution. The tree is correct but - like the rule set - possibly incomplete, i.e., it sometimes returns 'NOT-COVERED' indicating that a problem solver using the original domain theory must be invoked. In our experiments the trees constructed by IDG-1 could be executed much faster than the corresponding EBL generated rule sets even if various methods to optimize rule execution had been applied. IDG-1 is therefore one method which can ease the utility problem of EBL by reducing the matching costs. Section 2 presents the algorithm and the results of our test runs.

There are situations where one is willing to sacrifice correctness for completeness, e.g., the original problem solver is not available during field application or one needs extremely fast answers. In Section 3 we present IDG-2. It generalizes beyond what is covered by the EBL rules and induces a complete but no longer entirely correct tree. IDG-2 uses only the conditions found in the EBL rules for building a tree. When trees learned by ID3 were compared with trees induced by IDG-2, the latter showed significantly lower error rates. Since both algorithms induce decision trees in a very similar way this demonstrates that conditions used by IDG-2 are better suited than the conditions utilized by the original ID3.

In Section 4 we discuss various modifications and extensions to the basic algorithms. Related work is presented in Section 5 and our conclusions in Section 6.

2. Generating correct decision trees

EBL allows us to learn correct rules. But the more rules we have the longer it takes to check whether a new example fulfills one of them. Executing a set of - as we assume - mutually exclusive rules amounts to a search process where we look for the one rule which satisfies the new example (if one exists at all). IDG-1 is based on the idea that binary search encoded in a decision tree is an effective method to perform this task. IDG-1 transforms - guided by examples - a set of rules into a decision tree which is tailored to efficient execution. The tree is correct, i.e., it never returns a wrong classification. In cases where none of the rules would be applicable the tree returns 'NOT-COVERED', indicating that the original problem solver must be invoked. In a few cases the tree might return 'NOT-COVERED' even though one of the rules would cover this case; we will discuss this specialization effect and a possible remedy later.

The domain

Our application comes from the area of error detection and diagnosis of robot operations. A model-based approach to diagnosis [Davis 84] is used, where the model consists of a set of equations. Each equation describes a geometric relation about the robot and its working environment. The model is shown below (tcp, ta1, ta2, ta1-delta, ta2-delta, and height are internal variables; X and Y stand for values of sensor measurement):

tcp ∈ [7.99, 8.01] , height ∈ [4.5, 5.5] , ta1-delta ∈ [-0.2, 0.2] , ta2-delta ∈ [-0.2, 0.2] ,
ta1 = X + ta1-delta , ta2 = Y + ta2-delta , ta1 + height = tcp, ta2 + height = tcp

The diagnosis algorithm uses constraint propagation with interval labels to test whether the model (or parts of it) and the sensor measurements are consistent. In [Zercher 88a + b] it is described how EBL is applied to this type of constraint propagation in order to learn efficient rules for error diagnosis (the model used here is slightly simpler than the one described in the references; also no additional constraints are derived). Examples of learned rules are presented below (again, the variables X and Y stand for values of sensor measurements):

IF 2.71 ≤ X, X ≤ 3.29, -0.4 ≤ X - Y, X - Y ≤ -0.02   THEN no-error

IF X < 2.29, 2.71 ≤ Y, Y ≤ 3.29   THEN ta1-error   /* the sensor ta1 is not working properly */

IF X ≤ 2.69, 2.71 ≤ Y, -0.4 ≤ X - Y   THEN no-error

In this example application, eight different diagnoses are possible and there are around 70 different rules which could be learned. All rules are mutually exclusive. Note, in some cases model-based diagnosis is not able to uniquely identify a cause for an error. In this case, a list of all single-fault candidates is returned and used as the then-part of a rule. For instance (ta2-error height-error) indicates that either the sensor ta2 is broken or the height of the object is wrong (but not both).

The algorithms

IDG-1 takes a set of training examples and returns a decision tree. Given the training set {(X = 2.8 Y = 2.9 class = 'no-error') (X = 2.5 Y = 2.8 class = 'no-error') (X = 2.0 Y = 3.0 class = 'ta1-error') (X = 2.1 Y = 3.1 class = 'ta1-error')} EBL finds the three rules presented above. The class information was only included to increase readability: Model-based diagnosis can classify each example and this classification serves as the target concept for EBL. In the next step IDG-1 constructs the tree shown below:

```
IF  X < 2.29
THEN   IF  2.71 ≤ Y,  Y ≤ 3.29
           THEN   ta1-error     ELSE  not-covered
ELSE   IF  2.71 ≤ X
           THEN  IF  X ≤ 3.29,  -0.4 ≤ X - Y,  X - Y ≤ -0.02
                     THEN   no-error      ELSE  not-covered
           ELSE  IF  X ≤ 2.69,  2.71 ≤ Y,  -0.4 ≤ X - Y
                     THEN   no-error      ELSE  not-covered
```

The three main procedures are presented in Figure 1. Although the algorithm is described in detail a few comments are in order:

1. Units are just a simple data structure which group together the then-part (class) of a rule, its (remaining) conditions, and the examples which are covered by this rule (and

```
idg-1 (examples)
(1)   apply EBL to examples and construct for each learned EBL rule a unit with three slots
      - class          then-part (target concept) of an EBL rule
      - conditions     if-part (operational concept description) of an EBL rule
                       This is a list of conditions which represents a conjunction.
      - examples       A list of those examples which fulfill the conditions.
(2)   construct-decision-tree (units)

construct-decision-tree (units)
(1)   if units contains only one unit
(2)   then   return node with   node.test : = unit.conditions
                                node.true-branch : = unit.class
                                node.false-branch : = 'NOT-COVERED'
(3)   else   possible-conditions : = union of all conditions contained in units
(4)          selected-condition : = select the best condition from possible-conditions
                according to an information theoretic (entropy) selection criterion
(5)          split(units,selected-condition,true-units,false-units)
                /* Splits units into the two sets true-units and false-units. */
(6)          return node with   node.test : = selected-condition
                                node.true-branch : = construct-decision-tree(true-units)
                                node.false-branch : = construct-decision-tree(false-units)

split(units, condition, true-units, false-units)
(1)   true-units : = {},   false-units : = {}
(2)   for unit in units do
(3)      if  condition  is a member of unit.conditions
(4)         then   remove condition from unit.conditions and add unit to true-units
(5)      else-if  inverse(condition) is a member of unit.conditions
(6)         then   remove inverse(condition) from unit.conditions and add unit to false-units
(7)         else   true-examples : = those examples of unit.examples which fulfill condition
(8)                false-examples : = those examples of unit.examples which do not fulfill condition
(9)                if true-examples ≠ {}    then   make a copy of unit but set unit.examples to
                                                     true-examples and add unit to true-units
(10)               if false-examples ≠ {}   then   make a copy of unit but set unit.examples to
                                                     false-examples and add unit to false-units
```

Figure 1

which have not been eliminated by other tests). Since it is assumed that the rules are mutually exclusive, every example is covered by exactly one rule and appears in just one unit. This guarantees that it is always possible to split a set of units into two smaller sets.

2. The purpose of the selection criterion is to achieve high efficiency not correctness which is already guaranteed by the way the tree is constructed. Our information theoretic selection criterion measures the expected entropy given that a certain test will be applied and selects the test (condition) which minimizes this value. Entropy is a measurement of how much information (how many binary tests) are needed on average to separate a given set of elements according to a specified classification. If all elements fall into the same

class then the separation task is done and the entropy is 0. By minimizing the entropy we are minimizing the expected number of tests which are required to complete the separation task after the selected test has been performed. ID3 and IDG-1 utilize the same criterion with one important difference: ID3 uses frequencies of examples with respect to possible example classes, IDG-1 uses them with respect to possible units. The rational for this is the following: Provided that a given example is covered by one rule, the match costs can be split in two parts. First, testing the conditions of the rule which is applicable. These costs are unavoidable. Second, testing some of the conditions of rules which are not applicable. These costs should be reduced as much as possible. This is exactly what a unit-oriented selection criterion tries to achieve. It tends to minimize the average number of tests until only one unit is left. The disadvantage of using a class-oriented criterion becomes obvious when we have a set of units belonging to the same class, i.e., all have the same unit.class value. Consequently all examples belong to the same class and a class-oriented information criterion can no longer differentiate between different possible conditions and we end up with random selection. In addition, we did a few test runs with the different selection criteria. In our application, the unit-oriented one proved clearly superior both in speed and the size of the produced tree.

3. The constructed tree could represent a specialization of the EBL rule set, i.e., there could be new examples which are not covered by the tree but which are covered by one of the rules. This can happen due to step 9 and 10 in split: If no example of a unit fulfills the selected-condition then this unit is ignored in the construction process for the true-branch; an analogous observation holds for the false-branch. But the fact that no example of the unit passes the test does not necessarily mean that no example exists which would belong to that unit and which would pass the test. In our test runs the difference in coverage never exceeded 0.1 % on average when the training set contained more than 80 examples and quite often there was no difference at all. Since we could always fall back on the original problem solver and the difference was extremely small we saw no need to modify the algorithm. One way to avoid specializations would be to ignore a unit only if its conditions and all the conditions on the path from the root to the current node are inconsistent; for our application this test could be done with the Simplex method. (However, their might be applications where a specialization is desired [Flann 89].)

The experiments

The program is implemented in Common Lisp. The experiments were done on a Siemens WS 30 workstation under the AEGIS operating system. The presented results are the averages of 10 test runs each using a new training and test set. Each training set consists of 400 examples, each test set of 200 examples. All examples were randomly generated. In order to measure the execution time of a rule or a tree, they are converted to ordinary Common Lisp functions and compiled. All timings are given in microseconds and measure the average execution time per example. It should be kept in mind that these timing results are - for various reasons - a little bit noisy. The results in the tables are for the test set.

To make a fair comparison between IDG-1 trees and corresponding EBL rule sets, we applied various optimization methods to improve the execution time of rule sets. First, we tried several ordering strategies: FRONT adds a new rule to the front of a rule set, BACK to the back of it. SORT-1 sorts the rule set according to application frequencies of rules (more likely applicable rules first) and SORT-2 in addition reorders the conditions in the if-part of a rule according to their failure frequencies (more likely failing conditions first). Second, we applied an optimization strategy based on ideas taken from RETE [Forgy 82]. A rule set is transformed such that no condition is ever tested twice (the sharing principle) and no rule is touched if one of its condition has already been evaluated to false. OPT-1 applies this transformation to the rule set produced by BACK, OPT-2 to the one produced by SORT-2. Our results are presented in Table 1. STS specifies the size of the training set used, i.e., how many examples from the full training set were provided to IDG and EBL; RS gives the size of the rule set and COV its coverage, i.e., the percentage of test examples where one of the rules was applicable.

STS	RS	COV	IDG-1	FRONT	BACK	SORT-1	SORT-2	OPT-1	OPT-2
10	9	29	65	163	163	162	146	127	122
20	15	42	74	260	251	250	211	182	167
50	28	68	85	407	370	363	302	239	222
100	41	86	98	544	432	395	328	278	241
200	52	92	99	747	463	394	319	303	252
300	60	94	102	884	470	390	323	311	256
400	65	94	105	1032	486	400	323	325	264

Table 1 (explanation of abbreviations: see text)

Ordering had an important impact on execution time, even the RETE-motivated optimization strategy profited from it. Still, the decision trees were clearly the fastest. The ranking of the various approaches was also confirmed when we based the comparison on the average number of executed conditions. Note, that the trees were generally slightly smaller than corresponding rule sets when we took the total number of conditions contained in a tree or a rule set as a measurement for its size. As we have stated earlier, our ultimate goal is to speed up problem solving with the help of learned knowledge. Consequently we compared the original model-based diagnosis system (it should be pointed out that we tried to implement that as efficiently as possible) with a combined system where first the learned knowledge is applied and only if it can not classify an example the model-based diagnosis system is invoked. The larger the training set was, the larger the coverage of the learned knowledge and the smaller the execution time of the combined system utilizing this knowledge. Again using decision trees as the learned knowledge proved to be the best choice. The model-based diagnosis system needed 11,160 microseconds on average; with learned decision trees this could be reduced to 780 microseconds (STS = 400). It should be pointed out, that this is an average value: In about 94 % of all cases one will get the answer in roughly 105 microseconds and in the remaining

6 % it will take an additional 11,160 microseconds because the original model-based diagnosis system which uses constraint propagation must be invoked.

3. Inducing complete decision trees

There are situations where one is willing to sacrifice correctness for completeness. One reason could be that a fast but rarely wrong answer is preferred over a slow but always correct one. Or the target machine is not capable of running the original problem solver. IDG-2 is a variant of IDG-1 which induces a complete tree. Only two things must be changed. First, we now use a class-oriented information theoretic selection criterion. Second, we replace Step 1 and 2 of construct-decision-tree with the following lines:

```
(1) if units contains only units having the same unit.class value
(2)    then return unit.class
```

IDG-2 is very similar to ID3. The crucial difference is that IDG-2 uses conditions derived from the examples and a domain theory via EBL whereas ID3 uses conditions constructed solely from the example description. In our experiments we compared the error rate (percentage of misclassified examples) and the size (number of non-leaf nodes) of trees produced by IDG-2 and ID3. The results are shown in Table 2. IDG-2 clearly performed better than ID3. This demonstrates that the IDG-2 conditions are better suited for inducing a decision tree than the ID3 conditions. This is caused by two effects. First, some conditions contain new features which EBL constructs by combining basic attributes with a mathematical operator. This is an effect of applying EBL to constraint propagation. In our application, only one new feature, namely X-Y, was generated but that proved to be very important. Second, the numeric bounds in a condition like $X \leq 2.69$ are derived utilizing the domain theory. In contrast to this, ID3 computes numeric values solely from the given example description by taking midpoint values, e.g., if 2, 4, and 12 are the X-values used by the examples then 3 or 8 might appear in a condition. In order to judge both effects we tested a modification of ID3 called ID3-C which utilizes the term X-Y. It is conceivable that the construction of this new feature can be done by a system which performs constructive induction [Matheus 89]. The results of Table 2 show that both effects contribute to the success of IDG-2. The execution time of an IDG-2 tree is around 62 microseconds. When taking into account that most of the few misclassified examples lie very close to the border separating the true from the false class, the trees construct by IDG-2 seem to be a good alternative to the ones constructed by IDG-1.

Note, there is a subtle difference between IDG-2 and an application of ID3 where the conditions found in the EBL rules would serve as attributes to describe the examples. Whereas at any step ID3 could choose among all conditions, IDG-2 only considers the conditions found in the available units at this step. On one hand, this reduces the number of choices. On the other hand, the extra conditions are likely to be less relevant on average and the chance of selecting a less appropriate condition - even though it scores equally or better with respect to the information theoretic criterion - is possibly higher. When we

	error rate			tree size		
STS	IDG-2	ID3-C	ID3	IDG-2	ID3-C	ID3
10	48.3	56.0	59.1	5.6	5.2	5.6
20	25.4	41.1	49.9	8.0	8.4	9.5
50	9.5	19.9	26.9	10.9	10.9	14.4
100	1.9	9.5	17.2	11.8	11.8	19.1
200	1.0	3.3	10.1	12.0	12.0	25.2
300	0.5	2.1	9.4	12.0	12.0	30.0
400	0.4	1.7	7.8	12.0	12.0	33.4

Table 2 (explanation of abbreviations: see text)

compared both approaches, IDG-2 performed on average slightly better, but the differences were not statistically significant. This issue clearly requires further research.

4. Modifications and extensions

IDG assumes that any condition found in a unit might be used as a test in the tree. But in some domains EBL produces concept descriptions where order constraints must be obeyed. For instance, if a conjunction of conditions contains part-of(X,Y), handle(Y) it would not make much sense to test handle(Y) before part-of(X,Y) has been used. Such order constraints can be considered by modifying Step 3 of construct-decision-tree appropriately.

We used the standard information theoretic selection criterion, but there are more elaborate ones [Quinlan 86]. For instance, one could take into account the cost of testing an individual condition or use a larger lookahead, as both is done by IDX [Norton 89].

The domain theory of our example application is correct and complete. How our algorithms must be modified to work with incorrect and/or incomplete domain theories is a challenging task for future research.

5. Related work

Minton [Minton 88] extensively discusses the utility problem of EBL. He states that there are two ways to tackle this problem. First, making rule execution faster and second, being very careful in deciding what to learn and whether a learned rule should be kept at all. His work stresses the second point whereas this work is only concerned with the first one. A detailed study of the utility of EBL for model-based diagnosis in the area of digital circuits can be found in [Resnick 89].

Friedrich and Nejdl [Friedrich 89] describe how efficient and correct decision trees can be constructed for diagnosis problems provided that a domain model is given. Partial evaluation is used to construct all possible general expressions derivable from the domain theory. These expressions are taken as so called derived attributes in order to extend the description of the examples. An ID3-like algorithm then generates a decision tree. Although partial evaluation is feasible in their domain, it is not in ours. When constraint propagation is used, every equation constitutes a kind of recursive rule and there is no easy way to define a stop criterion for partial evaluation.

6. Conclusions

We presented two algorithms, IDG-1 and IDG-2, which construct decision trees from examples and the rules which EBL learns from them. The design of both algorithms was motivated by the way ID3 works. IDG-1 transforms a set of mutually exclusive rules into a decision tree tailored for efficient execution. The tree is correct but - like the rule set - possibly incomplete, i.e., it sometimes returns 'NOT-COVERED' indicating that a problem solver using the original domain theory must be invoked. In our experiments the trees constructed by IDG-1 could be executed much faster than the corresponding EBL generated rule sets even if various methods to optimize rule execution had been applied. IDG-1 is therefore one method which can ease the utility problem of EBL. The tree implements a kind of binary search for the rule (if any) whose conditions are fulfilled by a given example. An entropy based selection criterion is used to tailor this search towards requiring as few tests as possible. Decision trees sometimes require exponentially more space than corresponding rule sets, but this is only the worst case. In our application the trees were even slightly smaller than the rule sets. Our experiments also demonstrate that the average match costs of a rule strongly depend not only on the rule itself but on the total rule set and the way rule matching is organized. Consequently, one must be very careful if simplifying heuristics are used to estimate the average match costs of a rule in order to decide whether that rule has a positive utility and whether it should be kept or not.

IDG-2 induces complete but no longer entirely correct trees. It generalizes beyond what is covered by the EBL rules. IDG-2 and ID3 construct decision trees in the same way but differ in the conditions from which they can choose to build the tree. IDG-2 uses the conditions found in the EBL rules, i.e., the conditions are derived using examples and the domain theory. ID3 utilizes conditions directly constructed from the example descriptions. In our experiments the trees produced by IDG-2 were much smaller and produced significantly lower error rates. This demonstrates that the conditions used by IDG-2 are much better suited for inducing a decision tree. For other applications this suggests that it is a good idea to consider utilizing an available domain theory in order to construct new features.

Our application comes from the area of model-based diagnosis of robot operations. Here execution time for the diagnosis system is crucial. The use of EBL generated diagnosis rules clearly helps to improve performance and using the trees constructed by IDG-1 results in a further speed up. The average overall execution time could be reduced from 11,160 microseconds for the original model-based diagnosis system to 780 microseconds when trees constructed by IDG-1 were utilized. This time is further reduced to 62 microseconds if instead we take the trees induced by IDG-2. The main reason is that the original model-based diagnosis system must never be invoked. Obviously, one must accept the risk of possible misclassification. Since IDG-2 achieves very low error rates and most misclassified examples lie very close to the border separating the true from the false class, this risk might be judged small when compared to the gained speed.

Both approaches assume that the rules are learned by EBL utilizing a correct and complete domain theory but it is conceivable that the rules come from other sources. IDG-1 only requires that the rules are mutually exclusive, IDG-2 does not even require that. Still, if the given rules are no longer guaranteed to be correct or they do not cover all examples, one can expect that the algorithms must be modified a bit.

Acknowledgements

I would like to thank George Drastal, Angelika Hecht, Regine Meunier, Steve Norton, Josef Pauli, Ruxandra Scheiterer, Peter Suda, and especially my advisor Prof. Bernd Radig for many fruitful discussions and useful suggestions on earlier versions of this paper. Special thanks go to the anonymous referees for their helpful comments. The author thankfully acknowledges the support by a Ph.D. grant from Siemens AG.

References

[Davis 84] Davis, R., "Diagnostic reasoning based on structure and behavior", Artificial Intelligence 24,p. 347-410, 1984.

[DeJong 86] DeJong, G., Mooney,R., "Explanation-based learning: An alternative view", Machine Learning, Vol. 1, Nr. 2, 1986.

[Flann 89] Flann, N.S., Dietterich, T.G., "A study of explanation-based methods for inductive learning", Machine Learning, Vol. 3, Nr. 4, 1989.

[Forgy 82] Forgy, C.L., "Rete: A fast algorithm for the many pattern/many object pattern match problem", Artificial Intelligence 19, p. 17-37, 1982.

[Friedrich 89] Friedrich,G., Nejdl, W., "Increasing the information-theoretic content of diagnostic examples using a domain model", 9th International workshop expert systems and their applications, Specialized conference Second generation expert systems, Avignon 1989.

[Keller 87] Keller, R.M., "Defining operationality for explanation-based learning", AAAI 87.

[Matheus 89] Matheus, C.J., "Feature construction: An analytic framework and an application to decision trees", Ph.D. thesis, University of Illinois at Urbana-Champaign, Report No. UIUCDCS-R-89-1559, 1989.

[Minton 88] Minton, S., "Quantitative results concerning the utility of explanation-based learning", AAAI 88.

[Mitchell 86] Mitchell, T.M., Keller, R., Kedar-Cabelli, S., "Explanation-based generalization: a unifying view", Machine Learning, Vol. 1, Nr. 1, 1986.

[Norton 89] Norton, S.W., "Generating better decision trees", IJCAI 89.

[Quinlan 86] Quinlan, J.R., "Induction of decision trees", Machine Learning, Vol. 1, Nr. 1, 1986.

[Resnick 89] Resnick, P., "Generalizing on multiple grounds: Performance learning in model-based troubleshooting", AI-TR 1052, MIT, 1989.

[Zercher 88a] Zercher, K., "Model-based learning of rules for error diagnosis", in Hoeppner, W. (Ed.), Proceedings of the 12th German workshop on artificial intelligence (GWAI 88), Springer, 1988.

[Zercher 88b] Zercher, K., "Modellbasiertes Lernen von Regeln zur Fehlerdiagnose", Diplomarbeit, Universität Karlsruhe, 1988.

The Computational Complexity of Occam's Razor

Achim G. Hoffmann
Technische Universität Berlin
Institut für Angewandte Informatik
Franklinstr.28/29, D-1000 Berlin 10
West Germany

Abstract

This paper is concerned with the computational feasibility of finding a simple theory for explaining the observed data. In particular, learning to classify multiple classes by a minimal set of discriminating attributes is investigated. The paper presents an **NP**-hardness proof for that learning task. Furthermore, a fast algorithm for approximating the simplest theory is given.

1 Introduction

The medieval philosopher William v. Occam rejected all scientific theories which involved unnecessary entities [6, 7]. From that categorical rejection stems the metaphor 'Occam's razor'. Furthermore, he introduced an acceptance criterion for a theory which is in competition with other theories all explaining the observed data. Namely, the *simplest* one among the competing theories should be selected. However, as has been pointed out by contemporary philosophers as Nelson Goodman [5], Occam's criterion cannot be used in a strongly formalized manner as desired in the philosophy of science. This is due to the fact that the selection of attributes for describing observations is heavily ambigious. Nevertheless, for a fixed set of attributes the theory requiring the smallest number of attributes can be determined. In this paper the problem of finding the simplest theory for classifying objects into multiple classes is considered. For learning a single class Occam's principle has been investigated in [1, 2]. The organization of this paper is as follows. In section 2 the considered learning problem is introduced and formalized. In section 3 its computational complexity is investigated. Section 4 provides an approximation procedure for finding the simplest theory explaining the observed data. Section 5 contains concluding remarks.

2 The learning task

In many practical cases, the objects that should be classified are described by attribute vectors. E.g. cars can be described by a set of attributes as "colour", "length", "height", "speed", etc. However, in the following only *boolean* attributes will be considered. It may be noted that any attribute with a finite number n of admissible values can be mapped onto $(\log_2 n)$ boolean attributes. Hence, the restriction to boolean attributes implies no loss of generality. However, in practice it is often assumed that for each class c there is a small number of *characteristic attributes*. That means, the simultanous appearance of such characteristic attributes in an object description qualifies that object for being a member of the class c. In the following, learning multiple classes that are mutually disjoint will be considered. Furthermore, it is assumed that in fact there exists a small number of crucial attributes which constitute all mutually disjoint classification rules.

It follows a formal description of the above sketched assumptions for defining a learning task that will be called *learning k-j-monomials*:
Assume, there are k disjoint classes to learn, while the learner has access to positive examples of each of the k classes. Each example is described by a set $Att = \{A_1, \ldots, A_n\}$ of n boolean attributes. Thus, each example corresponds to a binary string $\{0,1\}^n$ of length n. It is assumed that each of the k classification rules to learn are built up of a conjunction of an arbitrary subset of attribute-value combinations. I.e., a classification rule can be written as a string $\{0,1,*\}^n$ where a '0' respectively a '1' means that the corresponding attribute of a positive example has to have the value '0' respectively '1'. An '*' means, that the value of the corresponding attribute of a positive example may be either '0' or '1'. In order to apply Occam's razor it is assumed that at most j different attributes are sufficient for the constitution of all k classification rules together. An '*' will be found at the remaining positions in the string $s \in \{0,1,*\}^n$ representing a classification rule. Thus, the learning task is to find k conjunctive classification rules which are constituted by at most j attributes. Furthermore, all classification rules have to be consistent with a given sample of classified examples. In the following, the computational feasibility of that learning task will be considered.

3 The complexity of learning *k-j-monomials*

The following theorem can be stated.

Theorem 1 The learning task *k-j-monomials* is **NP**-hard.

Proof: The **NP**-complete problem *hitting set* will be reduced to *k-j-monomials*: *hitting set* [3] is the following problem:

Instance: Given a set C of subsets of a set S and a constant $q \in \mathbf{N}$.

Question: Exists a proper subset $U \subset S$ where $|U| \leq q$ and $(\forall c \in C)(\exists x \in U)(x \in c)$.

For reducing *hitting set* to *k-j-monomials*, a polynomial-time bounded algorithm is sketched. That algorithm transforms any instance of *hitting set* into a corresponding instance of *k-j-monomials.*

The instance of *hitting set* is given by $S = \{1, ..., |S|\}$ and $C = \{c_1, ..., c_{|C|}\}$ and a constant k.

At first, the number n of attributes for *k-j-monomials* is determined which corresponds to the size of the set S. To each element $i \in S$ an attribute A_i is assigned. $\log_2(|C|)$ further attributes $A_{d_1} \ldots A_{d_{\log_2 |C|}}$ are added to these $|S|$ attributes. Thus, the attribute vector is given by $\langle A_1, \ldots, A_{|S|}, A_{d_1}, \ldots, A_{d_{\log_2 |C|}} \rangle$.

At next, $|C|+1$ classification rules which correspond to the set of subsets C can be constructed as follows: (Then, for k and j holds $k = |C|+1$ and as will be seen later $j = q+\log_2|C|$.)

The first classification rule K_0:
The attributes $A_1, ..., A_{|S|}$ are assumed to be negated in K_0 while the remaining attributes $A_{d_1}, ..., A_{d_{log_2|C|}}$ are unspecified in K_0. That is: $K_0 = \underbrace{0, ..., 0}_{|S|}, \underbrace{*, *, ..., *}_{log_2|C|}$

The remaining classification rules are constructed as follows. For each element $c_i \in C$ a corresponding classification rule K_i is constructed which looks as follows.
If $1 \leq j \leq |S|$, the attribute A_m is positive in K_i, i.e. it has the attribute value '1' if $m \in c_i$ and otherwise it is unspecified ('*').
The attributes $A_{d_1}, ..., A_{d_{log_2|C|}}$ are specified such that the attribute values represent the binary encoded number '$i-1$'.
At next it is shown, how to construct examples for the above described classification rules. The examples will enforce the above described rules to be the most specific rules which are still consistent with these examples. (Let K_{MS} be the most specific classification rule for a class K and a learning algorithm A. Then K_{MS} is consistent with *all* examples for K. Furthermore, there is no proper subset $K_S \subset K_{MS}$ which can be output by A and which covers all positive examples for K.)
For each class i two examples are constructed. The first example e_{i_1} has the corresponding value for all specified attributes in K_i. For the remaining attributes it has the attribute value '0'.
The second example e_{i_2} has the corresponding value for all specified attributes in K_i as e_{i_1}. In contrast to e_{i_1} for the remaining attributes e_{i_2} has the attribute value '1'. Thus, the most specific and consistent classification rule for the class i is exactly K_i as described above.

Let $D_{A_{0i}}$ be the set of attributes whose values are differently specified in K_0 and K_i respectively. For keeping the class '0' disjoint from the class i, it is necessary that a consistent classification rule for class '0' contains at least one specified attribute $A_m \in D_{A_{0i}}$. Due to the construction of $K_0, ..., K_{|C|}$ the set of different attribute values $D_{A_{0i}}$ is exactly the set c_i for all $i \in \{1, ..., |C|\}$. Since no object may be classified into two different classes each class i must be disjoint with each class $m \in (\{1, ..., |C|\} \setminus \{i\})$. The classes 1 to $|C|$ are mutually disjoint due to its last attributes $A_{d_1}, ..., A_{d_{log_2|C|}}$, where each class has its individual attribute-value combination. Thus, the following question will be answered with '*yes*' if and only if the instance of *hitting set* will be answered with '*yes*'.

Question: Exist mutually disjoint classification rules for the classes '0' to '$|C|$' which alltogether are constituted by at most $k + log_2|C|$ different attributes.

Thus, *hitting set* can be solved by constructing a corresponding instance of *k-j-monomials* and solving the latter problem. Since the transformation sketched above can be executed in polynomial restricted time the problem *k-j-monomials* is **NP**-hard.

□

However, in the following section a fast approximation procedure is provided.

4 An approximation procedure for *k-j-monomials*

At first, it is shown how to map the learning problem *k-j-monomials* onto the problem *set cover* [3]. After that Johnson's approximation algorithm for *set cover* can be used [4] for approximating a solution for *k-j-monomials.*
set cover is the following problem:

Instance: Given a set S, a set C of subsets of S and an integer $k \leq |C|$.

Problem: Determine a set of subsets $S_c \subseteq C$ such that $|S_c| \leq k$ and $(\bigcup_{s \in S_c} s) = S$ holds.

The k classes to learn in *k-j-monomials* have to be mutually disjoint. That means that for all pairs of classification rules there has to be at least one attribute whose values are specified differently in the two classification rules. To put it differently, let $D_{A_{hi}}$ be the set of all attributes whose values are differently specified in the most specific classification rules for the classes i and j respectively. Then, a set S_A of attributes is required, such that for all $h, i \in \{1, ..., k\}$ $D_{A_{hi}} \cap S_A \neq \emptyset$.

Consider *set cover* again. Suppose, $S = \{1, ..., \frac{k(k-1)}{2}\}$. Determine to each subset $D_{A_{hi}} \subseteq Att$ an individually corresponding element of S. Assume further, that the set C contains exactly $|Att|$ subsets $c_1, ..., c_{|Att|}$ of S. Furthermore, each subset c_m contains exactly those elements of S where the corresponding sets $D_{A_{hi}}$ contain the attribute A_m. Then a solution to this *set cover* instance is also a solution to the corresponding *k-j-monomials* instance. That is due to the fact that the attributes corresponding to the solution of the *set cover* problem allow to construct k mutually disjoint classification rules.

However, for the *set cover* problem the following approximation algorithm is known [4]:

1. Choose the subset $c \in C$ which is the largest one among all subsets in C.
2. Reduce the set S by the set of c, i.e. $S' = S \setminus c$.
3. Solve the reduced problem over the set S' by step 1. and 2. recursively.

The algorithm is polynomial-time bounded. (In fact, the computation time is of $O(n \ \log\ n)$, where n is the input length.)

Let *minset* be the cardinality of the smallest set of subsets $S_c \subseteq C$, where S_c is a solution to the *set cover* problem. In [4] it is shown, that the approximation procedure above, determines a solution S_{appr} to the *set cover* problem such that $|S_{appr}| < minset \times (1 + \log_e n)$ holds even in the worst case.
Thus, the ratio of the number of subsets obtained by the algorithm above to the minimal number od subsets is of $O(1 + \log_e n)$ in the worst case. From that, the following approximation procedure P for *k-j-monomials* can be given. P determines an approximation for the minimal set of required attributes for constructing mutually disjoint classification rules for the *k-j-monomials* learning problem. The number of attributes in the approximate solution is at most of $O(min \times \log_e n)$, where min is the smallest possible number of attributes and n is the input length.

1. Let $L = \emptyset$.
2. Determine the maximal specific conjunctive classification rule for each of the k classes that should be learned.
3. Determine the set D of all $\frac{k(k-1)}{2}$ sets $D_{A_{hl}}$.
4. Choose the attribute A_r, which is contained in the greatest number of the $\frac{k(k-1)}{2}$ sets in D as an element of L.
5. Remove all sets of attributes from D which contain A_r. If $D \neq \emptyset$, repeat step 4. with the updated set D.
6. If $D = \emptyset$, output the set L.

5 Conclusion

In this paper the problem of applying Occam's razor when learning to classify objects into multiple classes has been investigated. It turned out that the problem in its general form is **NP**-hard. However, for a truly small number of classes to learn or a truly small number of attributes the computation time may be feasible. Further investigations will be concerned with more complex classification rules for a single class than conjunctive boolean formulaes.

References

[1] A. Blumer, A. Ehrenfeucht, D. Haussler, M. Warmuth: Classifying learnable geometric concepts with the Vapnik-Chervonenkis dimension; *Proceedings,* 18th *Symp. on Theory of Computing 1986.*

[2] A. Blumer, A. Ehrenfeucht, D. Haussler, M. Warmuth: Occam's Razor; *Information Processing Letters 24 (1987) pp. 377-380; North-Holland.*

[3] M.R. Garey und D.S. Johnson: Computers and Intractability: A guide to the theory of NP-completeness; *1979, San Francisco, CA: W. H. Freeman.*

[4] D.S. Johnson: Approximation Algorithms for Combinatorial Problems; *Journal for Computer and Systems Sciences, 9, pp. 256-278, 1974.*

[5] Nelson Goodman: Fact, Fiction and Forecast, *London, 1954.*

[6] D. Duncan: Occam's Razor, *London, New York 1957.*

[7] J.J.C. Smart: Materialism and Occam's Razor, *Philosophy,* **51**, *pp. 349-352, 1976.*

Erkennung von 3-D Objekten im Nadeldiagramm mithilfe von Konsistenzbedingungen

X. Y. Jiang H. Bunke
Institut für Informatik und angewandte Mathematik, Universität Bern
Länggassstraße 51, 3012 Bern, Schweiz

Zusammenfassung

In diesem Beitrag wird das Erkennungsproblem von 3-D Objekten im Nadeldiagramm als Erfüllungsproblem von Konsistenzbedingungen formuliert. Problemspezifische Konsistenzbedingungen sind geeignet für eine effiziente Einschränkung des Suchraums. Sowohl theoretisch als auch experimentell wird die Überlegenheit von Forward-Checking als Auswertungsstrategie eines Systems von Konsistenzbedingungen gegenüber Backtracking gezeigt. Andere Aspekte, die das Suchverfahren ebenfalls beeinflussen können, werden diskutiert. Ein System auf der Basis der vorgestellten Methode wurde vollständig implementiert und zeigt gute Ergebnisse.

1 Einführung

Konsistenzbedingungen (constraints) können dazu benützt werden, um Bedingungen wie z.B. physikalische Gesetze oder logische Zusammenhänge zu modellieren. Die Lösung eines Systems derartiger Bedingungen (constraint satisfaction) besteht darin, Belegungen aller Variablen mit Werten zu finden, so daß alle Konsistenzbedingungen erfüllt sind. Die Ursprünge der Anwendungen von Konsistenzbedingungen liegen im Bereich der Szenenanalyse [15]. Im Laufe der Zeit wurde das Erfüllungsproblem von Systemen von Konsistenzbedingungen unabhängig von diesem Anwendungsgebiet weiter untersucht [2, 6, 10, 11, 12, 13, 14]. Dabei wurde eine Fülle von Auswertungsstrategien vorgeschlagen und experimentell sowie theoretisch analysiert. Im vorliegenden Beitrag zeigen wir anhand eines konkret implementierten Systems, wie die Repräsentation und Nutzung von problemspezifischem Wissen bei der 3-D Szenenanalyse als Problem der Erfüllung von Konsistenzbedingungen formuliert und zur effizienten Erkennung von Objekten verwendet werden kann.

Die Erkennung von 3-D Objekten stellt ein sehr aktuelles Teilgebiet des Bildverstehens dar. Während in den meisten Anwendungen Grauwertbilder oder Tiefenbilder als Eingabedaten herangezogen werden, verwenden wir in dieser Arbeit Nadeldiagramme (needle maps). Statt Lichtintensitäts- bzw. Tiefeninformation wird in jedem Pixel eines Nadeldiagramms der Normalenvektor jenes Punktes auf der Objektoberfläche angegeben, in dem der Betrachtungsstrahl die Oberfläche durchstößt. Zur Gewinnung eines Nadeldiagramms könnte im Prinzip jeder *Shape-from-X* Ansatz eingesetzt werden. Das photometrische Stereoverfahren [16] erweist sich jedoch als eine besonders praktische Lösung und dient in dieser Arbeit zur Generierung der verwendeten Nadeldiagramme. Nadeldiagramme stellen bei der Erkennung 3-D Objekte in Szenen eine gute Alternative zu Grauwert- und Tiefenbildern dar. Einerseits enthält das Nadeldiagramm im Gegensatz zum Grauwertbild explizite Information über die 3-D Form der abgebildeten Objekte, was die Erkennung vereinfacht. Andererseits ist ein Nadeldiagramm im allgemeinen mit weniger Aufwand zu gewinnen als ein Tiefenbild.

Je nach Sensortyp und Aufgabestellung wurden bereits viele Lösungsansätze zur Erkennung von 3-D Objekten vorgeschlagen. So sehr sich alle diese Ansätze auch voneinander unterscheiden mögen, die grundlegende Idee dabei ist immer dieselbe. Man beschreibt sowohl die Modellobjekte als auch die Szene mithilfe von Merkmalen, wie z.B. Flächenstücken, Kanten oder Ecken, und deren Beziehungen. Dann wird versucht, eine konsistente Zuordnung (matching) zwischen den Modell- und den Szenenmerkmalen zu finden. In unserem System wird diese Zuordnung als ein Erfüllungsproblem von Konsistenzbedingungen formuliert. Dadurch werden alle Resultate, die für diese Problemstellung -

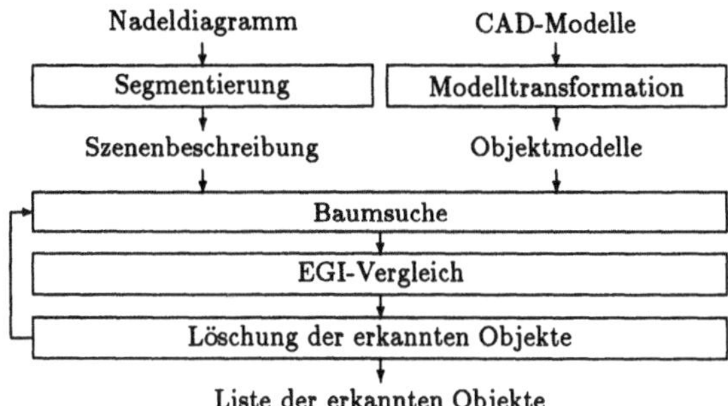

Abbildung 1: Überblick über das Gesamtsystem

unabhängig von speziellen Anwendungen im Bildverstehen - gewonnen wurden, für die vorliegende Aufgabe potentiell einsetzbar.

Ein Überblick über das Gesamtsystem zur Erkennung 3-D Objekte im Nadeldiagramm ist in Abb.1 gegeben. In einer Offline-Phase werden die Objektmodelle automatisch durch Modelltransformation aus CAD-Modellen bereitgestellt. In der Erkennungsphase extrahiert ein Segmentierungsalgorithmus aus dem eingegebenen Nadeldiagramm planare sowie gekrümmte Flächenstücke und konstruiert anschließend eine symbolische Szenenbeschreibung. Den Kern des Systems bilden drei Prozeduren, die iterativ ausgeführt werden. Zuerst wird die symbolische Szenenbeschreibung mit den Modellbeschreibungen verglichen, um plausible Interpretationen zu generieren. Dies erfolgt in Form eines Baumsuchverfahrens, bei welchem ein System von Konsistenzbedingungen zu erfüllen ist, das geometrische und topologische Eigenschaften repräsentiert, welche aus den Objektmodellen abgeleitet werden. Da im allgemeinen verschiedene Interpretationen sämtliche Konsistenzbedingungen erfüllen, erfolgt nach der Baumsuche die Auswahl der besten Interpretation. Hierzu wird ein EGI-Vergleich (Extended Gaussian Image) durchgeführt [7]. Dieser EGI-Vergleich liefert nicht nur eine eindeutige Identifikation sondern auch die räumliche Orientierung des erkannten Objektes. Sobald ein Objekt erkannt ist, werden alle Daten in bezug auf dieses Objekt von der symbolischen Szenenbeschreibung entfernt. Dieser aus Baumsuche, EGI-Vergleich und Löschung der erkannten Objekte bestehende Zyklus wiederholt sich, bis keine weitere Erkennung möglich ist.

Der vorliegende Beitrag gliedert sich folgendermaßen. Im Abschnitt 2 diskutieren wir kurz die symbolische Szenen- sowie Modellbeschreibung. Der Schwerpunkt der Arbeit liegt in der Formulierung der Objekterkennung als ein Erfüllungsproblem von Konsistenzbedingungen sowie dessen Lösung, die in den Abschnitten 3 und 4 behandelt werden. In Abschnitt 5 werden wir den EGI-Vergleich beschreiben. Schließlich werden in Abschnitt 6 experimentelle Resultate gezeigt und in Abschnitt 7 einige Schlußbemerkungen gegeben.

2 Symbolische Szenen- und Modellbeschreibung

Eine ausführliche Beschreibung der Segmentierung findet sich in [8]. Die folgende Darstellung beschränkt sich auf diejenigen Aspekte, die für das Verständnis der folgenden Abschnitte nötig sind. Zunächst erfolgt eine Zerlegung des Nadeldiagramms in planare und gekrümmte Flächenstücke. Das Ergebnis dieser Zerlegung wird in Form eines attributierten Graphen dargestellt, dessen Knoten die Flächenstücke und dessen Kanten topologische sowie geometrische Beziehungen zwischen den Flächenstücken repräsentieren. Jedes Flächenstück ist mit den folgenden Attributen versehen:

- Typ T. Ein Flächenstück ist entweder *planar* oder *gekrümmt*.
- Normalenvektor. Das ist der gemittelte Einheitsnormalenvektor des Flächenstücks.
- Flächeninhalt F. Hier handelt es sich um den 3-D Flächeninhalt. Da keine Kalibrierung durchgeführt wird, ist F jedoch nicht der absolute 3-D Flächeninhalt sondern nur positiv proportional dazu (siehe „Flächeninhalt-Konsistenz“ in Abschnitt 3).

- EGI (Extended Gaussian Image). Es handelt sich hier um eine Abbildung des Flächennormalenvektors auf eine Einheitskugel mit dem Flächeninhalt als Gewicht [7].

Jedes Flächenstück ist mit jedem anderen Flächenstück durch eine Kante verbunden, die folgende Attribute besitzt:

- Winkel zwischen den Normalenvektoren zweier Flächenstücke.
- Typ der Nachbarschaft. Zwei Flächenstücke mit langer gemeinsamer Grenzlinie (aufgrund eines Schwellwertes, der in den in Abschnitt 6 beschriebenen Experimenten auf einen Wert von 15 Pixel gesetzt wurde) werden als *kantenbenachbart* klassifiziert. Falls zwei Flächenstücke in einem Punkt zusammentreffen, was eine sehr kurze gemeinsame Grenzlinie im Nadeldiagramm bedeutet, werden sie als *eckenbenachbart* bezeichnet. Sonst sind zwei Flächenstücke *nicht benachbart.*

Ähnlich wie die Szenenbeschreibung, ist die Modellbeschreibung ebenfalls ein attributierter Graph mit Flächenstücken als Knoten und deren Beziehungen als Kanten. Es bestehen jedoch zwei wichtige Unterschiede. Zum einen ist der Flächeninhalt eines Flächenstücks hier der absolute 3-D Flächeninhalt. Zum anderen wird nicht das EGI eines jeden Flächenstücks sondern das EGI des gesamten Objektes abgespeichert. Die automatische Generierung der Modellbeschreibungen aus CAD-Modellen ist in [4] beschrieben.

3 Formulierung des Interpretationsproblems auf der Basis von Konsistenzbedingungen

Bei der Erkennung 3-D Objekte handelt es sich um ein Interpretationsproblem, bei welchem jedem in der Szene beobachteten Merkmal (in unserem Fall jedem Flächenstück) eine Interpretation (als Instanz eines Modellflächenstücks) zuzuweisen ist. Wir nehmen im folgenden an, daß eine Szene anhand eines attributierten Graphen mit der Knotenmenge

$$S = \{S_1, S_2, \ldots, S_n\}$$

beschrieben ist und daß ein Modellobjekt

$$M = \{M_1, M_2, \ldots, M_m\}$$

vorgegeben ist. Hierbei repräsentieren die Symbole S_i und M_j jeweils die Flächenstücke der Szene und des Modellobjektes. Vorerst nehmen wir weiterhin an, daß alle S_i von einem einzigen Objekt stammen, was bedeutet, daß jedes Flächenstück in der Szene durch ein bestimmtes Flächenstück des Modellobjektes interpretierbar ist. (Am Ende dieses Abschnitts wird dann eine Erweiterung zur Interpretation von Szenen mit mehreren Objekten sowie zur Behandlung von nicht interpretierbaren Flächenstücken gegeben.) Unter diesen Voraussetzungen setzt sich eine Interpretation

$$I = \{(S_1, M_{k1}), (S_2, M_{k2}), \ldots, (S_n, M_{kn})\}$$

aus Paarungen eines jeden Flächenstücks in der Szene mit je einem Flächenstück des Modellobjektes zusammen. Eine Interpretation wird als plausibel bezeichnet, falls die Flächenstücke in der Szene alle aus den Modellflächenstücken resultierenden topologischen sowie geometrischen Konsistenzbedingungen erfüllen.

Ein Erfüllungsproblem von Konsistenzbedingungen ist durch drei Komponenten charakterisiert: Variablen, Wertebereiche sowie Konsistenzbedingungen. In unserem Fall verkörpert S die Menge der Variablen. Da einem S_i im Prinzip jedes Flächenstück M_j zugewiesen werden kann, hat S_i den Wertebereich $D_i = M$. Eine Menge von Konsistenzbedingungen $R = \{R_1, \ldots, R_k\}$ besteht aus Relationen

$$R_j \subseteq \underbrace{P \times P \times \ldots \times P}_{r_j} = P^{r_j}, \; j = 1, 2, \ldots, k.$$

$$P = (\{S_1\} \times D_1) \cup (\{S_2\} \times D_2) \cup \ldots \cup (\{S_n\} \times D_n)$$

wobei r_j die Anzahl der Argumente der Konsistenzbedingung R_j ist. Die Lösung eines Erfüllungsproblems ist eine Belegung einer jeden Variablen mit einem Wert aus dem zugehörigen Wertebereich, so daß alle Konsistenzbedingungen der Menge R erfüllt sind. In unserem Fall bedeutet eine Belegung (S_i, M_{ki}) von S_i mit M_{ki} eine Interpretation von S_i als Instanz von M_{ki}. Die Menge R entspricht geometrischen und topologischen Bedingungen, welche aufgrund der vorgegebenen Objektmodelle gültig sein müssen. Somit stellt jede Lösung der durch R gegebenen Konsistenzbedigungen eine geometrisch und topologisch plausible Interpretation der Eingabedaten dar.

Im folgenden definieren wir insgesamt sechs topologische und geometrische Konsistenzbedingungen. Während im allgemeinen die Anzahl der Argumente der Konsistenzbedingungen nicht beschränkt ist, verwenden wir ausschließlich ein-, zwei- sowie dreistellige Konsistenzbedingungen. Eine einstellige Bedingung ($r_j = 1$) besagt die Gültigkeit einer einzigen Variablenbelegung. Wir verwenden eine einstellige Konsistenzbedingung:

- Typ-Konsistenz R_1. Der Typ des Flächenstücks S_i und der Typ des Flächenstücks M_{ki} müssen übereinstimmen. Das heißt, ein planares bzw. gekrümmtes Flächenstück der Szene kann nur einem planaren bzw. gekrümmten Flächenstück des Modellobjektes zugeordnet werden. Dies führt zu
$$(S_i, M_{ki}) \in R_1 \iff T(S_i) = T(M_{ki})$$

Eine zweistellige Konsistenzbedingung ($r_j = 2$) bestimmt, ob zwei Belegungen miteinander verträglich sind. Von unseren sechs Konsistenzbedingungen sind vier von dieser Natur. Sie sind:

- Zuweisbarkeit-Konsistenz R_2. Von unserem Segmentierungsalgorithmus im Nadeldiagramm kann erwartet werden, daß alle planaren Flächenstücke richtig segmentiert werden. Ein gekrümmtes Flächenstück könnte aber wegen Übersegmentierung in mehrere kleinere Flächenstücke zersplittert sein. (Eine genauere Begründung hierfür wird in [8] gegeben.) Daher verlangen wir, daß ein planares Modellflächenstück einem einzigen Flächenstück in der Szene zugewiesen wird. Hingegen darf ein gekrümmtes Modellflächenstück mehrere Flächenstücke in der Szene als Instanz haben. Formal läßt sich diese Konsistenzbedingung wie folgt definieren
$$((S_i, M_{ki}), (S_j, M_{kj})) \in R_2 \iff (M_{ki} \neq M_{kj}) \vee (M_{ki} = M_{kj} \wedge T(S_i) = curved \wedge T(S_j) = curved)$$

- Winkel-Konsistenz R_3. Für zwei Belegungen $((S_i, M_{ki}), (S_j, M_{kj}))$ sei θ_{ij} der Winkel zwischen den Normalenvektoren von S_i bzw. S_j und θ_{kij} der Winkel zwischen den Normalenvektoren von M_{ki} bzw. M_{kj}. Um die Konsistenz der zwei Belegungen zu gewährleisten, muß θ_{ij} offensichtlich gleich θ_{kij} sein. Hierbei müssen wir jedoch Sensorfehler (in unserem Fall die Ungenauigkeit bei der Generierung des Nadeldiagramms) in Betracht ziehen. Deshalb fordern wir die Winkelgleichheit nur in einer schwächeren Form, nämlich
$$((S_i, M_{ki}), (S_j, M_{kj})) \in R_3 \iff |\theta_{ij} - \theta_{kij}| < \theta_{thr}$$
wobei θ_{thr} ein Schwellwert ist. In den in Abschnitt 6 beschriebenen Experimenten wurde $\theta_{thr} = 30^o$ gewählt. Dieser Wert wurde experimentell ermittelt.

- Flächeninhalt-Konsistenz R_4. Für eine gültige Belegung (S_i, M_{ki}) gilt, daß der Flächeninhalt von S_i, $A(S_i)$, dem Flächeninhalt von M_{ki}, $A(M_{ki})$, gleicht. Wie wir jedoch aus Abschnitt 2 wissen, ist $A(S_i)$ nicht der absolute Flächeninhalt von S_i sondern diesem nur proportional. Der Skalierungsfaktor beträgt
$$f_i = A(M_{ki})/A(S_i).$$
Der Skalierungsfaktor einer mit (S_i, M_{ki}) konsistenten Belegung (S_j, M_{kj}),
$$f_j = A(M_{kj})/A(S_j),$$
muß selbstverständlich mit f_i übereinstimmen. Somit kann die Flächeninhalt-Konsistenz wie folgt formuliert werden:
$$((S_i, M_{ki}), (S_j, M_{kj})) \in R_4 \iff \frac{max(f_i, f_j)}{min(f_i, f_j)} < \delta.$$

Bei der Wahl des Schwellwertes δ müssen wir potentielle Überlappungen, d.h. Verdeckungen, sowie Schatten in der Szene berücksichtigen. Bei Überlappung ist ein Teil einer Fläche nicht sichtbar. Schatten verursachen oft Ungenauigkeit im Nadeldiagramm. Dies führt dazu, daß bei der Segmentierung ein Schattenbereich von einem Flächenstück abgeschnitten wird. In beiden Fällen kann der Skalierungsfaktor f um einiges vom Sollwert abweichen. Deshalb setzten wir δ bei den in Abschnitt 6 beschriebenen Experimenten relativ hoch, nämlich $\delta = 2.25$, um eine korrekte Interpretation auch beim Vorhandensein von Überlappungen und Schatten zu gewährleisten. Generell verlangt die Wahl von δ eine Kompromiß zwischen Wirksamkeit, d.h. Beschränkung des Suchraums, und Fehlertoleranz.

- Nachbarschaft-Konsistenz R_5. Zwei Zuordnungen (S_i, M_{ki}) und (S_j, M_{kj}) werden als konsistent bezüglich der Nachbarschaftsbeziehung bezeichnet, falls eine der vier folgenden Bedingungen erfüllt ist,

  1. $P_1 = kantenbenachbart(S_i, S_j) \wedge kantenbenachbart(M_{ki}, M_{kj})$.
  2. $P_2 = eckenbenachbart(S_i, S_j) \wedge eckenbenachbart(M_{ki}, M_{kj})$.
  3. $P_3 = nicht\text{–}benachbart(S_i, S_j) \wedge eckenbenachbart(M_{ki}, M_{kj})$.
  4. $P_4 = nicht\text{–}benachbart(S_i, S_j) \wedge nicht\text{–}benachbart(M_{ki}, M_{kj})$.

  Formal läßt sich diese Bedingung als

  $$((S_i, M_{ki}), (S_j, M_{kj})) \in R_5 \iff P_1 \vee P_2 \vee P_3 \vee P_4$$

  definieren. Damit wird gefordert, daß S_i und S_j dieselbe Nachbarschaftsbeziehung wie ihre zugewiesenen Modellflächenstücke M_{ki} und M_{kj} haben. Die einzige Ausnahme bildet der Fall, daß S_i und S_j nicht benachbart, M_{ki} und M_{kj} jedoch eckenbenachbart sind. Der Grund liegt darin, daß an den Ecken die Normalenvektoren im Nadeldiagramm oft recht ungenau sind, so daß eine vorhandene Eckennachbarschaft nicht immer detektiert werden kann.

Die letzte Bedingung ist dreistellig ($r_j = 3$).

- Spatprodukt-Konsistenz R_6. Die Winkel-Konsistenz dient dazu, die relative Konfiguration zweier Flächenstücke einzuschränken. Diese Bedingung kann jedoch zwei Interpretationen, die aus einer Spiegelung des Koordinatensystems entstehen, nicht unterscheiden. Um hier Mehrdeutigkeit auszuschließen, verlangen wir, daß das Spatprodukt dreier Flächenstücke in der Szene und das Spatprodukt ihrer zugewiesenen Modellflächenstücke dasselbe Vorzeichen haben, nämlich

  $$((S_i, M_{ki}), (S_j, M_{kj}), (S_l, M_{kl})) \in R_6 \iff (\mathbf{n}_i \cdot (\mathbf{n}_j \times \mathbf{n}_l)) \cdot (\mathbf{n}_{ki} \cdot (\mathbf{n}_{kj} \times \mathbf{n}_{kl})) \geq 0$$

  wobei $\mathbf{n}_x, x = i, j, l$, der Normalenvektor von S_x und $\mathbf{n}_y, y = ki, kj, kl$, der Normalenvektor von M_y ist.

Damit haben wir die Formulierung des ursprünglichen Problems, 3-D Objekterkennung im Nadeldiagramm, als Erfüllungsproblem von Konsistenzbedingungen beendet.

Die obige Formulierung setzt voraus, daß alle Flächenstücke in der Szene von einem einzigen Objekt stammen. Falls es jedoch mehrere Objekte oder nicht interpretierbare Flächenstücke in der Szene gibt, hat das Erfüllungsproblem keine Lösung. Um diese Schwierigkeit zu überwinden, bedienen wir uns einer in [1, 5] vorgeschlagenen Methode. Wir erweitern nämlich den Wertebereich einer jeden Variablen S_i um einen speziellen Wert ϕ. Eine Belegung (S_i, ϕ) bedeutet dann, daß S_i fremd ist, d.h. nicht zum gerade betrachteten Modell gehört, und deshalb nicht weiter berücksichtigt wird. Das Erfüllungsproblem bleibt wie oben definiert erhalten, außer daß eine Belegung (S_i, ϕ) mit allen Belegungen konsistent ist.

4 Lösung des Erfüllungsproblems

Generell lassen sich die Lösungsansätze zum Erfüllungsproblem von Konsistenzbedingungen in zwei Kategorien klassifizieren. Die eine Kategorie wird als Baumsuche (tree search) oder Fallanalyse (case analysis), die andere als Filterung (filtering) oder Relaxation bezeichnet. Zu den Baumsuchverfahren gehört beispielsweise Backtracking sowie seine verbesserten Versionen. Diese Ansätze versuchen, alle Belegungsmöglichkeiten von Variablen mit Werten in Form eines Baums zu generieren. Dabei ist entscheidend, den Suchraum mithilfe von problemspezifischen Konsistenzbedingungen zu filtern, d.h. zu reduzieren. Typische Beispiele der Filterung sind Arc-Consistency [10, 15], Path-Consistency [10, 11] sowie k-Consistency [2] Algorithmen. Bei den Arc-Consistency Algorithmen werden die Wertebereiche so gefiltert, daß ein verbleibender Wert eines Wertebereichs mindestens einen Unterstützungswert aus jedem anderen Wertebereich besitzt. Path-Consistency Algorithmen entfernen unerlaubte Wertetripel. Alle diese Filterungsansätze können als Vereinfachungsalgorithmen aufgefasst werden, die das Originalproblem in eine einfachere Version, jedoch mit gleichen Lösungen, transformieren. Manchmal ist das daraus resultierende Problem so einfach, daß die Lösung trivial ist. Oft garantiert die Filterung allein jedoch keine triviale Lösung. Es kann sogar vorkommen, daß sich Probleme nicht durch Arc-Consistency vereinfachen lassen. Ein Beispiel dafür ist das Problem der n-Königinnen mit $n > 3$. Wegen der Einführung von ϕ besitzt unser Erfüllungsproblem ebenfalls diese Eigenschaft: jeder Wert hat nämlich immer den Unterstützungswert ϕ in anderen Wertebereichen. In diesem Fall sind die Arc-Consistency Algorithmen somit nutzlos. Auf der anderen Seite ist Backtracking nicht besonders effizient. Darum diskutieren wir im folgenden hybride Ansätze, die Baumsuche und Filterung miteinander kombinieren.

In [12] hat Nadel sieben solche hybride Algorithmen untersucht, nämlich Backtracking, Forward-Checking, Partial Lookahead, Full Lookahead, Really Full Lookahead 1, Really Full Lookahead 2 und Really Full Lookahead 3. Forward-Checking, Partial Lookahead und Full Lookahead waren bereits von Haralick und Elliot vorgeschlagen und untersucht worden [6]. Experimente haben gezeigt, daß Forward-Checking der effizienteste unter allen sieben Algorithmen in bezug auf die Anzahl Konsistenztests ist. Insbesondere weist Forward-Checking eine bessere Leistung als Backtracking auf. Haralick und Elliot gelangten auch zu diesem Ergebnis [6].

Beim Forward-Checking wird nach jeder neuen Belegung eine Filterung der Wertebereiche der zukünftig zu instanzierenden Variablen durchgeführt. Dabei werden die mit der neuen Belegung unverträglichen Werte der zukünftigen Variablen aus ihren Wertebereichen entfernt. Mit den gefilterten Wertebereichen wird der Instanzierungsprozess fortgesetzt. Diese Strategie steht im Gegensatz zu Backtracking, wo die Konsistenz einer neuen Belegung mit allen auf dem Suchpfad befindlichen Belegungen der in der Vergangenheit instanzierten Variablen überprüft wird.

Eine theoretische Analyse in [13] zeigte, daß Forward-Checking dann Backtracking überlegen ist, wenn der Konsistenzfaktor $p > 0.3$ ist. Dabei bezieht sich p auf die Wahrscheinlichkeit der Konsistenz bei zwei gegebenen Variablen und zwei Werten aus dem jeweiligen Wertebereich. In der Tat wurde sowohl in [6] als auch in [12] mit Beispielen experimentiert, deren p im Bereich um 0.65 liegt. In unserem Erfüllungsproblem ist der Faktor p schwierig einzuschätzen. Aber bedingt durch die Einführung von ϕ wird die Überlegenheit von Forward-Checking gegenüber Backtracking garantiert. Wir können den folgenden Satz beweisen.

Satz 1 *Sei f und b die Anzahl Konsistenztests, die von Forward-Checking bzw. Backtracking zur Lösung des im letzten Abschnitt formulierten Erfüllungsproblem von Konsistenzbedingungen benötigt werden. Es gilt $f \leq b$.*

Beweis: Sei die Instanzierungsreihenfolge $S_1, S_2, \ldots, S_n$. Die Menge F der von Forward-Checking benötigten Konsistenztests kann wie folgt definiert werden:

$$\begin{aligned} F &= \{(P_{1,i-1}, B_i, B_j) \mid 1 \leq i < j \leq n\} \\ &= \{(\{(S_1, M_{k1}), \ldots, (S_{i-1}, M_{k,i-1})\}, (S_i, M_{ki}), (S_j, M_{kj})) \mid 1 \leq i < j \leq n\} \end{aligned}$$

Bei der Fortsetzung des Suchpfades $P_{1,i-1}$ wird die Variable S_i mit M_{ki} belegt. Daraufhin wird beim Forward-Checking die Konsistenz zwischen (S_i, M_{ki}) und (S_j, M_{kj}) überprüft. Dieser Test wird in F als $(P_{1,i-1}, B_i, B_j)$ repräsentiert. Ähnlich kann die Menge B der von Backtracking benötigten Konsistenztests wie folgt definiert werden:

$$\begin{aligned} B &= \{(P_{1,i-1}, B_i, P_{i+1,j-1}, B_j) \mid 1 \leq i < j \leq n\} \\ &= \{(\{(S_1, M_{k1}), \ldots, (S_{i-1}, M_{k,i-1})\}, (S_i, M_{ki}), \{(S_{i+1}, M_{k,i+1}), \ldots, (S_{j-1}, M_{k,j-1})\}, (S_j, M_{kj}))\} \end{aligned}$$

Hierbei wird die Belegung (S_j, M_{kj}) mit (S_i, M_{ki}) auf dem Suchpfad $P_{1,j-1} = P_{1,i-1} \cup \{B_i\} \cup P_{i+1,j-1}$ auf Konsistenz geprüft. Wir definieren eine Abbildung $h : F \rightarrow B$ mit

$$h((P_{1,i-1}, B_i, B_j)) = (P_{1,i-1}, B_i, \{(S_{i+1}, \phi), \ldots, (S_{j-1}, \phi)\}, B_j)$$

Es ist leicht zu beweisen, daß h injektiv ist. Es gilt deshalb $|F| \leq |B|$, also $f \leq b$. Somit ist der Satz bewiesen. Sobald wir einen Suchpfad der Form

$$(P_{1,i-1}, B_i, \{(S_{i+1}, M_{k,i+1}), \ldots, (S_{j-1}, M_{k,j-1})\}, B_j), \quad M_{k,i+1} \neq \phi \vee \ldots \vee M_{k,j-1} \neq \phi$$

vorliegen haben - und dieser Fall ist derjenige, der in der Praxis fast immer auftritt - gilt sogar die noch stärkere Beziehung $f < b$. □

Die Bedeutung dieses Satzes aus praktischer Sicht liegt darin, daß beim Forward-Checking die Verträglichkeit einer Belegung (S_i, M_{ki}) mit der in deren Unterbaum mehrmals auftauchenden Belegung (S_j, M_{kj}) nur einmal (nach der Instanzierung von S_i mit M_{ki}) getestet wird. Im Gegensatz dazu wird beim Backtracking die Belegung (S_j, M_{kj}) jedesmal auf die Verträglichkeit mit der vorangegangenen Belegung (S_i, M_{ki}) geprüft. Aufgrund dieses Satzes wird Forward-Checking als unsere Suchstrategie gewählt. Unter unseren sechs Konsistenzbedingungen ist die Typ-Konsistenz einstellig. Konsistenz dieser Art kann dadurch erreicht werden, daß der einfache NC-1 Algorithmus [10] zur Gewinnung von Knoten-Konsistenz angewendet wird, bevor die eigentliche Baumsuche stattfindet. Dabei werden alle Werte, die diese Typkonsistenzbedingung nicht erfüllen, aus ihren Wertebereichen entfernt. Mit den gefilterten Wertebereichen wird die mit Forward-Checking gekoppelte Baumsuche gestartet. Beim Forward-Checking wird immer die Einhaltung der zwei- bzw. dreistelligen Konsistenzbedingungen überprüft. Das Ergebnis des Suchverfahrens sind alle plausiblen Interpretationen.

Im Grunde genommen bestimmt die Suchstrategie, in unserem Fall Forward-Checking, das Suchverfahren. Es gibt jedoch noch andere Aspekte, wie Wertreihenfolge, Instanzierungsreihenfolge und Reihenfolge der Konsistenztests, die das Suchverfahren u.U. beträchtlich beeinflussen können. Sie werden im folgenden diskutiert.

Bei der Wertreihenfolge wird versucht, eine Variable zuerst mit denjenigen Werten zu belegen, die höchstwahrscheinlich zur Lösung führen. Bei einer Baumsuche zur Findung aller Lösungen, was hier der Fall ist, ist diese Reihenfolge jedoch irrelevant. Darum wird keine Heuristik dieser Art verwendet.

Eine Baumsuche muß immer eine Instanzierungsreihenfolge der Variablen, statisch oder dynamisch, annehmen. Diese Reihenfolge kann u.U. großen Einfluß auf die Effizienz des Suchverfahrens haben. Deshalb soll versucht werden, die Instanzierungsreihenfolge so zu wählen daß sie die Baumsuche am effizientesten gestattet [3, 14]. Im bisher beschriebenen Verfahren erfolgt die Instanzierung in der Reihenfolge der Nummern der Flächenstücke. Diese Nummern werden während der Generierung der symbolischen Szenenbeschreibung in der Reihenfolge der Rasterabtastung ermittelt und sind somit ziemlich willkürlich. Eine gute statische Instanzierungsreihenfolge zu finden ist generell schwierig und wurde noch nicht gründlich untersucht. Wir verwenden eine simple Umordnungsheuristik [6, 14], bei der unter den nicht instanzierten Variablen diejenige mit dem kleinsten Wertebereich als die nächste zu instanzierende Variable ausgewählt wird.

Wegen der Einführung von ϕ spielt die Reihenfolge der Konsistenztests keine Rolle. Deshalb wird keine Heuristik dieser Art verwendet.

Zusammenfassend wird Forward-Checking als Suchstrategie für die Baumsuche zur Generierung von plausiblen Interpretationen gewählt. Während des Suchens werden die Variablen dynamisch geordnet, um die beste Instanzierungsreihenfolge im heuristischen Sinne zu finden.

Zum Abschluß dieses Abschnitts ist noch zu erwähnen, daß die Einführung von ϕ ein Problem mit sich bringt. Der spezielle Wert ϕ ermöglicht zwar die Interpretierbarkeit eines jeden Flächenstücks, indem es notfalls durch ϕ als fremd gekennzeichnet wird. Andererseits werden dabei aber auch alle Teilmengen einer plausiblen Interpretation generiert. Da wir jedoch nur an Interpretationen mit möglichst vielen Flächenstücken interessiert sind, führen wir noch die folgende Heuristik [5] ein. Eine Variable MAX enthält die maximale Länge aller bereits gefundenen Interpretationen. Bei der Länge einer Interpretation ist die Anzahl der Flächenstücke in der Szene gemeint, die mit einem Modellflächenstück (verschieden von ϕ) interpretiert werden. Auf einem erfolgreichen Suchpfad[1]

$$I_i = \{(S_1, M_{k1}), (S_2, M_{k2}), \ldots, (S_i, M_{ki})\}$$

wird der Unterbaum von (S_i, M_{ki}) erst dann gesucht wenn

$$n - i + L_i \geq MAX$$

erfüllt ist, wobei L_i die Länge der Teilinterpretation I_i ist. Andernfalls würden alle Interpretationen in diesem Unterbaum eine Länge kleiner als MAX aufweisen.

5 EGI-Vergleich

Das Suchverfahren im letzten Abschnitt findet alle plausiblen Interpretationen. Im Normallfall bekommen wir mehrere Lösungen. Somit ist eine weitere Unterscheidung nötig, um die beste Interpretation herauszufinden. Dazu wird der EGI-Vergleich [7] herangezogen. Bei einer plausiblen Interpretation wird das EGI des hypothetisierten Objektes in der Szene aus den EGI's einzelner Flächenstücke konstruiert. Dieses EGI wird dann mit dem EGI des Modellobjektes verglichen. Für jede plausible Interpretation wird so ein EGI-Vergleich durchgeführt. Die Interpretation mit dem besten Vergleichsergebnis wird als die beste Interpretation ausgewählt. Die Bedeutung des EGI-Vergleichs liegt in zweierlei Hinsicht. Zum einen wird die nach der Interpretationsphase oft vorhandene Mehrdeutigkeit durch die Wahl der besten Interpretation aufgelöst. Zum anderen besagt eine plausible Interpretation lediglich, daß ein Objekt in einer der vielen durch die sichtbaren Flächen bedingten Ansichten existiert. Die genaue Ansicht, also die genaue räumliche Orientierung des Objektes, ergibt sich aber erst nach dem EGI-Vergleich.

6 Experimentelle Resultate

Das beschriebene Erkennungsverfahren wurde auf einer Sun-Workstation implementiert, einschließlich der Generierung und Segmentierung von Nadeldiagrammen. Das System wurde bisher anhand von ca. 20 Beispielszenen getestet. Eine davon ist in Abb.2 gezeigt, das zugehörige Nadeldiagramm ($\frac{1}{3}$ der Originalauflösung) ist in Abb.3 dargestellt. Das Segmentierungsergebnis[2] zeigt sich in Abb.4. In dieser Szene werden zwei Pyramiden, ein Pyramidenstumpf, ein Zylinder sowie eine Kugel korrekt erkannt, indem die in Abb.4 gezeigten Regionen ihren entsprechenden Modellflächen zugeordnet werden. Die totale Erkennungszeit beträgt ca. 2 Sekunden, während die Segmentierung zusätzliche 10 Sekunden in Anspruch nimmt. Der gesamte Suchbaum weist ca. 5×10^{12} Knoten auf. Lediglich 804 davon werden jedoch tatsächlich besucht. Dies zeigt, daß unsere Konsistenzbedingungen sehr effizient sind zur Einschränkung des Suchraums. Insgesamt werden 2657 Konsistenztests durchgeführt. Zum Vergleich benötigt Backtracking (ohne dynamische Umordnung der Variablen) 3778 Tests. Das Experiment bestätigt, daß Forward-Checking in unserem speziellen Erfüllungsproblem Backtracking überlegen ist. Analoge Ergebnisse ergaben sich für alle anderen getesteten Beispielszenen.

7 Schlußbemerkungen

In diesem Beitrag wurde das Erkennungsproblem von 3-D Objekten als Erfüllungsproblem von Konsistenzbedingungen formuliert. Als Auswertungsstrategie wurde Forward-Checking mit dynamischer

---

[1] Einfachheitshalber wird hier die Instanzierungsreihenfolge $S_1, S_2, \ldots, S_i$ angenommen.

[2] In dieser graphischen Darstellung wird nur die Nachbarschaftsbeziehnung gezeichnet. Eine durchgehende Linie repräsentiert eine Kantennachbarschaft, während eine Eckennachbatschaft mit einer gestrichelten Linie gekennzeichnet wird.

Umordnung der Variablen gewählt. Andere das Suchverfahren beeinflussende Aspekte, wie z.B. die Reihenfolge der Konsistenztests usw. wurden diskutiert. Experimente haben gezeigt, daß unsere Konsistenzbedingungen sehr effizient den Suchraum einschränken. Sowohl theoretisch als auch experimentell wurde gezeigt, daß Forward-Checking in der vorliegenden Anwendung Backtracking überlegen ist. Somit stellt unsere Strategie eine Verbesserung zu dem in [5] verwendeten Backtracking dar.

Der Schwerpunkt dieses Beitrags lag in der Formulierung des Problems der 3-D Objekterkennung als Erfüllungsproblem von Konsistenzbedingungen sowie einer effizienten Lösungsmethode. Andere Heuristiken, die zur weiteren Verbesserung des Verfahrens eingeführt worden sind, wurden nicht diskutiert, z.B. Beschleunigung des EGI-Vergleichs, Ausnutzung von Symmetrien der Modellobjekte und Sonderbehandlung von disjunkten Interpretationen (mit disjunkten Mengen von Szenenflächenstücken). Eine ausführlichere Behandlung dieser Fragen findet sich in [9].

Literaturverzeichnis

[1] H. Bunke, G. Allermann, Inexact graph matching for structural pattern recognition, *Pattern Recognition Letters*, Vol. 1, No. 4, 245–253, 1983.

[2] E. C. Freuder, Synthesizing constraint expressions, *CACM*, Vol. 21, 958–966, 1978.

[3] E. C. Freuder, A sufficient condition for backtrack-free search, *CACM*, Vol. 29, 24–32, 1982.

[4] T. Glauser, E. Gmür, X. Y. Jiang, H. Bunke, Deductive generation of vision representations from CAD-models, *Proc. of 6th Scand. Conf. on Image Analysis*, 645–651, Oulu, Finland, 1989.

[5] W. E. L. Grimson, T. Lozano-Perez, Recognition and localization of overlapping parts from sparse data in two and three dimensions, *Proc. of Int. Conf. on Robotics and Automation*, 61–66, 1985.

[6] R. M. Haralick, G. L. Elliot, Increasing tree search efficiency for constraint satisfaction problems, *Artificial Intelligence*, Vol. 14, 263–313, 1980.

[7] K. Ikeuchi, Determining attitude of object from needle map using Extended Gaussian Image, MIT artificial Intelligence Lab Memo 714, 1983.

[8] X. Y. Jiang, H. Bunke, Segmentierung von Nadeldiagrammen von Objekten mit gekrümmten Oberflächen, in *Mustererkennung 1988* (H. Bunke, O. Kübler, P. Stucki Eds.), Informatik Fachberichte 180, Springer-Verlag, 255–261, 1988.

[9] X. Y. Jiang, Ein modellbasiertes Erkennungssystem dreidimensionaler Objekte basierend auf Baumsuche und EGI-Vergleiche, PhD. Dissertation, Universität Bern, 1989.

[10] A. K. Mackworth, Consistency in networks of relations, *Artificial Intelligence*, Vol. 8, 99–118, 1977.

[11] U. Montanari, Networks of constraints: Fundamental properties ans applications to picture processing, *Information Sciences*, Vol. 7, 95–132, 1974.

[12] B. A. Nadel, Tree search and arc consistency in constraint satisfaction problems, in *Search in artificial intelligence* (L. Kanal, V. Kumar Eds.), Springer-Verlag, 287–342, 1988.

[13] B. Nudel, Constistent-labeling problem and their algorithms: Expected-complexities and theory-based heuristics, *Artificial Intelligence*, Vol. 21, 135–178, 1983.

[14] P. W. P Purdom, Search rearrangement backtracking and polynomial average time, *Artificial Intelligence*, Vol. 21, 117–133, 1983.

[15] D. L. Waltz, Generating semantic descriptions from drawings of scenes with shadows, Technical Report AI-TR-271, MIT, 1972.

[16] R. J. Woodham, Photometric method for determining surface orientation from multiple images, *Optical Engineering*, Vol. 19, No. 1, 139–144, 1980.

Abbildung 2: Eine Beispielszene

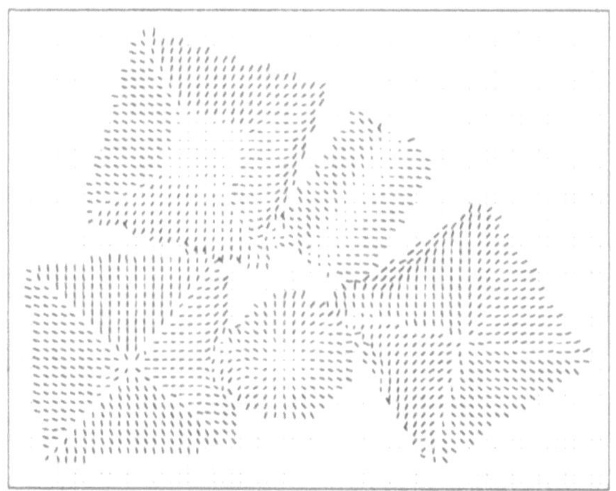

Abbildung 3: Das Nadeldiagramm der Beispielszene

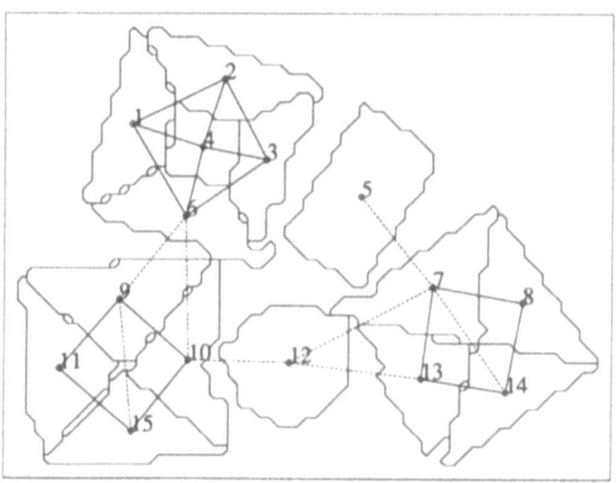

Abbildung 4: Die symbolische Beschreibung der Beispielszene

Recognizing 2D Image Structures by Automatically Adjusting Matching Parameters

Josef Pauli

Technische Universität München

Institut für Informatik

Orleansstraße 34, 8000 München 80

Abstract

This paper presents a procedure for automatically fine-tuning the control parameters of a noise-tolerant matching algorithm. The construction of correspondence relations between 2D models and image representations will be executed by computing morphisms between relational structures. Tolerance parameters for model attributes can be modified in order to apply the matching algorithm to real world images. Evaluation functions are incorporated for measuring the quality of the correspondence relations.
An adaptation procedure automatically modifies the tolerance parameters to reach acceptable correspondence relations. For initializing the adaptation procedure the user only has to specify initial values of a minimum set of tolerance parameters. Geometrical dependencies between attributes of model components are employed for determining initial values for the rest of the tolerance parameters. Additionally, the user has to define several criteria for accepting correspondence relations. These acceptance criteria will be specified by fixing thresholds for the evaluated correspondence relations. Several modification strategies are included for reacting appropriately on the outcome of the evaluation functions.
The implemented system will be demonstrated in the practical application area of inspecting classes of Integrated Circuits to detect manufacturing errors.

I. Introduction

A. General aspects

Varying illumination conditions and parameterized preprocessing methods are reasons for the occurrance of noise in primitive 2D image segments. In real world applications, e. g. the field of inspecting Integrated Circuits, complex image structures have to be extracted. The image structures which are based on the primitives can be recognized by computing correspondence relations between symbolic model and image descriptions. Taking the alignment approach for identification, model descriptions have to be transformed (e. g., rotated, translated or scaled) to the image structures prior to the matching step. This technique overcomes some limitations of invariant property methods but requires the computation of transformation features [Ull 89]. Because of inexact transformations and hardly quantifiable noise in the segmented image, the matching procedure must adaptively be executed to bring the model description in correspondence with image structures. For an automatic adaptation of the procedure, tolerance parameters for the model attributes have to be controlled.
Self-organizing, adaptive systems for pattern recognition [Wid 88] have in common, that steps for modifying control parameters, for applying appropriate recognition methods to the image and for evaluating the results will be executed cyclically. The iteration will be finished as soon as the evaluation values fall below some predetermined error criteria. Figure 3 illustrates the concept of adaptation in the field of matching relational structures [Rad 84].

B. Survey of the work

First, an algorithm will be presented for constructing correspondence relations between model- and image structures (see chapter II). The algorithm computes morphisms between relational structures and is well suited for a noise-tolerant recognition of real world patterns in a scene. Importantly, standardized similarity functions are incorporated which depend on tolerance parameters.
Second, a procedure will be presented for automatically fine-tuning the tolerance parameters of the matching algorithm (see chapter III). The tolerance parameters can be modified according to suitable strategies which base on a subtly differentiated evaluation of the correspondence relations.
For starting the adaptation cycle appropriately (see chapter IV), the user initializes a minimum set of tolerance parameters. Furthermore, geometrical dependencies between the attributes of the image model are used to automatically initialize the rest of the tolerance parameters.
The implemented system has been tested in various domains (see chapters V, VI and VII).

II. Computation and evaluation of correspondence relations

A. Definitions for representing image and model structures

For representing ***primitive objects*** (e. g., vertices, edges or regions) and ***complex objects*** (which are composed of the primitive objects) a uniform ***relational description scheme*** is used [Rad 84]. A ***relational representation*** RR := (P, RS) consists of a set P of ***identifiers*** and ***attributes*** und a set RS of relations {R1, ... , Rw}. RS designates the ***relational structure***. The identifiers and attributes of P are used as basic parts to construct the ***relational tupels***. The relations of RS will be classified into ***flat relations*** and ***deep relations***. The tupels of a flat relation are constructed by the tupel identifier and direct attributes, only. The tupels of a deep relation comprise, beside the tupel identifier, at least one additional tupel identifier, and therefore incorporate indirect attributes. This possibility of structuring both enables the arrangement of coherent attributes into groups and the construction of complex relationships between the primitive objects.

B. Computation of noise-tolerant comorphisms

We compute correspondence relations between a model (RR_M = (P, RS)) and an image (RR_I = (P', RS')) in three phases.
a) First phase: We compute a set of ***attribute compatible*** assignments between the tupels taken from RS and RS'. Two tupels r and r' are ***attribute compatible***, if and only if each directly or indirectly induced pair of attributes a_i and a_i' meets the following ***similarity condition***: $|a_i - a_i'| < T_{ai}$. T_{ai} is the ***absolute tolerance parameter*** for assigning the two attributes and the the values can be taken from the set of positive natural numbers.

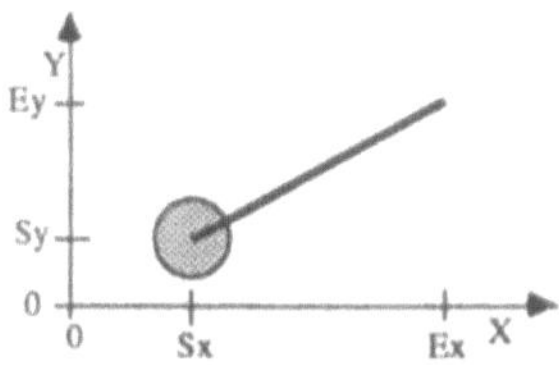

Figure 1: Circle area of tolerance for the coordinates (Sx, Sy)

Figure 1 illustrates the similarity condition for the attribute "coordinates" (of an edge).
The above stated similarity condition between attributes is used for defining a ***standardized similarity function* f** (see figure 2) between tupels r and r' of attributes. The immediate reason behind the standardization is, to be able to apply a uniform procedure for modifying tolerance parameters (see chapter III).

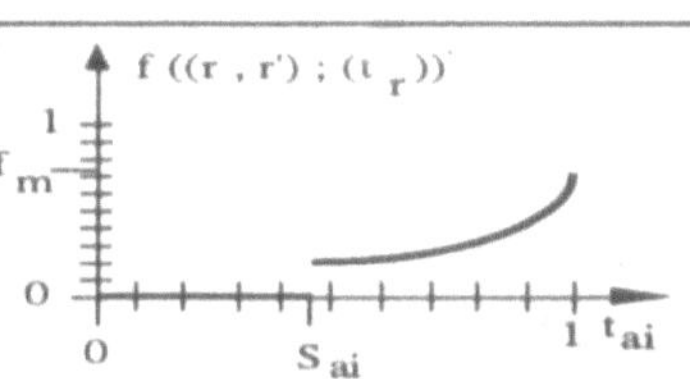

Figure 2: Effect of tolerance parameter t_{ai} to the similarity value between the tupels r and r'

The function f combines the similarity values between the attributes participating in the tupels r and r' [Pau 89]. It depends on a vector t_r of relative tolerance parameters (..., t_{ai} , ...). Each component t_{ai}, which is the tolerance for attribute a_i, is defined by transforming the T_{ai} onto the unit interval [0, 1]. As a result, we have to redefine the condition of ***attribute compatibility*** :
Two tupels r and r' are ***attribute compatible***, if and only if $f((r, r'); (t_r)) > 0$ holds.
b) Second phase: We use the set of attribute compatible assignments between RS and RS' as input for computing various ***maximal sets*** of ***identifier compatible*** assignments. Two assignments between tupels (assuming r_u is assigned to r_u' and r_v is assigned to r_v') are ***identifier compatible***, if and only if the directly or indirectly induced assignments of tupel identifiers are not in contradiction. Of course, it doesn't make sense to assign a certain model tupel simultaneously to two (or more) tupels of the image structure. The condition of identifier compatibility is equal to the ***label compatibility*** worked out in [Ros 82]. A ***maximal set*** is characterized as follows: Any further inclusion of another assignment would contradict the identifier compatibility. These resulting sets of maximal attribute and identifier compatible assignments are error-correcting isomorphisms between subsets of RS and RS' and will be called ***comorphisms*** [Rad 84].
c) Third phase: We select the best comorphism. This is done as follows: For each assignment, we multiply the similarity value (resulting from the similarity function f) with a weight value (which are specified a priori). Then, for each set of assignments, we compute the sum of the weighted similarity values, and select those set of assigments having the highest score. Finally, this set of corresponding tupels between RS and RS' will be represented by a third relational structure (beside RS and RS') consisting of ***correspondence relations.***
However, it must be noted, that in fact the computation of correspondence relations is executed sequentially for the relations of the relational structures RS and RS'. The principal reason for sequentializing the computation is twofold: First, the complexity of computing comorphisms will be reduced. Second, a transparent evaluation of matching results can easily be executed in order to facilitate an automatic adaptation of the matching algorithm. The order of the computation is determined by the dependencies between the relations. We start with flat relations and continue with the deep relations. This procedure has to take into account the comorphisms computed for preceding relations in the order.

C. Differentiated evaluation of matching results

For judging the results of the matching algorithm a number of subtly differentiated ***evaluation functions*** will be used.

- The functions both evaluate the ***interim results*** from the first two phases and the ***final result*** from the third phase.
- The functions have a certain ***degree of detail*** to evaluate the results: undifferentiated for all relations, involved in the morphism computation; or differentiated for every single relation; or differentiated for every single component in a relation.

The reasons for comprehensively evaluating the matching results are manifold. The principal reasons will be cited:

- If assignment errors occur between tupels, then a detailed evaluation is necessary for reacting appropriately. Thus, if several evaluation functions will be applied, a correct diagnosis of errors can be achieved. Assuming, an error will be located in a certain attribute a_i of a certain relation Rv, then the tolerance parameter t_{ai} for the attribute can be modified suitably.

- Due to the generality of the matching algorithm certain specialities of relations to be matched will be hidden. But, the criteria for judging a matching result vary for different kinds of relations. Therefore, several dedicated evaluation functions can be applied according to the criteria a human would judge the matching results.

III. Automatic modification of tolerance parameters

A. Summary of the procedure

The ***momentary correspondence relations*** constructed by computing the best comorphism between model and image structures will be accepted if the values of the evaluation functions meet predetermined thresholds (***acceptable correspondence relations***). Else, a modification of tolerance parameters has to take place, so that newly computed correspondence relations come closer to the criteria (see figure 3). For an appropriate modification of tolerance parameters two actions can take place prior to the adaptation cycle. First, the qualitative effects of tolerance modifications onto the values of certain evaluation functions (chapter III.B) must be determined. Second, each evaluation function must be ascribed a candidate set of tolerance parameters. These tolerance parameters may be able to influence the outcome of morphism computation and accordingly change the evaluation values (chapter III.C). The principal steps within the cycle are as follows. First, the momentary correspondence relations have to be constructed and evaluated. Second, the ***adaptation state*** (chapter III.D) must be computed to determine those evaluation values which have not met their criteria. Third, the tolerance parameters of the candidate sets, which belong to the unsatisfied evaluation criteria, are potentially relevant for modification. Finally, with the use of modification strategies (chapter III.E) appropriate factors for tolerance modification have to be computed.

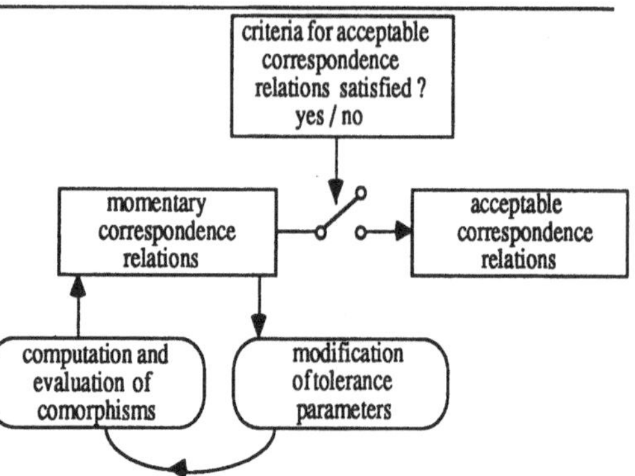

Figure 3: Adaptation cycle of computing acceptable correspondence relations from a pair of relational structures

B. Qualitative effects of tolerance modifications

The similarity function f is a basic part of various evaluation functions. Thus, we first study the effect of modifying the tolerance parameter t_{ai} onto the similarity value for two relational tupels r and r'. There is a value S_{ai} for the tolerance parameter t_{ai} which is a point of discontinuity. For the parameter t_{ai} taking values in the interval $(0, S_{ai})$, the similarity value is constant 0. For the parameter t_{ai} taking values in the interval $[S_{ai}, 1]$, the similarity value takes a monotonic increasing course which is convex in the positive direction of the t_{ai} axis (see figure 2). The intuitive meaning of this course is as follows:

> There exists a minimum value of tolerance S_{ai} where exactly an assignment takes place. The higher the tolerance, the better the value of the assignment. There is a maximum value f_m of goodness of the assignment.

This elementary effect will be generalized under two aspects. First, instead of studying the modification of a single tolerance parameter, we are interested in the modification of a vector of tolerance parameters. Additionally, the tolerance vector will be applied to several (not only one) tupels. Second, instead of studying the similarity value of a single assignment, we are interested in the evaluation values of sets of assignments (e. g., correspondence relations).

We omit a detailed explanation of the complex dependencies and give only the summary. Principally, there are two classes of tolerance parameters. Class 1: If we systematically change some of the tolerance parameters, then an evaluation value takes a *systematically increasing* or *decreasing course*. The course is *partially constant* and/or *partially convex*. Class 2: If we systematically change some of the tolerance parameters, then there is no (systematic) effect onto an evaluation value.

C. Selection of appropriate tolerance parameters

Usually, we are confronted with a multi-dimensional space of tolerance parameters. Therefore, we select an appropriate subset in order to reduce the number of dimensions. Potential candidates for being selected are the one for which a systematic change (increase or decrease) of the evaluation course has been determined. Typically, several evaluation functions are incorporated in the adaptation process. Therefore, appropriate tolerance parameters have to be selected for each function in turn.

D. Computation of the state of adaptation

Suppose, now the procedure has entered the adaptation cycle. After having constructed and evaluated the momentary correspondence relations the ***adaptation state*** must be computed. The adaptation state determines, whether the adaptation is *finished* or is in a ***conflict state***, or whether the *momentary tolerance values* are *too low* or *too high*.

If all evaluation values meet their criteria, then the adaptation is finished. Else, e. g. if the number of assignments is too low, then the tolerance values are too low. In this case, an increase of the tolerance values makes the evaluation value come closer to the desired criterion. Else, e. g. if the degree of ambiguity in the set of attribute compatible assignments is very high, then the tolerance values are too high. Therefore, a decrease of the tolerance values makes the degree of ambiguity come closer to the desired criterion. Finally, if the value of at least one tolerance parameter has to be increased and simultaneously decreased in order to make all evaluation values come closer to their criteria, then the adaptation is in a conflict state. For resolving conflicts, the evaluation functions will be weighted to incorporate a strategy for priorising some of the evaluation criteria.

Figure 4 illustrates various states of adaptation for one (linear approximated) ***evaluation function* h**. Suppose, the evaluation function h is responsible for judging the correspondence relation between Ru and Ru'. The ***criterion*** for accepting the evaluation value is marked with **c**. We assume, there is a vector t_r of tolerance parameters, which is applied to all tuples in Rv. The adaptation is finished for t_r, taking values in the interval $[\underline{S}_r, \underline{1}]$, because the evaluation values meet the criterion. The tolerance is too low for t_r, taking values in the interval $(\underline{0}, \underline{S}_r)$. Notice, the thresholds $\underline{0}$, $\underline{S}_r$ and $\underline{1}$ along the t_r axis are vectors, respectively.

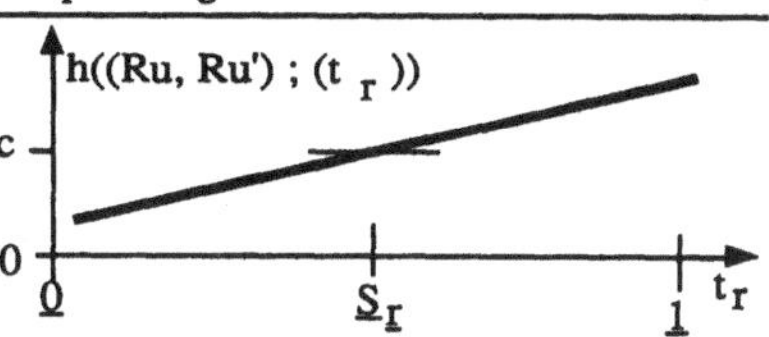

Figure 4: The adaptation is finished in the interval $[\underline{S}_r, \underline{1}]$

E. Modification strategies

After having computed the state of adaptation (and possibly having resolved conflicts), modification strategies will be used for an *appropriate modification* of tolerance parameters. Importantly, we must consider, that both the various attributes of an image object and the various objects in the image have *different amount of noise*. Therefore, the modification strategies must guarantee a different modification of tolerance parameters, according to the different amount of noise in the attributes. Two strategies will be described which rely on the state of the adaptation.

First strategy: For each evaluation function, the *distance* between the evaluation values of acceptable and momentary correspondence relations will be computed. Then, the values are averaged over the number of the functions. Furthermore, for all corresponding objects a ***value of exploitation*** (which is defined by the inverse of the similarity value) of the tolerance bands will be computed and averaged over the number of corresponding objects. By combining the two measures, factors for modifying the tolerance parameters are computed. This strategy is well suited both to increase and decrease tolerance parameters.

As an example, suppose a tolerance value is too low according to the adaptation state. Therefore, a great distance between acceptable and momentary correspondence relation in combination with a high degree of exploitation of the tolerance bands for the corresponding objects would result in a strong increase of tolerance parameters. The changed tolerance parameters will be applied to those model objects, momentary being not in correspondence with any image object.

Second strategy: First, all objects of the model and the image are selected which are not in correspondence according the momentary correspondence relations. Second, from this set, a pair of model and image object will be looked for, having lowest distance between the attributes under all other combinations. The tolerance band will be increased according to this distance in order to get at least one more pair of corresponding tupels.

This strategy is suited to increase tolerance parameters, only. A bad initialization of tolerance parameters doesn't matter, because the modification factors are computed according to actual measured noise in the attributes. But there is a problem:

If a model object really doesn't correspond to any object in the image (e. g., due to occlusion), the tolerance parameters for the object will be increased significantly. As a consequence, maybe an undesired image object will be identified.

Overall strategy: If we have to decrease tolerance values, we use the first strategy. If we have to increase tolerance values, we are free to use the first or the second strategy.

Both strategies rely on the evaluation of the momentary correspondence relations and the differences in comparison to the acceptable correspondence relations. These informations will be taken as the basis for computing appropriate modification factors for tolerance parameters. Therefore, the granularity of the modification factors is determined according to the actual noise in the attributes of the image objects.

IV. Initialization of tolerance parameters

A. Initialization by user interaction

Prior to the adaptation cycle initial values for the tolerance parameters have to be specified. Primitively, this can be done by charging the user to acquire default values. An advanced graphical user interface will be used which is specifically dedicated for initializing tolerance values.

B. Initialization by employing geometric dependencies

The user only has to initialize a minimum set of tolerance parameters. ***Geometrical dependencies*** [Fle 88] between attributes of model components can be employed for initializing the rest of the tolerance parameters. Based on a dependence function between two attributes, the (user specified) tolerance value for the one attribute can be propagated to get a tolerance value for the other attribute [Pau 89].

V. Experimental results

We demonstrate the usefulness of the system in the field of detecting manufacturing errors on Integrated Circuits (for short: ICs). With the use of a CCD - camera, which is tied to a metallurgical light microscope, an IC can be photographed (see figure 5). The microscope will always give a sharp reproduction of a small section of the IC area. Above all, the IC is equipped with pads and bonds. The pads are the bases to connect the IC with wires for installing a connection to external components. A bond consists of the wire`s body, the wire`s die and the wire`s tail.

For segmenting the image into meaningful units a region based approach is used (see figure 6). We have applied a multiple threshold technique which is based on the computation of the co-occurence matrix. For describing the regions several kinds of pictorial attributes are used (e. g., properties like shape, position and orientation). Additionally, "neighbour" attributes are taken into account for representing properties of spatial vicinity between the regions. The region attributes are grouped into several flat relations, and these in turn are combined with the "neighbour" attributes to construct a relational structure.

For exactly recognizing two bonds (see figures 5 and 6) located on a certain IC section, a model for each bond has to be generated [Nga 89], whose structure is correlated to the image structure. The "bonding layout diagram", provided by the manufacturer, specifies the model attributes of the IC bonds. The model bonds differ, first of all, in the position and orientation attributes. According to the structure of an IC bond, three evaluation functions are incorporated for measuring the quality of assignments to the wire`s body, the wire`s die and the wire`s tail.

Now the recognition process will be started. By using the second modification strategy, only one cycle is required for identifying bond (1). As an example, the hatched areas in figure 7 indicate the automatically computed tolerance band for the attribute "area" of the wire`s body and the wire`s die in bond (1).

Now, the procedure will be continued to recognize the bond (2) by using the first modification strategy. Several cycles are required to compute acceptable recognition results. As an example, due to the large distance between the wires`s body and the wire`s die, the tolerance band for the attribute "neighbour" has to be increased fourfold. Finally, the system comes up with a large tolerance band for the attribute "neighbour", and a broken bond (2) will be indicated.

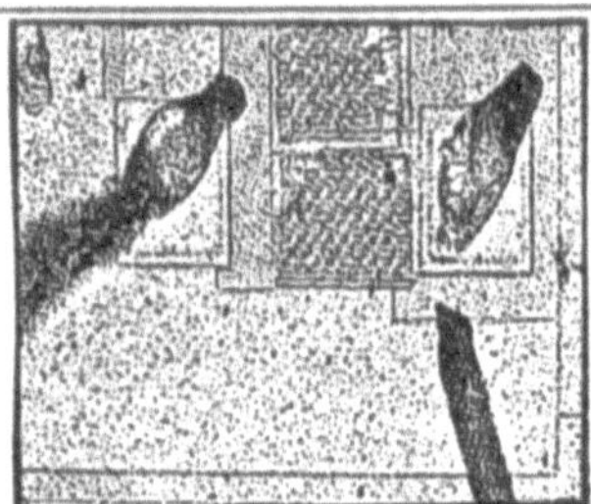

Figure 5: Gray level image including two IC bonds

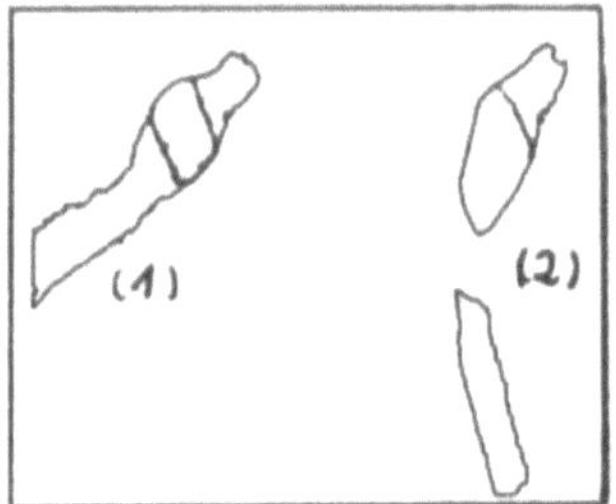

Figure 6: Segmentation result including two IC bonds

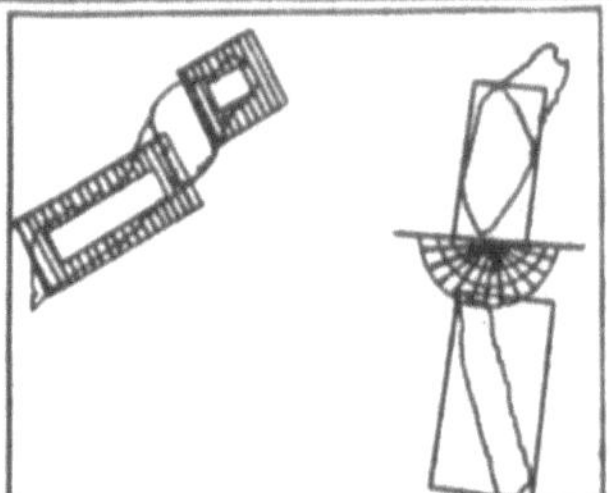

Figure 7: Recognition of two IC bonds; automatically adjusted tolerance bands

VI. Conclusions and problems

We have presented an error-correcting algorithm for constructing correspondence relations between model and image structures. Therefore, objects in an arbitrary scene can be identified. The algorithm fulfills essential preconditions for an automatic adaptation of the matching algorithm by standardizing and norming the similarity functions. The adaptation procedure is executed by modifying tolerance parameters of attributes of the model objects. The most fundamental problem arises by separating the processes for segmentation and identification. The consequence is, that possibly the number and the attributes of the primitive objects differ significantly between the model and the image. In this case, recognizing image objects by a mere modification of tolerance parameters is hard to do. We have reached a suboptimal solution for this problem by the possibility to weigh the primitive objects. The primitive objects of a badly segmented image section can therefore be assigned lower weights in order to play a lower role in the process of recognition. However, a more robust system would allow a strong coupled cooperation between adaptive segmentation and adaptive recognition. The primitive objects have to be extracted from the image according to the model structure. Our intention as to future work is to implement such an integrated system.

VII. Implementation and application areas

The system is completely implemented in C and PROLOG on a VaxStation under ULTRIX. It is a dominant component in a knowledge based system for computing correspondence relations in an image sequence. The system has been tested successfully in various application areas. The most important examples are: optical inspection of manufacturing errors on ICs using focus and position image sequences; detection of motion characteristics of a human body doing keep-fit exercises; recognition of rectangle shaped workpieces in a factory environment.

Literature

[Fle 88] A. Fleming: Geometric relationships between toleranced features; Artificial Intelligence 37, pp. 403 - 412, 1988.

[Wid 88] B. Widrow, et al.: Neural nets for adaptive filtering and adaptive pattern rec.; IEEE Computer, pp. 25 - 39, 1988.

[Nga 89] K.N. Ngan, et al.: Geometric modelling of IC die bonds for inspection; Pattern Rec. Letters 10, pp. 47 - 52, 1989.

[Pau 89] J. Pauli, et al.: Wissensgesteuerter Strukturvergleich; Arbeitsbericht Ra 359/2-4, (in german), 1989.

[Rad 84] B. Radig: Image sequence analysis using relational structures; Pattern Recognition 17, No. 1, pp. 161 -167, 1984.

[Ros 82] A. Rosenfeld, A.C. Kak: Digital picture processing, 2nd ed. Vol. I and II; Academic Press, Orlando, 1982.

[Ull 89] S. Ullman: Aligning pictorial descriptions: An approach to object recognition; Cognition 32, pp. 193 - 254, 1989.

Towards the Integration of Functions, Relations and Types in an AI Programming Language

Rolf Backofen
DFKI GmbH
Saarbrücken

Lutz Euler
Günther Görz
Universität Hamburg
Fachbereich Informatik — AB NatS

Abstract

This paper describes the design and implementation of the programming language PC-Life. This language integrates the functional and the logic-oriented programming style and feature types supporting inheritance. This combination yields a language particularly suited to knowledge representation, especially for application in computational linguistics.

Keywords: Knowledge representation, AI software, inferences, natural language processing

1 Introduction

Different programming styles have proved to be interesting for AI programming. The most important ones are the functional, the logic-oriented and the object-oriented style. The functional programming style is defined by deterministic computations and first-classness of functional expressions of any order. A logic-oriented language like Prolog contains constructor terms with an unification operation defined on them and uses a resolution-based theorem prover. The object-oriented style allows to specify a hierarchy of classes containing objects. The properties of these objects can be inherited through the hierarchy.

In [4] Aït-Kaci describes the language "LIFE", which was developed as an attempt to integrate these three programming styles into a single language. The most interesting new ideas in his paper are the conception of feature types and the treatment of function evaluation in a logic-oriented programming language.

LIFE has in its type concept the core of a knowledge representation language and its other concepts can serve as blocks out of which to build the remaining part of such a language. In particular it can be applied to computational linguistics. Here we find functional formalisms, like Montague-grammar, logic-based parsing, e. g. in definite clause grammar, and the use of complex types with inheritance for unification-based grammar formalisms and for representation of semantic knowledge. The use of a language integrating all of these has obvious advantages in that the same formalism can be used from syntactic processing up to semantics and pragmatics. Conventional hierarchically organized systems cannot avoid to apply the constraints of these different levels sequentially whereas such a language can account for them simultaneously.

The design of PC-Life[1], which has been developed in Backofen's and Euler's master's theses [6, 9], aims towards the same goals. Our main interest was to explore the difficulties that occur

[1]The name is derived from "LIFE" and from the implementation language "PC-Scheme".

in designing a language that combines the abovementioned programming styles. The aim was definitely not to build a knowledge representation language that could immediately be used in an AI application.

We chose Scheme as an implementation language for its simplicity and versatility in dealing with complex control structures. This leads to some differences to Aït-Kaci's LIFE: Firstly, it was natural to use a Lisp-like syntax and user interface as opposed to LIFE's Prolog-like toplevel. Secondly, the functional part of the language is more like Scheme than like any other "pure" functional language (e. g. ML [14]). This concerns questions of whether functions are of fixed arity, automatic currying is possible, arguments are passed by pattern matching and so on.

More important differences to Aït-Kaci's work in the definition of the language are: PC-Life contains closed types, atoms and atomic types (see below). With respect to disjunctions it has a considerably larger expressive power, because Aït-Kaci's LIFE admits only type disjunctions. With this restriction an appropriate type-as-set semantics cannot be given (see below).

The suitability of PC-Life for natural language processing has been demonstrated by implementing a small system for the interpretation of a fragment of German.

This paper describes first the overall design of the language. Then we give a formal description of feature terms together with implementation issues, especially for disjunctive feature terms. At last the design decisions concerning the implementation of functions and relations are detailed.

2 Design of the Language

A program in PC-Life consists of the definition of a type hierarchy and definitions of functions and relations. These can be loaded into an interpreter which then evaluates functional expressions interactively.

The data types of PC-Life consist of the types of the type hierarchy and feature terms. The type hierarchy is a partial order of the elementary types of the Scheme system (`number`, `string`, ...), which are called here "atomic types", arbitrary user-defined types, a least element $\bot$ and a greatest element $\top$. The "values" of the Scheme system (e. g. `42`, `"Deep Thought"`) are called "atomic values" and are also part of the type hierarchy.[2] Atomic types are the only elements of the hierarchy that can semantically[3] be represented as a union of other types. This sort of types is also known as *disjunctive types*.

A feature term can be regarded as an extension of first-order constructor terms with variable arity and fields labeled by name instead of place. A feature term consists of a type entry, which is a type symbol, and any number of attributes or features, which are pairs of an attribute name and an attribute value which again is a feature term. These terms are called subterms of the first feature term. Any subterm (including the outermost term) can be labeled with a variable. Using the same variable at different places expresses a coreference constraint between the corresponding subterms.

At any place where a variable can occur any number of functional expressions may be given too. These may contain references to any variables in the feature term and so express functional constraints between subterms. For a more elaborate description of feature terms see Aït-Kaci [4]. A formal definition of feature terms and their semantics is given in section 4.1.

"Closed types" are a special kind of types. A feature term of such a type may have only attributes whose names are taken from a fixed list defined with the type. So these types are used to model constructor terms of fixed arity. A feature term of atomic type — whose type is an atomic type or an atomic value — cannot contain attributes. It may be seen as a constructor term of arity 0.

A problem occurs with the structured types of the Scheme system, especially with `pair`, the values of which are cons cells, but also with `vector`. It was tempting to use these as built-in

[2] Considering only the partial order the distinction between types and values, common in other programming languages, is no longer meaningful.

[3] In a set-theoretic semantics, cf. section 4.1

constructors and allow any feature term as part of these structures. But this turned out to be impossible because the implementation of any feature term must contain extra information for internal management (e. g. to allow undoing of unification effects in the case of backtracking). So only atomic types and values are allowed as parts of structured Scheme types. If the user needs lists of feature terms, the only solution is to define a closed type **cons** with the attributes **head** and **tail**.

An important extension of the concept of feature terms is the introduction of disjunctions, because they allow to express ambiguous information. To that end at any place where a feature term can occur also a set of feature terms is allowed.

Thus the integration of functions with types provides that functions may have feature terms as arguments and value and that feature terms may contain functional constraints between subterms. To fully benefit of complex types it is necessary to have functions that pass their arguments by pattern matching. Such a function can be applied if all of its actual arguments are subsumed by their corresponding formal parameters. The idea is that the formal parameters contain variables at arbitrary places whose values are then used to build the result of the function. The values are derived by an unification operation on the actual and formal parameters that does not modify the actual parameters.

To explain the integration of relations we begin with ordinary Prolog. Here relations are defined over first order terms. Since the function symbols in these terms are only used as constructors for complex data types and are never applied, the syntax of terms is too much restricted. They can be extended up to feature terms without losing the possibility of using unification and a resolution-based theorem-prover on them. This is described in full detail in [5].

As already mentioned, PC-Life uses a functional top-level. The function **prove** is provided to enable the use of the relational part. It takes a relation application as an argument. Calling **prove** starts a resolution prover on this relation that delivers the solutions one by one.

A second way by which relations may be used is the following: The user specifies the partial order of types in the type hierarchy by entering "<"-relations of types. Additionally it is possible to define a type as being a feature term of another type which further obeys relational restrictions. If a feature term of such a type is used in an unification it must normally be *expanded*, i. e. the definition of the type is unified with its feature term and the relational restrictions are added to the list of goals that remain to be proven.

An important advantage of integration is the treatment of the evaluation of functional expressions that occur inside of feature terms. They must be evaluated when a feature term is defined or unified to check if the functional constraints can be met. Here the problem is that arguments of function applications may be not sufficiently specified to allow evaluation.[4] The solution proposed by Aït-Kaci is what he calls *residuation*. Evaluation is interrupted and delayed until the arguments that caused the break are specified more exactly. This may happen when they are further unified in the course of the resolution process. It is then tested again whether the evaluation can proceed. If disjunctions are used an evaluation may even be restarted several times from the same point but with different values for the arguments.

With respect to residuation we can differentiate between three classes of functions in PC-Life :

1. *System functions*, i. e. functions of the underlying Scheme system. These require that all their arguments are atomic values and residuate on all other feature terms.

2. *Normal functions* accept all values as arguments and pass them using lambda binding. They cannot cause residuation.

3. *Pattern matching* functions pass arguments by pattern matching. They residuate if any argument is not sufficiently specified to decide if it is subsumed by the corresponding pattern.

[4]This problem occurs in simpler form in Prolog when variables on the right hand side of an **is** relation are uninstantiated.

For a full description of the language see [9].

3 Representation of the Type Hierarchy

It should be clear now that unification and the test for subsumption of feature terms are important operations in PC-Life. These operations require to calculate the infimum (glb) of types or to check for "$\leq$"-relations in the type hierarchy respectively. Straightforward implementations of the latter operations require exponential time (in the size of the type hierarchy). In [3] Aït-Kaci describes a coding approach that allows a much more efficient execution of these operations. The basic idea is to embed the partial order of types into a boolean lattice which is implemented by bitvectors. The above mentioned operations are then implemented as bitwise logical operations. A coding function maps each type onto its bitvector. This function can be precomputed in polynomial time and its value for each type can be stored as the code of this type.

Aït-Kaci describes three related coding methods that preserve existent glbs. We have corrected and implemented the algorithm for "compact encoding". This yields an embedding with the following properties:

- The size of the code bitvectors lies between $\log_2 N$ (where N is the number of types) in case the hierarchy is already a boolean lattice and $N-1$ in the worst case. The important case of the hierarchy being a binary tree leads to a code size of $N/2$.
- At least one lub is preserved, namely $\top$. Only in the case that the hierarchy is a boolean lattice all lubs are preserved. (This last property must hold for all embeddings that preserve glbs.)

Aït-Kaci says that type disjunction and negation can be implemented with such an encoding. Indeed one can implement a lub operation as bitwise or and negation as bitwise negation. However because of the above mentioned restrictions on using lub operations this leads to an incorrect semantics.

4 Feature terms with distributed disjunctions

4.1 The ψ-term calculus

As already mentioned, feature terms consist of a type entry, features and coreference constraints. A string of features is called a *path* or an *address*. Formally a feature term is a triple $\langle \Delta, \psi, \tau \rangle$ with Δ as the *prefix-closed* set of all addresses, a type function $\psi : \Delta \rightarrow \mathcal{T}$, which assigns a type to each address, and a tag function τ, which associates a variable with each address. A feature term is called *inconsistent* iff its denotation is the empty set in all interpretations.

Feature terms come with a set-theoretic semantics, which is described in detail in Aït-Kaci [2]. A similar system is introduced in Smolka [13] and Nebel and Smolka [12]. Feature terms can be understood as expressions of an attributive representation language that is basically an instance of feature logic. Features are interpreted as partial functions whereas in languages of the KL-ONE family they generalize to roles. It has been shown (mentioned in [12]) that this causes undecidability of subsumption.

Feature terms defined so far allow too much redundancy. E. g., one can get equivalent feature terms by consistent variable renaming. Therefore Aït-Kaci introduced abstract objects, ψ-terms, as representatives for equivalence classes of feature terms which denote the same set of objects in each interpretation.[5] In ψ-terms coreferences are expressed by a coreference relation $\mathcal{K}$. Two addresses are coreferent iff they are assigned the same variable. A ψ-term is therefore a triple $\langle \Delta, \psi, \mathcal{K} \rangle$ with a

[5] Because there is a unique translation from feature terms to ψ-terms we don't distinguish them terminologically.

right-invariant coreference relation. A ψ-term must be *referentially consistent* which means that any address of a coreference class of $\mathcal{K}$ carries the same subterm. A ψ-term is consistent iff $\perp \notin \mathbf{Im}(\psi)$.

There is a partial order defined on the set of ψ-terms, the *subsumption order.* A ψ-term t_1 is subsumed by a term t_2 ($t_1 \sqsubseteq t_2$) iff in any interpretation $[\![t_1]\!]^{\mathbf{I}}$ is a subset of $[\![t_2]\!]^{\mathbf{I}}$. The subsumption relation can be calculated easily using the following syntactic conditions:

$$t_1 \sqsubseteq t_2 \iff (\Delta_2 \subseteq \Delta_1) \ \wedge \ (\mathcal{K}_2 \subseteq \mathcal{K}_1) \ \wedge \ \forall a \in \Delta_2 : [\psi_1(a) \leq \psi_2(a)].$$

The basic operation on ψ-terms is *unification.* The unification of two ψ-terms t_1 and t_2 combines the information contained in both terms yielding a term $t = t_1 \sqcap t_2$ with $[\![t]\!]^{\mathbf{I}} = [\![t_1]\!]^{\mathbf{I}} \cap [\![t_2]\!]^{\mathbf{I}}$. Syntactically unification is the process of computing the greatest lower bound (glb) of the terms t_1 and t_2. The most difficult part of this computation is to determine the resulting coreference relation $\mathcal{K}$. The resulting term domain Δ is simply the union of all equivalence classes of $\mathcal{K}$, and the type of an address $a \in \Delta$ is the glb of all types of all addresses in $a/\mathcal{K}$ in both terms.

Because t is the glb of t_1 and t_2, $\mathcal{K}$ must be the smallest coreference relation containing $\mathcal{K}_1$ and $\mathcal{K}_2$. This is the right-invariant completion of

$$\mathcal{K}' = \bigcup_{n \in \mathbf{N}} (\mathcal{K}_1 \circ \mathcal{K}_2)^n$$

Taking the transitive closure $\mathcal{K}'$ of the composition of $\mathcal{K}_1$ and $\mathcal{K}_2$ means to join all equivalence classes of $\mathcal{K}_1$ and $\mathcal{K}_2$ which have an address in common.

ψ-terms are represented as structures built up of nodes. A node is a data structure with three entries: a type entry, a subnode entry which is a list of pairs consisting of features and corresponding values, and a coreference entry. The unification algorithm presented by Aït-Kaci in [5] descends recursively through both ψ-term structures. Nodes with the same address in both structures are merged by dereferencing them to a new node carrying the joined information. Dereferencing uses the coreference entry. The unification fails if $\perp$ results as a type entry for any node.

4.2 Including disjunctions

The unification of terms corresponds semantically to their intersection. To express the union of ψ-terms we introduce *disjunctions* which are sets of ψ-terms. The unification of disjunctions of ψ-terms is done by unifying all possible combinations of ψ-terms of the two disjunctions.

Because of the problem of global coreferences one cannot simply admit disjunctions as feature values. Global coreferences are generated during unification if a coreference in one term involves an address which is not in the scope of the disjunctions actually looked up in the other term. For example, the coreference between l_1 and l_2 is global in the unification of

$$\begin{array}{l} top(l_1 \Rightarrow X \\ \quad\;\; l_2 \Rightarrow X) \end{array} \ \sqcap \ top(l_1 \Rightarrow \{+;-\})\,. \tag{1}$$

The straightforward result of the unification

$$\begin{array}{l} top(l_1 \Rightarrow X : \{+;-\} \\ \quad\;\; l_2 \Rightarrow X : \{+;-\}) \end{array}$$

is incorrect, since it contains the term $top(l_1 \Rightarrow + \ , \ l_2 \Rightarrow -)$ as one possible extension, which is contradictory to the first unificand (see also Eisele/Dörre [8]). One possible solution is to expand the disjunction to the greatest common prefix of all addresses of an global coreference (cf. [8]). Because we want ψ-terms to be able to share the same subterm this method cannot be employed. Instead we decided to use *distributed disjunctions.* The fundamental idea behind distributed disjunctions is that the problem of global coreferences can be solved by naming disjunctions. So the result of (1) can be calculated straightforwardly, because now both occurring disjunctions carry the same symbol. It must only be guaranteed that in later unifications the same alternative of a named disjunction is chosen wherever the disjunction symbol occurs.

Because disjunctions can be nested, one has not only to remember a pair consisting of a disjunction symbol and the number of the resp. alternative, but a whole set of those pairs. This leads to the notion of *context*. A context *con* is a set of pairs $\langle disj.symbol, alt.number\rangle$ satisfying the following condition: For any disjunction symbol d if there is a pair $\langle d, a\rangle \in con$ then there is no pair $\langle d, b\rangle \in con$ with $a \neq b$. Each node in a disjunctive ψ-term structure has a unique context, which can be defined inductively:

- each subnode of a node n has the same context as n;
- each alternative of a disjunction named with d has a context which is extended by $\langle d, alt.number\rangle$.

We define a partial order on contexts and compatibility of contexts:

- A context con_1 is *smaller* than a context con_2 iff $con_1 \subseteq con_2$.
- con_1 is *compatible* with con_2 iff $con_1 \cup con_2$ is a context.
  iff there is no disjunction symbol d with $\langle d, a\rangle \in con_1$, $\langle d, b\rangle \in con_2$ and $a \neq b$.

The fact that each node has a unique context can be translated into the formal definition of ψ-terms by associating a context to each address in the term domain. A disjunctive term domain is a family of domains $[\Delta_{con}]_{con \in \mathbf{Kon}}$ indexed by contexts, where **Kon** is the set of all possible contexts, and a family of type functions and coreference relations on these term domains. A disjunctive ψ-term, which we call a δ-term, is therefore a triple $\langle[\Delta_{con}], [\psi_{con}], [\mathcal{K}_{con}]\rangle$. The conditions a ψ-term has to satisfy must be slightly modified for δ-terms :

- $[\Delta_{con}]$ must be *weakly prefix-closed*: Every prefix of an address $a \in \Delta_{con}$ must be contained by a term domain $\Delta_{con'}$ with a smaller context con'. This can be motivated using the following example:

  In the term $top(l_1 \Rightarrow \{_{d_1} top\ (l_2 \Rightarrow t_1)\ ;\ t_2\})$ the address $l_1.l_2$ is an element of $\Delta_{\{\langle d_1, 1\rangle\}}$. The prefixes ϵ and l_1 are naturally in a term domain with smaller context.

- $[\mathcal{K}_{con}]$ has to obey *strong right-invariance*: For every context *con* the coreference relation $\mathcal{K}_{con}$ has to be right-invariant and any coreference of $\mathcal{K}_{con}$ has to be continued right-invariantly to all contexts con' with $con \subseteq con'$:

  $$[a \in \Delta_{con} \wedge \langle a, b\rangle \in \mathcal{K}_{con}] \Rightarrow$$
  $$\forall con', \forall v : [con \subseteq con' \wedge av \in \Delta_{con'} \Rightarrow \langle av, bv\rangle \in \mathcal{K}_{con'}]$$

  For example, the coreference $\langle l_1, l_2\rangle$ in the term

  $$\begin{array}{l} top(l_1 \Rightarrow X : \{_{d_1} top(l_3 \Rightarrow t_1)\ ;\ t_2\} \\ \quad l_2 \Rightarrow X) \end{array}$$

  must influence all coreference relations in all other contexts, e. g. $\langle l_1.l_3, l_2.l_3\rangle \in \mathcal{K}_{\{\langle d_1, 1\rangle\}}$.

- There are additional conditions for $[\Delta_{con}]$ and $[\psi_{con}]$ which have more technical reasons and are left out here for simplicity.

As in the ψ-term calculus, the unification of δ-terms has primarily to compute the resulting family of coreference relations. This again is done by composition of coreference relations of the involved δ-terms. But this time the contexts the relations are indexed by have to be considered, so that a composition sequence has the form

$$\mathcal{K}^1_{con_{i_1}} \Box \mathcal{K}^2_{con_{j_1}} \Box \cdots \Box \mathcal{K}^1_{con_{i_n}} \Box \mathcal{K}^2_{con_{j_n}}$$

As already mentioned, the object of naming disjunctions was to use the same alternative wherever the disjunction symbol occurs. The contexts of coreference relations within any sequence must be pairwise compatible. The sequence itself has a context *con* which is simply the union of all used contexts. A coreference relation $\mathcal{K}_{con}$ of the resulting δ-term is the union of all sequences with context *con*.

There are two kinds of disjunctions that can occur in δ-terms. *Value disjunctions* occur if disjunctions are allowed as feature values. A simple variant of these are disjunctions of atomic values. *Attribute disjunctions* constitute the second kind, as in the term

$$\begin{aligned} t = top(\quad & a \Rightarrow + \\ & \{_{d_1}\ b \Rightarrow -,\ c \Rightarrow +\ \}). \end{aligned}$$

Our formalism supports both value and attribute disjunctions. Although the current implementation of the δ-term unification algorithm handles only value disjunctions, it can easily be extended to attribute disjunctions. In this case the management of the set of all defined features for every node — which is required to process closed types — is more complicated.

A δ-term is represented by a structure which is built up of δ-term nodes. A δ-term node is either a ψ-term node or a named disjunction whose list of alternatives internally consists of δ-term nodes. For possibly nested disjunctions the notion of a *disjunction tree* is introduced. An alternative in a disjunction tree is a non-disjunction which can be reached by traversing the tree. The context of an alternative a relative to its root disjunction r is defined as $relcon(a,r) = con(a) \backslash con(r)$. It describes the path from r to the alternative a.

The unification algorithm for δ-terms is an extension of the unification algorithm for ψ-terms (see Aït-Kaci [5]). Again both δ-term structures are passed through all possible paths and all nodes reached under the same address are merged. ψ-term nodes are unified as before. In order to unify two disjunction trees, the algorithm determines all alternatives of the first tree together with their relative context. Every alternative is then unified with all alternatives of the second disjunction tree whose relative contexts are compatible to its relative context. In addition, every alternative a of both disjunction trees is bound to a disjunction tree b_a containing all results of unifications involving a. Therefore every alternative of b_a is an element $a \sqcap a'$ with an appropriate alternative a'. The relative context of $a \sqcap a'$ is $relcon(a \sqcap a', a) = con(a') \backslash con(a)$, such that the equation $con(a \sqcap a') = con(a) \cup con(a')$ holds.

Although contexts are only partially ordered by set inclusion, a disjunction tree defines a total ordering on the relative contexts of its nodes. The unification algorithm processes all alternatives in ascending order. This holds also for every alternative of a binding tree b_a. So we can build up the binding tree successively: at the first unification involving the alternative a b_a is built up to the relative context of $a \sqcap a'$. During all further unifications b_a is always extended at the leaves (see also Fig. 1).

Determining consistency is somewhat more costly for δ-terms than for ψ-term structures. A ψ-term node is inconsistent if its type entry is $\bot$ or if there exists a subterm which is inconsistent. A disjunction is inconsistent if all alternatives are inconsistent. Because disjunctions may be distributed, there may be inconsistencies which cannot be detected locally. For example the following term is inconsistent:

$$\begin{aligned} top(l_1 \Rightarrow\ & \{_{d_1} \bot; \{_{d_2} \bot; t_1\}\} \\ l_2 \Rightarrow\ & \{_{d_2} t_2; \{_{d_1} t_3; \bot\}\}) \end{aligned}$$

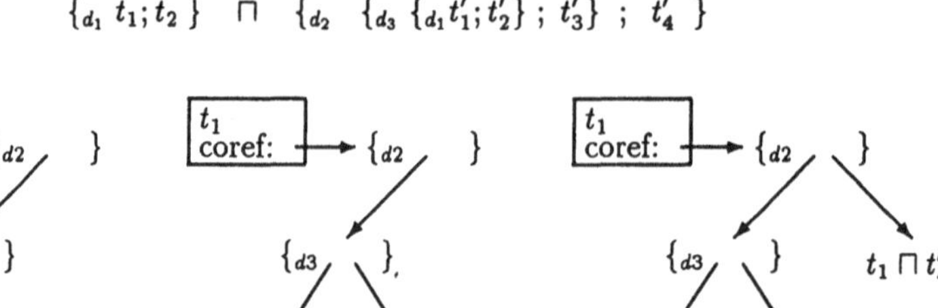

Figure 1: This example shows the successive construction of b_{t_1}. The nodes $t_1 \sqcap t_i'$ are also elements of $b_{ti'}$, e. g. t_1' is bound to $t_1 \sqcap t_1'$ thus completing the merging of t_1 and t_1' in the context $\{\langle d_1, 1\rangle; \langle d_2, 1\rangle; \langle d_3, 1\rangle\}$.

Therefore all inconsistent contexts must be stored globally.

A detailed description of the δ-term-calculus is given in [6]. Similar systems using distributed disjunctions can be found in Dörre and Eisele [7] and Maxwell and Kaplan [11].

We see two advantages of our approach compared to Dörre and Eisele's: (1) Their formalism does not treat attribute disjunctions. (2) In our system the unification of disjunctions is defined more abstractly, in that the method of finding appropriate disjunction alternatives is left unspecified, whereas in their system it is not expressed separately but is part of the rewriting rules.

Maxwell and Kaplan provide a general method of extending feature systems into systems with named disjunctions. Each part of the resulting feature structure carries its own context, and rewriting rules used by the original system are translated into a contexted version, which rewrites both the context and this part. Because there is no explicit representation of the relation between a context and its corresponding feature structures, the following inefficiencies arise: During unification of feature structures parts are unified although they carry incompatible contexts, and when components with the same context are rewritten a new context is calculated unneccessarily. Therefore efficient unification algorithms for non-disjunctive feature structures cannot be used.

A remark on negation

The implementation of PC-Life allows only negation of atomic values. For the treatment of negated complex feature terms additionally negation of types, undefined feature entries and inequality constraints[6] are required. The latter will cause problems if used in conjunction with closed types: Because of the interpretation of closed types as constructors two nodes carrying the same closed type are unequal iff they are not dereferenced to the same node *and* if there exists a feature for which the corresponding subnodes are unequal. This transfer of inequality constraints to subnodes possibly has to be iterated if nodes with closed terms are nested, therefore producing a lot of conditions that have to be tested during each unification.

5 The Functional Part: A Variant of Scheme

The implementation of PC-Life in Scheme leads naturally to the use of a modified Scheme as the functional part of the language. So we immediately get the advantages of first-class functions and binding environments, lexical binding within a block structure and full tail recursion optimization.

[6]which are sometimes also called disagreements or negations of path equivalences.

But without modifications Scheme can not handle argument passing by pattern matching and operations with feature terms.

Regarding efficiency it is desirable to use the already existent Scheme evaluator as an evaluator for functional expressions in PC-Life. However this turned out to be very difficult if not impossible, considering the need to enable the interruption of evaluation at any point where a function is applied to insufficiently specified arguments.

For this reason we decided to implement a new evaluator whose design follows Abelson/Sussman [1, p. 293ff]. It is necessary to provide the central functions `eval` and `apply`, the core special forms like `lambda` and `if`, and to define representations for environments and procedures. All other parts can be implemented by using the existing evaluator. The non-core special forms like `cond` and `let` in PC-Scheme are defined as macros and are automatically provided by enabling the new evaluator to handle macros. All other functions of the Scheme system are handled as primitives of the new evaluator.

Feature terms are implemented as a new datatype that is checked for in places where residuation may occur.

Functions passing their arguments by pattern matching are defined using the special form `match`. They are treated specially in the evaluator by `apply`.

An assignment in a functional expression will lead to incorrect results if this expression is evaluated from inside a disjunctive feature term. This happens because the state of execution that is saved in the case of a residuation contains only the continuation and not the binding environments. Thus in case of multiple execution the same environment will be affected incorrectly. Because of this side-effects must be avoided in all places where a residuation can occur.

6 The Relational Part: A Variant of PROLOG

The relational part of the language is an elaboration of PROLOG in which first order terms are replaced by δ-terms. The role of the logical variable is taken by term-nodes. This means that coreferences do not only occur between different addresses of one term but also within different parts of a clause. The bound/unbound effect of logical variables is replaced by a gradual refinement of nodes.

The resolution prover we implemented is an extension of the one described by Haynes [10]. Its control structure is based on so called "upward-failure-continuations": the theorem prover returns a failure continuation which is invoked when backtracking is necessary. The failure continuations are implemented as Scheme continuations.

The theorem prover works with a structure copying technique. Normally it is necessary to copy the δ-term structure of the clause before unifying it with the argument the relation is invoked with. Our method avoids superfluous copying by simultaneously doing the two steps. This has the advantage that in case the unification fails not the whole recorded structure has been copied.

Using Haynes' taxonomy [10, p. 673] the integration of the relational into the functional part is an *environment embedding.* This means that both share a common environment, therefore providing efficient information transfer. If an embedding additionally allows the sharing of control contexts, it is called *complete.* Although failure continuations which store a specific control context can be obtained at the functional top-level, our embedding is not yet complete, because an arbitrary invocation of failure continuations can violate PROLOG's semantics. But the embedding can be completed by incorporating Haynes' *state-space* model (see [10]).

Type expansion

A type of the type hierarchy can be defined as a δ-term with additional relational constraints. If a δ-term is of such a type, the type has to be *expanded.* This is done by unifying the δ-term with the defined term and evaluating the relational constraints.

In a system with a relational top level like Aït-Kaci's Life, type expansion is easy, because evaluating the relational constraints is done by adding them as additional goals. But with a functional top level this causes problems, because the user can not control the nondeterminism that occurs when expanding a type with relational constraints. This is contradictory to the deterministic behavior of the top level. Therefore we suppress type expansion at the top level.

References

[1] Harold Abelson and Gerald Jay Sussmann. *Structure and Interpretation of Computer Programs.* MIT Press, 1985.

[2] Hassan Aït-Kaci. An algebraic semantics approach to the effective resolution of type equations. *Theoretical Computer Science*, 45:293–351, 1986.

[3] Hassan Aït-Kaci et al. Efficient implementation of lattice operations. *ACM Transactions on Programming Languages and Systems*, 11(1):115–146, 1989.

[4] Hassan Aït-Kaci and Patrick Lincoln. LIFE — a natural language for natural language. Technical report, Microelectronics and Computer Technology Corporation, Austin (TX), February 1988.

[5] Hassan Aït-Kaci and Roger Nasr. Login: A logic programming language with built-in inheritance. *The Journal of Logic Programming*, 3:185–215, 1986.

[6] Rolf Backofen. Integration von Funktionen, Relationen und Typen beim Sprachentwurf. Teil II: Attributterme und Relationen. Diplomarbeit, Universität Erlangen-Nürnberg, 1989.

[7] Jochen Dörre and Andreas Eisele. Determining consistency of feature terms with distributed disjunctions. In D[ieter] Metzing, editor, *Proc. of the 13th German Workshop on Artificial Intelligence*, volume 216 of *Informatik Fachberichte*, pages 270–279. Springer, Berlin, 1989.

[8] Andreas Eisele and Jochen Dörre. Unification of disjunctive feature descriptions. In *26th Annual Meeting of the Association for Computational Linguistics*, pages 186–194, Buffalo (NY), 1988.

[9] Lutz Euler. Integration von Funktionen, Relationen und Typen beim Sprachentwurf. Teil I: Konzeption, Typhierarchie und Funktionen. Diplomarbeit, Universität Erlangen-Nürnberg, 1989.

[10] Christopher T. Haynes. Logic continuations. *Journal of Logic Programming*, 4:157–176, 1987.

[11] John Maxwell and Ronald Kaplan. An overview of disjunctive constraint satisfaction. In *Proceedings of the International Parsing Workshop 1989*, pages 18–27, 1989.

[12] Bernhard Nebel and Gert Smolka. Representation and reasoning with attributive descriptions. IWBS-Report 81, IBM Deutschland GmbH, Stuttgart, 1989.

[13] Gert Smolka. A feature logic with subsorts. LILOG-Report 33, IBM Deutschland GmbH, Stuttgart, May 1988.

[14] Åke Wikström. *Functional Programming Using Standard ML.* Prentice Hall, London, 1987.

Grounding Meaning in Perception

Garrison W. Cottrell[1,2] Brian Bartell[1] Christopher Haupt[1]

Department of Computer Science and Engineering[1]
Institute for Neural Computation[2]
University of California, San Diego
La Jolla, California 92093
USA

Abstract

Linguistic and philosophical theories of semantics have usually ignored the problem of explaining how the meanings of predicates are initially acquired. In this paper we propose that connectionist models may give a computational account of this process via extracting regularities from perceptual inputs and associating them with one another. We present results from two simple preliminary experiments, one in which a connectionist network associates labels with visual images with no external teacher, and a second in which a network associates simple sentences with with simple sequences of visual images, or "movies". While these simulations are simply suggestive, they point the way to a more complete model.

Introduction

Woods (1975) has stated:

> "While the types of semantic theories that have been formulated by logicians and philosophers do a reasonable job of specifying the semantics of complex constructions involving quantification and combination of predicates with operators of conjunction and negation, they fall down on the specification of the semantics of the basic "atomic" propositions consisting of a predicate and a specification of its arguments--for example, the specification of the meanings of elementary statements such as 'snow is white' or 'Socrates is mortal'."

We agree with Woods' assessment, and would go further and say that the important issue is not just *what* the semantics of atomic predicates are, but how they are grounded in the world. For example what is the meaning of **Name(OBJ-437, "Fred")**? Model theoretic semantics generally uses the notion of an *interpretation* to specify a mapping of relations and their terms to entities in the world, but how this mapping could be computed is never made clear. We assert that the mapping of predicates to the world is the fundamental issue in semantics: We must know the meanings of the individual elements of the theory before we can form a theory of the whole. We propose that the mapping is one that is *acquired* through interaction of a learner with the world, during which the learner forms associations between linguistic entities and concrete objects. That is, meaning is grounded in perception. Note that this puts the character of the *learner* as a central element in the theory. Semantics is often formulated without any reference to the fact that what we usually term semantics - a relation between signs or symbols and what they denote or mean - is something that arises in biological organisms, though perhaps most obviously in humans. We believe that a proper theory of semantics must take into account the entity that acquires these relationships. This will not be a new proposal to cognitive psychologists (Miller & Johnson-Laird, 1976), but what we intend to add to the discussion is a computational model of the process.

This brings us to a second issue is whether the elements of our theory should be the standard predicates that can be characterized as dividing the world into two sets of entities, those for which the predicate holds, and those for which it does not. Such single-place predicates are fundamentally categorization predicates. As has been noted by psychologists (Rosch, 1975) human category structure does not have the all-or-none character that is typical of logical predicates. Rather, categories (and hence human predicates) have internal structure, with central members or prototypes, outliers, and a distance measure between members of the category and the prototype.

Standard attempts to explore the internal structure of predicates in terms of features (Katz and Fodor, 1963) always have to stipulate what the features are for any language. This can lead to the "representational blindness" problem (Winograd & Flores, 1986). We will assume that the learner is embedded in an environment, and is continually trying to extract regularities from that environment. Thus the features will be automatically extracted, and will be appropriate for the environment the learner finds herself in. Categories will be clusters in this feature space.

A third issue is the acquisition of verbal predicates. How is the notion of *running* acquired? This fundamentally involves including a temporal aspect to any model, since verbs typically denote actions that take time in the world, and must be witnessed over time by the learner.

A fundamental issue we will ignore in this account is that of attention. A simple view of attention is that it is a kind of filter that allows important elements of the environment to be operated upon. In our simple models presented here, we will assume that only the objects of interest are presented to the learner, and avoid the problem of how those objects would be selected from the environment. This is similar to the *whole object assumption* of Markman (1990).

A connectionist approach to predicate semantics

The basic idea of our model is that the learner is processing input from several modalities, extracting regularities from each modality, and forming associations between elements in different modalities that co-occur often in time. One can assume that later in development, by building an internal model of the world (as in Rumelhart, Smolensky, McClelland & Hinton, 1986), the learner can make the associations without environmental stimulation. We will assume that one of the modalities is auditory, and that attentional processes have already segmented the speech signal into tokens. This is a strong assumption, but self-supervised connectionist models have already been developed that can segment streams of letters into words, and further categorize them on the basis of syntactic and semantic distinctions based on positive only examples (Elman, 1990).

The other modality will be visual, and we will use an extremely simple model of the visual input: We will simply have gray scale (sometimes binary) input from a retinal array. A more realistic network would do preprocessing on these images in the manner that the visual system does it, but for now, it matters little what the actual inputs to our networks are - whether their inputs are preprocessed or not, the network architectures we use will not change substantially. However, the actual internal representations formed, the speed of learning, etc. probably would change with a different input encoding. These are details that are not of import to the current simple demonstrations.

Surprisingly, a useful network for extracting features is one that simply does an identity mapping from its input to output. Cottrell, Munro & Zipser (1987) used such a network to compress the information in a gray scale image. The network is shown in Figure 1, left. The network is presented with many examples of patches of an image, and is trained to reproduce the samples on the output layer.

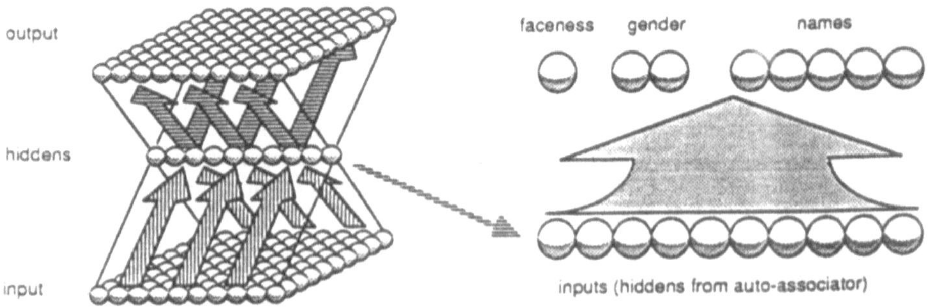

Figure 1. On the left, the image compression network. On the right, a recognition network that uses as input the activations of the hidden units from the compression network.

Because the network is constrained to pass this information through a narrow channel of hidden units, the hidden units must extract regularities from the images. Thus the network can be thought of as an automatic feature extraction device: No external training is provided. So, even though back propagation is a supervised learning technique, this system can be considered unsupervised, or as some prefer, self-supervised.

Cottrell & Fleming (1990) tested this hypothesis (Figure 1, right) and showed that the compression network is sufficient to produce features from whole face images for purposes of recognition. The compression network extracted features from face and non-face images, which were fed into a single layer classifier. This system showed that the features so derived were sufficient for discriminating among the eleven people in their training set. The first experiment we will describe below can be seen as a version of this experiment where the teaching signals are internally derived.

Cottrell (1987) suggested that a feature extraction system could be used recursively, with two such networks operating on different modalities, the hidden unit representations from each modality then being compressed together again to achieve the association between words and visual elements. Chauvin (1988) used such a system and showed that it accounted for some developmental data on the acquisition of word meanings. In our first experiment, we will describe yet another variant on this theme.

In the second experiment, we use the linguistic input as a teacher for a network that learns to describe the action it is seeing on a very simple retina. This can be viewed as the child being presented with sentences describing occurrences, and learning to predict what those sentences will be.

Experiment 1: Learning the mapping between names and faces

In this experiment, we show that a network can be presented with inputs representing names and faces of a series of 10 subjects, and can internally generate representations that can be used to associate the two inputs. This corresponds, in our view, to the learning of a grounded predicate such as **Name(OBJ-33, "Fred")**, but it has the added advantage of being able to generalize to new instances of Fred, and forms a prototype of what Fred "looks like".

Architecture

The associative network consists of four sub-networks as detailed in Figure 2. Each sub-network is

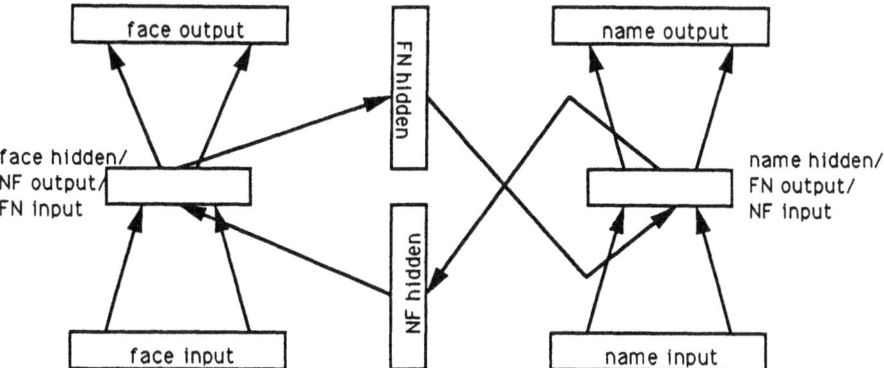

Figure 2. The associative network. On the left, the face compression net (F-net). It has 4096 inputs and 40 hidden units. On the right, the name compression net (N-net). It has 130 inputs and 10 hidden units. In between, the hidden units of the subnetworks that learn the mappings between the hidden units of the compression networks. The use 5 hidden units each.

trained using the back-propagation algorithm. The face network (or F-network), on the left of Figure 2, learns a compact encoding of the faces. The name network (N-network), on the right of Figure 2, is also a compression network, and can conceptually be treated as learning the names in parallel with the F-net learning the faces. The face-to-name network (or FN-network) consists of the hidden units from the face network, an internal set of hidden units, and the hidden units from the name network. It is trained to map hidden unit activations of the face network to hidden unit activations of the name network. The name-to-face network (or NF-network) works in a similar fashion. The NF and the FN networks are the associative memories of this model.

Data Set

The training and testing faces were 64 x 64 8-bit pixel images. Eight faces of ten individuals were used. Half of the faces (a total of 40) for each individual were used for training, and the other half for testing. A name consisting of five letters was assigned to each individual. Twenty-six processing units (one for each letter of the alphabet) were employed for each letter of the name. A localist encoding was used which consisted of turning on the unit corresponding to the letter in that position, and turning off all of the other units. There were a total of 10 names corresponding to the 10 individuals whose faces appeared in the images.

Training

The training process was as follows: First the name and face compression networks were trained separately. The face compression network was trained with a learning rate of 0.01 for 1000 epochs which resulted in an average root mean square pixel intensity error less than 13 gray scale levels (the original images are 255 gray level images). The name network was trained in a similar fashion.

After the face and name networks were trained their weights were frozen. Then the FN and NF networks were trained. Two methods of training the FN and NF networks were developed. These will be referred to as the unidirectional and the bidirectional methods.

In the unidirectional training method the FN and the NF networks are trained separately from one another. For each face in the training set, the hidden unit activations of the F-network are obtained, along with the hidden unit activations of the associated name in the N-network. Training the FN network in the unidirectional method then proceeds by iteratively presenting face-name pairs to be associated. That is, the hidden unit activations for a face are presented at the input to the FN network while setting the target vector equal to the hidden unit activations for the name associated with that face. The error terms are calculated and the weights are updated according to the back-propagation rule. In a similar manner the NF-network is trained on the name-face pairs in the training set. As this is a one to many mapping (one name to four faces for that name) the network learns to produce the average of the faces in the training set for the named individual. The FN-network achieved a total sum squared error of 0.27 after being trained for 500 epochs with a learning rate of 0.2. The NF-network stabilized at a total sum squared error of around 65 (an average error of 0.04) after 9000 iterations with a learning rate of 0.05.

In the bidirectional training method, once activation has been propagated from one side of the network to the other, it can be *cycled* by returning it to the original side, and back again. Training can be applied on both sides as the cycling proceeds, using the hidden unit vector for the name, and the hidden unit vector for the instance of the face. This can be continued for any number of cycles.

It should be noted that the learning rate is decreased according to how many cycles of training have been performed on the current face-name pair. This is in response to the fact that as the networks cycle back and forth, before the pairs have been adequately learned, the error in the outputs gets progressively worse. These outputs are the inputs for the next cycle. Thus, the network would be learning improper input-target associations if the weights were changed with the same rate at later stages as they are in earlier stages when the inputs are closer to the target values. A network was trained until the total sum squared error at each stage of the cycle dropped to at least the level of the network with only unidirectional training. An in depth study of the optimal epochs and learning rates was not performed. In these experiments a learning rate of 0.01 was used for both the NF and the FN networks. One thousand epochs were found to be sufficient when training with 1, 2, or 5 cycles per face-name pair. Five times as many epochs were needed for 10 and 20 training cycles.

Testing

The trained network is tested by presenting a face to the F-network. This produces hidden unit activations which are used as inputs to the FN-network. Propagating activation through the FN-network results in hidden unit activation in the N-network. At this point we may either propagate the name hidden unit activation to obtain the name associated with that face, or cycle the activation through the NF-network and then back through the FN-network for any number of iterations, after which we produce the name. In a similar fashion we may present a name to the N-network and propagate activation to produce the face associated with that name.

Performance

First we tested the trained network by presenting faces to the F-net, propagating activation to the name net (0 cycles), and then let it circulate back to the face net and return (1 or more cycles). At any point in time, we can read out the activation at the output level of the networks. This output is compared with the names with which the network was trained. The name that is closest in Euclidean distance to that produced by the network is considered to be the name chosen by the network. If this is the name associated with the face, then it is considered a correct choice by the network.

Table 1 shows the results of this test for unidirectionally and bidirectionally trained associative networks. For the unidirectional version, when the activation is propagated directly to the output of the name network without any cycles through the middle associative networks, the network chooses the correct name 100% of the time. As the activation is cycled through the network, however, the accuracy degrades until it eventually stabilizes at 60% after 50 cycles. This means that not all of the pairs of faces and names form attractors when treated dynamically. This behavior is mimicked on the test faces.

# cycles in training	# cycles in testing: 0	2	5	50
0	40	33	28	24
1	40	40	33	29
2	40	40	33	28
5	40	40	35	29
10	40	40	40	40
20	40	40	40	40

(a) Training faces

# cycles in training	# cycles in testing: 0	2	5	50
0	37	30	25	22
1	37	35	30	27
2	37	36	31	26
5	37	36	32	26
10	38	36	35	35
20	37	36	36	36

(b) Testing faces

Table 1. The table entries are the number of correctly chosen names (out of 40). The name is the result of presenting a face and cycling back through the F-net the specified number of times before reading the output. A. Training faces. B. Test faces.

Networks with bidirectional training perform substantially better after several cycles than the network trained unidirectionally. A bidirectionally trained network in which 10 cycles of training was performed on each face maintained perfect recall of the appropriate name for each face even after 50 cycles. Hence each pair is near a stable attractor. On unseen faces of individuals in the training set the bidirectionally trained networks again exceeded the performance of the unidirectionally trained network.

The second test of the associative network presents names to the N-network, activating the F-net hidden units through the NF-network. As in the previous test this activation is circulated back and forth for any number of cycles after which the resulting face is read out from the output layer of the F-network. This output is compared with a set of faces. The set is either the training faces, or other faces of the same individuals on which the network was not trained. The closest face in Euclidean distance to that produced by the network is considered to be the face chosen by the network. If this is one of the faces associated with the input name then it is considered a correct choice by the network.

Table 2 shows the results of this test for unidirectional and bidirectional training of the associative networks. As in the first test, the network trained unidirectionally achieves 100% correctness on the training faces after 0 cycles through the associative networks. This degrades to 60% after 50 cycles. The network also achieves 100% correctness on the untrained familiar faces after 0 cycles which then again degrades to 60 % after 50 cycles. As in the first test, the accuracy of the network when the activation is cycled through the associative networks improves when it is trained bidirectionally.

For both the training and test faces a bidirectionally trained network with at least 10 cycles through the associative nets on each training pass produced an appropriate face for every name, even after 50 cycles through the associative networks.

# cycles in training	# cycles in testing			
	0	2	5	50
0	10	9	8	6
1	10	10	8	7
2	10	9	8	7
5	10	9	9	7
10	10	10	10	10
20	10	10	10	10

(a) Training faces

# cycles in training	# cycles in testing			
	0	2	5	50
0	10	9	7	6
1	10	10	8	7
2	10	9	8	7
5	10	9	9	7
10	10	10	10	10
20	10	10	10	10

(b) Testing faces

Table 2. The table entries are the number of correctly chosen faces (out of 10). The face is the result of presenting a name and cycling back through the N-net the specified number of times before reading the output. A. Training faces. B. Test faces.

The reason the bidirectionally trained network performed so much better than the unidirectional version is that given a name, the network produces the average of the training faces for the individual with that name. The bidirectionally trained network performs better than the unidirectional version because it has been trained not only with face/name pairs, but with average-face/name pairs as well. Since the unidirectional network was never trained with the average face it can produce the wrong name through the FN network when the average face is produced by a name. The bidirectional network does perform the appropriate association in this situation and continues to produce the average face and the correct name.

Figure 3 shows an example of the unidirectional network producing the incorrect face/name after several cycles through the associative network. Initially an appropriate face was produced by the network as was the correct name JANEL. Each cycle through the network resulted in a face that looked less like JANEL and more like JAMES. Eventually the network produced the average face for JAMES and also produced JAMES' name in the name network. All subsequent cycles (up to the 50 tried) continued to produce JAMES. The bidirectional network produced the average face for JANEL, and the name JANEL, on every cycle through the associative network. This behavior was typical for all of the face/name pairs presented that lost track. This is very interesting because it is indicative of how chains of association can occur. Our set of examples was small enough that the network can be trained to hold onto the faces, but in a realistically sized network, and with noise in the system, we can expect networks like this to "free-associate".

Conclusions

A bidirectional associative memory connectionist network has been described. This network was successfully trained to associate faces of individuals to their respective names, and names to a representative face for that individual. Four different networks were trained separately, using the back-

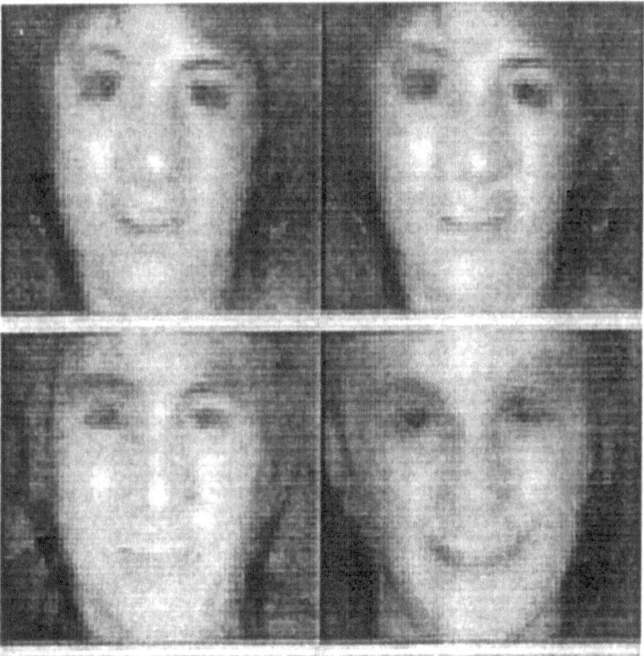

Figure 3. Losing track of a face. This is the readout from the face compression network as the hidden units cycle starting with the name JANEL. It eventually shifts to JAMES.

propagation algorithm. They then were combined to produce the associative network. A method of bidirectional training was described which improves the stability of the networks recall over that of a unidirectionally trained network. The network successfully performs correct associations with new unseen images of familiar faces. This network can be considered to have learned the extension of the **Name** predicate as it applies to the training set.

Experiment 2: The Movie Description Network

In the second experiment, we describe a network which is capable of learning to describe, in very simplified natural language, sequences of images presented to it. While this is a very preliminary investigation, it is indicative of how our future research on this topic will proceed. The network is forced to create internal representations for the image sequences which enable it to generate the descriptions without *a priori* knowledge of the visual or verbal environments and without an external teacher providing a fixed representation of the relation between images and words. That is, while the words and images are presented to the network in a form designed by us, the internal representation of the image sequences appropriate for generating the descriptions, that is, the internal semantics of the sentences, are learned.

In order to handle sequential input, it is useful to have a network that can develop representations of temporal inputs. Two approaches which require the network to form its own internal representations of its temporal environment are Elman's (1990) Simple Recurrent Networks (SRN's) and St John's (1990) Story Gestalt Network. In Elman's model, a network is trained to predict the next element of a sequence given only the previous element and a state vector. The information in the state vector is a function of all previous elements in the sequence, and is learned by the network. In the second work, a sequence is presented to the network and it is trained to generate a set of outputs which are the important features in the sequence. The present work is an attempt to expand on these models, and to explore an architecture for combining both unsupervised (prediction) training and supervised (feature extraction) training for greater benefit in a single model.

Background

The Elman Simple Recurrent Network (SRN) has the architecture shown in Figure 4. At each time step, the current set of activations on the units of the Hidden layer are copied verbatim to the Context units, and then these values along with a pattern presented to the Input layer are fed forward to generate the next set of Hidden activations. These activations are then fed forward to the Output layer.

The Elman SRN is capable of generating outputs which depend on the current input as well as arbitrary previous inputs, assuming information from the previous inputs has been stored in the Context units. This SRN therefore has a limited memory (limited by the size of the Context vector), and makes

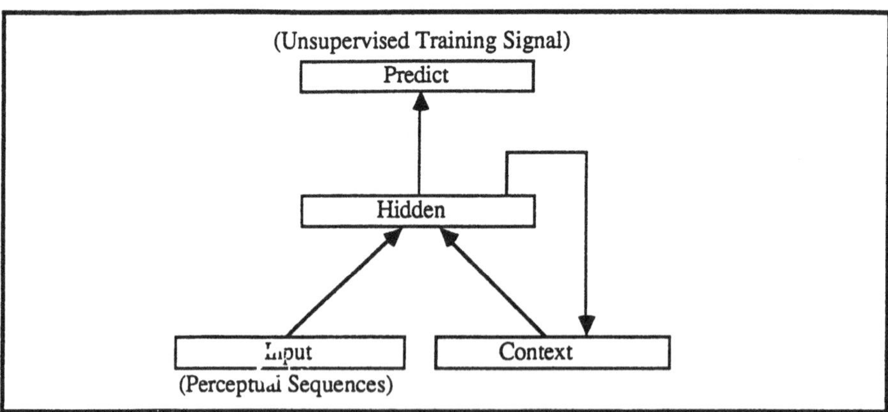

Figure 4. Elman's simple recurrent network

it a useful architecture for solving certain sequential generation or recognition tasks assuming the language in question is finite state (in effect, the Context vector stores the current state of an FSA, and the weights in the network implement the transition function).

Typically, the Elman SRN is trained using an unsupervised algorithm: the network attempts to predict (display on the Output units) the next input vector. In order to succeed at this task, the network must learn a useful representation in the Hidden units which includes information to determine the next output pattern. It therefore must create a representation encoding the temporal structure of its input relevant to making predictions.

St. John's network's task is to learn to understand sequences of preprocessed sentences by constructing an internal representation of the presented story fragments and then answering questions about them. It avoids the representational blindness problem by developing its own representation of sentence meaning based on its experience. The essential feature of his network that permits this is that there are extra layers (see Figure 5) to extract the story information from the output of the story understanding network. This is the basic insight that allows the network to develop its own internal representation, and represents a general approach to training networks to form their own representations. That is, rather than assuming the network has a particular output representation, one adds layers that extract information from the output of the network, and provide a kind of instrument panel that tells the experimenter what the network 'knows'. By using these 'instruments' to train the network, the network must learn to represent the necessary information, but it is not constrained as to *how* it represents it.

The Movie Description Network (MDN) model described below is somewhat of an extension to St. John's, in that the description generated by the MDN model occurs over time, word by word, whereas the answers his network produces have no temporal component.

The ultimate goal of this work is to demonstrate an architecture which is capable of learning representations of an environment which are grounded within that world. In other words, the network should learn encodings which enable it to succeed in its task without being told what information in the world is useful and how to represent it.

Architecture

The general structure of the Movie Description Network examined in this work was motivated by Elman's SRN's. The Movie Description Network (see Figure 6) joins two SRNs to merge the two separate tasks of sequence recognition (movie perception) and sequence generation (natural language descriptions). The movie perception SRN (called henceforth the *imageSRN* receives input from the environment, one image per time step, and attempts to predict the next image, trained by the unsupervised prediction method discussed above. The natural language description SRN (henceforth the *wordSRN* receives input from the image SRN and generates a sequence of words which appropriately describes the movie being viewed. Training of the word SRN is supervised, with an external teacher providing the correct sequence of words to describe each movie.

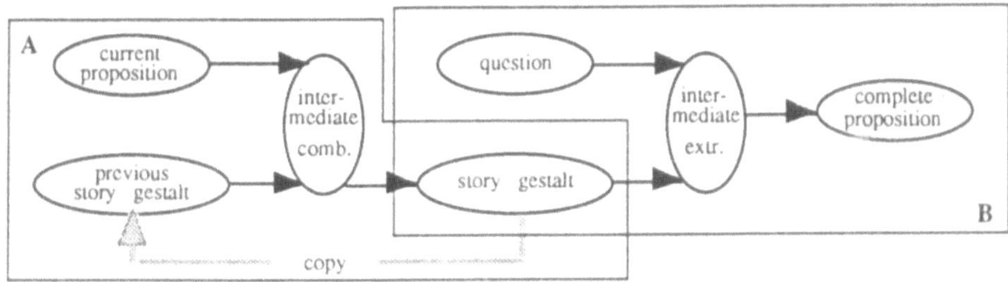

Figure 5. St. John's story Gestalt network. A. The "understanding" portion of the model B. The "question-answering" portion

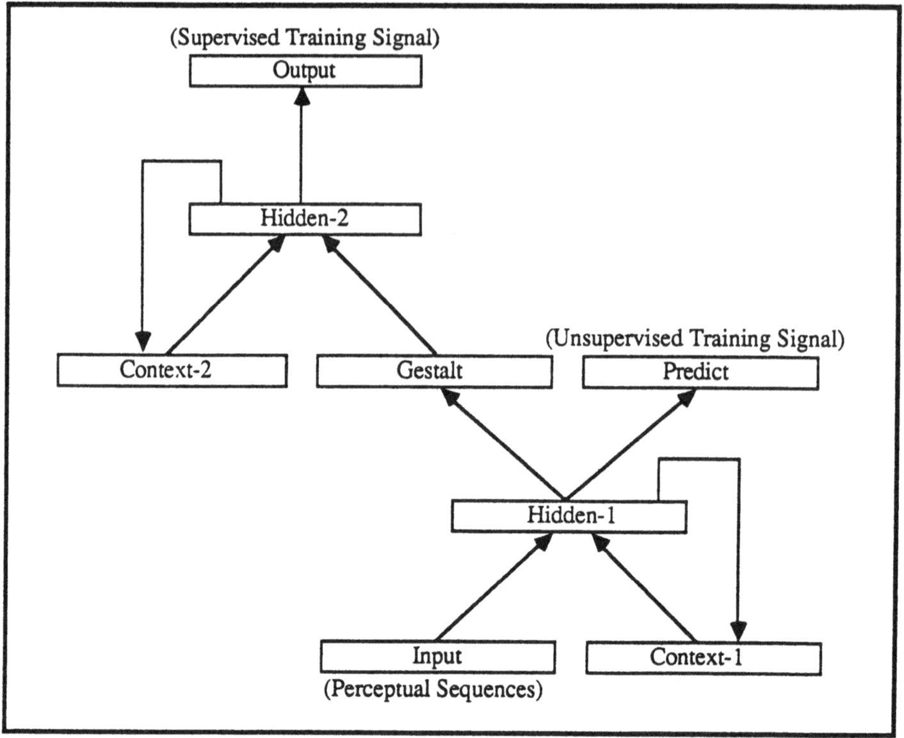

Figure 6. The Movie Description Network

Without the word SRN, the Movie Description Network reduces to the Elman prediction network and attempts to learn the regularities in the environment which are useful determinants for making accurate predictions. This information, however, does not necessarily uniquely describe the movie being presented; it instead only encodes that information useful in the prediction task. On the other hand, without the image SRN, the Movie Description Network reduces to a sequence generation network trained to produce an externally specified sequence of vectors when provided a single sequence-selecting vector as input. Obviously, the input vector to the word SRN must uniquely specify the desired output sequence, since the network is incapable of making a nondeterministic choice between sequences.

The key then is the interface between the two sub-networks, because the representation used as input to the word SRN must contain information to differentiate between each of the movies in the ways relevant to generating a correct description. The set of units in this interface are therefore called the *Gestalt* units: they must encode the information from a movie which can uniquely specify the sentence which describes it. The Gestalt units receive input from the Hidden-1 vector in the Image SRN. It is the encoding over these sets of units (Gestalt and Hidden-1) which we are most interested in for this project since these representations of a sequence of images are only determined by the feedback from the environment during description and prediction training, and are not biased by an external experimenter's concept of the salient features in the world.

Simulations

All experiments were performed with the single architectural model described above, although parameters such as the number of units in a particular layer and learning rates were varied. The same basic environment was used throughout and is described below. A more precise description of the training algorithm used is also presented below. Finally, the results of numerous simulations are summarized. All network simulations for the MDN were performed using the SunNet neural network simulation software (Miyata, 1986).

Environment Description

The Input images and Output words are simply small vectors of bits, so it is difficult to claim that the environment really contains meaningful visual image sequences and a rich vocabulary for descriptions. However, it is useful to consider the inputs as simple perceptions and the outputs as a simple language in order to provide structure to the sequence composition. We are interested in the network learning to represent these temporal structures.

The visual environment consists of a 2 x 4 (height x width) image array I, where $I_{h,w}=MIN$ iff no object is present in the environment at that retina position, and $I_{h,w}=MAX$ otherwise. (For all experiments, MIN was -1.0 and MAX was 1.0). There is only one object, a ball, which fills one image pixel if it is present in the scene (it need not be). A typical movie in this world is a sequence of images where the ball bounces, rolls, or flies, from the left of the image array to the right, or vice versa. Example pattern files are supplied in the appendix. The actual visual environment supplied to the network is a concatenation of movies with one or more object-less images separating them, providing a continuous stream of consistent (within this world) image sequences. Recent experiments have also included a 2x4 feature array as part of the visual input, so that an object at each location can be further described by the presence or absence of a single binary feature; in our experiments, this is called "color" and is either red or blue.

The language environment is quite simple. Each word from a fixed lexicon useful in describing movies is assigned a code. Furthermore, each movie is assigned a (not necessarily unique) sequence of words from this lexicon which describe it. The network is trained to produce the codes representing this sentence. The codes chosen in the current experiments are purposely sparse-coded to avoid any bias introduced in the learning by similarly encoded words. There are 3 verbs, *rolls, flies,* and *bounces*, one noun, *ball*, and two adverbs, *right* and *left*. The sentences consist of sequences of these such as "ball bounces right".

Training Description

As discussed above, there are two types of learning occurring simultaneously in the Movie Description Network, one supervised and one unsupervised. The supervised training provides feedback to the word SRN teaching it to generate the correct sequence of words which describe the current movie, while the unsupervised training forces the network to learn the structure in its environment necessary to succeed in the prediction task. Obviously, the success criterion of the network in an experiment is only indirectly related to how well it makes predictions; we are most interested in its ability to describe its scene. However, the hypothesis is that the network trained to predict as well as describe must generate a representation with a richer informational content, at least across the Hidden units in the image SRN (Hidden-1).

The training algorithm is as follows: At every time step, either a supervised or unsupervised training signal is provided. If the signal is supervised, then the contents of Hidden-2 are copied to Context-2 and the activations are fed forward from the Input layer to the Output layer. Back propagation is then used to update weights to minimize the error between the actual word generated at Output and the training signal. If the signal is unsupervised, then the activations of the network are fed forward from the Input layer to the Predict layer. Back propagation is used to train the Predict layer on the target. The target is then used as the network's next input value, and the values in Hidden-1 are copied to Context-1.

Two methods were used to select the next movie presented to the network and the timing of the supervised word training. The first is completely deterministic: Each of the possible movies is presented in sequence with 1, 2, and 3 empty images separating them. The complete sentence describing the movie is presented after each image in a movie is presented. The second is non-deterministic: The base state of the environment is an object-less image. At each step there is some probability P_{image} that some movie will begin, where the movie is chosen at random with uniform distribution from the set of possible movies. While the movie is played, after each image presented there is some probability P_{word} that the sentence describing the current movie should be generated from start to finish and trained. The second non-deterministic method is obviously more interesting, because it removes the possible ordering effects present in the first method. The network cannot possibly attempt to memorize the superficial ordering of movies; rather, all information learned must be contained within each movie.

It was obviously unclear at the onset of this experiment whether the Movie Description Network would be able to usefully integrate these two distinct training signals to learn a single useful representation. However, the results presented below show that in the experiments performed, the MDN did successfully learn the task and produced encodings of the semantically salient features in its environment.

Results

A large number of simulations were performed experimenting with different initial parameters, mainly the number of units in the Gestalt and Hidden layers and the learning rate parameters, η and α (momentum). Only a small number of simulations which illustrate interesting characteristics (both good and bad) of the model will be described here.

In all simulations described below, η=0.01 and α=0.9, and P_{image}=0.25 and P_{word}=0.5 where the simulation is non-deterministic. Furthermore, the size of the Hidden-2 vector is fixed at 20 units, Input and Output are both 8 units, but the sizes of the Hidden-1 and Gestalt layers varies.

To derive the results presented below, a network is generated with random weights (stddev = 0.5) and trained for either 8000 epochs (in the deterministic case), or 800 epochs (non-deterministic case). A deterministic epoch consists of one pass through the complete training set, whereas a non-deterministic epoch consists of 2000 training steps mixed between supervised and unsupervised signals by the algorithm described above. At the end of this training, the epoch number is found which has the smallest Average Sum Squared Error (ASSE - bit errors are summed over the trained vector, and then averaged over all patterns presented in the epoch). The network state (set of weights) at this epoch number is considered to be the best network for the set of initial conditions, and is the network described in the following subsections.

Verification of Concept

We illustrate our results with a network that had 12 units in the Hidden-1 layer, and 8 Gestalt units. The network learns the regularities in the environment as much as possible. For example, after a blank image it is under-determined what the next image will be. Thus, the network fails in this prediction task (receiving errors on the order of 0.24). The network is also unable to successfully describe a movie after only one image has been presented. This is because the first image in a movie does not uniquely determine the identity of the movie. Therefore, these errors are ignored. Over those segments of the environment that the network does have enough information to predict or describe, the network consistently receives an error around 0.001 or below. Thus, the network successfully has learned to describe its input.

Representations

The main motivation for pursuing this work is to investigate the Movie Description Network as an architecture for learning grounded representations, i.e. self-organized representations which reflect the structure in the environment organized in a way which is useful to the network in performing its task. Obviously, the results of the previous subsection demonstrate that this has been at least partially achieved. However, it is also interesting to examine the actual representations created by the network.

A tool for performing this analysis is cluster analysis, which groups together vectors into a (not necessarily balanced) binary tree based on the hamming distances between the vectors. A group is formed by taking the two nearest vectors; the vector used in subsequent groupings of this new vector is the element-wise average of the two neighbors. Thus, two vectors will be close in the cluster analysis tree if they have similar values; two vectors will be distant if they differ in many positions.

There are two representations of interest to us: the activations on the Hidden-1 layer, and the activations on the Gestalt layer. As stated previously, in order to solve the dual task of prediction and description, the Hidden-1 layer must encode necessary information to determine the correct output in both tasks, while the Gestalt layer need only encode the subset of the Hidden-1 layer which determines the correct description.

A cluster analysis of the activations for these two layers is provided in Figure 7. The most interesting characteristic of the representations illuminated by this cluster analysis is that the Gestalt re-encodes the information in the Hidden-1 layer to be useful specifically in the description task. Observe that the abstract concept of *bouncing* is not relevant in the prediction task, so there is little constraint that *bot−bounce−right* (the ball-bouncing-right-starting-in-the-bottom-pixel movie) should be similar in any way to *top−bounce−right*. In fact, they should predict opposite next images. In contrast, in the description task the abstract "bounce right" applies to both movies. This motivates the representation on the Gestalt layer to be similar for these two different instances. This is indeed what happens in the simulation. In fact, in the Gestalt layer, *top−bounce−right* and *bot−bounce−right* occupy the same point in representation space, and the *bounce−left* reflections act similarly.

The actual hidden unit activation values for these layers can also be examined directly. One readily emergent characteristic is that both representations encode direction of movement (right/left) of the ball explicitly over one or more elements in the vector. Other features might also be explicitly present although no others were identified.

Necessity of Prediction Training

The Movie Description Network really has two separate and potentially competing learning tasks: prediction and description. They potentially compete because the same vector (Hidden-1) must be shared to encode the information used in both tasks, and this information might not be the same. For example, in our ball world, to predict that the ball will occupy the bottom right pixel in our image at the next step, the network needs only encode that the ball is either:

(1) bouncing to the right and occupies the next-to-right and top position in the image, or

(2) rolling to the right and occupies the next-to-right position.

The hidden unit representation does not need to discriminate between these two cases to solve the prediction task. However, the description task does require that the two cases be discriminated. Furthermore, the description representation (at least at the Gestalt layer) should remain static during the course of the movie, while the prediction representation might need to change to reflect the position of the image in the movie. These constraints can compete.

Results of the experiments imply that training the network to predict the next image does not help the network learn to describe images, but does constrain the representation on the units in the Hidden-1 layer to encode all of the salient structure in the domain. Compare, for example, the cluster analysis of the activations on the Hidden-1 units from three different executions of the same network shown in Figure 8. Figure 8A is with both image prediction and word training activated; 8B is with only image prediction training activated; 8C is with only word training activated. In all three cases, the network has

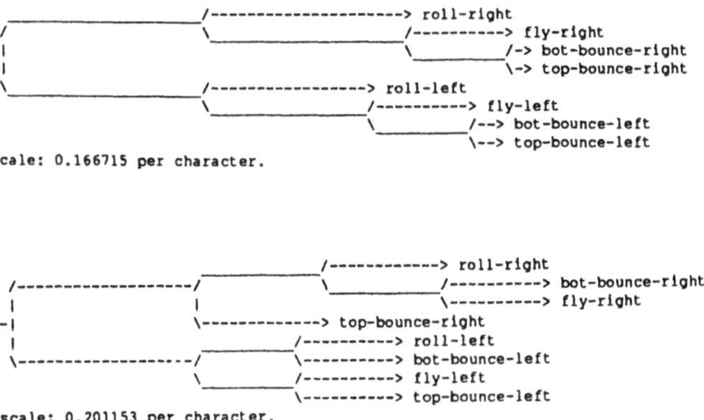

Figure 7. Cluster analyses of the hidden and Gestalt layers. Top: Gestalt layer Bottom: Hidden-1

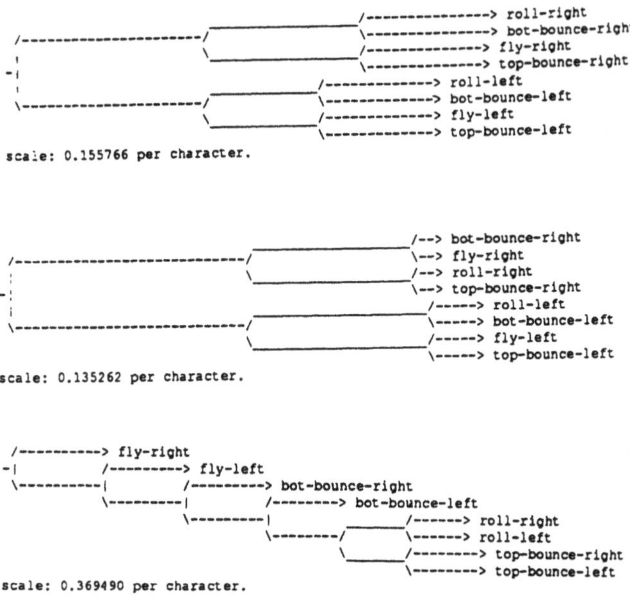

Figure 8. Cluster analyses of Hidden-1 layer from 3 networks trained differently. A: Top: Prediction and word training B. Middle. Only prediction training C. Bottom. Only word training

learned to complete the task for which it was trained. However, the representations chosen by the networks are quite different depending on the task.

Test A (complete training) groups movies together first by direction of motion, and then by trajectory of motion. Complete information from the scene is encoded in this single representation (complete with respect to the two tasks) in a general structure: Inspection of the hidden units in this system reveals units coding specifically for the distinction between right and left.

Test B (image training only) groups movies together which have a similar final image. This is entirely consistent since the Hidden-1 activations are recorded just prior to the last movie frame. Thus, image-only does not discriminate between bouncing and rolling balls, as long as accurate predictions can be made. Obviously, information from the scene is lost.

Test C (word training only) groups movies only tertiarily by trajectory and direction of motion, although a general structure in the representation is not evident from the cluster analysis. In fact, the representation is separating the movies into separate bins by trajectory, which is consistent with its task, but is not reflecting the structure of the environment as concisely as Test A appears to have done.

Discussion

A general issue relevant to most neural network research is the ability of a network trained on a particular corpus to generalize in a useful way to patterns outside the corpus. Explicit tests of generalization have not been performed yet, although initial results from this limited domain do offer some positive signs. Specifically, the network was able to cluster the Gestalt representation of the movies *bot−bounce−right* (ball-bounces-to-the-right-starting-at-the-bottom-pixel) and *top−bounce−right* (ball-bounces-right-starting-at-top-pixel) even though the two movies have no overlapping images. This demonstrates the network's ability to perform the many-to-one mapping at the Gestalt layer.

In terms of the grounding problem, this network demonstrates a simple example of one way in which verbal concepts could be grounded in perception. An interesting way of looking at the network is that we have one dynamical system, the language system, learning to describe another - the sequence of visual images. The network automatically learns useful representations at the Gestalt layer that serve as the semantics - specifying what the language network "wants" to say - to drive the sentence network through the appropriate trajectory.

Conclusion

It has been demonstrated by simulation that network architectures that learn in self-supervised or supervised ways can form internal representations for symbols by associating them with visual representations. The symbols can be Names or verbs describing dynamic sequences. The demonstrations are very simple and preliminary, but they are suggestive of the kind of approach connectionists can take toward semantics.

References

Chauvin, Yves (1988) Symbol acquisition in humans and neural (PDP) networks. Unpublished Ph.D. thesis, Department of Psychology, University of California, San Diego.

Cottrell, G. (1987). Toward connectionist semantics. In *Theoretical Issues in Natural Language Processing-3: Position Papers*, Yorick Wilks (Ed.). Reprinted in (1989) *Theoretical Issues in Natural Language Processing*, Hillsdale: Lawrence Erlbaum.

Cottrell, G.W. & Fleming, M.K. (1990) Face recognition using unsupervised feature extraction (1990) In *Proceedings of the International Neural Network Conference*. Paris, France.

Cottrell, G., Munro, P. and Zipser D. (1987) Learning internal representations from gray-scale images: An example of extensional programming. In *Proceedings of the Ninth Annual Cognitive Science Society Conference*, Seattle, Wa.

Elman, J. (1990) Finding structure in time. *Cognitive Science, 14*.

Katz, J.J. and Fodor, J.A. (1963) The structure of semantic theory. *Language 39*, 170-210.

Markman, E.M. Constraints children place on word meanings. *Cognitive Science, 14*, 57-77.

Miller, G.A. & Johnson-Laird, P.N. (1976) *Language and Perception*. Cambridge, Mass.: Harvard University Press.

Rosch, E. (1975). Cognitive representations of semantic categories. *Journal of Experimental Psychology: General, 104*, 192-233.

Rumelhart, D.E., Smolensky, P.E., McClelland, J.L. & Hinton, G.E. (1986) Schemata and sequential thought processes in PDP models. In J.L. McClelland & D.E. Rumelhart (Eds.) *Parallel Distributed Processing: Explorations in the microstructure of cognition*, Vol. 2. Cambridge, MA: MIT Press/Bradford books.

St. John, M.F. The Story Gestalt: Text Comprehension by Cue-based Constraint Satisfaction. Technical Report available from the Cognitive Science Department, University of California at San Diego, La Jolla, Ca.

Winograd, T. and Flores, F. (1986) *Understanding computers and cognition: A new foundation for design*. Norwood, NJ: Ablex.

Woods, William A. (1975) What's in a link? In D.G. Bobrow & A.M. Collins (Eds), *Representation and Understanding: Studies in Cognitive Science* New York: Academic Press.

KADS: Model Based KBS Development*

Bob Wielinga Guus Schreiber

Department of Social Science Informatics, University of Amsterdam
Herengracht 196, NL-1016 BS Amsterdam, The Netherlands
Tel. +31 20 525 2073
Electronic mail: wielinga/guussc@swi.psy.uva.nl

Abstract

In this paper knowledge acquisition for the development of knowledge-based systems is viewed as essentially a modeling activity [13]. A KBS is not a container filled with knowledge extracted from an expert, but an operational model that exhibits some desired behaviour observed or specified in terms of real-world phenomena. Several types of models relevant to knowledge acquisition are discussed. The use of models in the knowledge acquisition process is a means of coping with the complexity of the development process. Modeling at the knowledge level is considered to be an essential intermediate step in the development process for KBS. Some of the consequences and potential of the modeling approach for knowledge acquisition are discussed.

1 Views on Knowledge Acquisition

In the knowledge acquisition process the knowledge that a knowledge-based system (KBS) requires in order to perform a task, is defined in such a way that a computer program can represent and adequately use that knowledge. Knowledge acquisition involves in our view at least the following activities: *eliciting* the knowledge in an informal - usually verbal - form, *interpreting* the elicited data using some conceptual framework, and *formalising* the conceptualisations in such way that the program can use the knowledge. In this paper we will mainly focus on the interpretation and formalisation activities in knowledge acquisition. Elicitation techniques have been the subject of a number of recent papers and their role in the knowledge acquisition process is reasonably well understood [19, 30].

The Transfer View Traditionally the knowledge acquisition process has been viewed as a process of extracting knowledge from a human expert and transferring the extracted knowledge into the KBS. In practice this often means that the expert is asked what rules are applicable in a certain problem situation and the knowledge engineer translates the natural language formulation of that rule into the appropriate format. Several authors [13, 17] have pointed out that the transfer-view of knowledge acquisition is only applicable in very few cases. The expert, the knowledge engineer and the KBS should share a common view on the problem solving process and a common vocabulary in order to make knowledge transfer a viable way of knowledge acquisition. If the expert has a different way of looking at the problem or the domain, asking for rules or similar knowledge structures and translating them into the knowledge representation formalism of the system, will not work.

The Modeling View A different view on knowledge acquisition is that of a modeling activity. A KBS is not a container filled with knowledge extracted from an expert, but an operational model that exhibits some desired behaviour observed or specified in terms of real-world phenomena. The use of models is a means of coping with the complexity of the development process. A model reflects, through abstraction of detail, selected characteristics of the empirical system in the real world that it stands for [11].

* This article is a revised version of an invited paper for *Expert Systems '89* London, September 1989. The research reported here was carried out in the course of the KADS project, a research project partially funded by the ESPRIT programme of the Commission of the European Communities as project number 1098. The partners in this project are STC Technology Ltd., SD plc., KBSC of TRMC (all UK), NTE NeuTech (W-G), Cap Sesa Innovation (F), and the University of Amsterdam (NL).

Constructing a KBS is seen as the construction of a computational model of some observed or desired behaviour. For example if we observe a physician asking questions about a patient and a drawing conclusions about the patient's disease, we cannot directly observe the problem solving process that goes on in the head of the doctor, but we can specify the behaviour that we want an expert system to display in terms of the observed actions. From the observed/desired behaviour we have to construct a model of the reasoning process that will display that desired behaviour.

So, in the modeling view knowledge acquisition essentially is a constructive process in which the knowledge engineer can use all sorts of data about the behaviour of the expert, but in which the ultimate design decisions have to be made by the knowledge engineer in a constructive way. In this sense knowledge engineering is similar to other design tasks: the real world only provides certain constraints on what the artifact should provide in terms of functionality, the designer will have to aggregate the bits and pieces into a coherent system.

In this paper we will adopt the modeling perspective on knowledge acquisition and investigate the consequences and potential of the modeling approach. In the next sections we will address the following questions:

1. what should be modeled?
2. how should be modeled?
3. what is the relation between the models and the actual KBS?

Subsequently we will discuss how the modeling approach can support the knowledge acquisition process.

2 Models of What?

Adopting the modeling view, we take a closer look at the question what needs to be modeled. In this paper we will describe the various models as developed in ESPRIT Project P1098 KADS. This project is concerned with the construction of a methodology for KBS development. KADS distinguishes four types of models:

1. the task model
2. the model of cooperation
3. the conceptual model
4. the design model

For an overview of the KADS project, see [28].

2.1 The Task Model

Traditionally the emphasis in knowledge acquisition has been on modeling the performance of the expert. In research on expert systems over the last decade, however, it has become clear [22] that just mimicing the expert's behaviour is not always the most optimal solution for a problem that an organisation wants to be solved. A KBS may be able to perform certain additional tasks that the expert in a current situation is not able to perform, or the KBS may integrate tasks of several different experts.

So, a first requirement in knowledge acquisition is to model the task that the system will have to perform, i.e. a task model has to be constructed. A task model specifies what has to be done, what the different subtasks are and what the constraints the task environment imposes are.

For example, consider a task such as medical therapy selection. The MYCIN approach to this task has been to first determine the identity of the organism that causes a disease and on the basis of that identity select the optimal combination of drugs to administer to the patient. In real life hospital practice, determining the identity of the organism is, however, usually not a major goal, it is the recovery of the patient that is the primary concern. So, if identification of the organism proves difficult, e.g. because no laboratory data are available, a therapy will be selected on heuristic grounds. In fact some doctors show little interest in the identity of the organism causing a disease as long as the therapy works.

Stated in more general terms: given a goal that a system should achieve, there may be several alternative ways in which that goal can be achieved. Which alternative is appropriate in a given problem situation depends on characteristics of that problem situation, on availability of knowledge and data, and on requirements imposed by the user or external factors, e.g. juridical factors. Modeling the task environment involves a number of issues. First, the task analysis has to determine what the expected result of task performance will be. Although this seems rather obvious, it is not always so in practice. Several experiments [21, 3, 4] have shown that tasks which are seemingly straight forward advice giving tasks, involve much more than providing advice: they involve negotiating the problem space, cooperative problem solving and strategic deliberations.

Even for a seemingly well understood task such as diagnosis, it is not always clear what a diagnosis of a faulty system means. A diagnosis could be the identification of a subsystem (component) that malfunctions, or it could be a full causal model of how a malfunction came about. Similarly the result of a design task could be a detailed description of the structure of a system (e.g. a device for monitoring patients in an intensive care unit) or it could be a description of the functionality, structure and use of the device.

If we take the broad view on knowledge acquisition as being the first stage of defining the functionality of a KBS as well as the knowledge that will be needed to achieve that functionality, knowledge acquisition should encompass the analysis of the task environment as well as the analysis of the knowledge required for that functionality.

2.2 The Model of Cooperation

The model of the task and task environment is the input for the next step in knowledge acquisition: modeling the user-system cooperation at the global level. The task model consists of a decomposition of the top-level goal into a number of sub-goals. Some of these subgoals will be achieved by the system, others may be realised by the user. For example, in a diagnostic task the system may suggest certain tests to be performed by the user, while the user will actually perform the tests and will report the observed results back to the system. Alternatively, the user may want to volunteer a solution to the diagnostic problem while the system will critique that solution by comparing it with its own solutions.

So, given the goal decomposition in the task model the knowledge engineer has to decide what subtasks to assign to the system and what tasks to the user. These decisions constitute essentially cognitive engineering problems [22]: they should be made on the basis of an analysis of the user requirements and expectations, the knowledge and skills that the user has, and the potential capabilities and limitations of the system. The result is a model of cooperative problem solving in which the user and the system together achieve a goal in a way that satisfies the various constraints posed by the task environment, the user and the state of the art of KBS technology [9, 15].

2.3 The Conceptual Model

Given a task model and a task division between user and system, the knowledge acquisition process can focus on the reasoning processes that the system should perform.

One can take two different perspectives on modeling the reasoning that is required from a system. A first perspective - the one that is usually taken in AI - is to focus on the problem solving methods and the representational structures (e.g. rules, frames) that will be the basis of the implemented system. A second perspective focuses on the behaviour that the system should display and on the types of knowledge that are involved in generating such behaviour, abstracting from the details of how the reasoning is actually realised in the implementation.

These two perspectives correspond to the distinction Newell [20] makes between respectively the *symbol level* and the *knowledge level*. In the approach taken in KADS, modeling at the knowledge level is viewed as an essential intermediate step in the development process [23]. At the knowledge level one abstracts from the details of the representation to be used in a system. The knowledge model defines the types of knowledge that are to be elicited from the expert and that will have to be represented in the system. In addition, modeling at the knowledge level indicates a route towards the use of generic models for certain classes of tasks, since it is independent of the actual details of the system. These generic task models can be used for top-down knowledge acquisition and system development.

The models created from the second perspective are similar to what are called *conceptual models* in conventional database application development. Conceptual models are abstract descriptions of the objects and operations that a system should know about, formulated in such a way that they capture the intuitions that humans have of the required behaviour. The language in which conceptual models are expressed is not the formal language of AI constructs and methods, but is the language that relates real world phenomena to the cognitive framework of the observer. In this sense conceptual models are subjective, they are relative to the cognitive vocabulary and framework of the human modeler. Within KADS we use the term *conceptual model* to denote a knowledge-level model of domain expertise.

A good example of a conceptual (knowledge-level) model is the heuristic classification model for analytic tasks developed by Clancey [8]. The framework distinguishes between different types of reasoning steps (see figure 1): abstraction, association and refinement. Steps in a problem solving process can be classified in terms of these categories of inferences, and thus give rise to a conceptual model of how a particular problem is solved. The conceptual model classifies different types of knowledge, their relations and types of inferences that give rise to new information about a problem, but it does not model the actual technique that will be used in a system to derive the inferences. The abstraction step in a heuristic classification system can be achieved by using abstraction rules and a forward chaining rule interpreter, but could also be achieved by searching a hierarchical structure of problem features.

2.4 The Design Model

The actual problem solving methods that a system will embodied are not modeled in the conceptual model. These methods are part of the model that specifies how the reasoning process is realised in the system itself. We call this model the *design model*. A major difference between the conceptual model and the design model thus is that the design model takes into account external requirements (*e.g.*, speed, software) and user requirements (*e.g.*, a natural language interface). These requirements may limit in certain instances the scope of the conceptual model, but they usually do not change the contents of this model. We have experienced that building a conceptual model without having to worry about system requirements makes life easier for the knowledge engineer.

Fig. 2 symbolises the different roles which the conceptual model and the design model play in the knowledge engineering process. An observer (knowledge engineer) constructs a conceptual model by abstracting from the problem solving behaviour of experts. This abstraction process is aided by the use of some interpretational framework, such as generic models of classes of tasks or of task domains. The conceptual model is a knowledge-level model of the domain expertise. The conceptual model is real-world oriented in the sense that it is phrased in real-world terminology and can thus be used as a communication vehicle between knowledge engineer and expert. The conceptual model does not take detailed constraints with regard to the artefact into account. The *design model* is a model of the artefact. It describes how the conceptual model is realised with particular AI techniques and methods. The idea is that the design model can be transformed into a detailed system design and subsequently into actual *system code* without further major decisions having to be made.

In summary we can say that the modeling view of knowledge acquisition gives rise to a methodology that involves the construction of a variety of models in the course of the knowledge acquisition process. Knowledge acquisition involves much more than just building a reasoning model.

3 How to model expertise?

The construction of each of the models introduced in the previous section requires its own methodology. In the KADS project [13, 23] the different modeling frameworks and techniques are being developed. In this paper we will focus on the conceptual modeling of expertise. In earlier work [26, 27] we proposed a framework for modeling expertise, based on a categorisation of knowledge according to the role that it plays in a reasoning process. In this framework four categories of knowledge are distinguished.

Domain Knowledge The first category of knowledge concerns *static domain knowledge*. The static domain knowledge consists of the domain concepts and their attributes, domain facts, structures representing complex relations etc. The static knowledge can be viewed as the layer of knowledge representing a declarative theory of the domain. In fact, adding a simple deductive capability would enable a system in theory, but not in practice, to solve all problems solvable by the theory. The static domain knowledge is considered to be largely task neutral, i.e. represented in a form that is independent of its use. There is ample evidence [29] that experts are able to use their domain knowledge in a variety of ways, e.g. for problem solving, explanation, teaching etc. Separating static domain knowledge embodying the theory of the domain from its use in a problem solving process, is a first step towards flexible use and reusability of domain knowledge.

Inference Knowledge A second type of knowledge concerns canonical inference steps. An inference is considered to be an elementary step in the reasoning process deriving new information from existing information. An important characteristic of an inference is the type of information that is used in making the inference and the type of information that it produces. In addition, the inference is characterised by the type of domain concepts and relations it uses. For example, an elementary classification inference takes as input a bundle of features of an object and produces as output a class to which the object can belong, using definitions of the set of classes that the system knows about. The information used or produced by a canonical inference is typed by a *metaclass*. In the terminology of the KADS four-layer model inferences are called *knowledge sources*.

With respect to the question of a taxonomy of canonical inferences there is no consensus in the literature. The most well known collection of canonical inference steps can be found in Clancey's model of heuristic classification [8]. In this model the inferences are: *abstraction, association* and *refinement*. Within our model we assume a somewhat larger set of canonical inferences. Example additions are *transformation, selection* and *computation* (a full description of this set can be found in [5]). If canonical inferences are viewed as functions, then the metaclasses can be interpreted as the types of the arguments of these functions. A metaclass describes the role a group of domain concepts can play in the reasoning process (*e.g.*, datum, feature, hypothesis, solution).

Task Knowledge The third category contains knowledge about how elementary inferences can be combined to reach a certain goal. The prime knowledge type in this category is the *task*. A task can be defined statically (a control structure with the usual control primitives) or dynamically (as a planner function which interprets descriptions of the second category). Tasks satisfy a particular *goal*. The relations between tasks and goals are in principle many-to-many. Task knowledge is usually characterised by a vocabulary of control terms, for instance indicating that a finding has been processed or a hypothesis has been verified.

Strategic Knowledge The fourth category of knowledge is the *strategic knowledge*. Strategic knowledge determines what goals are relevant to solve a particular problem. How each goal is achieved is determined by the task knowledge. Strategic knowledge will also have to deal with situations where the afore-mentioned knowledge categories fail to produce a partial solution.

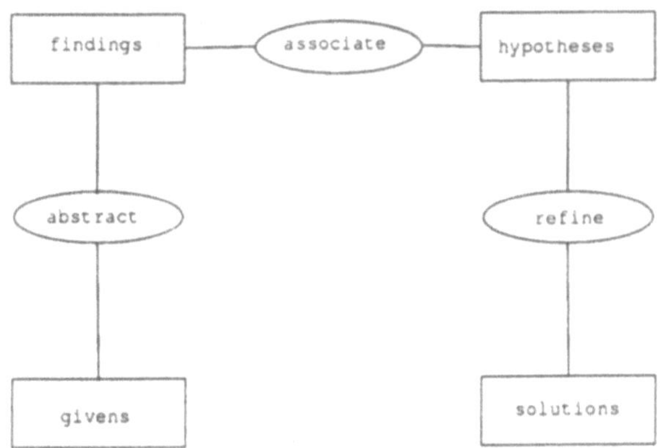

Figure 1: The Reasoning Steps in Clancey's Heuristic Classification

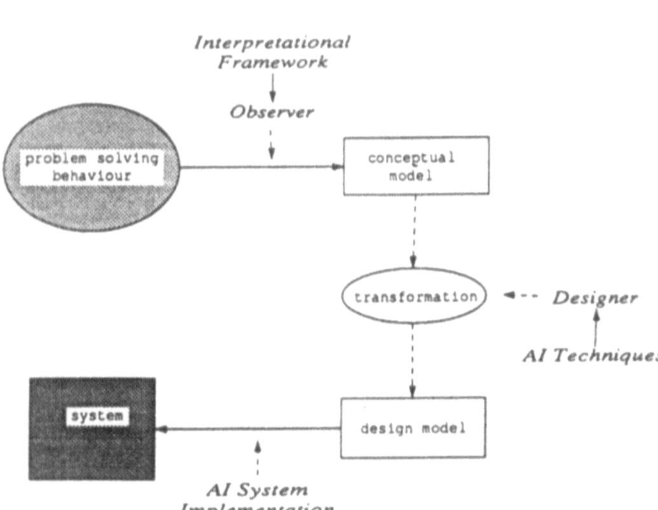

Figure 2: The Role of the Conceptual Model and of the Design Model in the Knowledge Engineering Process

For example, the problem-solving process may reach an impasse because information is not available or because contradictory information arises. In such cases the strategic reasoning should suggest new lines of approach or attempt to introduce new information *e.g.,* through assumptions (cf. [14]).

These categories can be seen as knowledge *layers* in the sense that each successive layer interprets the description at the lower layer. In Fig. 3 the four categories and their interrelations are summarised. The four-layer framework for knowledge modeling has been successfully used as a basis for structured acquisition and description of knowledge at an intermediate level between the verbal data obtained from experts and the knowledge representation in an implemented system [10].

From a knowledge-level viewpoint, the present four-layer model captures knowledge categories that are quite similar to those encountered in other models in the literature. However, differences exist about where to situate particular types of knowledge. This point will be further discussed in the next section.

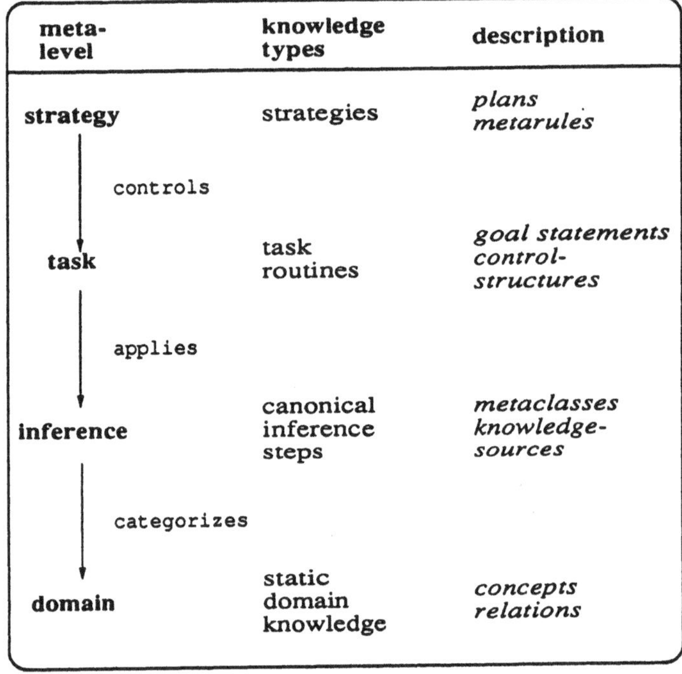

Figure 3: The KADS four-layer model

4 Knowledge Models in Perspective

One major objection to the use of knowledge-level models in the KBS development process is the potential computational inadequacy of such models. Since knowledge-level models do not specify the control regime in full detail they are apt to potential combinatorial explosion behaviour. Although it is true in principle that this problem may occur, the structure of the models proposed here provides important safeguards against the computational inadequacy. The knowledge that is specified in a KADS four-layer model cannot be used in arbitrary ways, it has to fulfill certain typing requirements and can only be applied within the constraints specified by the model. For instance, a logical implication of a certain type can only be used for abstraction inferences, not for all types of inference steps. Our introduction of knowledge sources and task structures generally yields the possibility of selecting specific rules or theories needed to produce a certain inference. In this way the knowledge-level model provides a *role-limiting* [16] constraint to knowledge, and hence reduces the combinatorial explosion.

Some recent approaches to knowledge-based system development take a similar viewpoint as KADS. However, the terminology and classification of knowledge types differ. Alexander [2] for example, defines the static ontology as one of the essential parts of a knowledge level model. A static ontology defines the well-formed sentences that can be formulated in a particular domain. The static ontology is in many respects similar to the KADS domain layer, albeit that KADS limits the conceptual primitives at the domain layer largely to concepts and relations.

The work of Clancey [8] on heuristic classification is clearly a precursor of the KADS four-layer model. Clancey argues that many classification tasks can be described at the knowledge level in terms of *abstraction* steps, abstracting data to abstract problem features, *association* steps between abstracted data and abstract solutions, and *refinement* steps of the abstract solution to a specific solution. The heuristic-classification model does not, however, specify the nature of the domain knowledge that is needed to support the inferences. In addition to the inference structure Clancey defines problem solving behaviour in terms of *tasks* which are procedures to achieve a particular goal. In a similar spirit, Steels [24] distinguishes the following types of knowledge underlying expertise: domain models, describing what form domain concepts and facts can take; role annotations, describing what role domain knowledge can or should play; task knowledge, describing the structure of the problem-solving task; problem-solving methods, indicating how a task may be performed; and strategic knowledge.

Although terminology is different, a common view appears to be emerging based on the idea that different types of knowledge constitute the knowledge level and that these different types of knowledge play different roles in the reasoning process and have inherently different structuring principles. One salient characteristic is that all approaches distinguish between structural domain knowledge and control knowledge. In addition, various kinds of control knowledge are distinguished, like global control of how to go about the task as a whole, and local control knowledge specifying how and/or when to carry out certain individual actions.

The KADS four-layer model and our notion of interpretation models (inference structures that are typical for certain classes of problems [5]) provides a framework to further investigate the notion of *generic task*. Chandrasekaran [7] defines a generic task as building blocks of reasoning strategies that are generic and can be used as components for complex reasoning tasks. It appears that generic tasks are very similar to the interpretation models used in KADS.

Similarly, MOLE [12] exploits the generic method *cover and differentiate* for diagnosis in terms of the following steps:

1. Determine events that potentially explain symptoms.

2. Identify information that can differentiate between candidate explanations by ruling out, providing support for candidates, providing preferences.

3. Get this differentiating information and apply it.

4. If new symptoms become available, go to step 1.

In this example, several types of knowledge are specified in an informal way. First, the domain should provide concepts like: event, symptom, explanation link, preference, rule-out relations etc. Second, a number of basic inference types (similar to knowledge sources) are defined: generating a hypothesis, matching a hypothesis to the available data, selection or ordering, compute preferences. In addition there is control knowledge that indicates that all possible candidates are generated given a set of symptoms, and that differentiating information is obtained in a backward manner. These types of knowledge would be located in the task layer of KADS.

There is no doubt that generic models of classes of tasks can be of great help in knowledge acquisition, as systems like MOLE show, but there is little consensus in the literature about what constitutes a generic model. The KADS framework provides a handle on some of the issues that arise from the current literature on generic tasks.

5 Conceptual Models and Knowledge Acquisition

There are several ways in which conceptual models can be used in the knowledge acquisition process.

Intermediate Specification The first way in which the knowledge engineer can make use of the notion of conceptual modeling is as an intermediate specification of the functionality of a KBS and as a specification of the knowledge types relevant to a particular task and domain. Such an intermediate specification is useful not only as a means to cope with the complexity of the knowledge acquisition process, but also as a means to identify building blocks of models of reasoning processes independent of their actual implementation. For example the elementary problem solving steps that constitute the heuristic classification model (abstraction, association and refinement) can be used as ingredients for modeling other problem solving processes than diagnosis. In fact, the KADS methodology [6] defines a set of primitive problem solving actions which has been the basis of a considerable amount of models both for analytic and for synthesis tasks.

Interpretation Models A second way in which conceptual models can be used is as a guide for top-down knowledge acquisition. The knowledge engineer can use partial conceptual models (e.g. models without all the detailed domain knowledge filled in) as a template model for a new domain. In KADS such models are called interpretation models because they guide the interpretation of verbal data obtained from the expert. A number of knowledge acquisition tools have been developed which are based on the notion of a generic model of the problem solving task. For example, ROGET, MOLE and BURN, are all systems that drive the knowledge acquisition dialogue with an expert from a strong model of the problem solving process. This model prescribes what domain knowledge is needed to build an actual expert system. In OPAL [18] this approach is taken one step further. The conceptual model in OPAL is not just a model of the problem solving process (i.e. the upper three layers in the KADS framework) but also contains templates of the domain knowledge needed. As a consequence OPAL can present the expert with detailed forms that he or she can fill in with the details of an application domain. Although this approach is very powerful indeed, its has strong limitations in scope and applicability.

6 Future Developments

In this paper we have taken the position that knowledge acquisition is to a large extent a constructive activity: models of several aspects of the task and domain have to be build before implementing a knowledge based system.

Looking at the future of knowledge acquisition from this point of view, raises the obvious question of how AI and knowledge based systems themselves can support the various modeling processes. Recent developments in the area of knowledge acquisition tools provide some directions in how this could be done.

Given the modeling approach to knowledge acquisition it is of vital importance that a knowledge engineer has some language in which the various models can be formulated. Such a language is not only important for the knowledge acquisition process itself, but also for communicating models and comparing models for different tasks. A comparative analysis of models of human expertise and of expertise embodied in KBS's will advance the knowledge acquisition activity from an art to a proper engineering discipline. Although there is currently little consensus on what the ingredients and vocabulary of such a modeling language should be, the various ideas appear to converge. The framework developed in KADS enhanced with relations between the knowledge types in different layers may be a starting point for such a language. In our view, it is worthwhile to investigate the different types of knowledge and their relationships from a more formal point of view. A first attempt has been made in this direction [1, 25]. Such a formal account of knowledge models clarifies at least some of the notions that have been used in a rather informal way so far.

If a common language for defining conceptual models of problem solving processes became accepted, it would be of great interest to study the large collection of problem solving models that currently exist. A consolidation and integration of the models in the KADS interpretation model library [6], the generic problem solving models of Chandrasekaran and co-workers [7], the models underlying the various model-driven knowledge acquisition tools [16], and various other models in the literature, could provide the knowledge engineering community with a invaluable tool for knowledge acquisition. Also, such a collection of generic models could be the basis of a powerful knowledge acquisition tool that could both communicate with experts and with knowledge engineers.

Looking beyond the traditional knowledge engineering paradigm where the knowledge engineer does most of the work, we envisage an important role for knowledge about models in knowledge acquisition tools that integrate traditional knowledge acquisition techniques and automated learning techniques. One of the major problems in this area is that of integrating knowledge of various sources. A system that has knowledge about the kinds of knowledge that it needs to acquire can exercise much more focused control on the acquisition process and hence solve at least part of the integration problems.

In summary, the notion of knowledge acquisition as a modeling activity has proved to be fruitful both as a basis of methodology development and as a starting point for the development of powerful tools to support and partially automate the KBS development process.

References

[1] H. Akkermans, B. Wielinga, G. Schreiber, and J. Balder. Towards a formal specification of knowledge models. Technical Report ECN-89-006, ECN, Petten, The Netherlands, 1989.

[2] J. H. Alexander, M.J. Freling, S.J. Shulman, S. Rehfuss, and S.L. Messick. Ontological analysis: an ongoing experiment. In J. Boose and B. Gaines, editors, *Knowledge-Based Systems, Volume 2: Knowledge Acquisition Tools for Expert Systems*, pages 25-37. Academic Press, London, 1988.

[3] J.L. Alty and M.J. Coombs. Face-to-face guidance of university computer users-i: a study of advisory services. *International Journal of Man-Machine Studies*, 12:390-406, 1980.

[4] N.J. Belkin, H.M. Brooks, and P.J. Daniels. Knowledge elicitation using discourse analysis. *International Journal of Man-Machine Studies,* 27(2):127-144, 1987.

[5] J. Breuker, B. Wielinga, M. van Someren, R. de Hoog, G. Schreiber, P. de Greef, B. Bredeweg, J. Wielemaker, J-P Billault, M. Davoodi, and S. Hayward. Model Driven Knowledge Acquisition: Interpretation Models. ESPRIT Project P1098 Deliverable D1 (task A1), University of Amsterdam and STL Ltd, 1987.

[6] J. Breuker, R. Winkels, and J. Sandberg. A shell for intelligent help systems. In *Proceedings of the 10th IJCAI,* pages 167-173, Milano, 1987.

[7] B. Chandrasekaran. Generic tasks as building blocks for knowledge-based systems: the diagnosis and routine design examples. *Knowledge Engineering Review,* 1988. to appear.

[8] W.J. Clancey. Heuristic classification. *Artificial Intelligence,* 27:289-350, 1985.

[9] P. de Greef. Cooperative statistical problem solving. Paper presented at the second international workshop on ai and statistics, SWI, University of Amsterdam, 1988.

[10] P. de Greef and J. Breuker. A case study in structured knowledge acquisition. In *Proceedings of the 9th IJCAI,* pages 390-392, Los Angeles, 1985.

[11] T. DeMarco. *Controlling Software Projects.* Yourdon Press. New York, 1982.

[12] L. Eshelman, D. Ehret, J. McDermott, and M. Tan. MOLE: a tenacious knowledge acquisition tool. In J.H. Boose and B.R. Gaines, editors, *Knowledge Based Systems, Volume 2: Knowledge Acquisition Tools for Expert Systems,* pages 95-108, London, 1988. Academic Press.

[13] S.A. Hayward, B.J. Wielinga, and J.A. Breuker. Structured analysis of knowledge. *International Journal of Man-Machine Studies,* 26:487-498, 1987.

[14] W. Jansweijer. *PDP.* PhD thesis, University of Amsterdam, 1988.

[15] R. Krickhahn, P. de Greef, I. Perrot, T. Mulhall, and R. Taylor. Hci issues in kbs design. ESPRIT Project P1098, deliverable B4 (vol. 2), NTE Neutech, Munich, 1989.

[16] J. McDermott. Preliminary steps towards a taxonomy of problem-solving methods. In S. Marcus, editor, *Automating Knowledge Acquisition for Expert Systems,* pages 225-255. Kluwer Academic Publishers, The Netherlands, 1989.

[17] K. Morik. Sloppy modelling. In K. Morik, editor, *Knowledge Representation and Organisation in Machine Learning.* Springer Verlag, 1989.

[18] M.A. Musen, L.M. Fagan, D.M. Combs, and E.H. Shortliffe. Use of a domain model to drive an interactive knowledge editing tool. In J. Boose and B. Gaines, editors, *Knowledge-Based Systems, Volume 2: Knowledge Acquisition Tools for Expert Systems,* pages 257-273, London, 1988. Academic Press.

[19] I.M. Neale. First generation expert systems: a review of knowledge acquisition methodologies. *The Knowledge Engineering Review,* (2):105-145, 1988.

[20] A. Newell. The knowledge level. *Artificial Intelligence,* 1982:87-127, 1982.

[21] M.E. Pollack, J. Hirschberg, and B. Webber. User participation in the reasoning process of an expert system. In Proceedings of the AAAI 1982, pages 286-291. Morgan Kaufman, 1982.

[22] E. M. Roth and D.D. Woods. Cognitive task analysis: An approach to knowledge acquisition for intelligent system design. In P. Guida and G. Tasso, editors, *Topics in Expert System Design,* pages 233-264, Amsterdam, 1989. North Holland.

[23] G. Schreiber, J. Breuker, B. Bredeweg, and B. Wielinga. Modelling in KBS development in *Proc. 2nd European Knowledge Acquisition Workshop, Bonn,* pages 7.1-7.15, St. Augustin, 1988. GMD. GMD-Studien 143.

[24] L. Steels. Components of expertise. AI Memo 88-16, AI Lab, Vrije Universiteit Brussel, 1988.

[25] B. Wielinga, H. Akkermans, G. Schreiber, and J. Balder. A knowledge acquisition perspective on knowledge-level models. In J.H. Boose and B.R. Gaines, editors, *Proceedings Knowledge Acquisition Workshop KAW'89, Bannf,* pages 36-1 - 36-22, University of Calgary, 1989. SRDG Publications.

[26] B. Wielinga and J. Breuker. Interpretation of verbal data for knowledge acquisition. In T.O'Shea, editor, *Advances in Artificial Intelligence,* pages 41-50, Amsterdam, 1984. ECAI, Elsevier Science publishers.

[27] B. Wielinga and J. Breuker. Models of expertise. In *Proceedings ECAI'86,* pages 306-318, 1986.

[28] B. Wielinga, G. Schreiber, and P. de Greef. Synthesis report. ESPRIT Project P1098, Deliverable Y3, University of Amsterdam, 1989.

[29] B.J. Wielinga and B. Bredeweg. Knowledge and expertise in expert systems. In G.C. van der Veer and G. Mulder, editor, *Human-Computer Interaction: Psychonomics Aspects,* pages 290-297, Berlin, 1988. Springer-Verlag.

[30] B.J. Wielinga, B. Bredeweg, and J.A. Breuker. Knowledge acquisition for expert systems. In R.T. Nossum, editor, *Advanced Topics in Artificial Intelligence (ACAI-87),* pages 96-124. Springer-Verlag, Berlin Heidelberg, 1988.